U0587856

新訂朱子全書

附外編

11

[宋]朱熹 撰
朱傑人 嚴佐之 劉永翔 主編

上海古籍出版社

資治通鑑綱目卷四十六

起己未唐代宗大曆十四年，盡甲子四月唐德宗興元元年，凡六年。

己未（七七九）

十四年。

春，正月，以李泌爲澧州刺史。常袞言於上曰：「陛下久欲用李泌，昔漢宣帝欲用人爲公卿，必先試理人，請且以爲刺史，使周知人間利病，俟報政而用之。」

二月，田承嗣卒。以其姪悦爲魏博留後。

三月，淮西將李希烈逐其節度使李忠臣，詔以希烈爲留後。李忠臣貪殘好色，將吏妻女美者，多逼淫之；悉以軍政委副使張惠光。惠光挾勢暴横，軍州苦之。都虞候李希烈，其族子也，爲衆所服，因衆心怨怒，殺惠光而逐忠臣。忠臣奔京師。以希烈爲留後。

以李勉兼汴州刺史。

夏，五月，帝崩，太子即位。上崩，遺詔以郭子儀攝冢宰。德宗即位，動遵禮法，食馬齒羹，不設鹽酪。

閏月，貶崔祐甫爲河南少尹。常衮性剛急，爲政苛細，不合衆心。時羣臣朝夕臨，衮哭委頓，從吏或扶之。中書舍人崔祐甫曰：「臣哭君前，有扶禮乎？」衮恨之。會議羣臣喪服，衮以爲：「禮，臣爲君斬衰三年。漢文權制，猶三十六日。玄宗以來，始服二十七日。古者卿大夫從君而服，羣臣當從皇帝二十七日而除，其天下吏人三日釋服，自遵遺詔。」祐甫以爲：「遺詔無朝臣、庶人之別，皆應三日釋服。」相與大爭，聲色陵厲。衮不能堪，乃奏祐甫率情變禮，貶之。

貶常衮爲潮州刺史，以崔祐甫同平章事。初，肅宗之世，天下務殷，宰相常有數人，更直決事，或休沐歸第，詔直事者代署其名而奏之，自是踵爲故事。時郭子儀、朱泚雖以軍功爲宰相，皆不預朝政，衮獨居政事堂，代二人署名，奏貶祐甫。既而二人表其非罪，上問：「卿屬言可貶，何也？」二人對初不知。上以衮爲欺罔，貶爲潮州刺史，而以祐甫代之，聞者震悚。時上居諒陰，委政祐甫，所言皆聽；而羣臣喪服竟用衮議。

胡氏曰：祐甫强辯廢禮，使其可行，則既相之後，可以行矣；而卒從衮議，豈非理有難奪乎！

初，至德以後，天下用兵，官爵冗濫。元、王秉政，賄賂公行。及衮爲相，思革其弊，四方奏請，一切不與，而無所甄別，賢愚同滯。祐甫欲收時望，作相未二百日，除官八百人，前後相矯，終不得其適。上嘗謂祐甫曰：「人或謗卿所用多涉親故，何也？」對曰：「臣爲陛下選擇百官，不敢不詳慎。苟平生未之識，何以諳其才行而用之。」上以爲然。

司馬公曰：用人者，無親疏、新故之殊，惟賢、不肖之察。其人未必賢也，以親故而取之，固非公也；苟賢矣，以親故而捨之，亦非公也。天下之賢，非一人所能盡，若必待素識而用之，所遺亦多。必也舉之以衆，取之以公，而已不置毫髮之私於其間，則無遺賢曠官之病矣！

詔罷四方貢獻，又罷梨園。樂工留者悉隸太常。

尊郭子儀爲尚父，加太尉，兼中書令。子儀以司徒、中書令領河中尹、靈州大都督、關內、河東副元帥，性寬大，政令頗不肅。代宗欲分其權而難之，至是詔尊子儀爲尚父，加太尉、中書令，所領副元帥、諸使悉罷之；以其裨將李懷光爲河中尹，常謙光爲靈州大都督，渾瑊爲單于大都護，分領其任。上以山陵近，禁屠宰。子儀之隸人犯禁，金吾將軍裴諝奏之。或謂曰：「君獨不爲郭公地乎？」諝曰：「此乃所以爲之地也。郭公勳高望重，上新即位，以爲羣臣附之者衆。吾故發其小過，以明郭公之不足畏。上尊天子，下安大臣，不亦可乎！」

詔天下毋得奏祥瑞，縱馴象，出宮女。澤州上慶雲圖。上曰：「朕以時和年豐爲嘉祥，以進賢顯忠爲良瑞，如卿雲、靈芝、珍禽、奇獸、怪草、異木，何益於人！布告天下，自今有此，無得上獻。」內莊宅有官租萬四千餘斛，上令分給所在，充軍儲。先是，外國累獻馴象，上曰：「象費豢養，而違物性，將安用之！」命縱於荆山之陽，及豹、貀、鬬鷄、獵犬之類悉縱之；又出宮女數百人。於是中外皆悅，淄青軍士至投兵相顧曰：「明主出矣，吾屬猶反乎！」

胡氏曰：君以養人爲職，凡爲人害者，必去之。故禹放龍、蛇，周公驅虎、豹、犀、象。夫象大而無用，且又傷人，受貢遠致，其害甚廣，治道建屋，儲糧衛送，校人求索，無所不至。其輕人而貴畜甚矣！德宗始初清明，其行事無愧於先王，是可法也。

以李希烈爲淮西節度使。代宗優寵宦官，奉使四方者還，問其所得頗少，則以爲輕吾命。由是中使所至，公求賂遺，重載而歸。上素知其弊，遣中使邵光超賜希烈旌節；希烈贈之僕、馬及縑七百疋。上怒，杖光超而流之。於是中使之未歸者，皆潛棄所得於山谷，雖與之，莫敢受。

范氏曰：德宗矯代宗之失，而深懲宦官之蠹，豈不明哉！然其終也，舉不信羣臣，而惟宦者之從，至委以禁兵〔一〕。而其後人主廢置，遂出於其手，則其爲害，又甚於代宗矣！何其明於知父而闇於知己乎！昔者明王欲改其先君之過者殆不然。故夫德宗即位之初，凡深矯代宗之政者，愚人以爲喜，而哲人以爲憂。蓋出於一時之鋭，而無忠信誠慤之心以守之，未有不甚之者也。

以馬燧爲河東節度使。河東騎士單弱，燧悉召牧馬廝役，得數千人，教之數月，皆爲精騎；造甲必爲長短三等，稱其所衣，以便進趨；又造戰車，行則載甲兵，止則爲營陳，或塞險以遏奔衝，器械無不精利。居一年，得選兵三萬。辟張建封爲判官，署李自良爲代州刺史，委任之。

殺兵部侍郎黎幹。幹狡險諛佞，與宦者劉忠翼相親善。忠翼恃寵貪縱。或言二人嘗勸代宗立獨孤貴妃子韓王迥者，於是皆賜死。

胡氏曰：黎幹，小人也，當黜無疑，而以譖愬無實之言殺之，則非矣。

以劉晏判度支。先是，劉晏、韓滉分掌天下財賦，晏掌河南、山南、江淮、嶺南，滉掌關内、河東、劍南。上素聞滉掊克，故罷其利權，而以晏兼之。初，第五琦始榷鹽以佐軍用，及劉晏代之，法益精密。初，歲入錢六十萬緡；末年，所入踰十倍，而人不厭苦。計一歲征賦所入，總一千二百萬緡，而鹽利居其太半。以鹽爲漕傭，自江、淮至渭橋，率萬斛傭七千緡。自淮以北，列置巡院，擇能吏主之，不煩州縣而集事。

六月，詔冤滯聽詣三司使及撾登聞鼓。詔：「天下冤滯，聽詣三司使，以中丞、舍人、給事中各一人，日於朝堂受詞推決。尚未盡者，聽撾登聞鼓。自今無得復奏置寺觀及請度僧尼。」於是撾鼓者甚衆。裴諝上疏曰：「訟者所爭皆細故，若天子一一親之，則安用吏理乎！」上乃悉歸之有司。

立皇子五人爲王。

立皇弟二人爲王。

胡氏曰：兄弟與己，皆先人遺體，非子所得比也，况先之乎！上則不足以表同氣之重，下則不足以立尊卑之訓，是過舉矣。

詔六品以上清望官，日令二人待制。

以白志貞爲神策都知兵馬使。王駕鶴典禁兵十餘年，權行中外，詔以爲東都園苑使，以白志貞代之。上恐其生變，崔祐甫召駕鶴與語，留連久之，志貞已視事矣。

遣使慰勞淄青將士。李正己畏上威名，表獻錢三十萬緡。上欲受之，恐見欺，却之則無辭。崔祐甫請「遣使慰勞淄青將士，因以賜之，使將士人人戴上恩；諸道知朝廷不重貨財」。上悦，從之。正己慚服。天下以爲太平之治，庶幾可望焉！

秋，七月朔，日食。

詔議省祖宗謚。吏部尚書顔真卿上言：「上元中，政在宫壼，始增祖宗之謚。玄宗末，姦臣竊命，有加至十一字者。按周之文、武，言文不稱武，言武不稱文，豈聖德所不優乎？蓋稱其至者也。請自中宗以上，皆從初謚，睿宗曰聖真皇帝，玄宗曰孝明皇帝，肅宗曰宣皇帝，以省文尚質，正名敦本。」上命百官集議。儒學之士，皆從真卿議，獨兵部侍郎袁傪，官以兵進，奏言：「陵廟玉册、木主，皆已刊勒，不可輕改。」事遂寢。不知陵中玉册所刻，乃初謚也。

罷客省。初，代宗之世，事多留滯，四夷使者及四方奏計，或連歲不遣，乃於右銀臺門置客省以處之；及上書言事孟浪者，失職未叙者，亦寘其中，動經十歲，常有數百人，度支廩給，其費甚廣。上悉命疏理，拘者出之，事竟者遣之，當叙者任之。歲省穀萬九千二百斛。

毁元載、馬璘、劉忠翼之第。天寶中，貴戚第舍雖極奢麗，而垣屋高下猶存制度。然李靖家廟已爲楊氏馬廄矣。及安、史亂後，法度墮弛，將相、宦官競治第舍，各窮其力而後止，時人謂之「木妖」。上素疾之，故毁其尤者。

減常貢錦千疋，服玩數千事。

罷榷酒。

胡氏曰：先王善政，後世鮮克遵之，以謂時異俗殊，不可膠柱而調瑟也；不善之政，興於聚斂之臣者，後世多不肯改，以謂强兵足用，不可既有而棄之也。不知三代之天下，亦後世之天下，所仰者，獨貢、助、什一而足。是何道也？取之有制，用之有節，量入爲出，無侈靡妄費，則貢、助、什一不啻足矣。是故知治體者，欲罷官榷酒，使民自爲之，而量取其利。雖未盡合古制，亦裕民去奢之漸也。德宗盡罷之，善矣；既而牟利最急。故知盡罷之未若勿榷而以予民之爲善也。

以張涉爲右散騎常侍。上之在東宮也，國子博士張涉爲侍讀；即位之夕，召入禁中，事皆咨之；明日，以爲翰林學士，親重無比；至是，以爲散騎常侍，學士如故。

八月，以楊炎、喬琳同平章事。上方勵精求治，不次用人，卜相於崔祐甫，祐甫薦炎器業，上亦素聞其名，故自道州司馬用之。琳粗率喜詼諧，無它長，與張涉善，涉稱其才可大用，上信而用之。聞者無不駭愕。既而祐甫病，不視事。

胡氏曰：上臣事君以人，莫難於薦引之士；宰相師表百僚，莫大於進退之節。當是時，可以爲相者李泌、顏真卿也，祐甫舍之而引楊炎，至於賜告廢務，不上乞骸之請，它人何責焉，祐甫則不當然也。

遣太常少卿韋倫使吐蕃。代宗之世，吐蕃數遣使求和，而寇盜不息，悉留其使者；俘獲其人，皆配江、嶺。上欲以德懷之，以倫爲使，悉集其俘五百人，各賜襲衣而遣之。

沈既濟上選舉議。議曰：「選舉之法三科，曰德也，才也，勞也。然安行徐言，非德也；麗藻芳翰，非才也；累資積考，非勞也。今乃以此求天下之士，固未盡矣。臣謂五品以上及羣司長官，宜令宰臣進叙，吏部、兵部得參議焉。其六品以下或僚佐之屬，許州府辟用，其或選用非公，則吏部、兵部察而使自擇，縱有情故，十猶七全。則辟吏之法，已試於今，但未及於州縣耳。」

歷、出入而行之，不知其它也。若牧守自用，則換一刺史則革矣。況今諸道諸使，自判官、副將以下，皆則曰命官出於吏曹，不敢廢也；責於侍郎，則曰量書判、資考而授之，不保其往也；責於令史，則曰按由舉之，加以譴黜，則衆才咸得，而官無不治矣。今擇才於吏部，而試職於州郡。若才職不稱，責於刺史，

胡氏曰：銓選年格之弊，天下莫不以爲當革，而莫有行之者，豈皆知之不及歟？蓋以自不能無私，而度人之不能公也；自以不能知人，而度人之亦不能知也。故寧付之成法，猶意乎拔十得五而已。縱未可盡革，如既濟之論，亦可救其甚弊矣。雖然，世無不可革之弊，以周、漢良法，崔亮、裴光庭一朝而廢之；則亮、光庭所建，何難改之有！爲政在人，人存政舉，其本則係乎人君有愛民之意與否耳！

以曹王皐爲衡州刺史。初，衡州刺史曹王皐有治行，湖南觀察使辛京杲疾之，陷以法，貶潮州刺史。楊炎知其直，及入相，復擢爲衡州。始皐之遭誣在治，念太妃老，將驚而戚，出則囚服就辨，入則擁笏垂魚；即貶于潮，以遷入賀。及是，然後跪謝告實。

九月，南詔王閤羅鳳死。子鳳迦異前死，孫異牟尋立。

冬，十月，吐蕃、南詔入寇；遣神策都將李晟等擊破之。崔寧在蜀十餘年，恃地險兵强，恣爲淫侈，朝廷患之而不能易。至是，入朝。吐蕃與南詔合兵三道入寇，諸將不能禦，州縣多陷。上憂之，趣寧歸鎮。楊炎言於上曰：「蜀地富饒，寧據有之，貢賦不入，與無蜀同。若其有功，則義不可奪。是蜀

地敗固失之，勝亦不得也。不若留寧，發范陽戍兵，雜禁兵往擊之，何憂不克！因得納親兵於其腹中，蜀將必不敢動。然後更授它帥，使千里沃壤，復爲國有。是因小害而收大利也。」上遂留寧，使神策都將李晟將兵四千，又發邠、隴、范陽兵五千，使將軍曲環將之，與東川、山南兵合擊吐蕃、南詔，破之，遂克維、茂二州。晟追擊於大度河外，又破之，凡殺八、九萬人。

葬元陵。初，上詔山陵制度務從優厚。刑部員外郎令狐峘上疏曰：「遺詔務從儉薄，而今欲優厚，豈顧命之意耶！」上優詔答之。及將發引，上見輼輬車不當馳道，問其故，有司對曰：「陛下本命在午，不敢衝也。」上哭曰：「安有枉靈駕而謀身利乎！」命改轅直午而行。肅宗、代宗皆喜陰陽鬼神，事無大小，必謀之卜祝，故王璵、黎幹以左道得進。上雅不之信，山陵但取七月之期，事集而發，不復擇日。

胡氏曰：古者大事必用卜。德宗不信陰陽家，善矣；山陵取七月，當矣。事集而發，不復擇日，則失之野。曷若於其月卜日之爲庶於禮也。

十一月，喬琳罷。琳以衰老耳聾，謀議疏闊罷政事。上由是疏張涉。

以崔寧爲朔方節度使。楊炎、崔寧交惡。炎以寧爲朔方節度使，鎮坊州；又以杜希全、張光晟、李建徽分知靈鹽、綏銀、鄜坊留後。時寧既出鎮，不當更置留後，炎欲奪寧權，且窺其所爲，令三人皆得自奏事，仍諷之使伺寧過失。

十二月，立宣王誦爲皇太子。

詔財賦皆歸左藏。舊制，天下金帛皆貯於左藏，太府四時上其數，比部覆其出入。及第五琦爲度支使，奏盡貯於大盈内庫，使宦官掌之，天子亦以取給爲便。由是以天下公賦爲人君私藏，有司不復得窺其多少，殆二十年。宦官蠶食其中，蟠結根據，牢不可動。楊炎頓首於上前曰：「財賦者，國之大本，生民之命，重輕安危，靡不由之。是以前世皆使重臣掌其事，猶或耗亂不集。今獨使中人，出入盈虚，大臣皆不得知，政之蠹弊，莫甚於此！請出之以歸有司，度宫中歲用，量數奉入。如此，然後可以爲政。」上即日下詔從之。炎以片言移人主意，議者稱之。

晦，日食。

遣關播招撫湖南盜賊。湖南賊帥王國良阻山爲盜，遣都官員外郎關播招撫之。播辭行，上問以爲政之要，對曰：「爲政之本，必求有道賢人，與之爲理。」上曰：「朕比已下詔求賢，又遣使搜訪矣。」對曰：「此唯得文詞干進之士耳。安有有道賢人肯隨牒舉選乎！」上悦。

胡氏曰：關播爲楊綰所薦，宜亦君子人矣，對德宗爲政之問，言亦大矣。向使德宗問以孰爲有道賢人，若何而可致？播豈默默而已哉！然播附盧杞而薦李元平，則恐播徒能言之，未必知有道賢人之爲誰也。其言雖大，其事難稱。不以人廢言，德宗勉焉可也。然古之時，鄉舉里選，故士從幼而貴己；後世設科取士，士有爲養、行志者，安得不由之以進乎！不由之者，上也；由之而反身獨造者，次也。及其成功，一也。

庚申（七八〇）

德宗皇帝建中元年

春，正月，始作兩稅法。唐初，賦斂之法，曰租、庸、調，有田則有租，有身則有庸，有户則有調。玄宗之末，版籍浸壞。至德兵起，所在賦斂，迫趣取辦，無復常準。丁户旬輸月送，不勝困弊，率皆逃徙。其土著者，百無四、五。至是，炎建議作兩稅法：先計州縣每歲所用及上供之數而賦於人，量出以制入。户無主、客，以見居爲簿；人無丁、中，以貧富爲差；爲行商者，在所州縣稅三十之一。居人之稅，秋、夏兩徵之。其租、庸、調、雜徭悉省，皆總於度支。上用其言，仍詔兩稅外輒率一錢者以枉法論。

范氏曰：德宗之政，名廉而實貪；故其令，始戒而終廢。蓋禁暴之法雖具，而誅求之意常出於法外，天下之吏，奉意而不奉法。逆意有罪，奉法無功，是以法雖存而常爲無用之文也。

罷轉運、租庸、鹽鐵等使，貶劉晏爲忠州刺史。初，劉晏爲吏部尚書，楊炎爲侍郎，不相悦。元載之死，晏有力焉。及上即位，晏久典利權，衆頗疾之，風言晏嘗密表勸代宗立獨孤妃爲后，楊炎因言晏與黎幹同謀。崔祐甫言：「茲事曖昧，況已更大赦，不當復究。」炎乃建言：「尚書省，國政之本，比置諸使，分奪其權。今宜復舊。」上從之。詔天下錢穀皆歸金部、倉部，罷晏轉運等使；尋貶忠州刺史。

二月，命黜陟使十一人分巡天下。先是，魏博節度使田悦事朝廷猶恭順，河北黜陟使洪經綸不曉時務，聞悦軍七萬人，符下罷其四萬，令還農。悦陽順命罷之，而集應罷者謂曰：「汝曹久在軍中，有父母妻子，今一旦爲黜陟使所罷，將何以自衣食乎？」衆大哭。悦乃出家財以賜之，使各還部伍。於是軍士皆德悦而怨朝廷。

以段秀實爲司農卿。崔祐甫有疾，多不視事。楊炎獨任大政，專以復恩讎爲事，奏用元載遺策，城原州；又欲發兩京、關內丁夫，浚豐州陵陽渠以興屯田。上遣中使訪之涇原節度使段秀實，秀實以爲：「邊備尚虛，未宜興事以召寇。」炎怒，以爲沮己，徵秀實爲司農卿，使李懷光兼涇原。京兆尹嚴郢奏：「按朔方五城，舊屯沃饒之地，自喪亂以來，人功不及，因致荒廢。若力可墾闢，不俟浚渠。今發人浚渠，得不補費，是虛畿甸而無益軍儲也。」疏奏，不報。既而渠竟不成。

以朱泚爲涇原節度使。楊炎欲城原州，命李懷光居前督作，朱泚、崔寧各將萬人翼其後。詔下涇州爲城具，將士怒曰：「吾屬始居邠州，甫營耕桑，有地著之安。徙屯涇州，披荊榛，立軍府，坐席未暖，又投之塞外。吾屬何罪而至此乎！」又以懷光嚴刻，皆懼。別駕劉文喜因衆心不安，據涇州不受詔，復求段秀實或朱泚爲帥。詔以泚代懷光。

三月，張涉坐贓，放歸田里。

以韓洄判度支，杜佑權江淮轉運使。楊炎罷度支、轉運使，既而省職久廢，莫能振舉，天下錢穀無所總領，乃復舊制。

夏，四月，劉文喜據涇州作亂，詔朱泚、李懷光討之。

上生日，不受獻。代宗之世，每元日、冬至、端午、生日，州府於常賦之外爲貢獻。上生日，四方貢獻皆不受。李正己、田悅各獻縑三萬疋，上悉歸之度支，以代租賦。

吐蕃遣使入貢。五月，復遣韋倫使吐蕃。所歸吐蕃俘，入其境，稱新天子出宮人，放禽獸，威德洽於中國。吐蕃大悅，除道迎韋倫，發使入貢，且致賻贈。既而蜀將上言：「吐蕃豺狼，所獲俘不可歸。」上曰：「戎狄犯塞則擊之，服則歸之。擊以示威，歸以示信。威信不立，何以懷遠！」悉命歸之。復遣倫使吐蕃。倫請上自爲載書，楊炎以爲非敵，請與郭子儀輩爲載書以聞，令上畫可而已，從之。

涇州諸將殺劉文喜以降。朱泚等圍文喜於涇州，久不拔，徵發餽運，内外騷然。朝臣上書請赦文喜者不可勝紀，上曰：「微孽不除，何以令天下！」文喜使其將劉海賓入奏，海賓言於上曰：「臣必爲陛下梟其首以獻。但文喜今所求者，節而已。願陛下姑與之，文喜必怠，則臣計得施矣。」上曰：「名器不可假人。爾能立效，固善；我節不可得也。」使歸以告，而攻之如初。減御膳以給軍士，城中將士賜予如故。城中勢窮，海賓與諸將共殺文喜，傳首。而原州竟不果城。李正己内不自安，遣參佐入奏事，上使觀文喜之首而歸。正己益懼。

六月，門下侍郎、同平章事崔祐甫卒。

築奉天城。術士桑道茂上言：「陛下不出數年，暫有離宫之厄。臣望奉天有天子氣，宜高大其城，以備非常。」上命京兆發丁夫數千，雜六軍之士，築奉天城。

回紇頓莫賀殺登里可汗而自立，遣使册命之。初，回紇風俗樸厚，君臣之等不甚異，故衆志專一，勁健無敵。及有功於唐，唐賜遺甚厚，登里可汗始自尊大，築宫殿以居，婦人有粉黛文繡之飾。中國爲之虚耗，而虜俗亦壞。及代宗崩，九姓胡附回紇者説登里以「中國富饒，今乘喪伐之，可有大利」。登里從之。其相頓莫賀諫，不聽；乘人心之不欲南寇，舉兵擊殺之而自立。遣使入見，請册命。詔京兆少尹源休册頓莫賀爲武義成功可汗。

秋，七月，邵州賊帥王國良降。國良本湖南牙將，觀察使辛京杲以其家富，使戍武岡，而以死罪加之。國良懼，據縣聚衆，侵掠州縣。討之，不克。及曹王皋爲觀察使，遺國良書曰：「我與將軍，俱爲京杲所構。我已蒙聖朝湔洗，何心復加兵刃於將軍乎！將軍遇我不降，後悔無及。」國良疑未決。皋乃從一騎，越五百里抵國良壁，大呼曰：「我曹王也，來受降。」國良大驚，趨出迎拜。皋執其手，約爲兄弟；盡焚攻守之具，散其衆，使還農。詔赦之。

遥尊帝母沈氏爲皇太后。上母沈氏，吴興人，安、史之亂，陷賊，不知所在。代宗即位，遣使求之，不獲。

殺忠州刺史劉晏。荆南節度使庾準希楊炎指，奏晏與朱泚書，求營救，辭多怨望；炎證成之。上密遣中使縊殺之，天下冤之。初，安、史之亂，天下户口什亡八、九，所在宿重兵，其費不貲，皆倚辦於晏。晏有精力，多機智，變通有無，曲盡其妙。常以厚直募善走者，置遞相望，覘報四方物價，不數日皆達，食貨輕重之權，悉制在掌握，國家獲利，而天下無甚貴、甚賤之憂。晏以爲辦集衆務，在於得人，故必擇通敏精悍廉勤之士而用之。常言：「士陷贓賄，則淪棄於時，名重於利，故士多清修；吏雖絜廉，終無顯榮，利重於名，故吏多貪污。」故其勾檢簿書，出納錢穀，事雖至細，必委之士類；吏惟書符牒，不得輕出一言。其屬官雖居數千里外，奉教令如在目前，無敢欺紿。權貴屬以親故，晏亦應之，俸給多少，遷次緩速，皆如其志，然無得親職事。晏又以爲户口滋多，則賦税自廣，故其理財，常以養民爲先。諸道各置知院官，每旬月，具雨雪豐歉之狀以告，豐則貴糴，歉則賤糶，或以穀易雜貨供官用，而於豐處賣之。知院官始見不稔之端，先申，至某月須如干蠲免，某月須如干救助，及期，晏不俟州縣申請，即奏行之，不待其困弊、流殍，然後賑之也。由是户口蕃息。始爲轉運使，時天下見户不過二百萬，其季年乃三百餘萬；非晏所統亦不增也。其初財賦歲入不過四百萬緡，季年乃千餘萬緡。晏專用榷鹽法充軍國之用。時自許、鄭之西，皆食河東池鹽，度支主之；汴、蔡之東，皆食海鹽，晏主之。晏以爲官多則民擾，故但於出鹽之鄉置官收鹽，轉鬻於商人，任其所之。其去鹽鄉遠者，轉官鹽於彼貯之。或商絶鹽貴，則減價鬻之，謂之常平鹽，官獲其利而民不乏鹽。其始江、淮鹽利不過四十萬緡，季年乃六百餘萬緡，由是國用充足而民不困弊。先是，運關東穀入長安者，以河流湍悍，率一斛得八斗至者，則爲成勞，受優賞。晏以爲江、汴、河、渭，水力不同，各隨便宜，造運船，教漕卒，緣水置倉，轉相受給。自是每歲運穀或至百餘萬斛，無斗升沈覆者。船十艘爲一綱，使軍將領之，十運無失，授優勞官。於揚子置場造船，艘給千緡。或言用不及半，請損之，晏曰：「不然，論大計者不可惜小費，凡事必爲永久之慮。今始置船場，執事者多，當先使之私用無窘，則官物堅完矣。若遽與之屑屑校計，安能久行乎！異日必有減之者，減半以下猶可也，過此則不能運矣。」後五十年，有司果減其半。及咸通中，有司計費而給之，無復羨餘，船益脆薄，漕運遂廢。晏爲人勤力，事無閑劇，必於一日中決之。後來言財利者皆莫能及。

胡氏曰：晏雖非賢者，然於國家有足食之功，罪不至死而置之死，欲以服姦雄之心，難矣！

又曰：劉晏言利之臣，君子所不道也。而其言有不可廢者：出納必委之士類，理財以養民爲先，官多則民擾，論大事不計小費，事必於一日中決之，皆可法也。夫晏之足國，其功豈王鉷、韋堅、楊慎矜之比，然亦不免於誅死，何也？利於上，必不利於下；利於公，必不利於私。不利則起怨，怨積則生禍矣。且史亦言衆頗疾之，是必有説矣。

八月，振武留後張光晟殺回紇使者九百餘人。代宗之世，九姓胡常冒回紇之名雜居京師，殖貨縱暴。上即位，命回紇使者董突盡帥其徒歸國，輜重甚盛。至振武，留數月，求資給，蹊果稼，人甚苦之。留後張光晟欲殺之，奏曰：「回紇、羣胡自相魚肉，陛下不乘此際除之，乃歸其人，與之財，正所謂借寇兵，齎盗糧者也。請殺之。」上不許。光晟乃使副將過其館門，故不爲禮，董突執而鞭之。光晟勒兵掩擊，并羣胡盡殺之，獨留一胡〔二〕，使歸國曰：「回紇謀襲據振武，故先事誅之。」回紇請復讎，上爲之貶光晟爲睦王傅。

九月，宣政殿廊壞。將作奏：「十月魁罔，未可修。」上曰：「但不妨公害人，則吉矣，安問時日！」即命修之。

冬，十月，貶薛邕爲連山尉。大曆以前，賦斂、出納、俸給皆無法，長吏得專之。重以元、王秉政，貨賂公行，天下不按贓吏者，殆二十年。上以宣歙觀察使薛邕文雅舊臣，徵爲左丞。邕去宣州，盗隱官物以巨萬計。殿中侍御史員寓發之，貶連山尉。於是州縣始畏朝典。上初即位，疏斥宦官，親任朝士，而張涉、薛邕繼以贓敗，宦官、武將皆曰：「南牙文臣贓至巨萬，而謂我曹濁亂天下，豈非欺罔邪！」於是上心始疑，不知所倚杖矣。

范氏曰：德宗之不明，豈足與有爲哉！二臣以贓敗，而疑天下之士皆貪，何其信小人之深，而待君子之淺也！舜不以朝有四凶而不舉元凱，周不以家有管、蔡而不封懿親。夫以失於一人而不取於衆，是以噎而廢食也。

以睦王述爲奉迎太后使。中書舍人高參請分遣諸沈訪求太后。詔以睦王述爲奉迎使，諸沈四人爲判官，分道求之。初，高力士有養女嫠居東京，頗能言宫中事。或意其爲沈太后，詣使者言狀。上喜，使宦官、宫人驗視，年狀頗同。高氏辭實非太后，驗視者疑之，强迎入上陽宫。上發宫女齎御物往供奉，高氏心動，乃自言是。驗視者走馬入奏，上大喜，羣臣入賀。詔有司草儀奉迎。高氏弟承悦恐獲罪，遽自言本末。上命力士養孫樊景超往覆視。景超謂曰：「姑何自置身於俎上！」因抗聲曰：「有詔，太后詐僞。」高氏乃曰：「吾爲人所强，非己出也。」以牛車載還其家。上恐後人不復敢言，皆不之罪，曰：「吾寧受百欺，庶幾得之。」

十一月，詔日引朝集使二人，訪遠人疾苦。

始定公主見舅姑禮。先是，公主下嫁者，舅姑拜之，婦不答。上命禮官定公主拜見舅姑之儀：舅姑坐受於中堂，諸父、兄姊立受於東序，如家人禮。有縣主將嫁，會上之從父妹卒，命罷之。有司奏供張已備，上曰：「爾愛其費，我愛其禮。」卒罷之。至德以來，國家多事，公主、郡、縣主多不以時嫁，有華髮者，上悉嫁之，所齎之物，必經心目。

是歲，天下兵民之數。税户三百八萬五千七十六，籍兵七十六萬八千餘人，税錢一千八十九萬八千餘緡，穀二百一十五萬七千餘斛。

辛酉(七八一)

二年。

春，正月，成德節度使李寶臣卒，子惟岳自稱留後。李寶臣欲以軍府傳其子惟岳，以其年少闇弱，豫誅諸將之難制者數十人。召易州刺史張孝忠，孝忠曰：「諸將何罪，連頸受戮！孝忠懼死，不敢往，亦不敢叛，正如公不入朝之意耳。」兵馬使王武俊位卑而有勇，寶臣特親愛之。故孝忠、武俊獨得全。及卒，孔目官胡震、家僮王它奴勸惟岳匿喪，詐爲寶臣表，請繼襲，不許。及發喪，自稱留後，使將佐共奏求旌節，又不許。初，寶臣與李正己、田承嗣、梁崇義相結，期以土地傳子孫。故承嗣之死，寶臣力爲悦請繼襲。至是，悦屢爲惟岳請，上亦不許。或曰：「不與必爲亂。」上曰：「賊本無資以爲亂，皆藉我土地，假我位號，以聚其衆耳。曏日因其所欲而命之多矣，而亂益滋。是爵命不足以已亂，而適足以長亂也。」竟不許。

胡氏曰：德宗所言皆人君之事也，而不能有濟者，失本末先後之序故也。

田悦乃與李正己各遣使詣惟岳，潛謀勒兵拒命。魏博節度副使田庭玠謂悦曰：「爾藉伯父遺業，但謹事朝廷，坐享富貴，奈何無故爲叛臣？兵興以來，逆亂者，誰能保其家乎！必欲行爾之志，可先殺我，無使我見田氏之族滅也。」因稱病卧家。悦往謝之，閉門不納，竟以憂卒。成德判官卲真泣諫惟岳曰：「先相公受國厚恩，大夫遽欲負之，此甚不可。若執青、魏使者送京師而討之，則節鉞庶可得矣。」惟岳然之，使真草奏。長史畢華曰：「先公與二道結好二十餘年，奈何一旦棄之！若朝廷未信，而二道襲我，何以待之？」惟岳又從之。定州刺史谷從政，惟岳之舅也，有膽略，頗讀書，爲寶臣所忌，稱病杜門，至是往見惟岳曰：「天子聰明英武，不欲諸侯子孫專地。爾今首違詔命，天子必遣諸道致討。苟一戰不勝，大將必有乘危伺便，取爾以爲功者。且先相公所殺大將以百數，其子弟欲復仇者，庸可數乎！又朱滔兄弟常切齒於我，天子必以爲將，何以當之？爲爾之計，不若辭謝將佐，使惟誠攝領軍府，身自入朝，乞留宿衛；上必悦爾忠義，不失榮禄。不然，大禍將至，悔之何及！」惟岳等見其言切，益惡之。惟誠者，惟岳之庶兄也，謙厚好書，得衆心。惟岳送之淄青，而遣王它奴詣從政家，察其起居，從政飲藥而卒，曰：「吾不憚死，哀張氏今族滅矣！」劉文喜死，正己、悦皆不自安；劉晏死，正己等益懼，相謂曰：「我輩豈得與劉晏比乎！」遂發兵萬人屯曹州；悦亦完聚，與崇義、惟岳相應，河南士民騷然驚駭。詔以永平節度使李勉爲都統備之。

以楊炎、盧杞同平章事。杞貌醜，色如藍，有口辯，上悦之。郭子儀每見賓客，姬妾不離側。杞嘗往問疾，子儀悉屏侍妾。或問其故，子儀曰：「杞貌陋而心險，婦人見之必笑。他日杞得志，吾族無類矣。」楊炎既殺劉晏，朝野側目。李正己累表請晏罪，炎懼，遣腹心分詣諸道，密諭以晏昔嘗請立獨孤后，上自殺之。上聞而惡之，由是有誅炎之志，擢杞爲相，不專任炎矣。炎素輕杞無學，多託疾不與會食，杞亦恨之。杞陰狡，欲起勢立威，小不附者，必欲寘之死地，引裴延齡爲集賢直學士，親任之。

范氏曰：君子與小人，莫不别其類。故任一小人而天下被其災害者，數十年而未已焉。德宗相杞，而杞引延齡，則其國政可知矣。置相可不慎哉！

更汴宋軍名曰宣武。

發京西兵戍關東。發京西防秋兵萬二千人戍關東。上御望春樓宴勞之，神策軍士獨不飲。上使詰之，其將楊惠元對曰：「臣等發奉天，軍帥張巨濟戒之曰：『此行大建功名，凱旋之日，相與爲歡；苟未捷，勿飲酒。』故不敢奉詔。」及行，有司緣道設酒食，獨惠元所部瓶罌不發。上深歎美，賜書勞之。

夏，四月，加梁崇義同平章事。崇義雖與正己等連結，兵勢寡弱，禮數最恭。或勸其入朝，崇義曰：「來公有大功於國，猶不免族誅。吾歲久釁積，何可往也？」李希烈屢請討之，崇義懼，益修武備。上使金部員外郎李舟詣襄州，勸崇義入朝，言頗切直，崇義不悦。時兩河諸鎮方猜阻，上欲示恩信以安之，加崇義同平章事，賜以鐵券，遣御史張著賫手詔徵之。

五月，增商税爲什一。以軍興故也。

田悦舉兵寇邢、洺。田悦、李正己、李惟岳定計連兵拒命。悦欲阻山爲境，曰：「邢、磁如兩眼在吾腹中，不可不取。」乃遣兵馬使康愔將兵八千人圍邢州，自將兵數萬圍臨洺。邢州刺史李共、臨洺將張伾堅壁拒守。悦召承嗣舊將邢曹俊問計，曹俊曰：「兵法十圍五攻，尚書以逆犯順，勢更不侔，今頓兵堅城之下，糧竭卒盡，自亡之道也。不若置萬兵於崞口，以遏西師，則河北二十四州皆爲尚書有矣。」悦不能用。

六月，以韓滉爲鎮海軍節度使。

梁崇義拒命，詔淮寧節度使李希烈督諸道兵討之。張著至襄陽，梁崇義不受詔。命希烈督諸道兵討之。楊炎諫曰：「希烈狼戾無親，無功猶屈强不法，使平崇義，何以制之？」上不聽。荆南牙將吳少誠以取崇義之策干希烈，希烈以爲前鋒。

以張萬福爲濠州刺史。時内自關中，西暨蜀、漢，南盡江、淮、閩、越，北至太原，所在出兵。李正己遣兵扼徐州甬橋、渦口，崇義阻兵襄陽，運路皆絶，人心震恐。江、淮進奉船千餘艘泊渦口，不敢進。上以張萬福爲濠州刺史。萬福馳至渦口，立馬岸上，發進奉船，淄青將士停岸睥睨不敢動。

尚父、太尉、中書令、汾陽忠武王郭子儀卒。子儀爲上將，擁强兵，程元振、魚朝恩讒謗百端，詔書一紙徵之，無不即日就道，由是讒謗不行。嘗遣使至田承嗣所，承嗣西望拜之，曰：「此膝不屈於人若干年矣。」李靈曜據汴州，公私物過汴者皆留之，惟子儀物不敢近，遣兵衛送出境。校中書令考凡二十四，家人三千人，八子、七婿皆爲顯官，諸孫數十人，每問安，不能盡辨，頷之而已。僕固懷恩、李懷光、渾瑊輩皆出麾下，雖貴爲王公，常頤指役使，趨走於前，家人亦以僕隸視之。天下以其身爲安危者殆三十年，功蓋天下而主不疑，位極人臣而衆不疾，窮奢極欲而人不非之，年八十五而終。其將佐爲名臣者甚衆。

胡氏曰：功蓋天下而上不疑，位極人臣而衆不疾，此漢、唐以來將相所難者，子儀以何道而能然？惟仗忠信、安義命而已矣。史又稱其窮奢極欲，愚竊恐其言之過矣。窮奢極欲，小人處富貴之所爲也，曾謂子儀之賢而有是哉！

秋，七月，安西、北庭遣使詣闕，詔賜李元忠爵寧塞郡王，郭昕武威郡王，贈袁光庭工部尚書。自吐蕃陷河、隴、伊、西，北庭節度使李元忠、四鎮留後郭昕帥將士閉境拒守，數遣使奉表，皆不達，聲問絶者十餘年。至是，遣使間道自回紇中來，上嘉之，皆賜爵郡王。昕，子儀弟也。光庭，天寶末爲伊州刺史，吐蕃攻之，累年不下，糧竭兵盡，自焚死。昕使至，朝廷始知之，故贈官。

楊炎罷，以張鎰同平章事。李希烈以久雨未進軍，上怪之。盧杞密言於上曰：「希烈遷延，以楊炎故也。陛下何愛炎一日之名，而墮大功；不若暫免炎相以悦之，事平復用，無傷也。」上以爲然，乃罷炎。

詔馬燧、李抱真、李晟討田悦，戰於臨洺，大破之。田悦攻臨洺，累月不拔。城中食且盡，張伾飾其愛女，使出拜將士曰：「諸軍守戰甚苦，伾家無他物，請鬻此女，爲將士一日之費。」衆皆哭曰：「願盡死力，不敢言賞。」李抱真告急於朝。詔馬燧及神策兵馬使李晟將兵討悦，又詔朱滔討惟岳。燧等軍未出險，先遣使持書諭悦，爲好語，悦謂燧畏之，不設備。燧等進軍至臨洺，悦悉衆力戰，悦兵大敗，斬首萬餘級。悦夜遁，邢州圍亦解。

平盧節度使李正己卒，子納自領軍務，與李惟岳遣兵救田悦。李正己卒，子納擅領軍務。田悦求救於納及惟岳，納及惟岳皆遣兵救之。悦收合散卒得二萬餘人，軍于洹水，淄青軍其東，成德軍其西，首尾相應。馬燧帥諸軍進屯鄴。詔河陽節度使李芃將兵會之〔三〕。李納始奏請襲位，上不許。

八月，李希烈與梁崇義戰，大破之。崇義死，傳首京師。

九月，以張孝忠爲成德節度使。朱滔將討李惟岳，張孝忠將兵守易州。滔遣判官蔡雄説孝忠曰：「惟岳乳臭兒，敢拒朝命。今田悦已破，襄陽亦平，河南諸軍朝夕北向，恒、魏之亡，可佇立而須也。使君誠能首舉易州以歸朝廷，此轉禍爲福之策也。」孝忠然之，遣使奉表詣闕。上悦，以孝忠爲成德節度使。孝忠德滔，深相結。

加李希烈同平章事，以李承爲山南東道節度使。初，希烈請討梁崇義，上亟稱其忠。黜陟使李承自淮西還，言於上曰：「希烈必立微功。但恐有功之後，更煩朝廷用兵耳。」上不以爲然。希烈既得襄陽，遂據之。上乃思承言，以爲山南東道節度使，欲以禁兵送上。承請單騎赴鎮。至襄陽，希烈寘之外館，迫脅萬方，承不屈。希烈乃大掠而去。承治期年，軍府稍完。

冬，十月，殺左僕射楊炎。初，蕭嵩家廟臨曲江，玄宗以娱遊之地非神靈所宅，命徙之。楊炎爲相，立廟復直其地。炎惡京兆尹嚴郢，盧杞欲陷炎，引以爲御史大夫。先是，炎有宅在東都，責以爲官廨，郢按之，以爲有羨利。杞召大理正田晉議法，晉以爲律當奪官。杞怒，貶晉，更召他吏議，以爲監主自盗，當絞。杞因言：「嵩廟地有王氣，故玄宗徙之。炎有異志，故取以建廟。」遂貶崖州司馬，遣中使護送，縊殺之。

胡氏曰：炎則有罪矣，乃聽盧杞自盗之誣，異志之譖(四)，遣中使縊之，則殺之不以其罪矣，炎其服乎！

祫于太廟。先是，太祖既正東向之位，獻、懿二祖皆藏西夾室，不饗。至是，復奉獻祖東向而饗之。

徐州刺史李洧以州降。徐州刺史李洧，正己之從父兄也，舉州歸國，遣巡官崔程奉表詣闕，乞領徐、海、沂觀察使，且曰：「今海、沂皆爲李納所有。洧與其刺史王涉、馬萬通有約，苟得朝廷詔書，必能成功。」程先白張鎰，盧杞怒，不從其請。以洧爲招諭使。

十一月，永樂公主適田華。上不欲違先志故也。

劉洽、唐朝臣等大破青魏兵於徐州。先是，李納遣其將王温會魏博兵共攻徐州，李洧遣王智興詣闕告急。智興善走，不五日而至。詔朔方大將唐朝臣將兵五千人，與宣武劉洽、神策兵馬使曲環、滑州李澄共救之。時朔方軍資裝不至，旗服弊惡，宣武人嗤之曰：「乞子能破賊乎！」朝臣以其言激怒士卒，且曰：「都統有令，先破賊者，營中物悉與之。」士皆爭奮，青魏兵大潰。洽等乘之，斬首八千級，溺死過半。朔方軍士盡得其輜重，旗服鮮華，乃謂宣武人曰：「乞子之功，孰與宋多！」乘勝逐北，至徐州城下，青魏軍解圍走。江、淮漕運始通。

詔削李惟岳官爵。

陳少遊擊海州，降之。

密州降。

壬戌（七八二）

三年。

春，正月，馬燧等大破田悦等於洹水，博、洺州降。馬燧等屯于漳濱。田悦築月城以守長橋。

燧以鐵鎖連車數百乘，實以土囊，塞其下流，涉淺而渡，進屯倉口，與悅夾洹水而軍。乃爲三橋，踰洹水，日往挑戰，悅不出。燧令諸軍夜半起食，潛師趨魏州，令之曰：「賊至，則止爲陳。」留百騎擊鼓鳴角於營中，畢發而止。伺悅軍畢渡，則焚其橋。軍行十里所，悅聞之，帥淄青、成德步騎四萬踰橋掩其後，乘風縱火，鼓譟而進。燧先除其前草莽百步爲戰場，結陳以待之。悅軍至，火止，氣衰，燧縱兵擊之，悅軍大敗。追奔至三橋，橋已焚，赴水溺死不可勝紀，斬首二萬級。悅收餘兵走魏州，嬰城拒守，士卒不滿數千。悅乃持佩刀立府門，召軍民流涕告之，欲自殺，將士爭前抱持之。悅乃與諸將斷髮爲誓，悉出府庫及斂富家，得百餘萬，以賞士卒。召邢曹俊，使整部伍，繕守備，軍勢復振。李納軍于濮陽，爲河南軍所逼，奔還濮州，徵兵於魏。悅遣符璘將三百騎送之，璘父令奇謂璘曰：「吾老矣，歷觀安、史輩叛亂者，今皆安在！田氏其能久乎！汝因此棄逆從順，是汝揚父名於後世也。」齧臂而别。璘與其副李瑶遂降於馬燧。悅收族其家，令奇慢罵而死。瑶父再春以博州降，田昂以洺州降。悅入城旬餘，燧等始至，攻之，不克。

朱滔、張孝忠與李惟岳戰，大敗之。趙州降。成德兵馬使王武俊殺惟岳，傳首京師。

李惟岳遣兵守束鹿，朱滔、張孝忠攻拔之。掌書記邵真復説惟岳密爲表，先遣弟惟簡入奏，然後身自入朝，使鄭詵權知節度事，以待朝命。田悅聞之怒，使人讓惟岳曰：「尚書舉兵，正爲大夫求旌節耳。今乃信邵真之言，遣弟奉表，歸罪尚書以自雪，尚書何負於大夫而至此邪！若斬邵真，則相待如初；不然，絶矣。」畢華復勸之，惟岳素怯，不能守前計，乃引邵真斬之，發兵圍束鹿。朱滔、張孝忠與戰，惟岳大敗，燒營而遁。王武俊爲左右所構，惟岳疑之，未忍殺也，束鹿之戰，使爲前鋒。武俊自念今破朱滔，則惟岳軍勢大振，歸必殺己，故戰不甚力而敗。惟岳將康日知以趙州歸國，惟岳益疑武俊。或曰：「武俊勇冠三軍，今危難之際，復加猜阻，欲使誰却敵乎？」惟岳以爲然，乃使武俊擊趙州，又使其子士真將兵宿府中。武俊既出，謂衛常寧曰：「今幸出虎口，當北歸張尚書。」常寧曰：「大夫暗弱，終爲朱滔所滅。且天子有詔誅之，中丞爲衆所服，倒戈以取之，轉禍爲福，如反掌耳。」武俊以爲然，遂引兵還襲惟岳，士真納之。武俊令曰：「大夫叛逆，將士歸順，敢違拒者族！」衆莫敢動，遂執惟岳殺之，傳首京師。

李納復陷海、密。

復榷天下酒。

定州降。

二月，以張孝忠爲易、定、滄節度使，王武俊爲恒冀團練使，康日知爲深趙團練使，以德、棣隸幽州。時河北略定，惟魏州未下，李納勢日蹙。朝廷謂天下不日可平，以孝忠爲易、定、滄州節度使，武俊、日知爲恒冀、深趙團練使，以德、棣二州隸朱滔，令還鎮。滔固請深州，不許，由是怨望，留屯深州。武俊自以不得爲節度使，又失趙、定，不悦。復有詔令武俊以糧三千石給朱滔，馬五百匹給馬燧。武俊以爲魏博既下，朝廷必取恒冀，故分其糧馬以弱之，疑，未肯奉詔。田悦聞之，遣判官王侑説朱滔曰：「今上志欲掃清河朔，不使藩鎮承襲，魏亡，則燕、趙爲之次矣。若司徒矜魏博而救之，非徒得存亡繼絶之義，亦子孫萬世之利也。」滔大喜，即遣侑歸報；又遣王郅説王武俊曰：「大夫出萬死之計，誅逆首，康日知豈得與大夫同日論功！ 而朝廷褒賞略同，誰不憤邑！ 今又聞詔支糧馬與鄰道，朝廷之意，先欲貧弱軍府，俟平魏之日，使馬僕射、朱司徒共相滅耳。司徒不敢自保，使郅等效愚計，欲與大夫共救田尚書，而以深州與大夫。三鎮連兵，若耳目手足之相救，則他日永無患矣！」武俊亦喜，許諾，相與刻日舉兵南向。

胡氏曰：武俊殺賊，賞之宜矣，乃吝惜節鉞，削其二州，又分其糧馬，此則朝廷忽事之過也。幽、魏連衡，而武俊不與之合，則田氏先亡，朱爲之次，不待踰年而決也。惜哉！ 事幾已至，而應之失宜。使李泌、顏真卿、李勉在朝而至然耶！

三月，以李洧兼徐、海、沂觀察使。劉洽攻李納于濮州，克其外城。納於城上涕泣求自新。李勉又遣人説之。納遣判官房説入見。會中使宋鳳朝稱納勢窮蹙，不可捨，上乃囚説等。納遂歸鄆州，復與田悦等合。朝廷以納勢未衰，始以洧兼徐、海、沂觀察使，而海、沂已爲納所據，洧竟無所得。

胡氏曰：盧杞若不怒崔程，則平盧失其右臂；德宗若不聽宋鳳朝，則田悦等喪其輔車，於是魏博孤立，河北平矣。小人之不可用如此！

夏，四月，朱滔、王武俊反，發兵救田悦，寇趙州，詔李懷光討之。上遣中使發盧龍、恒冀、易定兵討田悦，王武俊執使者送朱滔。滔言於衆曰：「將士有功者，吾奏求官勳皆不遂。今欲與諸君共擊馬燧，以取温飽，何如？」皆不應。三問，乃曰：「幽州之人自安、史之反，從而南者，無一人得還。今其遺人，痛入骨髓。況太尉、司徒，皆受國寵榮，將士亦各蒙官勳，誠且願保目前，不敢復有僥冀。」滔默然而罷，乃誅大將數十人，厚撫循其士卒。康日知聞其謀，以告馬燧，燧以聞。上以力未能制，賜滔爵通義郡王，冀以安之。而滔反謀益甚，分兵營趙州以逼康日知。武俊亦遣士真圍趙州。涿州刺史劉怦以書諫滔曰：「司徒但以忠順自持，則事無不濟。務大樂戰，不顧成敗，而家滅身屠者，安、史是也。惟司徒圖之，無貽後悔。」不聽。滔恐張孝忠爲後患，遣蔡雄往説之。孝忠曰：「昔司徒遣人語孝忠曰：『惟岳負恩爲逆，孝忠歸國即爲忠臣。』孝忠性直，用司徒之教。今既爲忠臣矣，不復助逆也。且武俊最喜翻覆，司徒勿忘鄙言。」雄復以巧詞説之，孝忠怒，欲執送京師；雄懼，逃歸。滔乃使劉怦將兵屯要害以備之。孝忠完城礪兵，獨居强寇之間，莫之能屈。滔將步騎二萬五千發深州，至束鹿。詰旦將行，士卒忽大亂，諠譟曰：「天子令司徒歸幽州，奈何違敕南救田悦！」滔大懼。蔡雄等謂士卒曰：「司徒血戰以取深州，冀得其絲纊以寬汝曹賦率，不意國家無信。今兹南行，乃爲汝曹，非自爲也。」衆曰：「雖知如此，終不如且奉詔歸鎮。」雄曰：「然則汝曹各歸部伍，休息數日，相與歸鎮耳。」衆然後定。滔即引軍還深州，密訪首謀者，得二百餘人，悉斬之，餘衆股栗。乃復舉兵而南，衆莫敢前却，進取寧晉。武俊將步騎萬五千取元氏。武俊之始誅李惟岳也，遣判官孟華入見，上問以河朔利害，華性忠直，有才略，應對慷慨，上悦，以爲恒冀團練副使。會武俊有異謀，上遽遣華歸諭旨。華至，武俊已出師，華諫曰：「聖意於大夫甚厚，苟盡忠義，何患官爵之不崇，土地之不廣，何遽自同於逆亂乎！異日無成，悔之何及！」武俊奪其職，遂與滔救魏州。詔朔方節度使李懷光將步騎萬五千人東討悦，且拒滔等。

范氏曰：飢食渴飲，以養其父母妻子，而終其天年，此民之常性也，豈樂爲叛亂而沈其族哉！

然自古治少而亂多，由上失其道而民不知所從，故姦雄得詭而用之也。天寶以後，幽、薊爲反逆之區，然朱滔劫其民如此，不得已而後從之，亦足見其本非好亂也。君人者可以省己而修政矣！苟行仁政，使民親其長，愛其上，驅之爲亂，莫肯從也，姦雄豈得而詐之哉！

括富商錢。時兩河用兵，月費百餘萬緡，府庫不支數月。太常博士韋都賓、陳京建議："請括富商錢，出萬緡者，借其餘以供軍。"上從之。判度支杜佑大索長安中商賈所有貨，意其不實，輒加搒捶，人不勝苦，有縊死者，長安囂然，如被寇盗，計所得纔八十餘萬緡。又括僦櫃質錢，凡蓄積錢帛粟麥者，皆借四分之一，封其櫃窖，百姓爲之罷市，相帥遮宰相馬自訴，以千萬數。盧杞始慰諭之，勢不可遏，疾驅得免。計并借商所得纔二百萬緡，人已竭矣。

范氏曰：人君用天下之力，取天下之財，征伐不庭，以一海内，所以保民也。而兵革既起，未嘗不自虐其民，暴斂之害，甚於寇盗。寇盗害民之命，而暴斂失民之心。害民命者，君得而治之；君失民心，則不可得而復收也。議者必曰：不有小害，不得大利，不有小殘，不成大功；一勞而久逸，暫費而永寧，是以人主甘心焉。而卒致大亂，此不可以不戒也！

胡氏曰：善用兵者，先富其民而實其府庫，必不得已而舉，猶當事不愆素，役不淹時，則已櫜弓衅甲矣。德宗誠有削平諸叛之志，慎擇賢材，置之輔相，修明政事，安養百姓，待以十年，諸鎮之守，或死或老，或付其子弟，或歸于將佐，其釁多矣，然後出充羨之財，命智勇之將，見可而進，克之必矣！乃眩聰明，逞智術，欲速成而失其序，於是借商税屋之事起，而京城内潰，大駕蒙塵矣。

功。上遣中使和解之。及王武俊逼趙州，抱真分麾下二千人戍邢州。燧大怒，欲引兵歸，李晟説燧曰：「李尚書以邢、趙連壤，分兵守之，誠未有害。今公遽自引去，衆謂公何？」燧悦，乃單騎造抱真壘，相與釋憾結歡。會田昂請入朝，燧奏以洺州隸抱真；李晟軍先隸抱真，又請兼隸燧，以示協和。

胡氏曰：喜怒者，氣也；不爲喜怒所使，惟循理者能之。雖然，氣與理，相爲勝負者也。純暴爲氣，則理幾亡，化之爲難。馬燧聞李晟一言，平積時之憾，蓋其客氣不勝，而理義本明也。燧非知學者，尚能如此，可以爲百世之師矣。

召朱泚入朝，以張鎰兼鳳翔節度使。朱滔遣人以蠟書遺朱泚，欲與同反，馬燧獲之，并使者送長安，泚不之知。上驛召泚至，示之，泚頓首請罪。上曰：「相去千里，初不同謀，非卿之罪也。」因留之長安，賜賚甚厚，以安其意。上以幽州兵在鳳翔，思得重臣代之。盧杞忌張鎰忠直，爲上所重，欲出之，乃對曰：「鳳翔將校皆高班，非宰相無以鎮撫，臣請自行。」上俯首未言。杞遽曰：「陛下必以臣貌寢，不爲三軍所伏，固惟陛下神算。」上乃顧鎰曰：「無以易卿。」鎰知爲杞所排，而無辭以免，因再拜受命。上初即位，崔祐甫爲相，務崇寬大，當時以爲有貞觀之風。及杞爲相，知上性多忌，因以疑似離間羣臣，始勸上以嚴刻御下，中外失望。

五月，詔增稅錢。淮南節度使陳少遊奏本道稅錢每千請增二百，詔他道皆增稅錢視此；又詔鹽每斗價皆增百錢。

洺州刺史田昂入朝。李抱真、馬燧數以事相恨望，怨隙遂深，不復相見。由是諸軍逗撓，久無成以易、定、滄州爲義武軍。

以源休爲光禄卿。上遣源休送突董等喪還其國，可汗遣其相頡子思迦等迎之。頡子思迦立休等於帳前雪中，詰以殺突董之狀，欲殺者數四，留五十日。可汗遣人謂之曰：「國人皆欲殺汝以償怨，我意不然。汝國已殺突董等，我又殺汝，如以血洗血，污益甚耳。今吾以水洗血，不亦善乎。」竟不得見可汗而還。休有口辯，盧杞恐其見上得幸，乘其未至，先除光禄卿。

六月，李懷光擊朱滔、王武俊於愜山，敗績。朱滔、王武俊軍至魏州，田悦具牛酒出迎。滔營於愜山。李懷光軍亦至，馬燧等盛軍容迎之，滔以爲襲己，遽出陣。懷光欲乘其營壘未就擊之，燧請且休士觀釁。懷光曰：「時不可失！」遂擊滔，滔軍崩沮。懷光按轡觀之，有喜色，士卒爭取寶貨。武俊引騎横衝之，懷光軍分爲二，滔引兵繼之，官軍大敗，溺死者不可勝數。燧等各收軍保壘。滔堰水絶官軍糧道、歸路，深三尺餘。燧懼，遣使卑辭謝滔，求歸。武俊以爲不可許，滔不從。燧與諸軍涉水而西，保魏縣以拒滔。武俊由是恨滔。滔等亦引兵營魏縣東南，與官軍隔水相拒。

秋，七月，李晟救趙州。晟請以所將兵北解趙州之圍，與張孝忠合勢圖范陽，上許之。晟趨趙州，王士真解圍去。晟北略恒州。

冬，十月，以曹王皋爲江西節度使。皋至洪州，悉集將佐，簡閲其才，得牙將伊慎、王鍔等，擢爲大將，引許孟容置幕府。慎常從李希烈，希烈愛其才，欲留之，慎逃歸。希烈聞皋用慎，恐爲己患，遺慎七屬甲，詐爲復書，墜之境上。上聞之，遣中使即軍中斬慎。會江賊入寇，皋遣慎擊賊自贖，慎擊破之，由是得免。

以關播同平章事。盧杞知上必更立相，恐其分己權，薦「播儒厚，可鎮風俗」。遂以爲相，政事皆決於杞，播但斂衽，無所可否。上嘗從容與宰相論事，播欲有所言，杞目之而止；出謂之曰：「以足下端慤少言，故相引至此。曏者奈何發口欲言邪！」播自是不復敢言。

十一月，加陳少遊同平章事。

范氏曰：少遊重斂以求寵，此民賊也。德宗推其法於天下，而以宰相賞之，安得無顛覆之禍乎！

朱滔、田悅、王武俊、李納皆自稱王。田悅德朱滔，與王武俊議奉滔爲主，臣事之，滔不可。幽州判官李子千等共議，以爲：「如此則常爲叛臣，用兵無名，使將吏無所依歸。請與鄆州爲四國，俱稱王，而不改年號。」滔等皆以爲然，乃自稱冀王，爲盟主；悅稱魏王，武俊稱趙王，納稱齊王，築壇告天而受之；各置百官，皆倣天朝而易其名。武俊以孟華爲司禮尚書，華不受，嘔血死。以衛常寧爲内史監，常寧謀殺武俊，武俊殺之。

胡氏曰：君子有言，雖盜賊相聚，禮樂未嘗亡：必有統屬，即禮也；必相聽順，即樂也。此其良心不可滅者也。顧爲利欲所昏，刑威所劫，則淪胥以敗耳。李子千之惡爲叛臣，豈非秉彝懿德乎？惜乎，惡其名而不惡其實，見其小而不見其大爾。苟能惡叛臣之實，而見君臣之大義，勸以順事朝廷，勿得專土。幸而見聽，功孰與比；不幸而斥而殺，其忠義之節終古不泯，方之爲大盜指蹤，不亦遠乎！

十二月，李希烈自稱天下都元帥。詔以李希烈兼平盧節度使，討李納。希烈帥所部徙鎮許州，遣所親詣納與謀共襲汴州；遣使告李勉假道之官。勉爲之治橋具餼以待之，而嚴爲之備，希烈竟不至。又密與朱滔等交通，納亦數遣遊兵渡汴迎希烈。由是東南轉輸者，皆自蔡水而上。滔等與官軍相拒累月，官軍有度支饋糧，諸道益兵；而幽、趙孤軍深入，專仰給於田悅。聞李希烈軍勢盛，頗相怨望，乃相與謀，遣使詣許州，勸希烈稱帝。希烈由是自稱天下都元帥。

癸亥(七八三)

四年。

春，正月，李希烈陷汝州，詔遣顔真卿宣慰之。李元平者，薄有才藝，性疏傲，敢大言，好論兵，關播奇之，薦於上，以爲將相之器；以汝州近許，擢元平爲别駕，知州事。元平至，即募工徒治城。希烈陰使壯士數百人往應募，繼遣其將李克誠將數百騎突至城下，應募者應之於内，縛元平馳去。元平見希烈，恐懼，便液污地。希烈駡之曰：「盲宰相以汝當我，何相輕也。」遣别將取尉氏，圍鄭州，東都震駭。初，盧杞惡太子太師顔真卿，欲出之。真卿謂曰：「先中丞傳首至平原，真卿以舌舐面血。今相公忍不相容乎！」杞矍然起拜，而恨之益深。至是，上問計於杞，杞對曰：「誠得儒雅重臣，爲陳禍福，可不勞軍旅而服。顔真卿三朝舊臣，忠直剛決，名重海内，人所信服，真其人也。」上以爲然。遣真卿宣慰希烈。詔下，舉朝失色。真卿乘驛至東都，留守鄭叔則曰：「往必不免，宜少留，須後命。」真卿曰：「君命也，將焉避之。」遂行。李勉表言：「失一元老，爲國家羞。」又使人邀之於道，不及。真卿與其子書，但敕以奉家廟、撫諸孤而已。至許，欲宣詔旨，希烈使其養子千餘環繞慢罵，拔刃擬之，真卿色不變。希烈麾衆令退，館而禮之，欲遣還。會李元平在座，真卿責之。元平慚，以密啓白希烈，遂留不遣。朱滔等各遣使詣希烈勸進，希烈召真卿示之曰：「四王見推，不謀而同。豈吾獨爲朝廷所忌，無所自容邪！」真卿曰：「此乃四凶，何謂四王？相公不自保功業，爲唐忠臣，乃與亂臣賊子相從，求與之同覆滅邪？」希烈不悦。他日，又與四使同宴，四使曰：「都統將稱大號，而太師適至，是天以宰相賜都統也。」真卿叱之曰：「汝知有罵安禄山而死者顔杲卿乎？乃吾兄也。吾年八十，知守節而死耳，豈受汝曹誘脅乎！」希烈掘坎於庭，云欲阬之。真卿怡然見希烈曰：「死生已定，何必多端！亟以一劍相與，豈不快公心事邪！」希烈乃謝之。

范氏曰：關播薦李元平，盧杞陷顔真卿，宰相之所好惡如此，其事暴於天下，非難見也，而德宗不知。惟其不好直而好佞，所以蔽也。

胡氏曰：魯公清忠直道，再爲常伯輔相，有虛位而不用，人君非知己矣；年踰七十，致仕而歸，不亦善乎！而與盧杞同朝，且有不相容之訴，而羈其所惡聞者，難以言智矣。

詔東都汝州節度使哥舒曜討李希烈。二月，克汝州。

三月，曹王皐敗李希烈兵，斬其將，拔黄、蘄州。時希烈兵栅蔡山，險不可攻。皐聲言西取蘄州，引舟師泝江而上，希烈之將引兵隨戰。皐乃復放舟順流而下，急攻蔡山，拔之，遂進拔蘄州。表伊慎爲刺史。

李希烈引兵歸蔡州。希烈遣其都虞候周曾等將兵三萬攻哥舒曜。曾等密謀還軍襲希烈，奉顔真卿爲節度使。希烈知之，襲曾等殺之。其黨寇鄭州者，聞之亦遁歸。希烈乃上表，歸咎於周曾等，引兵還蔡州，外示從順，實待朱滔等之援也。

胡氏曰：周曾之計若成，顔真卿肯從之乎？曰：從之，則何以異於羣叛！真卿固不爲也，亦將勸以請帥于朝矣。

荆南軍與李希烈戰，敗績。荆南節度使張伯儀與希烈兵戰于安州，大敗，亡其所持節。希烈使人以示顔真卿，真卿號慟投地，絶而復蘇，自是不復言。

夏，四月，以白志貞爲京城召募使。志貞請諸嘗爲節度、觀察、都團練使者，不問存没，並勒其子弟帥奴馬、自備資裝從軍，授以五品官。貧者苦之，人心始摇。

李晟圍清苑，朱滔救之，晟軍大敗。李晟謀取涿、莫二州，以絶幽、魏往來之路，圍清苑，累月不下。朱滔自將救之，晟軍大敗，還保定州。王武俊以滔未還魏橋，遣宋端趣之，言頗不遜。滔怒曰：「滔以救魏博之故，叛君棄兄如脱屣；二兄必相疑，惟二兄所爲！」武俊遣使者見滔謝之，然以是益恨滔矣。李抱真使參謀賈林詣武俊詐降，説之曰：「天子知大夫宿著誠效，登壇之日，撫膺顧左右曰：『我本徇忠義，天子不察。』諸將亦嘗共表大夫之志。天子語使者曰：『朕前事誠誤，悔之無及。朋友失意尚可謝，况朕爲四海之主乎！』」武俊曰：「僕胡人也，爲將尚知愛百姓，况天子豈專以殺人爲事乎！僕不憚歸國，但已與諸鎮結盟，不欲使曲在己。天子誠能下詔赦諸鎮之罪，僕當首唱從化。有不從者，請奉辭伐之。如此，則上不負天子，下不負同列。不過五旬，河朔定矣。」使林還報抱真，陰相約結。

初行稅間架，除陌錢法。時河東、澤潞、河陽、朔方四軍屯魏縣，神策、永平、宣武、淮南、浙西、荆南、江沔、沔鄂、湖南、黔中、劍南、嶺南諸軍環淮寧之境。舊制，諸道軍出境，則仰給度支。上優恤士卒，每出境，加給酒肉，本道糧仍給其家，一人兼三人之給，故將士利之。各出軍纔踰境而止，月費錢百三十餘萬緡，常賦不能供。判度支趙贊乃奏行二法：所謂稅間架者，每屋兩架爲間，上屋稅錢二千，中稅千，下稅五百。敢匿一間，杖六十，賞告者錢五十緡。所謂除陌錢者，公私給與及賣買，每緡官留五十錢，給他物，及相貿易者，約錢爲率。敢隱錢百者，杖六十，罰錢二千，賞告者錢十緡，賞錢皆出坐者。於是愁怨之聲，盈於遠近。

范氏曰：德宗有平一海内之志，而求欲速之功，不務養民，而先用武，民愁兵怨，激而成亂。自古不固邦本而攻戰不息者，必有意外之患，此後王之深戒也！

胡氏曰：稅間架，墊陌錢，其事至陋，而禍甚速，然其流終不能絶也。手實之法，自室廬而及於釜盎狗雞，不甚於稅間架乎？入官者以百爲陌，其出也，留其二十有三，不甚於墊陌錢乎？前世以此喪邦，後世以此理財，謂人主可欺也，豈非孟子所謂「民賊」乎！

秋，七月，遣禮部尚書李揆使吐蕃。李揆有才望，盧杞惡之，故使之入吐蕃。揆言於上曰：「臣不憚遠行，恐死於道路，不能達詔命。」上爲之惻然，謂杞曰：「揆無乃太老。」對曰：「使遠夷，非諳練故事者不可。且掞行，則自今年少於掞者不敢辭遠使矣。」掞乃行，還至鳳州卒。

八月，李希烈寇襄城，詔發涇原等道兵救之。初，上在東宮，聞監察御史陸贄名，即位，召爲翰林學士，數問以得失。贄曰：「克敵之要，在乎將得其人；馭將之方，在乎操得其柄。將非其人者，兵雖衆不足恃；操失其柄者，將雖材不爲用。將不能使兵，國不能馭將，非止費財翫寇之弊，亦有不戢自焚之災。今兩河、淮西爲叛亂者，獨四、五凶人而已，尚恐其中或有詿誤失圖，勢不得止者；況其餘衆，蓋並脅從，苟知全生，豈願爲惡。」又曰：「人者邦之本，財者人之心。心傷則其本傷，本傷則枝幹顛瘁矣。是以兵貴拙速，不尚巧遲。若不靖於本而務救於末，則救之所爲，乃禍之所起也。」又論關中形勢，以爲：「王者蓄威以昭德，偏廢則危；居重以馭輕，倒持則悖。王畿者，四方之本也，太宗列置府兵，分隸禁衛；諸府八百餘所，而在關中者殆五百焉，舉天下不敵關中，則居重馭輕之意明矣。承平漸久，武備浸微，故禄山竊倒持之柄，一舉滔天；乾元之後，繼有外虞，悉師東討，故吐蕃乘虛深入，先帝避之東遊，是皆失居重馭輕之權，忘深根固柢之慮。追想及此，豈不寒心！今朔方、太原之衆遠在山東，神策六軍之兵繼出關外，儻有賊臣啗寇，黠虜覦邊，未審陛下何以禦之？立國之安危在勢，任事之濟否在人。勢苟安，則異類同心；勢苟危，則舟中敵國。陛下豈可不追鑒往事，惟新令圖，修偏廢之柄以靖人，復倒持之權以固國乎！今關輔之間，徵發已甚，宫苑之内，備衛不全。萬一將帥之中，又如朱滔、希烈，竊發郊畿，驚犯城闕，未審陛下復何以備之？臣願追還神策六軍、節將子弟，明敕涇、隴、邠、寧更不徵發。仍罷間架等税，冀已輸者弭怨，見處者獲寧，則人心不摇，而邦本固矣。」上不能用。

范氏曰：贄論用兵之致亂，如蓍龜之先見，何其智哉！天下之患，在於人莫敢言，而君不得知。苟言之而不聽，則必亂而已矣！

九月，神策、宣武兵襲許州，敗於滬澗。時李勉遣其將唐漢臣將兵萬人救襄城，上遣神策將劉德信帥諸將家應募者三千人助之。勉奏：「希烈精兵皆在襄城，許州空虛。若襲許州，則襄城自解。」遣二將趣許州，未至數十里，上遣中使責其違詔，二將狼狽而返。李克誠伏兵邀之於滬澗，殺傷大半。希烈遊兵至伊闕。勉復遣其將李堅帥兵助守東都，希烈以兵絶其後，堅軍不得還，汴軍由是不振，襄城益危。

冬，十月，涇原兵過京師作亂，上如奉天。朱泚反，據長安。上發涇原等道兵救襄城。十月，節度使姚令言將兵五千至京城，軍士冒雨寒甚，多攜子弟而來，冀得厚賜遺其家。既至，一無所賜。發至滻水，詔京兆尹王翃犒師，惟糲食菜餤。衆怒，蹴而覆之，曰：「吾輩將死於敵，而食且不飽，安能以微命拒白刃邪！聞瓊林、大盈二庫金帛盈溢，不如相與取之。」乃擐甲張旗，鼓譟還趣京城。上遽命賜帛，人二匹，衆益怒，射中使殺之，遂入城。百姓駭走，賊大呼告之曰：「汝曹勿恐，不奪汝商貨僦質矣，不稅汝間架陌錢矣！」初，白志貞募禁兵，東征死亡者皆不以聞，但受市井富兒賂而補之，名在軍籍受給賜，而身居市廛爲販鬻。段秀實上言：「禁兵不精，其數全少，卒有患難，何以待之？」不聽。至是，上召禁兵以禦賊，竟無一人至者，乃與太子、諸王、公主自苑北門出，王貴妃以傳國寶繫衣中，宦官竇文場、霍仙鳴帥宦官左右僅百人以從。後宮、諸王、公主不及從者什七、八。

范氏曰：周公作立政以戒成王，自左右常伯至于綴衣、虎賁，皆選忠良而勿以憸人。是時齊侯吕伋掌天子之兵，故康王之立，太保命仲桓、南宫毛取干戈虎賁於伋以逆之。周家以爲天子心膂爪牙者，太公之子也；其發之也，以宰相之命，二諸侯往焉，慎重如此，王室其可亂乎！晉悼公使其臣，訓諸御知義，羣騶知禮。至漢之時，宿衛者猶以忠力之臣與公卿之子，蓋古之遺法也。夫以天子之尊，必使諸侯與天下之賢者，共扞衛之，訓其徒旅，使知禮義，然後足以爲固。後世苟簡，人君多疑，寧與小人而不與君子。德宗之世，所任尤非其人，至於變起京邑，而無一卒之衛。其後懲前之失，委之宦者，而其禍愈深。夫聚天下不義之人，使執利器，而環天子之居，不以付之忠賢臣，是以知後世人主之不尊，國家之無法也。

翰林學士姜公輔叩馬言曰：「朱泚嘗爲涇帥，廢處京師，心常怏怏，今亂兵若奉以爲主，則難制矣。請召使從行。」上曰：「無及矣。」夜至咸陽，飯數匕而過。羣臣皆不知乘輿所之，盧杞、關播、白志貞、王翃、陸贄等追及於咸陽。賊登含元殿，讙噪爭入府庫，運金帛。姚令言曰：「今衆無主，不能持久，朱太尉閑居私第，請相與奉之。」衆許諾，乃遣騎迎朱泚入宫，居白華殿，自稱權知六軍。百官出見泚，或勸迎乘輿，泚不悦。源休以使回紇還，賞薄，怨朝廷，入見泚，爲陳成敗，引符命，勸之僭逆。上思桑道茂之言，幸奉天，金吾大將軍渾瑊繼至。瑊素有威望，衆心恃之稍安。檢校司空李忠臣、太僕卿張光晟皆鬱鬱不得志，至是與工部侍郎蔣鎮皆爲泚用。泚以司農卿段秀實久失兵柄，意其必怏怏，遣騎召之，不納；騎士踰垣入劫之。秀實乃謂子弟曰：「吾當以死徇社稷耳。」乃往見泚，説之曰：「犒賜不豐，有司之過也，天子安得知之！公宜以此開諭將士，示以禍福，奉迎乘輿，此莫大之功也！」泚不悅。上徵近道兵入援。有上言：「朱泚爲亂兵所立，且來攻城，宜早修守備。」盧杞切齒言曰：「朱泚忠貞，羣臣莫及，奈何言其從亂，傷大臣心！臣請以百口保其不反。」上亦以爲然。又聞羣臣勸泚奉迎，乃詔諸道援兵至者，皆營於三十里外。姜公輔諫曰：「今宿衛單寡，有備無患。若泚奉迎，何憚兵多！」上乃悉召援兵入城。盧杞、白志貞請擇大臣入城宣慰，金吾將軍吳溆獨請行，退而告人曰：「食其禄而違其難，何以爲臣！吾非不知往必死，但舉朝無蹈難之臣，使聖情慊慊耳。」遂奉詔詣泚，泚殺之。

司農卿段秀實謀誅朱泚，不克，死之。

秀實與將軍劉海賓、涇原將吏何明禮、岐靈岳謀誅朱泚，迎乘輿，未發。泚遣韓旻將鋭兵三千，聲言迎駕，實襲奉天。秀實謂靈岳曰：「事急矣。」使靈岳詐爲姚令言符，令旻且還；竊其印未至，秀實倒用司農印印符，追之，旻得符而還。秀實謂同謀曰：「旻還，吾屬無類矣。我當直搏泚殺之，不克則死，終不能爲之臣也。」使海賓、明禮陰結死士爲應。旻至，泚、令言大驚，靈岳獨承其罪而死。泚召李忠臣、源休、姚令言及秀實等議稱帝事，秀實勃然起，奪休象笏，前唾泚面，大罵曰：「狂賊，吾恨不斬汝萬段，豈從汝反邪！」因以笏擊泚，中其額，濺血灑地。海賓不敢進而逸，忠臣前助泚，泚得脱走。秀實知事不成，謂泚黨曰：「我不同汝反，何不殺我！」衆争前殺之。海賓捕得見殺。明禮後從泚攻奉天，復謀殺泚，亦死。上聞秀實之死，恨委用不至，涕泗久之。

胡氏曰：秀實不死，志將有所圖也。然無濟理也，則亟死爲正，秀實亦可謂知所處者，然恨其未盡善也。亂兵入城，天子出避，執覊靮以從，人臣所當爲也。秀實不知此，而猶爲司農卿，見幾不敏。惜哉！抱忠負材，草草而死也。

鳳翔將李楚琳殺節度使張鎰，降于朱泚。鎰性儒緩，好修飾邊幅，不習軍事，聞上在奉天，欲迎大駕，具服用貨財獻于行在。楚琳嘗事朱泚，爲泚所厚。行軍司馬齊映、齊抗言於鎰曰：「不去楚琳，必爲亂首！」鎰命楚琳出屯隴州。楚琳夜與其黨作亂，殺鎰。上始以奉天迫隘，欲幸鳳翔。户部尚書蕭復曰：「鳳翔將卒皆朱泚故部曲，其中必有與之同惡者。臣尚憂張鎰不能久，豈得以鑾輿蹈不測之淵乎！」上曰：「吾行計已決，試爲卿留一日。」明日，聞亂乃止。齊映、齊抗皆詣奉天，以映爲御史中丞，抗爲侍御史。楚琳自爲節度使，降于朱泚。

朱泚僭號。朱泚自稱大秦皇帝，改元應天，以姚令言、李忠臣爲侍中，源休同平章事，蔣鎮、樊系、張光晟等拜官有差，立弟滔爲皇太弟。休勸泚誅剪宗室以絶人望，殺凡七十七人。系爲泚譔册文，既成，仰藥而死。大理卿蔣沇詣行在，爲賊所得，逼以官，沇絶食稱病，潛竄得免。泚尋改國號漢。

范氏曰：死非難也，處死爲難。使系能拒泚，不作册文而死，豈不爲忠臣乎！而文成乃死，是亦爲逆矣，惜哉！夫爲忠爲逆，在作與不作而已。系之不敢拒泚，不過畏死，而卒不免。然則其死也，特臧獲婢妾之引決耳，非能勇也。士有不幸而身處危亂者，其亦視此以爲戒哉！

李希烈陷襄城。

以馮河清爲涇原節度使。右龍武將軍李觀將衛兵千餘人，從上於奉天，上委之召募，數日得五千餘人，列之通衢，旗鼓嚴整，城人爲之增氣。姚令言之東出也，以馮河清爲判官，姚況知州事。河清、況聞上幸奉天，集將士大哭，激以忠義，發甲兵輸行在。城中得之，士氣大振。詔以河清爲節度使，況爲司馬。

殺右僕射崔寧。上至奉天數日，崔寧始至，上喜甚，撫勞有加。寧退謂所親曰：「主上聰明英武，從善如流，但爲盧杞所惑，以至於此。」因潸然出涕。杞聞之，與王翃謀陷之。會泚下詔以寧爲中書令，翃詐爲寧遺泚書，獻之。杞譖寧與泚結盟，約爲内應，故獨後至。上遣中使縊殺之，中外皆稱其冤。

李懷光帥衆赴長安。上遣中使告難於魏縣行營，諸將相與慟哭。懷光遂赴長安，馬燧、李芃引兵歸鎮，李抱真退屯臨洺。

以蕭復、劉從一、姜公輔同平章事。

泚犯奉天，詔韓游瓌、渾瑊拒之。泚自將逼奉天，軍勢甚盛。邠寧留後韓游瓌將兵拒泚，遇於醴泉。游瓌欲還，監軍翟文秀曰：「我向奉天，賊亦隨至，是引賊以迫天子也。不若留壁於此，賊必不敢越我。若不顧而過，則與奉天夾攻之。」游瓌曰：「賊强我弱，若賊分軍以綴我，直趣奉天，奉天兵亦弱，何夾攻之有！我今急趣奉天，所以衛天子也。」遂引兵入，泚亦隨至。渾瑊與游瓌血戰竟日，賊乃退。造攻具，毁佛寺以爲梯衝。游瓌曰：「寺材皆乾薪，但具火以待之。」上與陸贄語及亂故，深自克責。贄曰：「致今日之患，皆羣臣之罪也。」上曰：「此亦天命，非由人事。」贄退，上疏曰：「陛下志壹區宇，四征不庭，兇渠稽誅，逆將繼亂，兵連禍結，行及三年。行者有鋒刃之憂，居者有誅求之困。非常之虞，億兆同慮。唯陛下穆然凝邃，獨不得聞，至使兇卒鼓行，白晝犯闕。陛下有股肱之臣，有耳目之任，有諫諍之列，有備衛之司，見危不能竭其誠，臨難不能效其死，所謂羣臣之罪，豈徒言歟！臣又聞之，天所視聽，皆因於人。人事理而天命降亂者，未之有也；人事亂而天命降康者，亦未之有也。自頃征討頗頻，刑網稍密，物力竭耗，人心驚疑。上自朝列，下達蒸黎，日夕族黨聚謀，咸憂必有變故，旋屬涇原叛卒，果如衆庶所虞。京師之人，動踰億計，固非悉知算術，皆曉占書，則明致寇之由，未必盡關天命。臣聞理或生亂，亂或資理，有以無難而失守，有以多難而興邦。今生亂失守之事，則既往不可復追矣；其資理興邦之業，在陛下克勵而謹修之而已。」

胡氏曰：陸公論羣臣之罪，而以股肱、耳目爲首，此指盧杞而不斥其名也。贄疏既上，而懷光表至，於是逐杞。蓋贄之説，明辨有理，方之詆訐毀駡者，其效優矣。

田悦、王武俊寇臨洺。

田悦説王武俊共擊李抱真。抱真復遣賈林説武俊曰：「臨洺兵精而有備，未易輕也。今戰勝得地，則利歸魏博；不勝，則恒冀大傷。且易、定、滄、趙皆大夫之故地也，不如先取之。」武俊乃辭悦北歸。先是，武俊召回紇兵。至是，回紇達干將三千人至幽州，滔因説之，欲與俱取東都。賈林復説武俊曰：「自古國家有患，未必不因之更興，況主上聰明英武，天下誰肯捨之，共事朱泚乎！滔自爲盟主以來，輕蔑同列，今又西倚其兄，北引回紇，其志欲盡吞河朔而王之。大夫雖欲爲之臣，不可得矣。且大夫本以忠義手誅叛臣，當時宰相處置失宜，爲滔所誑誘，故蹉跌至此。若與昭義併力取滔，其勢必獲。滔亡，則泚自破。此不世之功，轉禍爲福之道也。今諸道輻湊攻泚，不日當平。天下已定，大夫乃悔而歸國，則已晚矣！」武俊攘袂作色曰：「二百年天子，吾不能臣，豈能臣此田舍兒乎！」遂密與抱真及馬燧相結，約爲兄弟，然猶外事滔。

將軍高重捷及泚兵戰，死。將軍高重捷與泚驍將李日月戰於梁山，破之，乘勝逐北，賊伏兵擒之，斬其首而去。上哭之盡哀，結蒲爲首而葬之。泚見其首，亦哭曰：「忠臣也。」束蒲爲身而葬之。日月亦戰死於城下，歸其尸，其母不哭，罵曰：「奚奴，國家何負於汝而反，死已晚矣！」及泚敗，獨日月之母不坐。

十一月，以韋皋爲奉義軍節度使。初，泚鎮鳳翔，遣將牛雲光戍隴州。至是，欲執留後韋皋以應泚，事泄，帥衆奔泚，遇泚遣中使蘇玉賫詔書加皋中丞。玉謂之曰：「韋皋書生也。君不如與我俱之隴州。皋不受命，君以兵誅之，如取孤豘耳。」雲光從之。皋乃先納蘇玉，受其詔書，謂雲光曰：「大使苟無異心，請悉納甲兵乃可入。」雲光易之，輸甲兵而入，皋伏甲誅之。築壇盟將士，曰：「李楚琳賊虐本使，既不事上，安能恤下！宜相與討之。」遣兄平、弇詣奉天。詔以隴州爲奉義軍，擢皋爲節度使。

靈武、鹽夏、渭北諸將合兵入援，遇賊潰歸。靈武留後杜希全及鹽、夏刺史戴休顔時常春、渭北節度李建徽合兵萬人入援。將至奉天，上召將相議道所從出，渾瑊曰：「漢谷險狹，恐爲賊所邀；不若自乾陵北過，且分賊勢。」盧杞曰：「漢谷路近，若爲賊所邀，則城中出兵應接可也。儻出乾陵，恐驚陵寢。」瑊曰：「自泚圍城，日斬乾陵松柏，其驚多矣。今城中危急，諸道救兵未至，唯希全等來，所繫非輕，若得營據要地，則泚可破也。」杞曰：「陛下行師，豈比逆賊！」上乃從杞策。希全等果爲賊所邀，死傷甚衆，四軍皆潰，退保邠州。泚攻益急，移帳於乾陵，下視城中。

范氏曰：人君聽言，以事驗之，則羣臣忠邪、賢不肖見矣。姜公輔策朱泚必反，蕭復言鳳翔必亂，何其明也！盧杞以百口保泚而泚反，請遣大臣宣慰而吴溆没，又誤援軍，奉天益危，謀國乖剌如此，其人可知矣！德宗雖以公輔與復爲相，不旋踵而疏斥之；杞則至死而猶以爲賢。自古臨禍難而不悟，鮮有如德宗者也。

李晟將兵入援。渾瑊擊朱泚，破走之，奉天圍解。李晟聞上幸奉天，引兵出飛狐道，晝夜兼行，詔以爲行營節度使。泚圍奉天經月，城中資糧俱盡，嘗遣健步出城覘賊，其人懇以苦寒，乞一襦袴，上爲求之不獲，竟憫默而遣之。時供御纔有糲米二斛，每伺賊間，夜縋人於城外，采蕪菁根而進之。上召公卿將吏謂曰：「朕以不德，自陷危亡；公輩無罪，宜早降以救室家。」羣臣皆頓首流涕，期盡死力。故將士雖困急，而鋭氣不衰。

范氏曰：德宗以飢羸之卒，守一縣之地，而當朱泚十萬之師，備禦俱竭，危不容喘，所恃者，人心未去也，卒能克復宗社，不失舊物。而況以天下之大，億兆之衆，守之以道德，用之以仁義，其誰能敵之！故人君苟得民心，則不在地之廣狹，兵之衆寡，王天下猶反掌也。湯以七十里，文王以百里，豈不信哉！

李懷光以兵五萬入援，至蒲城。李晟亦自蒲津濟，軍於東渭橋，有卒四千。晟善於撫御，與士卒同甘苦，人樂從之，旬月間至萬餘人。泚將何望之襲據華州，潼關守將駱元光襲破之。遂軍華州，召募得萬餘人，數破泚兵。賊由是不能東出。上即以元光爲節度使。馬燧遣其司馬王權及子彙將兵五千人屯中渭橋。泚黨所據惟長安城，出戰屢敗。泚以爲憂，乃急攻奉天，造雲梯，高廣數丈，上容壯士五百人。城中恟懼，渾瑊迎其所來，鑿地道，積薪蓄火以待之。賊攻南城，韓遊瓌引兵嚴備東北，賊果併兵攻之，推雲梯，上施濕氈，縣水囊，火炬、矢石所不能傷，賊已有登城者。上與渾瑊對泣，羣臣惟仰首祝天。上以無名告身千餘通授瑊，使募敢死士禦之。時士卒凍餒，又乏甲胄，瑊撫諭之，激以忠義，皆鼓譟力戰。瑊中流矢，進戰不輟。會雲梯輾地道輪陷，不能前却，火從地出，須臾灰燼，賊乃引退。於是三門出兵，太子督戰，賊徒大敗。李懷光引兵西，先遣兵馬使張韶賫蠟表，間行至奉天，值賊方攻城，驅使填塹，得間入城。上大喜，城中歡聲如雷。懷光亦敗泚兵於醴泉，泚遂遁歸長安。衆以爲懷光、復三日不至，則城不守矣。泚退，從臣皆賀，汴滑兵馬使賈隱林進言曰：「陛下性太急，不能容物。若此性未改，雖朱泚敗亡，憂未艾也。」上甚稱之。侍御史万俟著開金、商運路，諸道貢賦繼至，用度始振。泚至長安，爲城守之計，不愛金帛以悅將士，加以繕完器械，日費甚廣，及長安平，府庫尚有餘蓄，見者皆追怨有司之暴斂焉。

范氏曰：德宗因師出以爲名，多殖貨利，而不知天下之不可欺也；得財而失民，將誰與守矣！及其失國，反爲盜資貨，悖而出，猶不能竭。先王不以利爲利，而以義爲利，蓋以此也。

李懷光至奉天，詔引軍還取長安。李懷光來赴難，數與人言盧杞、趙贊、白志貞之姦佞，且曰：「天下之亂，皆此曹所爲也。吾見上，當請誅之。」杞聞之懼，言於上曰：「懷光勳業，社稷是賴。賊徒破膽，皆無守心。若使之乘勝取長安，則一舉可以滅賊，此破竹之勢也。今聽入朝，留連累日，使賊得成備，恐難圖矣。」上以爲然，詔懷光直引軍屯便橋，與李建徽、李晟、楊惠元共取長安。懷光自以數千里赴難，破泚解圍，而咫尺不得見天子，意殊怏怏，曰：「吾今已爲姦臣所排，事可知矣！」遂引兵行。

上問陸贄以當今切務，贄上疏曰：「當今急務，在於審察羣情而已矣。羣情之所甚欲者，陛下先行之；所甚惡者，陛下先去之。欲、惡與天下同，而天下不歸者，未之有也。理亂之本，繫於人心，況當變故危疑之際乎！頃者中外意乖，君臣道隔，郡國之志，不達於朝廷，朝廷之誠，不升於軒陛，上澤闕於下布，下情壅於上聞，實事不知，知事不實，此羣情之所甚惡也。夫總天下之智以助聰明，順天下之心以施教令，則君臣同志，何有不從！遠邇歸心，孰與爲亂！」疏奏，旬日無所施行。贄又上疏曰：「臣聞立國之本，在乎得衆；得衆之要，在乎見情。在易，乾下坤上曰泰，坤下乾上曰否，損上益下曰益，損下益上曰損。夫天在下而地處上，於位乖矣，而反謂之泰者，上下交故也。君在上而臣處下，於義順矣，而反謂之否者，上下不交故也。上約己而裕於人，人必悦而奉上矣，豈不謂之益乎！上蔑人而肆諸己，人必怨而叛上矣，豈不謂之損乎！是以古先聖王之居人上也，必以其欲從天下之心，而不敢以天下之人從其欲。陛下以明威照臨，以嚴法制斷，故遠者驚疑，而阻命逃死之亂作；近者畏懾，而偷容避罪之態生。人各隱情，以言爲諱，至於變亂將起，億兆同憂，獨陛下恬然不知，方謂太平可致。陛下以今日之所覩，驗往時之所聞，孰真孰虛，何得何失，則事之通塞，備詳之矣，人之情僞，盡知之矣。」上乃遣中使諭之曰：「朕本性甚好推誠，亦能納諫。將謂君臣一體，全不隄防，緣推誠信不疑，所以反致患害。諫官論事，例自矜衒，歸過於朕，以自取名。又多雷同，道聽塗説，誠加質問，遽即辭窮。所以近來不多對人，非倦於接納也。」贄以書對曰：「天不以地有惡木而廢發生，天子不以時有小人而廢聽納。且一不誠則心莫之保，一不信則言莫之行。陛下所謂失於誠信以致患害者，斯言過矣。夫馭之以智則人詐，示之以疑則人偷。上行之則下從，上施之則下報。若誠不盡於己而望盡於人，衆必怠而不從矣。不誠於前而曰誠於後，衆必疑而不信矣。是知誠信之道，不可斯須而去身。願陛下慎守而力行之，非所以爲悔也。夫爲能，不以無過爲貴。蓋以爲智者改過而遷善，愚者恥過而遂非；遷善則其德日新，遂非則其惡彌積也。仲虺贊揚成湯，不稱其無過而稱其改過；吉甫歌誦周宣，不美其無闕而美其補闕。是則聖賢唯以改過也。諫官不密，信非忠厚，其於聖德固亦無虧。陛下若納諫不違，則傳之適足增美；陛下若違諫不納，又安能禁之勿傳！夫侈言無驗不必用，質言當理不必違。辭拙而效速者不必愚，言甘而利重者不必智。考之以實，慮之以終，其用無他，唯善所在。衆多之議，足見人情，必有可行，亦有可畏，恐不宜一概輕侮，莫之省納。且陛下雖窮其辭而未窮其理，能服其口而未服其心也。夫上好勝必甘於佞辭，上恥過必忌於直諫，如是則下之諂諛者順旨，而忠實之語不聞矣。上騁辯必勦説而折人以言，上眩明必臆度而虞人以詐，如是則下之顧望者自便，而切磨之辭不盡矣。上厲威必不能降情以接物，上恣愎必不能引咎以受規，如是則下之畏愞者避辜，而情理之説不申矣。上情不通於下，則人惑而不從其令；下情不通於上，則君疑而不納其誠。誠而不見納，則應之以悖；令而不見從，則加之以刑。下悖上刑，不敗何待！故諫者多，表我之能好；諫者直，示我之能賢；諫者之狂誣，明我之能恕；諫者之漏泄，彰我之能從，有一于斯，皆爲盛德。諫者有爵賞之利，君亦有理安之利；諫者得獻替之名，君亦得采納之名。然猶諫者有失中，而君無不美，唯恐讜言之不切，天下之不聞，如此則納諫之德光矣。」上頗采用其言。

曹王皋遣使貢獻。陳少遊將兵討李希烈，屯盱眙，聞朱泚作亂，歸廣陵，修塹壘，繕甲兵。韓滉閉關梁，禁馬牛出境，築石頭城，穿井近百所，繕館第數十，修塢壁，起建業，抵京峴，樓堞相屬，以備車駕渡江，且自固也。鹽鐵使包佶有錢帛八百萬，將輸京師，少遊悉奪之。時南方藩鎮各閉境自守，惟曹王皋數遣使間道貢獻。

十二月，貶盧杞、白志貞、趙贊爲遠州司馬。李懷光頓兵不進，上表暴揚杞等罪惡。衆論諠騰，亦咎杞等。上不得已，皆貶爲司馬。

范氏曰：德宗性與小人合，故其去小人也難，遠君子也易。忠正之士〔五〕，一言忤意，則終身擯斥；盧杞之徒，迫於危亡，不得已然後去之。豈惡治而欲亂哉，蓋其性與小人合也。

胡氏曰：賞慶刑威曰君，故刑賞必自人君出，則權不下移。當賞不賞，迫於公議而後賞；當刑不刑，迫於公議而後刑，則權不在上，而人畏愛之心他適矣。德宗保養巨姦，濱於危亡，而不忍去；及李懷光再三陳論，然後不得已而黜杞等。是爲天子不能退姦，而將帥乃能退之，致懷光輕視朝廷，旋即肆逆。向使德宗早用陸贄之言，自罷杞等，則下陵上替之勢，何自而起哉！

以陸贄爲考功郎中。贄辭曰：「行罰，先貴近而後卑遠，則令不犯；行賞，先卑遠而後貴近，則功不遺。望先録大勞，次徧羣品，則臣亦不敢獨辭。」上不許。

李希烈陷汴、滑州，陳少遊叛。希烈攻汴州。李勉城守累月，外救不至，將其衆萬餘人奔宋州。

滑州刺史李澄以城降賊。勉上表請罪，上曰：「朕猶失守宗廟，勉宜自安。」待之如初。希烈遂拔襄邑，江、淮大震。少遊送款於希烈，遣使結李納於鄆州。

關播罷。

甲子（七八四）

興元元年。

春，正月，大赦。陸贄言於上曰：「昔成湯以罪己勃興，楚昭以善言復國。陛下誠能不吝改過，以謝天下，使書詔之辭無所避忌，則反側之徒革心向化矣。」上然之。故奉天所下書詔，雖驕將悍卒，聞之無不感激揮涕。會術者言：「國家厄運，宜有變更。」羣臣請更加尊號。上以問贄，贄曰：「尊號之興，本非古制。行於安泰之日，已累謙冲，襲乎喪亂之時，尤傷事體。必也俯稽術數，須有變更，與其增美稱而失人心，不若黜舊號以祇天戒。」上納其言。又以中書所撰赦文示贄，贄言：「動人以言，所感已淺，言又不切，人誰肯懷！今茲德音，悔過之意不得不深，引咎之辭不得不盡，洗刷疵垢，宣暢鬱堙，使人人各得所欲，則何有不從者乎！然知過非難，改過爲難；言善非難，行善爲難。假使赦文至精，止於知過言善，猶願聖慮更思所難。」上然之，乃下制曰：「致理興化，必在推誠；忘己濟人，不吝改過。小子長于深宮之中，暗於經國之務，積習易溺，居安忘危，不知稼穡之艱難，不恤征戍之勞苦，澤靡下究，情未上通，事既擁隔，人懷疑阻。猶昧省己，遂用興戎，遠近騷然，衆庶勞止。天譴於上而朕不寤，人怨於下而朕不知，馴致亂階，變興都邑，萬品失序，九廟震驚，上累祖宗，下負蒸庶，痛心靦貌，罪實在予。自今中外書奏，不得言『聖神文武』之號。李希烈、田悅、王武俊、李納等咸以勳舊，各守藩維，朕撫馭乖方，致其疑懼，皆由上失其道，下罹其災，朕實不君，人則何罪！宜并所管將吏等一切待之如初。朱滔雖緣朱泚連坐，路遠必不同謀，念其舊勳，務在弘貸，如能效順，亦與惟新。朱泚反易天常，盜竊名器，暴犯陵寢，所不忍言，獲罪祖宗，朕不敢赦。其脅從將吏百姓等，官軍未到以前，並從赦例。赴奉天及收京城將士，並賜名奉天定難功臣。其所加墊陌錢、稅間架、竹、木、茶、漆、榷鐵之類，悉宜停罷。」赦下，四方人心大悅。後李抱真入朝爲上言：「山東宣布赦書，士卒皆感泣。臣見人情如此，知賊不足平也！」

王武俊、田悅、李納上表謝罪。先是，上使人說王武俊、田悅、李納，赦其罪，賂以官爵，悅等皆密歸款，而猶未敢絕朱滔。至是，見赦令，皆去王號，上表謝罪。

李希烈僭號。李希烈自恃兵强，遂謀稱帝，遣人問儀於顏真卿。真卿曰：「老夫嘗爲禮官，所記惟諸侯朝天子禮耳。」希烈遂稱大楚皇帝，以其黨鄭賁、孫廣、李綬、李元平爲宰相。遣其將辛景臻謂顏真卿曰：「不能屈節，當自焚。」積薪灌油於其庭，真卿趨赴火，景臻遽止之。希烈又遣其將楊峯齎赦如淮南，壽州刺史張建封執之，腰斬以徇，具奏少遊附賊之狀。上悅，以建封爲濠、壽、廬都團練使。希烈乃以其將杜少誠將步騎萬餘人先取壽州。建封遣其將賀蘭元均守霍丘，少誠竟不能過，遂南寇蘄、黃，欲斷江路。曹王皋遣蘄州刺史伊慎將兵擊破之。希烈以夏口上流，使其將董侍襲鄂州，刺史李兼出戰，大破之。以兼爲鄂、岳、沔都團練使。於是希烈東畏曹王皋，西畏李兼，不敢復有窺江、淮之志矣。

置瓊林大盈庫於行宮。上於行宮廡下，貯諸道貢獻之物，榜曰瓊林大盈庫。陸贄諫曰：「天子與天同德，以四海爲家，何必撓廢公方，崇聚私貨，效匹夫之藏，以誘姦聚怨乎！且頃者六師初降，百物無儲，殆將五旬，死傷相枕，畢命同力，竟夷大艱。良以陛下不厚其身，不私其欲，絶甘輟食，以啗功勞。無猛制而人不攜，懷所感也；無厚賞而人不怨，悉所無也。今者攻圍已解，衣食已豐，而謡讟方興，軍情稍阻，豈不以患難既與之同憂，而好樂不與之同利乎！誠能近想重圍之殷憂，追戒平居之專欲，凡在二庫貨賄，盡令出賜有功，每獲珍華，先給軍賞，如此，則亂必靖，賊必平，徐駕六龍，旋復都邑，天子之貴，豈當憂貧！是乃散小儲而成大儲，損小寶而固大寶也。」上即命去其榜。

胡氏曰：德宗以專欲致禍，困而不喻，惟貨是黷。自古人君不足用爲善，蓋鮮儷矣。非陸宣公精忠厚德，盡事之之義，其誰能不起遁光膠口之意哉！烏乎，贄可爲人臣之式矣！

以蕭復爲江淮等道宣慰安撫使。

蕭復嘗言於上曰：「宦官爲監軍，恃恩縱横。此屬但應掌宫掖之事，不宜委以兵權國政。」上不悦。又嘗言：「陛下踐祚之初，聖德光被，自用楊炎、盧杞黷亂朝政，以致今日。陛下誠能變更睿志，臣敢不竭力。儻使臣依阿苟免，臣實不能！」又嘗與盧杞同奏事，杞順上旨，復正色曰：「盧杞言不正！」上愕然，退，謂左右曰：「蕭復輕朕！」命復充山南、荆湖、江淮等道宣慰安撫使，實疏之也。既而劉從一及朝士多奏留復，上謂陸贄曰：「朕欲遣重臣宣慰江淮，宰相、朝士僉謂宜然。今乃反覆如是。意復悔行，使之論奏。卿知復如何人？其意安在？」贄上疏曰：「復痛自修勵，慕爲清貞，用雖不周，行則可保。至於輕詐如此，復必不爲。借使復欲逗留，從一安肯附會！願陛下明加辨詰。若復有所請求，則從一何容爲隱！若從一自有回互，則蕭復不當受疑。」上亦竟不復辨也。

胡氏曰：蕭復請德宗變更亂志，此格其非心、引諸當道之言也；又以去留與帝爲約，不行而後去，心則無愧。夫豈度君之長短，而用吾尺寸以俯就之哉！若復者，可謂大臣矣。然復言宦官從横而上不悦，是與宦官爲一體也；言盧杞不正而上愕然，是與盧杞爲一心也。其不可與有爲也決矣！

詔復王武俊、田悦、李納官爵。朱滔使人説田悦，欲與共取大梁。悦不欲行而未忍絶滔，召官屬議之，許士則曰：「朱滔昔事李懷仙，與兄泚及朱希彩共殺懷仙而立希彩，又殺希彩而立泚；泚既爲帥，滔乃勸泚入朝，而自爲留後，雖勸以忠義，實奪之權。平生與同謀共功，負而殺之者二十餘人。使滔得志，泚亦不爲所容，況同盟乎！不若陽許偕行，陰爲之備。厚加迎勞，至則託以他故，遣將分兵而隨之。則大王外不失報德之名，而内無倉猝之憂矣。」會武俊亦遣田秀馳見悦曰：「天子方在隱憂，以德綏我；我曹何得不悔過而歸之！且捨九葉天子不事，而事泚及滔乎？八郎慎勿與俱南，但閉城拒守；武俊請伺其隙，連昭義之兵，擊而滅之，與八郎再清河朔，共事天子，不亦善乎！」悦意遂決，紿滔曰：「如約。」滔將步騎五萬人、回紇三千人，發河間而南入趙境。武俊大具犒享，入魏境，悦供承倍豐。滔遣使見悦，約與偕行。悦曰：「昨日將出軍，將士勒兵不聽，曰：『國兵新破，將士不免凍餒，若捨城邑而去，朝出，暮必有變。』然悦不敢貳，已令步騎五千從行，供芻牧之役矣。」滔大怒，即日遣兵攻宗城、經城、冠氏，皆拔之；又縱回紇掠館陶頓。悦閉城自守。滔分兵攻貝、魏。於是詔加田悦右僕射，復以武俊爲恒、冀、深、趙節度使，李納爲平盧節度使。

遣使發吐蕃兵。吐蕃尚結贊請出兵助唐收京城，遣祕書監崔漢衡使吐蕃發其兵。

二月，贈段秀實太尉，謚忠烈。

李希烈圍寧陵。李希烈將兵五萬圍寧陵，引水灌之。濮州刺史劉昌以三千人守之，凡四十五日不釋甲。韓滉遣其將王栖曜將兵助之，以强弩數千遊汴水，夜入城；明日，從城上射希烈，及其坐幄。希烈驚曰：「宣、潤弩手至矣。」遂解圍去。

李晟還軍東渭橋。初，李晟與劉德信俱屯東渭橋。德信不受晟節制，晟因其至營，數以滬澗之敗，斬之；因馳入其軍，并將之，軍勢益振。李懷光有異志，又惡李晟獨當一面，恐其成功，奏請與晟合軍，詔許之。晟與懷光會于咸陽西，懷光軍士多掠人牛馬，晟軍秋毫不犯。懷光軍士惡其異己，分所獲與之，晟軍終不敢受。懷光密與朱泚通謀，事迹頗露。李晟屢奏，恐爲所併，請移軍東渭橋，奏不下。懷光欲激怒諸軍，奏言：「諸軍糧賜薄，神策獨厚。厚薄不均，難以進戰。」上無以給之，乃遣陸贄詣懷光營宣慰，因召李晟參議。懷光欲晟自乞減損，使失士心，晟曰：「公爲元帥，得專號令，增減衣食，公當裁之。」懷光默然，遂止。吐蕃相尚結贊言：「蕃法發兵，以主兵大臣爲信。今制書無懷光名，故不敢進。」上命贄諭懷光，懷光竟不肯署。尚結贊亦不進軍。贄還，言：「賊泚勢窮援絶，懷光乘勝芟翦，易若摧枯，而寇奔不追，師老不用，每阻諸帥進取之謀；若不漸思制持，終恐變故難測。今李晟奏請移軍，臣嘗以問懷光，懷光乃云：『李晟既欲别行，某亦都不要藉。』願因此敕下，依晟所奏，而别詔懷光曰：『李晟奏請移軍城東以分賊勢，本欲委卿商量，適陸贄迴云卿言許去，遂允其請。』如此，則詞婉而直，理順而明，雖蓄異端，何由起怨！」上從之。晟自咸陽結陳而行，歸東渭橋。時李建徽、楊惠元猶與懷光連營，贊復奏曰：「懷光師徒足以獨制兇寇，逗留未進，抑有他由。所患太强，不資旁助。建徽、惠元之衆附麗其營，不相統屬，俾之同處，必不兩全。今宜託言晟兵素少，慮爲賊泚所邀，藉此兩軍迭爲掎角，仍先諭旨，密使促裝，詔書至營，即日進路，懷光意雖不欲，然亦計無所施。是謂先人有奪人之心，疾雷不及掩耳者也。」上曰：「卿所料極善。然如此則懷光必更生辭，轉難調息，且更俟旬時。」

加李懷光太尉，賜鐵券。李晟以爲懷光反狀已明，緩急宜有備，蜀、漢之路不可壅，請以裨將趙光銑等爲洋、利、劍三州刺史，各將兵以防未然。上欲親總禁兵幸咸陽，趣諸將進討。或謂懷光曰：「此漢祖遊雲夢之策也。」懷光大懼，反謀益甚。詔加懷光太尉，賜鐵券，遣使諭旨。懷光對使者，投鐵券於地，曰：「人臣反，賜鐵券。懷光不反，今賜鐵券，是使之反也。」辭氣甚悖。左兵馬使張名振當軍門大呼曰：「太尉視賊不擊，待天使不敬，果欲反耶？」懷光曰：「我不反，欲蓄鋭以俟時耳。」懷光又發卒城咸陽，移軍據之。名振曰：「乃者言不反，今不攻長安，殺朱泚，取富貴，而拔軍此來何邪？」懷光殺之。懷光潛與朱泚通謀，其養子石演芬遣客詣行在告之。事覺，懷光召演芬責之曰：「我以爾爲子，奈何負我，死甘心乎！」演芬曰：「天子以太尉爲股肱，太尉以演芬爲心腹。太尉既負天子，演芬安得不負太尉乎！演芬胡人，不能異心，惟知事一人。苟免賊名而死，死甘心矣！」懷光使左右臠食之，皆曰：「義士也。」以刀斷其喉而去。

李懷光反，帝奔梁州。上以懷光附賊，將幸梁州，山南節度使嚴震遣大將張用誠將兵五千迎衛。

用誠爲懷光所誘，陰與之通謀。會震繼遣牙將馬勛奉表，上語之故，勛請「詣梁州取震符召用誠還，不受命，則殺之」。遂去。得震符，請壯士五人與俱。用誠迎之，勛與入驛，出符示之，用誠起走，壯士自後擒之，送震杖殺之。李懷光襲奪李建徽、楊惠元軍，殺惠元，建徽走免。懷光又與韓遊瓌書，約使爲變，遊瓌奏之。上問：「策安出？」對曰：「懷光總諸道兵，故敢恃衆爲亂。今邠寧、靈武、河中、振武、潼關、渭北皆有守將，陛下各以其衆及地授之，尊懷光之官，罷其權，則行營諸將各受本府指麾矣。懷光獨立，安能爲亂！」上曰：「如此，若朱泚何？」對曰：「陛下既許將士以克城殊賞，將士奉天子之命以討賊取富貴，誰不願之！泚不足憂也！」上然之。懷光遣其將趙昇鸞入奉天，約爲内應。昇鸞詣渾瑊自言，瑊遽以聞，且請決幸梁州。上遂出城，命戴休顔守奉天。休顔徇於軍中曰：「懷光已反！」遂乘城拒守。涇卒之亂，兵部侍郎劉迺以病臥家，朱泚召之，不起；使蔣鎮説之，再往，不從。鎮乃歎曰：「鎮不能捨生，以至於此，豈可復以己之腥臊污漫賢者乎！」歔欷而反。迺聞上幸山南，自投于牀，不食而卒。喬琳從至盩厔，稱病爲僧，泚召爲吏部尚書。於是朝士多出仕泚。懷光遣其將孟保、惠静壽、孫福達將精騎趣南山邀車駕，至盩厔，相謂曰：「彼使我爲不臣，我以追不及報之，不過不使我將耳。」帥衆而東，縱之剽掠，由是百官從行者皆得入駱谷；以追不及還報，懷光皆黜之。

加神策行營節度使李晟同平章事。李晟得除官制，拜哭受命，謂將佐曰：「長安宗廟所在，天下根本。若諸將皆從行，誰當滅賊者！」乃治城隍，繕甲兵，爲復京城之計。是時，懷光、朱泚連兵，聲勢甚盛。晟以孤軍處其間，内無資糧，外無救援，徒以忠義感激將士，故其衆雖單弱，而鋭氣不衰。又以書遺懷光，辭禮卑遜，而諭以禍福，勸之立功補過。故懷光慚恧，未忍擊之。晟以判官張彧假京兆尹，擇四十餘人，假之官，以督渭北諸縣芻粟，不旬日皆充美。乃流涕誓衆，決志平賊。

三月，魏博兵馬使田緒殺其節度使田悅，權知軍府。 田悅用兵數敗，士卒死者什六、七，其下厭苦之。上以給事中孔巢父爲魏博宣慰使。巢父，孔子三十七世孫也，性辯博，至魏州，對其衆爲陳逆順禍福，悅及將士皆喜。兵馬使田緒，承嗣之子也，凶險多過失，悅杖而拘之。悅既歸國，撤警備。緒遂與左右殺悅及其將佐扈蕚、許士則、蔡濟等，登城大呼，謂衆曰：「緒，先相公之子，諸君受先相公恩，若能立緒，兵馬使賞緡錢二千，大將半之，士卒百緡，竭公私之貨，五日取辦。」於是將士皆歸緒，軍府乃定。因請命於巢父，巢父命緒權知軍府。朱滔聞悅死，遣馬寔攻魏州，別遣人説緒，許以本道節度使。緒方危迫，送款於滔。李抱真、王武俊又遣使詣緒，許以赴援。緒召將佐議之，幕僚曾穆、盧南史曰：「用兵雖尚威武，亦本仁義，然後有功。幽陵之兵，恣行殺掠，今雖盛强，其亡可立而待也。奈何以目前之急，欲從人爲反逆乎！不若歸命朝廷，天子方蒙塵於外，聞魏博使至，必喜，官爵旋踵而至矣！」緒從之，遣使奉表詣行在。

李懷光奔河中。 上之發奉天也，韓遊瓌帥其麾下八百餘人還邠州。李懷光以李晟軍浸盛，惡之，欲引軍襲之；三令其衆，衆不應，皆竊言曰：「若擊朱泚，惟力是視；若欲反，我曹有死，不能從也！」懷光知之，問計於賓佐，李景略曰：「取長安，殺朱泚，散軍還諸道，單騎詣行在，如此，臣節亦未虧，功名猶可保也。」頓首懇請，至于流涕，懷光許之。既而閻晏等勸懷光東保河中，徐圖去就。懷光乃説其衆曰：

「今且往河中，俟春裝辦，還攻長安，未晚也。東方諸縣皆富實，聽爾俘掠。」衆遂許之。懷光乃謂景略曰：「曏者之議，軍衆不從，子宜速去！」遣數騎送之。景略出軍門，慟哭曰：「不意此軍一旦陷於不義！」懷光遣使詣邠州，令留後張昕悉發所留兵萬餘人及行營將士家屬會涇陽。韓遊瓌説昕曰：「李太尉功高自棄，已蹈禍機。中丞今日可以自求富貴。」昕曰：「昕微賤，賴李太尉得至此，不忍負也！」遊瓌乃謝病不出，陰與諸將相結，舉兵殺昕。

胡氏曰：張昕武人，固不知天下大義，遊瓌業已説之，當更語之曰：「李太尉能奏人以官，不能以官予人；官乃天子之命也。太尉忠於天子，則中丞附之可以爲榮；懷光背叛，而中丞與之兵，是負國而黨賊也。及今自拔，脱身逆亂之門，策名忠義之列，何名爲負哉！」如此，則昕亦必可説矣〔六〕！

會崔漢衡以吐蕃兵至，矯詔遊瓌知軍府事。於是遊瓌屯邠寧，戴休顔屯奉天，駱元光屯昭應，尚可孤屯藍田，皆受李晟節度，晟軍聲大振。始懷光方强，朱泚與書，以兄事之，約分帝關中；及懷光已反，其下多叛，泚乃賜以詔書，且徵其兵。懷光慚怒，内憂麾下爲變，外恐李晟襲之，遂燒營東走，掠涇陽等十二縣，雞犬無遺。至河中，或勸守將呂鳴岳焚橋拒之，鳴岳以兵少，恐不能支，遂納之。

車駕至梁州。上在道，民有獻瓜果者，上欲以散試官授之，陸贄奏曰：「爵位恒宜慎惜，不可輕用。獻瓜果者，賜之錢帛可也。」上曰：「試官虛名，無損於事。」贄曰：「當今所病，方在爵輕，設法貴之，猶恐不重，若又自棄，將何勸人！夫誘人之方，惟名與利，名近虛而於教爲重，利近實而於德爲輕。專實利而不濟之以虛，則物力不給；專虛名而不副之以實，則人情不趨。故國家命秩之制，有職事，有散官，有勳官，有爵號，然掌務而受俸者，唯繫職事之一官，此所謂施實利而寓虛名者也。三者止於服色、資蔭而已，此所謂假虛名以佐實利者也。今之員外、試官，雖則授無費祿，然而突銛鋒、排患難、竭筋力、展勤效者皆以是酬之。若獻瓜果者亦以授之，則彼必相謂曰：『吾以忘軀命而獲官，此以進瓜果而獲官，是乃國家以吾之軀命同於瓜果矣。』視人如草木，誰復爲用哉！今陛下既未有實利以敦勸，又不重虛名而濫施，則後之立功者，將曷用爲賞哉！」上居艱難中，雖有宰相，大小之事，必與贄謀之，故當時謂之「内相」，上行止必與之俱。梁、洋道險，嘗與相失，上驚憂涕泣，募得贄者賞千金。久之，乃至，上喜甚，太子以下皆賀。然贄數直諫，迕上意，盧杞雖貶，上心庇之。贄極言杞姦邪致亂，上雖貌從，心頗不說。車駕至梁州。山南地薄民貧，盜賊之餘，户口減半，糧用頗窘。上欲西幸成都，嚴震曰：「山南地接京畿，李晟方圖收復，藉六軍以爲聲援。若幸西川，則晟未有收復之期也。」衆議未決，會晟表至，言：「陛下駐蹕漢中，所以繫億兆之心，成滅賊之勢。若規小捨大，遷都岷、峨，則士庶失望，雖有猛將謀臣，無所施矣！」上乃止。嚴震百方以聚財賦，民不至困窮而供億無乏。

鳳翔節度使李楚琳遣使詣行在。初，奉天圍既解，李楚琳遣使入貢，上不得已，除鳳翔節度使，而心惡之。使者數輩至，上皆不引見，欲以渾瑊代之。陸贄奏曰：「楚琳之罪固大，但以乘輿未復，大憝猶存，勤王之師悉在畿内，僅通王命，唯在褒斜，儻或楚琳發憾猖狂，則我咽喉梗而心膂分矣。今幸兩端顧望，正宜厚加撫循，得其持疑，便足集事。必欲精求素行，追抉宿疵，則是改過不足以補愆，自新不足以贖罪，凡今將吏，豈盡無疵，人皆省思，孰免疑畏！又況阻命、脅從之流，安敢歸化哉！」上乃善待楚琳使者，優詔存慰之。

上又問贄：「近有卑官自山北來者，論説賊勢，語多張皇，察其事情，頗似窺覘，若不追尋，恐成姦計。」贄上奏曰：「以一人之聽覽而欲窮宇宙之變態，以一人之防慮而欲勝億兆之姦欺，役智彌精，失道彌遠。項籍納秦降卒二十萬，慮其懷詐而盡阬之，其於防虞，亦已甚矣。然而項氏以滅，劉氏以昌，蓄疑之與推誠，其效固不同也。漢高豁達大度，天下之士至者，納用不疑，其於備慮，可謂疏矣。陛下智出庶物，有輕待人臣之心；思周萬機，有獨馭區寓之意；謀吞衆略，有過慎之防；明照羣情，有先事之察；嚴束百辟，有任刑致理之規；威制四方，有以力勝殘之志。由是才能者怨於不任，忠藎者憂於見疑，著動業者懼於不容，懷反側者迫於及討，馴致離叛，構成禍災。願陛下以覆轍爲戒，天下幸甚！」

夏，四月，以韓遊瓌爲邠寧節度使。

加李晟諸道副元帥。晟家百口，及神策軍士家屬皆在長安，朱泚善遇之。軍中有言及家者，晟泣曰：「天子何在，敢言家乎！」泚使晟親近以家書遺晟曰：「公家無恙。」晟怒曰：「爾敢爲賊爲間！」立斬之。軍士未授春衣，盛夏猶衣裘褐，終無叛志。

以田緒爲魏博節度使。

渾瑊以吐蕃兵拔武功。渾瑊帥諸軍出斜谷，崔漢衡勸吐蕃出兵助之，尚結贊曰：「邠軍不出，將襲我後。」韓遊瓌聞之，遣其將曹子達將兵往會，吐蕃遣兵二萬從之。李楚琳遣將從瑊拔武功。泚遣其將韓旻等攻之。子達以吐蕃拒擊，斬首萬餘級，旻僅以身免。瑊遂引兵屯奉天，與李晟東西相應，以逼長安。

姜公輔罷爲左庶子。上長女唐安公主卒，上欲爲造塔厚葬之。姜公輔表諫，以爲「山南非久安之地，且宜儉薄以副軍須之急」。上謂陸贄曰：「造塔小費，非宰相所宜論。公輔正欲指朕過失，自求名耳。」贄上奏曰：「凡論事者，當問理之是非，豈計事之大小，故唐、虞之際，主聖臣賢，而慮事之微，日至萬數。然則微之不可不重也如此，陛下又安可忽而勿念乎！若謂諫爭爲指過，則剖心之主，不宜見罪於哲王；以諫爭爲取名，則匪躬之臣，不應垂訓於聖典。假有意將指過，諫以取名，但能聞善而遷，見諫不逆，則所指者適足以彰陛下莫大之善，所取者適足以資陛下無疆之休。因而利焉，所獲多矣。儻或怒其指過而不改，則陛下招惡直之譏；黜其取名而不容，則陛下被違諫之謗。是乃掩己過而過彌著，損彼名而名益彰，果而行之，所失大矣。」上意猶怒，罷公輔爲左庶子。

范氏曰：人君擇賢以爲相，蓋欲聞其忠言嘉謀，以交修所不逮也。故書曰：「朝夕納誨，以輔台德。」而後世宰相遂與諫臣分職，人君得失，責之諫者，而相不預焉。此諂諛之人持禄保位之計，非賢相之職業也。姜公輔一諫德宗，而德宗以爲非所宜論，卒廢黜之。不明之君，豈知所以任相哉！

涇原大將田希鑒殺其節度使馮河清。朱泚、姚令言數遣人誘河清，河清皆斬其使者。大將田希鑒密與泚通，殺河清而附於泚。

以賈耽爲工部尚書。先是，耽爲山南東道節度使，使行軍司馬樊澤奏事行在。澤既復命，方大宴，有急牒至，以澤代耽，耽內牒懷中，顔色不改。宴罷，召澤告之，且命將吏謁澤。牙將張獻甫怒曰：「行軍自圖節鉞，事人不忠，請殺之。」耽曰：「天子所命，則爲節度使矣。」即日離鎮，以獻甫自隨，軍府遂安。

韓遊瓌引兵會渾瑊於奉天。

李抱真會王武俊於南宮。朱滔攻貝州百餘日，馬寔攻魏州亦踰四旬，皆不能下。賈林復爲李抱真説王武俊曰：「朱滔志吞貝、魏，復值田悅被害，儻旬日不救，則魏博皆爲滔有矣。魏博既下，則張孝忠必爲之臣。滔連三道之兵，益以回紇，進臨常山，明公欲保其宗族得乎？常山不守，則昭義退保西山，河朔盡入於滔矣。不若乘貝、魏未下，與昭義合兵救之。滔既破亡，則朱泚不日梟夷，鑾輿反正。諸將之功，孰居明公之右者哉！」武俊悅，從之，軍于南宮東南，抱真自臨洺引兵會之。兩軍尚相疑，抱真以數騎詣武俊營，命行軍司馬盧玄卿勒兵以俟，曰：「今日之舉，繫天下安危，若其不還，領軍事以聽朝命亦惟子，勵將士以雪讎恥亦惟子。」言終，遂行。見武俊叙國家禍難，天子播遷，持武俊哭，流涕縱橫，武俊亦悲不自勝，左右莫能仰視。遂與武俊約爲兄弟，誓同滅賊。抱真退入武俊帳中，酣寢久之。武俊感激，待之益恭，指心仰天曰：「此身已許十兄死矣！」遂連營而進。

校勘記

〔一〕至委以禁兵　「兵」原作「民」，據殿本改。

〔二〕獨留一胡　「一」原作「二」，據殿本、通鑑卷二二六唐德宗建中元年八月甲午日條改。

〔三〕詔河陽節度使李芃將兵會之　「芃」原作「范」，據殿本、舊唐書卷一三二李芃傳、新唐書卷一四七李芃傳改。

〔四〕異志之譖　「志」原作「意」，據成化本、殿本改。

〔五〕忠正之士　「忠」，成化本、殿本作「中」。

〔六〕則昕亦必可説矣　「可説」，成化本、殿本作「了然」。

資治通鑑綱目卷四十七

起甲子五月唐德宗興元元年，盡庚辰唐德宗貞元十六年，凡一十七年。

甲子（七八四）

五月，韓滉遣使貢獻。山南地熱，上以軍士未有春服，亦自御裌衣。至是，鹽鐵判官王紹以江、淮繒帛來至，上命先給將士，然後御衫。韓滉又欲遣使獻綾羅四十擔於行在，幕僚何士幹請行，滉喜曰：「君能相爲行，請今日過江。」士幹許諾。歸别家，則薪米儲偫已羅門庭矣；登舟，則資裝器用已充舟中矣。每擔夫，與白金一版使置腰間。又運米百艘以餉李晟，自負囊米置舟中，將佐爭舉之，須臾而畢。艘置五百弩手，有寇則叩舷相警，五百弩已彀矣。比達渭橋，盜不敢近。時關中斗米五百，及滉米至，減五之四。滉爲人强力嚴毅，自奉儉素，夫人常衣絹裙，破，然後易。

吐蕃引兵歸國。朱泚使田希鑒以金帛賂吐蕃。渾瑊屢與約刻日取長安，既而不至，遂引兵去。上以李晟、渾瑊兵少，欲倚吐蕃以復京城，聞其去，甚憂之，以問陸贄，贄上奏曰：「吐蕃遷延觀望，翻覆多端，致令羣帥進退憂虞，欲捨之獨前，則慮其懷怨乘躡；欲待之合勢，則苦其失信稽延。戎若未歸，寇終不滅。將帥意陛下不見信任，且患蕃戎之奪其功；士卒恐陛下不恤舊勞，而畏蕃戎之專其利；賊黨懼蕃戎之勝，不死則悉遺人擒；百姓畏蕃戎之來，有財必盡爲所掠。今懷光別保蒲、絳，吐蕃遠避封疆，形勢既分，腹背無患，瑊、晟諸帥才力得伸。但願陛下慎於撫接，勤於砥礪，中興大業，旬月可期，不宜尚眷眷於犬羊之羣，以失將士之情也。」上曰：「卿言甚善，然瑊、晟諸軍當議規畫，令其進取。卿宜審細條流以聞。」贄對曰：「賢君選將，委任責成，故能有功。況今秦、梁千里，兵勢無常，遙爲規畫，未必合宜。彼違命則失君威，從命則害軍事，進退羈礙，難以成功；不若假以便宜之權，待以殊常之賞，則將帥感悅，智勇得伸矣。夫鋒鏑交於原野，而決策於九重之中，機會變於斯須，而定計於千里之外，是以用捨相礙，否臧皆凶。上有掣肘之譏，而下無死綏之志矣。且君上之權，特異臣下，惟不自用，乃能用人，惟陛下圖之。」

李抱真、王武俊大破朱滔於貝州。李抱真、王武俊距貝州三十里而軍。滔聞兩軍將至，急召馬寔。或謂滔曰：「武俊善野戰，不可當其鋒。宜徙營稍前逼之，使回紇絶其糧道，我坐食德、棣之餫，依營而陳，利則進攻，否則入保，待其飢疲，然後可制也。」會寔軍至，滔命明日出戰，寔請休息數日。回紇達干見滔曰：「回紇受大王金帛牛酒無算，思爲大王立效久矣。明日，願大王駐馬高丘，觀回紇爲大王剪武俊之騎，使匹馬不返。」滔遂決意出戰。武俊遣其兵馬使趙琳將五百騎伏於桑林。抱真列方陳於後，武俊引騎兵居前，與回紇戰，趙琳自林中出，横擊之，回紇及滔軍皆敗走，抱真、武俊合兵追之。滔與數千人走還，夜焚營遁歸。兩軍以霧不能追也。滔恐范陽留守劉怦因敗圖己，怦悉發守兵，具儀仗迎之，時人多之。

胡氏曰：古人有言：「除君之惡，惟力是視。」苟得爲之，雖失小信，傷曲謹，智士固從其大者矣。劉怦本諫朱滔毋反，而不見聽，今當滔敗北，當明君臣大義，奬率將士，據險拒之，舉范陽歸國，其功豈不大哉！夫不薄人於險，非所施於亂臣賊子也。史謂時人多之者，亦流俗之論耳。

以程日華爲滄州節度使。初，張孝忠以易州歸國，詔以易、定、滄三州隸之。滄州刺史李固烈，李惟岳之妻兄也，請歸恒州，孝忠遣押牙程華交其州事。固烈悉取軍資以行，軍士殺之。華素寬厚，將士安之。朱滔、王武俊更遣人招華，華皆不從。時孝忠在定州，自滄如定，必涉滔境，參軍李宇説華表請别爲一軍，華從之。上即以華爲滄州刺史，知節度事，賜名日華，今歲供義武租錢十二萬緡。王武俊又使人説誘之，時軍中乏馬，日華紿使者曰：「王大夫必欲相屬，當以二百騎相助。」武俊給之，日華悉留之。武俊怒，然以方拒官軍，不能攻也。及武俊歸國，日華乃遣人謝過，償其馬價。武俊喜，復與交好。

六月，李晟等收復京城，朱泚亡走，其將韓旻斬之以降。李晟大陳兵，諭以收復京城，引所獲諜人示之，飲之酒，給錢而縱之。召諸將問兵所從入，皆請先取外城，據坊市，然後北攻宫闕。晟曰：「坊市狹隘，賊若伏兵格鬭，非官軍之利也。今賊重兵皆聚苑中，不若自苑北攻之，潰其腹心，賊必奔亡。如此，則宫闕不殘，坊市無擾，策之上者也。」諸將皆曰：「善！」乃牒渾瑊、駱元光、尚可孤刻期集於城下。尚可孤敗泚將仇敬忠於藍田西，斬之。李晟移軍於光泰門外，方築壘，泚兵大至，晟縱兵擊之，賊敗走。明日，晟復出兵，諸將請待西師至，夾攻之，晟曰：「賊數敗，已破膽，不乘勝取之，使其成備，非計也。」賊出戰，屢敗。晟使兵馬使李演、王佖將騎兵，史萬頃將步兵直抵苑墻。晟先開墻二百餘步，賊栅斷之。晟怒，欲斬萬頃等，萬頃帥衆拔栅而入，佖、演繼之。賊衆大潰，諸軍分道並入，且戰且前，凡十餘合，賊不能支，皆潰。張光晟勸泚出亡，泚乃與姚令言帥餘衆西走，光晟降。晟遣兵馬使田子奇以騎兵追泚；令諸軍曰：「晟賴將士之力克清宮禁，長安士庶久陷賊庭，若小有震驚，非弔民伐罪之意。晟與公等，室家相見非晚，五日内無得通家信。」大將高明曜取賊妓，尚可孤軍士取賊馬，晟皆斬之，軍中股栗，公私安堵，秋毫無犯。是日，渾瑊、戴休顔、韓遊瓌亦克咸陽。晟斬泚黨李希倩等於市，表守節不屈者劉迺、蔣沇等，遣掌書記于公異作露布上行在曰：「臣已肅清宮禁，祗謁寢園，鍾簴不移，廟貌如故。」上覽之泣下，曰：「天生李晟，以爲社稷，非爲朕也。」晟之在渭橋也，熒惑守歲，久之乃退，賓佐皆賀，晟曰：「天子野次，臣下知死敵而已。天象高遠，誰得知之！」既克長安，乃謂之曰：「曏非相拒也。吾聞五星贏縮無常，萬一復來守歲，吾軍不戰自潰矣。」皆謝曰：「非所及也。」朱泚將奔吐蕃，其衆隨道散亡，比至涇州，纔百餘騎。田希鑒閉城拒之，泚謂之曰：「汝之節，吾所授也，柰何臨危相負！」使焚其門，希鑒取節投火中曰：「還汝節。」泚衆皆哭。涇卒遂殺姚令信，詣希鑒降。泚獨與范陽親兵北走，寧州刺史夏侯英拒之。泚將梁庭芬射泚墜阬中，韓旻等斬之，詣涇州降，傳首行在。詔以希鑒爲涇原節度使。上命陸贄草詔賜渾瑊，使訪求奉天所失内人，贄上奏曰：「今巨盗始平，疲瘵之民，瘡痍之卒，尚未循拊，而首訪婦人，非所以副惟新之望也。」上遂不降詔，而遣中使求之。

范氏曰：不降詔而遣使，是閉其門而由户出也。人君苟不强於爲善，諫之爲益也少哉！

以李晟爲司徒、中書令，渾瑊爲侍中，駱元光等遷官有差。

同脅執，以言乎除亂則不武，以言乎務理則不誠，用是時巡，後將安入！議者或謂之權，臣竊未喻其理。夫權之爲義，取類權衡，今輦路所經，首行脅奪，易一帥而虧萬乘之義，得一方而結四海之疑，乃是重其所輕而輕其所重，謂之權也，不亦反乎！夫以反道爲權，以任數爲智，此古今所以多喪亂而長姦邪也。不如俟奠枕京邑，徵授一官，彼將奔走不暇，安敢復勞誅鉏哉！」

上發梁州。上問陸贄：「今至鳳翔，諸軍甚盛，因此遣人代李楚琳何如？」贄上奏曰：「如此則事

胡氏曰：孔子曰：「可與立，未可與權。」此章絶矣。「唐棣之華，偏其反而。」其義不與上相蒙也。説者乃貫之爲一，謂唐棣之華，一反一正，以喻用權者，當反經以合道。於是權之義不復明於天下，而變詐術數之事行矣。陸贄之學，其師承不可考，然觀其陳輕重之義，破反道之説，皆秦、漢諸儒所不能及者，宜其操守堅固，議論端實，猷爲通達，而不畔於道也。使遇太宗，其效不在魏文貞之下矣。

秋，七月，至鳳翔，喬琳、蔣鎮、張光晟等伏誅。

遣給事中孔巢父宣慰河中，懷光殺之。元帥判官高郢勸李懷光歸款，懷光遣其子璀詣行在謝罪，請束身歸朝。詔巢父宣慰，并其將士悉復官爵。巢父至河中，懷光素服待罪，巢父不之止。懷光左右多胡人，皆歎曰：「太尉無官矣。」巢父又宣言於衆曰：「軍中誰可代太尉軍事者？」於是懷光左右發怒，殺巢父，懷光不之止，復治兵拒守。

車駕還長安。渾瑊、韓遊瓌、戴休顔以其衆扈從，李晟、駱元光、尚可孤以其衆奉迎，步騎十餘萬，

旌旗數十里。晟謁見上於三橋，先賀平賊，後謝收復之晚，伏路左請罪。上駐馬慰撫，爲之掩涕，令左右扶上馬。至宮，每間日輒宴勳臣，李晟爲之首，渾瑊次之，諸將相又次之。

胡氏曰：晟推功於下，而引咎歸己，此固哲人之所爲，而晟能之，宜其孤忠獨立，而追蹤汾陽也。

徵李泌爲左散騎常侍。李泌爲杭州刺史，徵詣行在，日直西省，朝野皆屬目。上問：「河中爲憂？」泌曰：「天下事甚有可憂者；若惟河中，不足憂也。陛下已還宮闕，懷光不束身歸罪，乃虐殺使臣，鼠伏河中，不日必爲帳下所梟矣。」初，上發吐蕃以討朱泚，許以伊西、北庭之地與之。及泚誅，吐蕃來求地，上欲與之。泌曰：「安西、北庭人性驍悍，控制西域五十七國及十姓突厥，又分吐蕃之勢，使不得併兵東侵，奈何拱手與之？且兩鎮之人勢孤地遠，盡忠竭力，爲國家固守，近二十年，誠可哀憐；一旦棄之戎狄，彼必深怨中國，它日從吐蕃入寇，如報私讎矣。況日者吐蕃觀望不進，陰持兩端，大掠而去，何功之有！」衆議亦以爲然，上遂不與。

八月，顏真卿爲李希烈所殺。李希烈聞希倩伏誅，忿怒，遣中使至蔡州殺顏真卿。中使曰：「有敕。」真卿再拜，中使曰：「今賜卿死。」真卿曰：「老臣無狀，罪當死，不知使者幾日發長安？」使者曰：「自大梁來。」真卿曰：「然則賊耳，何謂敕邪！」遂縊殺之。

以李晟爲鳳翔、隴右節度等使，進爵西平王。李晟以涇州倚邊，屢害軍帥，奏請往理不用命者，力田積粟以攘吐蕃。遂以晟兼鳳翔、隴右節度等使。時李楚琳入朝，晟請與俱至鳳翔，斬之以懲逆亂。上以新復京師，務要安反仄，不許。晟至鳳翔，治殺張鎰之罪，斬裨將王斌等十餘人。

遣渾瑊等討李懷光軍于同州。上命渾瑊、駱元光討懷光。懷光遣其將徐庭光軍長春宫以拒之，瑊等數戰不利。時度支用度不給，議者多請赦懷光，上不許。

馬燧討李懷光，取晉、慈、隰州。以渾瑊爲河中節度使，康日知爲晉慈隰節度使。懷光遣將守晉、慈、隰三州，馬燧遣人説下之。詔以琿瑊鎮河中，三州隸燧。燧初以王武俊急攻康日知於趙州，奏請詔武俊與李抱真同擊朱滔，而以深、趙與之，改日知爲晉慈隰節度使，上從之。日知未至，而三州降燧。上使燧兼領之，燧表讓於日知，且言：「因降而授，恐後有功者踵以爲常。」上嘉而許之。燧遣使迎日知，既至，籍府庫而歸之。

朱滔上表待罪。朱滔爲王武俊所攻，殆不能軍，上表待罪。

冬，十月，詔給朔方行營冬衣。度支以懷光所部將士同反，不給冬衣。上曰：「朔方軍累代忠義，今爲懷光所制耳，將士何罪！其別貯，以俟道路稍通，即時給之。」

馬燧取絳州。

以竇文場、王希遷爲監神策軍兵馬使。初，魚朝恩既誅，代宗不復使宦官典兵。上即位，悉以禁兵委白志貞；志貞得罪，上復以竇文場代之。及還長安，頗忌宿將握兵多者，稍稍罷之，以文場、希遷分典禁旅。

閏月，李晟誅田希鑒。李晟初至鳳翔，涇原節度使田希鑒遣使參候。晟謂使者曰：「涇州逼近吐蕃，萬一入寇，州兵能獨禦之乎？欲遣兵防援，又未知田尚書意。」使者歸以告希鑒，希鑒果請援兵。晟遣腹心將彭令英等戍涇州。晟尋託巡邊詣涇州，希鑒出迎，晟與之並轡而入，道舊結歡。希鑒妻李氏以叔父事晟，晟謂之田郎，命具三日食，曰：「巡撫畢，即還鳳翔。」希鑒不復疑。晟伏甲而宴之，既飲，彭令英引涇州諸將下堂，晟曰：「我與汝曹久別，可各自言姓名。」於是得爲亂者石奇等三十餘人，數其罪而斬之，顧希鑒曰：「田郎亦不得無過。」引出縊殺之。入其營，諭以誅希鑒之意，衆股栗，無敢動者。

十一月，李澄以鄭、滑降，劉洽克汴州。李希烈遣其將翟崇暉圍陳州，久之不克。李澄知大梁兵少，不能制滑州，遂焚希烈所授旌節，誓衆歸國。劉洽遣都虞候劉昌與隴右節度使曲環等將兵救陳州，擒崇暉，進攻汴州。希烈懼，奔蔡州。澄引兵趣汴州。希烈鄭州守將詣澄降，汴州守將田懷珍開門納洽軍。李勉累表請自貶，詔罷都統，平章事如故；至長安，素服待罪。議者多以勉失守，不應尚爲相。李泌言於上曰：「李勉公忠雅正，而用兵非其所長；且大梁不守，將士棄妻子而從之者殆二萬人，足以見其得衆心矣。且劉洽出勉麾下，勉悉衆以授之，卒平大梁，亦勉之功也。」上乃命勉復位。

加韓滉同平章事。議者或言「滉聚兵修城，陰蓄異志」。上疑之，以問李泌，對曰：「滉公忠清儉，貢獻不絕，鎮撫江東，盜賊不起。所以修城，爲迎扈之備耳。此乃人臣忠篤之慮，奈何更以爲罪乎！滉性剛嚴，不附權貴，故多謗毀，臣敢保其無它！」上曰：「外議洶洶，卿弗聞乎？」對曰：「臣固聞之。其子皐爲郎，不敢歸省，正以謗語沸騰故也。」退，遂上章請以百口保滉。他日，又言於上曰：「臣之上章，非私於滉，乃爲朝廷計也。」上曰：「如何？」對曰：「今天下旱蝗，關中米斗千錢，倉廩耗竭，而江東豐稔。願陛下早下臣章，以解朝衆之惑；面諭韓皐，使之歸覲；令滉速運糧儲，此朝廷大計也。」上即下泌章，令皐歸覲，面諭之曰：「卿父比有謗言，朕不復信。關中乏糧，宜速致之。」皐至，滉感悦，即日發米百萬斛；聽皐留五日即還朝，自送至江上，冒風濤而遣之。陳少遊聞之，即貢米二十萬斛。會劉洽得李希烈起居註，云：「某月日，陳少遊上表歸順。」少遊聞之，慚懼發疾卒。大將王韶欲自爲留後，韓滉遣使謂之曰：「汝敢爲亂，吾即日全軍渡江誅汝矣。」韶懼而止。上聞之喜，謂李泌曰：「滉不惟安江東，又能安淮南，真大臣之器。卿可謂知人。」遂加滉平章事、江淮轉運使。滉入貢無虚月，朝廷賴之。使者勞問相繼，恩遇始深矣。

蕭復罷爲左庶子。復奉使自江、淮還，與李勉、盧翰、劉從一俱見上。勉等退，復獨留，言於上曰：「陳少遊任兼將相，首敗臣節；韋皐幕府下僚，獨建忠義。請以皐代少遊鎮淮南，使善惡著明。」上然之。尋遣中使馬欽緒揖劉從一，附耳語而去。諸相還閣。從一詣復曰：「欽緒宣旨，令從一與公議朝來所言事，即奏行之，勿令李、盧知。敢問何事也？」復曰：「唐、虞黜陟，岳牧僉諧；爵人於朝，與士共之。使李、盧不堪爲相，則罷之。既在相位，朝廷政事安得不與之同議，而獨隱此一事乎！此最當今之大弊，不惜與公奏行之，但恐浸以成俗，未敢以告。」竟不以事語從一。從一奏之，上愈不悦。復乃辭位。

范氏曰：蕭復欲黜少遊，賞韋皐，此公議也，何疑於李勉、盧翰而獨與從一爲密邪？且既以爲相，而不待之以誠，則疏遠之臣，其可信者幾希矣！如是，忠臣賢者豈得盡其心乎！

是歲，蝗，大饑。

乙丑(七八五)

貞元元年。

春，正月，贈顏真卿司徒，謚文忠。

以盧杞爲澧州別駕。盧杞遇赦，移吉州長史，謂人曰：「吾必再入。」未幾，上果欲用爲饒州刺史。給事中袁高應草制，執以白盧翰、劉從一曰：「盧杞作相，致鑾輿播遷，海内瘡痍，奈何遽遷大郡？願相公執奏。」翰等不從，更命他舍人草制。制出，高執之不下，且奏：「杞極惡窮凶，何可復用！」上不聽。補闕陳京、趙需等上疏曰：「杞三年擅權，百揆失叙，天地所知，華夷同棄。儻加巨姦之寵，必失萬姓之心。」袁高復於正牙論奏，上曰：「杞已再更赦。」高曰：「赦者，止原其罪，不可爲刺史。」陳京等亦爭之曰：「杞之執政，百官常如兵在其頸；今復用之，則姦黨皆唾掌而起。」上大怒，諫者稍引却，京顧曰：「需等勿退！此國大事，當以死爭之。」上怒稍解，謂宰相與杞小州，李勉曰：「陛下欲與之，雖大州亦可，其如天下失望何！」乃以杞爲澧州別駕。上謂李泌曰：「朕已可袁高所奏。」泌曰：「累日外人竊議，比陛下於桓、靈；今承德音，乃堯、舜之不逮也。」上悦。杞竟卒於澧州。

胡氏曰：德宗非能從諫者，至是勉强而從，其美不可掩矣。李泌將順之言是也，而以爲堯、舜不逮，則失言矣。若曰「乃知陛下可與爲堯、舜」，則可爾。

三月，馬燧敗李懷光兵於陶城。夏，四月，燧及渾瑊又破懷光兵於長春宫。懷光都虞候吕鳴岳密通款於馬燧，事泄，懷光殺之。事連幕僚高郢、李鄘，懷光集將士而責之，郢、鄘抗言逆順，無所宫城。懷光諸將相繼來降。韓遊瓌請兵於渾瑊，共取朝邑。懷光將閻晏欲爭之，士卒指邠軍曰：「彼非吾父兄，則吾子弟，柰何以白刃相向乎？」語甚囂，晏遽引兵去。懷光知衆心不從，乃詐稱欲歸國，聚貨財，飾車馬，云俟路通入貢，由是得復踰旬月。時連年旱蝗，資糧匱竭，言事者多請赦李懷光。李晟上言：「赦懷光有五不可：河中距長安纔三百里，同州當其衝，多兵則未爲示信，少兵則不足隄防，忽驚東偏，何以制之？一也。今赦懷光，必以晉、絳、慈、隰還之，渾瑊既無所詣，康日知又應遷移，土宇不安，何以獎勵？二也。陛下連兵一年，討除小醜，兵力未窮，遽赦其罪；今西有吐蕃，北有回紇，南有淮西，觀我强弱，必起窺覦，三也。懷光既赦，則朔方將士皆應叙勳行賞，今府庫方虚，賞不滿望，是愈激之使叛，四也。既解河中，罷諸道兵，賞典不舉，怨言必起，五也。今河中斗米五百，芻藁且盡，陛下但敕諸道圍守旬時，彼必有内潰之變，何必養腹心之疾，爲他日之悔哉！」馬燧入朝奏曰：「懷光凶逆尤甚，赦之無以令天下。願更得一月糧，必爲陛下平之！」上許之。

以曹王皋爲荆南節度使。淮西將李思登以隨州降之。

六月，以韋皋爲西川節度使。

朱滔死，以劉怦爲幽州節度使。

秋，七月，陝、虢軍亂，殺其節度使張勸。詔以李泌爲都防禦轉運使。陝虢兵馬使達奚抱暉鴆殺節度使張勸，代總軍務，邀求旌節，且陰召李懷光將達奚小俊爲援。上謂李泌曰：「若蒲、陝連衡，則猝不可制，而水陸之運皆絶矣。不得不煩卿一往。」乃以泌爲都防禦水陸運使，欲以神策軍送之。泌曰：「陜城三面懸絶，攻之未可以歲月下也。臣請以單騎入之，且今河東全軍屯安邑。馬燧入朝，願敕燧與臣同辭偕行，使陜人知之，亦一勢也。」上曰：「雖然，朕方大用卿，寧失陜州，不可失卿。當更使他人往耳。」對曰：「他人猶豫遷延，必不能入。」上乃許之。泌見陜州將吏在長安者語之曰：「主上以陜、虢饑，故不授泌節，而領運使，欲令督江、淮米以賑之。今當使抱暉將行營，有功，則賜旌節矣。」抱暉稍自安。泌與馬燧疾驅而前，將佐不俟抱暉之命來迎。泌笑曰：「吾事濟矣。」去城十五里，抱暉亦出謁，泌慰撫之，抱暉喜。泌視事，賓佐有請屏人白事者，泌曰：「易帥之際，軍中煩言，乃其常理，泌到自安貼矣。不願聞也。」由是反仄者皆自安。泌但索簿書，治糧儲。明日，召抱暉語之曰：「吾非愛汝而不誅，恐自今有危疑之地，朝廷所命將帥，皆不能入，故匄汝餘生。汝爲我齎版幣祭前使，慎無入關，自擇安處，潛來取家，保無它也。」泌之辭行也，上籍陜將預於亂者七十五人授泌，使誅之。泌奏已遣抱暉，餘不足問。上復遣中使，必使誅之。泌不得已，械兵馬使林滔等五人送京師。抱暉遂亡命，不知所之。

大旱。灞、滻將竭，長安井皆無水。度支奏：「中外經費纔支七旬。」詔浮費、冗食皆罷之。

八月，馬燧取長春宮，遂及諸軍平河中，李懷光縊死。馬燧與諸將謀曰：「長春宮不下，則懷光不可得。然其守備甚嚴，攻之曠日持久。我當身往諭之。」遂徑造城下，呼其守將徐庭光，庭光帥將士羅拜城上。燧知其心屈，徐謂之曰：「我自朝廷來，可西向受命。」庭光等復西向拜，燧曰：「汝曹徇國立功四十餘年，何忽爲滅族之計！從吾言，非止免禍，富貴可圖也。」衆不對。燧披襟曰：「汝不信吾言，何不射我！」將士皆伏泣，燧曰：「此皆懷光所爲，汝曹無罪。第堅守勿出。」皆曰：「諾。」燧等遂進逼河中。懷光舉火，諸營不應。駱元光使人招庭光，庭光罵辱之。及燧還，乃開門降。燧以數騎入城，慰撫之，其衆大呼曰：「吾輩復爲王人矣！」渾瑊謂僚佐曰：「始吾謂馬公用兵不吾遠也[一]，今乃知吾不逮多矣。」燧帥諸軍至河西。河中軍士自相驚曰：「西城擐甲矣！」又曰：「東城娖隊矣！」須臾，軍士皆易其號，爲「太平」字。懷光不知所爲，乃縊而死。初，懷光之解奉天圍也，上以其子璀爲監察御史；及懷光屯咸陽不進，璀密言於上曰：「臣父必負陛下，願早爲之備。臣聞君、父一也，但今日陛下未能誅臣父，而臣父足以危陛下，故不忍不言。」上驚曰：「卿大臣愛子，當爲朕委曲彌縫之。」對曰：「臣父非不愛臣，臣非不愛其父與宗族也，顧臣力竭，不能回耳。」上曰：「然則卿以何策自免？」對曰：「臣父敗，則臣與之俱死，復有何策哉！使臣賣父求生，陛下亦安用之！」及李泌赴陝，上謂之曰：「朕所以欲全懷光，誠惜璀也。卿至陝，試爲朕招之。」對曰：「陛下未幸梁、洋，懷光猶可降也。今雖請降，臣不敢受，況招之乎！璀固賢者，必與父俱死矣。若其不死，則亦無足貴也。」及懷光死，璀亦自殺。

胡氏曰：嗟乎，李璀之死也！知父非義，説之而弗從；知君之不可背，欲事之而不可得。德宗既欲全之，則宜預詔馬燧，以懷光叛逆，罪止其身，念嘗勤王，特宥其子。使懷光父子知之，則懷光必使璀勿死，而璀亦可以不死矣。

朔方將牛名俊斷懷光首出降。燧斬閻晏等七人，餘皆不問，出高郢、李鄘於獄，奏置幕下。燧自辭行，至是凡二十七日。駱元光以徐庭光辱己，殺之，入見馬燧，頓首請罪。燧大怒曰：「庭光已降，公輒殺之，是無統帥也。」欲斬之，韓遊瓌曰：「元光殺裨將，公猶怒如此；公殺節度使，天子其謂何？」燧乃捨之。渾瑊盡得李懷光之衆。朔方軍自是分居邠、蒲矣。

加馬燧兼侍中。

赦懷光一子，收葬其尸。罷討淮西兵。上問陸贄：「今復有何事宜區處者？」贄以「河中既平，慮必有希旨生事之人，請乘勝討淮西者，李希烈必誘諭其所部及新附諸帥曰：『奉天息兵之旨，乃因窘急而言，朝廷稍安，必復誅伐。』如此，則四方負罪者孰不自疑，河朔、青齊固當響應，兵連禍結，賦役繁興，建中之憂，行將復起」，乃上奏曰：「陛下悔過降號，聞者涕流，故諸將效死，叛夫請罪，逆泚、懷光相繼梟殄。曩以百萬之師而力殫，今以咫尺之詔而化洽。是則聖王之敷理道服暴，乃任德而不任兵，明矣；羣帥之悖臣禮，拒天誅，圖活而不圖王，又明矣。蓋好生以及物，乃自生之方；施安以及物者，乃自安之術。若擠彼於死地，而求此之久生；措彼於危地，而求此之久安，從古及今，未之有也。今叛帥革面，復修臣禮，然其深言密議，固亦未盡坦然，必當聚心而謀，傾耳而聽，觀陛下所行之事，考陛下所誓之言。若言與事符，則遷善之心漸固；儻事與言背，則慮禍之態復興。所宜布恤人之惠以濟威，乘滅賊之威以行惠。臣所未敢保者，唯希烈耳。想其私心，非不追悔，但以猖狂失計，已竊大名，雖荷陛下全宥之恩，然不能不自靦於天地之間耳。縱未順命，斯爲獨夫，内則無辭以起兵，外則無類以求助。陛下但敕諸鎮各守封疆，彼既氣奪算窮，是乃狴牢之類，不有人禍，則當鬼誅。古所謂不戰而屈人之兵者，斯之謂歟！」詔以「李懷光嘗有功，宥其一男，歸其尸，使收葬。諸道與淮西連接者，非彼侵軼，不須進討。李希烈若降，當待以不死；自餘一無所問」。

以張延賞爲左僕射。初，李晟戍成都，取其營妓以還。西川節度使張延賞怒，追而返之。晟遂與延賞有隙。至是，上召延賞入相，晟表陳其過惡，上重違其意，以延賞爲左僕射。

胡氏曰：西平雖同平章事，黜陟百官，已非其任，況進退宰相乎！迹二人之隙，正以成都營妓之故，晟與延賞於是乎交失之矣。然與其責人，不若責己。則晟之失爲重，而晟不知自反；至於有隙，又陳其過惡，而尼其入相。是克伐怨欲必行焉，失而又失，其累德多矣。蓋不待尚結贊之間，而德宗猜心已萌。處功名者可不慎乎！

九月，盧龍節度使劉怦卒，以其子濟知節度事。

冬十二月，户部奏今歲入貢者凡百五十州。

劉從一罷。

丙寅（七八六）

二年。

春，正月，以劉滋、崔造、齊映同平章事。造少與韓會、盧東美、張正則爲友，以王佐自許，時人謂之「四夔」。上以造敢言，故不次用之。滋、映多讓事於造。造久在江外，疾錢穀諸使罔上之弊，奏罷水陸度支、轉運等使，諸道租賦，悉委觀察使、刺史遣官送京師。令宰相分判六曹，映判兵部，李勉判刑部，滋判吏、禮部，造判户、工部。造與户部侍郎元琇善，使判諸道鹽鐵、榷酒。韓滉奏論其過失，罷之。

胡氏曰：「四夔」以王佐自許，獨造至宰相，所設施者，罷轉運一事，而所以易之者，卒於無成。虚名而少實也如此。古人之修佐王之業者，必始於格物、致知、意誠、心正，其身治，然後可推而及人。己之道術不明，君之邪僻不去，而能成善治者未矣。

三月，李泌開運道成。泌自集津至三門，鑿山開車道十八里，以避底柱之險。

夏，四月，淮西將陳仙奇殺李希烈以降，以仙奇爲節度使。希烈别將寇襄、鄭州，樊澤、李澄擊破之。希烈兵勢日蹙。會有疾，仙奇使醫毒殺之，因屠其家，舉衆來降。詔以爲淮西節度使。

秋，七月，陳仙奇爲其將吴少誠所殺，以少誠爲留後。少誠素狡險，爲李希烈所寵任，故爲之報仇。

胡氏曰：陳仙奇爲國殺賊，賞以節鉞，是也。吴少誠黨賊而殺仙奇，亦以與之，則賞罰混殽，兆淮、蔡之亂矣。差之毫釐，謬以千里，此類是也。

以曲環爲陳許節度使。陳、許荒亂之餘，户口流散。環以勤儉率下，政令寬簡，賦役平均，數年間，流亡復業，兵食皆足。

吐蕃入寇，詔渾瑊、駱元光屯咸陽。

九月，置十六衛上將軍。初，上與常侍李泌議復府兵，泌言：「府兵平日皆安居田畝，每府有折衝領之，農隙教戰。有事徵發，則以符契下州府，參驗發之，至所期處。將帥按閲，有不精者，罪其折衝，甚者罪及刺史。軍還，則賜勳加賞。行者近不踰時，遠不經歲。高宗以劉仁軌爲洮河鎮守使以圖吐蕃，於是始有久戍之役。又牛仙客以積財得宰相，邊將效之，誘戍卒使以所齎繒帛寄於府庫，而苦役之，利其死而沒入其財。故戍卒還者什無二、三。然未嘗有外叛內侮者，誠以顧戀田園，恐累宗族故也。自開元之末，張説始募長征兵。兵不土著，不自重惜，忘身徇利，禍亂遂生。曏使府兵之法不廢，安有如此下陵上替之患哉！」上以爲然，因有是命；然卒亦不能復也。

以賈耽爲義成節度使。

義成節度使李澄卒，其子克寧祕不發喪，殺行軍司馬，墨縗視事，增兵城門。劉玄佐出師境上，使人告諭之，克寧乃不敢襲位。玄佐即洽也。詔以耽鎮鄭滑。克寧悉取軍資夜出，軍士剽之殆盡。淄青兵數千自行營歸，過滑州，將佐皆曰：「李納雖外奉朝命，内蓄兼并之志。請館其兵於城外。」耽曰：「奈何與人鄰道，而野處其將士乎！」命館於城中。耽時引百騎，獵於納境。納聞之悦服，不敢犯。

京城戒嚴。

吐蕃遊騎及好畤，京城戒嚴。民間傳言「上復欲出幸」。齊映見上言曰：「外間皆言陛下已理裝具糧，人情恟懼。夫大福不再。陛下奈何不與臣等熟計之？」因伏地流涕，上亦爲之動容。

李晟遣兵擊吐蕃於汧城，敗之。

李晟遣其將王佖將驍勇三千，伏於汧城，戒之曰：「虜過城下，勿擊其首，俟見五方旗、虎豹衣，乃其中軍也，出其不意擊之，必大捷。」佖用其言，尚結贊敗走，僅而獲免，謂其人曰：「唐之良將，李晟、馬燧、渾瑊而已，當以計去之。」入鳳翔境，禁俘掠，以兵直抵城下，曰：「李令公召我來，何不出犒我？」經宿乃退。

冬，十月，李晟遣兵拔吐蕃摧沙堡。

李晟遣蕃落使野詩良輔與王佖襲吐蕃摧沙堡，遇吐蕃，與戰破之，乘勝至堡下，攻拔之，斬其將，焚其蓄積而還。尚結贊引兵自寧慶北去，韓遊瓌遣將追之，虜棄所掠而去。

十一月，皇后崩。

吐蕃陷鹽州。

韓滉、劉玄佐、曲環俱入朝。先是，關中倉廩竭，禁軍或自脫巾呼於道曰：「拘吾於軍而不給糧，吾罪人也。」上憂之甚。會韓滉運米三萬斛至陝，李泌奏之。上喜謂太子曰：「吾父子得生矣。」時禁中不釀，命於坊市取酒爲樂。又遣中使諭神策六軍，軍士皆呼萬歲。時比歲饑饉，兵民率皆瘦黑。及麥熟，市有醉者，人以爲瑞。然人乍飽食，死者甚衆。數月，人膚色乃復故。

范氏曰：老子曰：「師之所處，荆棘生焉。」大軍之後，必有凶年，言民以其愁苦之氣，傷天地陰陽之和，致水旱之災。夫以兵除殘，如人以毒藥攻疾，疾去而人傷亦甚矣。其血氣必久而後復，或終身遂衰，一失其養，則易以死亡，不若未病之完也。先王制治于未亂，保邦于未危。有天下者，可不務哉！

滉遂入朝，過汴。時劉玄佐久未入朝，滉與約爲兄弟，請拜其母。其母喜，爲置酒。酒半，滉曰：「弟何時入朝？」玄佐曰：「久欲入朝，力未能辦耳。」滉曰：「滉力可及，弟宜早入朝。丈母垂白，不可使帥諸婦女往填宫也。」母悲泣不自勝。滉乃遺玄佐錢二十萬緡，備行裝。滉留大梁三日，大出金帛賞勞，一軍爲之傾動。玄佐驚服，遂與曲環俱入朝。

十二月，以韓滉兼度支、鹽鐵、轉運等使。諸使之職，行之已久，中外安之。崔造改法，事多不集。及元琇失職，造遂憂懼成疾，不視事。既而江、淮運米大至，上嘉韓滉之功，以滉兼度支、轉運等使。造所條奏皆改之。

吐蕃陷夏、銀、麟州。

崔造罷。

李晟入朝。工部侍郎張彧，李晟之婿也。晟在鳳翔，以女嫁幕客崔樞，禮重之，過於彧。彧怒，遂附於張延賞。上忌晟功名。會吐蕃有離間之言，延賞等騰謗於朝，無所不至。晟聞之，晝夜泣，目爲之腫，悉遣子弟詣長安，表請爲僧，不許；入朝，稱疾，懇辭方鎮，亦不許。韓滉素與晟善，上命滉諭旨，使與延賞釋怨。引延賞詣晟第謝，因飲盡歡。晟表薦延賞爲相。

胡氏曰：延賞固小人，不足責矣，西平於是又失焉。前方數其罪惡，今又薦其可相，人之賢否，係與我和與不和，夫豈不取疑於人主乎！他日延賞讒間如初，然則曷若堅守初議之爲正歟！

丁卯（七八七）

三年。

春，正月，以張延賞同平章事。李晟爲其子請昏於延賞，不許。晟謂人曰：「武夫性快，釋怨於杯酒間，則不復貯胸中矣。非如文士難犯，外雖和解，内蓄憾如故。吾得無懼哉！」

淮西戍兵自鄜州叛歸，過陝，李泌邀擊，斬之。陳仙奇降，詔發其兵於京西防秋。及吴少誠殺仙奇，密遣人召所遣兵馬使吳法超，使引兵歸。法超等遂引步騎四千，自鄜州叛歸。上聞之，急遣中使敕李泌，發兵防遏。泌遣押牙唐英岸將兵趣靈寶，淮西兵已陳於河南矣。泌給其食，陰遣將將選士分爲二隊，伏於太原倉之隘，令之曰：「賊十隊過，東伏則大呼擊之，西伏亦大呼應之，勿遮道，勿留行，常讓以半道。」又遣唐英岸夜出，陳澗北，燕子楚將兵趣長水。明日，淮西兵入隘，兩伏發，賊衆驚亂，死者四之一；進遇英岸，邀擊之，擒其將張崇獻。法超帥衆趣長水，子楚擊斬之。潰兵得至蔡者纔四十七人。少誠以其少，悉斬之以聞。泌執崇獻等六十餘人送京師，詔腰斬於鄜州軍門，以令防秋之衆。

雲南王異牟尋請內附。初，雲南王閤羅鳳陷嶲州，獲西瀘令鄭回。回通經術，閤羅鳳愛重之，其子及孫異牟尋皆師事之。及異牟尋爲王，以回爲相，號清平官。雲南有衆數十萬，吐蕃每入寇，常以爲前鋒，賦斂重數，又奪其險要地立城堡，歲徵兵助防，雲南苦之。回說異牟尋自歸於唐，曰：「中國尚禮義，有惠澤，無賦役。」異牟尋以爲然。會西川節度使韋皋招撫羣蠻，異牟尋潛遣人因諸蠻求內附。皋奏「宜招納之，以離吐蕃之黨，分其勢」。上命皋先作邊將書以諭之，微觀其趣。

貶齊映爲夔州刺史。張延賞與齊映有隙。映在諸相中頗稱敢言，上浸不悅。延賞因言映非宰相器，貶之。

劉滋罷，以柳渾同平章事。韓滉性苛暴，方爲上所任，言無不從，它相充位而已，百官羣吏救過不贍。渾雖爲滉所引薦，正色讓之曰：「先相公以褊察爲相，不滿歲而罷。今公又甚焉。奈何榜吏於省中，至有死者；且作福作威，豈人臣所宜！」滉愧，爲之少霽威嚴。

二月，遣右庶子崔澣使吐蕃。

鎮海節度使、同平章事韓滉卒。滉久在二浙，所辟僚佐，各隨其長，無不得人。嘗有故人子謁之，滉考其能，一無所長，然與之宴，竟席未嘗左右視，因使監庫門。其人終日危坐，吏卒無敢妄出入者。

以白志貞爲浙西觀察使。上以白志貞爲浙西觀察使，柳渾曰：「志貞憸人，不可復用。」會渾疾不視事，詔下用之。渾疾間，遂乞骸骨，不許。

三月，以李晟爲太尉。初，吐蕃尚結贊得鹽、夏州，各留兵戍之，退屯鳴沙，羊馬多死，糧運不繼。又聞李晟破摧沙堡，渾瑊、馬燧各舉兵臨之，大懼，屢遣使求和，上未許。乃卑辭厚禮求和於馬燧，燧信其言，爲之請於朝。李晟曰：「戎狄無信，不如擊之。」韓滉曰：「今兩河無虞，若城原、鄯、洮、渭，使晟及劉玄佐等守之，河湟二十餘州可復也。」上欲從之。會滉卒，張延賞與晟有隙，數言和親便，上亦素恨回紇，欲與吐蕃擊之，遂從燧、延賞計。延賞又言：「晟不宜久典兵。」上乃謂晟曰：「朕以百姓之故，與吐蕃和親決矣。大臣既與吐蕃有怨，宜留輔朕，自擇代者。」晟薦都虞候邢君牙，遂以君牙爲鳳翔尹；加晟太尉，罷鎮。晟在鳳翔，嘗謂僚佐曰：「魏徵好直諫，余竊慕之。」行軍司馬李叔度曰：「此儒者事，非勳德所宜也。」晟斂容曰：「司馬失言矣！晟任兼將相，知朝廷得失而不言，何以爲臣哉！」叔度慚而退。及在朝廷，上有所顧問，極言無隱，而性沈密，未嘗泄於人。

夏，五月，以渾瑊爲會盟使。崔澣見尚結贊，責以負約。尚結贊曰：「破朱泚未獲賞，是以來耳。公欲修好，固所願也。然渾侍中信厚聞於異域，請必使之主盟。」遂遣瑊與盟於清水。瑊將二萬餘人赴盟所。尚結贊請盟於土梨樹，或言土梨樹多險阻，不如平涼，乃許盟於平涼。初，韓滉薦劉玄佐可使將兵復河湟，玄佐亦贊成之。至是，玄佐奏言「吐蕃方强，未可與爭」。張延賞奏以河湟事委李抱真，抱真亦固辭。由延賞罷李晟兵柄，故武臣皆憤怒解體，不肯爲用也。

閏月，省州縣官。省州縣官，收其禄以給戰士，張延賞之謀也。時新除官千五百人，而當減者千餘人，怨嗟盈路。

以曹王皐爲山南東道節度使。吴少誠繕兵完城，欲拒朝命。判官鄭常、大將楊冀謀逐之，事泄，少誠殺之。上以襄、鄧扼淮西衝要，以皐爲節度使，以襄、鄧、復、郢、安、隨、唐七州隸之。

渾瑊與吐蕃盟于平涼，吐蕃劫盟。渾瑊之發長安也，李晟深戒之，以盟所爲備，不可不嚴。張延賞言於上曰：「晟不欲盟好之成，故戒瑊以嚴備。我有疑彼之形，則彼亦疑我矣，盟何由成？」上乃召瑊，切戒以推誠待虜，勿爲猜貳。瑊奏吐蕃決以辛未盟。延賞集百官，稱詔示之曰：「李太尉謂和好必不成，今盟日定矣。」晟聞之，泣曰：「吾生長西陲，備諳虜情。所以論奏，但耻朝廷爲犬戎所侮耳。」上始命駱元光屯潘原，韓遊瓌屯洛口，以爲瑊援。元光謂瑊曰：「潘原距盟所且七十里，公有急，何從知之？請與公俱。」瑊以詔指固止之，元光不從，與瑊連營相次，距盟所三十餘里。元光壕栅深固，瑊壕栅皆可踰也。元光伏兵於營西，遊瓌亦遣五百騎伏於其側，曰：「若有變，則汝曹西趣柏泉，以分其勢。」將盟，尚結贊又請各遣遊騎數十，更相覘索，瑊許之。吐蕃伏精騎數萬於壇西。遊騎貫穿唐軍，出入無禁；唐騎入虜軍，悉爲所擒，瑊等皆不知。入幕易禮服，虜伐鼓三聲，大譟而至。瑊自幕後出，偶得它馬乘之，伏驤入其銜，馳十餘里，銜方及馬口。虜縱兵追擊，唐將卒死者數百人，副使崔漢衡被擒。瑊至其營，將卒已遁。元光發伏成陳以待之，虜騎乃還。是日，上視朝，謂諸相曰：「今日和戎息兵，社稷之福。」柳渾曰：「戎狄，豺狼也，非盟誓可結。今日之事，臣竊憂之。」李晟曰：「誠如渾言。」上變色曰：「柳渾書生，不知邊計。大臣亦爲此言邪？」皆頓首謝。是夕，韓遊瓌表言虜劫盟者兵臨近鎮，上大驚，謂渾曰：「卿書生，乃能料敵如此其審邪！」上欲出幸，大臣諫而止。李晟大安園多竹，或言晟伏兵其間，謀因倉猝爲變，晟伐其竹。上遣中使齎詔遺尚結贊，不納而還。

六月，以馬燧爲司徒兼侍中。初，吐蕃尚結贊惡李晟、馬燧、渾瑊，曰：「去三人，則唐可圖也。」於是離間李晟，因馬燧以求和，欲執渾瑊以責燧，使并獲罪，因縱兵直犯長安。會失渾瑊而止。獲馬燧之姪弇，謂曰：「胡以馬爲命，吾在河曲，春草未生，馬不能舉足。當是時，侍中渡河掩之，吾全軍覆没矣。今蒙侍中力，全軍得歸，奈何拘其子孫！」遣弇與宦官俱文珍等歸。上由是惡燧，罷其副元帥、節度使，以爲司徒、侍中。張延賞慚懼謝病。

范氏曰：人君於其所不當疑而疑之，則於其所不可信而信之矣，此必然之理也。李晟之功，社稷是賴，而德宗猜忌，使憂懼不保朝夕；至於讒邪之詭計，戎狄之甘言，則推誠而信之不疑，由其心術顛倒，見善不明故也。延賞以私憾敗國殄民，刑孰大焉，德宗曾不致詰，使之得保首領死牖下，幸矣！

以李泌同平章事。泌初視事，與李晟等俱入見。上謂泌曰：「朕欲與卿有約，卿慎勿報仇，有恩者，朕當爲卿報之。」對曰：「臣素奉道，不與人爲仇。李輔國、元載皆害臣者，今自斃矣。素所善者，率已顯達，或多零落，臣無可報也。臣今日亦願與陛下爲約可乎？」上曰：「何不可！」泌曰：「願陛下勿害功臣。李晟、馬燧有大功於國，聞有讒之者，陛下萬一害之，則宿衛之士，方鎮之臣，無不憤惋反仄，恐中外之變復生也。陛下誠不以二臣功大而忌之，二臣不以位高而自疑，則天下永無事矣。」上以爲然。晟、燧皆起泣謝。上因謂泌曰：「自今凡軍旅、糧儲事，卿主之。吏、禮，委延賞；刑、法，委渾。」泌曰：「陛下不以臣不才，使待罪宰相。宰相之職，天下之事，咸共平章，不可分也；若各有所主，是乃有司，非宰相矣。」上笑曰：「朕適失辭，卿言是也。」

范氏曰：古之王者，惟任一相以治天下，是以治出於一，政有所統，相得其職，君得其道，恭己無爲而天下治。後世多疑於人，宰相之職，分而不一，君以爲權在己，臣以爲政在君，國之治亂，民之休戚，無所任責，故賢者不得行其所學，不肖者得以苟容於其間，由官不正，任不專故也。如欲稽古以建官，必以一相統天下，始可以言治矣。

胡氏曰：上古一相，專任賢也。漢置二人，存交修之意焉。唐自武后以來，乃有數宰相，然亦無救於李林甫、楊國忠、元載、盧杞之專權。故以擇人爲要，不以多員爲善也。夫聖王之法關盛衰，必欲綱舉而紀從，莫若法古置一相，而考慎其人，而置左、右丞，或參知政務各二人，分轄六曹，守成法，督稽滯，察姦欺，決訟牒；有疑事應更革，則以告于宰相。而宰相者不得親細故，署文案，專與人主講道勸義，廣求賢材，列于庶職，下酌民言，旁達幽隱。如此，則上下詳略之任各得其宜，而治道成矣。

以李自良爲河東節度使。自良從馬燧入朝。上欲使鎮太原，自良固辭曰：「臣事燧久，不欲代之。」上曰：「卿於馬燧存軍中事分，誠爲得禮。然北門之任，非卿不可。」卒以授之。

復所省州縣官。李泌請復所減州縣官，上曰：「置吏以爲人也。今户口減於承平之時，而吏員更增，可乎？」對曰：「今户口雖減，而事多於承平且十倍，故吏不得不增。且所減皆有職事，而冗官不減，此所以爲未當也。至德以來，置額外官，敵正官三分之一，若聽使計日得資然後停，加兩選授同類正員官。如此，則不惟不怨，兼使之喜矣。」又請諸王未出閤者不除府官，上皆從之。

秋，七月，以李昇爲詹事。初，張延賞與李叔明有隙。上入駱谷，衛士多亡，叔明之子昇及郭曙、令狐建等恐有姦人危乘輿，相與齧臂爲盟，更鞚上馬，以至梁州。及還長安，上皆以爲禁衛將軍，寵遇甚厚。延賞知昇私出入郜國大長公主第，密以白上。上使李泌察之，泌曰：「此必有欲動摇東宫者，其延賞乎？」上曰：「何以知之？」泌具爲上言二人之隙，且言：「昇承恩顧，延賞無以中傷，而郜主乃太子妃之母也，故欲以此陷之耳。」上笑曰：「是也。」泌因請罷昇宿衛以遠嫌，從之。

以韓潭爲夏綏銀節度使。吐蕃之戍鹽、夏者，饋運不繼，人多病疫思歸。尚結贊遣三千騎逆之，悉焚其廬舍，毁其城，驅其民而去。於是割振武之綏、銀二州，以潭爲節度使，帥神策之士五千，朔方、河東之士三千，鎮夏州。

以元友直爲諸道句勘兩税錢帛使。時防秋兵大集，國用不充，李泌奏：「自變兩税法以來，藩鎮、州、縣聚斂榷率以爲軍資，自懼違法，匿不敢言。請赦其罪，但令革正，自非於法應留使、留州之外，悉輸京師。其官典逋負，可徵者徵之，難徵者釋之；敢有隱沒者，罪之。」上喜曰：「卿策甚長，然立法太寬，恐所得無幾！」對曰：「寬則人喜於免罪而樂輸，所得必多而速，急則競爲蔽匿，非推鞫不能得其實，財不足以濟今日之急，而皆入於姦吏，所得必少而遲矣。」上曰：「善。」乃以友直充使。

停西域使者廩給，分隸神策軍。初，河隴既没於吐蕃，安西、北庭及西域使人在長安者，歸路阻絶，皆仰給於度支。泌知胡客皆有妻子，買田宅，安居不欲歸，命停其給，凡四千人；皆詣政府訴之，泌曰：「此皆從來宰相之過，豈有外國使者留京師數十年不聽歸乎！今當假道回紇，各遣歸國；不願者，當於鴻臚自陳，授以職位，給俸禄。人生當乘時展用，豈可終身客死邪！」於是胡客無一人願歸者，泌皆分隸神策兩軍，禁旅益壯，歲省五十萬緡。

募戍卒屯田京西。上復問泌以復府兵之策，對曰：「今歲卒戍京西者十七萬人，計歲食粟二百四萬斛。今粟斗直錢百五十，爲錢三百六萬緡。國家比遭饑亂，經費不充，就使有錢，亦無粟可糴，未暇議復府兵也。」上曰：「然則亟減戍卒歸之，如何？」對曰：「陛下誠用臣言，可不減戍卒，不擾百姓，糧食皆足，府兵亦成。」上曰：「果能如是，何爲不用？」對曰：「此須急爲之，過旬日則不及矣。」上問其計，泌曰：「吐蕃久居原、蘭之間，以牛運糧，糧盡，牛無所用，請發左藏惡繒染爲綵纈，因黨項以市之，計十八萬匹，可致六萬餘頭。命諸冶鑄農器，糴麥種，分賜緣邊軍鎮，募戍卒，耕荒田而種之，約麥熟倍償其種，其餘據時價五分增一，官爲糴之。來春種禾亦如之。沃土久荒，所收必厚。戍卒獲利，耕者浸多。糴價必賤，名爲增之，而實比今歲所減多矣。且邊地官多闕，請募人入粟以補之，可足今歲之糧。」上皆從之，因問曰：「卿言府兵亦集，如何？」對曰：「舊制，戍卒三年而代，今既因田致富，必不思歸。及其將滿，下令有願留者，即以所開田爲永業；家人願來者，本貫續食遣之。不過數番，則戍卒皆土著，乃悉以府兵之法理之，是變關中之疲弊爲富强也。」上喜曰：「如此，天下無復事矣。」泌曰：「未也。臣能不用中國之兵使吐蕃自困。」上曰：「計將安出？」對曰：「臣未敢言之，俟麥禾有效，然後可議也。」泌意欲結回紇、大食、雲南與共圖吐蕃，知上素恨回紇，恐聞之不悦，并屯田之議不行，故不肯言。既而戍卒應募，願耕屯田者什五、六。

張延賞卒。

八月朔，日食。

柳渾罷爲左散騎常侍。初，渾與張延賞議事數異同，延賞使人謂曰：「相公節言，則重位可久矣。」渾曰：「爲吾謝張公，柳渾頭可斷，舌不可禁。」由是交惡。上好文雅緼藉，而渾質直無威儀，時發俚語，上不悦，罷之。

幽郜國大長公主，流李昇於嶺南。公主，肅宗女也，適蕭升，女爲太子妃，恩禮甚厚，宗戚皆疾之。主素不謹，李昇等數人出入其第。或告主淫亂，且爲厭禱。上大怒，幽之禁中，流昇等嶺表，切責太子。太子懼，請與妃離昏。上召李泌告之，且曰：「舒王近已長立，孝友温仁。」泌曰：「陛下惟有一子，奈何欲廢之而立姪？且陛下所生之子猶疑之，何有於姪！舒王雖孝，自今陛下宜努力，勿復望其孝矣！」上曰：「卿不愛家族乎？」對曰：「臣惟愛家族，故不敢不盡言。若畏陛下盛怒而爲曲從，陛下明日悔之，必尤臣云：『吾獨任汝爲相，不力諫，使至此；必復殺而子。』臣老矣，餘年不足惜，若冤殺臣子，使臣以姪爲嗣，臣未知得歆其祀乎！」因嗚咽流涕，上亦泣曰：「事已如此，奈何？」對曰：「此大事，願陛下審圖之。自古父子相疑，未有不亡國者，且陛下不記建寧之事乎？」上曰：「建寧叔實冤，肅宗性急故耳。」泌曰：「臣昔爲此故辭歸，誓不近天子左右；不幸今日復爲陛下相，又覩玆事。且其時先帝常懷危懼，臣臨辭日，因誦黃臺瓜辭，肅宗乃悔而泣。」上意稍解，乃曰：「貞觀、開元皆易太子，何故不亡？」對曰：「承乾謀反事覺，太宗使其舅與朝臣數十人鞫之，事狀顯白；然當時言者猶云：『願陛下不失爲慈父，使太子得終天年。』太宗從之，并廢魏王泰。且陛下既知肅宗急而建寧冤，則願陛下深戒其失，從容三日，究其端緒，必釋然知太子之無他矣。若果有其迹，願陛下如貞觀之法，并廢舒王而立皇孫，則百代之後，有天下者猶陛下子孫也。至於武惠妃譖太子瑛兄弟殺之，海内冤憤，乃百代所當戒，此又可法乎！且太子居少陽院，未嘗接外人，預外事，安得有異謀！彼譖人者巧詐百端，雖有手書如晉愍懷，衷甲如太子瑛，猶未可信，況但以妻母爲累乎！幸賴陛下語臣，臣敢以家族保太子。曏使楊素、許敬宗、李林甫之徒承此旨，已就舒王圖定策之功矣。」上曰：「此朕家事，何豫於卿，而力爭如此？」對曰：「天子以四海爲家。臣今獨任宰相之重，四海之内，一物失所，責歸於臣。況坐視太子冤横而不言，臣罪大矣！」上曰：「爲卿遷延至明日思之。」泌抽笏叩頭而泣曰：「如此，臣知陛下父子慈孝如初矣！然陛下還宫，當自審思，勿露此意於左右；露之，則彼皆欲樹功於舒王，太子危矣！」上曰：「具曉卿意。」泌歸，語子弟曰：「累汝曹矣。」太子遣人謝泌曰：「若必不可救，欲先自仰藥，何如？」泌曰：「必無此慮。願太子起敬起孝。苟泌身不存，則事不可知耳。」間一日，上開延英殿獨召泌，流涕曰：「非卿切言，朕今日悔無及矣！太子仁孝，實無他也。自今軍國及朕家事，皆當謀於卿矣。」泌拜賀，因曰：「臣報國畢矣。驚悸亡魂，不可復用，願乞骸骨。」上慰諭不許。

范氏曰：李泌善處父子兄弟之間，故能以其直誠正言感悟人主，卒使父子如初，可謂忠矣。泌以爲天子以四海爲家，則莫非家事，以君之子爲己任，其知相之職業哉！

九月，吐蕃寇隴州。吐蕃帥羌、渾之衆寇隴州，連營數十里，京城震恐。虜大掠，驅丁壯萬餘口而去。未幾，復至隴州，州兵擊却之。

回紇求和親，許之。回紇合骨咄禄可汗屢求和親，上未之許。會邊將告乏馬，李泌言於上曰：「臣有愚策，可使馬賤十倍。」上問之，對曰：「願陛下推至公之心，屈己徇人，爲社稷計，臣乃敢言。」上曰：「何故？」泌曰：「臣願陛下北和回紇，南通雲南，西結大食、天竺，如此，則吐蕃自困，馬亦易致矣。」上曰：「三國當如卿言，至於回紇則不可。」泌曰：「臣固知陛下如此，所以不敢早言。然今日之計，回紇爲先，三國差緩。且陛下所以不可，豈非以陜州之耻邪？」上曰：「然。韋少華等以朕之故受辱而死，朕豈能忘之！」泌曰：「害少華等，乃牟羽可汗，後復入寇，爲今可汗所殺。然則今可汗乃有功於陛下，又何怨邪！」是後凡十五對，反復論之，上終不許。泌乃乞骸骨，上曰：「朕不憚屈己，但不能負少華輩耳。」泌曰：「以臣觀之，少華輩負陛下，非陛下負之也。」上曰：「何故？」對曰：「昔葉護將兵助國，肅宗止令臣宴勞之，亦不許至其營。及大軍將發，先帝始與相見。蓋戎狄豺狼，不得不過爲之防耳。陛下在陝，富於春秋，少華輩不能深慮，以萬乘元子徑造其營，又不先與之議相見之儀，使彼得肆其桀驁，豈非少華輩負陛下邪？且香積之捷，葉護欲掠長安，先帝親拜於馬前以止之。當時觀者十萬餘人，皆歎息曰：『廣平王真華、夷主也！』然則先帝所屈者少，所伸者多矣。況牟羽身爲可汗，舉國赴難。當是之時，臣不敢言其它，若留陛下於營中歡飲十日，天下豈得不寒心哉！以此二事觀之，則屈己爲是乎？不屈爲是乎？」上謂李晟、馬燧曰：「朕素怨回紇，今聞泌言，自覺少理。卿以爲如何？」皆對曰：「誠如泌言。」泌曰：「臣以爲回紇不足怨，向來宰相乃可怨耳。回紇再復京城，今可汗又殺牟羽，復有何罪！吐蕃幸國之災，陷河、隴數千里之地，又入京城，使先帝蒙塵於陝，此乃百代必報之讎，爲可怨耳。」上曰：「朕與之爲怨已久，今往與之和，得無復拒我，爲夷狄之笑乎？」對曰：「臣請以書與之約：爲臣子，每來不過二百人，印馬不過千匹，無得攜中國人及商胡出塞。五者皆能如約，則主上必許和親。如此，威加北荒，旁讋吐蕃，足以快陛下平昔之心矣。」上從之。既而回紇可汗遣使上表聽命。上大喜，謂泌曰：「回紇何畏服卿如此！」對曰：「此乃陛下威靈，臣何力焉！」上因問招雲南、大食、天竺之計，對曰：「回紇和，則吐蕃已不敢輕犯塞矣。雲南苦吐蕃賦役，未嘗一日不思復爲唐臣也。大食在西域爲最强，與天竺皆慕中國，代與吐蕃爲仇，臣故知其可招也。」遂遣其使者歸，許以公主妻之。

冬，十月，吐蕃城故原州而屯之。

吐蕃陷連雲堡。涇西恃連雲爲斥候，連雲既陷，西門不開，門外皆爲虜境，樵采路絶，常苦乏食。

李軟奴等作亂，伏誅。妖僧李軟奴結殿前射生將韓欽緒等，謀作亂。其黨告之，上命捕送内侍省推之。李晟聞之，驚仆曰：「晟族滅矣！」李泌問其故，晟曰：「晟新罹謗毁，中外有家人千餘，若有一人在其黨中，則兄亦不能救矣。」泌乃密奏：「大獄一起，所引必多。聞人情恟懼，請出付臺推。」上從之。欽緒，遊瓌之子也，亡抵邠州，械送京師，與軟奴等皆腰斬；而朝臣無連及者。

十二月，韓遊瓌入朝。遊瓌以欽緒誅，委軍入謝，上遣使止之。至是入朝，軍中以爲必不返，餞送甚薄。遊瓌見上，盛陳築豐義城可以制吐蕃。上悦，遣還鎮。軍中憂懼者衆。遊瓌忌都虞候范希朝得衆心，將殺之。希朝奔鳳翔，上召寘神策軍。遊瓌帥衆築豐義城，二版而潰。

大稔，詔和糴粟麥。上畋於新店，入民趙光奇家，問：「百姓樂乎？」對曰：「不樂。」上曰：「今歲頗稔，何爲不樂？」對曰：「詔令不信。前云兩税之外悉無它徭，今非税而誅求者殆過於税。又云和糴，而實强取之，曾不識一錢。始云所糴粟麥納於道次，今則遣致京西行營，動數百里，車摧牛斃，破産不能支。愁苦如此，何樂之有！」上命復其家。

司馬公曰：甚矣，德宗之難寤也！既聞光奇之言，則當按有司之廢格詔書，殘民增賦，盜匿公財，及左右諂諛日稱民間豐樂者而誅之；然後洗心易慮，一新其政，屏浮飾，敦誠信，辨忠邪，恤困滯，則太平之業可致矣。釋此不爲，乃復光奇之家。夫以四海之廣，兆民之衆，安得人人自言於天子而户户復其徭賦乎！

戊辰（七八八）

四年。

春，正月，以劉昌爲涇原節度使，李元諒爲隴右節度使。昌、元諒皆帥卒力田。數年，軍食充羡，涇、隴稍安。

二月，以諸道税外錢帛輸大盈庫。先是，上謂李泌曰：「每歲諸道貢獻，共直錢五十萬緡；今歲僅得三十萬緡，宫中用度殊不足。」泌曰：「古者天子不私求財，今請歲供宫中錢百萬緡，願陛下勿受貢獻。及罷宣索，必有所須，降敕折税，不使姦吏因緣誅剥。」上從之。及元友直運淮南錢帛二十萬至，泌悉輸之大盈庫。然上猶數有宣索，仍敕諸道勿令宰相知。泌聞之惆悵，而不敢言。

司馬公曰：王者以天下爲家，天下之財皆其有也。乃或更爲私藏，此匹夫之鄙志也。然多財者，奢欲之所自來也。李泌欲弭德宗之欲而豐其私財，財豐則欲滋矣。財不稱欲，能無求乎！是猶啓其門而禁其出也！雖德宗之多僻，亦泌所以相之者非其道故也。

詔葺白起廟，贈兵部尚書。咸陽人或上言：「見白起云：『請爲國家扞禦西陲。』」既而吐蕃入寇，邊將敗之。上以爲信然，欲於京城立廟，贈司徒。李泌曰：「今將帥立功而陛下褒賞白起，臣恐邊臣解體矣！且立廟祈禱，將長巫風。今杜郵有舊祠，請詔葺之，則不至驚人耳目矣。且起列國之將，贈三公太重，贈兵部尚書可也。」上從之。

夏，四月，更命殿前射生曰神威軍。左、右羽林、龍鳳、神武、神策、神威，凡十軍。

雲南遣使入見。

吐蕃寇涇、邠、寧、慶、鄜州。先是，吐蕃常以秋冬入寇，及春，多病疫而退。至是，得唐人，質其妻子，遣其將將之，盛夏入寇，諸州無敢與戰者。吐蕃大掠而去。

六月，徵陽城爲諫議大夫。城，夏縣人，以學行著聞，隱居柳谷，李泌薦之。

秋，七月，以張獻甫爲邠寧節度使。韓遊瓌以病求歸，詔以張獻甫代之。未至，遊瓌輕騎歸朝，戍卒裴滿等憚獻甫之嚴，帥衆作亂，奏請范希朝爲節度使。都虞候楊朝晟勒兵斬之，而迎獻甫。上聞軍衆欲得希朝，將授之，希朝辭曰：「臣畏遊瓌之禍而來，今往代之，非所以防窺覦、安反仄也。」上嘉之，擢爲寧州刺史，以副獻甫。

罷句檢諸道税外物。元友直句檢諸道税外物，悉輸户部，遂爲定制，歲輸百餘萬緡斛，民不堪命，諸道多自訴於上。上意寤，乃詔：「已在官者輸京師；未入者，悉以與民。明年以後悉免。」於是東南之民復安其業。

冬，十月，回紇來迎公主，仍請改號回鶻。回紇可汗遣其妹及大臣妻來迎可敦，辭禮甚恭，曰：「昔爲兄弟，今爲子婿，半子也。若吐蕃爲患，子當爲父除之。」仍請改爲回鶻，許之。

吐蕃寇西川，韋皋遣兵拒擊破之。吐蕃發兵十萬，將寇西川，亦發雲南兵。雲南内雖附唐，外未敢叛吐蕃，亦發兵數萬屯瀘北。韋皋乃爲書遺雲南王，叙其歸化之誠，轉致吐蕃。吐蕃始疑雲南，遣兵屯會川，以塞其趣蜀之路。雲南怒，歸唐之志益堅，而吐蕃兵勢始弱矣。皋遣兵拒擊，破之於清溪關外。

十一月，册回鶻長壽天親可汗，以咸安公主歸之。

以張建封爲徐泗濠節度使。李泌言於上曰：「江、淮漕運，自淮入汴，以甬橋爲咽喉，地屬徐州，鄰於李納。若納一旦復有異圖，竊據徐州，則失江、淮矣。請徙張建封鎮徐州，割濠、泗以隸之。則淄、青惕息，而運路常通，江、淮安矣。」上從之。建封爲政寬厚而有綱紀，不貸人以法，其下畏而悦之。

横海節度使程日華卒。子懷直自知留後。

己巳（七八九）

五年。

春，二月，以程懷直爲滄州觀察使。懷直請分景城、弓高爲景州，請除刺史。上喜曰：「三十年無此事矣。」以徐伸爲景州刺史。

以董晉、竇參同平章事。李泌自陳衰老，乞更除一相。上曰：「朕深知卿勞苦，但未得其人耳。」因從容論即位以來宰相，曰：「盧杞忠清强介，人言杞姦邪，朕殊不覺。」泌曰：「此乃杞之所以爲姦邪也。儻陛下覺之，豈有建中之亂乎！杞以私隙殺楊炎，擠顔真卿於死地，激李懷光使叛，賴陛下聖明竄逐之，人心頓喜，天亦悔禍。不然，亂何由弭！」上曰：「楊炎以童子視朕，意以朕爲不足與言，以是交不可忍，非由杞也。建中之亂，術士豫請城奉天，此蓋天命，非杞所致也。」泌曰：「天命，他人皆可以言之，惟君相不可言。蓋君相所以造命也。若言命，則禮樂政刑皆無所用矣。紂曰：『我生不有命在天。』此商之所以亡也！」上因復言：「盧杞小心，朕所言無不從。」對曰：「夫『言而莫予違』，此孔子所謂『一言喪邦』者也！」上曰：「惟卿則異於彼。朕言當，卿常有喜色；不當，常有憂色。雖時有逆耳之言，而氣色和順，無陵傲、好勝之志，直使朕中懷已盡而屈服，不能不從，此朕所以私喜於得卿也。」

范氏曰：易曰：「窮理盡性以至於命。」自君臣而言之，爲君盡君道，爲臣盡臣道，此窮理也。理窮則性盡，性盡則至於命矣。孟子曰：「莫非命也，順受其正。」夫順受其正者，人事也。人事極矣，而後可以言命。故知命者不立巖墻之下，立巖墻之下而死者，人之所取也，非天之所爲也。順其道而死者，天之所爲，非人之所取也，故曰「命」。若夫建中之亂，有以取之乎？無以取之乎？若無以取之，則不窮兵，不暴斂，不相盧杞而致亂，乃可謂命也；若有以取之而曰「命」，豈異於紂乎！夫爲人君不知相之姦邪，不省己之闕失，而歸之術者之言以爲命，宜其德之不建，政之不修也。李泌之論，不亦正乎！

既而泌薦竇參通敏，可兼度支鹽鐵；董晉方正，可處門下，上皆以爲不可。泌疾甚，復薦二人，上遂相之。參爲人剛果峭刻，無學術，多權數，每奏事，諸相出，參獨居後，以奏度支事爲辭，實專大政，多引親黨置要地，使爲耳目；董晉充位而已。然晉爲人重慎，所言於上前者未嘗泄於人，子弟或問之，晉曰：「欲知宰相能否，視天下安危。所謀議於上前者，不足道也。」

胡氏曰：李鄴侯知慮過人，而以竇、董自代，豈固擇不如己者以自顯乎？抑誠不知也？當是時，忠言深計，焯焯著見，孰居陸贄之先，舍贄而引參，何也？晉在位五年，君德國政，猶前日耳。其言以天下安危，視宰相賢否，則是；以謀議於君前爲不足道，則非。謀議固安危之本也，苟一無所謀議，安知所行者何事耶？是直大言，以蓋其循默充位之咎耳。

三月，中書侍郎、同平章事鄴侯李泌卒。泌有謀略而好談神仙詭誕，故爲世所輕。

冬，十月，韋臯遣將擊吐蕃，復巂州。

十二月，回鶻天親可汗死，遣使立其子爲忠貞可汗。

吐蕃寇北庭，回鶻救之。北庭地近回鶻，又有沙陀六千餘帳，與北庭相依，回鶻數侵掠之。至是，吐蕃攻北庭，回鶻大相頡干迦斯將兵救之。

庚午（七九〇）

六年。

冬，十月，回鶻忠貞可汗爲其下所殺。回鶻忠貞可汗之弟弑忠貞而自立，國人殺之，而立忠貞之子阿啜爲可汗。遣其臣梅録來告喪，且求册命。先是，回鶻使者入中國，禮容驕慢。梅録至豐州，刺史李景略先據高坐，梅録俯僂前哭，景略撫之曰：「可汗棄代，助爾哀慕。」自是回鶻使至，皆拜景略於廷，威名聞塞外。

吐蕃陷安西。頡干迦斯與吐蕃戰，不利，北庭、沙陀皆降於吐蕃。安西由是遂絶，莫知存亡，而西州猶爲唐固守。

辛未（七九一）

七年。

春，二月，遣使立回鶻奉誠可汗。

詔六軍與百姓訟者，府縣毋得笞辱。初，上還長安，以神策等軍有衛從之榮，皆賜名興元元從、奉天定難功臣，以宦官領之，撫恤優厚。禁軍恃恩驕横，陵忽府縣。府縣官有不勝忿而刑之者，朝笞一人，夕貶萬里。市井富民往往行賂寄名軍籍，則府縣不能制。至是，又詔軍士與百姓訟者，委之府縣，小事牒本軍，大事奏聞。陵忽府縣者，禁身以聞，毋得笞辱。

義武節度使張孝忠卒，以其子昇雲爲留後。

秋，八月，以陸贄爲兵部侍郎，解内職。竇參惡之也。

胡氏曰：陸贄自李泌相後，不復諫説，豈帝訪問之遺歟？以愚度之，正謂長源周旋二帝間，已爲後進，嫌有爭能之意耳。或問陸贄何如人也，曰：其孟子所謂有社稷臣者歟！不然，道合則從，不合則去，乃天民矣。

吐蕃寇靈州，回鶻擊敗之。九月，遣使來獻俘。

以吴湊爲陝虢觀察使。福建觀察使吴湊治有聲，竇參以私憾毁之，且言其病風。上召至京師，知參之誣，由是始惡參；以湊爲陝虢觀察使，代參黨李翼。

壬申(七九二)

八年。

春，三月，宣武節度使劉玄佐卒。玄佐有威略，每李納使至，玄佐厚結之，故常得其陰事，先爲之備，納憚之。其母雖貴，日織絹壹疋，謂玄佐曰：「汝本寒微，天子富貴汝至此，必以死報之。」故玄佐始終不失臣節。及卒，將佐匿之，稱疾請代。上遣使問：「以吳湊爲代可乎？」監軍孟介、行軍司馬盧瑗皆以爲便，然後除之。湊行至汜水。玄佐之柩將發，軍中請備儀仗，瑗不許，又令留器用，俟新使。將士怒，擁玄佐之子士寧爲留後，劫孟介以請於朝。上問宰相，竇參曰：「不許，則汴人將合於李納矣。」上乃許之。

夏，四月，賜諫議大夫吳通玄死，貶竇參爲柳州別駕。竇參陰狡而愎，持權而貪，每遷除，多與族子給事中申議之。申招權受賂，時人謂之「喜鵲」。上頗聞之。申恐陸贄進用，陰與諫議大夫吳通玄作謗書以傾贄。上察知之，貶參，賜通玄死。

以趙憬、陸贄同平章事。陸贄請令臺省長官各舉其屬，著其名於詔書，異日考其殿最，并以升黜舉者；詔行之。未幾，或言於上曰：「諸司所舉，皆有情故，不得實才。」上密諭贄：「自今除改，卿宜自擇，勿任諸司。」贄上奏曰：「國朝之制，五品以上制敕命之，蓋宰相商議奏可者也。六品以下則旨授，蓋吏部銓材署職，詔旨畫聞而不可否者也。開元中，起居、遺、補、御史等官猶並列於選曹。其後倖臣專朝，廢公舉，行私惠，使周行庶品，苟不出時宰之意，則莫致也。今臣所奏，宣行以來，纔舉十數，議其資望，不愧班行，考其行能，未聞闕敗。而議者遽以騰口，上煩聖聰。道之難行，亦可知矣！請使所言之人指陳其狀，覈其虛實。謬舉者必行其罰，誣善者亦反其辜。若不出主名，不加辨詰，使枉直同貫，則人何賴焉！又宰相不過數人，豈能徧諳多士！理須展轉詢訪，是則變公舉爲私薦，情故必多。且今之宰相則往日之臺省長官，今之臺省長官乃將來之宰相，豈有爲長官之時則不能舉一二屬吏，居宰臣之位則可擇千百具僚！物議悠悠，其惑甚矣。蓋尊者領其要，卑者任其詳，是以人主擇輔臣，輔臣擇庶長，庶長擇僚佐，將務得人，無易於此。夫求才貴廣，考課貴精。往者則天欲收人心，進用不次，然而課責既嚴，進退皆速，是以當代誦知人之明，累朝賴多士之用。然則則天舉用之法雖傷易而得人，而陛下慎簡之規則太精而失士矣。」上竟追前詔不行。

胡氏曰：陸相所請，簡而易用，要而易守。德宗既已聽之，又沮於讒言。贄雖再三辨理，終不見聽。是宰相不得行其職也。有官守者不得其職，尚當求去，況宰相乎！

既而嶺南奏：「近日海舶多就安南市易，欲遣判官收市。乞命中使與俱。」上欲從之，贄曰：「遠國商販，唯利是求，綏之斯來，擾之則去。廣州素爲衆舶所湊，今忽改就安南，若非侵刻過深，則必招攜失所，曾不内訟，更蕩上心。況嶺南、安南莫非王土，中使、外使悉是王臣，豈必信嶺南而絶安南，重中使以輕外使乎！」

平盧節度使李納卒。軍中推其子師古知留後。

秋，七月，以司農少卿裴延齡判度支事。陸贄請以李巽權判度支，上許之。既而復欲用延齡，贄言：「度支準平萬貨，刻吝則生患，寬假則容姦。延齡誕妄小人，用之恐傷聖鑒。」上不從。

胡氏曰：德宗與邪而棄正，惡直而喜讒，好佞而悦欺，多疑而與誕。裴延齡兼是四惡，故得行其説。惜乎，陸贄論之不詳，去之不力也。過是則姤陰日進，陽道將剥，不可遏矣！論之詳，去之力，猶不行焉，奉身而退可也。而贄猶隱忍以居位，再失之矣。

天下四十餘州大水。溺死者二萬餘人。

八月，遣使宣撫諸道。陸贄以大水請遣使賑撫，上曰：「聞所損殊少，即議優恤，恐生姦欺。」贄奏曰：「流俗之弊，多徇諂諛，揣所悦意則侈其言，度所惡聞則小其事，制備失所，恒病於斯。且今遣使巡撫，所費者財用，所收者人心，苟不失人，何憂乏用乎！」上曰：「淮西貢賦既闕，不必遣也。」贄曰：「陛下息師含垢，宥彼渠魁，惟兹下人，所宜矜恤。昔秦、晉讎敵，穆公猶救其饑，而況帝王懷柔萬邦，唯德與義，寧人負我，無我負人。」乃遣中書舍人奚陟等宣撫諸道。

胡氏曰：自漢初有「寧我負人，無人負我」之説，凡尚詐謀、爭功利者率用之，終亦自蹈其患，則未有知反其失，如陸相之言者。嗟乎！無我負人，推而大也，忠恕之道也；寧人負我，守而固也，知命之事也。敬輿之學，其真洙泗之徒歟！

韋皐攻吐蕃維州，獲其大將。

九月，減江、淮運米，令京兆、邊鎮和糴。陸贄言於上曰：「邊儲不贍，由措置失當，蓄斂乖宜故也。今戍卒不隸於守臣，守臣不總於元帥。至有一城之將，一旅之兵，各降中使監臨，皆承別詔委任。每有寇至，方從中覆，比蒙徵發救援，寇已獲勝罷歸。吐蕃之比中國，衆寡之勢不敵，然彼攻有餘，我守不足者，彼之號令由將，而我之節制在朝，彼之兵衆合并，而我之部分離析故也。此所謂措置失當者也。頃設就軍、和糴之法以省運，制加倍之價以勸農，此令初行，人皆悦慕。而有司競爲纖嗇，不時斂藏，遂使豪家、貪吏反操利權，賤取於人以俟公私之乏。度支物估轉高，軍城穀價轉貴。空中簿帳，僞指囷倉，計其數則億萬有餘，考其實則百十不足。此所謂蓄斂乖宜者也。舊制，關中歲運東方租米，至有斗錢運米斗之言。習聞見而不達時宜者，則以爲『國之大事，不計費損』。習近利而不防遠患者，則以爲『不若畿内和糴爲易』。臣以爲兩家之語，互有長短，將制國用，須權重輕。食不足而財有餘，則弛財而務實倉廩；食有餘而財不足，則緩食而嗇用貨泉。近歲關輔屢豐，公儲委積；江、淮水潦，米貴加倍。關輔宜加價以糴而無錢，江、淮宜減價以糶而無米，而運彼所乏，益此所餘，可謂習聞見而不達時宜矣。今江、淮斗米直百五十錢，運至東渭橋，僦直又約二百，而市司估糴三十七錢。耗其九而存其一，餒彼人而傷此農，制事若斯，可謂深失矣！每年江、淮運米百一十萬斛，至河陰、太原留七十萬斛，而以四十萬斛輸東渭橋。今二倉見米猶有三百二十餘萬斛，京兆諸縣斗米不過直錢七十，請令來年江、淮止運三十萬斛至河陰，而河陰、太原以次運至京師，其江、淮所停八十萬斛，委轉運使每斗取八十錢於水災州縣糶之，以救貧乏，計得錢六十四萬緡，減僦直六十九萬緡。先令戶部以二十萬緡付京兆糴米，以補渭橋之缺數，斗用百錢以利農人；以一百二十萬六千緡付邊鎮，使糴十萬人一年之糧，餘十萬四千緡以充來年和糴之價。其江、淮米錢、僦直並委轉運使折市綾、絹、絁、綿以輸上都，償先貸戶部錢。」詔行其策，邊備浸充。

冬，十一月朔，日食。

、貶姜公輔爲吉州別駕。姜公輔久不遷官，詣陸贄求遷。贄密語之曰：「聞竇相奏擬，上有怒公之言。」公輔懼，請爲道士。上問其故，公輔不敢泄贄語，以聞參言爲對。上怒，貶公輔，遣中使責參。

胡氏曰：公輔之眷眷於遷秩，陋矣；至於黄冠之請，躁動㥻讋，所以異於淺大夫者幾希。是故君子不可不知道；不知道，則富貴能淫之，貧賤能移之，威武能屈之，雖欲不如是，蓋莫能自免也。

十二月，以柏良器爲右領軍。神策大將軍柏良器募才勇之士以易販鬻者，監軍竇文瑒惡之，左遷右領軍。自是宦官始專軍政矣。

癸酉(七九三)

九年。

春，正月，初税茶。凡州縣産茶及茶山外要路，皆估其直，什税一，從鹽鐵使張滂之請也。滂又奏：「税錢别貯，俟有水旱，代民田税。」自是，歲收錢四十萬緡，未嘗以救水旱也。滂又奏：「姦人銷錢爲銅器以求贏，請悉禁銅器。銅山聽人開采，無得私賣。」

胡氏曰：天地生物，凡以養人，取之不可悉也。張滂税茶，則悉矣。夫弛山澤之禁以予民，王政也。必不得已，聽商旅貿遷而薄其征，息盗奪，止訟獄，佐國用，其利亦大矣！張滂、王涯豈足效哉！

二月，以張昇雲爲義武節度使，賜名茂昭。

城鹽州。初，鹽州既陷，塞外無復保鄣，吐蕃常阻絶靈武，侵擾鄜坊。詔發兵城鹽州。又詔涇原、山南、劍南各發兵深入吐蕃，以分其勢。城之二旬而畢，命節度使杜彦光戍之。由是靈武、銀夏、河西獲安。

三月，貶竇參爲驩州司馬，尋賜死。初，竇參惡李巽，出爲常州刺史。及參貶，汴州節度使劉士寧遺參絹五十疋。巽奏參交結藩鎮，上大怒，欲殺參。陸贄曰：「劉晏之死，罪不明白，至使叛臣得以爲辭。參之貪縱，天下共知；至於潛懷異圖，事迹曖昧，若遽加重辟，駭動不細。」乃更貶參驩州司馬，又命理其親黨。贄曰：「罪有首從，法有重輕。參既蒙宥，親黨亦應末減。」上從之。既又欲籍其家貲，贄曰：「在法，反逆者盡没其財，贓汙者止徵所犯，皆須結正，然後收籍。今罪法未詳，若簿録其家，恐以財傷義。」宦官恨參尤深，謗毁不已，竟賜死於路，竇申杖殺，貨財、奴婢悉傳送京師。

胡氏曰：世傳陸敬輿有憾於竇參，擠而殺之。其説甚怪，此以小人之腹度君子之心者也。以其言觀之，豈有是邪！孔子有言「以德報怨」。何以報德？以德報德，以直報怨。贄於參，非以德報怨也，以直行事耳。使參有死罪，贄佐天子用刑賞，稱物平施可也。貪不報之名，取忘怨之美，宜死而生之，又安得爲直乎！

夏，五月，以趙憬爲門下侍郎，與賈耽、盧邁同平章事。先是，上使人諭陸贄曰：「自今要重之事，勿對趙憬陳論，當密封手疏以聞。」又「苗晉卿往年攝政，嘗有不臣之言，諸子皆與古帝王同名，今不欲明行斥逐，宜各除外官」。又「卿清慎太過，諸道饋遺，一皆拒絶，恐事情不通，鞭鞾之類，受亦無傷」。贄上奏曰：「凡臣所奏，惟憬得聞，陛下已至勞神，委曲防護。是於心膂之内，尚有形迹之拘，職同事殊，鮮克以濟。恐爽無私之德，且傷不吝之明。且古者爵人於朝，刑人於市，惟恐衆之不覩，事之不彰。是以君上行之無愧心，兆庶聽之無疑議。凡是譖訴之事，多非信實之言，利於中傷，懼於公辯。或云歲月已久，不可究尋；或云事體有妨，須爲隱忍；或云恶迹未露，宜假他事爲名；或云但棄其人，何必明言責辱。詞皆近理，意實矯誣，傷善售姦，莫斯爲甚！若晉卿父子實有大罪，則當公議典憲；若被誣枉，豈令陰受播遷。夫監臨受賄，盈尺有刑，至於士吏之微，尚當嚴禁，矧居風化之首，反可通行！賄道一開，展轉滋甚，鞭韡不已，遂及金玉。目見可欲，何能自窒于心！已與交私，豈能中絶其意乎！」至是，憬反疑贄排己，置之門下，由是與贄有隙。

韋皐遣兵攻吐蕃，拔五十柵。

董晉罷。

雲南王異牟尋遣使上表。吐蕃、雲南日益相猜。韋皐復遺雲南王書，欲與共襲吐蕃，驅之雲嶺之外，獨與雲南築大城於境上，置戍相保，永同一家。至是異牟尋遣使詣皐上表，請棄吐蕃歸唐。皐遣其使者詣長安。上賜異牟尋詔，令皐遣使慰撫之。

胡氏曰：鄴侯思扜吐蕃，故力勸德宗與回紇和親，而招雲南、大食、天竺，以分吐蕃之勢。此後吐蕃稀爲邊患，然唐室之禍，乃卒起於雲南。以此知中國當以自治爲强，於非我族類者，畫郊圻，固封守，來則不拒，不來不强，然後不召患於藩籬之外矣！

秋，七月，詔宰相迭秉筆，以處政事。賈耽、陸贄、趙憬、盧邁爲相，百官白事，更讓不言；乃奏「請依至德故事，宰相迭秉筆，旬日一易」。詔從之。其後日一易之。

置欠負耗賸染練庫。户部侍郎裴延齡奏：「檢責諸州欠負錢八百餘萬緡，收抽貫錢三百萬緡，呈樣物三十餘萬緡，請別置庫以掌之。」欠負皆貧人無可償，抽貫錢給用旋盡，呈樣染練皆左藏正物，延齡徙置別庫，虚張名數以惑上。上信之，以爲能富國而寵之。京城西汙濕地生蘆葦數畝，延齡奏稱咸陽有陂澤數百頃，可牧廐馬。上使閲視無之，亦不罪也。左補闕權德輿奏曰：「延齡收常賦支用未盡者，充羨餘以爲己功；縣官市物，再給其直，以充別貯；邊軍自今春以來，並不支糧。陛下必以延齡孤貞獨立，時人醜正流言，何不遣信臣覆視，究其本末，明行賞罰。今衆口喧於朝市，豈皆爲朋黨耶！」上不從。

八月，太尉、中書令、西平忠武王李晟卒。

胡氏曰：晟非特良將，乃賢相也，德宗置之閑處，七年而死。向使陪侍廟堂，參斷國政，至於七年，其有益於國，可勝數哉！

冬，十二月，宣武軍亂，逐其節度使劉士寧。劉士寧淫亂殘忍，軍中苦之。兵馬使李萬榮得衆心。會士寧出畋，數日不返，萬榮召親兵詐之曰：「敕徵大夫入朝，以吾掌留務，汝輩人賜錢三十緡。」衆皆聽命，乃分兵閉城。士寧逃歸京師。陸贄請「選朝臣宣勞，徐察事情。此安危强弱之幾，不可不審」。上欲令萬榮知留後，贄復奏曰：「萬榮鄙躁，殊異純良，得志驕盈，不悖則敗。況苟邀不順，苟允不誠，君臣之間，勢必嫌阻。與其圖之於滋蔓，不若絶之於萌芽。且爲國之道，以義訓人，將教事君，先令順長。若使傾奪之徒，便得代居其任，非獨長亂之道，亦開謀逆之端。但選能臣，命爲節度，使獎萬榮而別加寵任，褒將士而厚賜資裝，揆其大情，理必寧息！」上不從。

范氏曰：以下犯上，以臣逐君，此爲國者所深惡，聖王之法，必誅而無赦者也。不惟不討，而又賞之，使天下皆無君，豈得不偪天子乎！禮曰：「政不正，則君位危。」爲國者必嚴上下之等，明少長之序，使不相陵越者。蓋君欲自安也。唐之人主壞法亂紀，無政刑矣，其何以爲天下乎！

甲戌（七九四）

十年。

春，正月，劍南西山羌蠻來降。

雲南擊吐蕃，大破之，遣使來獻捷。

韋皋遣其節度巡官崔佐時齎詔詣雲南。佐時至，吐蕃使者數百人先在其國。異牟尋令佐時衣牂柯服而入，佐時曰：「我大唐使者，豈得衣小夷之服！」異牟尋不得已，夜迎之。佐時大宣詔書，異牟尋恐懼失色，歔欷受詔。佐時因勸異牟尋悉斬吐蕃使者，去其所立之號，復南詔舊名。異牟尋皆從之，與佐時盟於點蒼山神祠。先是，吐蕃徵兵於雲南，異牟尋遣五千人前行，自將數萬人踵其後，襲擊吐蕃，大破之，取十六城，虜其五王，降其衆十餘萬。遣使獻捷。

二月，以劉澭爲秦州刺史。

初，劉怦卒，劉濟在莫州，其母弟澭以父命召濟，而以軍府授之。濟以澭爲瀛州刺史，許它日代己。既而濟用其子爲副大使，澭怨之，擅通表朝廷，遣兵防秋。濟怒，擊澭破之。澭遂將所部詣京師，號令嚴整，在道無一人敢取人雞犬者。上嘉之，以爲秦州刺史。軍中不擊柝，不設音樂，士卒病者，澭親視之，死者哭之。

以李復爲義成節度使。

復辟盧坦爲判官。監軍薛盈珍數侵軍政，坦據理以拒之。盈珍常曰：

「盧侍御所言公，我固不違也。」

夏，六月，昭義節度使李抱真卒。李抱真卒，其子緘祕不發喪，詐爲抱真表，求以職事授己。都虞候王延貴素以義勇聞。上知抱真已卒，遣中使第五守進往觀變，且以軍事委延貴。守進至，謂緘曰：「朝廷已知相公捐館，令王延貴權知軍事。侍御宜發喪行服。」緘愕然，出謂諸將曰：「朝廷不許緘掌事，諸君意如何？」莫對。緘乃發喪。守進召延貴宣口詔，令視事，趣緘赴東都。尋以延貴爲節度使，賜名虔休。

遣使立異牟尋爲南詔王〔二〕。雲南王遣其弟獻地圖、土貢及吐蕃所給金印，請復號南詔。詔以袁滋爲册使，賜以銀窠金印，異牟尋北面跪受册印。因與使者宴，出玄宗所賜器物，指老笛工、歌女曰：「皇帝所賜龜茲樂，惟二人在耳。」滋曰：「南詔當深思祖考，子子孫孫，盡忠於唐。」異牟尋拜曰：「敢不敬承使者之命！」

冬，十二月，陸贄罷爲太子賓客。陸贄爲相，奏論備邊六失，以爲：「措置乖方，課責虧度，財匱於兵衆，力分於將多，怨生於不均，機失於遥制。夫關東戍卒，不習土風，身苦邊荒，心畏戎虜，或利王師之敗，乘擾攘而東潰；或拔棄城鎮，摇遠近之心。豈惟無益，實亦有損！可謂措置乖方矣。自頃權移於下，柄失於朝。將之號令，既鮮克行之於軍；國之典常，又不能施之於將。罪以隱忍而不彰，功以嫌疑而不賞。使忘身效節者獲誚於等夷，率衆先登者取怨於士卒，僨軍蹙國者不懷於愧畏，緩救失期者自以爲智能。可謂課責虧度矣。虜每入寇，將帥虚張賊勢，唯務徵發益師，無裨備禦之功，重增供億之弊。

有司所入，半以事邊；閭井日耗，徵求日繁。可謂財匱於兵衆矣。夫兵以氣勢爲用者也。氣聚則盛，散則消；勢合則威，析則弱。自頃分割朔方列爲三使，其餘鎮軍數且四十。既無軍法下臨，惟以客禮相待。可謂力分於將多矣。理戎之要，在於練覈優劣之科，以爲衣食等級之制，使能者企及，否者息心。今窮邊長鎮之兵，皆百戰傷夷之餘，終年勤苦，而常有凍餒之色。關東戍卒，怯於應敵，而衣糧所頒，厚踰數等。又有素非禁旅，遥隸神策，其於廩賜之饒，遂有三倍之益。可謂怨生於不均矣。自頃邊軍去就，裁斷多出宸衷。戎虜馳突，迅如風飈，馹書上聞，旬月方報。守土者以兵寡不敢抗敵，分鎮者以無詔不肯出師。賊既縱掠退歸，此乃陳功告捷。將帥幸於總制在朝，不憂罪累；陛下又以爲大權由己，不究事情。可謂機失於遥制矣。臣謂宜罷諸道防秋，令本道但供衣糧，募戍卒願留及蕃、漢子弟，多開屯田，官爲收糴。寇至則人自爲戰，時至則家自力農。又擇文武能臣爲隴右、朔方、河東三元帥，緣邊諸鎮有非要者，隨便併之。然後減姦濫虚浮之費以豐財，定衣糧等級之制以和衆，弘委任之道以宣其用，懸賞罰之典以考其成。如是，則戎狄威懷，疆埸寧謐矣。」上雖不能盡用，心甚重之。

范氏曰：明君用人而不自用，故恭己而成功；多疑之君自用而不用人，故勞心而敗事。且戎事在邊，而人主自將，行兵於千里之外，決策於九重之中，雖有方叔、召虎之臣，不得自便。此非敵國之所敗，乃人主自敗其師也。

贄又以郊赦已近半年，而竄謫者尚未霑恩，乃爲三狀擬進。上以所擬超越，不從。贄曰：「王者待人以誠，有責怒而無猜嫌，有懲沮而無怨忌。斥遠以儆其不恪，甄恕以勉其自新；行法而暫使左遷，念材而漸加進叙，人知復用，誰不增修！何憂乎亂常，何患乎蓄憾！如其貶黜，便謂姦兇，恒處防閑，長從擯棄，則悔過者無由自補，藴才者終不見伸。凡人之情，窮則思變，含悽貪亂，或起于兹矣。」

上性猜忌，不委任臣下，官無大小，必自選用；一經譴責，終身不收；好以辯給取人，不得敦實之士。贄又諫曰：「登進以懋庸，黜退以懲過，二者迭用，理如循環。故能使黜退者克勵以求復，登進者警飭以恪居，上無滯疑，下無蓄怨。」又曰：「明王不以辭盡人，不以意選士，如或好善而不擇所用，悦言而不驗所行，進退隨愛憎之情，離合繫異同之趣，是由捨繩墨而意裁曲直，棄權衡而手揣重輕，雖甚精微，不能無謬。」又曰：「中人以上，迭有所長，苟區別得宜，付受當器，及乎合以成功，亦與全才無異。但在明鑒大度，御之有道而已。以一言稱愜爲能而不核虚實，以一事違忤爲咎而不考忠邪，稱愜則付任踰涯，不思其所不及，違忤則罪責過當，不恕其所不能，則職司之内無成功，君臣之際無定分矣。」上不聽。

贄又奏請均節財賦，凡六條：其一，論兩税之弊，曰：「舊制，租、調、庸法，天下均一，雖欲轉徙，莫容其姦，故人無摇心而事有定制。兵興以來，版圖隳壞，執事知弊之宜革而遂失其原，知簡之可從而不得其要，遽更舊法，以爲兩税，但取大曆中一年科率最多者以爲定數。夫財之所生，必因人力，故先王之制，賦入必以丁夫爲本。不以務穡增其税，不以輟稼減其租，則播種多；不以殖産厚其征，不以流寓免其調，則地著固；不以飭勵重其役，不以窳怠蠲其庸，則功力勤。兩税之立，惟以資産爲宗，不以丁身爲本。由是務輕資而樂轉徙者，恒脱於徭税；敦本業而樹居産者，每困於徵求。此乃誘之爲姦，驅之避役。創制之首，不務齊平，供應有煩簡之殊，牧守有能否之異，所在徭賦，輕重相懸，所遣使臣，意見各異，計奏一定，有加無除。又大曆中供軍、進奉之類，既收入兩税，今於兩税之外，復又並存，望稍行均減，以救彫殘。」其二，請兩税以布帛爲額，曰：「穀帛者，人之所爲；錢貨者，官之所爲也。是以國朝著令，租出穀，庸出絹，調出繒、纊、布，曷有禁人鑄錢而以錢爲賦者哉！今之兩税，獨以錢穀定税，所徵非所業，所業非所徵，遂或增價以買其所無，減價以賣其所有，一增一減，耗損已多。望勘會諸州初納兩税年絹布定估，比類當今時價，加賤減貴，酌取其中，總計合税之錢，折爲布帛之數。」其三，論長吏以增户、加税、闢田爲課績，曰：「長人者罕能推忠恕之情，體至公之意，以傾奪鄰境爲智能，以招萃逋逃爲理化，捨彼適此者既爲新收而有復，倏往忽來者又以復業而見優。唯安居不遷者，則使之日重，斂之日加。請詳定考績，若管内阜殷，税額有餘，任其據户口均減，以減數多少爲考課等差。其十分減三者爲上課，減二者次焉，減一者又次焉。如或人多流亡，加税見户，比校殿罰，法亦如之。」其四，論税限迫促，曰：「蠶事方興，已輸縑税，農功未艾，遽斂穀租。上司之繩責既嚴，下吏之威暴愈促，有者急賣而耗其半直，無者求假而費其倍酬。望更詳定徵税期限。」其五，請以税茶錢置義倉以備水旱。其六，論兼并之家私斂重於公税，請爲占田條限、裁減租價。事皆不行。

范氏曰：泉貨所以權物之輕重，流於天下則爲用，積於府庫不爲利也。蓋穀帛出於民，而官不可爲也；錢出於官，而民不可爲也。取其所有，而與其所無，則上下皆濟矣。是故以穀帛爲賦，則民不得不耕織以奉公上，此驅之於農桑也。如不取其所有，而取其所無，則民之所有，棄之必賤矣，官之所無，收之必貴矣。穀帛輕，則民爲之者少；錢重，則物賤者多。是以利壅於上，民困於下。

至於田野荒，杼柚空，由取其所無故也。爲法者必使民去末而反本，則富國之道也。

裴延齡以「官吏太多，自今缺員，請勿復補，而收其俸以實府庫」。上欲修神龍寺，延齡奏：「同州有木數千株，皆可八十尺。」上曰：「開元、天寶間，求美材於近畿，猶不可得。今安得有之？」對曰：「天生珍材，固待聖君乃出。開元、天寶何從得之！」又奏：「撿閱左藏，於糞土中得銀十三萬兩，雜貨百萬有餘，請入雜庫以供别支。」太府少卿韋少華抗表，稱「皆月申見在之物，請加推驗」。上不許。延齡由是恣爲詭譎，處之不疑。上亦頗知其誕妄，但以其好詆毁人，冀聞外事，故親厚之。羣臣畏之莫敢言，惟鹽鐵使張滂、京兆尹李充、司農卿李銛以職事相關，時證其妄，而贄獨以身當之，日陳其不可用。上不悦，待延齡益厚。贄以上知待之厚，事有不可，常力争之。所親或規其太鋭，贄曰：「吾上不負天子，下不負所學，它無所恤！」延齡日短贄於上，趙憬密以贄所譏彈延齡事告之，故延齡益得以爲計。上由是信延齡而不直贄。贄與憬約至上前極論延齡姦邪，上怒形於色，憬默而無言。遂罷贄爲太子賓客。

范氏曰：延齡之親寵，陸贄之廢黜，趙憬實爲之助。憬之罪大矣！必若治之以春秋之法，憬其爲誅首與！

乙亥（七九五）

十一年。

夏，四月，貶陸贄爲忠州别駕。裴延齡譖李充、張滂、李銛黨於陸贄。會旱，延齡奏言：「贄等失勢怨望，言『天旱民流，度支多欠諸軍芻糧』。動摇衆心，其意非止欲中傷臣而已。」後數日，上獵苑中，適有軍士訴「度支不給馬芻」。上意延齡言爲信，遽還宫。貶贄爲忠州别駕，充、滂、銛皆爲諸州長史。初，陽城自處士徵爲諫議大夫，拜官不辭，人皆想望風采，曰：「城必諫諍，死職下。」及至，諸諫官紛紛言事細碎，天子益厭之。而城方與客日夜痛飲，人莫能窺其際，皆以爲虚得名耳。前進士韓愈作争臣論以譏之，城亦不以屑意。及陸贄等坐貶，上怒未解，中外惴恐，以爲罪且不測，無敢救者。城即帥拾遺王仲舒、補闕熊執易、崔邠等守延英門，上疏論延齡姦佞，贄等無罪。上大怒，欲罪之。太子爲營救，乃解，令宰相諭遣之。金吾將軍張萬福聞諫官伏閤，趨往，大言賀曰：「朝廷有直臣，天下必太平矣！」遂徧拜城等。萬福武人，年八十餘，自此名重天下。時朝夕相延齡，城曰：「脱以延齡爲相，城當取白麻壞之，慟哭於廷。」李繁者，泌之子也，城盡疏延齡過惡，欲密論之，使繁繕寫，繁徑以告延齡。延齡先詣上，一一自解。疏入，上以爲妄，不之省。

范氏曰：論者或譏城以在職久而不言，贄若不貶，則無所成其名矣。是不然，城有待而爲者也。遏裴延齡爲相，救陸贄將死，終身廢放，死無所憾。自古處士之有益於國，如城者鮮矣。後世猶責之無已，其不成人之美亦甚哉！

胡氏曰：陽城賢矣，惜其未盡善也。諸諫官言事細碎，信爲有失；城登諫司，至是七年，豈皆無大事可言乎！開悟人君，必有其漸；防遏邪佞，必以其微。陸相見疏，延齡被眷，夫豈一日之積。毫釐不戢，至用斧柯，則其用力多而見功寡矣。故君子以爲城未知陰陽消長之義者也。絲綸之言，非可壞之物；天子之廷，非慟哭之地，使上必欲相延齡，先聞此言，逐城而後行之，有何不可？故如城所爲，山人處士疏野之態爾。雖然讜論一發，正氣凛然，陸免於死，裴不果相，其有功於唐甚大，則城亦未可訾也。陸公在翰林諫爭，十從六、七，自爲相，十從三、四。故愚惜其去之晚，有違乎不可則止之義也。

五月，以李説爲河東留後。河東節度使李自良卒。監軍王定遠奏請以行軍司馬李説爲留後。説深德定遠，爲請鑄監軍印，從之。監軍有印自此始。定遠遂專軍政，殺大將彭令茵。説奏其狀，定遠詣説刺之，説走免。定遠召諸將紿之曰：「有敕以李景略爲留後，諸軍皆遷官。」大將馬良輔覺之，麾衆不受。定遠走，踰城墜死。

回鶻奉誠可汗死，遣使立懷信可汗。回鶻奉誠可汗卒，無子。其相骨咄禄辯慧有勇略，自天親時典兵馬用事，大臣諸酋長皆畏服之，立以爲可汗。遣使來告喪。遣使册立之。

秋，七月，以陽城爲國子司業。坐言裴延齡故也。

八月，司徒、侍中、北平莊武王馬燧卒。

冬，十月，横海軍亂，逐其節度使程懷直。横海節度使程懷直不恤士卒，出獵數日不歸。懷直從父兄懷信閉門拒之，懷直奔京師。以懷信爲留後。

丙子（七九六）

十二年。

春，正月，以渾瑊、王武俊兼中書令，嚴震、田緒、劉濟、韋臯並同平章事，諸節鎮悉加檢校官。欲以悦其意也。

三月，以李齊運爲禮部尚書。齊運無才能學術，專以柔佞得幸，每宰相對罷，則齊運進決其議。或病卧家，上欲有所除授，遣中使就問之。

夏，四月，魏博節度使田緒卒。緒尚嘉誠公主，有庶子三人，季安最幼，公主子之。緒卒，左右推季安爲留後。

以韋渠牟爲右補闕。上生日，故事命沙門、道士講論於麟德殿。至是，始以儒士參之。四門博士韋渠牟嘲談辯給，上悦之。旬日，遷右補闕。

六月，以竇文場、霍仙鳴爲護軍中尉。初，上置六統軍，視六尚書，以處罷鎮者，相承用麻紙寫制。至是，文場諷宰相比統軍降麻，翰林學士鄭絪奏：「故事惟封王、命相用白麻，今不識陛下特以寵文場邪，遂爲著令也？」上乃謂文場曰：「武德、貞觀時，中人不過員外將軍，衣緋者無幾。輔國以來，始隳制度。朕今用爾，不謂無私；若復降麻，天下必謂爾脅我爲之矣。」文場叩頭謝，遂焚之。上謂絪曰：「宰相不能違拒中人，朕得卿言方寤耳。」是時竇、霍勢傾中外，藩帥多出神策軍；臺省清要亦有出其門者矣。

胡氏曰：人心雖有所蔽，亦有所明。肅宗寵任輔國而惜宰相，嘉裴冕之不從。德宗委信竇、霍而惜白麻，咎大臣之不拒。當是時，苟有賢公卿，誠心足以感格，乘其明而啓達之，收還兵柄，不付中人，安知德宗之終蔽哉！陸贄、李泌爲議論之臣，李勉、盧翰、劉從一居弼諧之地，皆不聞諫止，安得不均其責乎！

以嚴綬爲刑部員外郎。初，上以奉天窘乏，故還宫以來，專意聚斂，藩鎮多以進奉市恩，皆云税外方圓，亦云用度羨餘，其實或增斂百姓，或減刻吏禄，或販鬻蔬果，往往自入，所進纔什一、二。李兼在江西，有月進；韋臯在西川，有日進。其後常州刺史裴肅以進奉遷浙東觀察使。刺史進奉自肅始。宣歙判官嚴綬掌留務，竭府庫以進奉，徵爲刑部員外郎。幕僚進奉自綬始。

范氏曰：古之人君，或多難以興國，或因亂而啓霸，蓋困而後發其智，懼而後徵其心，故能有爲也。德宗還自興元，不知其貪以取亡，而惟貨之求，其心謬戾亦甚矣哉！

秋，七月，宣武軍亂，以董晉爲節度使。宣武節度使李萬榮病不知事，霍仙鳴薦押牙劉沐爲行軍司馬。萬榮子迺爲兵馬使。上遣中使第五守進至汴州宣慰，軍士呼曰：「兵馬使勤勞無賞，劉沐何人，爲行軍司馬！」沐懼，陽中風舁出。軍士欲斫守進，迺止之，遂殺大將數人。都虞候鄧惟恭執迺送京師。詔以晉爲宣武節度使。萬榮卒，惟恭遂權軍事，不遣人迎董晉。晉受詔，即與傔從十餘人赴鎮，不用兵衛。惟恭以晉來速，不及謀，乃帥諸將出迎。晉命惟恭勿下馬，氣色甚和。既入，仍委以軍政。初，劉玄佐增汴州兵至十萬，遇之厚。李萬榮、鄧惟恭每加厚焉，士卒驕不能禦，乃置腹心之士，幕於廡下，挾弓執劍以備之。晉至，悉罷之。詔惟恭等各遷官賜錢。惟恭謀作亂，晉誅其黨，械惟恭送京師。

八月朔，日食。

以陸長源爲宣武行軍司馬。朝議以董晉柔仁，恐不能集事，故以長源佐之。長源性剛刻，多更張舊事。晉初皆許之，案成則命且罷，由是軍中得安。

趙憬卒。

九月，以李景略爲豐州都防禦使。初，上不欲生代節度使，常自擇行軍司馬，以爲儲帥。李景略爲河東行軍司馬，李説忌之。回鶻梅録入貢，過太原，説與之宴。梅録争坐次，説不能遏，景略叱之。梅録識其聲，趨前拜之曰："非豐州李端公邪？"遂就下坐。座中皆屬目於景略。説益不平，乃厚賂賓文瑒，使去之。會有傳回鶻將入寇者，上以豐州當虜衝，擇可守者，文瑒因薦景略。豐州窮邊氣寒，土瘠民貧，景略以勤儉帥衆，二歲之後，儲備完實，雄於北邊。

裴延齡卒。中外相賀，上獨悼惜之。

冬，十月，以崔損、趙宗儒同平章事。損嘗爲裴延齡所薦，故用之。

范氏曰：延齡既死，而德宗猶思其人，又用其所薦者爲相。使其好賢如此，豈不善哉！夫賢之入人也難，佞之惑人也深，是以鮮有好賢如好佞者也！

十一月，以韋渠牟爲諫議大夫。上自陸贄貶官，尤不任宰相，自縣令以上，皆自選用，中書行文書而已。然深居禁中，所取信者裴延齡、李齊運、司農卿李實、翰林學士韋執誼及渠牟，皆權傾宰相，趨附盈門。實狡險掊克；執誼以文章與上唱和，年二十餘入翰林；渠牟形神恌躁，尤爲上所親狎。上每對執政，漏不過三刻；渠牟奏事，率至六刻。語笑款狎，往往聞外，所薦引，咸不次遷擢，率皆庸鄙之士。

丁丑（七九七）

十三年。

春，二月，築方渠、合道、木波三城。上以方渠、合道、木波皆吐蕃要路，欲城之，使問邠寧節度使楊朝晟：「須幾何兵？」對曰：「邠寧兵足以城之。」上曰：「鄜城鹽州，用兵七萬。今三城尤逼虜境，如此何也？」對曰：「今發本鎮兵，不旬日至，出其不意而城之。虜謂吾衆不減七萬，不敢輕來。不過三旬，吾城已畢。虜雖至，城旁草盡，不能久留。虜退，則運芻糧以實之。此萬全之策也。若大集諸道兵，踰月始至。虜亦集衆而來，與我爭戰，勝負未可知，何暇築城哉！」上從之。朝晟分軍爲三，各築一城。三月，三城成。朝晟軍還至馬嶺，吐蕃始出追之，相拒數日而去。朝晟遂城馬嶺而還。開地三百里，皆如其素。

以姚南仲爲義成節度使。以姚南仲爲義成節度使。監軍薛盈珍曰：「姚大夫書生，豈將才也！」判官盧坦私謂人曰：「姚大夫外柔中剛，監軍侵之必不受，軍府之禍自此始矣。」遂潛去。既而盈珍與南仲有隙，幕府多以罪貶，有死者。

吐蕃贊普乞立贊死。子足之煎立。

秋，七月，起復張茂宗爲左衛將軍，尚公主。張茂宗，茂昭之弟也，許尚義章公主。未成昏，母卒，遺表請終嘉禮，上許之。拾遺蔣乂上疏曰：「古有墨衰以從金革之事者，未聞駙馬起復尚主也。」上曰：「人間多借吉成昏者，卿何執此之堅？」對曰：「昏姻、喪紀，人之大倫，吉凶不可瀆也。委巷之家，不知禮教，其女孤貧無恃，或有借吉從人，未聞男子借吉娶婦者也。」上不悅，命趣下嫁之期，遂成昏。

范氏曰：德宗即位之初，動必循禮，而其終如此，心無所主故也。委巷鄙慝之禮，法之所當禁也，乃引以爲比，苟欲拒諫，不亦惑乎！

九月，盧邁罷。

冬，十月，吴少誠開刀溝。吴少誠擅開刀溝入汝，上遣中使諭止之，不從。命兵部郎中盧羣往詰之，少誠曰：「開此水大利於人。」羣曰：「君令臣行，雖利人，臣敢專乎！公承天子之令而不從，何以使下吏從公之令乎！」少誠遽爲罷役。

十二月，以宦者爲宫市使。先是，宫中市外間物，令官吏主之，隨給其直。比歲以宦者爲使，謂之宫市，置白望數百人，抑買人物，以紅紫染故衣、敗繒，尺寸裂而給之，仍索進奉門户及脚價錢。名爲宫市，其實奪之。嘗有農夫以驢負柴，宦者稱宫市取之，又就索門户，農夫曰：「我有父母妻子，待此然後食。今以柴與汝，不取直而歸，汝尚不肯，我有死而已。」遂毆宦者。街吏擒以聞，詔黜宦者，賜農夫絹十疋。然宫市亦不爲之改，諫官、御史數諫，不聽。徐州節度使張建封入朝，具奏之，上頗嘉納。以問判度支蘇弁，弁希宦者意，對曰：「京師遊手萬家，無土著生業，仰宫市取給。」上信之，故凡言宫市者皆不聽。

戊寅（七九八）

十四年。

秋，七月，趙宗儒罷，以鄭餘慶同平章事。

八月，初置神策統軍。時禁軍戍邊者稟賜優厚，諸將多請遥隸神策。其軍遂至十五萬人。

九月，以于頔爲山南東道節度使。

吴少誠反，侵壽州。

貶陽城爲道州刺史。太學生薛約師事司業陽城，坐言事徙連州，城送之郊外，坐貶道州刺史。城治民如治家，賦税不登。觀察使數加誚讓，城自署其考曰：「撫字心勞，徵科政拙，考下下。」觀察使遣判官督其賦，城自繫獄，判官大驚，馳謁之。城不復歸，判官辭去。又遣他判官往案之，判官載妻子行，中道逸去。

己卯（七九九）

十五年。

春，宣武節度使董晉卒，軍亂，殺留後陸長源。長源性刻急，恃才傲物，軍中惡之。晉卒，長源知留後，揚言曰：「將士弛慢日久，當以法齊之耳。」衆皆懼。或勸之發財以勞軍，長源曰：「我豈效河北賊，以錢買健兒求節鉞邪！」軍中怨怒作亂，殺長源。監軍俱文珍以宋州刺史劉逸準久爲宣武大將，得衆心，召之。逸準引兵徑入汴州，衆乃定，遂以爲節度使。

以李錡爲浙西觀察使、諸道鹽鐵轉運使。李齊運受李錡賂數十萬，薦之於上，故用之。錡刻剥以事進奉，上由是悦之。錡又以饋遺結權貴，恃此驕縱，無所忌憚。布衣崔善貞詣闕上封事，言宫市、進奉及鹽鐵之弊，因言錡不法事，上械送錡，錡生瘞之。遠近聞之，不寒而慄。錡復欲爲自全計，增廣兵衆，選有力善射者，謂之「挽强」，胡奚雜類，謂之「蕃落」，給賜十倍它卒。判官盧坦屢諫不悛，與幕僚李守約等皆去之。

范氏曰：德宗本惡崔善貞直言，故使李錡甘心焉。鉗天下之口，而長姦臣之威。實朝廷殺諫者，非錡殺告者也。

三月，吴少誠寇唐州。

秋，八月，以上官涚爲陳許節度使。吴少誠遣兵掠臨潁，涚遣大將王令忠將兵三千救之，敗没。少誠遂圍許州。營田副使劉昌裔募勇士千人，鑿城出擊，破之。兵馬使安國寧謀翻城應少誠，昌裔以計斬之。召其麾下，人給二縑，伏兵要巷，見持縑者悉斬之，無得脱者。

以韓弘爲宣武節度使。劉逸準卒，軍中思劉玄佐之恩，推其甥兵馬使韓弘爲留後，詔以爲節度使。弘將兵識其材鄙勇怯，指顧必堪其事。先是，少誠遣使與逸準約共攻陳、許，使者數輩猶在館，弘悉驅出斬之；選卒三千擊許下，少誠由是失勢。宣武軍自玄佐卒，凡五作亂，弘召唱者及其黨三百人，數而斬之。自是至弘入朝二十一年，士卒無一人敢讙呼於城郭者。

詔削奪吴少誠官爵，令諸道進兵討之。諸軍討吴少誠者，既無統帥，進退不壹，自潰於小溵水，委棄器械資糧，皆爲少誠所有。於是始議置招討使。

冬，十二月，中書令、咸寧王渾瑊卒。瑊性謙謹，雖位窮將相，無自矜大之色。每貢物，必躬自閱視；受賜，如在上前。上還自興元，雖一州一鎮有兵者，皆務姑息。瑊每奏事不過，輒私喜曰：「上不疑我。」故能以功名終。

庚辰(八〇〇)

十六年。

春,二月,以韓全義爲蔡州招討使。全義本出神策軍,中尉竇文瑒愛之,薦於上,使統諸軍討吴少誠。十七道兵,皆受節度。

夏,四月,姚南仲入朝。義成監軍薛盈珍有寵,欲奪節度使姚南仲軍政,南仲不從,由是有隙。屢毁南仲於上,上疑之。又遣小吏程務盈奏南仲罪。牙將曹文洽追及於長樂驛,殺之,自作表雪南仲之冤,且首專殺之罪,遂自殺。驛吏以聞,上異之,徵盈珍入朝。南仲亦請入朝待罪。上召見,問曰:「盈珍擾卿邪?」對曰:「盈珍不擾臣,但亂陛下法耳。且天下如盈珍輩何可勝數!雖使羊、杜復生,亦不能行愷悌之政,成攻取之功也。」上默然,竟不罪盈珍,仍使掌機密。盈珍又言:「南仲惡政,皆幕僚馬少微贊之。」詔貶少微江南官,遣中使送之,推墜江中而死。

范氏曰:德宗之心,常與宦者爲一,故雖妄言必聽之;疏羣臣而外之,故雖有實言而又殺身以明之,亦不信也。是以其害如木之有蠹,人之有膏肓之疾。蠹深則木不可攻,疾久則與身爲一,必俱亡而後已。可不爲深戒哉!

五月,韓全義與淮西兵戰於溵南,大潰。全義素無勇略,專以巧佞貨賂結宦官,得爲大帥。每議軍事,監軍數十人爭論紛然,不決而罷。士卒久屯沮洳之地,天暑病疫,全義不存撫,人有離心。與淮西戰，鋒鏑未交，諸軍大潰，退保五樓。

于頔奏貶元洪爲吉州長史。山南東道節度使于頔因討淮西，大募戰士，繕甲厲兵，聚斂貨財，有據漢南之志。誣鄧州刺史元洪贓罪，上爲之流端州。頔復表洪責太重，上復以洪爲吉州長史。怒判官薛正倫，奏貶之；比敕下，頔怒已解，復奏留爲判官，上一一從之。

范氏曰：德宗初有削平藩鎮之志，其明斷似剛，其不畏似勇，然非實能剛勇也。夫剛有血氣之剛，有志氣之剛；夫勇有匹夫之勇，有天下之勇。此二者，不可不察也。始盛而終衰，壯鋭而老消，血氣之剛也；其靜也正，其動也健，志氣之剛也。血氣之剛可挫也，志氣之剛不可挫也。不度可而爲，不慮後而發，匹夫之勇也；居之以德，行之以義，天下之勇也。匹夫之勇可怯也，天下之勇不可怯也。是故至剛與大勇，人君不可不養也。德宗初欲有爲，血氣之剛，匹夫之勇也，其出易則其屈必深，其發輕則其挫必亡，是以其終怯畏如此之甚也。

胡氏曰：聖人喜怒，在物而不在己；衆人喜怒，在己而不在物。惟喜怒在物，故登十六相，流四凶，若持衡懸鏡，若用尺度，輕重妍媸長短，我無與焉，是以其德行，其威立，而天下服。惟喜怒在己，故忠賢則惡忌疏斥之，跛扈則畏下撫綏之。宜剛而柔，宜怯而勇。奮然而斷，乃不當斷者也；惕然而懼，乃不當懼者也。使其知持志之方，義理是憑，豈有此患乎！

徐泗濠節度使張建封卒。張建封鎮彭城十餘年，軍府稱治。病篤，累表請代。詔以韋夏卿爲行軍司馬。敕下，建封已卒，軍士爲變，劫建封子愔，令知軍府事，殺留後及大將數人，械繫監軍。上聞之，以李鄘爲宣慰使。鄘至，召將士宣朝旨，諭以禍福，脱監軍械，使復其位。

永州刺史陽履免。湖南觀察使吕渭奏發履贓賄，三司鞫之，對曰：「所斂物已市馬進之矣。」詰馬主爲誰，馬齒幾何，對曰：「馬主東西南北之人，今不知所之。按禮，齒路馬有誅，故不知其齒。」上悦其進奉之言，免官而已。

以張愔爲徐州團練使。張愔表求旄節，朝廷不許。加淮南節度使杜佑兼徐泗濠節度使，使討之。前鋒濟淮而敗，佑不敢進。朝廷不得已，除愔團練使。後名其軍曰武寧，以愔爲節度使。

以李藩爲祕書郎。初，張建封之疾病也，濠州刺史杜兼陰圖代之，疾驅至府，幕僚李藩曰：「僕射疾危如此，公宜在州防遏，來欲何爲？不速去，當奏之。」兼錯愕徑歸。及是，兼誣奏藩摇動軍情，上大怒，密詔杜佑殺之。佑素重藩，出詔示之，藩神色不變。佑曰：「吾已密論，用百口保君矣。」上猶疑之，召藩詣長安。望見其儀度安雅，乃曰：「此豈爲惡者邪？」即除祕書郎。

胡氏曰：古今之事一也。觀古事而是非明，處今事而得失亂者何也？有意與無意也。其於涉己不涉己者亦然。李藩從下土來，未有向背，德宗視之，猶日方中也；使虚心平意，照臨百官，每每如此，雖不中不遠矣。然非格物致知，何以啓進此之途；非强恕求仁，何以克安此之居！故自天子至於匹夫，必明夫大學之道而後可也。

秋，七月，吴少誠襲韓全義於五樓，全義大敗，走保陳州。

九月，以李元素爲義成節度使。義成節度使盧羣卒。賈耽曰：「凡就軍中除節度使，必有愛憎向背，喜懼者相半，故衆心不安。自今願陛下只自朝廷除人，庶無他變。」上以爲然，故有是命。貶之。

貶鄭餘慶爲郴州司馬。餘慶與户部侍郎于頔素善。頔所奏事，餘慶多勸上從之。上以爲朋比，

以齊抗同平章事。

冬，十月，赦吳少誠，復其官爵。吳少誠引兵還蔡州。先是，韋皐聞諸軍討少誠無功，請「以渾瑊、賈耽爲元帥，統諸軍。若重煩元老，則臣請以精鋭萬人下巴、峡以剪凶逆。不然，因其請罪而赦之，罷兩河諸軍，以休息公私，亦策之次也。若少誠一旦爲麾下所殺，又當以其官爵授之，則是除一少誠，生一少誠，爲患無窮矣」。賈耽言於上曰：「賊意亦望恩貸，恐須開其生路。」上然之。會少誠致書監軍，求昭洗，監軍奏之。詔赦少誠。其後韓全義至長安，竇文瑒爲掩其敗迹，上禮遇甚厚。全義稱足疾，遣司馬崔放入對。放爲全義謝無功，上曰：「全義能招來少誠，其功大矣。何必殺人，然後爲功邪！」

以鄭儋爲河東節度使。上擇可以代儋者，以嚴綬嘗以幕僚進奉，記其名，即用爲河東行軍司馬。

校勘記

〔一〕始吾謂馬公用兵不吾遠也　「遠」，殿本作「逮」。

〔二〕遣使立異牟尋爲南詔王　「王」字原脱，據殿本補。

資治通鑑綱目卷四十八

起辛巳唐德宗貞元十七年，盡戊戌唐憲宗元和十三年，凡一十八年。

辛巳（八〇一）

十七年。

夏，五月朔，日食。

以高固爲朔方節度使。朔方節度使楊朝晟防秋于寧州，疾亟，謂僚佐曰：「朔方命帥，多自本軍，雖徇衆情，殊非國體。寧州刺史劉南金練習軍旅，宜使攝行軍事。比朝廷擇帥，必無虞矣。」時李朝寀以神策軍戍定平。上遣高品薛盈珍齎詔詣寧州曰：「朝寀所將本朔方軍，今將并之，以壯軍勢，以李朝寀爲使，南金副之，何如？」諸將皆奉詔。都虞候史經言於衆曰：「李公命收弓刀而送甲冑二千。」軍士曰：「李公欲納麾下二千爲腹心，吾輩妻子其可保乎？」經夜造南金，欲奉以爲帥。南金曰：「節度使固我所欲，然非天子之命則不可。軍中豈無他將！」諸軍不願朝寀爲帥，宜以情告敕使。若操甲兵，乃拒詔也。」命閉門不內。軍士去詣兵馬使高固。固逃匿，搜得之。固曰：「諸君能用吾言則可。」衆曰：

「惟命。」固曰：「毋殺人，毋掠金帛。」衆曰：「諾。」乃共詣監軍，請奏之。衆曰：「劉君必撓吾事。」詐以監軍命召計事，至而殺之。上聞之，追還朝寀制書，復遣盈珍往詗軍情。盈珍遂以上旨命固知軍事。固宿將，以寬厚得衆，前使忌之，置於散地，同列多輕侮之。及起爲帥，一無所報復，由是軍中遂安。

成德節度使王武俊卒。以其子士真代之。

秋，九月，韋皐大破吐蕃於雅州。初，吐蕃寇鹽州，又陷麟州。敕皐出兵深入吐蕃，以分其勢。皐遣將將二萬人，分出九道，破吐蕃於雅州。轉戰千里，凡拔城七、軍鎮五，焚堡百五十，斬首萬餘級，圍維州及昆明城。

冬，十月，以韋皐爲司徒、中書令，賜爵南康王。

壬午（八〇二）

十八年。

春，正月，吐蕃救維州，韋皐擊敗之，獲其將。吐蕃遣其大相論莽熱將兵十萬解維州之圍，西川兵據險設伏以待之，虜衆大敗，擒論莽熱，士卒死者太半。維州、昆明竟不下，引兵還。遣使獻論莽熱，上赦之。

三月，以齊總爲衢州刺史，不行。浙東觀察使裴肅既以進奉得進。總掌後務，刻剥以求媚又過之，擢爲衢州刺史。給事中許孟容封還詔書，曰：「衢州無他虞，齊總無殊績，忽此超獎，深駭羣情。若有可録，願明書勞課，然後超改，以解衆疑。」詔遂留中。上召孟容奬之。

秋，七月，詔百官毋得正牙奏事。嘉王諮議高弘本正牙奏事，自理逋債。詔百官自今毋得正牙奏事，如有陳奏，詣延英門請對。議者以爲正牙奏事，所以達羣情，講政事。弘本無知，黜之可也，不當因人而廢事。

癸未(八〇三)

十九年。

春，三月，以杜佑同平章事。

遷獻、懿二祖於德明、興聖廟。鴻臚卿王權請遷二祖，每禘祫，正太祖東向之位，從之。

以李實爲京兆尹。實爲政暴戾，上愛信之。實恃恩驕傲，薦引譖斥，皆如期而效，士大夫畏之側目。

夏，六月，以孫榮義爲左神策中尉。榮義與右神策中尉楊志廉皆驕縱招權，依附者衆，宦官之勢益盛。

自正月不雨，至于秋七月。

冬，十月，崔損卒。

齊抗罷。

十二月，以高郢、鄭珣瑜同平章事。

杖監察御史崔薳，流崖州。建中初，敕京城繫囚，季終委御史巡按有冤濫者以聞。近歲北軍移牒而已。薳遇下嚴察，下吏欲陷之，引入右神策軍，軍使奏之。上怒，杖薳四十，流崖州。

貶韓愈爲陽山令。京兆尹李實務徵求以給進奉，言於上曰：「今歲雖旱，而禾苗甚美。」由是租税皆不免，人窮至壞屋賣瓦木、麥苗以輸官。優人成輔端爲謡嘲之。實奏輔端誹謗朝政，杖殺之。監察御史韓愈言：「京畿百姓窮困，今年税物徵未得者，請俟來年。」遂坐貶。

甲申（八〇四）

二十年。

春，正月，以任迪簡爲天德軍防禦使。初，天德防禦使李景略嘗宴僚佐，行酒者誤以醯進，迪簡恐行酒者獲罪，强飲之，歸而嘔血，軍士聞之泣下。及景略卒，遂欲奉以爲帥。監軍以聞，詔從之。

吐蕃贊普死。弟嗣立。

秋，八月，以盧從史爲昭義節度使。昭義節度使李長榮卒。上遣中使以手詔授本軍大將，但軍士所附者即授之。時大將來希皓爲衆所服，中使以手詔付之，希皓曰：「此軍取人，合是希皓，但作節度使不得。若朝廷以一束草來，希皓亦必敬事。」中使不可，希皓固辭。兵馬使盧從史潛與監軍相結，超出伍曰：「從史請且句當此軍。」監軍曰：「此固合聖旨。」中使因取詔授之，從史再拜舞蹈。希皓亟回，揮同列北面稱賀。

范氏曰：藩鎮不順，未必人情之所欲也，由朝廷御失其道，而不能服其心，是以致亂。三軍之士豈不惡夫上下之相陵犯，欲得天子之帥而事之哉！廢置爵賞，人主之柄也，德宗不有，而推以與人，失其所以爲君矣！豈非不能與賢人圖事而至此乎！

九月，太子有疾。初，翰林待詔王伾善書，王叔文善棋，俱出入東宫，娱侍太子。叔文譎詭多計，自言讀書知治道。太子嘗與諸侍讀論及宫市事，曰：「寡人方欲極言之。」衆皆稱贊，獨叔文無言。既退，太子自留叔文，謂曰：「向者君獨無言，豈有意邪？」叔文曰：「太子職當視膳問安，不宜言外事。陛下在位久，如疑太子收人心，何以自解？」太子泣曰：「非先生，寡人無以知此。」遂大愛幸，與伾相依附。因言：「某可爲相，某可爲將，幸異日用之。」密結翰林學士韋執誼及朝士有名而求速進者陸淳、吕温、李景儉、韓曄、韓泰、陳諫、柳宗元、劉禹錫等，定爲死友。而凌準、程异等又因其黨以進，日與遊處，蹤迹詭祕，莫有知其端者。

范氏曰：天下至大，祖業至重，故古之教太子者，左右前後必皆正人，然而猶或不能成德。德宗乃使技藝博弈之徒侍太子，豈不愚其子乎！蓋疑賢者導其子之爲非，而不疑於小人，亦不思而已矣！

胡氏曰：小人之有才者，豈無一言之當，一行之美，顧其大本不正，故終歸於邪耳。王叔文止太子勿預外事，是也。以此一言，兼取其餘，此堯、舜所難，而孔子所改也。叔文誠讀書知治道，豈不知進身之禮，乃以弈秋小數待詔供奉也。柳宗元、劉禹錫以是觀之，則豈至迷於所從，陷身不義哉！

乙酉（八〇五）

二十一年。順宗皇帝永貞元年。

春，正月，帝崩，太子即位。正月朔，諸王、親戚入賀，太子獨以疾不能來，上涕泣悲歎，由是得疾。凡二十餘日，中外不通，莫知兩宮安否。帝崩蒼猝，召翰林學士鄭絪、衛次公等草遺詔。宦官或曰：「禁中議所立尚未定。」次公遽言曰：「太子雖有疾，地居冢嫡，中外屬心。必不得已，猶應立廣陵王。不然，必大亂。」絪等從而和之，議始定。太子知人心憂疑，力疾出九仙門，召見諸軍使，京師粗安。明日即位。時順宗以風疾失音，宦官李忠言、昭容牛氏侍左右，百官奏事，自帷中可其奏。王伾召叔文坐翰林中使決事。伾入言於忠言，稱詔行下，外初無知者。

范氏曰：昔成王將崩，以元子付之大臣。王崩，太子在内，太保特出而迎之，以顯於衆。然則古之立君者，惟恐衆之不覩，而事之不顯也。蓋天子者，天下之共主也，故當與天下之人戴而君之，未有竊取諸宫中而立之，出於宦寺婦人之手而可以正天下者也。先王於其即位也，以禮正其始；於其將没也，以禮正其終，顧命之書，所以爲萬世法也。後世之君，以富有天下爲心，惟恐失之。大利所在，天理滅焉。故父子相疑，以終事爲諱，以後事爲忌，是以繼承之際，鮮有能正其禮者。德宗將没，不能屬宰相以社稷。故太子既立二十餘年，而宦者猶有他議，次公等特以草詔得至禁中，遂沮其謀。不然，幾有趙高之事。後之人主，豈可不法三代而以唐爲永鑒哉！

胡氏曰：順宗自去年九月風痞，逮今未愈。長子廣陵王淳年二十有八矣，英睿之姿，可付大器。德宗於是建爲太孫，使攝聽斷，則神器有託矣；而貪有其位，吝于子孫，眷戀遲留，不肯早決，唐之不亂，亦云幸矣。

范氏曰：德宗享國二十有六年，粃政尤多，而大弊有三：一曰姑息藩鎮，二曰委任宦者，三曰聚斂貨財。本夫志大而才小，心褊而意忌，不能推誠御物，尊賢使能，以爲果敢聰明，足以成天下之務。初欲削平僭叛，剗滅藩鎮；一有奉天之亂，而心隕膽破，惟恐生事。既猜防臣下，則專任宦者；思其窮窘，則聚斂掊刻，益甚於初。自古治愈久而政愈弊，年彌進而德彌退，鮮有如德宗者。是以藩鎮强而王室弱，宦者專而國命危，貪政多而民心離。唐室之亡，卒以是三者。其所從來漸矣。

以韋執誼同平章事。王叔文專國政，首引執誼爲相，己用事於中，與相唱和。

李師古發兵屯曹州。時告哀使未至諸道，義成節度使李元素密以遺詔示師古。師古欲乘國喪噬鄰境，乃集將士謂曰：「聖上萬福，而元素忽傳遺詔，是反也，宜擊之。」遂發兵屯曹州，且告假道於汴。韓弘使謂曰：「汝能越吾界而爲盜邪！」元素告急，弘曰：「吾在此，公安無恐。」或告曰：「翦棘夷道，兵且至矣，請備之。」弘曰：「兵來，不除道也。」不爲之應。師古計窮，且聞上即位，乃罷兵。吴少誠以牛皮遺師古，師古以鹽資少誠，潛過宣武界，弘皆留之，曰：「此於法不得以私相餽。」師古等皆憚之。

貶李實爲通州長史。實殘暴掊斂，及貶，市里讙呼，皆袖瓦礫遮道伺之。

以王伾爲左散騎常侍，王叔文爲翰林學士。伾寢陋、吴語，上所褻狎；而叔文自許微知文義，好言事，上以故稍敬之。以伾爲散騎常侍，仍待詔翰林；叔文爲學士，每事先下翰林，使叔文可否，然後宣于中書，韋執誼承而行之。韓泰、柳宗元、劉禹錫等采聽謀議，汲汲如狂，互相推奬，倜然自得，以爲伊、周、管、葛復出也；榮辱進退，生於造次，惟其所欲，不拘程式。其門晝夜車馬如市。

大赦。罷進奉宮市、五坊小兒。先是，鹽鐵月進羡餘，經入益少。五坊小兒，張捕鳥雀於閭里者，皆爲暴横以取人錢物，至有張羅網於門，或張井上，近之，輒曰「汝驚供奉鳥雀」，即痛毆之，出錢物求謝乃去；或相聚飲食於酒肆，責者就索其直，多被毆詈；或時留蛇一囊爲質，責者求哀，乃挈而去。上在東宫知其弊，故即位首禁之。

以王伾爲翰林學士。

追陸贄、陽城赴京師，未至卒。德宗之末，十年無赦，羣臣以微譴逐者，不復叙用。至是，始得量移。追陸贄、陽城赴京師，二人皆未聞追詔而卒。贄之秉政也，貶李吉甫爲明州長史；及贄貶，吉甫徙刺忠州，贄門人以爲憂，而吉甫忻然以宰相禮事之，贄遂與深交。吉甫，栖筠之子也。韋皋屢表請以贄自代，不從。

胡氏曰：十年不赦，美政也；而德宗之不赦，褊心也。孔子惡似是而非者，謂此類也。

以杜佑爲度支等使，王叔文爲副使。先是，叔文與其黨謀得國賦在手，則可以結諸用事人，取軍士心，以固其權；又懼人心不服，藉杜佑雅有會計之名，位重而務自全，易可制，故先令佑主其名，而自除爲副以專之。叔文不以簿書爲意，日夜與其黨屏人竊語，人莫測其所爲。

范氏曰：杜佑以舊相，不耻與小人共事而爲之用，其可賤也夫！

以武元衡爲左庶子。叔文之黨多爲御史中丞武元衡薄之。劉禹錫求爲山陵儀仗使判官，不許；叔文又使其黨誘元衡以權利，不從。由是左遷元衡爲左庶子。元衡，平一之孫也。侍御史竇羣奏劉禹錫挾邪亂政，不宜在朝；又嘗謁叔文曰：「事固有不可知者。」叔文曰：「何謂也？」羣曰：「去歲李實怙恩挾貴，氣蓋一時，公當此時，逡巡路傍，乃江南一吏耳。今公一旦復據其地，安知路傍無如公者乎！」其黨欲逐之，韋執誼以羣素有强直名，止之。

立廣陵王純爲皇太子。初，上疾久不愈，中外危懼，思早立太子，而王叔文之黨欲專大權，惡聞之。宦官俱文珍、劉光琦、薛盈珍等疾叔文等，乃啓上召學士鄭絪等入草制。時牛昭容輩以廣陵王淳英睿，惡之。絪不復請，書紙爲「立嫡以長」字呈上，上頷之。乃立淳爲太子，更名純。百官覩太子儀表，大喜相賀，有感泣者，而叔文獨有憂色。先是，杜黄裳爲裴延齡所惡，留滯臺閣，十年不遷，及其婿韋執誼爲相，始遷太常卿。黄裳勸執誼帥羣臣請太子監國，執誼驚曰：「丈人甫得一官，奈何啓口議禁中事？」黄裳勃然曰：「黄裳受恩三朝，豈得以一官相買乎！」拂衣起出。至是，執誼恐太子不悦，故以陸質爲侍讀，使潛伺太子意，且解之。太子怒曰：「陛下令先生爲寡人講經義耳，何爲預他事？」質懼而出。質即淳也，避太子名改之。

胡氏曰：陸淳有功於春秋，而名在八司馬之冠，一何悖哉！蓋窮經旨而不歸之理義，則經必不明；索理義而不歸之於心，則理必不得。心不得理，則心也，理也，經也，猶風馬牛之不相及也。

然太子所謂講經何預他事，亦失言也。善講經義者，必以今世之事參之，然後其合否可斷。惟淳學不治心，心不自正，是以罔知所對耳。

賈耽、鄭珣瑜病不視事。耽以王叔文黨用事，惡之，稱疾不出，屢乞骸骨。故事，丞相方食，百寮無敢謁見者。叔文至中書欲見執誼，直省以舊事告，叔文怒叱之，直省懼，入白，執誼慚赧起迎，叔文就其閤語良久。叔文索飯，執誼遂與同食閤中。杜佑、高郢心知不可而莫敢言，珣瑜獨歎曰：「吾豈可復居此位！」顧左右取馬徑歸，遂不起。二相皆天下重望，相次歸卧。叔文等益無所忌，遠近大懼。

范氏曰：賈耽、鄭珣瑜爲相，碌碌無補，然知其不可，引疾而去，能知耻矣。方之杜佑、高郢，豈不有間哉！

夏，五月，以范希朝爲神策京西行營節度使，韓泰爲行軍司馬。王叔文自知爲内外所疾，欲奪取宦官兵權以自固，藉希朝老將，使主其名，而實以泰專其事，人益疑懼。

以王叔文爲户部侍郎。叔文爲户部侍郎，俱文珍等惡其專權，削去翰林之職。叔文驚曰：「叔文日至此商量公事，若不得此院職事，則無因而至矣。」王伾即爲疏請，乃許三五日一入翰林。叔文始懼。

六月，貶羊士諤爲寧化尉。寧歙巡官羊士諤以事至長安，遇叔文用事，公言其非，叔文怒，欲斬之，執誼不可，遂貶焉。執誼初爲叔文所引用，深附之；既得位，欲掩其迹，且迫於公議，故時時爲異同，輒使人謝叔文曰：「非敢負約，乃欲曲成兄事耳。」叔文詬怒，不之信，遂成仇怨。

韋皐表請太子監國。韋皐上表曰：「陛下哀毀成疾，請權令太子親監庶政，俟皇躬痊愈，復歸春宮。」又上太子牋曰：「聖上亮陰不言，委政臣下，而所付非人，王叔文、王伾、李忠言之徒輒當重任，墮紊紀綱，樹置心腹，恐危家邦。願殿下即日奏聞，斥逐羣小，使政出人主，則四方獲安。」俄而荆南裴均、河東嚴綬牋表繼至，意與皐同，中外皆倚以爲援，而邪黨震懼。

王叔文以母喪去位。叔文既以范希朝、韓泰主神策行營，邊將各以狀辭中尉，宦者始寤兵柄爲叔文等所奪，乃大怒，密令其使歸告諸將曰：「無以兵屬人。」希朝至奉天，諸將無至者。泰馳歸白之，叔文計無所出。無幾，以母喪去位。韋執誼益不用其語。叔文怒，與其黨謀起復，斬執誼而盡誅不附己者。王伾日詣宦官及杜佑請起叔文爲相，總北軍，坐翰林中；疏三上不報，知事不濟，忽叫曰：「伾中風矣。」遂輿歸不出。

横海軍節度使程懷信卒。以其子執恭爲留後，後賜名權。

秋，七月，太子監國。中外共疾叔文黨與，上亦惡之。俱文珍等屢請以太子監國，上許之。

以杜黄裳、袁滋同平章事，鄭珣瑜、高郢罷。

八月，帝傳位於太子，自號太上皇。貶王伾爲開州司馬，叔文爲渝州司户。伾尋病死。明年，賜叔文死。

太子即位。憲宗初即位，昇平公主獻女口，上曰：「上皇不受獻，朕何敢違！」遂却之。荆南獻毛龜，上曰：「朕所寶惟賢，嘉禾、神芝皆虚美耳，所以春秋不書祥瑞。自今勿復以聞，珍禽奇獸亦毋得獻。」

南康忠武王韋皐卒。皐在蜀二十一年，重加賦斂，豐貢獻以結主恩，厚給賜以撫士卒，士卒婚嫁死喪，皆供其費，以是得久安其位，士卒樂爲之用。服南詔，摧吐蕃，府庫既實，時寬其民，三年一復租賦，蜀人服其智謀而畏其威。及卒，畫像以爲土神，祠之至今。

以袁滋爲西川節度使。西川支度副使劉闢自爲留後，表求節鉞。朝廷不許，以袁滋爲節度使，徵闢爲給事中。

朗州江漲。流萬餘家。

夏綏節度使韓全義致仕。全義敗於溵水，還，不朝覲而去。上在藩邸，聞而惡之。全義懼，乃請入朝。杜黄裳直令致仕。

罷裴延齡所置别庫。

遣使宣慰江、淮。

以鄭餘慶同平章事。

始令史官撰日曆。從監修國史韋執誼之請也。

胡氏曰：李義甫、許敬宗不許史官聞仗後事，姚璹又建令宰相撰時政記，今執誼又奏令史官撰日曆。日曆云者，猶起草也，將加是正而潤色焉爾。夫天下有公是公非，不爲言語文字可以變移白黑，故此數人之惡，至今不泯。有志於垂名竹帛者，自修而已矣。

貶韓泰、韓曄、柳宗元、劉禹錫爲諸州刺史。

冬，十月，賈耽卒。

葬崇陵。禮儀使奏：「曾太皇太后沈氏歲月滋深，迎訪理絶。按晉庾蔚之議，尋求三年之外，俟中壽而服之。請以大行皇帝啓攢宫日，皇帝帥百官舉哀，即以其日爲忌。」從之。

十一月，祔于太廟。禮儀使杜黄裳等議，以爲：「國家法周制，太祖猶后稷，高祖猶文王，太宗猶武王，皆不遷。高宗在三昭三穆之外，請遷主于西夾室。」從之。

貶韋執誼爲崖州司馬。叔文敗，執誼亦自失形勢，奄奄無氣，聞人行聲，輒惶悸失色，以至於貶。

貶袁滋爲吉州刺史。劉闢不受徵，阻兵自守。袁滋畏其强，不敢進。上怒，貶之。

以武元衡爲御史中丞。

再貶韓泰等及陳諫、凌準、程异爲諸州司馬。

回鶻懷信可汗死，遣使立其子爲騰里可汗。

十二月，以劉闢爲西川節度副使，韋丹爲東川節度使。上以初嗣位，力未能討劉闢，故因而授之。諫議大夫韋丹上疏曰：「今釋闢不誅，則朝廷可以指臂而使者，惟兩京耳，此外誰不爲叛！」上善其言，以丹鎮東川。

以鄭絪同平章事。

丙戌(八〇六)

憲宗皇帝元和元年。

春，正月，太上皇崩。

劉闢反，命神策行營節度使高崇文將兵討之。闢既得旌節，志益驕，求兼領三川，上不許。闢遂發兵圍梓州。推官林蘊力諫闢，闢怒，將斬之，陰戒行刑者使不殺，但數礪刃於其頸，欲使屈服而赦之。蘊叱之曰：「豎子當斬即斬，我頸豈汝砥石耶！」闢曰：「忠烈士也。」乃黜之。上欲討闢而重於用兵，公卿議者亦以爲蜀險固難取，杜黄裳獨曰：「闢狂戇書生，取之如拾芥耳。臣知神策軍使高崇文勇略可用，願陛下專以軍事委之，勿置監軍，闢必可擒。」上從之。翰林學士李吉甫亦勸上討蜀，上由是器之。乃削闢官爵，詔崇文與兵馬使李元奕、山南西道嚴礪討之。時宿將甚衆，皆自謂當征蜀之選，及詔用崇文，皆大驚。崇文時屯長武城，練卒五千，常如寇至，受詔即行，器械糗糧，一無所闕。軍士有食於逆旅，折人匕筯者，崇文斬以徇。劉闢陷梓州，執東川節度使李康。崇文引兵趣梓州，闢歸康以求自雪。崇文以康敗軍失守，斬之。初，上與杜黄裳論及藩鎮，黄裳曰：「德宗自經憂患，務爲姑息，不生除節帥，有物故者，遣中使察軍情所與則授之，未嘗出朝廷之意。陛下必欲振舉綱紀，宜稍以法度裁制藩鎮，然後天下可得而理也。」上深以爲然。於是始用兵討蜀，以至威行兩河，皆黄裳啓之也。

范氏曰：藩鎮之亂，異於諸侯。諸侯自上古以來有之，皆聖賢之後，王者不得而絶也。唐之藩鎮皆起於盜賊，其始也，天子封殖之，又從而姑息之，以至於不可制，人主自取之也。憲宗一裁以法，而莫敢不服。天下之治亂，豈有不由君相者哉！

上嘗與宰相論「自古帝王，或勤勞庶政，或垂拱無爲，何爲而可」？黄裳對曰：「王者上承天地宗廟，下撫百姓四夷，夙夜憂勤，固不可自暇逸。然上下有分，紀綱有叙。苟慎選賢才而委任之，有功則賞，有罪則刑，則誰不盡力！明主勞於求人而逸於任人，此虞舜所以無爲而治者也。至於簿書獄市煩細之事，各有司存，非人主所宜親也。昔秦始皇以衡石程書，魏明帝自按行尚書事，隋文帝衛士傳飧，皆無補當時，取譏後世，所務非其道也。夫人主患不推誠，人臣患不竭忠。苟上疑其下，下欺其上，將以求理，不亦難乎！」上深然之。

胡氏曰：黄裳言固要矣。然夙夜憂勤，必有其事；苟無其事，何所憂勤！古之人君，既得賢才布之列位矣，於是朝以聽政，則公卿在前，史在左右，諫諍七人，訓告教誨，而無怠朝矣；晝以訪問，則監于成憲，學于古訓，多識前言往行與萬民之疾苦，而無怠晝矣；夕以修令，則思夫應違，慮夫榮辱，慎而後出，而無怠夕矣。而又無淫逸遊畋，有銘戒箴諫，又有賢妃淑女，警戒相成，昧爽丕顯，坐以待旦，此乃憂勤之事，乃所以端拱無爲也。是故勤勞者，非程書、傳飧之謂也；無爲者，非遺棄萬務之謂也。稽無逸之言，則人君之法具矣。

三月，夏綏留後楊惠琳拒命，詔河東、天德軍討斬之。韓全義之入朝也，以其甥楊惠琳知留後。朝廷以將軍李演爲夏綏節度使，惠琳勒兵拒之。河東嚴綬表請討之，遣牙將阿跌光進及弟光顔將兵赴之。夏州兵馬使張承金斬惠琳，傳首京師。光進本河曲步落稽也，後賜姓李氏。

夏，四月，以高崇文爲東川節度副使。韋丹至漢中，表言：「高崇文客軍遠鬭無所資，若與梓州，綴其士心，必能有功。」故有是命。

策試制舉之士。於是元稹、獨孤郁、白居易、蕭俛、沈傳師出焉。

胡氏曰：制策亦以空言取人，然其來最古，得人亦多。至于末流，應科者既未必英才，而發問之目往往摘抉細隱，窮所難知，務求博洽之士，而直言極諫之風替矣。要必深詔中外，精求多聞有學行者，勿令先獻所業，召至殿庭，而親策以當世之急務，其言可采，就加任使，則瑰偉之才不困於簸揚淘汰，而國家收多士之實用矣。

李巽爲度支、鹽鐵、轉運使。杜佑請解鹽鐵，舉巽自代。自劉晏之後，居職者莫能繼之。巽掌使一年，征課所入，類晏之多；明年過之；又一年，加一百八十萬緡。

以元稹、獨孤郁、蕭俛爲拾遺。稹上疏曰：「昔太宗以王珪、魏徵爲諫官，宴遊寢食未嘗不在左右，三品以上入議大政，必遣諫官一人隨之，以參得失，故天下大理。今諫官就列朝謁而已。近年以來，正牙不奏事，庶官罷巡對，諫官能舉職者，獨誥命有不便則上封事耳。君臣之際，諷諭於未形，籌畫於至密，尚不能回至尊之盛意，況已行之誥令，而欲以咫尺之書收之，誠亦難矣。願陛下時於延英召對，使盡所懷。」頃之，復上疏曰：「開直言，廣視聽，理之萌也。甘諂諛，蔽近習，亂之象也。自古人主即位之初，必有敢言之士，苟受而賞之，則君子樂行其道，競爲忠讜；小人亦貪得其利，不爲回邪。如是，則上下之志通，幽遠之情達，欲無理得乎！苟拒而罪之，則君子括囊以保身，小人迎合以竊位，十步之事，皆可欺也，欲無亂得乎！昔太宗初即政，孫伏伽以小事諫，太宗厚賞之。故當時言事者惟患不深切，未嘗以觸忌諱爲憂也。太宗豈好逆意而惡從欲哉？誠以順適之快小，而危亡之禍大故也。陛下踐阼，今以周歲，未聞有受伏伽之賞者。臣等備位諫列，猶且彌年，不得召見，而況疏遠之臣乎！」因條奏請次對百官、復正牙奏事、禁非時貢獻等十事。又勸上以伾、文爲戒，早擇修正之士輔導諸子，曰：「太子、諸王師傅之官，率皆眊瞶癈疾、休戎罷帥，其他僚屬，尤爲冗散，搢紳皆耻爲之。就使得人，亦越月踰時僅得一見，又何暇傅德義，而納之法度哉！夫以匹士愛其子，猶知求明哲之師而教之，況萬乘之嗣，繫四海之命乎！」上頗嘉納其言，時召見之。

鄭餘慶罷。

六月，高崇文破鹿頭關，連戰皆捷。秋七月，詔征蜀諸軍悉取崇文處分。

尊太上皇后爲皇太后。

葬豐陵。

八月，平盧節度使李師古卒。初，師古有異母弟曰師道，常疏斥在外，不免貧窶。師古私謂所親曰：「吾非不友也。吾年十五擁節旄，自恨不知稼穡之艱難，況師道復減吾數歲，吾欲使之知衣食之所自來，且以州縣之務付之，計諸公必不察也。」及疾篤，師道時知密州，好畫及觱篥，師古謂判官高沐、李公度曰：「我死，子必奉師道爲帥。人情誰肯薄骨肉而厚它人，顧置帥不善，則非徒敗軍政也，且覆吾族。師道不務訓兵理人，專習賤事，果堪爲帥乎？幸審圖之！」師古卒，二人逆師道，奉以爲帥。久之，朝命未下。或請出兵掠四境，高沐固止之，請輸兩税，申官吏，行鹽法，奉表京師。杜黄裳請乘其未定而分之，上以劉闢未平，以師道爲留後。

胡氏曰：因幾而制，與失幾而治，其難易十相倍也。憲宗不用黄裳之良計，佗日討之，勞費爲如何？故君子言難平者事也，易失者時也。智者接於事而必平，敏者及於時而不失也。

九月，堂後主書滑涣伏誅。涣久在中書，與知樞密劉光琦相結，杜佑、鄭絪等皆善視之。鄭餘慶與諸相議事，涣從旁指陳是非，餘慶怒叱之；未幾，罷相。四方賂遺無虚日。中書舍人李吉甫言其專恣，請去之。上命宰相闔中書四門搜掩，盡得姦狀，賜死，籍没家財，凡數千萬。

胡氏曰：寵待宦官，莫甚於德宗，而樞密之名，獨見於此，然則憲宗之命也歟！其後至與宰執同奏事，聽進止，平者力均，强者權勝。五代因以爲二府，使監察宰相，職業紊矣。其必欲稽古建官，以邦禁歸之大司馬，而罷樞密之職，然後爲善也。

高崇文克成都，擒劉闢，送京師斬之。高崇文又敗劉闢之衆於鹿頭關。河東將阿跌光顔將兵會崇文於行營，愆期一日，懼誅，欲深入自贖，軍于鹿頭之西，斷其糧道。於是綿江、鹿頭諸將皆以城降。崇文遂長驅直指成都，克之。闢奔吐蕃，崇文使高霞寓追擒之。遂入成都，屯於通衢，市肆不驚，秋毫無犯。檻闢送京師，斬其大將邢泚，餘無所問。命軍府事一遵韋南康故事，從容指撝，一境皆平。初，知邛州崔從以書諫闢，闢發兵攻之，從固守得免。韋皋參佐皆素服請罪，崇文皆禮而薦之，獨謂段文昌曰：

「君必爲將相，未敢奉薦。」闢有二妾，皆殊色，監軍請獻之，崇文曰：「天子命我討平凶豎，當以撫百姓爲先，遽獻婦人以求媚，豈天子之意邪！崇文義不爲此。」乃以配將吏之無妻者。杜黃裳建議征蜀，指授方略，皆懸合事宜。崇文素憚劉澭，黃裳使謂之曰：「若無功，當以澭相代。」故能得其死力。及蜀平，宰相入賀，上目黃裳曰：「卿之功也。」闢至長安，并族黨悉誅之。

徵少室山人李渤爲左拾遺。渤辭疾不至，然朝政有得失，輒附奏陳論。

胡氏曰：孔子曰：「不在其位，不謀其政。」故不在其位而爲之謀，與居其位而不爲之謀，皆非也。伊尹之囂囂然也，初無毫髮當世之念；及其幡然也，乃有堯、舜君民之心。諸葛孔明卧草廬中，不求聞達；及感玄德枉駕，然後許以驅馳。古之達人，心無二用如此。李渤於此尚論景行，豈亦有未詳乎！

冬，十月，以高崇文爲西川節度使，柳晟爲山南西道節度使。晟至漢中。府兵討劉闢還，未至城，詔復遣戍梓州，軍士怨怒，謀作亂。晟聞之，疾驅入城，慰勞之曰：「汝曹何以得成功？」對曰：「誅反者劉闢耳。」晟曰：「闢以不受詔命，故汝曹得以立功。豈可復使它人誅汝以爲功邪！」衆皆拜謝，請詣戍所。

十一月，以吐突承璀爲左神策中尉。承璀事上於東宮，以幹敏得幸。

回鶻入貢。始以摩尼僧來，置寺處之。

丁亥（八〇七）

二年。

春，正月，司徒杜佑請致仕。上以佑高年重德，禮重之，常呼司徒而不名。佑以老疾請致仕。詔令佑每月一再入朝，因至中書議大政。

杜黄裳罷爲河中節度使。黄裳有經濟大略，而不修小節，故不得久在相位。

胡氏曰：杜遵素頗通餽謝，自其失也。憲宗方欲削平僭亂，無寧舍小以取大，厚賜予之，而資其長算乎！

以武元衡、李吉甫同平章事。吉甫謂中書舍人裴垍曰：「吉甫流落江、淮踰十五年，一旦蒙恩至此，思所以報德，惟在進賢，而朝廷後進罕所接識，君有精鑒，願悉爲我言之。」垍取筆疏三十餘人，數月之間，選用略盡。當時翕然稱吉甫爲得人。

胡氏曰：李吉甫不得在端亮之列，然於陸敬輿能忘纖介之憾，於裴垍能輸訪問之悃，此固君子之高致也。知人之明，雖在裴垍，得人之譽，乃歸吉甫。誠率是道而不變，其相業可少訾耶！

夏，四月，以范希朝爲朔方、靈、鹽節度使。以右神策、鹽州、定遠兵隸焉，以革舊弊，任邊將也。

李錡反，制削官爵、屬籍，發諸道兵討之。夏、蜀既平，藩鎮惕息，鎮海節度使李錡不自安，求入朝，上許之。錡實無行意，屢遷行期，稱疾，請至歲暮。武元衡曰：「錡求朝得朝，求止得止，將何以令四海！」上以爲然，下詔徵之。錡詐窮，遂謀反，殺留後王澹、大將趙琦，使人殺所部五州刺史，遣兵治石頭城。常州刺史顔防斬錡將李深，傳檄蘇、杭、湖、睦，請同進討。湖州刺史辛秘亦斬錡將趙惟忠。詔削錡官爵、屬籍，遣淮南節度使王鍔統諸道兵以討之。

以武元衡爲西川節度使，高崇文爲邠寧節度使。高崇文在蜀期年，謂監軍曰：「西川乃宰相回翔之地，崇文豈敢自安！」屢上表稱「蜀中安逸，無所陳力，願效死邊陲」。故有是命。

鎮海兵馬使張子良執李錡送京師，斬之。李錡遣兵馬使張子良等將兵襲宣州。子良等知錡必敗，與牙將裴行立同謀討之，召士卒諭之曰：「僕射反逆，官軍四集，其勢已蹙，吾輩何爲隨之滅族？豈若棄逆效順，轉禍爲福乎！」衆許諾。即夜還趨城，行立應之於内，執錡，械送京師。羣臣入賀，上愀然曰：「朕之不德，致宇内數有干紀者，朕之愧也，何賀之爲！」宰相議誅錡大功以上親，兵部郎中蔣乂曰：「錡大功親，皆淮安靖王之後也。淮安有佐命之功，陪陵享廟，豈可以末孫爲惡而累之乎？」又欲誅其兄弟，乂曰：「錡兄弟，故都統國貞之子也。國貞死王事，豈可使之不祀乎？」乃皆流貶。上御興安門，引錡面詰之，對曰：「臣初不反，張子良等教臣耳。」上曰：「卿爲元帥，子良等謀反，何不斬之而入朝？」錡無以對，乃并其子腰斬之。有司請毁錡祖考冢廟，中丞盧坦言：「昔漢誅霍禹，不罪霍光。先朝誅房遺愛，不及房玄齡。況以錡爲不善，而罪及五代祖乎！」乃不毁。有司籍其家財輸京師，翰林學士裴垍、李絳言：「錡割剥六州以富其家，今以輸上京，恐遠近失望。願以賜浙西百姓，代今年租賦。」上嘉歎，從之。

盧從史擅出兵屯邢、洺。昭義節度使盧從史内與王士真、劉濟通，而外獻策請圖山東，擅引兵東出邢、洺。上召之令還，從史不時奉詔，久之，乃還。上召李絳語之曰：「朕與鄭絪議敕從史歸上黨，續徵入朝。絪乃泄之於從史，使稱上黨乏糧，就食山東。負朕乃爾，將何以處之？」對曰：「審如此，滅族有餘矣！然絪、從史必不自言，陛下誰從得之？」上曰：「吉甫密奏。」絳曰：「搢紳之論，以絪爲佳士，恐必不然。或者同列欲專朝政，疾寵忌前。願陛下熟察之。」上良久曰：「非卿言，朕幾誤處分。」上又問曰：「諫官多謗訕無事實，朕欲摘其尤者一、二以儆其餘，何如？」對曰：「此殆非陛下之意，必有邪臣欲壅蔽陛下之聰明也。人臣死生，繫人主喜怒，敢發口諫者有幾？就有諫者，皆晝度夜思，朝刪暮減，比得上達，什無二、三。故人主孜孜求諫，猶懼不至，況罪之乎！如此，杜天下之口，非社稷之福也。」上善其言，謂宰相曰：「太宗以神聖之資，羣臣進諫者，猶往復數四，況朕寡昧。自今事有違宜，卿當十論，無但一、二而已。」

胡氏曰：憲宗可謂從善如轉圜者矣。蓋畏德之不美，而治之不成也。其心亦虛〔一〕，志方銳，故其從善也易，其中興也，不亦宜乎！

羣臣上尊號。

以白居易爲翰林學士。居易作樂府百餘篇，規諷時事，流聞禁中。上悅之，故有是命。

以普寧公主適于季友。山南東道節度使于頔憚上英威，爲子季友求尚主，上以普寧公主妻之。李絳諫曰：「頔虜族，季友庶孽，不足以辱帝女！」上曰：「此非卿所知。」頔大喜。上因使人諷之入朝，頔遂奉詔。

范氏曰：爲政必可繼也。憲宗不愛一女，以悅于頔；天下藩鎮，焉得人人而悅之。古之王者，所與爲婚姻，必先聖之後，不然甥舅之國也。嶺方命不朝，以女妻其子，不亦替乎！

李吉甫上元和國計簿。總計天下方鎮四十八、州府二百九十五、縣千四百五十三，其鳳翔、鄜坊、邠寧、振武、涇原、銀夏、靈鹽、河東、易定、魏博、鎮冀、范陽、滄景、淮西、淄青等十五道七十一州不申户口外，每歲賦税倚辦，止於浙江東、西、宣歙、淮南、江西、鄂岳、福建、湖南八道四十九州，一百四十四萬户，比天寶税户四分減三；天下兵仰給縣官者，八十三萬餘人，比天寶三分增一，大率二户資一兵，其水旱所傷，非時調發，不在此數。

戊子(八〇八)

三年。

春，正月，大赦，禁長吏詣闕進奉。知樞密院劉光琦奏分遣中使齎赦詣諸道，意欲分其饋遺。翰林學士裴垍、李絳奏：「敕使所至煩擾，不若但附急遞。」上從之。光琦稱舊例，上曰：「例是則從之，苟非是，何不改？」中丞盧坦奏彈山南西道節度使柳晟、浙東觀察使閻濟美違赦進奉，上召坦褒慰之，曰：「朕已釋之，不可失信。」坦曰：「赦令宣布海内，陛下之大信也。晟等不畏陛下法，奈何存小信、棄大信乎！」上乃命歸所進於有司。

胡氏曰：柳晟、閻濟美之敢違赦令，乃見主心之微，而中其所欲也。使憲宗無悦之之意，則當下詔遣吏考覈，以其物代百姓常賦，而嚴加黜貶，然後足以示懲；今一切不問，而歸所進於有司，憲宗之業不終，於此亦可見其微矣！

夏，四月，策試賢良方正直言極諫舉人。牛僧孺、皇甫湜、李宗閔皆指陳時政之失無所避，考官楊於陵、韋貫之署爲上第，上亦嘉之。李吉甫惡其言直，泣訴於上，且言：「湜，翰林學士王涯之甥也，涯與裴垍覆策而不自言。」上不得已，罷垍，貶貫之巴州刺史，涯虢州司馬，於陵嶺南節度使。僧孺等久之不調，各從辟於藩府。

以裴均爲右僕射，盧坦爲庶子。裴均素附宦官，嘗入朝踰位而立，御史中丞盧坦揖而退之，均不從，坦曰：「昔姚南仲爲僕射，位在此。」均曰：「南仲何人？」坦曰：「是守正不交權倖者。」坦尋改右庶子。白居易上疏曰：「牛僧孺等直言時事而遭斥逐，楊於陵等以收直言而坐譴謫，盧坦以舉職事而黜庶子，此數人皆今之人望，天下視其進退以卜時之否臧者也，一旦無罪悉疏棄之，上下杜口，衆心恟恟，陛下亦知之乎？且陛下既下詔徵之直言，索之極諫，僧孺等所對如此，縱未能推而行之，又何忍罪而斥之乎！」

五月，沙陀來降，以其酋長執宜爲陰山兵馬使。沙陀勁勇冠諸胡，吐蕃每戰以爲前鋒。回鶻攻吐蕃，取涼州。吐蕃疑沙陀貳於回鶻，欲遷之河外。沙陀懼，酋長朱邪盡忠與其子執宜謀復歸唐，帥部落三萬而東。吐蕃追之，轉戰數百合，死者太半，餘衆萬人，詣靈州降。節度使范希朝置之鹽州，爲市牛羊，廣其畜牧，善撫之。詔置陰山府，以執宜爲兵馬使，每有征討，用之皆捷。靈鹽軍益强。

秋，七月朔，日食。

以盧坦爲宣歙觀察使。蘇彊之誅也，兄弘在晉州幕府，免歸。坦奏：「弘有才行，不可以其弟故廢之。請辟爲判官。」上曰：「鄜使蘇彊不死，果有才行，猶可用也，況其兄乎！」坦到官，值旱饑，穀價日增，或請抑之，坦曰：「宣歙穀少，仰食四方，若價賤則商船不來，益困矣。」既而米斗二百，商旅輻湊，民賴以生。

淮南節度使王鍔入朝。鍔厚進奉，賂宦官，求平章事。白居易言：「宰相人臣極位，非清望大功不應授。今除鍔，則諸鎮皆生冀望，與之，則典章大壞，又不感恩；不與，則厚薄有殊，或生怨望。且鍔在鎮，百計誅求，自入進奉，若除宰相，藩鎮效之，競爲割剥，則百姓何以堪之！」事遂寢。

胡氏曰：憲宗以杜黄裳通餽謝而罷之矣，而自納藩鎮之賂，又欲以宰相賞之，則尚何它人之責哉！

以裴垍同平章事。上雖以李吉甫故罷垍學士，然寵信彌厚，故未幾復擢爲相，嘗謂之曰：「以太宗、玄宗猶藉輔佐以成其理，況如朕不及先聖萬倍者乎！」垍亦竭誠輔佐。上嘗問垍：「爲理之要何先？」對曰：「先正其心。」舊制，民稅分上供、送使、留州三品。建中初定兩稅，時貨重錢輕。是後貨輕錢重，民所出已倍其初；其留州、送使者，所在又降省估就實估，以重斂於民。垍奏：「請一用省估；其觀察使，先稅所理州以自給，不足，然後稅屬州。」由是江、淮稍蘇。垍器局峻整，人不敢干以私。嘗有故人自遠詣之，垍厚遇之，其人乘閒求京兆判司，垍曰：「公才不稱此官，垍不敢以私害公。」先是執政多惡諫官言時政得失，垍獨賞之。

范氏曰：古之賢相，不惟以諫爭爲己任，又引天下之賢者，使諫其君，此愛君之至也；不賢者反是。若裴垍者，可謂忠於事君，而不負相之職業矣！

邠宣公杜黄裳卒。

南詔異牟尋卒。子尋閤勸立。

己丑(八〇九)

四年。

春，正月，南方旱饑，遣使宣慰賑恤。宣慰使鄭敬等將行，上戒之曰：「朕宫中用帛一疋，皆籍其數；惟賙救百姓，則不計費。卿輩宜識此意。」

鄭絪罷，以李藩同平章事。藩給事中，制敕有不可者，即於黄紙後批之，吏請更連素紙，藩曰：「如此，乃狀也，何名批敕！」裴垍薦藩有宰相器。上以絪循默，罷之，擢藩爲相。藩知無不言，上甚重之。

胡氏曰：裴垍賞論事諫官，喜批敕給事，此宰相所難能，垍何以能爾？觀垍告憲宗正心之言，則知垍之方寸不爲利回，不爲義疚矣。

三月，以李鄘爲河東節度使。河東節度使嚴綬在鎮九年，軍政一出監軍，裴垍請以李鄘代之。

成德節度使王士真卒。子承宗自爲留後。河北三鎮相承各置副大使，以嫡長爲之，父没，則代領軍務。

閏月，制降繫囚，蠲租税，出宫人，絶進奉，禁掠賣。上以久旱，欲降德音，李絳、白居易言：

「欲令實惠及人，無如減其租税。宫人數廣，宜簡出之。諸道横斂以充進奉，南方多掠良人賣爲奴婢，皆宜禁絶。」上悉從之。制下而雨。絳表賀曰：「乃知憂先於事，故能無憂；事至而憂，無救於事。」

詔贖魏徵故第賜其家。魏徵玄孫稠貧甚，以故第質錢於人，平盧節度使李師道請以私財贖出之。白居易奏言：「事關激勸，宜出朝廷，師道何人，敢掠斯美！望敕有司以官錢贖還之。」上乃出内庫二千緡，贖以賜稠，仍禁質賣。

以王士則爲神策大將軍。士則，承宗叔父也，以承宗擅立，恐禍及宗，與幕客劉栖楚俱自歸京師，故有是命。

立鄧王寧爲皇太子。李絳等奏曰：「陛下臨御四年，儲闈未立，非所以承宗廟、重社稷也。」故有是詔。

夏，四月，山南東道節度使裴均進銀器。均有中人之助，於德音後首進銀器千五百兩。李絳、白居易等言：「均欲以此嘗陛下。願却之。」上遽命出付度支，尋密諭進奏院：「自今諸道進奉，無得申御史臺；有訪問者，輒以名聞。」居易復以爲言，上不聽。

胡氏曰：攻病不去病源，而徒飲藥，藥不對病，病固自存。任宦官，喜進奉，憲宗之大病也。李絳、白居易於此二者，當朝夕納誨，必期於格君非心，如晉元帝之覆盃，如苻堅之止獵，終身不爲，則天下之治始可望矣。病本不除，今日勸以用賢，用之必不力；明日勸以去不肖，去之必不果。雖目前暫得治安之效，亦終於危亂而已矣。

起復盧從史爲金吾大將軍。上欲乘王士真死，除人代之，不從則興師討之，以革河北諸鎮世襲之弊。裴垍曰：「李納跋扈不恭，王武俊有功於國，陛下前許師道，今奪承宗，沮勸違理，彼必不服。」李絳曰：「武俊父子相承四十餘年，今承宗又已總軍務，一旦易之，恐未即奉詔。又河北諸鎮事體正同，必不自安，陰相黨助，雖有勸成之請，亦非誠意。蓋若所除之人得入，彼固足以爲功；若不得入，興師致討，彼復潛相交結，按兵玩寇，進退獲利，而勞費之病，咸歸國家。且今江、淮大水，公私困竭，軍旅之事，恐未可輕議也。」中尉吐突承璀欲奪垍權，自請將兵討之。宗正少卿李拭奏：「承宗不可不討。承璀親信近臣，宜委以禁兵，使統諸軍。」上以拭狀示諸學士曰：「此姦臣也。卿曹記之，勿令得進用。」時昭義節度使盧從史遭父喪，朝廷久未起復；從史懼，因承璀進説，請以本軍討承宗，詔起復金吾大將軍。

范氏曰：獻宗以李拭逢迎其意，謂之姦臣，可謂明矣。知拭之不可用，豈不知承璀之不可將哉，而必將承璀，是不能以公滅私，以義勝欲也！夫不知其非而爲之，其過小；知其非而爲之，其過大。己爲不正，則邪之招也。君人之道，可不慎其在己者哉！

吐蕃請和，許之。

六月，以范希朝爲河東節度使。朝議以沙陀在靈武，迫近吐蕃，慮其反覆，命悉從希朝詣河東。希朝選其驍騎，號沙陀軍，處其餘衆于定襄川。於是朱邪執宜始保神武川之黄花堆。

毁安國寺碑樓。吐突承璀領功德使，盛修安國寺，奏立聖德碑，先構樓，請敕學士撰文，欲以萬緡酬之。上命李絳爲之，絳言：「堯、舜、禹、湯未嘗立碑自言聖德，惟秦始皇刻石高自稱述，未審陛下欲何所法！且叙修寺之美，豈有以光聖德耶！」上命曳倒碑樓，承璀言：「樓大，不可曳，請徐毀撤。」上厲聲曰：「多用牛曳之！」承璀乃不敢言。凡用百牛曳之，乃倒。

秋，七月，貶楊憑爲臨賀尉。

中丞李夷簡彈京兆尹楊憑貪污僭侈，貶臨賀尉。憑親友無敢送者，櫟楊尉徐晦獨至藍田與别。權德輿謂之曰：「君送楊臨賀，誠爲厚矣，無乃爲累乎！」對曰：「晦自布衣蒙楊公知獎，今日遠謫，豈得不與之别！借如明公它日爲讒人所逐，晦敢自同路人乎！」德輿嗟嘆稱之於朝。後數日，李夷簡奏爲監察御史，謂之曰：「君不負楊臨賀，肯負國乎！」

九月，王承宗表獻德、棣二州，詔以承宗爲成德節度使。承宗襲保信節度使薛昌朝〔二〕，執之以歸。

上密問諸學士曰：「今欲用王承宗爲成德留後，割其德、棣二州，更爲一鎮，使輸二稅，請官吏，何如？」李絳等對曰：「德、棣隸成德，爲日已久，一旦割之，恐其憂疑怨望，復爲鄰道構扇；萬一旅拒，倍難處置。不若使弔祭使以其私諭承宗，令自表請，幸而聽命，於理固順，若其不聽，體亦無損。」上又問：「今劉濟、田季安皆病，若其物故，又如成德，天下何時當平？議者皆言宜乘此際代之，不受，則發兵討之，如何？」對曰：「羣臣見取蜀、取吴易於反掌，故諂躁之徒争獻策書，勸開河北，陛下亦以前日成功之易而信其言。臣竊以爲河北之勢與二方異。何則？西川、浙西皆非反側之地，其四鄰皆國家臂指之臣，劉闢、李錡獨生狂謀，大軍一臨，則涣然離耳。河北則不然，其將士百姓懷其累代煦嫗之恩，不知君臣逆順之理，鄰道各爲子孫之謀，亦慮他日及此，萬一或相表裏，兵連禍結，戎狄乘間，其爲憂患，可勝道哉！濟及季安物故之際，若有隙可乘，當臨事圖之；於今用兵，則恐未可。太平之業，非朝夕可致，願陛下審處之。且今吳少誠病必不起，淮西四旁皆國家州縣，不與賊通，朝廷命帥，今正其時；萬一不從，可議征討。故臣願捨恒冀難致之策，就申蔡易成之謀。脫或恒冀連兵，事未如意；蔡州有釁，勢可興師。復以財力不贍而赦承宗，則恩威兩廢，不如早賜處分。」既而承宗以未得朝命，頗懼，累表自訴。上遣裴武宣慰，承宗受詔甚恭，請獻德、棣二州。武復命，以承宗爲成德軍節度，德州刺史薛昌朝爲保信軍節度，領德、棣二州。昌朝，王氏婿，故就用之。田季安使謂承宗曰：「昌朝陰與朝廷通，故受節鉞。」承宗襲執昌朝，囚之。上以裴武爲欺罔，又有譖之者曰：「武使還，先宿裴垍家，明旦乃入見。」上怒甚，欲貶之。李絳曰：「武昔陷李懷光軍中，守節不屈，豈容今日遽爲姦回！蓋承宗始懼朝廷誅討，故請獻二州；而鄰道不欲其然，計必有陰行間説，使不得守其初心者，非武之罪也。且今抵武罪，使後奉使者以武爲戒，苟求便身，率爲依阿兩可之言，莫肯盡誠具陳利害，非國家之利也。況垍、武久處朝廷，諳練事體，豈有使未復命，而先宿宰相家乎？此殆讒人中傷之言，願陛下察之。」上遂不問。

范氏曰：人君之患，在狃於一勝，而欲事所難，不知敵之强弱堅脆，而輕用其武，一戰不克，喪威長寇，征伐不息，或起內患，奉天之亂是也。先王內修政事，外攘夷狄，其爲之有本末，圖之有先後，是以無欲速輕舉之悔也。

吐蕃寇振武、豐州。

以許孟容爲京兆尹。左神策軍吏李昱貸長安富人錢不償，孟容收捕械繫，立期使償，曰：「期滿不足，當死。」中尉訴於上。上遣中使宣旨送本軍，孟容曰：「臣不奉詔，當死。然臣爲陛下尹京畿，非抑制豪强，何以肅清輦下！錢未畢償，豈不可得。」上嘉其剛直而許之，京城震栗。

冬，十月，削奪王承宗官爵，發兵討之，以吐突承璀爲招討處置等使。上遣中使諭王承宗，使遣薛昌朝還鎮，承宗不奉詔。制削奪其官爵，以吐突承璀爲神策、河中等道行營兵馬使、諸軍招討處置等使。翰林學士白居易諫曰：「國家征伐，當責成將帥。近歲始以中使爲監軍，已非令典。自古及今，未有徵天下之兵，專令中使統領者也。今神策不置行營節度使，則承璀乃制將；又充諸軍招討使，則都統也。臣恐四方聞之，必輕朝廷；四夷聞之，必笑中國。陛下忍令後代相傳，云以中官爲制將、都統自陛下始乎！又恐諸道恥受指麾，心既不齊，功何由立！且陛下念承璀勤勞，貴之可也，富之可也，至於軍國權柄，動關理亂。朝廷制度，出自祖宗，陛下寧忍徇彼之欲，而自隳法制，以損聖明乎！」度支使李元素、鹽鐵使李鄘及許孟容、李夷簡、諫官孟簡、呂元膺、穆質、獨孤郁等亦極言其不可，上不得已，削承璀四道兵馬使，改處置爲宣慰而已。

范氏曰：憲宗以中官爲大將，亂政也；然其臣强諫而力爭者，相屬于朝，此則治世之事也，亦足以見其賢臣之多矣。天下之禍，莫大於人君之過舉而下莫敢言，是以至於亡而不自知也。

胡氏曰：人君欲富其臣，非厚禄不可；欲貴其臣，非高位不可。加厚禄高位於奄尹，以報其勤勞，先王無是也，居易於是失言矣。盍亦直舉太宗故事，與夫中宗、明皇所以隳壞先烈，而甚於德祖，將有弒君亡國之禍者，以告其君乎！憲宗方欲中興唐室，心雖有蔽，未至於昏，安知其不遂開納耶！

李絳嘗極言:「宦官驕横,侵害政事,讒毁忠貞。」上曰:「此屬安敢爲讒! 就使爲之,朕亦不聽。」絳曰:「此屬大抵不知仁義,不分枉直,惟利是嗜,得賂則譽跖、蹻爲廉良,怫意則毁龔、黄爲貪暴,能用傾巧之智,構成疑似之端,朝夕左右,浸潤以入之,陛下必有時而信之矣。自古宦官敗國者,備載方册,陛下豈得不防其漸乎!」

十一月,彰義節度使吴少誠卒。初,吴少誠寵其大將吴少陽,名以從弟,出入如至親。少誠病,少陽殺其子,自攝副使,知軍州事。少誠死,少陽遂自爲留後。

雲南王尋閤勸卒。子勸龍晟立。

田季安取堂陽。田季安聞吐突承璀討王承宗,聚其徒曰:「師不跨河,二十五年矣。今一旦越魏伐趙,趙虜,魏亦虜矣。爲之奈何?」其將有超伍而言者曰:「願借騎五千,以除君憂。」季安欲從之。幽州牙將譚忠使魏,知其謀,入謂季安曰:「如某之計,是引天下之兵也。往年王師取蜀取吴,算不一失,是皆相臣之謀。今王師越魏伐趙,不使耆臣宿將,而專付中臣;不輸天下之甲,而多出秦甲,君知誰爲之謀? 此乃天子自爲之謀,欲將夸服於臣下也。若師未叩趙而先碎於魏,是上之謀反不如下,能不耻且怒乎! 既耻且怒,必任智士畫長策,仗猛將,練精兵,畢力再舉,鑑前之敗,必不越魏而伐趙,校罪輕重,必不先趙而後魏矣。」季安曰:「然則若之何?」忠曰:「王師入魏,君厚犒之;而悉甲壓境,號曰伐趙,陰遺趙書,使解陴障,遺魏一城,持以奏捷,則魏之霸基安矣。」季安曰:「善!」遂與趙陰計,得其堂陽。

范氏曰:朝廷伐叛討逆,以一四方,此天下之公義也,必與天下之賢者共爲之,克以天下,不克以天下。天子無私焉。憲宗欲自有其功，故任中人而不任將相，是天子與臣下爭功也，何其不廣哉！且天子之功，在於用人而不自用，未聞必用家臣，然後功出於己也。憲宗一將承璀，而天下之人已見其情。人君之舉動，可不慎哉！

庚寅（八一〇）

五年。

春，正月，盧龍節度使劉濟將兵討王承宗，拔饒陽、束鹿。譚忠歸幽州，欲激劉濟討趙，會濟合諸將言曰：「天子知我怨趙，今必命我伐之；趙亦必大備我。伐與不伐，孰利？」忠曰：「是必皆將無之。」濟怒曰：「我與承宗反乎？」命繫忠獄，使人視成德之境，果不爲備，而詔至亦止令濟護北邊。濟乃召忠問：「何以知之？」忠曰：「盧從史外親燕，内實忌之；外絶趙，内實與之。此爲趙畫曰：『燕以趙爲障，雖怨趙，必不殘趙，不必爲備。』一示趙不敢抗燕，二使燕獲疑天子。此忠所以知天子之不使君伐趙，而趙之不備燕也。」濟曰：「今則奈何？」忠曰：「天子伐趙，君坐燕之甲，不濟易水，使潞人得以藉口。是燕貯忠義之心，卒染私趙之謗，不見德於趙人，惡聲徒嘈嘈於天下耳。惟君熟思之！」濟曰：「吾知之矣。」乃下令軍中曰：「五日畢出，後者醢以徇！」時諸軍皆未進，濟自將七萬人，獨前擊趙，拔饒陽、束鹿。

吐突承璀討王承宗，戰不利。吐突承璀至行營，威令不振。與承宗戰，屢敗，大將軍酈定進戰死，軍中奪氣。

貶元稹爲江陵士曹。河南尹房式有不法事，東臺監察御史元稹奏攝之，擅令停務，朝廷以爲不可，罰俸召還。至敷水驛，有内侍後至，破驛門入，擊稹傷面。上復引稹前過貶之。李絳、崔羣言稹無罪，白居易言：「中使陵辱朝士，中使不問，而稹先貶，恐自今中使出外益暴横，人無敢言者。又稹爲御史，多所舉奏，不避權勢，切齒者衆，恐自今無人肯爲陛下當官執法，有大姦猾，陛下無從得知。」上不聽。

胡氏曰：良玉不爐，精金不變，人材如是者，千萬人而一、二爾。禮義以維之，名譽以崇之，扶持成就，如拱把之木，至於合抱干霄者，中人之資也。伐之以斧斤，牧之以牛羊，則雖松柏亦不得遂，況常木乎！元稹論事忠直剴切，一爲内侍所辱，憲宗從而重譴之，稹經折挫，不克固守，遂與賢人君子爲仇敵。雖稹自毁，亦由憲宗不能長育人材也。烏乎，豈非人君之監歟！

三月，以吴少陽爲淮西留後。上以河朔方用兵，不能討少陽，以爲留後。時河北用兵久無功，白居易言：「河北本不當用兵。今承璀未嘗苦戰，已失大將，遷延進退，久未有功。師道、季安元不可保，察其情狀，似相計會，各收一縣，遂不進軍。觀此事勢，速須罷兵；若復遲延，所費滋多。河北諸將見吴少陽已受制命，必引事例輕重，請雪承宗。章表繼來，義無不許。如此，則是與奪皆由鄰道，恩信不出朝廷，此臣所爲陛下痛惜者也。況今天時已熱，兵氣相蒸，飢渴疲勞，疾疫暴露，一有奔潰，諸軍必摇，西戎北虜，承虚入寇，兵連禍生，何事不有！萬一及此，實關安危，此臣所爲陛下深憂者也。」不聽。

吐突承璀誘盧從史執送京師，以烏重胤爲河陽節度使。盧從史陰與王承宗通謀，上甚患之。會從史遣牙將王翊元入奏事，裴垍引與語，爲言爲臣之義，微動其心，翊元遂輸誠言從史陰謀及可取之狀。垍令翊元還本軍經營，遂得其都知兵馬使烏重胤款要。垍言於上曰：「從史必爲亂，今與承璀對營而不設備，失今不取，後雖興大兵，未可以歲月平也。」上許之。承璀乃召從史入營與博，伏壯士擒縛之，馳詣京師。昭義士卒聞之，皆甲以出，烏重胤當軍門叱之曰：「天子有詔，從者賞，違者斬！」遂皆散。上嘉重胤功，欲即以爲昭義帥，李絳以爲不可，請授重胤河陽。會吐突承璀奏已牒重胤句當昭義留後，絳上言：「昭義五州據山東要害，魏博、恒、幽諸鎮蟠結，朝廷惟恃此以制之，誠國之寶地，安危所繫也。昨爲從史所據，使朝廷旰食，計不獲已，誘而執之，已失大體。今又以承璀文牒，差本軍牙將爲重鎮留後，物情頓沮，紀綱大紊。校計利害，更不若從史爲之。何則？從史雖蓄姦謀，已是朝廷牧伯；重胤出於列校，以承璀一牒代之，竊恐河南、北諸侯聞之憤怒，耻與爲伍。且謂承璀誘重胤使逐從史而代其位，必將人人自危，萬一連表罪狀承璀，不知陛下何以待之？不報，則衆怒益甚；若爲改除，則朝廷之威去矣。」上悦，乃以重胤鎮河陽，而徙河陽節度使孟元陽鎮昭義，貶從史爲驩州司馬。

秋，七月，制雪王承宗，復其官爵；加劉濟中書令。王承宗遣使自陳爲盧從史所離間，乞輸貢賦，請官吏，許其自新。李師道等亦數上表請雪之。白居易復奏請罷兵。於是制洗雪承宗，復以德、棣二州與之，悉罷諸道行營；加劉濟中書令。

瀛州刺史劉總弑其父濟及其兄緄。濟之討王承宗也，以長子緄爲副大使，使掌留務。濟軍瀛州，次子總爲刺史。濟有疾，總與判官張玘謀，使人從長安來曰：「朝廷以相公逗留無功，已除副大使爲節度使矣。」濟憤怒，追緄詣行營〔三〕。總因進毒殺濟，緄至，又殺之，遂領軍務。

九月，罷吐突承璀爲軍器使。裴垍言於上曰：「承璀首唱用兵，疲弊天下，卒無成功。陛下縱以舊恩不加顯戮，豈得全不貶黜以謝天下乎！」李絳奏曰：「陛下不責承璀，它日復有敗軍之將，何以處之？若誅之，則同罪異罰，彼必不服；若釋之，則誰不保身而玩寇乎！」上即罷承璀中尉，中外相賀。

以權德輿同平章事。上問宰相：「爲政寬猛何先？」權德輿對曰：「秦以慘刻而亡，漢以寬大而興，先後可見矣。」上善其言。

冬，十月，以任迪簡爲義武節度使，張茂昭爲河中節度使。義武節度使張茂昭請除代，河北諸鎮互遣人説止之，不從；凡四上表，上乃許之。以任迪簡爲義武行軍司馬，茂昭悉以薄書管鑰授之，遣其妻子先行，曰：「吾不欲子孫染於污俗。」茂昭既去，虞候楊伯玉、張佐元相繼作亂，將士共殺之，奉迪簡主軍務。時府庫罄竭，閭閻亦空，迪簡無以犒士，乃設糲飯，與士卒共食之；居戟門下經月，士卒感之，共請還府，然後得安。上聞之，命以綾絹十萬賜易定將士，授迪簡節鉞，徙茂昭鎮河中。

十一月，貶伊慎爲右衛將軍。金吾將軍伊慎以錢三萬緡賂中尉第五從直，求河中，從直奏之，上貶慎官，坐死者三人。初，慎自安州入朝，留其子宥主留事。會宥母卒於長安，宥不發喪。鄂岳觀察使郗士美遣僚屬以事過其境，宥出迎，因告以凶問，先備籃輿，即日遣之。

以王鍔爲河東節度使。上左右受鍔厚賂，多稱譽之。上命鍔兼平章事，李藩固執以爲不可。權德輿曰：「宰相非序進之官。今鍔既無忠勳，朝廷又非不得已，何爲遽以此名假之？」上乃止。鍔有吏才，工於完聚。范希朝以河東全軍出屯河北，耗散甚衆。鍔到鎮之初，兵不滿三萬人，馬不過六百匹；

歲餘，兵至五萬人，馬有五千匹，器械精利，倉庫充實，又進家財三十萬緡。上復欲加鍔平章事，李絳諫曰：「鍔在太原，雖頗著績效，今因獻家財而命之，若後世何！」乃止。

裴垍罷爲兵部尚書。垍得風疾，上甚悼惜之。

十二月，以吕元膺爲鄂岳觀察使。元膺嘗欲夜登城，門已鏁，守者不爲開。左右曰：「中丞也。」對曰：「夜中誰辨真僞，雖中丞亦不可。」元膺乃還，明日擢爲重職。

李絳爲中書舍人。上每有軍國大事，必與諸學士謀之。嘗踰月不見學士，絳等上言：「臣等飽食不言，其自爲計則得矣，如陛下何！陛下詢訪理道，開納直言，實天下之幸，非臣等之幸也。」上遽召對。白居易因論事，言「陛下錯」。上色莊而罷，密召絳謂曰：「居易小臣不遜，須令出院。」絳曰：「陛下容納直言，故羣臣敢竭誠無隱。居易言雖少思，志在納忠，陛下今日罪之，臣恐天下各思箝口，非所以廣聰明、昭聖德也。」上悦，待居易如初。上嘗欲近獵苑中，至蓬萊池西，謂左右曰：「李絳必諫，不如且止。」絳嘗當面諫吐突承璀專横，語極懇切，上作色曰：「卿言太過。」絳泣曰：「陛下置臣於腹心耳目之地，若臣畏避左右，愛身不言，是臣負陛下；言之，而陛下惡聞，乃陛下負臣也。」上怒解，曰：「卿所言，皆人所不能言，真忠臣也。它日盡言，皆應如是。」遂以爲中書舍人，學士如故。絳嘗從容諫上聚財，上曰：「今政令不及兩河，河湟淪於左衽，朕日夜思雪祖宗之耻，而財力不贍，故不得不蓄聚耳。不然，朕宫中用度極儉薄，多藏何用耶？」

胡氏曰：三鎮不臣，河湟淪陷，誠天子憂責，無乃德有未修，政有未善，君子有未盡用，小人有未盡去乎！四者誠備，非難事也，汲汲聚財，適爲累耳。絳若用是開憲宗，或可少藥其惑乎！

辛卯（八一一）

六年。

春，正月，以李吉甫同平章事。

二月，李藩罷爲太子詹事。上嘗與宰相語及神仙，李藩對曰：「秦始皇、漢武帝學仙之效，具載前史。太宗服天竺僧長年藥致疾。此古今之明戒也。陛下春秋鼎盛，勵志太平，宜拒絶方士之説。苟道盛德充，人安國理，何憂無堯、舜之壽乎！」

胡氏曰：李藩之論甚正，而不足回憲宗者，無以易之也。傅説告高宗曰：「念終始典于學，厥德修罔覺。」憲宗未嘗求賢人，講經術，則好浮屠、黄老，其勢固然也。誠使學爲王者事，日月緝熙，彼方知所不足，欲罷不能，異端何自而入耶？

以李絳爲户部侍郎。宦官惡李絳在翰林，以爲户部侍郎，判本司。上問絳：「故事，户部皆進羨餘，卿獨無進，何也？」對曰：「守土之官厚斂於人，以市私恩，天下猶共非之，況户部所掌，皆陛下府庫之物，給納有籍，安得羨餘！若自左藏輸之内藏，以爲進奉，是猶東庫移之西庫，臣不敢踵此弊也。」上嘉其直，益重之。

夏，四月，以盧坦判度支。或告泗州刺史薛謇有異馬不以獻，事下度支，使巡官往驗。未返，上遽之，使品官劉泰昕按其事。盧坦曰：「陛下既使有司驗之，又使品官繼往，豈大臣不足信於品官乎！

臣請先就黜免。」上乃召泰昕還。

五月，以李惟簡爲鳳翔節度使。隴州地與吐蕃接，舊常更入攻抄，人不得息。惟簡以爲邊將當謹守備，蓄財穀以待寇，不當覬小利起事；益市耕牛，鑄農器以給農之不能自具者，增墾田數十萬畝。屬歲屢稔，公私有餘，販者流及他方。

六月，詔有司省吏員，併州縣，減仕塗，均俸給。李吉甫奏：「中原宿兵，見在八十餘萬，商賈、僧、道不服田畝者什有五、六，是常以三分勞筋苦骨之人奉七分待衣坐食之輩也。今內外官以稅錢給俸者不下萬員，天下或以一縣之地而爲州，一鄉之民而爲縣者甚衆。舊制，一品月俸三十緡，職田禄米不過千斛。艱難以來，增置使額，厚給俸錢，大曆中，權臣月至九千緡，州無大小，刺史皆千緡。常衮始立限約，李泌稍復增加。然有名存職廢，或額去俸存，閑劇之間，厚薄頓異。請敕有司詳定省吏員，併州縣，減入仕之塗，定俸給之數。」於是詔段平仲、韋貫之、許孟容、李絳同詳定。於是省并八百八員，諸色流外千七百餘人〔四〕。

秋，九月，梁悦報仇殺人，杖而流之。富平人梁悦報父仇，殺秦果，自詣縣請罪。敕：「復讎，據禮經則義不同天，徵法令則殺人者死。宜令都省集議聞奏。」職方員外郎韓愈議曰：「律無復讎之條，非闕文也。蓋不許，則傷孝子之心，而乖先王之訓；許之，則人將倚法專殺，而無以禁止其端。故聖人丁寧其義於經，而深没其文於律，其意將使法吏一斷於法，而經術之士得引經而議也。宜定其制曰：『凡復父讎者，事發，具事申尚書省集議奏聞，酌其宜而處之。』則經律無失其指矣。」於是杖悦一百，流循州。

冬，十一月，弓箭庫使劉希光伏誅，以吐突承璀爲淮南監軍。希光受羽林大將軍孫璹錢二萬緡，爲求方鎮，事覺，賜死。事連知内侍省事吐突承璀，出爲淮南監軍。上問李絳：「朕出承璀何如？」對曰：「外人不意陛下遽能如是！」上曰：「此家奴耳。曏以其驅使之久，故假以恩私，若有違犯，朕去之輕如一毛耳。」試太子通事舍人李涉知上於承璀恩顧未衰，乃投匭上疏，稱「承璀有功，希光無罪」。知匭使孔戣見其副章，詰責不受，上疏極言：「涉姦險欺天，請加顯戮。」詔貶峽州司倉。戣，巢父之子也。

胡氏曰：憲宗心實難於去承璀而言之何其易也？誠以爲易者，則前此李絳、白居易之言至矣，何爲而不聽乎？今能出之，姑以謝劉希光耳。希光受金罪死，承璀與焉，縱不殺之，豈不當配流，而猶得監軍，刑法頗矣。然憲宗則既以爲重典也，且其言又有失者。夫授以禁兵，出爲制將，曷重如之！以是爲恩私可乎？師出無功，使叛臣益肆侮玩，其罪大矣，乃不能誅；至此，然後僅能出之，夫豈不爲英明之累哉！

十二月，封恩王等女爲縣主。十六宅諸王既不出閤，其女嫁不以時，選尚者皆由宦官納賂自達。李吉甫爲上言其弊，詔封恩王等六女爲縣主，委中書、門下、宗正、吏部選門地人才稱可者嫁之。

以李絳同平章事。李吉甫爲相，多修舊怨，上頗知之，故擢絳爲相。吉甫善逢迎上意，而絳鯁直，數爭論於上前，上多直絳而從其言。由是二人有隙。

上御延英，吉甫言：「天下已太平，陛下宜爲樂。」絳曰：「漢文帝時，兵木無刃，家給人足，賈誼猶以爲厝火積薪之下，不可謂安。今法令所不能制者，河南、北五十餘州；犬戎腥羶，近接涇、隴，烽火屢驚；加之水旱時作，倉庫空虚，此正陛下宵衣旰食之時，豈得謂之太平，遽爲樂哉！」上欣然曰：「卿言正合朕意。」退謂左右曰：「吉甫專爲悦媚。如李絳，真宰相也。」上嘗問：「貞元中政事不理，何乃至此？」吉甫對曰：「德宗自任聖智，不信宰相，使姦臣得乘間弄威福故也。」上曰：「然此亦未必皆德宗之過。朕幼在德宗左右，見事有得失，當時宰相亦未有再三執奏者。今日豈得專歸咎於德宗邪！卿輩宜用此爲戒，事有非是，當力陳不已，勿畏朕譴怒而遽止也。」吉甫嘗言：「人臣不當强諫，使君悦臣安，不亦美乎！」李絳曰：「人臣當犯顔苦口，指陳得失；若陷君於惡，豈得爲忠！」上曰：「絳言是也。」吉甫至中書，卧不視事，長吁而已。李絳或久不諫，上輒詰之曰：「豈朕不能容受邪，將無事可諫也？」吉甫又嘗言於上曰：「賞罰，人主之二柄，不可偏廢。今惠澤已深，而威刑未振，中外解惰，願加嚴以振之。」上顧李絳曰：「何如？」對曰：「王者之政，尚德不尚刑，豈可捨成、康、文、景而效秦始皇父子乎！」上曰：「然。」後旬餘，于頔入對，亦勸上峻刑，上謂宰相曰：「于頔大是姦臣，勸朕峻刑，卿知其意乎？」皆對曰：「不知也。」上曰：「此欲使朕失人心耳。」吉甫失色，退而抑首，不言笑竟日。

胡氏曰：吉甫「太平爲樂」之言，所謂一言而近喪邦者也。夫聖王憂其所當憂，然後能樂其所可樂。然無疆之恤，亦未嘗敢忘也。惟樂是務，則樂未畢而憂及之矣。抑吉甫之言，屈於李絳者五、六矣，吉甫既不引退，憲宗亦兩存之。蓋隱忍耻辱，重失富貴者，固鄙夫容身之術；而知其媚佞，終不憎惡者，亦人主宅心之謬哉！

太子寧卒。

大稔。是歲天下大稔，米斗有直二錢者。

七年。

壬辰（八一二）

春，正月，以元義方爲鄜坊觀察使。義方媚事吐突承璀，李吉甫欲自托於承璀，擢義方爲京兆尹；李絳惡而出之。義方入謝，因言：「絳私其同年許季同，以爲京兆少尹，故出臣鄜坊，專作威福。」明日，上以詰絳曰：「人於同年固有情乎？」對曰：「同年乃四海九州之人，偶同科第，情於何有！且陛下不以臣愚，備位宰相。宰相職在量才授任，若其人果才，雖在兄弟、子姪之中，猶將用之，況同年乎！避嫌而棄才，是乃便身，非徇公也。」上曰：「善！」遂趣義方之官。

夏，四月，以崔羣爲中書舍人。上嘉翰林學士崔羣讜直，命「學士自今奏事，必取羣連署，然後進之」。羣曰：「翰林舉動，皆爲故事。必如是，後來萬一有阿媚之人爲之長，則下位直言，無從而進矣。」遂不奉詔。

五月，詔蠲淮、浙租賦。上謂宰相曰：「卿輩屢言淮、浙去歲水旱。近有御史自彼還，言不至爲災。事竟如何？」絳對曰：「臣按淮、浙諸道奏狀，皆云水旱人流，求設法招撫，其意似恐朝廷罪之者，豈肯無災而妄言災耶！此蓋御史欲爲姦諛以悅上意耳。願得其主名，按致其法。」上曰：「卿言是也。國以人爲本，聞有災，當亟救之，豈可復疑之邪！」因命速蠲其租賦。上嘗與宰相論治道於延英殿，日旰，暑甚，汗透御服。宰相求退，上留之曰：「朕入禁中，所與處者，獨宮人、宦官耳。故樂與卿等且共談爲理之要，殊不知倦也。」

秋，七月，立遂王恒爲太子。

八月，魏博節度使田季安卒。魏博牙内兵馬使田興有勇力，頗讀書，性恭遜，季安淫虐，興數規諫，季安以爲收衆心，欲殺不果。季安病，軍政廢亂。夫人元氏立其子懷諫爲副大使，知軍務，時年十一。召興爲都知兵馬使。上與宰相議魏博事，李吉甫請興兵討之，李絳曰：「魏博不必用兵，當自歸朝廷。」上意以吉甫議爲然，絳曰：「兩河藩鎮之跋扈者，恐諸將權重而謀己，故常分兵以隸之，不使專在一人。諸將勢均力敵，莫能相制，雖欲爲變，莫敢先發。跋扈者恃此以爲長策，然亦必常得嚴明主帥，能制諸將之死命者以臨之，然後粗能自固。今懷諫乳臭子，不能自聽斷，軍府大權必有所歸，諸將不服，怨怒必起。然則曏者分兵之策，反爲今日禍亂之階矣。田氏不爲屠肆，則悉爲俘囚，何足煩天兵哉！然彼自列將起代主帥，鄰道之所深惡，不倚朝廷之援，則無以自存。故臣以爲不必用兵，可坐待魏博之自歸也。但願陛下按兵養威，嚴敕諸道選練士馬，以須後敕。不過數月，必有自效於軍中者矣。至時，惟在朝廷應之敏速，中其機會，不愛爵禄，以賞其人，使兩河藩鎮聞之，恐其麾下效之，以取朝廷之賞，必皆恐懼，爭爲恭順矣。此所謂不戰而屈人兵者也。」上曰：「善！」

冬，十月，魏博兵馬使田興請吏奉貢，詔以興爲節度使。田懷諫幼弱，軍政皆決於家僮蔣士則，數以愛憎移易諸將，衆皆憤怒。朝命久未至，軍中不安。田興晨入府，士卒大譟，環拜請爲留後。興驚仆，久之，起謂衆曰：「汝肯聽吾言乎？」皆曰：「惟命。」興曰：「勿犯副大使，守朝廷法令，申版籍，請官吏，然後可。」皆曰：「諾。」興乃殺蔣士則等十餘人，遷懷諫於外，監軍以聞。上亟召絳曰：「卿揣魏博若符契。」吉甫請遣中使宣慰以觀其變，絳曰：「今田興奉其土地、兵衆，坐待詔命，不乘此際推心撫納，必待敕使至彼，持將士表來，然後與之，則是恩出於下，而其感戴之心，非今日比矣。」吉甫素與樞密使梁守謙相結，守謙亦爲之言，上竟遣中使張忠順如魏。絳復上言：「朝廷恩威得失，在此一舉。時機可惜，奈何棄之？計忠順之行，甫應過陝。乞明旦即降白麻，除興節度使，猶可及也。」上欲且除留後，絳曰：「田興恭順如此，自非恩出不次，無以深慰其心。」上從之。忠順未還，制命已至，興感恩流涕，士衆鼓舞。

十一月，遣知制誥裴度宣慰魏博。

李絳言：「魏博五十餘年不霑皇化，一旦來歸，不有重賞過其所望，則無以慰士卒之心，使四鄰勸慕。請發內庫錢百五十萬緡以賜之。」宦官以爲太多，上以語絳，絳曰：「田興不貪專地之利，不顧四鄰之患，歸命聖朝。陛下奈何愛小費而遺大計，不以收一道人心？錢用盡更來，機事一失，不可復追。借使國家發十五萬兵以取六州，期年而克之，其費豈止如此而已乎！」上悦曰：「朕所以惡衣菲食，蓄聚貨財，正爲欲平定四方；不然，徒貯之府庫何爲！」十一月，遣知制誥裴度宣慰魏博，頒賞軍士，六州百姓給復一年。軍士受賜，歡聲如雷。成德、兖鄆使者數輩見之，相顧失色，歎曰：「倔强者果何益乎！」度爲興陳君臣上下之義，興聽之，終夕不倦，請度徧行所部，宣布朝命。又奏所部缺官，請有司注擬，奉法令，輸稅賦。室屋僭侈者，皆避不居。鄆、蔡、恒遣遊客間説百方，興終不聽。李師道使人謂韓弘曰：「我世與田氏約相保援，今興非其族，又首變兩河事，亦公之所惡也！我與成德合軍討之。」弘曰：「我不知利害，知奉詔行事耳。若兵北渡河，我則以兵東取曹州。」師道懼，不敢動。

范氏曰：憲宗可謂知所取與，能用善謀矣，然猶不過於一傳而復失之。雖穆宗御失其道，亦由人心不固，而王澤易竭也。況不懷之以德，而臨之以兵乎！

置振武、天德營田。李絳奏：「振武、天德左右良田可萬頃，請擇能吏開置營田，可以省費足食。」上從之，命度支使盧坦經度。四年之間，開田四千八百頃，收穀四十餘萬斛，歲省度支錢二十餘萬緡。

吐蕃寇涇州。吐蕃數入寇，上患之，李絳言：「京西、京北始置神策鎮兵，欲以備禦吐蕃，使與節度使掎角相應。今則鮮衣美食，坐耗縣官，每有寇至，節度使邀與俱進，則云『申取中尉處分』，比其得報，虜去遠矣。縱有果鋭之將，聞命奔赴，節度使無刑戮以相制，相視如平交，左右前却，莫肯用命。請據所在之地，割隸本鎮，使號令齊一，則軍威大振，虜不敢入寇矣。」上曰：「朕不知舊事如此，當亟行之。」既而神策軍驕恣日久，不樂隸節度使，竟爲宦者所沮而止。

胡氏曰：憲宗遏光琦遣使，叱承璀撤樓，何其決也！至於分隸神策，乃國計之大者，反爲宦官尼止，由不能推其所爲也。苟能推之，足以運量四海；不能推之，將其身之不自保，非虛言也。

癸巳（八一三）

八年。

春，正月，以田融爲相州刺史。融，興之兄也，興幼孤，融長養而教之。興嘗於軍中角射，一軍莫及，融退而抶之曰：「爾不自晦，禍將及矣！」故興能自全於猜暴之時。

權德輿罷。李吉甫、李絳數爭論於上前，德輿居中，無所可否，上鄙之，故罷。

賜田興名弘正。

貶于頔爲恩王傅。頔久留長安，鬱鬱不得志。有梁正言者自言與梁守謙同宗，頔使其子敏賂之，求出鎮。尋覺其詐，索賂不得，誘其奴支解之。事覺，頔素服詣闕請罪，左授恩王傅，絕朝謁；敏流雷州。事連僧鑒虛。鑒虛自貞元以來，以財交權倖，受方鎮賂遺，厚自奉養，吏不敢詰。至是，權倖爭爲之言，上欲釋之，中丞薛存誠不可。上遣中使詣臺宣旨，存誠對曰：「陛下必欲釋此僧，請先殺臣；不然，臣不奉詔。」上嘉而從之，杖殺鑒虛。

徵西川節度使武元衡入知政事。

夏，六月，大水。上以爲陰盈之象，出宮人二百車。

徙受降城於天德軍。先是，振武河溢，毀受降城，節度使李光進奏請修城，兼理河防。李吉甫請徙於天德故城，以避河患。李絳、盧坦以爲：「受降城，張仁愿所築，當磧口，據虜要衝，美水草，守邊之利地。欲避河患，退二、三里可也。天德故城僻處确瘠，烽候不相應接，虜忽唐突，勢無由知，是無故而蹙國二百里也。」城使周懷義奏利害，與絳、坦同。上卒用吉甫策，以受降城騎士隸天德軍。李絳言於上曰：「邊兵徒有其數而無其實，將帥但緣私役使，聚其貨財以結權倖而已，未嘗訓練以備不虞，此不可不於無事之時預留聖意也。」受降兵籍，舊四百人，及天德交兵，纔五十人，器械一弓而已，故絳言及之。上驚曰：「邊兵乃如是其虚邪！卿曹當加案閲。」會絳罷相而止。

胡氏曰：吉甫在位七年，言計鮮効，憲宗忽從其策，何也？李絳忠鯁，至此稍以取厭矣。吉甫媚順，至此益以取憐矣。不寧惟是，絳謀謨日驗，君子怙焉，上始疑其立黨，而盧坦、周懷義所見適與絳同，上必曰：「是皆爲黨者也。」故寧失地而不從絳。彼吉甫之計無協同者，上必曰：「是孤立無黨者也。」故寧違絳而用其策。嗚呼，亦可謂不明乎善者矣！明年，絳罷，而吉甫在位終其身，蓋兆見於此矣。

秋，九月，吐蕃作烏蘭橋。初，吐蕃欲作烏蘭橋，先貯材於河側，朔方常潛遣人投之於河，終不能成。虜知節度王佖貪，先厚賂之，然後併力成橋，仍築月城守之。自是朔方禦寇不暇。

冬，十月，回鶻擊吐蕃。振武軍亂，逐其節度使李進賢。振武節度使李進賢不恤士卒，使牙將楊遵憲將五百騎趣東受降城，以備回鶻。士卒還攻進賢，進賢奔静邊軍。詔以張煦爲振武節度使，將夏州兵二千赴鎮，誅亂者二百餘人；貶進賢爲通州刺史，監軍駱朝寬坐縱亂者，杖八十，配役定陵。

甲午（八一四）

九年。

春，正月，李絳罷爲禮部尚書。上嘗謂宰相曰：「卿輩當爲朕惜官，勿用之私親故。」李吉甫、權德輿皆謝不敢，李絳曰：「崔祐甫有言，『非親非故，不諳其才。』諳者尚不與官，不諳者何敢復與！但問其才器與官相稱否耳。若避親故之嫌，使聖朝虧多士之美，此乃偷安之臣，非至公之道也。苟所用非其人，則朝廷自有典刑，誰敢逃之！」上以爲然。又嘗問絳：「人言外間朋黨太盛，何也？」李絳對曰：「自古人君所甚惡者，莫若朋黨，故小人譖君子者必曰朋黨。蓋言之則可惡，尋之則無迹。以此目之，則天下之賢人君子無能免者，此東漢之所以亡也。願陛下深察之。夫君子固與君子合，豈可必使之與小人合，然後謂之非黨邪！」絳屢以疾辭位，至是遂罷。

胡氏曰：憲宗有意於治，事功未半，逸欲漸生，邪説乘之，遂疑君子。初以朋黨疑李絳，又以朋黨疑裴度，而於程异、皇甫鎛則不疑也。所以然者，絳、度數諫，异、鎛順從，是以自陷於黨，比而不自知也。太宗以克己納諫，親致太平，晚而稍怠，遂疑魏徵阿黨。憲宗固不能免矣。所以然者，不學故也。太甲師伊尹，成王師周公，武丁師傅説，所學者正，心不違理，故無先明後暗、始勤終倦之失也。

以吐突承璀爲神策中尉。初，上欲相絳，先出吐突承璀爲淮南監軍。至是，召還承璀，復以爲左神策中尉。

范氏曰：李絳可謂大臣矣，不與承璀並立於朝，故言信於君，行信於民，可則進，不可則退，使其君用捨以義，而不以利；不如是，何以爲國之重哉！

夏，五月，復置宥州。李吉甫奏：「開元中置宥州以領降户；寶應以來，因循遂廢。今請復之，以備回鶻，撫黨項。」上從之。先是，回鶻屢請昏，朝廷以費廣未許。李絳言：「回鶻凶强，不可無備。淮西窮蹙，事要經營。萬一北邊有警，則非步騎數萬不足抗禦；而淮西遺醜復延歲月之命，爲國家費豈特降主之比哉！」上不聽。

胡氏曰：李深之既不見庸，奉身而退可也。天子而婿夷狄，雖有故典，若揆以正理，夫豈當贊！而絳懇懇言之，於是昧華、夷之辨，失語默之宜矣。

六月，以張弘靖同平章事。

秋，七月，以岐陽公主適司議郎杜悰。翰林學士獨孤郁，權德輿之婿也。上曰：「德輿得婿郁，我反不及邪！」先是，尚主皆取勳戚之家，上始命宰相選公卿子弟可居清貫者，諸家多不願，惟杜佑孫悰不辭，遂以悰尚岐陽公主。公主，上長女，郭妃所生也，有賢行，杜氏大族，尊行不翅數十人，公主卑委怡順，一同家人禮度，二十餘年，人未嘗以絲髮間指爲貴驕。始至，則與悰謀曰：「上所賜奴婢，卒不肯窮屈，奏請納之，悉自市寒賤可制指者。」自是闈門落然不聞人聲。

閏月，彰義節度使吴少陽卒。少陽在蔡州，陰聚亡命，抄掠壽州茶山以實其軍。既死，其子元濟匿喪，自領軍務。初，少陽聞吴武陵名，請爲賓友，武陵不答。至是，以書諭元濟曰：「人情一也。足下反天子，部曲亦欲反足下，易地而處，則情可知矣！」少陽判官蘇兆、楊元卿、大將侯惟清皆勸少陽入朝。元濟殺兆，囚惟清。元卿先奏事在長安，具以淮西虚實及取元濟之策告吉甫，元濟殺其妻子，而以董重質爲謀主。李吉甫言於上曰：「淮西非如河北，四無黨援；而國家常宿數十萬兵以備之，勞費不支。失今不取，後難圖矣。」上將討之，張弘靖請「先爲少陽輟朝贈官，遣使弔贈；待其有不順之迹，然後加兵」。上從之，遣工部員外郎李君何弔祭，不得入而還。

以烏重胤爲汝州刺史。李吉甫以爲汝州扞蔽東都，而河陽宿兵本以制魏博，今田弘正歸順，則河陽爲内鎮，不應屯重兵以示猜阻。以烏重胤兼汝州刺史，使徙鎮之。加弘正檢校右僕射，賜其軍錢二十萬緡。弘正曰：「吾未若移河陽軍之爲喜也。」

冬，十月，李吉甫卒。

十二月，以韋貫之同平章事。

乙未（八一五）

十年。

春，正月，吴元濟反，詔削其官爵，發兵討之。吴元濟縱兵侵掠，及東畿。詔削其官爵，發十六道兵討之。又詔鄂岳觀察使柳公綽以兵五千授安州刺史李聽討元濟。公綽曰：「朝廷以吾書生不知兵邪！」即奏請自行，許之。至安州，署聽都知兵馬使，選卒六千屬之，戒曰：「行營之事，一決都將。」聽感恩畏威，如出麾下。公綽號令整肅，區處軍事，諸將皆服。士卒在行營者，厚給其家；妻淫泆者，沈之於江，士卒皆喜，故每戰皆捷。公綽所乘馬，踶殺圉人，公綽命殺馬以祭之。

三月，以柳宗元爲柳州刺史，劉禹錫爲連州刺史。王叔文之黨，十年不量移，執政有憐其才，欲漸進之者，悉召至京師。諫官爭言其不可，上亦惡之，皆以爲遠州刺史。宗元得柳州，禹錫得播州。宗元曰：「播州非人所居，而夢得親在堂，萬無母子俱往理。」欲請於朝，以柳易播。中丞裴度亦以禹錫母老爲上言，上曰：「爲人子不自謹，貽親憂，此則重可責也。」度曰：「陛下方侍太后，恐禹錫在所宜矜。」上良久乃曰：「朕所言，以責爲子者耳，然不欲傷其親心。」退，謂左右曰：「裴度愛我終切。」禹錫得改連州。宗元善爲文，嘗作梓人傳，曰：「梓人不執斧斤刀鋸之技，專以尋引、規矩、繩墨度材，視制指麾，衆工各趨其事，不勝任者退之。大厦既成，則獨名其功。猶相天下者，立綱紀，整法度，擇天下之士使稱其職，能者進之，不能者退之，萬國既理，而談者獨稱伊、傅、周、召，其百官執事之勤勞不得紀焉。或者不知體要，衒能矜名，親小勞，侵衆官，听听於府庭，而遺其大者遠者，是不知相道者也。」又作種樹郭橐駝傳曰：「橐駝善種樹，其言曰：『凡木之性，其根欲舒，其土欲固，故既植之，勿動勿慮，去不復顧，則其天全而性得矣。它人不然，根拳而土易，愛之太恩，憂之太勤，旦視而暮撫之，甚者爪其膚以驗其生枯，摇其本以觀其疏密，而木之性日以離矣。雖曰愛之，其實害之，故不我若也。』『長人者好煩其令，若甚憐焉而卒以禍之，亦猶是已。』」

田弘正遣其子布將兵助討淮西。

盜焚河陰轉運院。李師道數上表請赦吳元濟，上不從。師道使大將將二千人趣壽春，聲言助官軍，實以援元濟也。師道素養刺客姦人數十人，説師道曰：「用兵所急，莫先糧儲。今河陰院積江、淮租賦，請潛往焚之。因劫東都，焚宫闕。亦救蔡一奇也。」師道從之，遣攻河陰轉運院，燒錢帛三十餘萬緡疋，穀二萬餘斛。人情恇懼，多請罷兵，上不許。

夏，五月，遣御史中丞裴度宣慰淮西行營。諸軍討淮西，久未有功。上遣裴度詣行營宣慰，察用兵形勢。度還言淮西必可取之狀，且曰：「觀諸將，惟李光顔勇而知義，必能立功。」既而光顔數敗賊軍，上以度爲知人。知制誥韓愈亦言：「淮西三小州，殘弊困劇之餘，而當天下之全力，其破敗可立而待。然所未可知者，在陛下斷與不斷耳。」因言：「諸道發兵各二、三千人，勢力單弱，心孤意怯，難以有功。環賊諸州，壤地連接，村落百姓悉有兵器，習於戰鬭，識賊深淺，皆願自備衣糧，保護鄉里。若令召募，立可成軍。乞悉罷諸道軍，募土人以代之。」

胡氏曰：漢元帝、宋文帝、唐文宗雖勤儉願治，而以優柔不斷，反召衰亂，不斷之害大矣。鋭然而斷，如景帝殺周亞夫，東京錮名士，苻堅伐江左，梁武納侯景，隋文廢儲后，太宗征高麗，德宗和吐蕃，皆確然必行，莫可回沮，然則斷之爲害豈小乎！故凡一善之目，或用之而是，或用之而非，無不然者。惟明乎實理，則如冬裘夏葛，各適其宜；苟不明實理，而慕其虚名，未有不失者也。人君欲明乎實理，惟學而已矣。

六月，盜殺中書侍郎、同平章事武元衡，擊裴度傷首。上悉以兵事委武元衡。師道客曰：「天子所以鋭意誅蔡者，元衡贊之也。請密往刺之。元衡死，則它相不敢主其謀，爭勸天子罷兵矣。」師道資給遣之。王承宗亦遣牙將尹少卿奏事，且詣中書爲元濟遊説，辭指不遜，元衡叱出之。承宗又上書詆元衡。至是，元衡入朝，有賊自暗中射殺之，取其顱骨而去；又擊裴度傷首，墜溝中。京城大駭，於是詔宰相出入加金吾騎士，張弦露刃以衛之。賊遺紙於金吾、府、縣，曰：「毋急捕我，我先殺汝。」故捕賊者不敢甚急。兵部侍郎許孟容見上言：「自古未有宰相横尸路隅而盜不獲者，此朝廷之辱也！」因涕泣。又詣中書揮涕言：「請奏起裴中丞爲相，大索賊黨。」於是詔中外搜捕，購賞甚厚。王士則告承宗遣卒張晏所爲，捕得鞫之，并出承宗表。詔議其罪。晏等具服，張弘靖以爲疑，屢言之，上不聽，竟誅之；而師道客潛遁去。

以裴度同平章事。度病瘡，卧二旬，詔以衛兵宿其第，中使問訊不絕。或請罷度官以安恒、鄆之心，上怒曰：「若罷度官，是姦謀得成，朝廷無復綱紀。吾用度一人，足破二賊。」遂以度爲相。度言：「淮西，腹心之疾，不得不除。且朝廷業已討之，兩河跋扈者將視此爲高下，不可中止。」上以爲然，悉以用兵事委度，討賊愈急。初，德宗多猜忌，朝士有相過從者，金吾皆伺察以聞，宰相不敢私第見客。度奏：「今寇盜未平，宰相宜招延四方賢才與參謀議。」請於私第見客，許之。

范氏曰：德宗禁錮宰相而使之，其宰相亦塗其耳目以容身保位，國之治亂，民之休戚，若不聞見焉。自古以來，未有聾瞽其大臣，而可以爲國者也。夫疑之則勿任，任之則勿疑。置相者當擇之於未用之前，而不當疑之於既用之後，未有可託天下而不保其不欺君者也。然而人君多悦人之從己，其未用也輕信之，既用也過防之，是以上下相蒙，而政愈亂也。

秋，七月，靈武節度使李光進卒。光進與弟光顔友善。光顔先娶，其母委以家事。母卒後，光進乃娶。光顔使其妻奉管籥，籍財物，歸于其姒。光進反之曰：「新婦逮事先姑。先姑命主家事，不可易也。」因相持而泣。

詔絕王承宗朝貢。

八月朔，日食。

李師道遣兵襲東都，捕得，伏誅。李師道置留後院於東都，潛内兵數百人，謀焚宫闕，縱兵殺掠。其小卒詣留守吕元膺告變。元膺發兵圍之，賊衆突出，望山而遁，都城震駭。時留兵寡弱，元膺坐皇城門，部分指使，意氣自若，都人賴以安。東都西南皆高山深林，民不耕種，專以射獵爲生，人皆趫勇，謂之山棚。元膺設重購以捕賊，數日，有山棚遇賊，走召其儕，引官軍共圍獲之。按驗，得其魁，乃中岳寺僧圓淨，爲師道買田伊闕、陸渾山間，以舍山棚而衣食之；捕獲，伏誅。黨與死者凡數千人。留守將及驛卒數人皆受其職名。元膺鞫圓淨黨與，始知殺武元衡者乃師道也。元膺密以聞，上業已討王承宗，不復窮治。

九月，以韓弘爲淮西諸軍都統。初，上以嚴綬在河東，所遣裨將多立功，故使鎮襄陽，且督諸軍討淮西。綬無他材能，但傾府庫以賚士卒，賂宦官以結聲援，擁衆經年，無尺寸功。裴度屢言其軍無政，乃以韓弘爲諸軍都統。弘亦欲倚賊自重，不願淮西速平。時李光顔戰最力，弘欲結之，舉大梁城索得一美婦人，容色絶世，遣使遺之。光顔乃大饗將士，謂使者曰：「戰士數萬，皆棄家遠來，冒犯白刃，光顔何忍獨以聲色自娱悦乎！」因流涕，坐者皆泣。乃即席厚贈使者，并妓返之，曰：「爲光顔多謝相公，光顔以身許國，誓不與逆賊同戴日月，死無貳矣！」

冬，十月，盜焚柏崖倉。十一月，焚獻陵寢宫、永巷。

吐蕃請互市，許之。

十二月，河東節度王鍔卒。鍔家奴告鍔子稷匿所獻家財，上命遣中使檢括。裴度諫曰：「臣恐諸將帥以身後爲憂。」上遽止使者，以二奴付京兆杖殺之。

丙申（八一六）

十一年。

春，正月，張弘靖罷爲河東節度使。王承宗縱兵四掠，幽、滄、定三鎮皆苦之，爭上表請討承宗，上欲許之。弘靖以爲「兩役並興，恐國力不支，請併力平淮西，乃征恒冀」。上不爲之止，弘靖乃求罷，從之。

范氏曰：張弘靖言不失職，進退以禮，有大臣之體矣。其後卒捨恒冀，併力淮西，如其所慮。憲宗雖得之於裴度，而失之於弘靖，豈未之思乎！

翰林學士錢徽、知制誥蕭俛罷。時羣臣請罷兵者衆，上患之，故黜徽、俛以警其餘。

制削王承宗官爵，發兵討之。韋貫之屢請先取吴元濟，後討承宗，曰：「陛下不見建中之事乎？始於討魏及齊，而蔡、燕、趙皆應之，卒致朱泚之亂，由德宗不能忍數年之憤，欲太平之速成故也。」上不聽。諸軍討王承宗者互相觀望，獨昭義節度使郗士美引精兵壓其境，大破承宗之衆於柏鄉。

盗斷建陵門戟。

二月，吐蕃贊普死。新贊普可黎足立。

以李逢吉同平章事。

南詔勸龍晟爲其下所殺。勸龍晟淫虐不道，其臣王嵯巔弑之，立其弟勸利。

三月，皇太后崩。

夏，四月，以司農卿皇甫鎛判度支。鎛始以聚斂得幸。

五月，李光顔、烏重胤敗淮西兵於陵雲栅。

六月，唐鄧節度使高霞寓大敗於鐵城。時諸將討淮西者，勝則虛張殺獲，敗則匿之。至是大敗不可掩，始上聞，中外駭愕。宰相入見，將勸罷兵，上曰：「勝負兵家之常，今但當論用兵方略，察將帥之不勝任者易之，兵食不足者助之耳。豈得以一將失利，遽議罷兵邪！」於是獨用裴度之言，它人言罷兵者亦稍息矣。

秋，七月，貶高霞寓，以袁滋爲彰義節度使。

八月，韋貫之罷爲吏部侍郎。貫之性高簡，好甄别流品，又數請罷兵，故罷。

胡氏曰：夫討不庭，復土宇是也；而不度可否、難易，必於進取，豈善爲師者哉！况當用兵之時，尤欲君子在朝，小人勿用，乃繼去二相，而拜李逢吉、王涯，皇甫鎛亦以聚斂得幸。譬如方欲決疣潰癰，而已遇酒色之毒，所以四體腹心，幾完而頓弊歟！

葬莊憲皇后。

九月，饒州大水。漂失四千七百户。

李光顔、烏重胤拔陵雲柵。

加李師道檢校司空。李師道聞拔凌雲而懼，詐請輸款，上以力未能討，加檢校司空。

冬，十一月，以柳公綽爲京兆尹。公綽初赴府，有神策小將躍馬衝其前導，公綽駐馬杖殺之。明日入對，上怒詰之，對曰：「京兆爲輦轂師表，今視事之初，而小將敢爾唐突，此乃輕陛下詔命，非獨慢臣也。臣知杖無禮之人，不知其爲神策軍將也。」上曰：「何不奏？」對曰：「臣職當杖之，不當奏。」上退，謂左右曰：「汝曹須作意，此人朕亦畏之。」

加李光顔等檢校官。討淮西諸軍近九萬，上怒諸將久無功，命梁守謙宣慰，因留監軍。先加李光顔等檢校官，而詔書切責，示以無功必罰。

十二月，義成節度使渾鎬與王承宗戰，大敗。渾鎬與承宗戰，屢勝，引全師壓其境。承宗懼，潛遣兵入鎬境，焚掠城邑，人心始内顧而摇。中使又督其戰，鎬進戰，大敗，奔還定州。

以王涯同平章事。

貶袁滋，以李愬爲唐鄧節度使。袁滋至唐州，元濟圍其新興柵，滋卑辭以請之，元濟由是不復以滋爲意。朝廷知之，貶滋撫州刺史，以李愬代之。愬至唐州，知士卒憚戰，謂之曰：「天子知愬柔懦，故使拊循爾曹；至於攻戰進取，非吾事也。」衆始信而安之。愬親行視士卒，傷病者存恤之；不事威嚴，或以軍政不肅爲言，愬曰：「吾非不知也。袁尚書專以恩惠懷賊，賊易之；聞吾至，必增備。吾故示之以不肅，彼必以吾爲懦而懈惰，然後可圖也。」淮西人輕愬，不爲備。

初置淮、潁水運使。楊子院米自淮陰泝淮入潁，至項城入溵，輸于郾城，以饋淮西行營，省汴運之費七萬餘緡。

丁酉（八一七）

十二年。

春，二月，置淮西行縣。淮西被兵數年，竭倉廩以奉戰士，民多無食，采菱芡、魚鼈、鳥獸食之，既盡，多降官軍；敕置行縣以撫之。

三月，淮西文城柵降。李愬謀襲蔡州，表請益兵，詔以步騎二千給之。愬遣十將馬少良將十餘騎巡邏，遇吴元濟捉生虞候丁士良，與戰，擒之。士良，元濟驍將，常爲東邊患，衆請刳其心，愬許之。士良無懼色，愬命釋其縛。士良請盡死以報德，愬署爲捉生將。士良言於愬曰：「吴秀琳據文城柵爲賊左臂，官軍不敢近者，有陳光洽爲之謀主也。光洽勇而輕，好自出戰，請爲公擒之，則秀琳降矣。」遂擒光洽以歸，秀琳果以柵降。愬引兵入據其城。其將李憲有才勇，愬更其名曰忠義而用之。於是軍氣復振，人有欲戰之志。賊中降者相繼，愬聞其有父母者，皆給粟帛而遣之，衆皆感泣。

夏，四月，淮西郾城降。官軍與淮西軍夾溵水而軍，諸軍顧望，無敢先渡。陳許兵馬使王沛先引兵渡溵水，於是諸軍相繼皆渡，進逼郾城。李光顔敗其兵三萬，殺士卒什二、三。李愬分兵攻下數柵。元濟以董昌齡爲郾城令，而質其母。其母謂昌齡曰：「順死賢於逆生，汝去逆而吾死，乃孝子也；從逆而吾生，是戮吾也。」會官軍絶郾城歸路，昌齡乃舉城降。光顔入據之。元濟聞之甚懼。時董重質守洄曲，元濟悉發親近及守城卒詣重質以拒官軍。

五月，罷河北行營。六鎮討王承宗者，兵十餘萬，回環數千里，既無統帥，又相去遠，期約難壹，由是歷二年無功。劉總出境五里不進，月費度支錢十五萬緡。李逢吉及朝士多言宜併力先取淮西，俟淮西平，乘勝取恒冀如拾芥耳。上從之，罷河北行營。

胡氏曰：古之人有言，「武不可覿，覿武無烈。」周頌曰：「於鑠王師，遵養時晦。」憲宗若能持其志，無暴其氣，用張弘靖、韋貫之之言，專意淮西，裴度視師，二相居内，協謀共濟，蓋不待四年而淮蔡平矣。然後先之以文誥之辭，申以福極之戒，河北叛臣固將斂衽聽命；其有不服，然後武震以懾威之，蓋不止成德可平也。發之甚鋭，罷之無名，爲賊所輕，傷重亦大矣。

李愬擒淮西將李祐。愬每得降卒，必親引問委曲，由是賊中險易遠近虚實盡知之；厚待吴秀琳，與謀取蔡，秀琳曰：「非得李祐不可，秀琳無能爲也。」祐有勇略，守興橋柵，時帥士卒割麥於張柴村。愬召廂虞候史用誠，以三百騎伏林中，誘而擒之以歸。將士爭請殺之，愬釋縛，待以客禮。時時召祐及李忠義屏人語，或至夜分，他人莫得預聞。諸將恐祐爲變，多諫愬；愬待祐益厚。士卒亦不悦，諸軍日牒愬，稱得賊諜者，言祐爲賊内應。愬恐謗先達於上，已不及救，乃持祐泣曰：「豈天不欲平此賊耶！何吾二人相知之深而不能勝衆口也！」乃械祐送京師，先密奏曰：「若殺祐，則無以成功。」詔以還愬。愬見之喜，執其手曰：「爾之得全，社稷之靈也！」署散兵馬使，令佩刀巡警，出入帳中；或與同宿，密語達曙，有竊聽者，但聞祐感泣聲。舊軍令，舍賊諜者屠其家。愬除其令，使厚待之，諜反以情告愬，愬益知賊中虛實。嘗遣兵攻朗山，不利；衆皆悵恨，愬獨喜，乃募敢死士三千人，號曰突將，朝夕自教習之，使常爲行備。

六月，吳元濟請降。元濟兵勢日蹙，上表謝罪，願束身自歸，詔許之；而爲董重質等所制，不得出。

秋，七月，大水。

以孔戣爲嶺南節度使。先是，明州歲貢蚶蛤，水陸遞夫勞費，華州刺史孔戣奏罷之。至是，嶺南擇帥，宰相奏擬數人，上皆不用，曰：「頃有諫進蚶蛤者可與也。」乃以戣爲嶺南節度使。

以裴度兼彰義節度使，充淮西宣慰招討使。諸軍討淮西，四年不克，饋運疲弊，民至有以驢耕者；上亦病之。宰相李逢吉等競言師老財竭，意欲罷兵，度獨無言。上問之，度曰：「臣誓不與此賊俱生！今請自往督戰。且元濟勢實窘蹙，但諸將心不壹，不併力迫之，故未降耳。若臣自詣行營，諸將恐臣奪其功，必争進破賊矣。」上悦，從之。度奏刑部侍郎馬總爲宣慰副使，右庶子韓愈爲行軍司馬；將行，言於上曰：「臣若滅賊，則朝天有期；賊在，則歸闕無日。」上爲之流涕，御通化門送之。李逢吉不欲討蔡，翰林學士令狐楚與逢吉善，度恐其合中外之勢以沮軍事，乃請改制書數字，且言其草制失辭，罷之。度遂行，以郾城爲治所。先是，諸道皆有中使監陳，進退不由主將，勝則先使獻捷，不利則陵挫百端；度悉奏去之，諸將始得專其軍事，戰多有功。

九月，以崔羣同平章事，李逢吉罷。初，上爲廣陵王，布衣張宿以辯口得幸；及即位，累官至比部員外郎，招權受賂，逢吉惡之。上欲以宿爲諫議大夫，逢吉曰：「宿小人，豈得竊賢者之位！必欲用宿，請先去臣。」上不悅。逢吉又與裴度異議，上方倚度以平蔡，乃罷逢吉，而竟用宿。崔羣、王涯固諫，不聽。宿由是怨執政及當時端方之士，與皇甫鎛相表裏，譖去之。

李愬攻吴房，入其外城。李愬將攻吴房，諸將曰：「今日往亡。」愬曰：「吾兵少，不足戰，宜出其不意。彼以往亡不吾虞，正可擊也。」遂往，克其外城而還。淮西將孫獻忠以驍騎五百追擊其背；衆驚，將走，愬下馬，據胡牀，令曰：「敢退者斬！」返旆力戰，斬獻忠。或勸愬乘勝攻其子城，可拔也，愬不聽，引還。

冬，十月，李愬夜襲蔡州，擒吴元濟，檻送京師。李祐言於李愬曰：「蔡之精兵皆在洄曲，守州城者皆羸卒，可以乘虚直抵其城。比賊將聞之，元濟已成擒矣。」愬然之。十月，遣掌書記鄭澥白裴度。度曰：「兵非出奇不勝，常侍良圖也。」愬乃命祐及李忠義帥突將三千爲前驅，自與監軍將三千人爲中軍，田進誠將三千人殿其後〔五〕。軍出，不知所之，愬曰：「但東行！」行六十里，夜，至張柴村，盡殺其戍卒及烽子；據其栅，命士卒少休，食乾糒，整羈靮，留兵鎮之，以斷朗山救兵；又分兵以斷洄曲及諸道橋梁。復夜引兵出，諸將請所之，愬曰：「入蔡州取吴元濟！」諸將皆失色，監軍哭曰：「果落李祐姦計！」時大風雪，旌旗裂，人馬凍死者相望，人人自以爲必死，然畏愬，莫敢違。夜半，雪愈甚，行七十里，至州城。自吴少誠拒命，官軍不至蔡州城下三十餘年，故蔡人不爲備。四鼓，愬至，無一人知者。祐、忠義钁其城以先登，壯士從之，殺守門卒，而留擊柝者，使擊柝如故，遂開門納衆。雞鳴，雪止，愬入居元濟外宅。或告元濟曰：「官軍至矣！」元濟不信，起，聽於廷，聞愬軍號令曰「常侍傳語」，應者近萬人，始懼，曰：「何等常侍，能至於此！」乃帥左右登牙城拒戰。時董重質擁精兵萬餘人據洄曲。愬曰：「元濟所望者，重質之救耳！」乃訪重質家，厚撫之，遣其子傳道持書諭重質；重質遂單騎詣愬降。愬攻牙城，燒其南門，民爭負薪芻助之。門壞，執元濟，檻送京師，且告于裴度。申、光二州及諸鎮兵二萬餘人相繼來降。自元濟就擒，愬不戮一人，自官吏、帳下、廚廄之卒，皆復其職，使之不疑，然後屯於鞠場以待裴度。諸將請曰：「始公敗於朗山而不憂，勝於吴房而不取，冒大風甚雪而不止，孤軍深入而不懼，然卒以成功，皆衆人所不諭也，敢問其故？」愬曰：「朗山不利，則賊輕我不爲備矣；取吴房，則其衆奔蔡，併力固守，故存之以分其兵；風雪陰晦，則烽火不接，不知吾至；孤軍深入，則人皆致死，戰自倍矣。夫視遠者不顧近，慮大者不計細，若矜小勝，恤小敗，先自撓矣，何暇立功乎！」衆皆服。愬儉於奉己而豐於待士，知賢不疑，見可能斷，此其所以成功也。

以李鄘同平章事。

裴度入蔡州。裴度建彰義節，將降卒萬餘人入城。李愬具櫜鞬出迎，拜於路左，度將避之，愬曰：「蔡人頑悖，不識上下之分數十年矣，願公因而示之，使知朝廷之尊。」度乃受之。愬還軍文城。度以蔡卒爲牙兵，或諫曰：「蔡人反仄者尚多，不可不備。」度笑曰：「吾爲彰義節度使，元惡既擒，蔡人則吾人也，又何疑焉！」蔡人聞之感泣。先是，吴氏父子阻兵，禁人偶語然燭，有以酒食相過從者罪死。度除其禁，蔡人始知有生民之樂。詔淮西百姓給復二年，近賊四州免來年夏稅。官軍戰亡者，皆爲收葬，給其家。

范氏曰：裴度伐叛柔服，使百姓曉然知賊之爲暴，而唐之爲仁，故其後取淄青如反掌，不惟乘勝用兵之易，蓋人心先服故也。豈非待物以誠之效歟！

十一月，上御門受俘，斬吴元濟。上御興安門受俘，以吴元濟獻于廟社而斬之。初，淮西之人劫於李希烈、吴少誠之威虐，不能自拔，久而老者衰，幼者壯，安於悖逆，不復知有朝廷矣。自少誠以來，遣將出兵，皆不束以法制，聽各以便宜自戰，人人得盡其才，故以三州之衆，舉天下之兵，環而攻之，四年然後克之。

范氏曰：人君之御天下，其失之甚易，其取之甚難。以憲宗之明斷，將相之忠賢，竭天下之兵力以伐三州，四年而後克，其難如此，則人君豈可不兢兢業業，慎其所以守之者哉！

賜李愬爵凉國公，韓弘等遷官有差。愬奏請判官、大將以下官凡百五十員，上不悦曰：「愬誠有奇功，然奏請過多，使如李晟、渾瑊又何如哉？」遂留中不下。

以宦者爲館驛使。舊制，御史二人知驛。至是，詔以宦者爲館驛使。左補闕裴璘諫曰：「内臣外事，職分各殊，切在塞侵官之源，絶出位之漸。事有不便，必戒於初，令或有妨，不必在大。」上不聽。

以李祐爲神武將軍。

十二月，賜裴度爵晉國公，復入知政事。

貶董重質爲春州司户。重質爲吴元濟謀主，屢破官軍，上欲殺之，李愬奏先許重質以不死，乃貶之。

戊戌(八一八)

十三年。

春,正月,李師道奉表納質,并獻三州。初,李師道謀逆命,幕僚高沐、郭昈、李公度屢諫之,判官李文會、孔目官林英譖沐殺之,昈亦被囚。及淮西平,師道憂懼,公度説之,使遣子入侍,并獻沂、密、海三州以自贖,師道從之。上遣左散騎常侍李遜詣鄆州宣慰。

二月,修麟德殿,浚龍首池,起承暉殿。上命六軍修麟德殿。龍武統軍張奉國、大將軍李文悦以外寇初平,營繕太多,白宰相,冀有論諫,裴度言之。上怒,貶奉國等。於是浚龍首池,起承暉殿,土木浸興矣。

李鄘罷爲户部尚書。初,吐突承璀爲淮南監軍,鄘爲節度使,性剛嚴,與承璀互相敬憚,故未嘗相失。承璀歸,引鄘爲相。鄘耻由宦官進,至京師,辭疾,不入見,不視事,固辭相位,至是罷。

以李夷簡同平章事。

横海節度使程權入朝。權自以世襲滄景,與河朔三鎮無殊,内不自安,表請舉族入朝,許之。横海將士樂自擅,不聽權去。掌書記林藴諭以禍福,權乃得出。詔以藴爲禮部員外郎。

夏,四月,王承宗納質請吏,復獻二州,詔復其官爵。裴度之在淮西也,布衣柏耆以策干韓愈曰:「元濟就擒,承宗破膽矣。願得奉丞相書往説之,可不煩兵而服。」愈白度,爲書遣之。承宗懼,求哀於田弘正，請以二子爲質，及獻德、棣二州，輸租稅，請官吏。弘正爲之請，上許之。弘正遣使送其二子知感、知信及二州圖印至京師。幽州大將譚忠亦説劉總曰：「自元和以來，劉闢、李錡、田季安、盧從史、吳元濟阻兵馮險，自以爲深根固蒂，天下莫能危也。然顧眄之間，身死家覆，此非人力所能及，殆天誅也。況今天子神聖威武，苦身焦思，縮衣節食，以養戰士，此志豈須臾忘天下哉！今國兵駸駸北來，趙人已獻城十二，忠深爲公憂之。」總泣曰：「聞先生言，吾心定矣。」遂專意歸朝廷。

賜六軍辟仗使印。舊制，以宦官爲六軍辟仗使，如方鎮之監軍無印。及張奉國等得罪，至是始賜印，得糾繩軍政，事任專達矣。

五月，以李光顏爲義成節度使。李師道暗弱，軍府大事皆與妻及奴婢、孔目官王再升謀之。其妻不欲遣子入質，乃與二婢説師道曰：「先司徒以來，世有此土，奈何無故割而獻之？今若不獻，不過以兵相加；力戰不勝，獻未晚也。」師道乃悔，欲殺李公度。幕僚賈直言謂其用事奴曰：「若殺公度，軍府危矣。」乃囚之。會李遜至，師道陳兵迎之。遜盛氣正色，爲陳禍福，責其決語。師道退與其黨謀之，皆曰：「第許之，它日正煩一表解紛耳。」師道乃謝曰：「曏以父子之私，且迫於將士之情，故遷延未遣。今重煩朝使，豈敢復有二、三！」遜察師道非實誠，歸言於上曰：「師道頑愚反覆，恐必須用兵。」既而師道表言：「軍情不聽納質割地。」上怒，決意討之。賈直言冒刃諫師道者二，輿櫬諫者一，又畫縛載檻車妻子繫纍者以獻，師道囚之。五月，以光顏鎮滑州，謀討師道也。

六月朔，日食。

秋七月，以李愬爲武寧節度使。

詔諸道發兵討李師道。

李夷簡罷爲淮西節度使。上方委裴度以用兵，夷簡自謂才不及度，求出鎮，故有是命。

胡氏曰：李夷簡可謂君子矣，無是己非人之心，於逐楊憑取徐晦見之，宜其自屈於裴度也。

八月，王涯罷。

以皇甫鎛、程异同平章事。淮西既平，上浸驕侈，判度支皇甫鎛、鹽鐵使程异曉其意，數進羡餘，由是有寵；又以厚賂結吐突承璀，上遂以爲宰相。制下，朝野駭愕，至於市道負販者亦嗤之。裴度、崔羣極陳其不可，上不聽。度耻與小人同列，求退，不許，乃上疏曰：「鎛、异皆錢穀俗吏，佞巧小人，陛下一旦寘之相位，中外駭笑。況鎛在度支，專以豐取刻與爲務，中外仰給之人，無不思食其肉。比者裁損淮西糧料，幾至潰亂。程异雖人品庸下，然心事和平，可處繁劇，不宜爲相。臣若不退，天下謂臣無耻；臣若不言，天下謂臣負恩。今退既不許，言又不聽，臣如烈火燒心，衆鏑叢體。所可惜者，淮西盪定，河北底寧，承宗斂手削地，韓弘輿疾討賊，豈朝廷之力能制其命哉？直以處置得宜，能服其心耳。陛下建升平之業，十已八、九，何忍還自墮壞，使四方解體乎！」上以度爲朋黨，不之省。鎛自知不爲衆論所與，益爲巧諂以自固，奏減内外官俸以助國用。給事中崔植封還敕書極論之，乃止。時内出積年繒帛，付度支令賣。鎛悉以高價買之，以給邊軍。其繒帛朽敗，隨手破裂，邊軍聚而焚之。度因奏事言之，鎛於上前引其足曰：「此靴亦内庫所出，臣以錢二千買之，堅完可久服。度言不可信。」上以爲然。由是鏄益無所憚。程异亦自知不合衆心，能廉謹謙遜，爲相月餘，不敢知印秉筆，故終免於禍。其後，上語宰相曰：「人臣當力爲善，何乃好立朋黨？」度對曰：「方以類聚，物以羣分。君子小人志趣同者，勢必相合。君子爲徒，謂之同德；小人爲徒，謂之朋黨。外雖相似，内實懸殊，在聖主辨其所爲邪正耳。」

范氏曰：人君賞一人而天下莫不勸，罰一人而天下莫不懼，豈其力足以勝億兆之衆哉？處之中理而能服其心也。苟能服其心，則治天下如運之掌，何征而不克，何爲而不成！裴度可謂知言矣。其所以啓告人主，豈不得其要乎！

胡氏曰：與君子而小人得間之者，誠不至也。誠之所以不至者，邪汩之也。易曰：「閑邪存其誠。」閑邪云者，猶置水於器，不可以火投之；宿火於爨，不可以水及之也。持心如此，聲色、貨利、暴慢、鄙僻無自而入，則正爨、虚明，誠無不存。及其久也，純亦不已，而天德全矣。後之人君，不知此道。其初信用忠賢，特以意氣相合，資之興事造業，既得所欲，則心無常守，而愛惡移焉；惟迎合希意之小人，乃膠固而不可解。此憲宗所以斥忠賢爲朋黨，而不知其自陷於小人之黨也，豈不爲後世之大戒哉！

冬，十月，五坊使楊朝汶伏誅。朝汶妄捕繫人，責其息錢，轉相誣引近千人。中丞蕭俛劾之。裴度、崔羣亦以爲言，上曰：「姑與卿論用兵事。此小事，朕自處之。」度曰：「用兵事小，所憂不過山東耳。五坊使暴横，恐亂輦轂。」上不悦，退，召朝汶責之曰：「以汝故，令吾羞見宰相。」遂賜之死，盡釋繫者。

十一月，以柳泌爲台州刺史。上好神仙，詔天下求方士。宗正卿李道古因皇甫鎛薦山人柳泌，云能合長生藥。泌言：「天台多靈草，誠得爲彼長吏，庶幾可求。」上以泌權知台州刺史。諫官爭論奏，以爲「人主喜方士，未有使之臨民者」。上曰：「煩一州之力，而能爲人主致長生，臣子亦何愛焉！」由是羣臣莫敢言。

胡氏曰：憲宗信方士，求長生，其臣不能反復深切，極論人生不可益、天命不可移、方士不可信之理，而以自古未有方士臨民爲言，宜其不能開其君之惑也。漢武喜方士，妻之以女矣，豈以古嘗有是而可爲乎！憲宗徒以强辯壓其群臣，而不稽其理，曾未幾時，金丹所作，躁怒取禍，豈非無窮之永監哉！

吐蕃寇夏州。

十二月，田弘正將兵渡河，逼鄆州。先是，田弘正請自黎陽渡河討李師道。裴度曰：「魏博軍既渡河，即當仰給度支。或與光顔互相疑阻，則必益致遷延。與其渡河而不進，不若養威於河北。宜且使之秣馬厲兵，俟霜降水落，自楊劉渡河，直指鄆州，則賊衆揺心矣。」上從之。是月，弘正將魏博全師自楊劉渡河，距鄆州四十里築壘。賊中大震。既而魏博、義成軍送所獲鄆州牙將夏侯澄等四十餘人，上皆釋弗誅，各付行營驅使，曰：「若有父母欲歸者，優給遣之。朕所誅者，師道而已。」於是賊中聞之，降者相繼。

校勘記

〔一〕其心亦虚　「亦」，成化本、殿本作「方」。

〔二〕承宗襲保信節度使薛昌朝　綱目考異、綱目考證作「德州刺史薛昌朝爲保信節度使領德棣二州承宗襲昌朝」，通鑑卷二三八唐憲宗元和四年九月甲辰日條所載同。

〔三〕追緄詣行營　「詣」字原脱，據殿本、通鑑卷二三八唐憲宗元和五年七月乙卯日條補。

〔四〕諸色流外千七百餘人　「諸色」原脱，據殿本補；通鑑卷二三八唐憲宗元和六年六月丁卯日條作「諸司」。

〔五〕田進誠將三千人殿其後　「田」原作「李」，據殿本、通鑑卷二四〇唐憲宗元和十二年九月辛未日條、舊唐書卷一三三李晟傳改。

資治通鑑綱目卷四十九

起己亥唐憲宗元和十四年，盡丁巳唐文宗開成二年，凡一十九年。

己亥(八一九)

十四年。

春，正月，遣中使迎佛骨至京師，貶韓愈爲潮州刺史。先是，功德使上言：「鳳翔法門寺塔有佛指骨，相傳三十年一開，開則歲豐人安。來年應開，請迎之。」上從其言。至是，佛骨至京師，留禁中三日，歷送諸寺，王公士民瞻奉捨施，惟恐弗及。刑部侍郎韓愈上表諫曰：「佛者，夷狄之一法耳。自黄帝以至禹、湯、文、武，皆享壽考，百姓安樂。當是時，未有佛也。漢明帝始有佛法。其後亂亡相繼，運祚不長。宋、齊、梁、陳、元魏已下，事佛漸謹，年代尤促。唯梁武帝在位四十八年，前後三捨身爲寺家奴，竟爲侯景所逼，餓死臺城。事佛求福，乃更得禍。由此觀之，佛不足信亦可知矣！佛本夷狄之人，不知君臣之義、父子之恩。假如其身尚在，來朝京師，陛下容而接之，不過宣政一見，禮賓一設，賜衣一襲，衛而出之於境，不令惑衆也。況其身死已久，枯朽之骨，豈宜以入宫禁！乞付有司，投諸水火，永絶根本，斷天下之疑，絶後代之惑。佛如有靈，能作禍福，凡有殃咎，宜加臣身。」上得表，大怒，將加愈極刑。裴度、崔羣言：「愈雖狂，發於忠懇，宜寬容以開言路。」乃貶潮州刺史。自戰國之世，老、莊與儒者爭衡，更相是非。至漢末，益之以佛，然好者尚寡。晉、宋以來，日益繁熾，自帝王至士民，莫不尊信。下者畏慕罪福，高者論難空有。獨愈惡其蠹財惑衆，力排之；嘗作原道等篇行於世云。

二月，平盧都將劉悟執李師道斬之。田弘正、李愬屢敗平盧兵。李師道發民治城塹，役及婦人，民懼且怨。都知兵馬使劉悟將兵萬餘人，屯陽穀以拒官軍，務爲寬惠，使士卒人人自便，軍中號曰劉父。或謂師道曰：「悟專收衆心，恐有他志。」師道潛遣二使齎帖授行營副使張暹，令斬悟。暹素與悟善，懷帖示之。悟召諸將謂曰：「悟與公等不顧死亡以抗官軍，誠無負於司空。今司空信讒，來取悟首。悟死，諸公其次矣。且天子所欲誅者，獨司空一人。今軍勢日蹙，吾曹何爲隨之族滅？欲與諸公還入鄆州，奉行天子之命，豈徒免危亡，富貴可圖也！有後應者，皆立斬之！」衆懼，皆曰：「惟都頭命！」乃令士卒皆飽食執兵，夜半聽鼓，三聲絶，即行；人銜枚，馬縛口，遇行人執留之，天未明，軍至城下。城中譟譁動地，子城門已洞開。牙中兵不滿數百，皆投弓矢於地。悟勒兵捕師道與二子，斬之，慰諭軍民；斬贊師道逆謀者二十餘家。文武將吏，且懼且喜。悟見李公度，執手歔欷；出賈直言於獄，置之幕府。田弘正遣使往賀，悟函師道父子三首送弘正營。弘正大喜，露布以聞。淄、青等十二州皆平。上命户部侍郎楊於陵宣撫淄、青，分其地爲三道：以鄆、曹、濮爲一道，淄、青、齊、登、萊爲一道，兖、海、沂、密爲一道。自廣德以來，垂六十年，藩鎮跋扈，河南、北三十餘州自除官吏，不供貢賦；至是，盡遵朝廷約束矣。裴度纂述蔡、鄆用兵以來帝之憂勤、機略，因侍宴獻之，請内印出付史官。帝曰：「如此，似出朕志，非所欲也。」弗許。

范氏曰：憲宗有功而不矜，豈不賢哉！而不能勝其驕侈之心，卒任小人以隳盛業，何邪？蓋危則懼，懼則善心生；安則泰，泰則逸心生。是以天下既平，而禍患常生於所忽也。

胡氏曰：纂述主德，請付史官，諂諛者所爲也，裴度亦爾，何也？曰：度所謂循常人之事，而寓忠智之意者也。蔡、鄆用兵，度實任之。功名之際，人臣所難處也。歸美於上，推而弗居，度之慮遠矣。又載用兵已來上心憂勤，則憲宗憶取之之難，必思守之之不易，乃文類將順，實則匡救君子之所爲。衆人固不識也。

以劉悟爲義成節度使。上欲移悟他鎮，恐悟不受代，復須用兵，密詔田弘正察之。弘正日遣使者修好以觀其所爲。悟得鄆州三日，教手搏而庭觀之，摇肩攘臂，離坐以助其勢。弘正聞之，笑曰：「是何能爲？」密表以聞。上乃以悟爲義成節度使。悟聞制下，手足失墜，明日遂行。而弘正已將數道兵至城西矣。悟辟李公度、李存、郭旰、賈直言以自隨；素與李文會善，亦召之。及將移鎮，旰、存謀曰：「文會佞人，敗亂一道，滅李司空之族，不誅之，何以雪三齊之憤乎！」乃詐爲悟帖，遣使斬之。比還，則悟已去矣。師道將敗，聞風動鳥飛，皆疑有變，禁鄆人親識宴聚及道路偶語，弘正悉除其禁。或諫曰：「鄆人久爲寇敵，不可不備。」弘正曰：「今爲暴者既除，宜施以寬惠。若復爲嚴察，是以桀易桀也，庸何愈焉！」先是，賊數遣人入關截陵戟，焚倉場，流矢飛書，以動京師。有司督察甚嚴，終不能絶。及弘正閱李師道簿書，有賞殺武元衡人王士元等及賞潼關、蒲津吏卒案，乃知鄉者皆吏卒受賂容其姦也。弘正送士元等十六人，詔有司鞫之，皆款服，悉誅之。

夏，四月，詔諸道支郡兵馬並令刺史領之。橫海節度使烏重胤奏曰：「河朔藩鎮所以能旅拒朝命者，由諸州縣各置鎮將領事，收刺史、縣令之權也。鄉使刺史各得行其職，則雖有姦雄如安、史，必不能以一州獨反也。臣所領德、棣、景三州，已舉牒各還刺史職事，應在州兵，並令刺史領之。」故有是詔。其後河北諸鎮，惟橫海最爲順命，由重胤處之得宜故也。

范氏曰：後世郡縣，古之諸侯也，委之以土地、人民，而不與之兵，是以匹夫而守一州也。天下有變，則城郭不守，而朝廷無藩籬之固，何以異於無郡縣乎！是故爲法者，必關盛衰，使一縣之衆，必由於令，一郡之衆，必由於守，守之權歸於按察，按察之權歸於天子，則天下如綱綱之相維、臂指之相使矣。唐自中葉，郡置鎮兵，主將有擅兵之勢，而刺史無專城之任，是以郡縣愈弱，藩鎮愈强。橫海一帥，制之得宜，而數世順命；況天下處之皆得其道，何危亂之有哉！

程异卒。

裴度罷爲河東節度使。度在相位，知無不言，皇甫鎛之黨擠之。詔度以平章事鎮河東。鎛專以掊克取媚，人無敢言者，獨諫議大夫武儒衡上疏言之。鎛自訴於上，上曰：「卿欲報怨邪？」鎛乃不敢言。史館修撰李翺上疏曰：「定禍亂者，武功也；興太平者，文德也。今陛下既以武功定海内，若遂革弊事，復舊制；用忠正而不疑，屏邪佞而不邇；改税法，不督錢而納布帛；絶進獻，寬百姓租賦；厚邊兵，以制戎狄；數訪問待制官，以通塞蔽。此六者，政之根本，太平所以興也。陛下既已能行其難，若何不爲其易乎？以陛下天資上聖，如不惑近習容悅之辭，任骨鯁正直之士，與興大化，可不勞而成也。若其不然，臣恐大功之後，逸欲易生。進言者必曰：『天下既平，陛下可以高枕自逸。』則太平未可期也。」

秋，七月，宣武節度使韓弘入朝。弘始入朝，上待之甚厚。弘獻馬三千，絹五千，雜繒三萬，金銀器千，而汴之庫廐尚有錢百餘萬緡，絹百餘萬疋，馬七千匹，糧三百萬斛。

羣臣請上尊號。

沂州役卒王弁殺觀察使王遂。遂本錢穀吏，性狷急，專以嚴酷爲治。盛夏役士卒營府舍，督責峻急，將卒憤怨，役卒王弁與其徒四人執遂斬之。

左右軍中尉各獻錢萬緡。自淮西用兵以來，度支鹽鐵使及四方爭進奉，謂之助軍。賊平，又進賀禮助賞。上加尊號，又進賀禮。

八月，以韓弘爲司徒兼中書令，張弘靖爲宣武節度使。弘靖宰相子，少有令聞，立朝簡默。以令狐楚同平章事。楚與皇甫鎛同年進士，故鎛引以爲相。

魏博節度使田弘正入朝。上待之尤厚。及帥河東，承王鍔聚斂之餘；帥宣武，繼韓弘嚴猛之後，廉謹寬大，上下安之。

庫部員外郎李渤病免。渤使陳、許還，言：「臣過渭南諸縣，人多流亡，舊三千戶者，今纔千戶。迹其所以然，皆由以逃戶稅攤於比鄰，致驅迫俱逃。聚斂之臣剥下媚上，惟思竭澤，不慮無魚。乞降詔書禁絶。計不數年，人皆復於農矣。」執政見而惡之，渤遂謝病，歸東都。

以王弁爲開州刺史，誘誅之。朝廷議興兵討王弁，恐青、鄆相扇繼變，乃除弁開州刺史。既行，所在減其導從，加以杻械，乘驢入關，腰斬東市。先是三分鄆兵，以隸三鎮。及遂死，朝廷以爲師道餘黨凶態未除，以棣州刺史曹華爲沂海觀察使，引棣兵赴鎮討之。將士迎候者，華皆以好言撫之，衆皆不疑。華視事三日，大饗將士，伏甲士千人於幕下，諭之曰：「天子以鄆人有遷徙之勞，特加優給。宜令鄆人處右，沂人處左。」既定，沂人皆出，因闔門謂曰：「王常侍以天子之命爲帥於此，將士何得輒害之！」語未畢，伏者出，圍而殺之，死者千二百人。

司馬公曰：春秋書楚子虔誘蔡侯般殺之于申。彼列國也，孔子猶深貶之，惡其誘討也，況爲天子而誘匹夫乎！王弁庸夫，乘釁竊發，苟帥得人，戮之易於犬豕耳，何必以天子詔書爲誘人之餌也！且作亂者五人耳，乃使曹華設詐，屠千餘人，不亦濫乎！然則自今士卒孰不猜其將帥，將帥何以令其士卒！上下盻盻，得間則更相魚肉，禍亂何時而弭哉！惜夫！憲宗之業所以不終，由苟徇近功，不敦大信故也。

以田弘正兼侍中，遣還鎮。弘正三表請留，不許，乃加兼侍中，遣還鎮。弘正恐一旦物故，魏人猶以故事繼襲，故兄弟、子姪皆仕諸朝，上皆擢居顯列。朱紫盈庭，時人榮之。

冬，十月，安南遣將楊清討黄洞蠻。清作亂，殺都護李象古。象古以貪縱苛刻失衆心。清世爲蠻首，象古召爲牙將，命將兵討黄洞蠻。清因人心怨怒，夜還襲府，陷之。初，蠻賊黄少卿自貞元以來數反覆，桂管觀察使裴行立、容管經略使陽旻欲儌倖立功，爭請討之；上從之。嶺南節度使孔戣屢諫曰：「此禽獸耳，不足與論是非。」不聽，大發江、湖兵，會二管入討，士卒多瘴死。安南乘之，遂殺都護。二管亦彫弊，惟戣所部晏然。

吐蕃圍鹽州。吐蕃十五萬衆圍鹽州，刺史李文悅竭力拒守，凡二十七日，吐蕃不能克。靈武牙將史奉敬言於朔方節度使杜叔良，請兵解圍，叔良以二千五百人與之。奉敬行旬餘，無聲問，朔方人以爲俱没矣。無何，奉敬自他道出吐蕃背，吐蕃大驚潰去，奉敬奮擊，大破之。

貶裴潾爲江陵令。柳泌至台州，驅吏民采藥，歲餘無所得而懼，逃入山中。浙東觀察使捕送京師。皇甫鎛、李道古保護之。上復使待詔翰林，服其藥，日加躁渴。起居舍人裴潾上言曰：「除天下之害者，受天下之利；同天下之樂者，饗天下之福。自黄帝至於文、武，享國壽考，皆用此道也。自去歲以來，所在多薦方士。借令真有神仙，彼必深潛巖壑，惟畏人知。凡候伺權貴之門，以大言自衒、奇伎驚衆者，皆不軌徇利之人，豈可信其説而餌其藥邪！夫藥以愈疾，非朝夕常餌之物；况金石酷烈有毒，又益以火氣，殆非五藏所能勝也。古者君飲藥，臣先嘗之，乞令獻藥者先餌一年，則真僞可辨矣。」上怒，貶潾。

崔羣罷爲湖南觀察使。初，帝問宰相：「玄宗之政先理而後亂，何也？」崔羣對曰：「玄宗用姚崇、宋璟、盧懷慎、蘇頲、韓休、張九齡則理，用宇文融、李林甫、楊國忠則亂。故用人得失，所繫非輕。人皆以天寶十四年安禄山反爲亂之始，臣獨以爲開元二十四年罷張九齡相，專任李林甫，此理亂之所分也。願陛下以開元初爲法，以天寶末爲戒，乃社稷無疆之福。」皇甫鎛深恨之。

范氏曰：崔羣之言豈徒有激而云哉！其可謂至言矣，聖人復起，不能易也。

及羣臣議上尊號，皇甫鎛欲增「孝德」字，羣曰：「言聖則孝在其中矣。」鎛言於上曰：「羣於陛下惜『孝德』二字。」上怒。時鎛給邊軍不時，又多陳敗之物，軍士怨怒，流言欲爲亂。李光顔憂懼，欲自殺；遣人訴之，上不信。京師恟懼，羣具以聞。鎛密言於上曰：「邊賜皆如舊制，而人情忽如此者，由羣鼓扇，將以責直，歸怨於上也。」上以爲然，罷羣。於是中外切齒於鎛。

以狄兼謩爲左拾遺。中書舍人武儒衡有氣節，好直言，上器之，顧待甚渥，人皆言其且入相。令狐楚忌之，思有以沮之，乃薦兼謩才行，擢左拾遺。兼謩，仁傑之族曾孫也。楚自草制辭，盛言「天后竊位，姦臣擅權，賴仁傑保佑，克復明辟」。儒衡泣訴於上曰：「臣曾祖平一在天后朝辭榮終老。」上由是薄楚之爲人。

庚子（八二〇）

十五年。

春，正月，上暴崩於中和殿。閏月，太子即位。初，左軍中尉吐突承璀謀立澧王惲爲太子，上不許。太子憂之，密問計於其舅司農卿郭釗，釗曰：「殿下但盡孝謹以俟之，勿恤其他。」上服金丹，多躁怒，左右宦官往往獲罪，有死者，人人自危。至是，暴崩於中和殿，時人皆言内常侍陳弘志弑逆。其黨類諱之，不敢討賊，但云藥發，外人莫能明也。中尉梁守謙與宦官王守澄等共立穆宗，殺承璀及惲，賜左、右神策軍士錢人五十緡。

范氏曰：憲宗伐叛討逆，威令復張，而變生近習，身陷大禍，由任相非其人故也。可不爲深戒哉！可不爲深戒哉！然陳弘志弑憲宗，而穆宗不討賊，故舊史傳疑而已。其後文宗謀誅宦官，蓋以討亂；而宣宗追治逆黨，戮之殆盡。其子孫皆以爲弑，則何疑哉！

貶皇甫鎛爲崖州司户，以蕭俛、段文昌同平章事。輟西宫朝臨，集羣臣於月華門外，宣制貶鎛，市井皆相賀。上議命相，令狐楚薦俛。俛亦鎛同年進士。上欲誅鎛，俛及宦官救之，得免。

柳泌伏誅，貶李道古爲循州司馬。

以薛放爲工部侍郎，丁公著爲給事中。上未聽政，召太子侍讀薛放、丁公著入侍禁中，參預機密，欲以爲相，二人固辭。

尊貴妃郭氏爲皇太后。后，郭曖之女也，爲廣陵王妃。憲宗即位，羣臣累表請立爲后，憲宗以妃宗門强盛，恐正位之後，後宫莫得進，託以歲時禁忌，不許。至是，乃尊爲皇太后。

胡氏曰：天子治外，后治内，各正其位，天地之大義也。以事之重也，故必擇勳賢之後、令淑之質以繼先聖，爲天地宗廟社稷之主。未聞有宗門强盛之虞，後宫不得進之患，而終身不立后者也。憲宗身位冢嗣，娶汾陽愛孫，正孰加焉，而反不能居之以正。以欲廢度，以縱廢禮，卒致郭妃晚罹弑殺之禍，其所由來，豈無漸乎！

上與羣臣皆釋服。

二月，赦天下。上御樓肆赦。事畢，盛陳倡優雜戲而觀之；又幸左神策軍觀手搏。監察御史楊虞卿上疏曰：「陛下宜延問羣臣，惠以氣色，使進忠若趨利，論政若訴冤，如此而不致升平者，未之有也。」衡山人趙知微亦上疏諫上遊畋無節。上雖不能用，亦不罪也。

胡氏曰：憲宗不知帝王之學，李絳、白居易、崔羣等亦隨事納忠而已，未有能極論大學本末，使帝服膺拳拳而勿失者也。既不知學，遂不能擇人以教其子。穆宗非有下愚不移之資，若憲宗知周公傳成王之道，自其幼學而輔導之，居仁由義，通古知今，則豈不爲賢主乎！不能如是，是以一旦踐祚，失道至此，皆憲宗之過也。是故善爲國家遠慮者，必以輔導太子爲急，而其言曰：「人主就學，非止涉書史、覽古今而已；而所謂輔導者，又非必告詔以言，過而後諫也，在乎薰陶涵養而已矣。」此誠國家至急至切之務，雖聖人復起，不能易也。

以柳公權爲翰林侍書學士。上見公權書迹，愛之，問之曰：「卿書何能如是之善？」對曰：「用筆在心，心正則筆正。」上默然改容，知其以筆諫也。

夏，五月，以元稹爲祠部郎中、知制誥。江陵士曹元稹與監軍崔潭峻善。上在東宫，聞宫人誦稹歌詩而善之；及即位，潭峻歸朝薦之。上以爲知制誥，朝論鄙之。會同僚食瓜於閣下，有青蠅集其上，武儒衡以扇揮之，曰：「適從何來，遽集於此！」同僚皆失色，儒衡意氣自若。

六月，葬景陵。

以崔羣爲吏部侍郎。上召羣對別殿，謂曰：「朕升儲副，知卿爲羽翼。」對曰：「先帝之意，久屬聖明，臣何力之有！」

太后居興慶宫。太后居南内，每朔望，上帥百官詣宫門上壽。上性侈，所以奉太后者尤華靡。

胡氏曰：君子不以天下儉其親，然至於侈靡越度，則非所以爲孝矣。

秋，七月，以鄆曹濮節度爲天平軍。

令狐楚罷。楚爲山陵使，不給工人傭直，收其錢十五萬爲羡餘以獻；怨訴盈路，故罷之。

八月，浚魚藻池。

以崔植同平章事。

九月，大宴。上甫過公除，即事遊畋聲色，賜與無節。欲以重陽大宴，拾遺李珏帥其同僚上疏曰：「元朔未改，山陵尚新，雖陛下就易月之期，俯從人欲；而禮經著三年之制，猶服心喪。合讌内庭，事將未可。」上不聽。羣臣入閤退，諫議大夫鄭覃、崔郾等五人進言：「陛下宴樂過多，畋游無度。今胡寇壓境，忽有急奏，不知乘輿所在。又晨夕與近習倡優狎暱，賜與過厚。夫金帛皆百姓膏血，非有功不可與。雖内藏有餘，願陛下愛之，萬一四方有事，不復使有司重斂百姓。」時久無閤中論事者，上始甚訝之，謂宰相曰：「此輩何人？」對曰：「諫官。」上乃使人慰勞之，曰：「當依卿言。」宰相皆賀，然實不能用也。上嘗謂給事中丁公著曰：「聞外間人多宴樂，此乃時和人安，足用爲慰。」公著對曰：「此非佳事，恐漸勞聖慮。」上曰：「何故？」對曰：「自天寶以來，公卿大夫競爲遊宴，沈酣晝夜，優雜子女，不愧左右。如此不已，則百職皆廢，陛下能無獨憂勞乎？願少加禁止，乃天下之福也。」

冬，十月，成德節度使王承宗卒，詔以田弘正代之，王承元爲義成節度使。王承宗卒，其下祕不發喪，立承宗之弟承元。承元時年二十，曰：「諸公未忘先德，不以承元年少，使攝軍務。承元請盡節天子，以遵忠烈王之志，諸公肯從之乎？」衆許諾。承元乃視事於都將聽事，不稱留後，表請除帥。諸將及鄰道爭以故事勸之，皆不聽。詔以田弘正爲成德帥，承元移鎮滑州。將士諠譁不受命，承元以詔旨諭之，諸將號哭不從，承元出家財以散之，謂曰：「諸公之意甚厚，然使承元違天子之詔，其罪大矣。昔李師道之未敗也，朝廷嘗赦其罪，師道欲行，諸將固留之；其後殺師道者，亦諸將也。諸將勿使承元爲師道則幸矣。」十將李寂等固留承元，承元斬以徇，軍中乃定。

吐蕃寇涇州。涇州奏吐蕃入寇，距州三十里，告急求救。以梁守謙爲神策行營都監，并發八鎮全軍救之。邠寧兵以神策受賞厚，皆愠曰：「人給五十緡而不識戰鬭者，彼何人耶？常額衣資不得而前冒白刃者，此何人耶？」洶洶不止。節度使李光顔親爲開陳大義，然後軍士感悦而行。將至涇州，吐蕃懼而退。

幸華清宫。上將幸華清宫，宰相帥兩省官詣延英門，三上表切諫，皆不聽。諫官伏門下，至暮乃退。明日，上自複道出城，幸華清宫，獨公主、駙馬、中尉兵千人扈從，晡時還宫。

容管遣兵討蠻賊黄少卿，破之。時黄少卿久未平，國子祭酒韓愈上言：「黄家賊居無城郭，依山傍險，尋常亦各營生，急則屯聚相保。比緣邕管經略使多不得人，德既不能綏懷，威又不能臨制，侵欺虜縛，以致怨恨；遂攻刧州縣，侵暴平人，或聚或散，終亦不能爲事。近者裴行立、陽旻意在邀功，獻計征討。邕、容兩管經此凋弊，殺傷疾疫，十室九空，如此不已，臣恐嶺南未得寧息。兼此賊徒亦甚傷損，察其情理，厭苦必深。若因改元大慶，赦其罪戾，遣使宣諭，必望風降伏。仍爲選擇有威信者爲經略使，處置得宜，自無侵叛。」上不能用。

辛丑（八二一）

穆宗皇帝長慶元年。

春，正月，詔河北諸道各均定兩稅。

蕭俛罷。俛介潔疾惡，爲相重惜官職，少所引拔。西川節度使王播大修貢奉，且以賂結宦官，求爲相，段文昌復左右之。詔徵播詣京師。俛屢爭之，言：「播纖邪，不可以汙台司。」上不聽。俛遂辭位。

段文昌罷，以杜元穎同平章事。

以王播爲鹽鐵轉運使。播奏約榷茶額，每百錢加稅五十。李珏等諫曰：「榷茶近起貞元多事之際。今天下無虞，所宜寬横斂之目，而更增之，百姓何時當得息肩？」不從。

回鶻保義可汗卒。

盧龍節度使劉總棄官爲僧，以張弘靖代之。總既殺其父、兄，心常自疑，數見父、兄爲祟，常於府舍飯僧，使爲佛事。晚年恐懼尤甚，亦見河南、北皆從化，奏乞棄官爲僧。詔從之，子弟、將佐皆加超擢，百姓給復一年，軍士賜錢一百萬緡。總以印節授留後張玘，夜遁去，卒于定州。初，總奏分所屬爲三道：以幽、涿、營爲一道，平、薊、嬀、檀爲一道，請除張弘靖、薛平爲節度使；瀛、莫爲一道，請除盧士玫爲觀察使。弘靖先在河東，以寬簡得衆。總以燕人桀驁日久，故舉弘靖以安輯之。平，嵩之子，知河朔風俗，而盡誠於國。士玫，則總妻族之親也。總又盡擇麾下宿將有功難制者朱克融等送京師，乞加獎拔，使燕人有慕羡朝廷禄位之志。又獻征馬萬五千匹，然後委去。克融，滔之孫也。是時上方酣宴，不以天下爲意，崔植、杜元穎無遠略，不知安危大體，苟欲崇重弘靖，惟割瀛、莫二州，以士玫領之，餘皆統於弘靖。朱克融輩久羈旅京師，至假匄衣食，日詣中書求官，植、元穎不之省。尋勒歸本軍驅使，克融輩皆憤怨。先是，河北節度使皆與士卒均勞逸。弘靖雍容驕貴，莊默自尊，涉旬乃一出坐決事，賓客將吏罕得聞其言，情意不接，政事多委之幕僚。韋雍輩又皆年少輕薄，嗜酒豪縱，裁刻軍士糧賜，數以反虜詬之，謂軍士曰：「今天下太平，汝曹能挽兩石弓，不若識一丁字。」由是軍中人人怨怒。

夏，四月，貶錢徽、李宗閔爲遠州刺史，楊汝士爲開江令。翰林學士李德裕，吉甫之子也，以中書舍人李宗閔嘗對策譏切其父，恨之。宗閔又與翰林學士元稹爭進取有隙。右補闕楊汝士與禮部侍郎錢徽掌貢舉，西川節度使段文昌、翰林學士李紳各以書屬所善進士；及牓出，二人所屬皆不預，而鄭覃弟朗、裴度子譔、宗閔壻蘇巢、汝士弟殷士及第。文昌言於上曰：「今歲禮部殊不公，所取皆以關節得之。」上以問諸學士，德裕、稹、紳皆以爲然。上乃命覆試，黜朗等十人，而貶徽等。或勸徽奏二人屬書，上必寤。徽曰：「苟無愧心，得喪一致，奈何奏人私書，豈士君子所爲邪！」取而焚之。時人多之。自是德裕、宗閔各分朋黨，更相傾軋，垂四十年。

范氏曰：昔漢之黨錮，始於甘陵二部相譏，而成於太學諸生相譽，海內塗炭二十餘年。唐之朋黨，始於牛僧孺、李宗閔對策，而成於錢徽之貶。皆自小以至大，因私以害公；皆由主聽不明，君子小人雜進於朝，不分邪正忠讒以黜陟之，而聽其自相傾軋以養成之也。漢之黨，尚風節，故政亂於上，而俗清於下，及其亡也，人猶畏義而有不爲。唐之黨，趨勢利，勢窮利盡而止，故其衰季，士無操行，不足稱也。爲國家者，可不防其漸哉！

胡氏曰：李衛公才高氣勁而不知道，惜哉！宗閔對策，亦攄已見論國事耳。使言而非，無足校者；使言而是，則亦力善效忠，以蓋前愆而已，不當怨而不解也。僧孺之黨雖多小人，使文饒忿而思難，兼收而並容之，彼必皆爲吾用矣。

五月，遣使册回鶻崇德可汗，以太和長公主妻之。公主，上之妹也。吐蕃聞唐與回鶻婚，寇青塞堡。回鶻奏：「以萬騎出北庭，萬騎出安西，拒吐蕃以迎公主。」

秋，七月，盧龍軍亂，囚節度使張弘靖，推朱克融爲留後。韋雍出，逢小將策馬衝其前導，雍命杖之。河朔軍士不貫受杖，不服。雍白弘靖繫治之。是夕，士卒連營呼譟作亂，囚弘靖，殺雍等，迎朱克融爲留後。衆以判官張徹長者不殺，徹罵曰：「汝何敢反，行且族滅！」衆共殺之。

貶張弘靖爲吉州刺史。

成德兵馬使王庭湊殺節度使田弘正，起復田布爲魏博節度使討之。初，田弘正徙鎮成德，自以久與鎮人戰，有父兄之仇，乃以魏兵二千自衛，請度支供其糧賜。户部侍郎崔倰剛褊無遠慮，恐開事例，不肯給。弘正不得已，遣魏兵歸。弘正厚於骨肉，子弟在兩都者數十人，競爲侈靡，日費約二十萬，弘正輦魏、鎮之貨以供之，相屬於道，將士頗不平。都知兵馬使王庭湊果悍陰狡，潛謀作亂，以魏兵故，不敢發。及魏兵去，夜結牙兵殺弘正，自稱留後，逼監軍奏求節鉞。朝廷震駭。倿於崔植爲再從兄，故人莫敢言其罪。魏博節度使李愬聞變，素服流涕，令將士曰：「魏人所以得通聖化，安寧富樂者，田公之力也。今鎮人不道，輒敢害之，是輕魏以爲無人也。諸君受田公恩，宜如何報之？」衆皆慟哭。深州刺史牛元翼，成德良將也，愬使以寶劍、玉帶遺之，曰：「昔吾先人以此劍立大勳，吾又以之平蔡州，今以授公，努力翦庭湊。」元翼以劍、帶徇于軍，報曰：「願盡死！」會愬疾作，不果出兵。乃起復田布爲魏博節度使。布固辭不獲，與妻子、賓客訣曰：「吾不還矣！」悉屏旌節導從而行，未至魏州三十里，被髮徒跣，號哭而入，居于堊室；月俸千緡，一無所取，賣舊產，得錢十餘萬緡，以頒士卒，舊將老者兄事之。

瀛州軍亂，執觀察使盧士玫。

詔諸道討王庭湊，以牛元翼爲深冀節度使。庭湊圍深州。

九月，相州軍亂，殺刺史邢濋。

吐蕃遣使來盟，以劉元鼎爲入吐蕃會盟使。命宰相與吐蕃使者論訥羅盟于城西。遣元鼎入吐蕃，亦與其宰相以下盟。

朱克融掠易州。

詔兩税皆輸布絲纊。自定兩税法以來，錢日重，物日輕，民所輸三倍其初。户部尚書楊於陵言：「錢者所以權百貨，貿遷有無，所宜流散，不應蓄聚。今税百姓錢藏之公府；又開元中天下鑄錢七十餘壚，歲入百萬，今纔十餘壚，歲入十五萬，又積於富室，流入四夷。如此，則錢焉得不重，物焉得不輕！今宜使天下輸稅課者皆用穀、帛，廣鑄錢而禁滯積及出塞者，則錢日滋矣。」從之。

冬，十月，以王播同平章事。播爲相，專以承迎爲事，未嘗言國家安危。

以裴度爲鎮州行營都招討使。

以王智興爲武寧節度副使。先是，副使皆以文吏爲之。上聞智興有勇略，欲用之於河北，故以是寵之。

以魏弘簡爲弓箭庫使，元稹爲工部侍郎。翰林學士元稹與知樞密魏弘簡深相結，求爲宰相，由是有寵。稹無怨於裴度，但以度先達重望，恐其復有功大用，妨己進取，故度所奏軍事，多與弘簡從中沮之。度上表曰：「逆竪構亂，震驚山東；姦臣作朋，撓敗國政。陛下欲掃蕩幽、鎮，先宜肅清朝廷。河朔逆賊，秖亂山東，禁闈姦臣，必亂天下。是則河朔患小，禁闈患大。小者，臣與諸將必能剪滅；大者，非陛下覺寤制斷，無以驅除。臣蒙陛下委付之意不輕，遭姦臣抑損之事不少，但欲令臣失所，而於天下理亂、山東勝負悉不之顧。若朝中姦臣盡去，則河朔逆賊不討自平；若姦臣尚存，則逆賊縱平無益。」表三上，上雖不悅，以度大臣，不得已罷弘簡樞密，解稹翰林，而恩遇如故。

范氏曰：昔周宣王使文武之臣征伐於外，而左右前後得孝友正良之士，以善君心，是以讒言不至，而忠謀見用，此所以能成功也。穆宗庸昏，姦諂在側，裴度欲先正其本，而後治其末；先圖其大〔一〕，而後憂其小，此輔相之職業也。而其君多僻，卒無成功。蓋自古命將出帥，而小人沮之於内，未有能克勝者也。可不爲深戒哉！

宿州刺史李直臣伏誅。直臣坐贓當死，宦官受其賂，爲之請。御史中丞牛僧孺固請誅之，上曰：「直臣有才可惜。」僧孺對曰：「彼不才者安足慮！本設法令，所以擒制有才之人。安禄山、朱泚皆才過於人，法不能制者也。」上從之。

十二月，深州行營節度使杜叔良討王庭湊，大敗。詔以李光顔代之。初，横海節度使烏重胤將全軍救深州，獨當幽、鎮東南。重胤宿將，知賊未可破，按兵觀釁。上怒，徙重胤山南西道，而叔良素事權倖，宦官薦之，詔以代重胤。至是，將諸道兵與鎮人戰，大敗。詔復以李光顔代之。

以朱克融爲平盧節度使。自憲宗征伐四方，國用已虚。及上即位，賞賜無節，而幽、鎮用兵久無功，府藏空竭。執政以王庭湊殺田弘正，而克融全張弘靖，罪有重輕，請赦克融，專討庭湊；上從之。

壬寅（八二二）

二年。

春，正月，盧龍兵陷弓高。先時，弓高守備甚嚴，有中使夜至，守將不内，旦，乃得入，中使大詬怒。賊諜知之，他日，僞遣人爲中使，夜至，守將遽内之，賊衆隨之。又圍下博。中書舍人白居易上言曰：「自幽、鎮逆命，朝廷徵兵十七、八萬，四面攻圍，已踰半年，王師無功，賊勢猶盛。弓高既陷，糧道不通，下博、深州飢窮日急。蓋由節將太衆，其心不齊；未立功者或已拜官，已敗衄者不聞得罪，既無懲勸，以至遷延。請令李光顔將諸道勁兵約三、四萬人從東速進，開弓高糧路，合下博諸軍，解深、邢重圍，與元翼合勢。令裴度將太原全軍兼招討舊職，西面壓境，觀釁而動。若乘虛得便，即令同力剪除；若戰勝敗窮，亦許受降納款。如此，則夾攻以分其力，招諭以動其心，必未及誅夷，自生變故。仍詔光顏選留諸道精兵，餘悉遣歸本道。蓋兵多而不精，豈惟虛費資糧，兼恐撓敗軍陳故也。諸道監軍，請皆停罷。衆齊令一，必有成功。又朝廷本用田布，令報父讎，今全師出界，數月不進。蓋由此軍累經優賞，兵驕將富，莫肯爲用。況其月費，計錢二十八萬緡，若更遷延，將何供給？此尤宜早令退軍者也。苟兵數不抽，軍費不減，食既不足，衆何以安！不安之中，何事不有！況有司迫於供軍，百端斂率，不許即用度交闕，許即人心無憀。自古安危皆繫於此，惟陛下念之。」疏奏，不省。

成德兵掠官軍糧運。度支饋滄州糧，車六百乘，皆爲成德所掠。時諸軍匱乏，衣糧在途，皆邀奪之；其懸軍深入者，皆凍餒無所得。

魏博將史憲誠殺其節度使田布，詔以憲誠爲節度使。初，田布從弘正在魏，善視牙將史憲誠；及爲節度使，遂寄以腹心，軍中精鋭悉以委之。至是，布以魏兵討鎮軍于南宮，以饋運不繼，發六州租賦以供軍，將士不悦，憲誠因鼓扇之。會有詔分魏博軍與李光顏，使救深州，布軍遂潰，多歸憲誠。布獨與中軍八千人還魏，復召諸將議出兵。諸將益偃蹇，曰：「尚書能行河朔舊事，則死生以之；若使復戰，則不能也。」布歎曰：「功不成矣。」即日作遺表，曰：「臣觀衆意，終負國恩。臣既無功，敢忘即死。伏願陛下速救光顏、元翼，不則義士忠臣皆爲河朔屠害矣。」奉表號哭，拜授幕僚李石，乃入啓父靈，抽刀而言曰：「上以謝君父，下以示三軍。」遂刺心而死。憲誠聞之，遂喻衆以河朔舊事，衆擁憲誠爲留後。

詔以爲節度使。憲誠雖外奉朝廷，然内實與幽、鎮連結。

范氏曰：憲宗平河南、魏博，由宰相得其人也。穆宗拱手而得幽、鎮，不唯不能有，而并魏失之，由宰相非其才也。相者，治亂之所繫，豈不重歟！

二月，以王庭湊爲成德節度使，遣兵部侍郎韓愈宣慰其軍。庭湊圍牛元翼於深州，官軍三面救之，皆以乏糧不能進。雖李光顔亦閉壁自守。朝廷不得已，以庭湊爲成德節度使，而遣韓愈宣慰其軍。上之初即位也，兩河略定，蕭俛、段文昌以爲「天下已平，漸宜消兵。請密詔軍鎮，每歲百人之中限八人逃、死」。上方荒宴，不以國事爲意，遂可其奏。軍士落籍者，皆聚山澤爲盜。及幽、鎮作亂，一呼而亡卒皆集。詔徵諸道兵討之，皆臨時召募烏合之衆以行。又諸節度既有監軍，主將不得專號令，戰小勝則飛驛奏捷，自以爲功；不勝，則迫脇主將，以罪歸之；悉擇軍中驍勇以自衛，遣羸懦者就戰，故每戰多敗。又凡用兵，舉動皆自禁中授以方略，朝令夕改，不知所從；不度可否，惟督令速戰。中使道路如織，故雖以諸道十五萬之衆，裴度元臣宿望，烏重胤、李光顔皆當時名將，討幽、鎮萬餘之衆，屯守踰年，竟無成功，財竭力盡。崔植、杜元穎、王播爲相，皆庸才，無遠略。史憲誠既逼殺田布，朝廷不能討，遂并朱克融、王庭湊以節鉞授之。由是再失河朔，訖于唐亡，不能復取。克融既得旌節，乃出張弘靖等；而庭湊不解深州之圍。詔愈至境，更觀事勢，勿遽入，愈曰：「止，君之仁；死，臣之義。」遂往。至鎮，庭湊拔刃弦弓以逆之。及館，甲士羅於庭。庭湊言曰：「所以紛紛者，乃此曹所爲，非庭湊心。」愈厲聲曰：「天子以尚書有將帥材，故賜之節鉞，不知尚書乃不能與健兒語邪！」甲士前曰：「先太師爲國擊走朱滔，血衣猶在，此軍何負朝廷，乃以爲賊乎！」愈曰：「汝曹尚能記先太師則善矣！夫逆順之爲禍福豈遠邪！自禄山、思明以來，至元濟、師道，其子孫有今尚存者乎！田令公以魏博歸朝廷，子孫孩提，皆爲美官；王承元以此軍歸朝廷，弱冠建節；劉悟、李祐皆爲節度使，汝曹亦聞之乎！」庭湊恐衆心動，麾之使出，謂愈曰：「侍郎來欲何爲？」愈曰：「神策諸將如牛元翼者不少，但朝廷顧大體，不可棄之耳！尚書何爲圍之不置？」庭湊曰：「即當出之。」因與愈宴，禮而歸之。未幾，元翼將十騎突圍出深州。

以傅良弼爲沂州刺史，李寰爲忻州刺史。樂壽兵馬使傅良弼、博野鎮遏使李寰所戍在幽、鎮之間，朱克融、王庭湊互加誘脅，二人不從，各以其衆堅壁，賊竟不能取，故賞之。

崔植罷，以元稹同平章事。

以裴度爲司空、東都留守。元稹怨裴度，欲解其兵柄，故勸上雪王庭湊而罷兵，以度爲司空、平章事、東都留守。諫官爭上言：「時未偃兵，度有將相全才，不宜置之散地。」上乃命度入朝。

以李聽爲河東節度使。初，聽爲羽林將軍，有良馬，上爲太子，遣左右諷求之，聽以職總親軍，不敢獻。及河東缺帥，上曰：「李聽不與朕馬，是必可任。」遂用之。

昭義節度使劉悟執監軍劉承偕。承偕恃恩，陵轢悟，數衆辱之，陰與磁州刺史張汶謀縛悟送闕下。悟知之，諷其軍士殺汶，圍承偕，欲殺之。幕僚賈直言責悟曰：「公欲爲李司空耶？安知軍中無如公者！」悟遂謝直言，免承偕而囚之。上詔悟送承偕，悟不奉詔。會裴度入朝，上問度：「宜如何處置？」度對曰：「承偕驕縱不法，臣盡知之。陛下必欲收天下心，止應下半紙詔書，具陳其罪，令悟集將士斬之，則藩鎮之臣孰不思爲陛下效死，非獨悟也！」上曰：「朕不惜承偕，然太后以爲養子。卿更思其次。」度奏請流承偕於遠州，上從之。悟乃釋承偕。

三月，詔内外諸軍將士有功者奏與除官。初，上在東宫，聞天下厭苦憲宗用兵，故即位務優假將卒，以求姑息。詔：「神策六軍及南牙常参武官悉加獎擢。諸道大將久次及有功者悉奏聞除官。」於是商賈、胥吏爭賂藩鎮，牒補列將而薦之，即升朝藉。士大夫皆扼腕歎息。

武寧副使王智興作亂，詔以爲節度使。詔遣智興以精兵三千討幽、鎮，崔羣忌之，奏請以爲他官，未報。會有詔罷兵，智興引兵先期入境，羣懼，遣使迎勞，且使釋甲而入。智興不從，引兵入府逐羣，遣兵送至埇橋；遂掠鹽鐵院錢帛及諸道進奉而返。朝廷以新罷兵，力未能討，以智興爲節度使。

詔留裴度輔政。言事者皆謂裴度不宜出外，上亦自重之，制留度輔政。

王播罷。

夏，四月朔，日食。

詔免江州逃户欠錢。户部侍郎、判度支張平叔言：「官自糶鹽，可獲倍利」；又請「令所由將鹽就村糶易」；又乞「令宰相領鹽鐵使，以糶鹽多少爲刺史、縣令殿最；檢責所在實户，據口給一年鹽，使其四季輸價；富商大賈有邀截喧訴者，所在杖殺」。詔百官議，兵部侍郎韓愈曰：「城郭之外，少有見錢糶鹽，多用雜物貿易。鹽商則無物不取，或賒貸徐還，用此取濟，兩得利便。今令人吏坐鋪自糶，非得見錢，必不敢受。如此，貧者無從得鹽，自然坐失常課，如何更有倍利！若令人吏將鹽家至户到而糶之，必索百姓供應，騷擾極多。又刺史、縣令職在分憂，豈可惟以鹽利多少爲之陞黜，不復考其理行！又貧家食鹽至少，或有旬月淡食，若據口給鹽，依時徵價，官吏畏罪，必用威刑，臣恐因此所在不安，此尤不可之大者也。」中書舍人韋處厚曰：「宰相處論道之地，雜以鹺務，實非所宜。竇參、皇甫鎛皆以錢穀爲相，卒蹈禍敗。又欲以重法禁人喧訴。夫强人之所不能，事必不立；禁人之所必犯，法必不行。」事遂寢。平叔又奏徵遠年逋欠。江州刺史李渤上言：「度支徵當州貞元二年逃户欠錢四千餘緡，當州今歲旱災，田損什九。陛下奈何於大旱中徵三十六年前逋負！」詔悉免之。

六月，裴度罷爲右僕射，元稹罷爲同州刺史。王庭湊之圍牛元翼也，和王傅于方言於元稹，請「遣客間說賊黨，使出元翼」。仍賂兵、吏部令史僞出告身二十通，令以便宜給賜」。稹皆然之。有李賞者知其謀，乃告裴度，云方爲稹結客刺度，度隱而不發。賞詣神策告之，詔僕射韓皋等鞫按，事皆無驗。六月，度及稹皆罷相。諫官言：「度無罪，不當免相。稹爲邪謀，責之太輕。」上不得已，削稹長春宫使。

以李逢吉同平章事。

秋，七月，宣武押牙李㝏作亂，討平之。初，張弘靖鎮宣武，屢賞以悦軍士。李愿繼之，性奢侈，薄賞勞而峻威刑。其妻弟竇瑗典宿直兵。瑗驕貪，軍中惡之。牙將李臣則等作亂，斬瑗，愿奔鄭州。衆推㝏爲留後，監軍以聞。詔三省官與宰相議，皆以爲宜如河北故事，授㝏節，李逢吉曰：「河北之事，蓋非獲已。今若并汴州棄之，則江、淮以南亦非國家有矣。」杜元穎、張平叔爭之曰：「奈何惜數尺之節，不愛一方之死乎！」議未決。會宋、亳、潁州各奏請命帥，上大喜。逢吉請「徵㝏入朝，而以韓弘弟充鎮宣武。充素寬厚得衆心。脱夰旅拒，則命徐、許兩軍攻其左右而滑軍蹙其北，充必得入矣」。上皆從之。夰不奉詔。忠武李光顔、兖海曹華皆以兵討夰，屢敗其兵。韓充入汴境，又敗其兵於郭橋。初，夰以兵馬使李質爲腹心。及夰不奉詔，質屢諫不聽。會夰疽發卧家，質擒殺之，以充未至，權知軍務。時牙兵三千人，日給酒食，力不能支。質曰：「若韓公始至而罷之，則人情大去矣！不可留此弊以遺吾帥。」即令罷給而後迎充。充既視事，人心粗定，乃密籍軍中爲惡者千餘人，一朝悉逐之，曰：「敢少留境内者斬！」於是軍政大治。以李質爲金吾將軍。

冬，十一月，太后幸華清宫，上畋于驪山。

十二月，立景王湛爲太子。上與宦者擊毬於禁中，有宦者墜馬，上驚得疾，不能履地。宰相屢乞入見，不報。裴度三上疏請立太子，且請入見言之。詔立景王湛爲皇太子。上疾浸瘳。

初行宣明曆。

癸卯（八二三）

三年。

春，三月，以牛僧孺同平章事。户部侍郎牛僧孺素爲上所厚。初，韓弘以財結中外，弘卒，孫紭幼，主藏奴與吏訟於御史府。上憐之，取其簿自閲視，凡中外主權，多納弘貨，獨僧孺不納，上大喜，遂以僧孺爲相。時僧孺與李德裕皆有入相之望。德裕出爲浙西觀察使，八年不遷，以爲李逢吉排己而引僧孺，由是怨愈深。

夏，四月，以鄭權爲嶺南節度使。翼城人鄭注巧譎傾諂，善揣人意，以醫遊四方。李愬餌其藥，頗驗，署爲牙推，浸預軍政，妄作威福，軍府患之。監軍王守澄請去之，愬曰：「注奇才也，將軍試與之語。苟無可取，去之未晚。」乃使注見守澄，守澄不得已見之。坐語未久，大喜促膝，恨相見之晚。守澄入知樞密，挈注以西，薦於上，上亦厚遇之。自上有疾，守澄專制國事，勢傾中外。注日夜出入其家，與之謀議，人莫能窺其迹。始則微賤巧宦之士或因以進，數年之後，達官車馬滿其門矣。工部尚書鄭權家多姬妾，禄薄不能贍，因注通於守澄，以求節鎮，遂得嶺南。

五月，以柳公綽爲山南東道節度使。公綽過鄧縣。有二吏，一犯贓，一舞文，衆謂公綽必殺犯贓者，公綽判曰：「贓吏犯法，法在；姦吏亂法，法亡。」竟誅舞文者。

六月，以韓愈爲京兆尹。愈爲京兆，六軍不敢犯法，私相謂曰：「是嘗欲燒佛骨，何可犯也！」

秋，八月，幸興慶宫。幸興慶宫，至通化門樓，投絹二百疋施山僧。上之濫賜皆此類，不可悉紀。

以裴度爲司空、山南西道節度使。李逢吉惡度，出之山南，不兼平章事。

九月，復以韓愈爲吏部侍郎，李紳爲户部侍郎。李逢吉結王守澄，勢傾朝野，惟翰林學士李紳常排抑之，逢吉患之，而上遇紳厚，不能遠也。會御史中丞闕，逢吉薦紳清直，宜居風憲之地，上以中丞亦次對官，可之。會紳與京兆尹韓愈爭臺參，文移往來，辭語不遜。逢吉奏二人不協，以愈爲兵部侍郎，紳爲江西觀察使。愈、紳入謝，上問其故，乃寤，故有是命。

甲辰（八二四）

四年。

春，正月，帝崩，太子即位。上餌金石之藥，處士張皐上疏曰：「神慮澹則血氣和，嗜欲勝則疾疹作。藥以攻疾，無疾不可餌也。昔孫思邈有言：『藥勢有所偏助，令人藏氣不平。』借使有疾用藥，猶須重慎，況無疾乎！庶人尚爾，況天子乎！先帝信方士妄言，餌藥致疾，此陛下所詳知也。豈得復循其覆轍乎！」上善其言，而求之不獲。既而疾作，命太子監國。宦官欲請郭太后臨朝，太后曰：「昔武后稱制，幾傾社稷。我家世守忠義，非武氏比也。太子雖少，但得賢宰相輔之，卿輩勿預朝政，何患國家不安！自古豈有女子爲天下主，而能致唐、虞之理乎！」取制書手裂之。太后兄太常卿釗亦密上牋曰：「若果徇其請，臣請先帥諸子納官爵，歸田里。」太后泣曰：「祖考之慶，鍾於吾兄。」是夕，上崩，敬宗即位。初，穆宗之立，神策軍士人賜錢五十千。至是，宰相議以太厚難繼，乃下詔曰：「宿衛之勤，誠宜厚賞。屬頻年旱歉，御府空虛，邊兵尚未給衣，霑恤期於均濟。人但賜絹十疋，錢十千。仍出内庫綾二百萬疋付度支，充邊軍春衣。」時人善之。

二月，貶李紳爲端州司馬。初，穆宗既留李紳，李逢吉愈忌之。紳族子虞自言不樂仕進，而以書與從父耆，使薦己，紳聞而誚之。虞深怨之，悉以紳平日密論逢吉之語告之，逢吉益怒，使虞與從子仲言及補闕張又新伺求紳短。敬宗即位，逢吉令王守澄言於上曰：「陛下之所以爲儲貳，逢吉力也。如杜元穎、李紳輩皆欲立深王〔二〕。」上時年十六，疑未信。會逢吉亦言「紳謀不利於上，請加貶謫」。乃貶之。逢吉帥百官表賀。百官復詣中書賀。逢吉方與又新語，門者不内；良久，又新出，旅揖百官曰：「端溪之事，又新不敢多讓。」衆駭愕。右拾遺吴思獨不賀，逢吉怒，遣使吐蕃。又新等猶忌紳，日上書言貶紳太輕，上許爲殺之。朝臣莫敢言，獨翰林侍讀學士韋處厚上疏指述紳爲逢吉之黨所讒，上稍開寤。會閲禁中文書，有穆宗所封一篋，發之，得裴度、杜元穎及紳請立上爲太子疏，乃焚譖紳書，後有言者，不復聽矣。

胡氏曰：敬宗既得裴度、李紳之疏，則逢吉、守澄誣罔明白，于是罷逢吉而相紳，置守澄於法，豈不偉哉！然使紳誠有動摇之罪，穆宗發覺，治之可也。敬宗既爲天子矣，又何治焉！今以逢吉讒紳謀不利於己，則欲殺之；得紳立己疏，則嗟嘆之，是其喜怒皆私己而發，不以公道行之，此所以來讒賊之口也！

尊皇太后爲太皇太后，上母王妃爲皇太后。

幸中和殿擊毬。自是數遊宴、擊毬、奏樂，賞賜宦官、樂人不可悉紀。賜宦官服色，有今日賜緑而明日賜緋者。

三月，赦。詔：「諸道常貢之外，無得進奉。」

以劉栖楚爲起居舍人，不拜。上視朝晏，百官班於紫宸門外，老病者幾至僵踣。諫議大夫李渤白宰相曰：「昨日疏論坐晚，今晨愈甚，請出閤待罪於金吾仗。」既坐班退，左拾遺劉栖楚獨留，進言曰：「陛下富於春秋，即位之初，當宵衣求理；而嗜寢樂色，日晏方起，梓宫在殯，鼓吹日喧，令聞未彰，惡聲遐布。臣恐福祚之不長，請碎首玉階以謝諫職之曠。」遂以額叩龍墀，見血不已，響聞閤外。李逢吉宣曰：「劉栖楚休叩頭，俟進止！」栖楚捧首而起，更論宦官事，上連揮令出。栖楚曰：「不用臣言，請繼以死。」牛僧孺宣曰：「所奏知，門外俟進止！」栖楚乃出，待罪金吾仗，於是宰相贊成其言。上命中使就仗，并李渤宣慰令歸。尋擢栖楚爲起居舍人，栖楚辭疾不拜。

夏，四月，以李虞爲拾遺。李逢吉用事，所親厚者張又新、李仲言、李虞、劉栖楚等八人；又有從而附麗之者，時人目之爲「八關」、「十六子」。

盗入清思殿，中尉馬存亮遣兵討平之。卜者蘇玄明與染坊供人張韶善，謂之曰：「我爲子卜，當陞殿坐，與我共食。今主上晝夜毬獵，多不在宫，大事可圖也。」韶以爲然，乃與玄明謀結染工無賴者百餘人，匿兵於紫草車，載以入，有疑其重而詰之者，韶急，殺之，斬關而入。先是，右軍中尉梁守謙有寵，每兩軍角伎，上常佑右軍。至是，上狼狽欲幸右軍，以遠不能，遂幸左軍。左軍中尉馬存亮走出迎，自負上入軍，遣大將康藝全將騎卒入宫討賊。上憂二太后隔絶，存亮復以騎迎至軍。韶陞清思殿，坐御榻，與玄明同食，曰：「果如子言！」玄明驚曰：「事止此邪！」韶懼而走。藝全兵至，擊殺之，餘黨悉獲。上乃還宫。盗所歷諸門，監門宦者法當死，詔並杖之，使仍舊職。存亮不自矜，委權求出，監淮南軍。

五月，以李程、竇易直同平章事。上好治宫室，欲營別殿，制度甚廣，李程諫請以所具木石回奉山陵，上即從之。既而波斯獻沈香亭子材，拾遺李漢言「此何異瑶臺、瓊室！」上雖怒，亦優容之。

六月，加裴度同平章事。初，牛元翼鎮襄陽，數賂王庭湊以請其家。庭湊不與聞，元翼卒，盡殺之。上聞之，歎宰相非才，使凶賊縱暴。翰林學士韋處厚言：「裴度勳高中夏，聲播外夷，若置之巖廊，委其參決，河北、山東，必稟朝算。理亂之本，非有他術，順人則理，違人則亂。伏承陛下當食嘆息，恨無蕭、曹，今有一裴度尚不能留，此馮唐所以謂漢文得廉頗、李牧不能用也。夫御宰相，當委之，信之，親之，禮之，於事不效，於國無勞，則置之，黜之，如此，則在位者不敢不厲，將進者不敢苟求。臣與逢吉素無私嫌，嘗爲裴度無辜貶官。今之所陳，上答聖明，下達羣議耳。」上見度奏狀無同平章事，以問處厚，處厚具言逢吉排沮之狀。李程亦勸上加禮於度。上乃加度同平章事。

夏綏節度使李祐進馬百五十匹，却之。侍御史温造彈祐違敕進奉，請論如法，詔釋之。祐謂人曰：「吾夜半入蔡州城，取吳元濟，未嘗心動。今日膽落於温御史矣。」

冬，十月，賜韋處厚錦綵、銀器。翰林學士韋處厚諫上宴遊曰：「先帝以酒色致疾損壽，臣時不死諫者，以陛下年已十五故也。今皇子纔一歲，臣安敢畏死而不諫乎！」上感其言，故有是賜。

胡氏曰：韋德載忠賢人也，而其言未免有失。夫人君耽于酒色，而其臣不諫，曰：「君有子長矣，姑聽其耽湎可也。」是安得爲忠乎！盍不曰：「先帝以酒色之故，天年不遐，臣不能諫，罪當萬死。況今陛下富於春秋，血氣未定，萬一致疾，隳宗社付託，貽皇太后之憂，則臣雖萬死亦不足以塞責矣。」如是而言，其或足以動聽矣乎！

十一月，葬光陵。

十二月，以劉栖楚爲諫議大夫。淮南節度使王播以錢十萬緡賂王守澄，求領鹽鐵。諫議大夫獨孤朗等數人請開延英論之。上問：「前廷爭者不在中邪？」即日除栖楚諫議大夫；而竟以播兼鹽鐵轉運使。

罷泗州戒壇。徐泗觀察使王智興以上生日，請於泗州置戒壇，度僧尼以資福，許之。自元和以來，敕禁此弊。智興欲聚貨，首請置之。於是四方輻湊，智興由此貲累鉅萬。浙西觀察使李德裕上言：「若不鈐制，至降誕日方停，計兩浙、福建當失六十萬丁。」奏至，即日罷之。

回鶻崇德可汗卒。

乙巳(八二五)

敬宗皇帝寶曆元年。

春，正月，赦。先是，鄠令崔發聞五坊人毆百姓，命擒以入，曳之於庭，詰之，乃中使也。上怒，收發繫臺獄。是日，與諸囚立金雞下，忽有品官數十人，執梃亂捶，發氣絶數刻始蘇，詔復繫之。給事中李渤上言：「縣令曳中人，中人毆御囚，其罪一也。然縣令所犯在赦前，中人所犯在赦後。中人横暴，若不早正刑書，臣恐四夷、藩鎮聞之，則慢易之心生矣。」諫議大夫張仲方亦上言曰：「鴻恩將布於天下，而不行御前；霈澤徧被於昆蟲，而獨遺崔發。」上皆不聽。李逢吉從容言於上曰：「崔發輒曳中人，誠大不敬；然其母年垂八十，自發下獄，積憂成疾。陛下方以孝理天下，所宜矜念。」上乃愍然曰：「比諫官但言發冤，未嘗言其不敬，亦不言有老母。如卿所言，朕何爲不赦之。」即命中使釋其罪，送歸家，仍慰勞其母。母對中使，杖發四十。

牛僧孺罷爲武昌節度使。牛僧孺以上荒淫，嬖幸用事，又畏罪不敢言，但累表求出，乃陞鄂州爲武昌軍，以僧孺爲節度使。僧孺過襄陽，節度使柳公綽服櫜鞬候於館舍，將佐曰：「襄陽地望高於夏口，此禮太過。」公綽曰：「奇章公甫離臺席，方鎮重宰相，所以尊朝廷也。」竟行之。

册回鶻昭禮可汗。

二月，浙西觀察使李德裕獻丹扆六箴。上遊幸無常，昵比羣小，視朝月不再三，大臣罕得進見。德裕獻丹扆六箴：一曰宵衣，以諷視朝稀晚；二曰正服，以諷服御乖異；三曰罷獻，以諷徵求玩好；四曰納誨，以諷侮棄讜言；五曰辨邪，以諷信任羣小；六曰防微，以諷輕出遊幸。其納誨箴略曰：「漢鷙流湎，舉白浮鍾；魏叡侈汰，陵霄作宫。忠雖不忤，善亦不從。以規爲瑱，是謂塞聰。」防微箴略曰：「亂臣猖蹶，非可遽數。玄服莫辨，觸瑟始仆。柏谷微行，豺豕塞路。覩貌獻餐，斯可戒懼。」上優詔答之。

夏，四月，羣臣上尊號，赦天下。赦文不言未量移者，韋處厚上言：「逢吉恐李紳量移，故有此處置。如此，則是應近年流貶官，因李紳一人，皆不得量移也。」上即追改之。紳由是得移江州長史。

秋，七月，鹽鐵使王播進羨餘絹百萬疋。播領鹽鐵，誅求嚴急，正入不充，而羨餘相繼。

造競渡船。詔王播造競渡船二十艘，計用轉運半年之費。張仲方等力諫，乃減其半。

八月，昭義節度使劉悟卒。悟卒，子從諫匿喪，謀以悟遺表求知留後，司馬賈直言責之曰：「爾父提十二州地歸朝廷，其功非細，秖以張汶之故，自謂不潔淋頭，竟至羞死。爾孺子何敢如此。父死不哭，何以爲人！」從諫恐，乃發喪。

冬，十月，袁王長史武昭伏誅。武昭罷石州刺史，爲袁王長史，鬱鬱怨執政。李逢吉與李程不相悦，程族人仍叔激怒昭云，程欲與昭官，爲逢吉所沮。昭因酒酣，對茅彙言欲刺逢吉，爲人所告，下吏。李仲言謂彙曰：「君言程與謀則生，不然必死。」彙曰：「冤死甘心！誣人自全，彙不爲也！」獄成，昭杖死，仍叔、仲言、彙皆遠貶。

十一月，幸驪山温湯。上欲幸驪山温湯，左僕射李絳、諫議大夫張仲方等屢諫，不聽。拾遺張權輿伏紫宸殿下叩頭諫曰：「昔周幽王幸驪山，而爲犬戎所殺；秦始皇葬驪山，而國亡；玄宗宫驪山，而禄山亂；先帝幸驪山，而享年不長。」上曰：「驪山若此之凶邪？我宜一往，以驗彼言。」遂幸温湯，還，謂左右曰：「彼叩頭者之言，安足信哉！」

十二月，以劉從諫爲昭義留後。朝廷得劉悟遺表，議者多言上黨内鎮，與河朔異，不可許。李絳上疏曰：「兵機尚速，威斷貴定；人情未一，乃可伐謀。劉悟死已數月，朝廷尚未處分，中外人意，惜此事機。所幸從諫未嘗久典兵馬，而昭義素貧，必無優賞，其衆必不盡與從諫同謀。但速除近地一將，令兼程赴鎮，使從諫未及布置，新使已至潞州，則軍心自有所繫矣。今朝廷久無處分，彼軍不曉朝廷之意，猶豫之間，若有姦人爲之畫策，虚張賞設，軍士覬望，尤難指揮。伏望速下明敕，宣示軍衆，奬其從來忠節，賜新使繒五十萬疋，使之賞設；續除從諫一刺史，必無違拒。臣嘗熟計利害，決無即授從諫之理。」時李逢吉、王守澄計議已定，竟不用絳等謀。

以李絳爲太子少師、分司。僕射李絳好直諫，李逢吉惡之。故事，僕射上日，宰相送之，百官立班，中丞列位於庭，尚書以下每月當牙。元和中，以舊儀太重，削去之。御史中丞王播恃逢吉之勢，與紳相遇於塗，不之避。紳引故事上言：「僕射，國初爲正宰相，禮數至重。儻人才忝位，自宜別授賢良；若朝命守官，豈得有虧法制。乞下百官詳定。」議者多從紳議。上聽行舊儀。至是，以紳有足疾，出之東都。

丙午（八二六）

二年。

春，二月，以裴度爲司空、同平章事。言事者多稱裴度賢，不宜棄之藩鎮。上數遣使勞問，度因求入朝。逢吉之黨大懼，百計毀之。先是，民間謠云：「緋衣小兒坦其腹，天上有口被驅逐。」又長安城中有横亘六岡，如乾象，度宅偶居第五岡。張權輿上言：「度名應圖讖，宅占岡原，不召而來，其旨可見。」上雖年少，悉察其誣謗，待度益厚。度至京師，朝士填門，度留之飲。京兆尹劉栖楚附度耳語，侍御史崔咸舉觴罰度曰：「丞相不應許所由官呫囁耳語。」度笑而飲之。栖楚不自安，趨出。度復知政事，左右忽白失中書印，聞者失色。度飲酒自如；頃復白已得之，度亦不應。或問其故，度曰：「此必吏人盜之以印書券耳，急之則投諸水火，緩之則復還故處。」人服其識量。

三月，罷修東都。上欲幸東都，諫者甚衆。上皆不聽，已使按修宫闕，裴度從容言曰：「國家本設兩都以備巡幸。然自多難以來，宫闕、營壘、百司廨舍，率已荒阤。陛下儻欲行幸，宜命有司徐加完葺，然後可往。」上曰：「從來言事者皆云不當往，如卿所言，不往亦可。」會幽、鎮皆請以兵匠助修東都，乃敕罷之。

胡氏曰：敬宗免崔發之死，聽韋處厚而寤李紳，宣慰李渤而擢劉栖楚，納李程而罷瞥殿，賞遊宴之諫而賜綿綵，聞瑶臺之諷而宥李漢，覽失丁之奏而禁度僧，受丹扆之箴而優答詔，從北門之奏而寬量移，用張仲方之説而減船費，沮逢吉所引而伸李絳，采言者所陳而禮裴度，知洛宫荒阤而罷東廵，凡此十餘條，方之德宗，豈不優哉！特以幼少之時不親師傅，故卒以荒淫遇弑而隕。養太子不可不慎，古帝王之慮深矣！

先是，朝廷遣中使賜朱克融時服，克融以爲疏惡，執留敕使，奏以春衣不足，乞度支給三十萬端匹；又奏欲將兵馬及丁匠五千助修宫闕。上患之，以問宰相，欲遣重臣宣慰，仍索敕使。裴度對曰：「克融無禮已甚，殆將斃矣。譬如猛獸，自於山林中咆哮跳踉，久當自困，必不敢輒離巢穴。願陛下勿遣宣慰，亦勿索敕使，旬日之後，徐賜詔書云：『聞中官至彼，稍失去就，俟還，朕自有處分。時服，有司製造不謹，朕甚欲知之，已令區處。其將士春衣，非朕所愛，但素無此例，不可獨與。』所稱助修宫闕，皆是虚語，若欲直挫其姦，宜云『丁匠宜速遣來』；若欲且示含容，則云『不假丁匠遠來』。如是而已，不足勞聖慮也。」上悦，從之。

夏，五月，幽州軍亂，殺節度使朱克融，而立其子。秋八月，都將李載義殺之。

遣使迎周息元入禁中。道士趙歸真説上以神仙。有潤州人周息元自言數百歲，上遣中使迎至京師，館之禁中山亭。

九月，李程罷爲河東節度使。

冬，十月，以李載義爲盧龍節度使。

十一月，李逢吉罷。

十二月，宦官劉克明等弑帝於室内，立絳王悟。王守澄等討克明，殺悟，立江王涵。上遊戲無度，狎暱羣小，善擊毬，好手搏，禁軍及諸道爭獻力士；又以錢萬緡召募力士，晝夜不離側；又好深夜自捕狐狸。性復褊急，力士或恃恩不遜，輒配流籍没；宦官小過，動遭捶撻，皆怨且懼。夜獵還宫，與宦官劉克明擊毬，軍將蘇佐明等二十八人飲酒。上酒酣，入室更衣，殿上燭滅，克明等弑帝於室内。

胡氏曰：敬宗有善十餘節，其惡在於狎暱羣小，好戲遊，妄賜予而已。然裴度無能改於其德，使至於遇弑，何也？曰帝之習爲不義，其日已久；度固忠賢，若伊尹教祖甲之道，當有所不及，況在位日淺耶！

克明矯稱上旨，命學士路隋草遺制，以絳王悟權勾當軍國事；又欲易置内侍之執權者。於是樞密使王守澄、楊承和、中尉魏從簡、梁守謙定議，以衙兵迎江王涵入宫，發左、右神策、飛龍兵進討賊黨，盡斬之。絳王爲亂兵所害。時事起蒼猝，守澄等欲號令中外，而疑所以爲辭，問於學士韋處厚，處厚曰：「正名討罪，於義何嫌！」又問江王踐阼之禮，處厚曰：「詰朝，當以王教布告中外以已平内難。然後羣臣三表勸進，以太皇太后令册命即位耳。」守澄等從其言，以裴度攝冢宰，百官謁江王於紫宸外廡，王素服涕泣。明日，即位，更名昂，是爲文宗。

范氏曰：裴度位爲上相，安危所繫，君弒不討賊，君立不預謀。二日之間，宦者三易主，而不關宰相，唐之綱紀於是大壞。以度之勳德，處之猶如此，而況不賢者乎！

尊帝母蕭氏爲皇太后。時郭太后居興慶宫，寶曆王太后居義安殿〔三〕，蕭太后居大内。上性孝謹，事之如一，每得珍異，先薦郊廟，次奉三宫，然後進御。

以韋處厚同平章事。

出宫人，放鷹犬，省冗食，罷别貯宣索。上自爲諸王，深知兩朝之弊，及即位，勵精求治，去奢從儉，詔宫女非有職掌者出三千餘人，放五坊鷹犬，省教坊、總監冗食千二百餘員。近歲别貯錢穀，悉歸之有司；宣索組繡、彫鏤之物，悉罷之。敬宗之世，每月視朝不過一、二，上始復舊制，每奇日視朝，對宰相羣臣，延訪政事，久之方罷。待制官舊雖設之，未嘗召對，至是屢蒙延問。中外翕然相賀，以爲太平可冀。

丁未（八二七）

文宗皇帝太和元年。

夏，四月，韋處厚請避位，不許。上雖虚懷聽納，而不能堅決，與宰相議事已定，尋復中變。韋處厚於延英極論之，因請避位，上再三慰勞之。

胡氏曰：人之性無不善，而材有愚明柔强之異，知學以反之，則無陷于一偏之失矣。文宗恭儉寬勤，其質甚美，年十有八，正講明道義、增益德慧之時。裴、韋二公，宜敷求名儒，寘之左右，使得以二帝、三王正心修身之學輔導啓沃，使知義理之正，忠邪之别，是非可否之處，先後緩急之序，然後勉以有爲，則雖愚亦明，雖弱必强矣。植木而不培其根，浚水而不自其源，乃欲責效於章疏，望治於頰舌，不亦遠乎！

以高瑀爲忠武節度使。自大曆以來，節度使多出禁軍，大將皆以倍稱之息貸錢，以賂中尉，動踰億萬，然後得之，未嘗由執政；至鎮，則重斂以償所負。至是，裴度、韋處厚始奏用瑀。中外相賀曰：「自今債帥鮮矣！」

五月，以李同捷爲兖海節度使。初，横海節度使李全略卒，其子同捷擅知軍務，朝廷經歲不問。同捷冀易世之後，或加恩貸，遣使奉表，請遵朝旨；乃移同捷鎮兖海。朝廷猶慮河南、北諸鎮構扇同捷使拒命，乃悉加檢校官。

六月，以王播同平章事。播入朝，力圖大用，所獻銀器以千計，綾絹以十萬計，遂得宰相。

秋，七月，葬莊陵。

李同捷不受詔。八月，削其官爵，發諸道兵討之。李同捷遣其子弟以珍玩、女妓賂河北諸鎮。李載義執其姪，并所賂獻之。史憲誠與全略爲昏，獨以糧助同捷。裴度不之知，以爲無貳心。韋處厚謂吏請事者曰：「晉公於上前以百口保汝使，處厚則不然，但仰俟所爲，自有朝典耳。」憲誠懼，不敢復與同捷通。

冬，十一月，横海節度使烏重胤卒。

戊申（八二八）

二年。

春，三月，親策制舉人。自元和之末，宦官益横，建置天子在其掌握，威權出人主之右，人莫敢言。賢良方正劉蕡對策，極言其禍，其略曰：「陛下宜先憂者，宫闈將變、社稷將危、天下將傾、海内將亂。」又曰：「陛下將杜篡弒之漸，則居正位而近正人，遠刀鋸之賤，親骨鯁之直，輔相得以專其任，庶職得以守其官，奈何以褻近五、六人總天下大政！禍稔蕭牆，姦生帷幄，臣恐曹節、侯覽復生於今日。」又曰：「忠賢無腹心之寄，閽寺恃廢立之權，陷先君不得正其終，致陛下不得正其始。」又曰：「威柄陵夷，藩臣跋扈。或有不達人臣之節，首亂者以安君爲名；不究春秋之微，稱兵者以逐惡爲義。則政刑不由乎天子，征伐必自於諸侯。」又曰：「陛下何不塞陰邪之路，屏褻狎之臣，制侵陵迫脅之心，復門户掃除之役，戒其所宜戒，憂其所宜憂！既不能治於前，當治於後；既不能正其始，當正其終；則可以虔奉典謨，克承丕構矣。昔秦之亡也，失於强暴；漢之亡也，失於微弱。强暴則賊臣畏死而害上，微弱則姦臣竊權而震主。伏見敬宗皇帝不虞亡秦之禍，不翦其萌。伏惟陛下深軫亡漢之憂，以杜其漸。」又曰：「臣聞昔漢元帝即位之初，更制七十餘事，其心甚誠，其稱甚美，然而紀綱日紊，國祚日衰，姦宄日强，黎元日困者，以其不能擇賢明而任之，失其操柄也。」又曰：「陛下誠能揭國權以歸相，持兵柄以歸將，則心無不達，行無不孚矣。」又曰：「法宜畫一，官宜正名。今分外官、中官之員，立南司、北司之局，或犯禁于南則亡命于北，或正刑于外則破律於中，法出多門，人無所措，實由兵農勢異而中外法殊也。」又曰：「今夏官不知兵籍，六軍不主兵事，軍容合中官之政，戎律附内臣之職。首一戴武弁，疾文吏如仇讎；足一蹈軍門，視農夫如草芥。謀不足以翦除凶逆而詐足以抑揚威福，勇不足以鎮衛社稷而暴足以侵軼里閭。羈紲藩臣，干陵宰輔，隳裂王度，汩亂朝經。張武夫之威，上以制君父；假天子之命，下以御英豪。有藏姦觀釁之心，無伏節死難之義。豈先王經文緯武之旨邪！」又曰：「臣非不知言發而禍應，計行而身戮，蓋痛社稷之危，哀生人之困，豈忍姑息時忌，竊陛下一命之寵哉！」考官散騎常侍馮宿等見蕡策，皆歎服，而畏宦官，不敢取；裴休、李郃、杜牧、崔慎由等二十二人中第，皆除官，物論囂然稱屈。諫官、御史欲論奏，執政抑之。李郃曰：「劉蕡下第，我輩登科，能無厚顏！」乃上疏曰：「蕡所對策，漢、魏以來無與爲比。今有司以蕡指切左右，不敢以聞，恐忠良道窮，綱紀遂絶。況臣所對不及蕡遠甚，乞回臣所授以旌蕡直。」不報。蕡由是不得仕於朝，終於使府御史。

范氏曰：天之生斯人，苟有聰明正直之資，必將有用於時，不使之汩没而死也。聖人順天理而感人心，斂天下之賢者而聚之於朝，使之施其所有，以爲國之有，則賢者無不得其所，而民物亦無不得其所矣。唐則不然，抑遏之，廢斥之，使身老巖穴，不爲世用，豈不違天理、逆人心乎！

胡氏曰：裴度、韋處厚抑諫官、御史，不令伸蕡，何也？蕡策有三事焉：一則譏及文宗，二則舉隆宰輔，三則力詆宦寺，此裴、韋所以拒之而不敢當者也。雖然，此常常之見耳。二公累朝舊德，盍以棟國取賢，匡君救弊爲重乎！是時未有一人言及宦寺者，若因蕡言，置之高第，請召公卿，并貴常侍五、六人，陳太宗故事及近代之失，咨訪厥中。公議既合，此五、六人者必有自善之謀，納兵之請，因而處之以禮，則不出中昃，大計定矣。乃避遠小嫌，失於事會，黜直言之士，增北司之氣，其失豈小也哉！蕡之所陳，但欲復其掃除之職，異乎申錫、訓、注之謀，事必可行。惜乎，裴、韋讀之不詳，思之不精也！

王庭湊陰以兵糧助李同捷。秋，九月，詔削其官爵，命諸軍討之。

王智興拔棣州。時諸軍久無功，每小勝，則虚張首虜以邀賞，朝廷竭力奉之，江、淮爲之耗弊。

冬，十二月，中書侍郎、同平章事韋處厚卒。

魏博軍亂。李同捷軍勢日蹙，王庭湊不能救，乃遣人説魏博大將亓志紹〔四〕，使殺史憲誠父子，取魏博。志紹遂作亂，引所部兵二萬人還逼魏州。詔發義成軍討之。

以路隋同平章事。隋言於上曰：「宰相任重，不宜兼金穀瑣碎之務，如楊國忠、元載、皇甫鎛皆姦臣所爲，不足法也。」上以爲然。於是裴度辭度支，上許之。

己酉（八二九）

三年。

春，正月，義成節度使李聽討魏博亂軍平之。

二月，横海節度使李祐帥諸道兵擊李同捷，破之。夏四月，同捷降，滄、景平。李祐帥諸道兵擊李同捷，拔德州。同捷請降，祐遣大將萬洪守滄州。宣慰使柏耆疑同捷之詐，自將數百騎馳入滄州，以事誅洪，取同捷詣京師。或言王庭湊欲以奇兵篡之，耆斬其首。諸道兵攻同捷三年，僅能下之，而耆取爲己功，諸將疾之，爭上表論，貶耆爲循州司户。初，祐病，聞耆殺洪，大驚，遂劇。上曰：「祐若死，是耆殺之也。」祐尋卒，賜耆自盡。

六月，魏州軍亂，殺其節度使史憲誠，推何進滔知留後以拒命。秋，八月，以進滔爲魏博節度使。初，憲誠聞滄、景將平而懼，使其子唐奉表請入朝，且以所管聽命。詔徙憲誠鎮河中，而以李聽鎮魏博。憲誠竭府庫以治行，將士怒，殺憲誠，奉兵馬使何進滔知留後。聽至魏州，不得入。七月，進滔出兵擊聽走之。時河北久用兵，饋運不給，遂以進滔爲節度使。

以殷侑爲齊、德、滄、景節度使。滄州承喪亂之餘，骸骨蔽地，户口存者什無三、四。侑至鎮，與士卒同甘苦，招撫流散，勸之耕桑；三年之後，户口滋殖，倉廩充盈。

赦王庭湊，復其官爵。庭湊因鄰道微露請服之意，遂赦之。

以李宗閔同平章事。徵李德裕爲兵部侍郎，裴度薦以爲相。會宗閔有宦官之助，遂以宗閔同平章事。宗閔惡德裕逼己，出之滑州。

九月，命宦官毋得衣紗縠綾羅。上性儉素，聽朝之暇，惟以書史自娱，聲樂遊畋，未嘗留意。駙馬韋處仁著夾羅巾，上謂曰：「朕慕卿門地清素，故有選尚。如此巾服，聽其他貴戚爲之，卿不須爾。」

胡氏曰：文宗處富貴之極地，而能清約儉素，終始不變，其可與爲善無疑矣；而旦夕承弼之人，無伊、傅、周、召之業，遂使其君有祖甲、成王之質，而懷周赧、漢獻之憤。聖學不傳，豈細故哉！

冬，十一月，禁獻奇巧及織纖麗布帛。

南詔寇成都，入其郛。西川節度使杜元穎以文雅自高，不曉軍事，專務蓄積，減削士卒衣糧。戍卒皆入蠻境鈔盗自給，蠻人反以衣食資之；由是蜀中虚實動静，蠻皆知之。南詔嵯顛遂謀入寇，邊州屢以告，元穎不信。嵯顛以蜀卒爲鄉導，襲陷巂、戎、邛州。詔發近鎮兵救之。嵯顛自引兵徑抵成都，陷其外郭。元穎保牙城以拒之，欲遁去者數四。蠻大掠子女、百工數萬人及珍貨而去。嵯顛遣使上表曰：「杜元穎不恤軍士，軍士競爲鄉導，祈誅虐帥；誅之不遂，無以慰蜀士之心，願陛下誅之。」詔貶元穎循州司馬。

庚戌（八三〇）

四年。

春，正月，以牛僧孺同平章事。李宗閔引僧孺爲相，相與排擯李德裕之黨，稍稍逐之。

二月，興元軍亂，殺節度使李絳。南詔之寇成都也，詔山南西道發兵救之。節度使李絳募兵千人赴之，蠻退而還。詔悉罷之，絳召新軍諭旨，賜以廪麥而遣之，皆怏怏而退。監軍楊叔元素惡絳不奉己，以賜物薄激之，衆怒大譟，掠庫兵趨使牙。絳方宴，走登北城。或勸絳縋而出，絳曰：「吾爲元帥，豈可逃去！」麾推官趙存約令去，存約曰：「存約受明公知，何可苟免！」牙將王景延戰死，絳、存約等皆遇害。叔元奏絳收新軍募直以致亂。三省官上疏，共論絳冤及叔元激怒亂兵之罪，上始悟。

胡氏曰：李深之當憲宗時，罷相不去，未爲無眷眷於君之意；歷穆、敬爲僕射，至爲逢吉所逐，則失進退之義矣。素與宦人爲仇敵，豈不知連帥之權，半屬監軍！既同方政，又不禮焉，則昧防閑之幾矣。募兵雖不及用，罷而遣之，亦宜犒賜，而給以廪麥，則忽撫接之宜矣。府有正兵，比及亂作，己方張宴，坐受屠害，則無備預之素矣。豈其年老而智衰乎？何處經遭變之多舛也！

三月，以柳公綽爲河東節度使。先是，回鶻入貢，及互市所過，懼其爲變，常嚴兵防衛之。公綽至鎮，回鶻遣梅録李暢以馬萬匹互市，公綽但遣牙將單騎迎勞於境，至則大闢牙門，受其禮謁。暢感泣，戒其下無所侵擾。沙陀素驍勇，爲九姓、六州胡所畏伏。公綽奏以其酋長朱邪執宜爲陰山都督使，居雲、朔塞下，捍禦北邊。執宜入謁，神彩嚴整，進退有禮，公綽謂僚佐曰：「執宜外嚴而内寬，言徐而理當，福禄人也。」使夫人與其母妻飲酒饋遺之。執宜感恩，爲之盡力，自是虜不敢犯塞。

以温造爲山南西道節度使，討亂兵平之。温造行至褒城，遇興元都將衛志忠征蠻歸，密與之謀，以其兵八百人爲牙隊，五百人爲前軍，入府分守諸門；既視事，饗士卒，志忠密以牙兵圍新軍殺之，八百人皆死。楊叔元起擁造靴求生，造命囚之；詔流康州。

胡氏曰：李絳之禍，皆楊叔元爲之也。温造既能誅戮亂兵，宜并叔元殲之，具以事聞，雖得貶無恨矣。盡殺新軍則有濫及，縱舍叔元則爲失刑，無乃亦懾畏北司故耶？是故爲義不終，謂之姑賢乎已者可耳。

夏，六月，以裴度爲司徒、平章軍國重事。度以老疾辭位，故有是命，仍詔三、五日一入中書。

秋，七月，以宋申錫同平章事。上患宦官强盛，元和、寶曆逆黨猶在，而中尉王守澄尤專横，嘗密與申錫言之，申錫請漸除其偪。上以申錫沈厚忠謹，可倚以事，擢爲宰相。

九月，裴度爲山南東道節度使。初，裴度征淮西，奏李宗閔爲判官，由是漸獲進用；至是，怨度薦李德裕，因其謝病出之。

冬，十月，以李德裕爲西川節度使。蜀自南詔入寇，一方殘弊。德裕至鎮，作籌邊樓，圖蜀地形，南入南詔，西達吐蕃，日召老於軍旅、習邊事者，訪以山川、城邑、道路險易廣狹遠近，未踰月，皆若身嘗涉歷。上命德裕修塞清溪關，以斷南詔入寇之路。德裕上言：「通蠻細路至多，不可塞，惟重兵鎮守，可保無虞。」時北兵皆歸本道，惟河中、陳、許三千人在成都。有詔來年亦歸，蜀人恟懼。德裕奏乞鄭、滑五百人，陳、許千人以鎮蜀，且言：「蜀兵脆弱，新爲蠻寇所困，皆破膽，不堪征戍；若北兵盡歸，則與杜元穎時無異。朝臣建言罷兵，蓋由禍不在身，望人責一狀，留入堂案，他日敗事，不可令臣獨當國憲。」朝廷皆從其請。德裕乃練士卒，葺堡鄣，積糧儲以備邊，蜀人粗安。

辛亥（八三一）

五年。

春，正月，盧龍將楊志誠逐其節度使李載義。二月，以志誠爲留後。上聞志誠作亂，召宰相謀之，牛僧孺曰：「范陽自安、史以來，非國所有。劉總蹔獻其地，朝廷費錢八十萬緡，而無絲毫所獲。今日志誠得之，猶前日載義得之也，因而撫之，使捍北狄，不必計其逆順。」上從之。以載義恭順有功，拜太保，以志誠爲留後。

司馬公曰：昔者聖人順天理，察人情，知齊民之莫能相治也，故置師長以正之；知羣臣之莫能相使也，故建諸侯以制之；知列國之莫能相服也，故立天子以統之。天子之於萬國，能褒善而黜惡，抑强而輔弱，撫服而懲違，禁暴而誅亂，然後發號施令，而四海之内莫不率從也。載義藩屏大臣，有功無罪，而志誠逐之，天子一無所問，而因以其位授之，是將帥之廢置殺生，皆出於士卒之手，天子雖在上，奚爲哉？國家之有方鎮，豈專利其財賦而已乎？如僧孺之言，姑息偷安之術耳，豈宰相佐天子御天下之道哉！

三月，貶漳王湊爲巢縣公，宋申錫爲開州司馬。上與申錫謀誅宦官，申錫引王璠爲京兆尹，以密旨諭之。璠泄其謀，王守澄、鄭注知之，使人誣告申錫謀立漳王，上甚怒。守澄欲遣騎屠申錫家，飛龍使馬存亮固争曰：「如此，則京城自亂矣。」守澄乃止。上命捕所告品官晏敬則等，於禁中鞫之，皆自誣服。獄成，左常侍崔玄亮、給事中李固言、諫議大夫王質、補闕盧鈞等請以獄事付外覆按，上曰：「吾已與大臣議之矣。」玄亮叩頭流涕曰：「殺一匹夫猶不可不重慎，況宰相乎！」上意稍解，復召宰相入議，牛僧孺曰：「人臣不過宰相，申錫復欲何求！且申錫殆不至此！」注恐覆按詐覺，乃勸守澄請止行貶黜。存亮即日致仕。坐死、徙者數十百人，申錫竟卒於貶所。質，通之五世孫也。

胡氏曰：宋申錫昧於量主而受付託之重，暗於知人而委腹心之寄，其敗宜矣。然則宦官不可除耶？曰：革弊者必有其漸，興治者必有其本。賢才衆，朝廷治，政事修，擇其尤無良者，不過數人，顯加刑戮，而收其柄，復門户掃除之常役，何難之有！宦官雖多狡猾，其間如馬存亮者，亦可謂謹愿忠智之人矣，就使之謀，豈不賢於訓、注之爲哉！王璠懷姦不密，他日不免獨柳之禍，所謂自作孽者歟！

夏，五月，命有司葺太廟。上以太廟兩堂破漏，踰月不葺，罰將作、度支、宗正俸，命中使帥工徒葺之。補闕韋温諫曰：「國家置百官，各有所司，苟爲墮曠，宜擇能者代之。今曠官者止於罰俸，而以其事委之内臣，是以宗廟爲陛下所私，而百官皆爲虚設也。」上善其言，即命有司葺之。

李德裕索南詔所掠百姓，得四千人。

秋，八月，以崔鄲爲鄂岳觀察使。鄂岳多盗剽行舟，鄲訓卒治兵，作蒙衝追討，悉誅之。初，鄲在陝，以寬仁爲治，或經月不笞一人；及至鄂，嚴峻刑罰。或問其故，鄲曰：「陝土瘠民貧，吾撫之不暇，尚恐其驚。鄂地險民雜，慓狡爲姦，非用威刑，不能致治。政貴知變，蓋謂此也。」

九月，吐蕃將悉怛謀以維州來降，不受。李德裕簡蜀兵羸弱者，去四千餘人，復募少壯者千人，募北兵得千五百人，與土兵參居，轉相訓習，日益精練；所作兵器，無不堅利。至是，吐蕃維州副使悉怛謀請降，盡帥其衆奔成都。德裕遣兵據其城，具奏其狀。事下尚書省，集百官議，皆請如德裕策。牛僧孺曰：「吐蕃之境，四面各萬里，失一維州，未能損其勢。比來修好，約罷戍兵，中國禦戎，守信爲上。彼若來責曰：『何事失信？』養馬蔚茹川，上平凉阪，萬騎綴回中，怒氣直辭，不三日至咸陽橋。此時西南數千里外，得百維州何所用之！徒棄誠信，有害無利。此匹夫所不爲，況天子乎！」上以爲然，詔德裕以其城及悉怛謀等悉歸之吐蕃。吐蕃誅之於境上，極其慘酷。德裕由是怨僧孺益深。

壬子(八三二)

六年。

春，正月，以水旱降繫囚。

羣臣上尊號，不受。韋温言：「今水旱爲災，恐非崇飾徽稱之時。」上善之，辭不受。

回鶻昭禮可汗爲其下所殺。從子胡特勒立。

冬，十月，立魯王永爲太子。

十二月，牛僧孺罷爲淮南節度使。西川監軍王踐言入知樞密，數爲上言：「縛送悉怛謀以快虜心，絶降者，非計也。」上亦悔之，尤僧孺失策；僧孺内不自安。會上謂宰相曰：「天下何時當太平，卿等亦有意於此乎？」僧孺對曰：「太平無象。今四夷不至交侵，百姓不至流散，雖非至理，亦謂小康。陛下若别求太平，非臣所及。」因累表請罷，乃出鎮淮南。

司馬公曰：君明臣忠，上令下從，俊良在位，佞邪黜遠，禮修樂舉，刑清政平，姦宄消伏，兵革偃戢，諸侯順附，四夷懷服，時和年豐，家給人足，此太平之象也。于斯之時，閽寺脅君於内，藩鎮阻兵於外，士卒殺逐主帥，拒命自立，軍旅歲興，賦斂日急，而僧孺謂之太平，不亦誣乎！當文宗求治之時，僧孺位居承弼，進則偷安取容以竊位，退則欺君誣世以盗名，罪孰大焉！

昭義節度使劉從諫入朝。

以李德裕爲兵部尚書。初，李宗閔與德裕有隙。及德裕還自西川，上注意甚厚，朝夕且爲相，宗閔百方沮之不能，深以爲憂。京兆尹杜悰謂曰：「德裕有文學而不由科第，常用此爲慊慊。若使之知舉，則可以平宿憾矣。」宗閔曰：「更思其次。」悰曰：「不則用爲御史大夫。」宗閔曰：「可矣。」悰乃詣德裕告之，德裕驚喜泣下，寄謝重沓。宗閔復與給事中楊虞卿謀之，事遂中止。

胡氏曰：李德裕志氣豪邁，蓋以公輔自許，人亦以是期之。今史氏以爲聞大夫之命，驚喜泣下，德裕豈有是哉！杜悰，宗閔之黨也，故爲此語以陋文饒，而史家取之。司馬氏亦不削去，誤矣。

癸丑（八三三）

七年。

春，正月，加劉從諫同平章事，遣歸鎮。初，從諫以忠義自任，入朝，欲請他鎮；既至，見朝廷事柄不一，心輕朝廷，故歸而益驕。

胡氏曰：平章百姓，表正萬邦，朝廷之道也。朝廷清明，無不善之政，彼强國悍藩，蓋將有不待詔命，不俟征討而歸順者；不然，則人心不服，雖得之，必失之。以劉從諫向背之事觀焉，豈不信夫！然從諫亦豈真知忠義者哉？使其真知，豈視朝廷之理亂，而作輟其操乎！故凡爲善者，貴於真知；不然，則異於從諫者幾希矣！

二月，以李德裕同平章事。德裕入謝，上與之論朋黨事。時給事中楊虞卿與從兄中書舍人汝士等善交結，依附權要，上聞而惡之，故與德裕言，首及之。德裕因得以排其所不悦者。他日，上復言及朋黨，李宗閔曰：「臣素知之，故虞卿輩臣皆不與美官。」李德裕曰：「給、舍非美官而何？」宗閔失色。

夏，四月，册回鶻彰信可汗。

六月，以李載義爲河東節度使。先是，回鶻每入貢，所過暴掠，州縣不敢詰，但嚴兵防衛而已。載義至鎮，回鶻使者李暢入貢，載義謂之曰：「可汗遣將軍入貢修好，非遣將軍陵踐上國也。將軍不戢部曲，使之侵盜，載義亦得殺之，勿謂中國之法可忽也。」於是悉罷防衛兵，但使二卒守其門。暢畏服，不敢犯令。

以鄭覃爲御史大夫。初，李宗閔惡覃在禁中數言事，奏罷其侍講。上從容謂宰相曰：「殷侑經術頗似鄭覃。」宗閔對曰：「覃、侑經術誠可尚，然論議不足聽。」李德裕曰：「覃、侑議論，他人不欲聞，惟陛下欲聞之，幸甚。」後旬日，宣出，除覃御史大夫。宗閔謂樞密使崔潭峻曰：「事皆宣出，安用中書！」潭峻曰：「八年天子，聽其自行事亦可矣！」宗閔愀然而止。

秋，七月，以王涯同平章事，兼度支、鹽鐵轉運使。李宗閔罷。

以李程爲宣武節度使。宣武闕帥，李德裕欲徙劉從諫鎮之，因拔出上黨，不使與山東連結。上以爲未可，乃以命程。

八月，詔諸王出閤；停進士試詩賦。上患近世文士不通經術，李德裕請依楊綰議，罷詩賦，又言：「昔玄宗以臨淄王定内難，疑忌宗室，不令出閤，議者以爲幽閉骨肉，虧傷人倫。天寶之末，建中之初，所以悉爲安禄山、朱泚所魚肉者，由聚於一宫故也。陛下誠能聽其年高屬疏者出閤，且除諸州上佐，使攜其男女出外昏嫁，此則百年弊法，一旦去之，海内孰不欣悦！」上曰：「玆事朕久知其不可，今諸王豈無賢才，無所施耳。」於是下詔并停詩賦。然諸王出閤，竟以議所除官不決而罷。

范氏曰：昔三代之王分封同姓，布於天下，天命雖改，而子孫歷千百歲不可得而滅絶也。後世人主疑其骨肉，禁錮宗室，甚於縲囚，故自魏、晉以來，易姓之後，苗裔湮滅，祀莫無主，有唐之後，五代之際，已無聞焉者。其祖宗之所致歟！

加盧龍節度使楊志誠右僕射。初，以志誠爲吏部尚書，志誠怒不得僕射，留官告使。朝廷不得已，加志誠僕射，别遣使慰諭之。杜牧憤河朔三鎮之桀驁，而朝廷議者專事姑息，乃作罪言曰：「上策莫如先自治，中策莫如取魏，最下策爲浪戰，不計地勢，不審攻守是也。」又傷府兵廢壞，作原十六衛曰：「貞觀中，内以十六衛蓄養戎臣，外開折衝、果毅府五百七十四，以儲兵伍，有事則戎臣提兵居外，無事則放兵居内。其居内也，富貴恩澤以奉養之；所部之兵散舍諸府，三時耕稼，一時治武，籍藏將府，伍散田畝，力解勢破，人人自愛，雖有蚩尤爲帥，亦不可使爲亂耳。及其居外也，緣部之兵被檄乃來，斧鉞在前，爵賞在後，飊暴交捽，豈暇異略！雖有蚩尤爲帥，亦無能爲叛也。自貞觀至于開元百三十年間，戎臣兵伍未始逆篡，此大聖人所以柄統輕重，制鄣表裏，聖算神術也。至于開元末，愚儒請罷府兵，武夫請搏四夷，於是府兵内剷，邊兵外作，尾大中乾，成燕偏重，而天下掀然，根萌燼燃矣。蓋兵居外則叛，居内則篡。使外不叛，内不篡，其置府立衛乎！近代已來，爲將率者皆市兒輩，多齎金玉、負倚幽陰、折券交質而得之，絶不識禮義之教，復無慷慨之氣。其强傑愎勃者則撓削法制，斬族忠良，力壹勢使，罔不爲寇；

其陰泥巧狡者，亦能家算口斂，委於邪倖，由卿市公，去郡得都，四履所治，指爲別館。是以天下兵亂不息，齊人耗乾，靡不由是矣。嗚呼！文皇帝十六衛之旨，其誰原而復之乎！」又作戰論曰：「河北視天下，猶珠璣也；天下視河北，猶四支也。河北氣俗渾厚，果於戰耕，加以土息健馬，便於馳敵，是以出則勝，處則饒，不窺天下之産，自可封殖；亦猶大農之家，不待珠璣然後以爲富也。國家無河北，則精甲、鋭卒、良弓、健馬無有也。河東、盟津、滑臺、大梁、彭城、東平盡宿厚兵，不可他使。六鎮之師，低首仰給。咸陽西北，戎夷大屯，赤地盡取，始能應費。四支盡解，頭腹兀然，其能以是久爲安乎！誠能治其五敗，則一戰可定，四支可生。戰士離落，兵甲鈍弊，是不蒐練之過，其敗一也。百人荷戈，千夫仰食，此不責實之過，其敗二也。小勝則張皇邀賞，貴極富溢，則不肯搜奇出死，以勤於我，此厚賞之過，其敗三也。多喪兵士，跳身而來，回視刀鋸，氣色甚安，此輕罰之過，其敗四也。大將兵柄不得自專，恩臣、敕使迭來揮之，愰駭之間，虜騎乘之，遂取吾之鼓旗，此不專任之過，其敗五也。今誠欲調持干戈，灑掃垢汙，以爲萬世安而乃踵前非，是不可爲也。」又作守論，以爲「議者曰〔五〕：夫倔强之徒，吾以良將勁兵爲銜策，高位美爵充飽其腸，安而不撓，外而不拘，亦猶豢擾虎狼而不拂其心，則忿氣不萌，此大曆、貞元所以守邦也，亦何必疾戰，焚煎吾民，然後以爲快也！愚曰：生人油然多欲，欲而不得，則爭亂隨之，是以教笞於家，刑罰於國，征伐於天下，此所以裁其欲而塞其爭也。大曆、貞元之間，盡反此道，提區區之有而塞無涯之爭，是以首尾指支，幾不能相運掉也。不知非此，而反用以爲經，愚見爲盜者非止於河北而已。」又注孫子，爲之序，曰：「兵者，刑也；刑者，政事也。爲夫子之徒，實仲由、冉有之事也。不知自何代分爲二道，搢紳之士不敢言兵，苟有言者，世以爲麤暴異人，人不比數。不知自古主兵者，必聖賢、才能、多聞博識之士乃能有功，議於廊廟之上，兵形已成，然後付之於將耳。彼爲相者曰：『兵非吾事，吾不當知。』君子曰：『勿居其位可也！』」

胡氏曰：治天下而先自治者，堯、舜、三王不越是矣，而杜牧之以伐魏次之，則不知其所謂自治者何事也。若徒以復十六衛、開五百七十四府爲自治之道，是非聖王所先務。貞觀之治，亦不專恃此也。故文士之言，有言近似而實不至者，此類是矣。

九月，以鄭注爲右神策判官。注依倚王守澄，權勢熏灼，上深惡之。侍御史李款閤内奏彈之，旬日之間，章數十上。守澄匿注於右軍。左軍中尉韋元素惡注，軍將李弘楚説元素召而殺之，因見上請罪，元素從之。注至，蠖屈鼠伏，佞辭泉涌，元素不覺執手款曲，以金帛厚遺而遣之。弘楚怒，解職去。王涯爲相，注有功焉，且畏王守澄，遂寢李款之奏。守澄言注於上而釋之，尋奏爲侍御史，充右神策判官；朝野駭歎。

冬，十二月，羣臣上尊號，不受。羣臣上尊號。會中使薛季稜自同、華還，言閭閻彫弊，上歎曰：「關中小稔，百姓尚爾，况江、淮比年大水，其人如何！吾無術以救之，敢崇虚名乎！」因以通天犀帶賞季稜。羣臣四上表，竟不受。

胡氏曰：人君而不當自聖，則不受尊號；知二帝、三王一言爲名而不敢兼也，則不受尊號；知後世臣子習爲諂諛，陷主於夸侈也，則不受尊號；知古之人君未有生而自加謚也，則不受尊號；知無其實而當其名之爲可耻也，則不受尊號。若文宗者，可以爲後世法矣。宦人以媚爲正者也。文宗有謙恭之心，則宦人亦敢告以百姓利病之實；若動皆率道，人有不化乎！

上有疾。上始得風疾，不能言。王守澄薦鄭注，上飲其藥，頗有驗，遂有寵。然上自是神識耗減，不能復故。

甲寅（八三四）

八年。

春，二月朔，日食。

夏，六月，旱。上以久旱，詔求致雨之方。司門員外郎李中敏上表曰：「仍歲大旱，直以宋申錫之冤濫，鄭注之姦邪？今斬注而雪申錫，天必雨矣。」不從。中敏乃謝病，歸東都。

冬，十月，幽州軍亂，逐節度使楊志誠，推史元忠主留務。志誠伏誅。元忠獻志誠所造衮衣僭物，詔流嶺南，道殺之。

以李宗閔同平章事，李德裕罷爲山南西道節度使，以李仲言爲翰林侍讀學士。初，李仲言流象州，遇赦，還東都。會留守李逢吉思復入相，仲言自言與鄭注善，逢吉使仲言厚賂之。注引仲言見王守澄，守澄薦於上，言其善易。仲言儀狀秀偉，倜儻尚氣，頗工文辭，有口辯，多權數，上見之大悦，欲以爲諫官，寘之翰林。李德裕曰：「仲言曏所爲計，陛下必盡知之，豈宜寘之近侍。」上曰：「然豈不容其改過？」對曰：「臣聞惟顔回能不貳過。彼聖賢之過，但思慮不至，或失中道耳。仲言之惡，著於心本，安能悛改邪！」上曰：「逢吉薦之，朕不欲食言。」對曰：「逢吉身爲宰相，乃薦姦邪以誤國，亦罪人也。」上曰：「然則别除一官。」對曰：「亦不可。」上顧王涯，涯對曰：「可。」德裕揮手止之，上回顧適見，不懌而罷。始涯聞上欲用仲言，草諫疏極憤激，既而見上意堅，且畏其黨盛，遂中變。尋以仲言爲四門助教，給事中鄭肅、韓佽封還敕書。德裕出中書，王涯詐謂二人曰：「李公適留語，令二閤老不用封敕。」二人即行下。德裕聞之，大驚曰：「有司封駁，豈當禀宰相意邪！」仲言及注皆惡德裕，以宗閔與德裕不相悦，引宗閔以敵之。上遂相宗閔，而出德裕於興元。是日，以仲言爲侍讀，給事中高銖、鄭肅、韓佽、諫議大夫郭承嘏、中書舍人權璩等争之，不能得。仲言尋改名訓。

令進士復試詩賦。

以李德裕爲兵部尚書。德裕見上，請留京師故也。

胡氏曰：功名之心勝，富貴之念深，則於道義將背戾而不自知。李衛公功名富貴人也，故知仕進而已，而不知既爲宰相，不獲於君，尚欲徘徊京師，强顔班列，於義何處也！素懷忿忮，又存物欲，兩不得伸，將有偷合苟得之行，離合傾攘之計，不能自已者矣。使知道循義以處，興廢進退，豈不綽綽然有餘裕哉！

十一月，成德節度使王庭湊卒，子元逵自知留後。元逵改父所爲，事朝廷甚謹。

以李德裕爲鎮海節度使。李宗閔言：「德裕制命已行，不宜自便。」詔復以德裕鎮浙西。時德裕、宗閔各有朋黨，互相擠援，上患之，每歎曰：「去河北賊易，去朝中朋黨難。」

司馬公曰：君子小人之不相容，猶冰炭之不可同器而處也。然君子進賢退不肖，其處心也公，其指事也實，故謂之正直；小人反是，故謂之朋黨。若人主有以辨之，則朋黨何自而生哉！惟其明不能燭，强不能斷，邪正雜進，威福潛移，是以讒慝得志而朋黨之議興矣。故朝廷有黨，則人主當以自咎而不當以罪羣臣也。文宗不能察羣臣之賢否而進退之，乃怨其難治，是猶不種不蕓而怨田之蕪也。朝中之黨且不能去，況河北賊乎！

以王璠爲尚書左丞。鄭注深德璠，李訓亦與之善，共薦之。

乙卯（八三五）

九年。

春，正月，以王元逵爲成德節度使。

浚曲江及昆明池。鄭注言秦地有災，宜興役以禳之也。

胡氏曰：天地神明之理，不諄諄以言示人，則人孰喻其所爲者！故聖人修其德，正厥事而已。甘露之變，天子震驚，千門流血，秦地有災，良非虚語。鄭注徒知其災，而不知其所以災，乃欲勞人以厭之；而文宗又聽而從之，震驚之及，其能免耶！

三月，以史元忠爲盧龍節度使。

夏，四月，以李德裕爲賓客、分司。

以鄭注守太僕卿，兼御史大夫。注舉李款自代，曰：「加臣之罪，雖於理而無辜；在款之誠，乃事君而盡節。」人皆哂之。

路隋罷爲鎮海節度使。初，李德裕爲浙西觀察使，漳王傅母杜仲陽坐宋申錫事放歸金陵，詔德裕存處之。至是，王璠等奏德裕厚賂仲陽，陰結漳王，圖爲不軌。上怒甚，路隋曰：「德裕不至此。果如所言，臣亦應得罪！」乃以德裕爲賓客、分司，而以隋代之，不得面辭而去。

以賈餗同平章事。餗性褊躁輕率，與李德裕有隙，而善於宗閔、鄭注，故上用之。

貶李德裕爲袁州刺史。制以上初得疾，王涯呼德裕問起居，不至；又在蜀徵逋懸錢，百姓愁困，貶之。

五月，以仇士良爲神策中尉。初，宋申錫獲罪，宦官益横，上不能堪。李訓、鄭注揣知上意，數以微言動上。上意其可與謀大事，遂密以誠告之，訓、注遂以誅宦官爲己任。二人言無不從，聲勢烜赫。注多在禁中，或時休沐，賓客填門，賂遺山積。外人但知訓、注倚宦官作威福，不知其與上有密謀也。上之立也，仇士良有功，王守澄抑之，由是有隙。訓、注爲上謀進擢士良，以分守澄之權。

六月，貶李宗閔爲明州刺史。秋七月，以李固言同平章事。京城訛言鄭注爲上合金丹，須小兒心肝，民間驚惶。鄭注素惡京兆尹楊虞卿，與李訓共構之，云此語出於虞卿家人。上怒，下虞卿獄。注求爲兩省官，李宗閔不許，注毁之於上。會宗閔救虞卿，上怒，叱出，貶之；虞卿亦貶虔州司馬；而以李固言爲相。訓、注爲上畫太平之策，以爲當先除宦官，次復河湟，次清河北，開陳方略，如指諸掌。上以爲信，寵任日隆；連逐三相，威震天下。於是平生絲恩髪怨無不報者。

貶李甘爲封州司馬。時人皆言鄭注朝夕且爲相，侍御史李甘揚言於朝曰：「白麻出，我必壞之於庭。」故及於貶。然訓亦忌注，不欲使爲相，事竟寢。

以鄭注爲翰林侍讀學士，貶李珏爲江州刺史。注好服鹿裘，以隱淪自處，上以師友待之。注之初得幸，上嘗問翰林學士李珏曰：「卿知有鄭注乎？」對曰：「臣豈不知！其人姦邪，陛下寵之，恐無益聖德。臣忝在近密，安敢與此人交通！」至是，以注爲工部尚書、翰林侍讀學士，珏貶江州。時注、訓所惡，皆目爲二李之黨，貶逐無虚日，班列殆空。

改江、淮、嶺南茶法，增其稅。從王涯之請也。

陳弘志伏誅。時弘志爲興元監軍。李訓爲上謀討元和之亂，召之，至青泥驛，封杖殺之。

胡氏曰：陳弘志弑憲宗，事狀未明，必欲治之，執付廷尉，鞫取款實，然後肆諸市朝，豈不善哉！而暗殺之，非所以討亂賊也。

李固言罷爲山南西道節度使，以鄭注爲鳳翔節度使。初，注求鎮鳳翔，固言不可，乃出固言鎮興元，而以注爲鳳翔帥。李訓雖因注得進，及勢位俱盛，心頗忌注，託以中外協勢以誅宦官，故出注於鳳翔，其實俟既誅宦官，并圖注也。注請禮部員外郎韋温爲副使，温不可。或曰：「拒之必爲患。」温曰：「擇禍莫若輕。拒之止於遠貶，從之有不測之禍。」卒辭之。

以王守澄爲神策觀軍容使。訓、注爲上謀以虚名尊守澄，實奪之權。

以舒元輿、李訓同平章事。元輿爲中丞，凡訓、注所惡者，則爲之彈擊，由是得爲相。上懲二李朋黨，以賈餗及元輿皆孤寒新進，故擢爲相，庶其無黨。訓起流人，期年致位宰相，天子傾意任之。天下事皆決於訓，王涯輩承順其風指，惟恐不逮。

冬，十月，以王涯兼榷茶使。鄭注每自負經濟之略，上問以富人之術，注無以對，乃請榷茶，人甚苦之。

殺王守澄。訓、注密言請除守澄，遣中使就第賜酖殺之。訓、注本因守澄以進，卒謀而殺之。人皆快守澄之受佞，而疾訓、注之陰狡。於是元和之逆黨略盡矣。

加裴度兼中書令。李訓所獎拔，率皆狂險之士，然亦時取天下重望，以順人心，如裴度、令狐楚、鄭覃皆累朝耆俊，久在散地，訓皆引居崇秩。由是士大夫亦有望其真能致太平者，不惟天子惑之也。然識者見其横甚，知將敗矣。

胡氏曰：李訓假爵禄以寵賢士，可以無受者也。裴度在外，當遜辭而牢讓；鄭覃在内，當見上而盡言。今乃昧於辭受之義，非大臣特立之道也。

十一月，李訓、舒元輿、鄭注等謀誅宦官，不克。以鄭覃、李石同平章事。仇士良殺訓、注、元輿及王涯、賈餗等。始，鄭注與李訓謀，至鎮，選壯士數百爲親兵，奏請入護王守澄葬，仍請令内臣盡集送之，因令親兵殺之，使無遺類。約既定，訓與其黨謀，如此事成，則注專有其功，乃以郭行餘鎮邠寧，王璠鎮河東，使多募壯士爲部曲；以羅立言知京兆府事，韓約爲金吾衛大將軍；及與御史中丞李孝本謀，并注去之。宰相惟舒元輿與其謀，他人莫知也。及是日，上御紫宸殿，百官班定，韓約奏左金吾聽事後石榴夜有甘露，因蹈舞再拜，宰相亦帥百官稱賀。訓、元輿勸上往觀，以承天貺，上許之。先命宰相視之，訓還，奏「非真，未可宣布」。上顧仇士良帥諸宦者往視之。宦者既去，訓召行餘、璠受敕。璠股栗不敢前，獨行餘拜殿下。時二人部曲數百，皆執兵立丹鳳門外，訓召之入。士良等至，韓約變色流汗，士良怪之。俄風吹幕起，執兵者甚衆。士良等驚走，詣上告變。訓呼金吾衛士：「上殿衛乘輿者，人賞錢百緡！」宦者即舉軟輿迎上，決殿後罘罳，疾趨北出。羅立言帥京兆邏卒三百，李孝本帥御史臺從人二百，皆登殿縱擊宦官，死傷者十餘人。訓知事不濟，脱從吏緑衫衣之，走馬而出。王涯、賈餗、舒元輿還中書。士良等知上豫其謀，怨憤，出不遜語，上慚懼，不復言。士良等命左、右神策兵五百人，露刃出討賊，殺金吾吏卒千六百餘人；諸司吏卒及民酤販在中者皆死，又千餘人。擒舒元輿、王涯、王璠、羅立言等，皆繫兩軍。涯年七十餘，不勝苦，自誣服與李訓等謀行大逆。禁兵及坊市惡少年乘勢剽掠，塵埃蔽天。明日，百官入朝，上御紫宸殿，問：「宰相何爲不來？」仇士良曰：「王涯等謀反繫獄。」因以涯手狀呈上，上召左僕射令狐楚、鄭覃示之，悲憤不自勝，謂曰：「是涯手書乎？」對曰：「是也。」命楚、覃參決機務。使楚草制宣告中外。楚叙涯等反事浮泛，仇士良等不悦，由是不得爲相，而以鄭覃、李石同平章事。擒獲賈餗、李孝本。李訓爲人所殺，傳其首。左、右神策出兵，以訓首引涯、璠、立言、餗、元輿、孝本獻于廟社，徇于兩市。命百官臨視，腰斬于獨柳之下，親屬皆死，孩稺無遺。百姓怨涯榷茶，或詬罵，或投瓦石擊之。數日之間，殺生除拜皆決於中尉，上不豫知也。

司馬公曰：論者皆謂涯、餗初不與謀，横遭此禍，憤歎其冤。臣獨以爲不然。涯、餗安高位，飽重禄，訓、注小人，窮姦究險，力取將相，己乃與之比肩，不以爲耻，國家危殆，不以爲憂，自謂得保身之良策矣。若使人人如此而無禍，則姦臣孰不願之哉！一旦禍生不虞，足折形剭，蓋天誅之也，士良安能族之哉！

胡氏曰：涯、餗與訓、注比肩，又奉承之，斷以春秋，當從黨惡之例，削官遠竄可也。仇士良以謀反誣之，而未敢專殺。文宗顧問覃、楚，豈不望其一言爲二人計者；明目張膽，以死力爭，其濟，則天子未失威柄，諸人免於屠戮；不濟，則受貶而去，亦無歉矣。乃依阿取容，使肆慘毒，而覃猶以經學見稱，無亦知柔而不知剛矣。

鄭注將親兵至扶風，知訓已敗，復還鳳翔。監軍伏甲斬之，滅其家，僚屬皆死。右軍獲韓約，斬之。士良等進階遷官有差。自是天下事皆決於北司，宰相行文書而已。宦官自是氣益盛，迫脅天子，下視宰相，陵暴朝士如草芥。每延英議事，士良等動引訓、注折宰相。鄭覃、李石曰：「訓、注誠爲亂首，但不知訓、注始因何人得進？」宦者稍屈，搢紳賴之。時中書惟有空垣破屋，百物皆闕。江西、湖南獻衣糧百二十分，充宰相召募。李石上言：「宰相若忠正無邪，神靈所祐，縱遇盜賊，亦不能傷。若内懷姦罔，雖兵衛甚設，鬼得而誅之。願止循故事，以金吾卒導從，兩道所獻，並乞停寢。」從之。

范氏曰：文宗憤宦官之弒逆而欲除之，當擇賢相而任之。朝廷既清，紀綱既正，賞罰之柄，出於人主，執其元惡，付之有司，正典刑而已矣。乃與訓、注爲詭計，欲用甲兵於陛城之間，不以有罪無罪皆夷滅之，召外寇以攻内寇，是以一敗塗地，社稷幾亡，非徒無益，而愈重禍。蓋用小人以去小人，未有不害及國家者也。

十二月，詔罷榷茶。從令狐楚之請也。

詔六道巡邊使還京師。

初，王守澄惡宦者田全操等六人，李訓、鄭注因遣分詣鹽靈等道巡邊，而詔六道使殺之。會訓敗，六道得詔，皆廢不行；至是召之。全操等追忿訓、注之謀，在道揚言：「我入城，凡儒服者盡殺之。」乘驛疾驅而入。京城訛言寇至，民驚走，諸司奔散。鄭覃、李石在中書，覃謂石曰：「耳目頗異，宜出避之。」石曰：「宰相位尊望重，人心所屬，不可輕也。今事虛實未可知，堅坐鎮之，庶幾可定。若宰相亦走，則中外亂矣。且果有禍亂，避亦不免。」覃然之。石坐視文案，沛然自若。敕使傳呼閉皇城諸司門，左金吾大將軍陳君賞曰：「賊至閉門未晚，請徐觀其變，不宜示弱。」至晡乃定。是日，坊市惡少年皆望皇城閉，即欲剽掠。非石與君賞鎮之，京城幾再亂矣。

以薛元賞爲京兆尹。

時禁軍暴橫，京兆尹張仲方不敢詰，以薛元賞代之。元賞嘗詣李石第，聞石方坐聽事，與一人爭辨甚喧。元賞使覘之，云有神策軍將訴事。元賞趨入，責石曰：「相公紀綱四海，不能制一軍將，使無禮如此，何以鎮服四夷！」即命左右擒出。士良召之，元賞曰：「屬有公事，行當至矣。」乃杖殺之，而白服以見士良曰：「中尉、宰相，皆大臣也。宰相之人若無禮於中尉，如之何？中尉之人無禮於宰相，庸可恕乎！中尉與國同體，爲國惜法。元賞以囚服而來，惟中尉死生之！」士良無可如何，乃呼酒，與元賞歡飲而罷。

丙辰(八三六)

開成元年。

春，二月，加劉從諫檢校司徒。昭義節度使劉從諫上表請王涯等罪名，且言：「涯等荷國榮寵，安肯構逆！訓等實欲討除内臣，兩中尉遂誣以反逆。若其實有異圖，亦當委之有司，正其刑典，豈有内臣擅領甲兵，恣行剽劫，延及士庶，横被殺傷！臣欲身詣闕庭，面陳臧否，恐并陷孥戮，事亦無成。謹當修飾封疆，訓練士卒，如姦臣難制，誓以死清君側！」士良等懼，乃加從諫檢校司徒。從諫復表讓曰：「臣之所陳，繫國大體。可聽則涯等宜蒙湔洗，不可聽則賞典不宜妄加。安有死冤不申而生者荷禄！」因暴揚仇士良等罪惡，士良等憚之。由是鄭覃、李石粗能秉政，天子倚之，亦差以自强。

詔京兆收葬王涯等。令狐楚從容奏：「王涯等身死族滅，遺骸棄捐，請收瘞之。」上慘然久之，命京兆收葬涯等十一人。仇士良潛使人發之，棄骨渭水。

夏，四月，以李固言同平章事。固言薦崔球爲起居舍人，鄭覃以爲不可。上曰：「公事莫相違。」覃曰：「若宰相盡同，則事必有欺陛下者矣。」上與宰相語，患四方表奏華而不典，李石對曰：「古人因事爲文，今人以文害事。」上與宰相論詩，覃曰：「詩之工者，無若三百篇，皆國人作之以刺美時政，王者采之以觀風俗耳，不聞王者爲詩也。陳後主、隋煬帝皆工於詩，不免亡國，陛下何取焉！」覃篤於經術，上甚重之。上嘗欲置詩學士，李珏曰：「詩人浮薄，無益於理。」乃止。上謂宰相曰：「薦人勿問親疏。朕聞竇易直爲相，未嘗用親故。若親故果才，避嫌而棄之，是亦不爲至公也。」

閏月，以李聽爲河中節度使。上嘗歎曰：「付之兵不疑，置之散地不怨，惟聽爲可以然。」

秋，七月，以魏謩爲補闕。李孝本二女配没右軍，上取之入宫。拾遺魏謩上疏曰：「竊聞數月以來，教坊選試以百數，莊宅收市猶未已。又召李孝本女，不避宗姓，大興物論，臣竊惜之。」上即出之，擢蓍爲補闕，謂曰：「朕選市女子，以賜諸王耳。憐孝本女孤露，故收養宫中。蓍於疑似之間皆能盡言，可謂愛我，不忝厥祖矣！」命中書優爲制辭以賞之。蓍，徵之五世孫也，後爲起居舍人。上就取記注觀之，蓍不可，曰：「記注兼書善惡，所以儆戒人君，陛下但力爲善，不必觀史。」上曰：「朕嘗觀之。」對曰：「此曏日史官之罪也。若陛下自觀史，則史官必有所諱避，何以取信於後！」上乃止。又嘗命蓍獻其祖文貞公笏，鄭覃曰：「在人不在笏。」上曰：「亦甘棠之比也。」

復宋申錫官爵。李石爲上言宋申錫忠直被誣，未蒙昭雪，上流涕曰：「兹事朕久知其誤，當時爲姦人所逼，兄弟幾不能保，申錫僅全腰領耳。此皆朕之不明，曏使遇漢昭帝，必無此冤矣。」鄭覃、李固言亦以爲言，上深慚恨，乃復其官爵。

冬，十月，貶韓益爲梧州司户。李石用金部員外郎韓益判度支，而益坐贓三千餘緡繫獄。石按之曰：「臣始以益頗曉錢穀，故用之；不知其貪乃如是！」上曰：「宰相但知人則用，有過則懲，如此，則人易得。卿所用人，不掩其惡，可謂至公。從前宰相用人，好曲蔽其過，不欲人彈劾，此大病也。」乃貶益官。

十二月，以盧鈞爲嶺南節度使。李石言於上曰：「盧鈞除嶺南，朝士皆相賀，以爲嶺南富饒，近歲皆厚賂北司而得之。今北司不撓朝權，陛下宜有以褒之，庶幾内外奉法，此致理之本也。」上從之。鈞至鎮，以清惠著名。

丁巳(八三七)

二年。

春，三月，彗星出。彗星出於張，長八丈餘。詔撤樂減膳，以一日之膳分充十日。

夏，四月，以柳公權爲諫議大夫。上對中書舍人柳公權等於便殿。上舉衫袖示之曰：「此衣已三澣矣。」衆皆美上之儉德，公權獨無言。上問其故，對曰：「陛下貴爲天子，富有四海，當進賢退不肖，納諫諍，明賞罰，乃可以致雍熙。服澣濯之衣，乃末節耳。」上曰：「朕知舍人不應復爲諫議，以卿有諍臣風采，須屈卿爲之。」故有是命。

以陳夷行同平章事。

六月，河陽軍亂，逐其節度使李泳。泳，長安市人，寓籍禁軍，以賂得方鎮，所至貪殘，其下不堪命，故亂作。

秋，七月，太子侍讀韋温罷。温晨詣東宫，日中乃得見，因諫曰：「太子當雞鳴而起，問安視膳，不宜專事宴安。」太子不能用其言，温乃辭侍讀。

胡氏曰：韋温不從鄭注之辟，諫太子不從而辭位，可謂行己有耻，見微知著矣。

冬，十月，國子監石經成。

李固言罷。

校勘記

〔一〕先圖其大　「先」字原脱，據殿本補。

〔二〕如杜元穎李紳輩皆欲立深王　「穎」原作「頴」，據殿本、舊唐書卷一六三杜元穎傳、新唐書卷九六杜元穎傳改。

〔三〕寶曆王太后居義安殿　「曆」原作「歷」，據殿本、通鑑卷二四三唐敬宗寶曆二年十二月戊申日條改。

〔四〕乃遣人説魏博大將亓志紹　「亓」原作「开」，據通鑑卷二四三唐文宗太和二年十二月條、舊唐書卷一七文宗紀改。

〔五〕又作守論以爲議者曰　「又作守論以爲」六字原脱，據通鑑卷二四四唐文宗太和七年八月條補。

資治通鑑綱目卷五十

起戊午唐文宗開成三年，盡丁亥唐懿宗咸通八年，凡三十年。

戊午(八三八)

三年。

春，正月，盜射傷李石。李石入朝，有盜射之，微傷，馬驚馳歸；又有盜邀擊於坊門，斷其馬尾，僅而得免。上大驚，敕中外捕盜甚急，竟無所獲。

以楊嗣復、李珏同平章事，李石罷爲荆南節度使。上自甘露之變，意忽忽不樂，兩軍毬鞠之會，什減六、七，或徘徊眺望，或獨語歎息，嘗謂宰相曰：「朕每讀書，耻爲凡主。然與卿等論天下事，則不免愁。」李石曰：「爲理不可以速成。今内外小人尚多疑阻，願陛下更以寬御之。彼有公清奉法，如劉弘逸、薛季稜者，陛下亦宜褒賞以勸爲善。」上曰：「我與卿等論天下事，有勢未得行者，退但飲醇酒求醉耳。」石承甘露之亂，人情危懼，宦官恣横，忘身徇國，故紀綱粗立。仇士良深惡之，潛遣盜殺之，不果。石懼，辭位，上深知其故而無如之何，從之。

以李宗閔爲杭州刺史。楊嗣復欲援進李宗閔，恐爲鄭覃所沮，乃先令宦官諷上。上以語宰相，覃果對曰：「陛下若憐宗閔，止可量移；若欲用之，臣請避位。」陳夷行亦曰：「宗閔纖人，鄉以朋黨亂政，陛下奈何愛之！」楊嗣復曰：「事貴得中。」因與嗣復互相詆訐以爲黨，上曰：「與一州無傷。」覃等退，上謂魏謩曰：「宰相諠爭如此，可乎？」對曰：「誠爲不可，然覃等盡忠憤激，不自覺耳。」李固言與嗣復、李珏善，故引居大政，以排鄭覃、陳夷行，每議政之際，是非鋒起，上不能決也。

夏，五月，禁諸道言祥瑞。太和之末，杜悰鎮鳳翔，時有詔沙汰僧尼。會有五色雲見于岐山，近法門寺，民間訛言佛骨降祥，以僧尼不安之故。監軍欲奏之，悰曰：「雲物變色，何常之有！」未幾，獲白兔，監軍又欲奏之，悰曰：「野獸未馴，且宜畜之。」旬日而斃。監軍不悅，畫圖獻之。及鄭注代悰，奏紫雲見，又獻白雉。是歲，遂有甘露之變。及悰判度支，河中奏騶虞見，百官稱賀。上謂悰曰：「李訓、鄭注皆因瑞以售其亂，乃知瑞物非國之慶。卿在鳳翔，不奏白兔，真先覺也。」對曰：「昔河出圖，伏羲以畫八卦；洛出書，大禹以叙九疇，皆有益於人，故足尚也。至於禽獸草木之瑞，何時無之！劉聰桀逆，黄龍三見；季龍暴虐，得蒼麟、白鹿以駕芝蓋。以是觀之，瑞豈在德！願陛下專以百姓富安爲國慶，自餘不足取也。」上善之。他日，謂宰相曰：「時和年豐，是爲上瑞；嘉禾靈芝，誠何益於事！」宰相因言：「春秋記災異以儆人君，而不書祥瑞，用此故也。」遂詔：「諸道有瑞，皆勿以聞，亦勿申牒所司。其祠饗受朝奏祥瑞，皆停。」

秋，八月，義武節度使張璠卒。璠在鎮十五年，爲幽、鎮所憚。及有疾，請入朝，未報；戒其子元益舉族歸朝，毋得效河北故事。及卒，詔以李仲遷代之。

詔神策將吏改官皆先奏聞。開成以來，神策將吏遷官多不聞奏，直牒中書令覆奏施行，遷改殆無虛日。至是，始詔皆先奏聞，狀至中書，然後檢勘施行。

冬，十月，太子永卒。初，太子永之母王德妃無寵，爲楊賢妃所譖而死。太子頗好遊宴，昵近小人，賢妃日夜毀之。上召宰相及兩省御史、郎官議廢之，皆言：「太子年少，容有改過。國本至重，豈可輕動！」中丞狄兼謩論之尤切，至於涕泣。給事中韋温曰：「陛下惟一子，不教，陷之至是，豈獨太子之過乎！」翰林及六軍使數十人復表論之，上意稍解。宦官、宫人坐流死者數十人。至是暴卒。

以郭旼爲邠寧節度使。上問柳公權以外議，對曰：「郭旼除邠寧，外間頗以爲疑。」上曰：「旼，尚父之姪，太后叔父，自金吾作小鎮，外間何尤焉？」對曰：「非謂旼不應爲節度使也。聞陛下近取旼二女入宫，有之乎？」上曰：「然，入參太皇太后耳。」公權曰：「外間不知，皆云旼納女後宫，故得方鎮。」上曰：「然則奈何？」對曰：「獨有自南内遣歸其家，則外議自息矣。」上即日從之。

以張元益爲代州刺史。易定監軍奏：「軍中不納李仲遷，請以張元益爲留後。」宰相議發兵討之，上曰：「易、定地狹人貧，軍資半仰度支，急之則靡所不爲，緩之則自生變。但謹備四境以俟之。」乃除元益代州刺史。頃之，軍中果有異議，元益出定州。

吐蕃彝泰贊普卒。彝泰多病，不能爲邊患。卒，弟達磨立，荒淫殘虐，國人不附，災異相繼，吐蕃益衰。

己未(八三九)
四年。
春，三月，司徒、中書令、晉文忠公裴度卒。度鎮河東，以疾求歸東都，詔入知政事。正月，至京師，不能入見，勞賜旁午。至是卒。上怪度無遺表，問其家，得半藁，以儲嗣未定爲憂，言不及私。度身貌不踰中人，而威望遠達四夷。四夷見唐使，輒問度老少用捨。以身繫國家輕重，如郭子儀者二十餘年。
夏，五月，鄭覃罷爲右僕射，陳夷行罷爲吏部侍郎。上與宰相論政事，陳夷行言：「不宜使威權在下。」李珏曰：「夷行意疑宰相中有弄陛下威權者耳。臣屢求退，苟得王傅，臣之幸也。」鄭覃曰：「陛下開成元年、二年政事殊美；三年、四年，漸不如前。」楊嗣復曰〔一〕：「元年、二年，鄭覃、夷行用事；三年、四年，臣與李珏同之，罪皆在臣。」因叩頭曰：「臣不敢更入中書。」遂趨出。上召還勞之，覃起謝曰：「此乃嗣復不容臣耳。」嗣復曰：「覃言政事一年不如一年，非獨臣應得罪，亦上累聖德。」退，三表辭位。上召出之，而罷覃及夷行。覃性清儉，夷行亦耿介，故嗣復等深疾之。
以姚勗檢校禮部郎中。上以鹽鐵推官姚勗能鞫疑獄，命權知職方員外郎。右丞韋温奏：「郎官，朝廷清選，不宜以賞能吏。」上乃以勗檢校禮部郎中，仍充舊職。楊嗣復曰：「温志在澄清流品。若有吏能者，皆不得清流，則天下之事，孰爲陛下理之？恐似衰晉之風。」然上素重温，終不奪其所守。
秋，七月〔二〕，以崔鄲同平章事。

冬，十月，立陳王成美爲皇太子。楊妃請立皇弟安王溶爲嗣。上謀於宰相，李珏非之，乃立敬宗少子陳王成美爲皇太子。上幸會寧殿作樂，有童子緣橦，一夫來往走其下如狂。上怪之，左右曰：「其父也。」上泫然流涕曰：「朕貴爲天子，不能全一子！」召教坊劉楚材、宫人張十十等數人責之曰：「構害太子，皆爾曹也。」付吏殺之。因是感傷，舊疾遂增。十一月，疾少間，坐思政殿，召當直學士周墀，問曰：「朕可方前代何主？」對曰：「陛下堯、舜之主也。」上曰：「朕豈敢比堯、舜！所以問卿者，何如周赧、漢獻耳？」墀驚曰：「彼亡國之主，豈可比聖德！」上曰：「赧、獻受制於强諸侯，今朕受制於家奴，以此言之，殆不如也！」因泣下霑襟，墀伏地流涕。自是不復視朝。

胡氏曰：欲除太子者，賢妃楊氏也；劉楚材、張十十之徒奉承妃意而已。文宗乃以陷害之罪均之，而不知楊氏之情，其不明至是哉！

回鶻相掘羅試彰信可汗。國人立㕎馺特勒爲可汗。會歲疫，大雪，羊馬多死，回鶻遂衰。

是歲，天下户數。四百九十九萬六千七百五十二。

庚申（八四〇）

五年。

春，正月，立潁王瀍爲皇太弟，廢太子成美爲陳王。上疾甚，命知樞密劉弘逸、薛季稜引楊嗣復、李珏至禁中，欲奉太子監國。中尉仇士良、魚弘志以太子之立，功不在己，乃言：「太子幼，且有疾。」矯詔立瀍爲太弟，以成美冲幼，復封陳王。瀍沈毅有斷，喜愠不形於色，與安王溶皆素爲上所厚。

帝崩，太弟殺陳王成美，遂即位。上崩。仇士良說太弟賜楊賢妃、安王溶、陳王成美死。敕大行以十四日殯，成服。諫議大夫裴夷直上言期日太遠，不聽。時士良等追怨文宗，凡樂工及內侍得幸者，誅貶相繼。夷直復上言：「陛下繼統，宜速行喪禮，早議大政，以慰天下；而未及數日，屢誅戮先帝近臣，驚率土之視聽，傷先帝之神靈，人情何贍！國體至重，若使此輩無罪，固不可刑；若其有罪，旬日何晚！」不聽。太弟即位，是爲武宗。

胡氏曰：昔成王有疾，不以疾病困殆，而正衣冠，就公卿，出經遠保世之格言，女子小人何由得行其私，姦謀匿計何由得乘其隙！此固周、召作聖之功，而成王敬德之效也。文宗有美質而無聖學，故於始終大節，懵懵焉。不然，當疾病之時，自力御殿，引召宰執，面命太子臨見羣臣，仇士良輩雖欲移易，亦安得而移易哉！故孔子作春秋，公薨，必書其所，其垂教之意，深矣遠矣！

夏，五月，楊嗣復罷，以崔珙同平章事。

秋，八月，葬章陵。

李珏罷。九月，以李德裕同平章事。初，上之立，非宰相意，故楊嗣復、李珏相繼罷去，召德裕而相之。德裕入謝，言於上曰：「致理之要，在於辨羣臣之邪正。夫邪正二者，勢不相容。正人指邪人爲邪，邪人亦指正人爲邪，人主辨之甚難。臣以爲正人如松柏，特立不倚；邪人如藤蘿，非附他物，不能自起。故正人一心事君，而邪人競爲朋黨。先帝深知朋黨之患，然所用卒皆朋黨之人，良由執心不定，故姦邪得乘間而入也。夫宰相不能人人忠良，或爲欺罔，主心始疑，於是旁詢小臣，以察執政。如德宗末年，所聽任者，惟裴延齡輩，宰相署敕而已，此政事所以日亂也。陛下誠能慎擇賢才以爲宰相，有姦罔者立黜去之，常令政事皆出中書，推心委任，堅定不移，則天下何憂不理哉！」又曰：「先帝於大臣，好爲形迹，小過皆含容不言，日累月積，以至禍敗；兹事大誤，願陛下以爲戒。臣等有罪，陛下當面詰之，小過則容其悛改，大罪則加之誅譴；如此，君臣之際無疑間矣。」上嘉納之。初，德裕在淮南，敕召監軍楊欽義知樞密，德裕待之無加禮，欽義銜之；德裕一日延之堂中，贈以珍玩數牀，欽義大喜過望。行至汴州，詔復還淮南。欽義盡歸德裕所贈，德裕卒與之。後欽義竟知樞密，德裕柄用，頗有力焉。

冬，十月，黠戛斯攻回鶻，破之；回鶻嗢没斯款塞求内附。初，伊吾之西，焉耆之北，有黠戛斯部落，即古之堅昆，唐初結骨也，乾元中爲回鶻所破，不通中國。其人悍勇，吐蕃、回鶻常賂遺之，假以官號。回鶻既衰，其酋長阿熱始自稱可汗。回鶻擊之，連兵二十餘年，反爲所敗。盧馺破殺，諸部逃散，可汗兄弟嗢没斯等及其相赤心、那頡啜各帥其衆抵天德塞下，貿穀食，且求内附。天德軍使温德彝奏：「回鶻潰兵侵逼西城。」詔振武節度使劉沔屯雲迦關以備之。

魏博節度使何進滔卒，子重順知留後。

蕭太后徙居積慶殿。

十一月，以裴夷直爲杭州刺史。故事，新天子即位，兩省官同署名。上之即位也，夷直漏名，由是出爲刺史。

以李中敏爲婺州刺史。内謁者監仇士良請以開府蔭其子爲千牛，給事中李中敏判云：「開府階，誠宜蔭子；謁者監，何由有兒？」士良慚恚。李德裕亦以中敏爲楊嗣復之黨惡之，出爲刺史。

胡氏曰：李中敏判語雖近戲，然深得事實；仇士良雖恚，終無如之何。留之朝廷，豈不爲南牙之助！李德裕乃以楊嗣復之黨逐之，其失大矣！

辛酉（八四一）

武宗皇帝會昌元年。

春，二月，回鶻立烏介可汗。

三月，以陳夷行同平章事。

殺知樞密劉弘逸、薛季稜，貶楊嗣復、李珏遠州刺史，裴夷直驩州司馬。劉弘逸、薛季稜有寵於文宗，仇士良惡之。上之立，非二人及宰相意，故嗣復、李珏既罷，士良屢譖弘逸等，勸上除之。於是賜二人死，仍遣中使就誅嗣復及珏。杜悰奔馬見李德裕曰：「天子年少新即位，茲事不宜手滑。」德裕乃與崔珙、崔鄲、陳夷行三上奏曰：「德宗疑劉晏動摇東宮而殺之，中外咸以爲冤，兩河不臣者得以爲辭，德宗後悔，録其子孫。文宗疑宋申錫交通藩邸，竄謫至死，既而追悔，爲之出涕。嗣復等若有罪，當先行訊鞫，俟罪狀著白，誅之未晚；今遽遣使誅之，人情震駭。願開延英賜對。」遂入，泣涕極言，上命之坐者三，德裕等曰：「臣等願陛下免二人於死，勿使既死而衆以爲冤。今未奉聖旨，臣等不敢坐。」久之，上乃曰：「特爲卿等釋之。」德裕等躍下階舞蹈。上召升坐，歎曰：「朕嗣位之際，宰相何嘗比數！李珏、季稜志在陳王，嗣復、弘逸志在安王。陳王猶是文宗遺意，安王則專附楊妃。嗣復使安王得志，朕那復有今日？」德裕等曰：「玆事曖昧，虛實難知。」遂追還二使，更貶嗣復等。

胡氏曰：有臣民必立之君，猶男女之必爲夫婦。非人欲，乃天理也。然聖賢當之，常以不克負荷爲憂，不敢以爲樂也。惟父兄不能公心建擇，大臣不能公心推奉，贊私立少，啓經營貪欲之心，於是得之者據非所據，而欣怨之情各有分屬，而天下之理亂矣。武宗之言，何其陋哉！文宗既以成美爲太子矣，使宰相又生他意，卜度藩王，其不忠大矣。萬一陳王果不可立，則天下固歸安王，武宗亦無越次之理也。故武宗雖氣志英邁，有處斷之才，而局量褊迫，無涵容之度，所以功未及成，年不克壽，子弗克立，其爲殺溶及成美之報，不亦著明而可戒乎！

夏，六月，詔羣臣言事毋得乞留中。詔：「臣下言人罪惡，並應請付御史臺按問，毋得乞留中，以杜讒邪。」其後，上復謂宰相曰：「文宗好聽外議，諫官言事，多不著名，有如匿名書。」李德裕曰：「臣頃在中書，文宗猶不爾。此乃李訓、鄭注教文宗以術御下，遂成此風。人主但當推誠任人，有欺罔者，威以明刑，孰敢哉！」上善之。

范氏曰：朝廷者，四方之極也，非至公無以絶天下之私，非至正無以止天下之邪。人君不正其心，而以術御下，是自行詐也，何以禁臣下之欺乎！是以術行而欺愈多，智用而心愈勞，蓋以詐勝詐，未有能相一者也。禮曰：「王中心無爲也，以守至正。」夫惟正不可得而欺，欺則不容於誅矣，豈不約而易守哉！

以何重順爲魏博節度使。賜名弘敬。

上受法籙於趙歸真。拾遺王哲切諫，坐貶。

秋，九月，詔河東、振武備回鶻。天德軍使田牟欲擊回鶻以求功，奏稱「回鶻叛將嗢沒斯等侵逼塞下，請自出兵驅逐」。上命朝臣議之，議者以爲擊之便，李德裕曰：「窮鳥入懷，猶當活之，況回鶻屢建大功！今爲鄰國所破，遠依天子，未嘗犯塞，奈何乘其困而擊之！宜遣使者鎮撫，賜以糧食，此漢宣帝所以服呼韓邪也。」陳夷行曰：「此所謂借寇兵、資盜糧也，不如擊之。」德裕曰：「今天德城兵纔千餘，若戰不利，城陷必矣。不若以恩義撫而安之，必不爲患。」上問德裕：「嗢沒斯降，可保信乎？」對曰：「朝中之人，臣不敢保，況敢保數千里外戎狄之心乎！然嗢沒斯自去年九月至天德，今年二月烏介始立，自無君臣之分，豈可謂之叛將！願且詔河東、振武嚴兵保境以備之，仍詔田牟毋得邀功生事。」從之。

以牛僧孺爲太子太師。先是，僧孺鎮襄陽，漢水溢，壞民居，李德裕以爲僧孺罪而廢之。

盧龍軍亂。冬十月，雄武軍使張仲武討平之，詔以仲武知留後。初，盧龍軍亂，殺節度使史元忠，推牙將陳行泰主留務，表求節鉞。李德裕曰：「河朔事勢，臣所熟諳。比來朝廷遣使太速，故軍情遂固；若置之數月不問，必自生變。今請勿遣使以觀之。」既而軍中果殺行泰，立張絳以求節鉞，朝廷亦不問。雄武軍使張仲武起兵擊絳，且遣軍吏吳仲舒奉表以聞。詔宰相問狀，仲舒言：「行泰、絳皆遊客，故人心不附。仲武幽州舊將，性忠義，通書習事，人心向之。計今軍中已逐絳矣。」李德裕問：「雄武士卒幾何？」對曰：「軍士、土團，合千餘人。」德裕曰：「兵少，何以立功？」對曰：「在得人心，不在兵多。」德裕又問：「萬一不克，如何？」對曰：「幽州糧食皆在嬀州及北邊七鎮，萬一未能入，則據居庸關，絶其糧道，幽州自困矣。」德裕奏：「行泰、絳皆使大將上表脅朝廷，邀節鉞，故不可與；今仲武表請討亂，與之有名。」乃以仲武知盧龍留後。仲武尋克幽州。

十一月，遣使訪問太和公主。李德裕言：「回鶻破亡，太和公主未知所在，若不遣使訪問，則戎狄必謂國家降主虜庭，本非愛惜，既負公主，又傷虜情。請遣使齎詔詣嗢没斯，令轉達公主。」從之。

崔鄲罷。

十二月，遣使慰問回鶻烏介可汗。初，黠戛斯自謂李陵之後，與唐同姓；既破回鶻，得太和公主，遣達干十人奉以歸唐。回鶻烏介可汗引兵邀擊，殺達干，質公主，南度磧，屯天德軍境上。公主遣使上表，爲可汗求策命。烏介又使其相上表，借振武一城以居。上乃遣使慰問，賑米二萬斛，賜敕書，諭以「宜帥部衆漸復舊疆，漂寓塞垣，殊非良計。借城未有此比。或欲但求聲援，亦須且於漢南駐止。朕當許公主入覲，親問事宜。儻須應接，必無所吝」。尋遣使行册命，而烏介屢擾邊境，遂不果行。初，李德裕議遣使慰撫回鶻，且運糧以賜之，陳夷行深以爲不可。德裕曰：「今徵兵未集，天德孤危。儻不以此噉之，且使安静，萬一天德陷没，咎將誰歸？」夷行遂不敢言。

壬戌（八四二）

二年。

春，正月，以張仲武爲盧龍節度使。

二月，以李紳同平章事。

以柳公權爲太子詹事。散騎常侍柳公權素與李德裕善，崔珙奏爲集賢學士。德裕以恩非己出，因事左遷之。

三月，以劉沔爲河東節度使。初，上以回鶻近塞，遣兵部侍郎李拭廵邊，察將帥能否。拭還，稱「沔有威略，可任大事」。遂以沔鎮河東。

夏，四月，嗢没斯帥衆來降。嗢没斯以赤心桀黠難知，先告田牟云：「赤心謀犯塞。」乃誘殺之。那頡啜收衆東走。田牟奏：「回鶻侵擾不已，已出兵拒之。」李德裕曰：「田牟殊不知兵。戎狄長於野戰，短於攻城。牟但應堅守，以待諸道兵集。今全軍出戰，萬一失利，城中空虛，何以自固？望亟遣中使止之。如已交鋒，即詔塞下羌、渾各出兵奮擊；而詔田牟招誘降者，轉致太原。嗢没斯誠僞雖未可知，然要早加官賞，令諸蕃知但責可汗犯順，非盡欲滅回鶻。石雄善戰無敵，請以爲天德副使，佐田牟用兵。」上皆從之。嗢没斯帥其衆二千餘人來降。

羣臣上尊號。上信任德裕，仇士良惡之。會上受尊號，將御樓宣赦，士良揚言於衆曰：「宰相與度支議減禁軍衣糧芻粟，如此則軍士必於樓前諠譁。」德裕聞之，自訴於上。上怒，遽遣中使宣諭兩軍：「初無此事。且赦出朕意，非由宰相。」士良乃惶愧稱謝。

五月，以嗢没斯爲懷化郡王。賜姓李氏，名思忠，以其所部爲歸義軍。

張仲武擊回鶻破之。那頡啜南趣雄武軍，窺幽州。張仲武遣兵迎擊，大破之，降七千帳。那頡啜走，烏介殺之。烏介衆尚十萬，駐於大同軍北，表求糧食牛羊，且請執送嗢没斯等。詔報「糧食聽於振武糴三千石；牛，稼穡之資，中國禁人屠宰；羊，出於北邊雜虜，國家未嘗科調。唱没斯自本國初破，先投塞下，已受其降，難虧信義。前可汗正以猜虐無親，致内離外叛。今可汗失地遠客，尤宜深矯前非；若復骨肉相殘，則左右誰敢自保！」

陳夷行罷。

秋，七月，以李讓夷同平章事。

八月，回鶻入寇，詔諸道出兵禦之。先是，屢詔烏介可汗帥衆北還，烏介不奉詔。至是，突入大同川，驅掠河東雜虜牛馬數萬，轉鬭至雲州。詔諸道發兵，俟來春討之。賜可汗書曰：「可汗來投，撫納備至。今尚近塞，未議還蕃，侵掠雲、朔，鈔擊羌、渾。中外將相咸請誅翦，朕情深屈己，未欲幸災。可汗宜速擇良圖，無貽後悔。」又命李德裕代劉沔答回鶻相書曰：「回鶻遠來依投，當效呼韓邪遣子入侍，身自入朝。而乃睥睨邊城，桀驁自若，求援繼好，豈宜如是！所云胡人易動難安，若令忿怒，不可復制。回鶻爲紇吃斯所破，遺骸棄於草莽，墳墓隔在天涯，忿怒之心，不施於彼，而蔑棄仁義，逞志中華。昔郅支不事大漢，竟自夷滅，往事之戒，得不在懷！」德裕言：「若如前詔，俟來春驅逐回鶻，則乘彼羸困，而官軍免盛寒之苦。若慮河冰既合，回鶻復有馳突，須早驅逐，則當及天時未寒，決策於數日之間。今聞外議互有異同，若不一詢羣情，終爲浮辭所撓。」乃詔公卿集議。議者多以爲宜俟來春。初，奚、契丹羈屬回鶻，各有監使，督貢賦，詗唐事。至是，張仲武遣牙將石公緒統二部，殺其監使。回鶻移營避之。振武節度使李忠順與李思忠進擊破之。

以白敏中爲翰林學士。上聞白居易名，欲相之，以問李德裕。德裕素惡居易，乃言：「居易衰病，不仕朝謁。其從弟敏中辭學不減居易，且有器識。」故有是命。

冬，十一月，遣使賜太和公主冬衣。黠戛斯遣使言：「先遣達干奉送公主，久無聲問，恐爲姦人所隔。」上遣使入回鶻，賜公主冬衣；仍命李德裕爲書賜公主曰：「先朝割愛降婚，義寧家國。今回鶻所爲，甚不循理，姑爲國母，足得指揮。若不禀命，則是棄絶姻好，今日已後，不得以姑爲詞。」

以高少逸爲給事中，鄭朗爲諫議大夫。初，上頗好畋獵及武戲，五坊小兒賞賜甚厚。嘗謁太后，從容問爲天子之道，太后勸以納諫。上退閲諫疏，多以遊獵爲言，自是出畋稍希，五坊無復横賜。至是，復幸涇陽校獵，諫官高少逸、鄭朗諫曰：「陛下比來遊獵稍頻，出城太遠，侵星夜歸，萬機曠廢。」上改容謝之，謂宰相曰：「本置諫官使之論事。朕欲時時聞之。」宰相皆賀。乃遷遷以賞之。

吐蕃達磨贊普卒。初，達磨贊普有佞幸之臣，以爲相。達磨卒，無子，佞相立其妃綝氏兄子乞離胡，纔三歲。首相結都那見之，不拜，曰：「贊普宗族甚多，而立綝氏子，國人誰服其令，鬼神誰饗其祀！國必亡矣。老夫無權，不得正其亂，以報贊普，有死而已。」拔刀剺面，慟哭而出；佞相殺之，國人憤怨。其將論恐熱悍忍多詐，以誅綝妃、佞相爲名，舉兵屠渭州，大破其國兵，有衆十餘萬。

癸亥(八四三)

三年。

春，正月，劉沔大破回鶻，迎太和公主以歸。回鶻烏介可汗侵逼振武，劉沔遣石雄帥沙陀朱邪、赤心二部襲其牙帳，沔自以大軍繼之。雄至振武，登城望回鶻，見氈車數十乘，從者類華人，使諜問之，曰：「公主帳也。」雄使諜告之曰：「公主至此，當求歸路。今將出兵擊可汗，請公主駐車勿動。」雄乃鑿城爲十餘穴，引兵夜出，直攻可汗牙帳。可汗大驚，棄輜重走，雄追擊，大破之於殺胡山，可汗被瘡遁去，保黑車子族。雄迎公主以歸；斬首萬級，降其部落二萬餘人。潰兵多降幽州。

二月朔，日食。

黠戛斯遣使獻馬。黠戛斯遣使獻名馬二，詔太僕卿趙蕃飲勞之。上欲就求安西、北庭，李德裕等言：「安西去京師七千餘里，北庭五千餘里，借使得之，當復置都護，戍兵萬人。不知此兵於何處追發，餽運從何道得通？此乃用實費以易虛名，非計也。」上乃止。

崔珙罷。

太和公主至京師。公主至京師，詔宰相帥百官迎謁。公主詣光順門，去盛服，脱簪珥，謝和親無狀之罪，上遣中使慰諭，然後入宮。

三月，以趙蕃爲安撫黠戛斯使。初，黠戛斯求册命，上恐其不修臣禮，復求歲遺及責馬，李德裕曰：「回鶻有平安、史之功，故有歲賜和市。黠戛斯未嘗有功於中國，豈敢遽求賂遺乎！若慮其不臣，當與之約，必稱臣，叙同姓，執子孫禮，乃行册命。」上以爲然，乃以趙蕃爲安撫使，命德裕草書賜之曰：「貞觀中，黠戛斯先君身自入朝，朝貢不絶。回鶻陵虐諸蕃，可汗能復讎雪怨，茂功壯節，近古無儔。今其殘兵不滿千人，須盡殲夷，勿留餘燼。又聞可汗與我同族，國家承北平太守之後，可汗乃都尉苗裔，以此合族，尊卑可知。今欲册命可汗，且遣趙蕃諭意。」自回鶻至塞上，及黠戛斯入貢，每有詔敕，上多命德裕草之。德裕請委翰林，上曰：「學士不能盡人意，須卿自爲之。」

贈悉怛謀右衛將軍。李德裕言：「維州據高山絶頂，三面臨江，在戎虜平川之衝，是漢地入兵之路。初，河、隴盡没，唯此獨存。吐蕃潛以婦人嫁此州門者，二十年後，兩男長成，竊開壘門，引兵夜入，遂爲所陷，號曰無憂城。從此得以併力西邊，憑陵近甸。韋皋欲經略河、湟，須此城爲始，急攻數年，卒不可克。臣到西蜀，空壁來歸，南蠻震懾，山西八國皆願内屬；可减八處鎮兵，坐收千餘里舊地。且維州未降前一年，吐蕃猶圍魯州，豈顧盟約！當時不與臣者，望風疾臣，詔執送悉怛謀等令彼自戮，臣累表陳論，乞垂矜捨，答詔嚴切，竟令執還。將吏對臣，無不隕涕，蕃帥即以此人戮於境上，絶忠款之路，快兇虐之情。乞追奬忠魂，各加褒贈。」故有是命。

司馬公曰：論者多疑維州之取捨，不能決牛、李之是非。臣以爲唐新與吐蕃修好而納其維州，以利言之，則維州小而信大；以害言之，則維州緩而關中急。然則爲唐計者，宜何先乎？悉怛謀在唐則爲向化，在吐蕃不免爲叛臣，其受誅也又何矜焉！且德裕所言者利也，僧孺所言者義也，匹夫徇利而忘義，人猶耻之，况天子乎！譬如鄰人有牛，逸而入於家，或勸其兄歸之，或勸其弟攘之。勸歸者曰：「攘之不義也，且致訟。」勸攘者曰：「彼嘗攘吾羊矣，何義之拘！牛大畜也，鬻之可以富家。」以是觀之，牛、李之是非可見矣。

胡氏曰：司馬公之言過矣。使維州本非唐地，既與之和，棄而不取，姑守信約可耳。本唐之地，爲吐蕃所侵，乃欲守區區之信，舉險要而棄之，可乎？僧孺所謂虜不三日至咸陽，特以大言怖文宗，非事實也。夫奪吾之地，而約我以盟，此正蒲人所以要孔子者，不可謂之信也。取我故地，乃義所當爲，司馬公不以義斷之，而以利害爲言，又斥德裕爲利，取僧孺爲義，是皆無所據矣。故以維州歸吐蕃，棄祖宗土宇，縛送悉怛謀，沮歸附之心，僧孺以小信妨大計也。下維州，遣兵據之，洗數十年之耻，追奬悉怛謀，贈以官秩，德裕以大義謀國事也。此二人是非之辨也。

夏，四月，李德裕乞罷，不許。德裕乞閑局，上曰：「卿每辭位，使我旬日不得所。今大事皆未就，卿豈得求去！」

昭義節度使劉從諫卒，其子稹自爲留後。詔諸道發兵討之。初，從諫累表言仇士良罪惡，遂與朝廷相猜恨，招納亡命，繕完兵械，榷馬牧及商旅，責鐵煮鹽，假大商以牙職，使通好諸道，因爲販易，歲入數十萬。及疾病，與幕客張谷等謀效河北諸鎮，以弟之子稹爲都知兵馬使。至是，卒，稹祕不發喪。押牙王協曰：「正當如寶曆年樣爲之，不出百日，旌節至矣。」於是逼監軍崔士康奏稱從諫疾病，請命其子稹爲留後。上遣供奉官薛士幹往諭從諫使就東都療疾，遣稹入朝。宰相、諫官多以爲：「回鶻餘燼未滅，邊鄙猶須警備，復討澤潞，國力不支。」李德裕獨曰：「澤潞事體與河朔三鎮不同。河朔習亂已久，人心難化，是故累朝以來，置之度外。澤潞近處腹心，一軍素稱忠義；如李抱真成立此軍，德宗猶不許承襲；敬宗不恤國務，宰相又無遠略，劉悟之死，因授從諫，使其跋扈，垂死之際，復以兵權擅付豎子，若又因而授之，則諸鎮誰不思效其所爲，天子威令不復行矣！」上曰：「卿以何術制之？果可克否？」

對曰：「稹所恃者三鎮，但得鎮、魏不與之同，則稹無能爲也。若遣重臣往諭王元逵、何弘敬，以河朔自艱難以來，列聖許其傳襲，已成故事，與澤潞不同。今將加兵澤潞，不欲更出禁軍。其山東三州委兩鎮攻之，賊平之日，將士並當厚加官賞。苟兩鎮聽命，不從旁沮橈官軍，則稹必成擒矣。」上喜曰：「吾與德裕同之，保無後悔。」遂決意討稹，羣臣言者不復入矣。上命德裕草詔賜元逵、弘敬曰：「澤潞一鎮，與卿事體不同，勿爲子孫之謀，欲存輔車之勢。但能顯立功效，自然福及後昆。」上曰：「當如此直告之是也。」又賜張仲武詔，令專禦回鶻。元逵、弘敬得詔，悚息聽命。士幹入境，不問從諫之疾，直爲已知其死之意。都押牙郭誼等大出兵迎之，請用河朔事體，遂扶稹出見將士，發喪，不受敕命。黃州刺史杜牧上李德裕書曰：「牧嘗問董重質以淮西四歲不破之由，重質以爲由朝廷徵兵太雜，客軍數少，勢羸力弱，心志不一，多致敗亡。其時朝廷若使鄂、壽、唐州只保境土，但用陳許、鄭滑兩道全軍，帖以宣、潤弩手，令其守隘，即不出一歲，無蔡州矣。今上黨叛逆，鎮、魏雖盡節効順，亦不過圍一城，攻一堡，係纍稚老而已。若使河陽萬人爲壘，窒天井之口，高壁深塹，勿與之戰，只以忠武、武寧兩軍，帖以青州五千精甲，宣、潤二千弩手，徑擣上黨，不過數月，必覆其巢穴矣。」德裕又以議者多言劉悟有功，稹未可亟誅，請下百官議。上曰：「悟迫於救死耳，非素心徇國也。藉使有功，父子爲將相二十餘年，國家報之足矣。稹何得復自立！朕以爲凡有功當顯賞，有罪亦不可苟免也。」德裕又以分司賓客李宗閔與劉從諫交通，不宜寘之東都，奏以爲湖州刺史。制削奪從諫及稹官爵，以王元逵、何弘敬爲招討使，與河東節度使劉沔、河陽節度使王茂元合力攻討。先是，河北諸鎮有自立者，朝廷必先有弔祭使，冊贈使、宣慰使繼往商度，然後用兵，故常及半歲，軍中得以爲備。至是，宰相亦欲遣使，上即下詔討之。元逵即日出師屯趙州。又詔以李彦佐爲晉絳行營招討使。

以崔鉉同平章事。上夜召學士韋琮，以鉉名授之，令草制，宰相、樞密皆不之知。時樞密使劉行深、楊欽義皆愿慤不敢預事，老宦者尤之曰：「此由劉、楊懦怯，墮敗舊風故也。」

築望仙觀於禁中。

六月，内侍監仇士良致仕。上外尊寵士良，内實忌之。士良頗覺，遂以老病致仕。其黨送歸私第，士良教之曰：「天子不可令閑，常宜以奢靡娱其耳目，使日新月盛，無暇更及他事，然後吾輩可以得志。慎勿使之讀書，親近儒生。彼見前代興亡，心知憂懼，則吾輩疏斥矣。」其黨拜謝而去。

范氏曰：小人莫不養其君之欲，以濟己之欲；使其君動而不静，爲而不止，則小人得以行其計矣，豈獨奢靡之娱足以蕩其心哉！又有甚焉者矣，或殖貨利，或治宫室，或開邊境，或察臣下，隨其所好，以竊權寵。人君樂得其欲，而不知其爲天下害，是以政日亂而不自知。惟能親正直，遠邪佞，則可以免斯患矣。

胡氏曰：士良狡黠，思所以蠱君者密矣，然知其利而不知其害者也。已無疏斥之道，以忠信謹厚服其職，亦何用蠱君，然後得安。苟欲自安而蠱君，至於危亡之地，則豈有君亡而我存之理，其禍豈止於疏斥而已哉！故士良之術，自以爲智，實則愚也。

吐蕃論恐熱攻尚婢婢於鄯州。吐蕃鄯州節度使尚婢婢好讀書，不樂仕進，國人敬之，年四十餘，彝泰贊普强起之，使鎮鄯州。婢婢寬厚沈勇，有謀略，訓練士卒多精勇。論恐熱謀篡國，恐婢婢襲其後，舉兵擊之。婢婢謂其下曰：「恐熱之來，以我爲不足屠也。不如迎伏以驕之，然後可圖也。」乃遣使犒師，且致書深自卑屈。恐熱喜曰：「婢婢惟把書卷，安知用兵！待吾得國，當位以宰相，坐之於家，無所用也。」乃引兵歸。婢婢笑曰：「我國無主，則歸大唐，豈能事此犬鼠乎！」

秋，七月，以盧鈞爲昭義節度使。朝廷以鈞在襄陽有惠政，得衆心，故使領昭義以招懷之。

遣御史中丞李回宣慰河北三鎮。詔遣御史中丞李回宣慰河北，令幽州早平回鶻，鎮、魏早平澤潞。回至河朔，弘敬、元逵、仲武皆具櫜鞬郊迎，立於道左，不敢令人控馬，讓制使先行。自兵興以來，未之有也。回明辯有膽氣，三鎮無不奉詔。

范氏曰：武宗不惟使三鎮不敢助逆，又因以爲臂指之用，由德裕所以告之者，能服其心也。人主威制天下，豈有不由一相者哉！

以石雄爲晉絳行營節度副使。李德裕言：「鄉日河朔用兵，諸道利於出境，仰給度支，或陰與賊通，借一縣一柵據之，自以爲功，坐食轉輸，延引歲時。今請詔諸軍，令王元逵取邢州，何弘敬取洺州，王茂元取澤州，李彦佐、劉沔取潞州，毋得取縣。」上從之。彦佐行甚緩，德裕請賜詔切責，仍以石雄爲副，因以代之。

王元逵破昭義兵，拔宣務柵。元逵奏拔宣務柵，擊劉稹敗之。詔加元逵平章事，切責李彦佐、劉沔、王茂元，使速進兵，且稱元逵之功以激厲之。

八月，昭義大將李丕降。昭義大將李丕來降。議者或謂賊故遣丕降，欲以疑誤官軍。李德裕曰：「自用兵半年，未有降者。今安問誠之與詐！且須厚賞，以勸將來，但不可置之要地耳。」

詔王宰趣磁州，何弘敬拔肥鄉、平恩。王元逵前鋒入邢州境已踰月，何弘敬猶未出師，元逵密表弘敬懷兩端。李德裕言：「忠武累戰有功，軍聲頗振。王宰年力方壯，謀略可稱。請詔弘敬以『河陽、河東未能進軍，賊屢出兵焚掠晉、絳。今遣王宰將忠武全軍徑魏博，抵磁州，以分賊勢』。弘敬必懼，此攻心伐謀之術也。」從之。弘敬蒼黄出師，拔肥鄉、平恩，殺傷甚衆。上曰：「弘敬已拔兩縣，可釋前疑。既有殺傷，雖欲持兩端，不可得已。」

昭義兵陷科斗寨。劉稹使牙將薛茂卿拔河陽科斗寨，距懷州十餘里。議者鼎沸，以爲澤、潞不可取；上亦疑之，李德裕曰：「小小進退，兵家之常。願陛下勿聽外議，則成功必矣。」上乃謂宰相曰：「爲我語朝士，有上疏沮議者，我必於賊境上斬之！」議者乃止。

九月，以王宰兼河陽行營攻討使，敬昕爲河陽節度使。李德裕奏：「河陽兵力寡弱，茂元習吏事而非將才，復有疾，請以宰爲河陽行營攻討使，使亟以軍援河陽，兼可臨制魏博。」茂元尋卒。德裕奏：「河陽節度先領懷州刺史，常以判官攝事，割河南五縣租賦隸河陽。不若遂以五縣置孟州，其懷州别置刺史。俟昭義平日，仍割澤州隸河陽，則太行之險不在昭義，而河陽遂爲重鎮，東都無復憂矣！」上采其言，以敬昕爲河陽節度，王宰將行營以扞敵，昕供饋餉而已。

吐蕃尚婢婢遣兵擊論恐熱，大破之。

以石雄爲晉絳行營節度使。石雄代李彦佐之明日，即引兵踰烏嶺，破五寨，殺獲千計。上得捷書，喜甚，謂宰相曰：「雄真良將。」德裕因言：「比年潞州市有男子磬折唱曰：『石雄七千人至矣！』劉從諫以爲妖言，斬之。破潞州者必雄也。」詔賜雄帛，雄悉置軍門，自取一疋，餘悉分將士，故士卒樂爲之致死。

冬，十月，以劉沔爲義成節度使，李石爲河東節度使。沔與張仲武有隙，故徙之。

十一月，以兖王岐爲安撫党項大使，李回副之。邠寧奏党項入寇。李德裕奏：「党項分隸諸鎮，剽掠於此，則亡逃歸彼，無由禁戢。請以皇子兼統諸道，擇廉幹之臣副之，居於夏州，理其辭訟。」故有是命。

十二月，王宰克天井關。忠武軍素號精勇，王宰治軍嚴整，賊甚憚之。薛茂卿以科斗寨之功，意望超遷。或謂劉稹曰：「留後所求者節耳。茂卿深入多殺，激怒朝廷，此節所以來益遲也。」由是無賞。茂卿愠懟，密與王宰通謀。宰引兵攻天井關，茂卿小戰遽走，宰遂克之。茂卿入澤州，密使諜召宰進攻，當爲内應，宰疑不敢進。稹誘茂卿殺之，以劉公直代茂卿。宰進擊破之。

河東克石會關。洺州刺史李恬，石之從兄也，以書與石云：「劉稹願舉族歸命。」石以聞，李德裕言：「今官軍四合，賊勢窮蹙，故僞輸誠款，冀以緩師。宜詔石答恬書云：『前書未敢聞奏。若郎君誠能悔過，面縛境上，則石當往受降，護送歸闕。若虚爲誠款，則石必不敢以百口保人。』仍望詔諸道，乘其上下離心，速進兵攻討。」上從之。

甲子（八四四）

四年。

春，正月，河東都將楊弁作亂，討平之。初，河東行營兵馬使王逢奏乞益榆社兵，詔河東以兵二千赴之。時河東無兵，李石召横水戍卒千五百人，使楊弁將之詣逢。先是，軍士出征，人給絹二疋。劉沔之去，竭府庫以自隨，石初至，軍用乏，以己絹益之，人纔得一疋。時已歲盡，軍士求過正旦而行，監軍呂義忠趣之，弁遂作亂。石奔汾州。弁據軍府，使其姪詣劉稹，約爲兄弟。石會關守將復以關降於稹。朝議喧然，言兩地皆應罷兵，王宰又言：「遊弈將得劉稹表，有意歸附。」李德裕言：「宰擅受稹表，似欲擅招撫之功。昔韓信破田榮，李靖擒頡利，皆因其請降，潛兵掩襲。止可令王宰失信，豈得損朝廷威命！建立奇功，實在今日，必不可以太原小擾，失此事機。望即遣使督其進兵，必稹與諸將舉族面縛，方可受納。兼諭石雄以宰若納稹，則雄無功可紀，當於垂成之際，自取奇功。」又爲相府與宰書，言：「昔王承宗雖逆命，猶遣子弟奉表入朝，憲宗猶未之許。今稹置章表於衢路之間，遊弈將不即毁除，實恐非是。且稹逆狀如此，而將帥受之，是私惠歸於臣下，不赦在於朝廷，事體之間，交恐不可。自今更有章表，宜即所在焚之。惟面縛而來，始可容受。」德裕又上言：「太原人心從來忠順，止是貧虛，賞犒不足；況千五百人何能爲事！必不可縱。且用兵未罷，深慮所在動心。望詔李石還赴太原，召兵討亂。」上皆從之。詔王逢留太原兵守榆社，以易定、汴、兖兵還討弁；又遣中使馬元實至太原曉諭，且覘之。元實受弁賂，還，於衆中大言：「相公須早與之節！」德裕曰：「何故？」元實曰：「自牙門至柳子列十五里曳地光明甲，若之何取之？」德裕曰：「李相正以無兵，故發横水兵赴榆社。弁何能遽致如此之衆乎？」元實曰：「召募所致耳。」德裕曰：「召募須有貨財，李相止以欠軍士絹一疋，故致此亂，弁何從得之？」元實辭屈。德裕曰：「從其有十五里光明甲，必須殺此賊！」因奏：「弁微賊，決不可恕！如國力不支，寧捨劉稹！」河東兵戍榆社者聞朝廷令客軍取太原，恐妻孥爲所屠滅，乃擁監軍吕義忠自取太原，擒楊弁，盡誅亂卒；送弁京師，并其黨斬之。

胡氏曰：見理明白，則聽言不爲所眩，若德裕於元實是也。雖然，猶有恨焉。元實以大言虚喝，情非苟然，若付之廷尉，則受賂之事必不得隱，于以施刑，斯可罰一而懲百矣。

三月朔，日食。

以劉沔爲河陽節度使。李德裕言於上曰：「事固有激發而成功者，陛下命王宰趣磁州，而何弘敬出師；遣客軍討太原，而戍兵先取楊弁。今王宰久不進軍，請徙劉沔鎮河陽，仍令以義成精兵二千直抵萬善，處宰肘腋之下。若宰識此意，必不敢淹留。若宰進軍，沔以重兵在南，聲勢亦壯。」上從之。

黠戛斯遣使入貢。

以劉濛爲巡邊使。朝廷以回鶻衰微，吐蕃内亂，議復河、湟四鎮十八州，乃遣給事中劉濛巡邊，使先備器械糗糧，令天德、振武、河東訓卒礪兵，以俟今秋。

以趙歸真爲道門教授先生。上好神仙，歸真得幸。李德裕諫曰：「歸真，敬宗朝罪人，不宜親近。」上曰：「朕宫中無事時，與之談道滌煩耳。至於政事，朕必問卿等與次對官，雖百歸真，不能惑也。」

德裕曰：「小人見勢所在，則奔趣之，旬日以來，歸真之門車馬輻湊，願陛下深戒之。」胡氏曰：三教之名，自其徒失本真而云然，其謬尤之甚者，道家是也。儒以名學，仁義道德之人，自周有之。佛者覺也，爲其道而覺，則瞿曇之徒是也。若夫道，則以天下共由而得名，猶道路然。得道而盡，惟堯、舜、文王、孔子耳。老聃之言，獨善其身，不可與天下共由也，而名之曰道，自漢已來失之矣。其後乃有飛僊變化之術，丹藥符籙之技，禱祠醮祭之法，沈淪鬼獄之論，雜然並興，皆歸於道家者流，豈不遠哉！

夏，六月，減州縣冗員。李德裕以州縣佐官太冗，奏令吏部郎中柳仲郢裁減，凡一千二百一十四員。仲郢，公綽之子也。

詔削仇士良官爵，籍沒家貲。宦官有發士良宿惡，於其家得兵仗數千，故有是命。

秋，七月，遣王逢屯翼城。上與李德裕議以王逢將兵屯翼城。上曰：「聞逢用法太嚴，有諸？」對曰：「臣亦嘗以此詰之。逢言前有白刃，法不嚴，其誰肯進？」上曰：「言亦有理。卿更召而戒之。」

以杜悰同平章事。上聞揚州倡女善爲酒令，敕監軍選而獻之。監軍請節度使杜悰同選，悰不從。監軍怒，表其狀。左右因請敕悰同選，上曰：「敕藩方選倡女入宫，豈聖天子所爲！杜悰得大臣體，朕甚愧之。」遽敕勿選，召悰入相，勞之曰：「卿不從監軍之言，朕知卿有致君之心。今相卿，如得一魏徵矣。」

閏月，李紳罷。

昭義將高文端降。李德裕訪文端破賊之策，文端曰：「官軍今直攻澤州，澤州兵約萬五千人，賊常分兵太半，潛伏山谷，伺官軍攻城疲弊，則四集救之，官軍必失利。請令陳許軍過乾河立寨，自寨城連延築爲夾城，環繞澤州，日遣大軍布陳於外以扞救兵。賊見圍將合，必出戰；待其敗北，然後乘勢可取。固鎮寨四崖懸絶，勢不可攻。然寨中無水，宜令王逢絶其水道，不過三日，賊必遁去。又都頭王釗將萬兵戍洺州，以稹數誅大將，疑懼，召之不入。但釗及士卒家屬皆在潞州，招之必不肯來。若諭以引兵取稹，事成即除他鎮，仍厚有賜與，庶幾肯從。」鎮州奏事官高迪密陳二事：其一，以爲「賊中好爲偷兵術，潛抽諸處兵聚於一處，官軍多就迫逐，以致失利。官軍須知此情，自非來攻，慎勿與戰。彼淹留不過三日，須散歸舊屯。如此數四空歸，自然喪氣。官軍密遣諜者，詗其抽兵之處，乘虛襲之，無不捷矣」。其二，「鎮、魏下營，不離故處，每三兩月一深入，燒掠而去。賊但固守城柵，城外百姓，賊亦不惜。宜令進營據其要害，以漸迫之。」德裕皆請以其言諭諸將。

八月，邢、洺、磁三州降，郭誼斬劉稹以降。劉稹年少懦弱，押牙王協、兵馬使李士貴用事，專聚貨財，府庫充溢，而將士有功無賞，由是人心離怨。協請稅商人，每州遣軍將一人主之；并藉編户家貲，十分取二，民悩悩不安。邢州將裴問，稹之舅也，所將兵多富商子弟。問以其父兄被拘，爲之請，不得，乃殺稅商軍將，而請降於王元逵。洺州守將王釗、磁州守將安玉聞之，皆請降於何弘敬。李德裕曰：「昭義根本，盡在山東。三州降，則上黨不日有變矣。」上曰：「郭誼必梟劉稹以自贖。」德裕曰：「誠如聖料。」上曰：「於今所宜先處者何事？」德裕曰：「萬一鎮、魏請占三州，朝廷難於可否。請以給事中盧弘止爲三州留後。」上從之。詔盧鈞乘驛赴鎮。潞人聞三州降，大懼。郭誼、王協謀説劉稹以兵授誼，束身歸朝，稹許之。遂殺稹，滅其族，函首，遣使奉表，降於王宰。宰以狀聞，宰相入賀，上曰：「郭誼宜如何處之？」德裕對曰：「劉稹，騃孺子耳，阻兵拒命，皆誼爲之謀主；及勢孤力屈，又賣稹以求賞。此而不誅，何以懲惡！宜及諸軍在境，并誼等誅之。」上曰：「朕意亦以爲然。」乃詔石雄將七千人入潞州，以應謡言。杜悰請赦誼等，上不應。詔昭義五州給復一年，横增賦斂，悉從蠲免，所籍團兵，並縱歸農；諸道將士等級加賞。雄至潞州，盡執誼等送京師。盧鈞素寬厚愛人，襄州士卒在行營者，對陳輒揚其美；及赴鎮，散卒歸之者，皆厚撫之，人情大洽，昭義遂安。郭誼、王協等至京師，皆斬之。

司馬公曰：董重質之在淮西，郭誼之在昭義，吴元濟、劉稹如木偶人，在伎兒之手耳。始則勸人爲亂，終則賣主規利，其死固有餘罪。然憲宗用之於前，武宗誅之於後，臣愚以爲皆失之。何則？賞姦非義也，殺降非信也。失義與信，何以爲國？如誼等免死，流之遠方，没齒不還可矣，殺之非也。

加李德裕太尉，賜爵衛國公。

加李德裕太尉、衛國公〔三〕，德裕辭，上曰：「恨無官賞卿耳。」初，德裕以「比年將帥出征屢敗，其弊有三：一者，詔令下軍前者，日有三四，宰相多不預聞。二者，監軍各以意見指揮軍事，將帥不得專進退。三者，每軍各有宦者爲監使，悉選軍中驍勇數百爲牙隊，其在陳戰鬬者，皆怯弱之士；每戰，視軍勢小却，輒引旗先走，陳從而潰」。德裕乃與樞密使楊欽義、劉行深議，約敕監軍不得預軍政，每兵千人聽取十人自衛，有功隨例霑賞。二樞密皆以爲然，白上行之。自非中書進詔意，更無他詔自中出者。號令既簡，將帥得以施其謀略，故所向有功。元和後，數用兵，宰相或不休沐，或繼火乃得罷。德裕從容裁決，率午漏下還第，休沐輒如令，沛然若無事時。

范氏曰：治天下之繁者，必以至簡；制天下之動者，必以至靜。夫用兵於千里之外，而君相擾於內，則本先揺矣，何以制其末乎？是故號令簡，則民聽不惑；心慮靜，則事變不撓，此所以能成功也。

河北三鎮每遣使者至京師，德裕常面諭之曰：「河朔兵力雖强，不能自立，須藉朝廷官爵威命以安軍情。歸語汝使，與其使大將邀敕使以求官爵，何如自奮忠義，立功立事，結知明主乎！且李載義爲國家平滄景，及爲軍中所逐，不失作節度使；楊志誠遣大將遮敕使馬求官，及爲軍中所逐，朝廷竟不赦其罪。此二人禍福足以觀矣。」由是三鎮不敢有異志。

范氏曰：古之明王，天下有不順者，必諄諄而告教之再三；不可，然後征之。則其民知罪，而用兵有辭矣。自唐之失河朔，或討伐之，或姑息之，不聞有文告之命，戒敕之辭也。是以兵加而不服，恩厚而愈驕。李德裕以一相而制御三鎮，如運之掌；使武宗享國長久，天下豈有不平者乎！

冬，十一月，貶牛僧孺爲循州長史，流李宗閔於封州。李德裕言於上曰：「劉從諫據上黨十年，太和中入朝，僧孺、宗閔執政，不留之，加宰相縱去，以成今日之患。」又使昭義孔目官鄭慶言從諫每得二人書疏，皆自焚毁。河南少尹吕述與德裕書，言僧孺聞稹破，出聲歎恨。德裕奏之，上大怒，貶僧孺等。初甘露之亂，李訓、王涯、賈餗等子弟數人皆歸從諫，至是皆爲郭誼所殺。德裕復下詔稱「逆賊涯、餗已就昭義誅其子孫」。識者非之。

胡氏曰：大臣欲正君心，必先自正其心；其心不正，如正君何！德裕欲報私仇，而未得其便，乃於功成之後，因行中傷之計，非惟武宗志已驕怠，德裕之量亦滿矣，又烏能納其君於持盈守成之盛哉！是故君子不可不學也。

乙丑（八四五）

五年。

春，羣臣上尊號。李德裕等請上尊號，上不受，凡五上表，乃許。

胡氏曰：莫難强如怠心，莫難制如欲心，莫難降如驕心，莫難平如怒心，莫難抑如忌心，莫難開如惑心，莫難解如疑心，莫難正如偏心，然皆放心也。大臣格君心之非者，格此等也。未至乎大人，而當大臣之任，亦當勉之。要使君心常收而不放，則善日起，惡日消，治可立，安可保矣。武宗英斷，削平叛亂，唐室威令，赫然復張，此正驕欲易生之時也。三鎮未朝，河、湟未復，天子偏惑方士，餌金石以濟其淫溺，宰相逃憂免責之不暇，德裕乃請上尊號，是以滿假矜伐勸其君，夫豈引君於當道之義哉！故評德裕才氣謀略，誠高絶一時，而於道則萬分未得一焉者也。

義安太后王氏崩。

以盧弘宣爲義武節度使。弘宣性寬厚而難犯，爲政簡易，其下便之。詔賜粟三十萬斛在飛狐西，計運致之費，踰於粟價，弘宣遣吏守之。會春旱，弘宣命軍民隨意往取，約秋稔償之，境内足食。

殺江都令吴湘。淮南節度使李紳按湘盗用程糧錢，强娶所部百姓女，估其資裝爲贓，罪當死。湘，武陵之兄子也。李德裕素惡武陵，議者多言其冤。詔御史崔元藻、李稠覆之，與前獄異。德裕貶二人遠州司户。不復更推，亦不付法司詳斷，即如紳奏處死。

夏，五月，葬恭僖皇后。

杜悰、崔鉉罷，以李回同平章事。

册黠戛斯爲英武誠明可汗。

秋，七月朔，日食。

詔毁天下佛寺，僧尼並勒歸俗。上惡僧尼耗蠹天下，欲去之，道士趙歸真等復勸之，乃先毁山野招提、蘭若。至是，敕上都、東都各留二寺，每寺留僧三十人；天下節鎮各留一寺，寺分三等，留僧有差。餘僧及尼並勒歸俗。寺皆立期毁撤，仍遣御史分道督之。財貨田産並没官，寺材以葺公廨驛舍，銅像、鍾磬以鑄錢。凡天下所毁寺四千六百餘區，招提、蘭若四萬餘區。歸俗僧尼二十六萬五百人，收良田數千萬頃，奴婢十五萬人。五臺僧多亡奔幽州。德裕召進奏官謂曰：「汝速白本使，五臺僧爲將必不如幽州將，爲卒必不如幽州卒，何爲虚取容納之名，染於人口！獨不見劉從諫招聚無算閑人，竟有何益！」張仲武乃封二刀付居庸關曰：「有遊僧入境則斬之。」

胡氏曰：一身正氣，爲邪氣所傷，必以五穀六味養生之物輔之，然後邪去而正復。若盗跖伏於室，乃召陽虎而去之，是重自伐也，庸何愈！此元魏用寇謙之，會昌用趙歸真以去釋氏之類也。釋氏蠹民心而耗其財，誠宜廢絶。武宗君臣以公道行之，夫豈不可而待歸真乎！且佛教行乎中國久矣，非一日所能廢。誠欲廢絶釋氏，當使天下知其爲害，而不惑其説，又不利其鬻牒之資，持之三十年，則本根除掃，餘風亦殄矣。

昭義戍卒作亂，討平之。詔發昭義兵戍振武。潞卒素驕，憚於遠戍，閉門大譟。盧鈞奔潞城，亂兵奉都將李文矩爲帥。文矩以禍福諭之，亂兵聽命，乃遣人謝盧鈞。鈞還上黨，復遣之，行一驛，乃潛選兵，追而殺之。

置備邊庫。李德裕請置備邊庫，令户部歲入錢帛十二萬緡疋，度支鹽鐵歲入錢帛十三萬緡疋，明年減其三之一，凡諸道所進助軍財貨皆入焉，以度支郎中判之。

冬，十月，以道士劉玄靜爲崇玄館學士。玄靜固辭還山，許之。

十二月，貶韋弘質爲某官。李德裕秉政日久，好徇愛憎，人多怨之。左右言其太專，上亦不悦。給事中韋弘質上疏言：「宰相權重，不應更領三司錢穀。」德裕奏曰：「制置職業，人主之柄。弘質受人教導，所謂賤人圖柄臣，非所宜言。」弘質貶官。由是衆怒愈甚。

詔罷來年正旦朝會。初，上餌方士金丹，性加躁急，喜怒不常。問李德裕以外事，對曰：「陛下威斷不測，外人頗驚懼。天下既平，願陛下以寬理之，使得罪者無怨，爲善者不驚，則天下幸甚！」上自秋來已覺有疾，而道士以爲换骨，至是詔罷正旦朝會。

吐蕃論恐熱擊尚婢婢，大敗。論恐熱擊尚婢婢，婢婢拒之，恐熱大敗。婢婢傳檄河、湟，數恐熱罪曰：「汝輩本唐人，吐蕃無主，則相與歸唐；無爲恐熱所獵，如狐兔也。」

是歲天下户數。四百九十五萬五千一百五十一。

丙寅(八四六)

六年。

春，二月，以米暨爲招討党項使。党項侵盗不已，攻陷邠、寧、鹽州界城堡。上決意討之，故有是命。

三月，立光王忱爲皇太叔。帝崩，太叔即位。上疾久未平，以爲唐土德，不可以王氣勝君名，乃改名炎。初，憲宗納李錡妾鄭氏，生光王怡。幼時，宫中皆以爲不慧，太和以後，益自韜匿；羣居遊處，未嘗發言。文宗好誘其言，以爲戲笑。上性豪邁，尤所不禮。及上疾篤，旬日不能言，諸宦官密於禁中定策，下詔以「皇子冲幼，立怡爲皇太叔，更名忱，令權句當軍國政事」。太叔見百官，哀戚滿容，裁決庶務，咸當於理，人始知有隱德焉。上崩，以李德裕攝冢宰，宣宗即位。德裕奉册，既罷，上謂左右曰：「適近我者，非太尉邪？每顧我，使我毛髮灑淅。」

胡氏曰：武宗身病子幼，宜念終始之必正，召見宰相，出顧命焉，而曾不一施。李德裕爲上相，受深知，六十日之間，亦不能力請入問起居，面稟嗣事，碌碌拱手，一聽宦官。君相皆英特人也，尚且如此，其餘固無責矣。

夏，四月，尊帝母鄭氏爲皇太后。

李德裕罷爲荆南節度使。德裕秉權日久，位重有功，衆不謂其遽罷，聞之莫不驚駭。

趙歸真等伏誅。

五月，詔上京增置八寺，復度僧尼。

以白敏中同平章事。

六月，定太廟爲九代十一室。復祀代宗，以敬、文、武宗同爲一代，爲九代十一室。

秋，七月，回鶻殺烏介可汗。烏介之衆，降散餒死，所餘不及三千人，其相殺之，而立其弟遏捻。

八月，葬端陵。初，王才人寵冠後庭，武宗欲立以爲后，李德裕以其寒族無子，恐不厭天下之望，乃止。武宗疾，顧之曰：「我死，汝當如何？」對曰：「願從陛下於九泉。」武宗以巾授之。武宗崩，才人即縊。上聞而矜之，贈貴妃，葬於端陵柏城之内。

以牛僧孺爲衡州長史，李宗閔爲郴州司馬。僧孺、宗閔及崔珙、楊嗣復、李珏等五相皆武宗所貶逐，至是，同日北遷。宗閔未行而卒。

九月，鄭肅罷，以盧商同平章事。

罷册黠戛斯可汗使。或以爲「僻遠小國，不足與之抗衡。回鶻未平，不應遽有建置」。事遂寢。

以李景讓爲浙西觀察使。初，景讓母鄭氏性嚴明，早寡，家貧子幼，每自教之。宅後牆陷，得錢盈船，母祝之曰：「吾聞無勞而獲，身之災也。天必以先君餘慶，矜其貧而賜之。則願諸孤學問有成，此不敢取。」遽命掩而築之。景讓宦達，髮已班白，小有過，不免捶楚。在浙西，有牙將迕意，杖之而斃。軍中憤怒，將爲變。母聞之，出坐聽事，立景讓於庭而責之曰：「天子付汝以方面，豈得以國家刑法爲喜怒之資，而妄殺無罪之人乎！萬一致一方不寧，豈惟上負朝廷，使垂年之母銜羞入地，何以見汝之先人哉！」命左右褫其衣，坐之，將撻其背，將佐皆爲之請，久乃釋之。軍中遂安。弟景莊老於場屋，每被黜，母輒撻景讓，然景讓終不肯屬主司，曰：「朝廷取士，自有公道，豈可效人求關節乎！」

冬，十月，禘於太廟。禮院奏祝文於穆、敬、文、武，但稱「嗣皇帝臣某昭告」。從之。

上受三洞法籙。

十二月朔，日食。

胡氏曰：宣宗盡反會昌所爲，而有不能反者，受法籙是已。蓋其心蔽於長生，陷溺而不可解，是以讁見於天，日爲之食。苟能仰思其故，以克正厥事，則他日必免金丹之禍矣。

丁卯（八四七）

宣宗皇帝大中元年。

春，二月，旱。上以旱故，減膳徹樂，出宮女，縱鷹隼，止營繕，命盧商與御史中丞封敖疏理京城繫囚。大理卿馬植奏曰：「官典，犯贓及故殺人，大赦所不免。今因疏理而原之，使貪吏無所懲畏，死者銜冤無告，恐非所以消旱災、致和氣也。」詔兩省議之。諫議大夫張鷺等言：「所原死罪，無冤可雪，恐凶險僥倖之徒，常思水旱爲災。宜如植奏。」詔從之。以植爲刑部侍郎。植素以文學政事有名於時，李德裕不之重，及白敏中秉政，凡德裕所薄者，皆不次用之。

以李德裕爲太子少保，分司。初，德裕引白敏中入翰林。及德裕失勢，敏中竭力排之，使其黨訟德裕罪，故有是命。

盧商罷。

以崔元式、韋琮同平章事。

閏月，敕復廢寺。是時君相務反會昌之政，故僧尼之弊，皆復其舊。

積慶太后蕭氏崩。

吐蕃寇河西，河東節度使王宰擊破之。吐蕃論恐熱乘武宗之喪，誘党項及回鶻餘衆寇河西。詔河東節度使王宰將諸軍擊之，以沙陀朱邪赤心爲前鋒，戰於鹽州，破走之。

夏，六月，復遣使册黠戛斯可汗。

以令狐綯爲考功郎中、知制誥。上謂白敏中曰：「朕昔從憲宗之喪，道遇風雨，百官皆散，惟山陵使長而多髯，攀靈駕不去，誰也？」對曰：「令狐楚。」上曰：「有子乎？」敏中以綯對，且稱其有才器，上即擢綯知制誥。問以元和故事，綯條對甚悉，上悅，遂有大用之意。

秋，八月，李回罷。

葬貞獻皇后。

作雍和殿。上敦睦兄弟，作雍和殿於十六宅，數臨幸，置酒作樂，擊球盡歡。諸王有疾，常親至卧内存問，憂形於色。

冬，十二月，貶李德裕爲潮州司馬。吳汝納訟其弟湘罪不至死，爲李德裕所枉殺。御史鞫之，再貶德裕。

復增州縣官三百八十三員。

戊辰（八四八）

二年。

春，正月，羣臣上尊號。

貶丁柔立爲南陽尉。初，李德裕執政，有薦丁柔立清直可任諫官者，德裕不能用。至是，爲右補闕，上疏訟德裕冤，坐阿附貶。

胡氏曰：宰相行私，必不能表正百官；人君行私，又何以責望宰相？故公者，君相之要道也。李德裕政事，公私參半，是非莫掩。宣宗去其非，取其是，則公道得矣，乃又以好惡偏黨勝之，故雖竄德裕，而人終不服也。丁柔立必克己正心之人也，使宣宗而留意公道，則柔立正可獎用者，乃不能然，是自爲偏私也，欲臣子之奉公，難矣！

黠戛斯攻室韋，大破之。回鶻遏捻可汗日益耗散，所存貴臣以下不滿五百人，依於室韋。使者入賀正，過幽州，張仲武使歸取遏捻等。遏捻聞之，夜與妻子九騎西走室韋，分其餘衆。黠戛斯帥諸胡兵取之，大破室韋，悉收回鶻餘衆歸磧北。

二月，以令狐綯爲翰林學士。上嘗以太宗所撰金鏡授綯，使讀之，至「亂未嘗不任不肖，治未嘗不任忠賢」，止之曰：「凡求致太平，當以此言爲首。」又書貞觀政要於屏風，每正色拱手而讀之。上欲知百官名數，綯曰：「六品以下，吏部注擬，五品以上，政府制授，各有籍，命曰具員。」上命宰相作具員御覽五卷，寘於案上。

作五王院。上欲作五王院以處皇子之幼者，召術士柴嶽明使相其地。嶽明對曰：「臣庶遷徙不常，故有禍福之説。陰陽書本不言帝王家也。」上善其言，賜以束帛。

夏，五月朔，日食。

崔元式罷，以周墀、馬植同平章事。初，墀爲義成節度使，辟韋澳爲判官。及爲相，謂澳曰：「何以相助？」澳曰：「願相公無權。」墀愕然，澳曰：「官賞刑罰，與天下共其可否，勿以己之愛憎喜怒移之，天下自理，何權之有！」墀深然之。

太皇太后郭氏暴崩於興慶宮。初，憲宗之崩，上疑郭太后預其謀；又鄭太后本郭太后侍兒，有宿怨，故上即位，待郭太后禮殊薄。郭太后意怏怏，一日，登勤政樓，欲自隕。上聞之，大怒。是夕暴崩，外人頗有異論。上不欲以郭后祔葬憲宗，有司請葬景陵外園，禮院檢討官王皥奏：「宜合葬祔廟。」上大怒。白敏中召皥詰之，皥曰：「太皇太后，汾陽王之孫，憲宗在東宫爲正妃，母天下歷五朝，豈得以曖昧之事，遽廢正嫡之禮乎！」敏中怒甚，皥氣愈厲。周墀見之，舉手加額，歎其孤直。皥竟坐貶句容令。

胡氏曰：古聖人之重嫡妾之辨，以人道尊其父也。父之妾，猶父之僕也；吾之母，則父之敵體也。舉父妾儕之母而可，則崇父之僕而儕諸父而可乎？故孔子作春秋，凡以私恩崇其所生，必加譏貶，以示嫡妾之必不可紊，其爲後世法戒深矣。今宣宗適母無恙，遽奉侍兒，比肩宸極，而又鐫削儀數，親行弑逆，此豈人理哉！設使太后得罪先帝，臣子猶無貶黜之禮，況過失不聞，徒以曖昧之説加之乎！是宜革前史疑似之言，正名宣宗弑母之罪，使知大惡之不可以小善掩，嫡母之不可以妾母黜，雖獲罪於君子而不辭也。

秋，九月，貶李德裕爲崖州司户。

以石雄爲神武統軍。雄詣政府，自陳黑山、烏嶺之功，求一鎮以終老。執政以雄李德裕所薦，除神武統軍。雄怏怏而卒。

冬，十一月，萬壽公主適起居郎鄭顥。顥以文雅著稱，公主，上之愛女，故選尚之。舊例以銀裝車，上曰：「吾欲以儉約化天下，當自親者始。」令依外命婦，以銅裝車。仍詔公主執婦禮，皆如臣庶之法，戒以毋得輕夫族，預時事。顥弟顗嘗得危疾，上遣使視之，還，問：「公主何在？」曰：「在慈恩寺觀戲場。」上怒，歎曰：「我怪士大夫家不欲與我家爲昏，良有以也！」亟召公主，責之曰：「豈有小郎病，不往省視，乃觀戲乎！」由是貴戚皆守禮法，如衣冠之族。

葬懿安皇后於景陵之側。

韋琮罷。

己巳（八四九）

三年。

春，正月，以韋宙爲御史。上與宰相論元和循吏孰爲第一，周墀曰：「臣嘗守土江西，聞觀察使韋丹功德被於八州，没四十年，老稚歌思如丹尚存。」詔史館修撰杜牧撰丹遺愛碑，仍擢其子宙爲御史。

二月，吐蕃三州、七關來降。

夏，四月，周墀罷爲東川節度使。王宰入朝，以貨結貴倖，求以使相領宣武。周墀上疏論之，宰遂還鎮。駙馬都尉韋讓求爲京兆尹，墀言京兆尹非才望不可爲，讓議竟寢。墀又諫上開邊，忤旨，遂罷。翰林學士鄭顥言於上曰：「周墀以直言入相，亦以直言罷。」上深感悟，加檢校右僕射。

以崔鉉、魏扶同平章事。

盧龍節度使張仲武卒。子直方爲留後。

五月，武寧軍亂，逐其節度使李廓。詔以盧弘止代之。李廓在鎮不治，右補闕鄭魯上言其狀，且曰：「臣恐新麥未登，徐師必亂，速命良帥，救此一方。」上未之省。徐州果亂，逐廓。上思魯言，擢爲起居舍人。以盧弘止爲節度使。武寧士卒素驕，有銀刀都尤甚，屢逐主帥。弘止至鎮，都虞候胡慶方復謀作亂，弘止誅之，撫循其餘，訓以忠義，軍府遂安。

六月，以張直方爲盧龍節度使。

秋，七月，克復河湟。涇原節度使康季榮取原州及六關，靈武節度使朱叔明取長樂州，邠寧節度使張君緒取蕭關。八月，改長樂州爲威州。河、隴老幼千餘人詣闕，上御延喜門樓見之，歡呼舞躍，解胡服，襲冠帶。詔：「募百姓墾闢三州、七關土田，五年不收租稅。將吏能爲營田者，官給牛及種糧。温池鹽利，委度支制置。戍卒倍給衣糧，二年一代。餘没蕃州縣，亦令量力收復。」

冬，十月，改備邊庫爲延資庫。

取維州。

閏十一月，加順宗、憲宗謚號。宰相以克復河湟，請上尊號。上曰：「憲宗常有志復河湟，未遂而崩。今乃克成先志耳。其議加順、憲二廟尊謚以昭功烈。」

張直方歸京師。直方暴忍喜遊獵，軍中將作亂。直方知之，舉族逃歸京師。軍中推牙將周綝爲留後。

李德裕卒。

范氏曰：裴度、李德裕皆有功烈，爲唐賢相，大中以後，無能繼之者。德裕才優於度，而德器不及也。蓋度不爲黨，而德裕爲黨，是以度雖爲小人所傾，而能以功名終；德裕一失勢，而斥死海上也。雖牛僧孺之黨多小人，德裕之黨多君子，然其因私以害公，挾勢以報怨，則一而已。夫惟天吏可以伐燕，德裕自爲朋黨而欲破朋黨，此以燕伐燕也。孔子曰：「克、伐、怨、欲，不行焉，可以爲難矣。」又曰：「君子矜而不爭，羣而不黨。」德裕克、伐、怨、欲，必行焉，矜而爭，羣而黨，其能免乎！

庚午(八五〇)

四年。

夏，四月，貶馬植爲常州刺史。上之立也，中尉馬元贄有力焉，由是有寵。植與之叙宗姓。上賜元贄寶帶，元贄以遺植，植服之以朝。上見而識之，收其親吏鞫之，盡得交通之狀，故貶之。

六月，魏扶卒，以崔龜從同平章事。

秋，八月，盧龍節度使周綝卒，軍中推張允伸爲留後。

九月，貶孔温裕爲柳州司馬。党項爲邊患，發兵討之，連年無功。補闕孔温裕上疏切諫，上怒，貶之。温裕，戣之子也。既而戣弟子吏部侍郎温業亦求補外，白敏中謂同列曰：「我輩須自點檢，孔吏部不肯居朝廷矣。」

吐蕃論恐熱擊尚婢婢，遂掠河西。論恐熱擊尚婢婢，婢婢拒之，不利，糧乏，留拓拔懷光守鄯州，帥部落就水草於甘州西。恐熱自將追之，大掠河西八州，五千里間，赤地殆盡。

冬，十月，以令狐綯同平章事。

辛未(八五一)

五年。

春，二月，沙州降。

以裴休爲鹽鐵轉運使。自太和以來，歲運江、淮米不過四十萬斛，吏卒侵盜沈舟，達渭倉者什不三、四，大墮劉晏之法。休窮究其弊，立漕法十條，歲運百二十萬斛。

以李福爲夏綏節度使。上頗知党項之反，由邊帥利其羊馬，數欺奪誅殺之，自是繼選儒臣以代邊帥之貪暴者，行日，復面加戒勵；党項遂安。

三月，以白敏中充招討党項都統制置使。上以党項久未平，頗厭用兵。崔鉉建議宜遣大臣鎮撫，乃以白敏中爲制置使。初，上令敏中爲萬壽公主選佳婿，敏中薦鄭顥。時顥已約昏盧氏，甚銜之，由是數毁敏中。敏中將赴鎮，言於上曰：「鄭顥不樂尚主，怨臣入骨髓。今臣出外，顥必中傷，臣死無日矣。」上曰：「朕知之久矣。」命左右於禁中取小檉函以授敏中，曰：「此皆鄭郎譖卿之書也。朕若信之，豈任卿以至今日！」敏中遂行，軍於寧州。定遠城使史元破党項九千餘帳，敏中奏党項平。詔：「南山党項猶行鈔掠，宜於銀、夏境内授以閑田。或復入山林，不受教令，則誅討無赦。若邊將貪鄙，致其怨叛，當先罪邊將，後討寇虜。」南山党項尋亦請降，赦之。

夏，五月，吐蕃論恐熱入朝。恐熱殘虐，所部多叛。恐熱勢孤，乃揚言曰：「吾今入朝，借兵於唐，來誅不服者。」至是入朝，求爲河渭節度使，上不許。召對遣還，恐熱怏怏而去。衆稍散，纔有三百餘人，奔于廓州。

冬，十月，以魏謩同平章事。時上春秋已高，未立太子，羣臣莫敢言。謩入謝，因言：「今海内無事，惟未建儲副，使正人輔導，臣竊以爲憂。」且泣。時人重之。

以白敏中爲邠寧節度使。

十一月，以張義潮爲歸義節度使。先是，義潮以沙州降，發兵略定其旁瓜、伊、西、甘、肅、蘭、鄯、河、岷、廓十州，遣其兄義澤奉圖籍入見，於是河、湟之地盡入于唐。詔置歸義軍於沙州，以義潮鎮之。

崔龜從罷。

壬申（八五二）

六年。

春，二月，雞山羣盜寇掠，果州刺史王贄弘討平之。初，蓬、果羣盜依阻雞山，寇掠三州。詔果州刺史王贄弘討之。山南西道亦奏巴南妖賊言辭悖慢，上怒甚。崔鉉曰：「此皆陛下赤子，迫於飢寒，盜弄兵於谿谷間，不足辱大軍，但遣一使者可平矣。」乃遣京兆少尹劉潼招諭之。潼言：「使之歸命，其勢甚易。所慮者，武臣耻不戰之功，議者責欲速之效耳。」潼至山中，盜彎弓待之。潼直前曰：「我面受詔赦汝罪，使汝復爲平人。汝真欲反，可射我！」賊皆投弓，列拜請降。潼歸館，而贄弘引兵已至山下，竟擊滅之。

胡氏曰：崔鉉請遣使，劉潼請説降，皆未嘗得可報，則宜再請，以爲必欲用兵，當俟招諭不從乃進耳。今不俟可報，而潼遽行，羣盜既降，乃復滅之，此韓信不顧酈生，李靖不恤唐儉，狙詐僥倖之計，聖人所謂行一不義而得天下不爲者也。李文饒又引以爲例曰：「止可令王宰失信，豈得損朝廷威命！」愚以爲非矣。處己處人一也，將帥仗國威命，豈有置之失信之地而可乎！

三月，詔大將軍鄭光賜莊免税役，尋罷之。敕：「先賜鄭光鄠縣等莊並免税役。」中書門下奏：「税役之法，天下皆同，鄭光獨免，似乖法意。」敕曰：「朕以鄭光元舅，初不細思。親戚之間，人所難議。卿等苟非愛我，豈進嘉言！庶事能盡如斯，天下何憂不理！有始有卒，當共守之。並依所奏。」

夏，六月，以畢諴爲邠寧節度使。党項復擾邊，上欲擇帥而難其人，從容與翰林畢諴論邊事，諴援古據今，具陳方略。上悦曰：「不意頗、牧近在禁庭。卿其爲朕行乎！」諴欣然奉命。

閏月，以盧鈞爲河東節度使。河東節度使李業縱吏民侵掠雜虜，由是北邊擾動。詔以鈞代之。業内有所恃，人莫敢言，魏謩獨請貶黜，上不許。鈞奏韋宙爲副使，遣詣塞下，諭以禍福，禁其侵掠，雜虜遂安。掌書記李璋杖一牙職，明日，牙將百餘人訴於鈞，鈞杖其爲首者，謫戍外鎮，曰：「邊鎮百餘人無故横訴，不可不抑也。」

秋，八月，以裴休同平章事。

冬，十月，畢諴招諭党項，降之。

十二月，復禁私度僧尼。先是進士孫樵上言：「百姓男耕女織，不自温飽，而羣僧安坐華屋，美衣精饌，率以十户不能養一僧。武宗憤其然，髮十七萬僧，是天下百七十萬户始得蘇息也。陛下即位以來，修復廢寺，度僧，幾復其舊。縱不能如武宗除積弊，奈何興之於已廢乎？願早降明詔罷之，庶幾百姓猶得以息肩也。」至是，中書門下奏：「陛下崇奉釋氏，羣下莫不奔走，恐財力有所不逮，因之生事擾人。望委長吏量加撙節，仍禁私度僧尼。」從之。

胡氏曰：論事於人生，必陳其治亂之本原，辨之而明，猶或藐藐其聽，若徒言末流之害，固宜不納，若孫樵之論復僧修寺是也。使佛教有益於生人，雖以百七十萬户養十萬僧，誠不足愛。何者？所費者財力，而所資者善道，孟子所謂有功可食者也。惟其殄滅彝倫，戕敗人理，故雖使吸風飲露，巢居野處，猶將廢之。況華屋精饌，以養惰遊乎！此自聖帝明王之所必除，豈係於武宗舉措之是非哉！以此言之，則庶乎其有感矣。

癸酉（八五三）

七年。

夏，四月，定杖笞法。敕：「自今法司處罪，用常行杖，杖脊一，折法杖十；杖臀一，折笞五。」

冬，十二月，以鄭光爲右羽林統軍。上事鄭太后甚謹，不居別宫，朝夕奉養。鄭光鎮河中，入朝，上與論政，光對鄙淺，上不悦，留爲統軍。太后數言其貧，上輒厚賜金帛，終不復任以民官。

胡氏曰：孝者，人君之盛德也，宣宗能之，可不謂賢乎！然弒其適母，不自知其罪惡之大也，而區區焉妾母是孝，所謂計末遺本，飾小善，害大德，豈所以爲孝乎！

度支奏歲入之數。錢九百二十五萬緡，内五百五十萬緡租税，八十二萬餘緡榷酤，二百七十八萬餘緡鹽利。

甲戌（八五四）

八年。

春，正月朔，日食，罷元會。初，左補闕趙璘請罷元會，止御宣政。宰相曰：「天下無事，元會大禮，不可罷也。」上曰：「近華州有賊，關中少雪，皆朕之憂，何謂無事！雖宣政亦不可御也。」

二月，以牛叢爲睦州刺史。中書門下奏諫官缺員，請補。上曰：「諫官要在舉職，不必人多。如張道符、牛叢、趙璘輩數人，使朕日聞所不聞，足矣。」久之，叢出爲刺史，入謝，上賜之紫，叢曰：「臣所服緋，刺史所借也。」上遽曰：「且賜緋。」上重惜服章，有司常具緋紫衣數襲從行，以備賞賜。或半歲不用其一，故當時以緋紫爲榮。上重翰林學士，然遷官必校歲月，以爲不可以官爵私近臣也。

秋，九月，以高少逸爲陝虢觀察使。有敕使過硤石，怒餅黑，鞭驛吏見血。少逸以聞，上責敕使，謫配恭陵。其後，上召翰林學士韋澳，屏左右問之曰：「近日内侍權勢何如？」對曰：「陛下威斷，非前朝之比。」上閉目搖首曰：「全未，全未！尚畏之在。策將安出？」對曰：「若與外庭議之，恐有太和之變，不若就其中擇有才識者與之謀。」上曰：「此乃末策，朕已試之矣。自衣緋以下皆感恩，纔衣紫，則相與爲一矣。」上又與令狐綯謀盡誅宦官，綯恐濫及無辜，密奏曰：「但有罪勿捨，有闕勿補，自然漸耗，至於盡矣。」宦者竊見其奏，由是益與朝士相惡，南北司如水火矣。

胡氏曰：韋澳之謀，非末策也。昔李德裕與樞密議，約敕監軍，於是師出有功。故知裁制中臣，就其中擇忠智者與之謀，其處之未必不善於外廷所爲也。弘逸、季稜方奉陳王，而士良、弘志已立武宗；歸長、公孺方立夔王，而元實、宗實乃推戴懿宗。宣宗乃曰：「比衣紫，則相與爲一。」何其近而不能察也！令狐綯之意亦善，而不面陳之，乃露諸奏牘。易所以有不出户庭之戒歟！

冬，十月，以李行言爲海州刺史。上獵於苑北，遇樵夫，問其縣令爲誰，曰：「李行言。」「爲政如何？」曰：「性執。有强盗數人，匿軍家〔四〕，索之，竟不與，盡殺之。」上歸，帖其名於寢殿之柱。及除刺史，入謝，上賜之金紫，取帖示之。

詔雪王涯、賈餗等。上以甘露之變，惟李訓、鄭注當死，餘人無罪，詔雪其冤。

乙亥（八五五）

九年。

春，正月，成德節度使王元逵卒，軍中立其子紹鼎爲留後。

二月，以李君奭爲懷州刺史。初，上校獵渭上，有父老十數聚於佛祠，上問之，對曰：「醴泉百姓也。縣令李君奭有異政，考滿當罷，詣府乞留，故此祈佛，冀諧所願耳。」及懷州刺史闕，上手筆除君奭。上聰察强記，天下奏獄吏卒姓名，一覽皆記之。度支奏誤「漬」爲「清」，樞密承旨孫隱中足成之，上怒，推按謫罰之。嘗密令翰林學士韋澳纂次州縣境土風物及諸利害爲書，書號曰處分語。他日，鄧州刺史薛弘宗入謝，出謂澳曰：「上處分本州事驚人。」澳詢之，皆處分語中事也。

范氏曰：宣宗抉摘細微，以驚服其羣下，小過必罰，而大綱不舉，欲以一人之智，周天下之務，而不能與賢人共天職也。譬如廉刻之吏，謹治簿書期會，而不知爲政，特一縣令才耳，豈人君之德哉！

夏，閏四月，詔州縣作差科簿。詔以「州縣差役不均，自今每縣據人貧富及役輕重作簿，送刺史檢署訖，鏁於令廳，每有役事委令，據簿輪差」。

秋，七月，浙東軍亂，逐觀察使李訥。訥性卞急，遇將卒不以禮，故亂作。

崔鉉罷爲淮南節度使。淮南饑，民多流亡，節度使杜悰荒於遊宴，政事不治。上聞之，罷悰，以鉉代之。

九月，貶李訥爲朗州刺史；杖監軍王宗景，配恭陵。詔：「自今戎臣失律，并坐監軍。」

冬，十一月，以柳仲郢爲鹽鐵轉運使。有醫工劉集交通禁中，上敕鹽鐵補場官。仲郢上言：「醫工術精，宜補醫官，若委務銅鹽，何以課其殿最？且場官賤品，非特敕所宜親。」上遽賜絹遣之。他日，見仲郢，勞之曰：「卿論劉集事甚佳。」上嘗有疾，醫工梁新治之，良已，自陳求官，但敕月給錢三十緡而已。

十二月，貶康季榮爲夔州長史。季榮前爲涇原節度使，擅用官錢，事覺，請以家財償之。上以季榮有河、湟功，許之。給事中封還敕書，諫官亦上言，乃貶之。

以鄭祇德爲賓客、分司。江西觀察使鄭祇德以其子顥尚主通顯，固求散地，從之。

丙子（八五六）

十年。

春，正月，以鄭朗同平章事。

夏，五月，以韋澳爲京兆尹。澳爲人公直，既視事，豪貴斂手。鄭光莊吏恣横，積年租税不入，澳執而械之，具奏其狀，欲寘於法。上曰：「鄭光甚愛之，何如？」對曰：「如此，則是陛下之法獨行於貧户耳，臣不敢奉詔。」上曰：「然則痛杖而貸其死，可乎？」澳歸，即杖之，督租數百斛足，乃釋之。

六月，裴休罷爲宣武節度使。初，上命休極言時事，休請早建太子，上曰：「若建太子，則朕遂爲閑人。」休不敢復言，以疾辭位，從之。

胡氏曰：豫建太子，所以重宗廟也。宣宗之論，一何異哉！蓋以大利爲心，至乃靳於其子，故雖賞罰嚴必，措時康定，而器局褊促，無人君偉然之度矣。然裴休既發其端，當卒其説，使以帝所目擊文宗、武宗之事爲戒，則宣宗亦必惕然而省矣。

冬，十月，以鄭顥爲祕書監。顥營求作相甚切，其父祗德聞之，與書曰：「聞汝已判户部，是吾必死之年；又聞欲求宰相，是吾必死之日也。」顥懼，表辭，從之。

十一月，册回鶻爲懷建可汗。先是，詔以「回鶻有功於國，世爲婚姻。會昌姦臣，遽加殄滅。近聞已厖歷今爲可汗，尚寓安西，俟歸牙帳，當加册命」。至是，回鶻遣使入貢，册拜可汗。

詔議遷穆宗已下出太廟。吏部尚書李景讓上言：「穆宗乃陛下兄，敬宗、文宗、武宗乃兄之子，陛下拜兄尚可，拜姪可乎！宜遷四主出太廟，還代宗以下入廟。」詔百官議，不決而止。時人以是薄景讓。

以崔慎由同平章事。上命相，左右無知者。前此令樞密宣旨，以蕭鄴爲相，樞密使王歸長等覆奏：「鄴所判度支應罷否？」上以爲歸長等佑之，即手書慎由名付學士院，云「仍罷判度支」。

范氏曰：堯、舜疇咨四岳，詢謀僉諧，而後用人，既以爲可，則用之而不疑矣。二使之請，亦有司之常職也，何疑而遽易之？宣宗以此爲明，防其羣下，知臣之道，其不然乎！

詔内園使李敬寔剥色配南牙。内園使李敬寔遇鄭朗不避馬，朗奏之。上責敬寔，對曰：「供奉官例不避。」上曰：「汝銜敕命，横絶可也。豈得私出而不避宰相乎！」命剥色配南牙。

丁丑(八五七)

十一年。

春，正月，以韋澳爲河陽節度使。澳嘗奏事，上欲以澳判户部，以心力衰耗，難處繁劇爲辭，上不悦。及歸，其甥柳玭尤之，澳曰：「主上不與宰輔僉議，私欲用我，人必謂我以他岐得之，何以自明！且爾知時事浸不佳乎，由吾曹貪名位所致耳。」遂出鎮河陽。玭，仲郢之子也。

胡氏曰：韋澳可謂見得思義者矣。人臣必以君父親擢爲榮，人主必欲以出於己意爲親，非也；百官必欲由宰輔薦達，宰輔必欲使歸恩於我，亦非也，惟其公而已矣。天下人才之衆，非宰輔旁招廣引，人主安得而知之！至於耳目之官，喉舌之任，股肱心膂之寄，非人主識别賢者，舉以自近，則必有比党阿私之患矣。

二月，魏謩罷爲西川節度使。上樂聞規諫，凡諫官論事，門下封駁，茍合於理，多屈意從之。得大臣章疏，必焚香盥手而讀之。嘗欲幸華清宫，諫官論之，上爲之止。蓍爲相，每議事，正言無所避，上每歎曰：「蓍綽有祖風，我心重之。」然竟以剛直，爲令狐綯所忌而出之。

秋，七月，以蕭鄴同平章事。

流祝漢貞於天德軍。教坊使祝漢貞滑稽敏給，寵冠諸優。一日，抵掌詼諧，頗及外事，上正色謂曰：「我畜養爾曹，正供戲笑耳，豈得輒預朝政邪！」會其子坐贓，流之。樂工羅程善琵琶，有寵，殺人繫獄。衆工爲請曰：「程負陛下萬死。然臣等惜其絶藝，不復得奉宴遊矣。」上曰：「汝曹所惜者，羅程藝；朕所惜者，高祖、太宗法。」竟杖殺之。

八月，成德軍節度使王紹鼎卒，軍中立其弟紹懿。

冬，十月，以尚延心爲河、渭都遊奕使。先是，吐蕃酋長尚延心以河、渭二州部落來降，秦成防禦使李承勛利其羊馬，誘之入居秦州之西，謀盡掠其財。延心知之，謂承勛曰：「延心欲入見天子，請盡帥部衆分徙内地，使西邊永無揚塵之警，但惜秦州無所復恃耳。」承勛默然。明日，諸將皆曰：「明公首開營田，置使府，擁萬兵，仰給度支，將士無戰守之勞，有耕市之利。若從延心之謀，則西陲無事，朝廷必罷府省戍，還以秦州隸鳳翔，吾屬無所復望矣。」承勛以爲然，即奏延心爲河、渭都遊奕使，使統其衆居之。

鄭朗罷。

遣使迎道士軒轅集於羅浮山。上好神仙，迎軒轅集至長安，問曰：「長生可學乎？」對曰：「王者屏欲而崇德，則自然受大遐福，何處更求長生！」留數月，求還山，乃遣之。

戊寅（八五八）

十二年。

春，正月，以王式爲安南都護。式有才略，至安南，樹芀木爲栅，深塹其外，寇不能冒；選教士卒甚鋭。頃之，南蠻大至，去城半日。式意思安閑，遣譯諭之，中其要害，蠻夜引去。都校羅行恭久專府政，麾下精兵二千，都護中軍纔羸兵數百，式杖而黜之。

以劉瑑同平章事。瑑與崔慎由議政於上前，慎由曰：「惟當甄别品流，上酬萬一。」瑑曰：「昔王夷甫祖尚浮華，妄分流品，致中原丘墟。今當循名責實，使百官各稱其職，而遽以品流爲先，臣未知致理之日。」慎由無以對。

二月，崔慎由罷。上欲御樓肆赦，令狐綯曰：「御樓所費甚廣，事須有名；且赦不可數。」上不悦曰：「遣朕於何得名？」慎由曰：「陛下未建儲宫，四海屬望，若舉此禮，雖郊祀亦可，況於御樓。」時上餌方士藥，已覺躁渴，疑忌方深，聞之俯首不復言。旬日，慎由罷相。

范氏曰：三代之時，自天子至于庶人，皆有常職以食其力，有常行以勤其生，壯而强勉焉，老而教訓焉，修身以俟死而已。天下無異道。未有衆人皆死，而欲一己獨不死者也。執左道以亂政者殺，故無迂怪之士。由秦、漢以來，乃有神仙服食不死之説，故人心多惑，聖道不明，此其一端也，而人主尤甘心焉。以唐考之，自太宗至于武宗，餌藥以敗者六、七君，亦可以爲戒矣。而宣宗又敗以藥，至以儲嗣爲諱惡，豈不蔽甚矣哉！

夏，四月，嶺南軍亂，詔以李承勛爲節度使，討平之。初，上命李燧鎮嶺南，已命中使賜之節，給事中蕭倣封還制書。上方奏樂，不暇别召中使，使優人追之，節及燧門而返。改授承勛，討亂平之。

以夏侯孜同平章事。

五月，劉瑑卒。瑑病篤，猶手疏論事，上甚惜之。

湖南軍亂，逐觀察使韓琮。

六月，江西軍亂，逐觀察使鄭憲。

蠻寇安南。初，安南都護李琢爲政貪暴，强市蠻中馬牛。羣蠻怨怒，導南詔侵盗邊境。自是安南始有蠻患。

秋，七月，宣州軍亂，逐觀察使鄭薰。右補闕張潛上疏曰：「藩府代移之際，皆奏倉庫羨餘，以爲課績，朝廷因而甄奬。夫藩府財賦，所出有常，苟非賦斂過差，及停廢將士，減削衣糧，則羨餘何從而致？比來南方諸鎮數有不寧，皆此故也。一朝有變，所蓄之財，悉遭剽掠；又發兵致討，費用百倍，然則朝廷竟有何利！乞自今藩府長吏不增賦斂，不減糧賜，獨節遊宴，省浮費，能致美餘者，然後賞之。」上嘉納之。

河南、北、淮南大水。徐、泗水深五丈，流没數萬家。

胡氏曰：禍福各以類至，故三川震而知周將亡；岷山崩，江水竭，而漢將亡；龐勛亂徐土，芝、巢起山東，唐自是亡。則河南、北、淮南大水，而徐、泗爲甚，天之示戒明矣。夫天理高明悠久，非如人喜怒報施之促狹也。禍在十年之後，一世之外，則目前之異，誠非淺丈夫所經意，於是置而不恤，至於國家敗壞，則亦無如之何矣！

冬，十月，以于延陵爲建州刺史。延陵入辭，上曰：「建州去京師幾何？」對曰：「八千里。」上曰：「卿到彼爲政善惡，朕皆知之，勿謂其遠！此階前則萬里也，卿知之乎？」令狐綯擬李遠杭州刺史，上曰：「吾聞遠詩云『長日惟消一局棋』，安能理人！」綯曰：「詩人托此爲高興耳，未必實然。」上曰：「且令往試觀之。」詔刺史毋得外徙，必令至京師，面察其能否，然後除之。令狐綯嘗徙其故人爲鄰州刺史，便道之官。上以問綯，對曰：「以其道近，省送迎耳。」上曰：「朕以刺史多非其人，爲百姓害，故欲一一訪問，知其優劣以行黜陟。而詔命既行，直廢格不用，宰相可畏有權！」時方寒，綯汗透重裘。上臨朝，接對羣臣如賓客，雖左右近習，未嘗見其有惰容。每宰相奏事，旁無一人立者，威嚴不可仰視。奏事畢，忽怡然曰：「可以閑語矣。」因問閭閻細事，或談宮中遊宴，無所不至。一刻許，復整容曰：「卿輩善爲之，朕常恐卿輩負朕，後日不復得再相見。」乃起入宮。令狐綯謂人曰：「吾十年秉政，最承恩遇，每延英奏事，未嘗不汗沾衣也。」

范氏曰：古者臣進戒於君，君申敕其臣，上下交修，所以勤於德也。宣宗視輔相之臣，體貌雖恭，而心實防之，如遇胥史，惟恐其欺也，拘之以利禄，憚之以威嚴，故所用多流俗之人，而賢者不能有所設施。白敏中、令狐綯之徒，崇極將相，持寵保位，二十餘年。其相如此，則其君之功烈亦可知也。

山南東道節度使徐商討湖南亂軍，平之。商以封疆險闊，素多盜賊，選精兵數百人，別置營訓練，號捕盜將。及湖南逐帥，詔商討平之。

以崔鉉爲宣歙觀察使，討亂軍平之。

以韋宙爲江西觀察使，討亂軍平之。宙過襄州，徐商遣都將韓季友帥捕盜從行，至江州，自間道一夕至洪州，討平之。

十二月，以蔣伸同平章事。伸從容言於上曰：「近日官頗易得，人思僥倖。」上驚曰：「如此，則亂矣！」對曰：「亂則未亂，但僥倖者多，亂亦非難。」上稱歎再三，曰：「異日不復得獨對卿矣。」伸不諭，尋拜相。

己卯(八五九)

十三年。

夏，四月，以廣德公主適校書郎于琮。初，上欲以琮尚永福公主，既而中寢，宰相請其故，上曰：「朕近與此女子食，對朕輒折匕筯。性情如是，豈可爲士大夫妻！」乃更命琮尚廣德公主。

武寧軍亂，詔以田牟爲節度使。武寧軍節度使康季榮不恤士卒，士卒譟而逐之。上以田牟嘗鎮徐州，有能名，復以爲帥，一方遂安。

秋，八月，帝崩，鄆王漼即位。初，上長子鄆王温無寵，愛第三子夔王滋，欲以爲嗣，爲其非次，故久不建東宫。上餌李玄伯等藥，疽發於背，宰相不得見。上密以夔王屬王歸長等三人，使立之。獨左軍中尉王宗實素不同心，三人相與謀，出宗實爲淮南監軍。宗實已受敕將出〔五〕，左軍副使亓元實謂曰：「聖人不豫踰月，中尉何不一見聖人而出乎？」宗實感悟，復入至寢殿。上已崩，東首環泣矣。宗實叱歸長等，責以矯詔，皆捧足乞命。乃迎鄆王立爲太子，權句當軍國政事，更名漼，取歸長等殺之。太子即位，是爲懿宗。

范氏曰：古者受遺託孤，必求天下之忠賢。齊桓公定嗣於易牙，故其國大亂。唐自文宗以後，立不以正矣，然非人主使之也。宣宗不能早立太子，而以非次屬諸宦者，蓋以宰相爲外臣，宦者爲腹心，溺於所習，而不自知其非也，安在其爲明哉！

胡氏曰：立嗣，天下至重事也，必賢，必長，必嫡，必豫，必公，然後禍亂不作。宣宗反之，其亂宜矣。王宗實非能以正義奉長君，蓋素不爲上所厚，事勢所激，乃似義舉耳。使王歸長等意屬鄆王，安知宗實不以夔王有愛而立之耶！不可不辨也。

宣宗性明察沈斷，用法無私，從諫如流，重惜官賞，恭謹節儉，惠愛民物，故大中之政，訖於唐亡，人思詠之，謂之小太宗。

范氏曰：宣宗之治，以察爲明，雖聽納規諫，而性實猜刻，雖吝惜爵賞，而人多僥倖；外則藩方數逐其帥守而不能治，内則宦者握兵柄、制國命自如也。然百吏奉法，政治不擾，海内安靖，幾十五年。繼以懿、僖不君，唐室壞亂，是以人思大中之政，爲不可及。書曰：「自成湯至于帝乙，罔不明德恤祀。」若宣宗者，豈不足爲賢君哉！

尊皇太后爲太皇太后。

李玄伯等伏誅。

冬，十一月，蕭鄴罷。十二月，以杜審權同平章事。

令狐綯罷，以白敏中同平章事。綯執政歲久，忌勝己者，中外側目，其子滈頗招權受賄。宣宗崩，言事者競攻其短，至是罷。復以敏中爲相。

南詔僭號，寇陷播州。初，韋皋開青溪道以通羣蠻，使入貢。又選羣蠻子弟聚之成都，教以書數，以羈縻之。既而軍府厭於稟給，又蠻使入貢，利於賜與，所從傔人浸多，杜悰奏減其數。南詔豐祐怒，入貢不時，頗擾邊境。豐祐卒，子酋龍立，朝廷以名近玄宗諱，遂不行册禮。酋龍乃自稱皇帝，改國號大禮，遣兵陷播州。

庚辰（八六〇）

懿宗皇帝咸通元年。

春，正月，浙東賊裘甫作亂。初，裘甫攻陷象山，官軍屢敗。觀察使鄭祇德遣兵討之，大敗。甫遂陷剡縣，開府庫，募壯士，衆至數千人。時二浙久安，人不習戰，甲兵朽鈍，見卒不滿三百。祇德更募新卒，遣以擊賊，又大敗。於是諸盜雲集，衆至三萬，小帥有謀略者推劉暀，勇力推劉慶、劉從簡。鑄印改元，自稱天下都知兵馬使，聲振中原。

葬貞陵。

三月，以王式爲浙東觀察使，發諸道兵討裘甫，破之。鄭祗德求救於鄰道，浙西、宣歙遣兵赴之，祗德饋之，比度支多十三倍，而將士猶以爲不足。宣、潤將士請土軍爲導，諸將或稱病不行，或先邀職級，竟不果遣。城中各謀逃潰。朝廷議選將代之，夏侯孜曰：「浙東山海幽阻，可以計取，難以力攻。西班中無可語者，王式雖儒家子，前任安南有功，可任也。」乃以爲浙東觀察使。召入，問以方略，對曰：「但得兵，賊必可破。」有宦官侍側，曰：「發兵所費甚大。」式曰：「兵多賊速破，其費省矣；若兵少不能勝，延引歲月，賊勢益張，江、淮不通，則上自九廟，下及十軍，皆無以供給，其費豈可勝計哉！」上顧宦官曰：「當與之兵。」乃詔發諸道兵授之。裘甫分兵掠衢、婺、明、台，所過俘其少壯。及王式除書下，浙東人心稍安。甫方與其徒飲酒，聞之不樂。劉暀曰：「宜急引兵取越州，憑城郭，據府庫；遣兵過大江，掠揚州，還修石頭城而守之，宣、歙、江西必有響應者。遣劉從簡以萬人循海而南，襲取福建。如此，國家貢賦之地，盡入於我矣。」進士王輅曰：「劉副使謀，乃孫權所爲，未易成也。不如擁衆據險自守，陸耕海漁，急則逃入海島，此萬全策也。」甫猶豫未決。式軍所過，若無人。至西陵，甫遣使請降。式曰：「是必欲窺吾所爲，且欲使吾驕怠耳。」乃謂使者曰：「甫面縛以來，當免而死。」式入越州，送鄭祗德，樂飲而歸，始修軍令。於是告饋餉不足者息矣，稱疾卧家者起矣，先求遷職者默矣。賊别帥洪師簡、許會能帥所部降，式曰：「汝降是也，當立效以自異。」使帥其徒爲前鋒，與賊戰有功，乃奏以官。先是賊諜入越州，軍吏匿而飲食之，及是或詐引賊將來降，實窺虛實。式悉捕索斬之，嚴門禁，警夜周密，賊始不知我所爲矣。式命諸縣開倉廩以賑貧乏，或曰：「軍食方急，不可散也。」式曰：「非汝所知。」官軍少騎卒，式曰：「吐蕃、回鶻比配江、淮者，其人習險阻，便鞍馬。」舉籍管内，得數百人。虜久羈旅，困餒甚。式既犒飲，又賙其家，皆泣拜讙呼，願效死。悉以爲騎卒，使騎將石宗本將之。又奏得龍陂監馬二百匹，於是騎兵足矣。或請爲烽燧以詗賊，式笑而不應。選懦卒，使乘健馬，少給之兵，以爲候騎，衆怪之，不敢問。於是閲諸營見卒及土團子弟，得四千人，使導諸軍分路討賊，令之曰：「毋爭險易，毋焚廬舍，毋殺平民以增首級！脅從者，募降之。得賊金帛，官無所問。」自是諸軍與賊十九戰，賊連敗。劉晅謂裘甫曰：「鄙從吾謀，寧有此困邪！」收王輅等斬之。式曰：「賊窘且飢，必逃入海。」命羅鋭軍海口以拒之。賊皆棄船走山谷，帥其徒屯南陳館下，衆尚萬餘人。

夏，五月，禁州縣税外科率。右拾遺薛調言：「兵興以來，賦斂無度，所在羣盜，半是逃户，固須翦滅，亦可閔傷。望敕州縣税外毋得科率。」從之。

六月，王式擒裘甫，送京師斬之。浙東兵大破裘甫於南陳館，斬首數千級。賊委棄繒帛盈路，昭義將跌跌戣令士卒「敢顧者斬！」賊復入剡，式曰：「賊來就擒耳。」命趣諸軍圍之。賊城守甚堅，三日，凡八十三戰。賊請降，式曰：「賊欲少休耳。」益謹備之。賊果復出，又三戰。甫等從百餘人出降，離城數十步，官軍疾趨斷其後，遂擒之。式斬晅等，械甫送京師，斬之。諸將還越，式大置酒。諸將請曰：「某等生長軍中，久更行陳，今幸得從公破賊，然私有所不諭者，敢問：公之始至，軍食方急，而遽散之，何也？」式曰：「此易知耳。賊聚穀以誘飢人，吾給之食，則彼不爲盜矣。且諸縣無守兵，賊至，則倉穀適足資之耳。」「不置烽燧，何也？」式曰：「烽燧所以趣救兵也。今兵盡行，無以繼之，徒驚士民，使自潰亂耳。」「使懦卒爲候騎而少給兵，何也？」式曰：「彼勇卒操利兵，遇敵且不量力而鬭，鬭死，則賊至不知矣。」皆拜曰：「非所及也！」先是，上每以越盜爲憂，夏侯孜曰：「王式才有餘，不日告捷矣。」與式書曰：「公專以執裘甫爲事，軍須細大，此期悉力。」故式所奏無不從，由是能成其功。

秋，九月，以白敏中爲司徒、中書令。

冬，十月，追復李德裕官爵，贈左僕射。右拾遺劉鄴上言：「李德裕父子爲相，有聲迹功效，竄逐以來，血屬將盡，生涯已空。宜賜哀憫，贈以一官。」從之。

夏侯孜罷，以畢諴同平章事。

辛巳(八六一)

二年。

春，正月，白敏中罷，以杜悰同平章事。一日，兩樞密使詣中書，宣徽使楊公慶繼至，獨揖悰，出斜封文書以授，悰發之，乃宣宗大漸時，宦官請鄆王監國奏也，曰：「當時宰相無名者，當以反法處之。」悰曰：「此非臣下所宜窺。」復封以授公慶，曰：「主上欲罪宰相，當於延英面示聖旨，明行誅譴。」公慶去，悰謂兩樞密曰：「內外之臣，事猶一體。今主上新踐阼，未熟萬機，當以仁愛爲先，豈得遽贊成殺宰相事！若習以性成，則中尉樞密，豈得不自憂乎！」既而事寢。是時士大夫深疾宦官，事有小相涉，則衆共棄之。建州進士葉京嘗預宣武軍宴，識監軍之面；既而及第，遇之於塗，馬上相揖，因之謗議喧然，遂沈廢終身。其不相悦如此。

秋，七月，南蠻攻陷邕州。先是廣、桂、容三道共發兵三千人戍邕，三年一代。經略使段文楚請以三道衣糧自募土軍，朝廷許之，所募纔得五百人。文楚入爲金吾將軍，經略使李蒙利其闕額衣糧以自入，悉罷遣三道戍卒，止以新募兵戍守左、右江，比舊什減七、八。故蠻人乘虚入寇，遂陷邕州。

九月，以孟穆爲南詔弔祭使。杜悰上言：「南詔强盛，西川兵食單寡，未可輕與之絶。且應遣使弔祭，諭以新王名犯廟諱，故未行册命。待其更名謝恩，然後遣使，庶全大體。」上從之。會南詔寇嶲州，遂不行。

壬午（八六二）

三年。

春，正月，羣臣上尊號。

蔣伸罷。

二月，南詔復寇安南，以蔡襲爲經略使，發兵禦之。南詔復寇安南，經略使王寬數來告急。朝廷以襲代之，仍發許、滑、徐、汴、荆、襄、潭、鄂等道兵，合三萬人，以授襲。兵勢既盛，蠻遂引去。

夏，四月，置戒壇，度僧尼。上奉佛太過，怠於政事，於禁中設講席，自唱經，手録梵夾。又數幸諸寺，施與無度。吏部侍郎蕭倣上疏曰：「玄祖之道，慈儉爲先。素王之風，仁義爲首。垂範百代，必不可加。佛之爲道，殊異於此，非帝王所宜慕也。願陛下時開延英，接對四輔，力求人瘼，虔奉宗祧，罷去講筵，躬勤政事。」上不能從。

五月，分嶺南東、西二道，以韋宙、蔡京爲節度使。左庶子蔡京性貪虐多詐，時相以爲有吏才，奏遣制置嶺南事。嶺南舊分五管：廣、桂、邕、容、安南，皆隸嶺南。蔡京奏請分爲兩道，以廣州爲東道，邕州爲西道，使韋宙及京分領之。蔡襲將諸道軍在安南，蔡京忌之，恐其立功，奏稱「南蠻遠遁，邊徼無虞，請罷戍兵」。從之。襲累奏「羣蠻伺隙，不可無備，乞留兵五千」。不聽。襲作十必死狀申中書，時相信京之言，終不之省。

秋，七月，徐州軍亂，逐節度使温璋，詔以王式代之。初，王智興既得徐州，募勇悍之士二千人以自衛。其後節度使多儒臣，其兵浸驕，小不如意，一夫大呼，其衆和之，節度使即自後門逃去。田牟至，與之雜坐飲酒，犒賜之費，日以萬計，猶時喧譁，邀求不已。牟卒，璋代之。驕兵素聞璋性嚴，憚之。璋開懷慰撫，而驕兵終猜忌，竟聚譟而逐之。忠武、義成兩軍從王式討裘甫者猶在浙東，詔式帥以赴徐州。驕兵益懼。式至，視事三日，饗兩鎮將士，遣還，既擐甲執兵，命圍驕兵，盡殺之，數千人皆死。敕改武寧爲徐州團練使，隸兖海；以濠州歸淮南，更置宿泗觀察使。留二千人守徐州，餘皆分隸兖、宿。委式分配將士赴諸道訖，然後將兩道兵至汴滑，遣歸本道，身詣京師。

以夏侯孜同平章事。

蔡京伏誅。京爲政苛慘，設炮烙之刑，闔境怨之，爲軍士所逐。貶崖州司户，不肯之官，還至零陵，敕賜自盡。

冬，十一月，南詔寇安南。南詔率羣蠻寇安南，蔡襲告急。敕發荆湖兵二千、桂管兵三千赴之。未至，南詔已圍交趾，襲嬰城固守，救兵不得至。

四年。

癸未（八六三）

春，正月，南詔陷交趾，經略使蔡襲死之。交趾城陷，蔡襲左右皆盡，徒步力戰，身集十矢，欲趣監軍船，船已離岸，遂溺海死。荆南將士四百餘人，走至城東水際，虞候元惟德等謂衆曰：「吾輩無船，入水則死。不若還與蠻鬬，人以一身易二蠻，亦爲有利。」遂還向城，縱兵殺蠻二千餘人而死。南詔兩陷交趾，所殺虜且十五萬人。留兵二萬，使其將楊思縉據交趾城，谿洞夷獠皆降之。詔諸道兵悉召還保嶺南。上遊宴無節，左拾遺劉蜕上疏曰：「今西凉築城，南蠻侵軼，陛下不形憂閔，何以責其死力！」弗聽。

二月朔，上歷拜十六陵。

三月，歸義軍奏克復凉州。

夏，四月，畢諴罷爲兵部尚書。諴以同列多徇私不法，稱疾辭位。

以康承訓爲嶺南西道節度使。

五月，以楊收同平章事。收與中尉楊玄价叙宗相結，故得爲相。

杜審權罷。

六月，杜悰罷，以曹確同平章事。

秋，七月朔，日食。

以宋戎爲安南都護。時諸道兵援安南者屯聚嶺南，餽運勞費。潤州人陳磻石上言：「請造千斛大舟，自福建運米，泛海一月至廣州。」從之，軍食以足。然有司以和雇爲名，奪商人舟入海，或遇風濤沒溺，有司囚繫綱吏、舟人，使償其米，人頗苦之。

八月，以吳德應爲館驛使。臺諫上言：「故事，御史巡驛。不應忽以内臣代之。」上諭以敕命已行，不可復改。左拾遺劉蛻上言：「自古明君所尚者，從諫如流，豈有已行而不改！且敕自陛下出之，自陛下改之，何爲不可？」弗聽。

冬，十月，以令狐滈爲詹事司直。初，以令狐滈爲左拾遺，拾遺劉蛻上言：「滈專家無子弟之法，布衣行公相之權。」起居郎張雲言：「滈父綯用李琢爲安南，致南蠻至今爲梗，由滈納賄，陷父於惡。綯執政時，人號滈『白衣宰相』。」滈亦引避，故有是命。

甲申（八六四）

五年。

春，正月，貶張雲興元少尹，劉蛻華陰令。令狐綯爲其子滈訟冤，故貶之。

三月，彗星出。彗出於婁，長三尺〔六〕。司天監奏：「按星經，是名含譽，瑞星也。」上大喜。「請宣示中外，編諸史策。」從之。

夏，四月，以蕭寘同平章事。

南詔寇邕州，官軍敗没。加康承訓檢校右僕射。承訓至邕州，不設斥候。南詔帥六萬，將入境，承訓遣六道兵凡萬人拒之。敵至，不設備，五道八千人皆没，惟天平軍後至，得免。承訓不知所爲，副使李行素帥衆治壕柵，甫畢，蠻軍已合圍。四日，攻具將就，諸將請夜分道斫蠻營，承訓不許。有天平小校再三力争，乃許之。將勇士三百，夜縋而出，散燒蠻營，斬五百餘級。蠻大驚，解圍去。承訓騰奏告捷，中外皆賀。加承訓檢校右僕射，子弟親昵皆奏功受賞；燒營小校不遷一級。由是軍中怨怒，聲流道路。

五月，發徐州兵三千人戍邕州。

秋，七月，以康承訓爲將軍，分司。高駢爲嶺南西道節度使。韋宙具知承訓所爲，以書白宰相，乃罷承訓，而以張茵代之。茵不敢進。夏侯孜薦驍衛將軍高駢代之。駢頗讀書，好談今古，兩軍宦官多譽之。

冬，十一月，夏侯孜罷，以路巖同平章事。

乙酉（八六五）

六年。

春，正月，始以懿安皇后配饗憲宗。時王皥復爲禮官，伸前議，朝廷從之。

以杜宣猷爲宣歙觀察使。宦官多閩人，宣猷爲福建觀察使，每寒食，遣吏分祭其先壟，宦官德之，故有是命。時人謂之「敕使墓户」。

三月，蕭寘卒。

夏，四月，以高璩同平章事。

六月，高璩卒，以徐商同平章事。

冬，十月，太皇太后鄭氏崩。

丙戌(八六六)

七年。

春，三月，以劉潼爲西川節度使。初，南詔遣清平官董成等詣成都節度使李福，福盛儀衛以見之。故事，南詔使見節度使，拜伏於庭。成等曰：「驃信已應天順人，我見節度使，當抗禮。」傳言往返，自旦至日中不決，將士皆憤怒，福械繫之。劉潼至鎮，釋之，奏遣還國；召至京師，厚賜而遣之。

成德節度使王紹懿卒。紹懿在鎮十年，爲政寬簡，軍民便之。疾病，召兄子景崇告之曰：「吾兄以汝之幼，以軍政授我。今汝長矣，我復以歸汝。努力爲之，上忠朝廷，下和鄰藩，勿墜吾兄之業。」言竟而卒。

夏，五月，葬孝明皇后。葬於景陵之側，祔于别廟。

六月，魏博節度使何弘敬卒。軍中立其子全皡爲留後。

高駢大破南詔蠻，復取交趾。初，高駢治兵於海門，未進，監軍李維周惡駢，欲去之，屢趣駢使進軍。駢以五千人先濟，約維周發兵應援。駢既行，維周擁餘衆不發。駢至南定，峰州蠻衆近五萬穫田，駢掩擊，大破之，收其所穫以食軍。進擊南詔，屢破之。捷奏至海門，維周皆匿之，奏駢玩軍不進。上怒，欲貶駢，以王晏權代之。是月，駢復大破南詔，殺獲甚衆，遂圍交趾城。十餘日，蠻困蹙甚，城且下，會得王晏權牒，即以軍事授監軍韋仲宰，與麾下百餘人北歸。先是，駢遣小校曾衮入告交趾之捷，至海中，望見旌旗東來，云新經略使與監軍也。衮意維周必奪其表，乃匿於島間，維周過，即馳詣京師。上得奏，大喜，加駢檢校工部尚書，復鎮安南。駢至海門而還。晏權闇懦，維周凶貪，諸將不爲之用，遂解重圍，蠻遁去者太半。駢至，復督勵將士攻城，克之，斬首三萬餘級。土蠻帥衆歸附者萬七千人。

冬，十月，楊收罷。楊玄价兄弟受方鎮之賂〔七〕，屢有請託，收不能盡從，玄价怒，出之。

吐蕃拓跋懷光斬論恐熱，傳首京師。吐蕃自是衰絶，乞離胡君臣不知所終。

以高駢爲静海軍節度使。自李涿侵擾羣蠻，爲安南患，殆將十年，至是始平，乃置静海軍於安南，以駢爲節度使。

范氏曰：戎狄自古迭爲中國患。由秦以來，未有得志於南蠻者也。蓋以瘴毒險阻，不得天時地利，所恃者人和而已。而民從征役，皆知必死，如往棄市，則是三者皆亡矣。明皇之末，南詔盛强，至于懿宗，陷安南，圍成都，中國首尾疲於奔命。其後龐勛之亂，起於桂林之戍；黄巢之寇，本於徐方之餘。唐室之衰，宦者蠹其内，南詔擾其外，財竭民困，海内大亂，而因以亡矣。蠻夷非能亡中國也，而中國之亡，蠻夷常爲之資。是以聖主不重外而輕内，不勤遠而忘邇，恐征伐不息，變生於内而摇其本也。

十二月，黠戛斯遣使入貢。

丁亥（八六七）

八年。

春，二月，歸義節度使張義潮入朝。

三月，以李可及爲左威衛將軍。上好音樂宴遊，供奉樂工常近五百人，每月宴設不減十餘，水陸皆備；每行幸，内外諸司扈從十餘萬人，所費不可勝紀。可及善爲新聲，上以爲將軍。曹確諫曰：「太宗定文武官六百餘員，謂房玄齡曰：『朕以待天下賢士，工商雜流，不可處也。』太和中，文宗欲以樂工爲王府率，拾遺竇洵直諫，即改光州長史。乞別除可及官。」不從。

秋，七月，懷州民逐刺史劉仁規。民訴旱，仁規揭榜禁之。民怒，相與作亂，逐仁規，掠其家貲，久之乃定。

以于琮同平章事。

校勘記

〔一〕楊嗣復曰　「楊」字原脱，據殿本、通鑑卷二四六唐文宗開成四年五月丁亥日條補。

〔二〕秋七月　此三字原脱，據殿本、通鑑卷二四六唐文宗開成四年七月甲辰日條補。

〔三〕加李德裕太尉衛國公　「衛」原作「趙」，據殿本、舊唐書卷一八武宗紀、卷一七四李德裕傳改。

〔四〕慝軍家　「慝」字原脱，據殿本補。

〔五〕宗實已受敕將出　「受」原作「授」，據殿本、通鑑卷二四九唐宣宗大中十三年八月條改。

〔六〕長三尺　「尺」原作「丈」，據成化本、殿本、通鑑卷二五〇唐懿宗咸通五年三月丁酉日條改。

〔七〕楊玄价兄弟受方鎮之賂　「价」原作「玠」，據殿本、通鑑卷二五〇唐懿宗咸通七年十月甲申日條改。

資治通鑑綱目卷五十一

起戊子唐懿宗咸通九年，盡甲辰五月唐僖宗中和四年，凡一十七年。

戊子（八六八）

九年。

夏，六月，以李師望爲定邊軍節度使。師望上言：「巂州控扼南詔，爲其要衝，成都道遠，難以節制，請建定邊軍，屯重兵於巂州，以邛州爲理所。」詔以師望充節度使。師望利於專制方面，故建此策，其實邛去成都纔百六十里，巂距邛千里，其欺罔如此。

秋，七月，桂州戍卒作亂，判官龐勛將之。冬，十月，陷宿、徐州，囚觀察使崔彦曾。十一月，詔遣康承訓發諸道兵討之。十二月，賊陷滁、和州，攻泗州，不克。初，南詔陷安南，敕徐、泗募兵二千赴援，分八百人別戍桂州。初約三年一代，至是戍桂者已六年，屢求代還。徐泗觀察使崔彦曾性嚴刻，押牙尹戡、杜璋、徐行儉等用事，以軍帑空虚，不能發兵，請令更留戍一年，彦曾從之。戍卒聞之怒，都虞候許佶等作亂，殺都將王仲甫，推糧料判官龐勛爲主，劫庫兵，北還，所過剽掠，州縣莫能禦。八月，詔遣中使赦其罪，部送歸徐。至湖南，監軍誘之，使悉輸其甲兵。勛等謀曰：「吾輩罪大，朝廷見赦，慮緣道攻劫耳。若至徐州，必葅醢矣。」乃各以私財造甲兵旗幟，招集亡命，衆至千人。入淮南，節度使令狐綯遣使慰勞。押牙李湘曰：「徐卒徑歸，勢必爲亂。雖無敕令誅討，藩鎮大臣當臨事制宜。高郵岸峻而水深狹，請將奇兵伏於其側，焚荻舟以塞其前，以勁兵蹙其後，可盡擒也。縱之渡淮，爲患必大。」綯素儒怯，曰：「彼在淮南不爲暴，聽其自過，餘非吾事也。」朝廷屢敕崔彦曾慰撫之，彦曾遣使諭以敕意，道路相望。勛至徐城，乃言於衆曰：「吾輩擅歸，思見妻子耳。今聞已有密敕下本軍，至則滅族！與其自投網羅，曷若相與戮力同心，赴湯蹈火，豈徒脱禍，富貴可求也！」衆皆呼躍稱善。遂於遞中申狀，乞停尹戡等職任。彦曾召諸將謀之，皆曰：「戍卒猖狂，若縱使入城，必爲逆亂。不若乘其遠來疲弊，發兵擊之，我逸彼勞，往無不捷。」彦曾乃命都虞候元密等將三千人討勛，戒以毋傷敕使。仍命宿、泗州出兵邀之。密至任山，頓兵不進，思所以奪敕使之計，欲俟賊入館，乃擊之。賊詗知之，夜遁，官軍引退。賊至符離，宿州戍卒出戰，望風奔潰，賊遂攻城，陷之。悉聚城中貨財，募兵得數千人，勒兵乘城，勛自稱兵馬留後。官軍至，以爲賊必固守，但爲攻取之計。賊夜掠城中大船，以載資糧，順流而下，欲入江湖爲盜。明旦，官軍乃覺，狼狽追之，士卒皆未食，比追及，已饑乏。賊陳堤外，伏舟中，夾攻之，官軍大敗。密及士卒死者殆千人，其餘皆降於賊，無得還者。賊知彭城無備，還趣彭城。彦曾始選城中丁壯爲守備，内外震恐，無復固志。或勸彦曾奔兖州，彦曾怒曰：「吾爲元帥，城陷而死，職也！」立斬言者。賊至，城陷，囚彦曾，殺尹戡等。即日城中願從者萬餘人。勛召温庭皓，使草表求節鉞，庭皓請還家草之，明旦來曰：「昨日欲一見妻子耳。今謹來就死。」勛熟視，笑曰：「書生敢爾，不畏死邪！龐勛能取徐州，何患無人草表！」遂釋之。有周重者，每以才略自負，爲勛草表，略曰：「臣之軍，乃漢室興王之地。頃因節度使刑賞失中，遂致迫逐。陛下奪其節制，翦滅一軍，或死或流，冤横無數。臣見利不失，遇時不疑，伏乞聖慈，復賜旌節。不然，揮戈曳戟，詣闕非遲！」勛遣其將劉行及屯濠州，李圓屯泗州，梁丕屯宿州，要害縣鎮，悉繕完戍守。遠近羣盜，皆倍道歸之。行及引兵至渦口，濠州刺史盧望回開門迎之。泗州刺史杜慆完守備以待賊。李圓至，攻之，不克。初，辛雲京之孫讜寓居廣陵，喜任俠，年五十不仕，與慆有舊，聞勛作亂，詣泗州，勸慆避之。慆曰：「安平享其禄位，危難棄其城池，吾不爲也！誓與將士共死此城！」讜曰：「公能如是，僕當與公同死！」乃還廣陵，與其家訣，復如泗州。時勛募人爲兵，人利於剽掠，皆斷鉏首而鋭之，執以應募，由是賊衆日滋。官軍數不利，賊遂破魚臺等縣。詔以康承訓爲行營都招討使，王晏權、戴可師爲南、北面招討使，大發諸道兵以隸之。承訓奏乞沙陀三部落使朱邪赤心帥以自隨，詔許之。勛以李圓攻泗州久不克，遣其將吴迥代攻，晝夜不息。時敕使郭厚本將淮南兵千五百人救泗州，至洪澤，畏賊强，不敢進。辛讜夜乘小舟潛度，説厚本，不聽而還。賊攻益急，讜復往説厚本，乃許之。淮南都將袁公弁曰：「賊勢如此，何暇救人！」讜拔劍欲擊之，厚本趨抱止之。讜乃回望泗州，慟哭終日，士卒皆爲之流涕。厚本乃許分五百人與之，讜帥以進擊賊，賊敗走。勛遣其將劉佶將精兵數千助迥，劉行及遣將王弘立引兵會之。十二月，陷都梁城，據淮口，漕驛路絶。承訓軍新興，兵纔萬人，以衆寡不敵，退屯宋州。勛乃分遣其將南寇舒、廬，北侵沂、海，破沭陽、下蔡、烏江、巢縣，攻陷滁州，殺刺史高錫望。又寇和州，刺史崔雍引賊入城，賊遂大掠。泗州援絶糧盡，讜夜帥敢死士十人，執長柯斧，乘小舟，破賊水寨而出。明旦，賊以五千人追之，讜力鬬三十餘里，乃得免。至揚州，見令狐綯；至潤州，見杜審權。審權乃遣兵二千人，與淮南共輸米五千斛、鹽五百斛，以救泗州。戴可師將兵三萬渡淮，轉戰而前，恃勝不設備。王弘立引兵數萬奄至，縱擊，官軍大敗，可師及監軍皆死。勛自謂無敵於天下，作露布，散示諸寨，乘勝圍壽州，掠諸道貢獻、商貨，益自驕，日事遊宴。既而諸道兵大集於宋州，勛始懼，應募者益少，勛乃驅人爲兵，斂富室及商旅財，什取七、八。由是境内之民不聊生矣。晏權兵數退衄，朝廷以曹翔代之。讜以浙西軍至楚州，賊水陸布兵，鏁斷淮流。讜募敢死士數十人，先以四舟乘風直進死戰，斧斷其鏁，帥衆揚旗鼓譟而前。賊見其勢猛鋭，避之，遂得入城。

胡氏曰：何以聚人曰財，故省費節用，恐窮竭而召禍也。民無信不立，故明約慎令，恐欺詐而人攜也。徐卒所以叛者，爲崔彦曾失信而已。彦曾所以失信者，爲軍帑空虚而已。自宣宗末年，諸鎮相繼逐帥而叛，言事者以謂藩鎮減削衣糧以充貢獻之所致。况懿宗窮奢極侈，所費不貲，則斂財之方，必又多岐；州府調度，僅足自給，一有變故，無以應之，如徐州是也。然則儉與信，豈非爲國之急務乎！

己丑（八六九）

是歲，江、淮旱，蝗。

十年。

春，正月，同昌公主適右拾遺韋保衡。公主，郭淑妃之女，上特愛之，傾宮中珍玩以爲資送，賜第窗户皆飾以雜寶，井欄、藥臼，亦以金銀爲之，賜錢五百萬緡，他物稱是。

二月，流楊收於驩州，尋賜死。初，尚書左丞裴坦子娶收女，資送甚盛，器用飾以犀玉。坦見之，怒曰：「破我家矣！」立命壞之。已而收竟以賄敗。

康承訓大敗賊將王弘立於鹿塘。康承訓將諸道兵七萬餘人，屯柳子之西，自新興至鹿塘三十里，壁壘相屬。徐賊寇海州，官軍戍海州者斷賊所過橋柱而弗殊，仍伏兵以待之。賊過橋崩，蒼黄散亂，伏兵發，盡殪之。承訓使朱邪赤心將沙陀三千騎爲前鋒，陷陳却敵，十鎮之兵，伏其驍勇。承訓數與賊戰，敗之。王弘立自矜淮口之捷，獨將三萬人，夜襲鹿塘寨，黎明，圍之，自謂功在漏刻。沙陀左右突圍，出入如飛，賊紛擾移避，沙陀縱騎蹂之，賊遂大敗，官軍蹙之，溺死者不可勝紀，自鹿塘至襄城，伏屍五十里，斬首二萬餘級，弘立走免。時有敕，諸軍破賊得農民皆釋之。自是賊每與官軍遇，其驅掠之民先自潰。

夏，四月，龐勛殺崔彦曾，自稱天册將軍，與官軍戰，大敗。康承訓進與賊將姚周戰，一月數十合，遂圍柳子。會大風，四面縱火，賊棄寨走，沙陀以精騎邀之，屠殺殆盡。周奔宿州，守將梁丕斬之。勛聞之大懼，議自將出戰，周重曰：「柳子地要兵精，姚周勇敢有謀，今一旦覆没，危如累卵。不若遂建大號，悉兵四出，決死力戰。殺崔彦曾以絶人望。」勛以爲然，殺彦曾、庭皓等，選丁壯得三萬人，給以精兵。許佶等推勛爲天册將軍。勛以父舉直爲大司馬，留守徐州。或曰：「將軍方耀兵威，不可以父子之親，失上下之節。」乃令舉直趨拜於庭，勛據案而受之。勛夜至豐，擊魏博軍，敗之，諸軍宵潰。勛約諸寨兵合五、六萬人，乘勝攻柳子，康承訓設伏以待之。賊兵先至者，遇伏敗走，勛所將皆不戰而潰。承訓命諸將急追之，賊狼狽，自相蹈籍，死者四萬人。勛走歸彭城。

馬舉救泗州，殺賊將王弘立，泗州圍解。辛讜復自泗州引驍勇四百人，迎糧於揚、潤，賊夾岸攻之，轉戰百里，乃得出。至廣陵，舟載鹽、米二萬石，錢萬三千緡。還至斗山，賊將帥衆萬餘拒之，於盱眙密布戰艦以塞淮流，又縱火船逆之。讜命以長叉托過，自卯戰及未，官軍不利。讜命勇士乘小舟，入賊艦旁戰棚之下，以鎗揭火牛焚之，賊遂潰走，官軍乃得入城。馬舉將精兵三萬救泗州，分軍三道渡淮，至中流大譟，聲聞數里。賊大驚，斂兵屯城西寨。舉就圍之，縱火燒柵，賊衆大敗，王弘立死，吴迥退保徐城。泗州之圍始解。

六月，陝民作亂，逐觀察使崔蕘。蕘以器韻自矜，不親政事。民訴旱，蕘指庭前樹曰：「此尚有葉，何旱之有！」杖之。民怒，逐之。蕘走渴求飲，民以溺飲之。

秋，八月，賊將張玄稔以宿州降，引兵進平徐州。七月，康承訓克臨渙，拔襄城、留武、小睢等寨，曹翔拔滕縣，進擊豐、沛。賊諸寨戍兵，多相帥保據山林，有陳全裕者爲之帥，凡叛勛者皆歸之，至數千人。承訓遣人招之，遂舉衆來降。賊將朱玫亦以蘄、沛降於曹翔。承訓乘勝進抵宿州。初，龐勛怒梁丕殺姚周，使張玄稔代之，以其黨張儒、張實等將城中兵數萬拒官軍，承訓攻之不能克，遣辯士招諭之。

徐商罷，以劉瞻同平章事。

玄稔嘗戍邊有功，雖脅從於賊，心常憂憤，召所親數十人謀歸國，衆多從之，乃勒兵斬儒等，開門出降。承訓即宣敕拜御史中丞，賜遺甚厚。玄稔復言：「今舉城歸國，四遠未知。請詐爲城陷，引衆趨符離及徐州，賊黨不疑，可盡擒也。」承訓許之。宿州舊兵三萬，承訓益以數百騎，皆賞勞而遣之。玄稔復入城，暮發平安火，明日積薪數千束，縱火焚之，如城陷軍潰之狀，直趨符離。符離納之。斬其守將，收其兵，復得萬人。北趨徐州，圍之，諭城上人曰：「朝廷唯誅逆黨，不傷良人，汝曹奈何爲賊城守？若尚狐疑，須臾之間，同爲魚肉矣！」於是守城者稍稍棄甲投兵而下。崔彦曾故吏路審中開門納官軍。龐舉直、許佶自北門出，玄稔遣兵追斬之。悉誅戍桂州者，親族皆死，徐州遂平。勛將兵二萬，自石山出，承訓引步騎八萬西擊之，使朱邪赤心將數千騎爲前鋒。勛襲宋州，陷其南城，南掠亳州。沙陀追及之，官軍亦大集縱擊，殺賊近萬人，餘皆溺死。勛亦死，數日乃獲其屍。賊諸寨皆殺其守將而降。

冬，十月，馬舉克濠州。

以張玄稔爲驍衛大將軍，康承訓爲河東節度使，杜慆爲義成節度使，朱邪赤心爲大同軍節度使，賜姓李，名國昌，辛讜爲亳州刺史。讜在泗州，犯圍出迎兵糧，往返凡十二，及除亳州，上表言「臣之功，非杜慆不能成也」。

流陳蟠叟於愛州。上荒宴，不親庶政，委任路巖。巖奢靡，頗通賂遺。至德令陳蟠叟上書言：「請破邊咸一家，可贍軍二年。」上問：「咸爲誰？」對曰：「路巖親吏。」上怒，流之。自是無敢言者。

南詔入寇。十二月，陷嘉、黎、雅州。初，南詔遣使來謝釋董成之囚，定邊節度使李師望欲激怒南詔以求功，遂殺之。師望貪殘，戍卒怨怒，欲生食之，師望以計免。詔以竇滂代之，貪殘尤甚。蠻寇未至，而定邊已困。是月，南詔驃信酋龍傾國入寇，陷犍爲及嘉州，竇滂自將拒之大渡河。驃信詐遣清平官數人來約和，滂與語未畢，蠻乘船栰争渡，諸將勒兵出戰，滂單騎宵遁，蠻遂陷黎、雅。詔左神武將軍顔慶復將兵赴援。

庚寅（八七〇）

十一年。

春，正月，羣臣上尊號。

貶康承訓爲恩州司馬。路巖、韋保衡上言：「承訓討龐勛時，逗撓不進，又貪虜獲，不時上功。」貶之。

二月，南詔進攻成都。西川民聞蠻寇將至，争走入成都，節度使盧耽與前瀘州刺史楊慶復共修守備，選將校，分職事，造器備，嚴警邏。募驍勇之士，厚給糧賜，應募者雲集。慶復乃諭之曰：「汝曹皆軍中子弟，年少材勇，平居無由自進。今蠻寇憑陵，乃汝曹取富貴之秋也，可不勉乎！」於是使之各試所能，察其勇怯而進退之，得選兵三千人，號曰突將。蠻進軍定邊北境，耽遣使致書其用事之臣，問所以來之意，蠻留之不遣。耽乃告急於朝廷，且請遣使與和，以紓一時之急。詔太僕卿支詳爲宣諭通和使。蠻亦以耽待之恭，爲之盤桓，由是成都守備粗完。蠻進陷雙流，抵成都。時興元、鳳翔援兵已至漢州，會竇滂奔漢州，自以失地，欲西川相繼陷没以分其責，每援軍至，輒説之曰：「蠻衆多於官軍數十倍，未易遽前。」諸將皆疑不進。二月，蠻合梯衝四面攻城，城上以鉤繯挽之使近，投火沃油焚之。慶復與押牙李驤各帥突將出戰，殺傷蠻二千餘人，焚其攻具三千餘物而還。蜀人素怯，其突將新爲慶復所獎拔，且利於厚賞，勇氣自倍。其不得出者，皆憤鬱求奮。時支詳遣使與蠻約和，蠻遣使迎詳，詳謂蠻使曰：「受詔詣定邊約和，冀其不犯成都也。今矢石晝夜相交，何謂和乎？」蠻以和使不至，復攻城，城中出兵擊之，乃退。初，韋皋招南詔以破吐蕃，以蠻無甲弩，使匠往教之，數歲，蠻中甲弩皆精利。朝廷貶竇滂康州司户，以顔慶復爲東川節度使，凡援蜀諸軍，皆受節制。蠻分兵拒之，大爲所敗。會將軍宋威繼至，又敗蠻軍，遂進軍距成都二十里。蠻數遣使請和，城中依違答之，蠻復急攻。會威軍至城下，與戰，遂夜遁去。初，朝廷使顔慶復救成都，命威爲後繼。威乘勝先至城下破蠻軍，慶復疾之。威飯士，欲追蠻軍，慶復牒威奪其軍，勒歸漢州。蠻至雙流，阻水狼狽，造橋三日乃得過，蜀人甚恨之。顔慶復始教蜀人築壅城，穿塹引水滿之，植鹿角，分營鋪。蠻知有備，自是不復犯成都矣。西川牙將以功補官者，堂帖人輸堂例錢三百緡，貧者苦之。

三月，曹確罷。夏，四月，以韋保衡同平章事。

五月，光州民逐刺史李弱翁。左補闕楊堪等上言：「刺史不道，百姓負冤，當訴於朝廷，寘諸典刑，豈得羣聚，擅自斥逐，亂上下之分！此風殆不可長，宜加嚴誅以懲來者。」

六月，復置徐州觀察使，統三州。徐賊餘黨猶相聚閭里爲羣盜，上令百官議處置之宜，太子少傅李膠等曰：「徐州雖屢構禍亂，未必比屋頑凶，蓋由統御失人，是致姦回乘釁。今使名雖降，兵額尚存，以爲支郡則糧餉不給，分隸别藩則人心未服，或舊惡相濟，更成披猖。惟泗州𦎧因攻守，結釁已深，宜有更張，庶爲兩便。」詔復爲觀察使，統徐、濠、宿三州。

秋，八月，同昌公主卒。同昌公主卒，上痛悼不已，殺醫官二十餘人，收其親族二百餘人繫獄。宰相劉瞻召諫官言之，莫敢進，乃自奏曰：「修短之期，人之定分。昨公主有疾，醫者非不盡心，而禍福難移，竟成差跌。械繫老幼，物議沸騰。奈何以達理知命之君，涉肆暴不明之謗！」上不悦。瞻又與京兆尹温璋等力諫，上大怒，叱出之。

魏博逐其節度使何全皡。推大將韓君雄爲留後。

九月，貶劉瞻爲驩州司户，温璋爲振州司馬。劉瞻罷爲荆南節度使，温璋貶振州司馬。璋嘆曰：「生不逢時，死何足惜！」仰藥卒。韋保衡又與路巖共譖劉瞻云「與醫官通謀，投毒藥」。貶康州刺史。翰林學士承旨鄭畋草制曰：「安數畝之居，仍非己有；却四方之賂，惟畏人知。」巖謂畋曰：「侍郎乃表薦劉相也。」坐貶梧州刺史。巖素與瞻論議不叶，既貶，猶不快，閲十道圖，以驩州去長安萬里，再貶之。

冬，十一月，以王鐸同平章事。

復以徐州爲感化軍。

十二月，以李國昌爲振武節度使。

辛卯（八七一）

十二年。

春，正月，葬文懿公主。服玩每物皆百二十輿，錦繡珠玉，輝煥三十餘里。樂工李可及作歎百年曲，舞者數百人，以雜寶爲首飾，絁八百疋爲地衣，舞罷，珠璣覆地。

夏，四月，路巖罷。巖與韋保衡素相表裏，既而爭權有隙，保衡遂短巖於上，出鎮西川。出城之日，路人以瓦礫擲之。巖謂京兆尹薛能曰：「臨行，煩以瓦礫相餞。」能曰：「曏來宰相出府司，無例發人防衛。」巖甚慚。

五月，上幸安國寺。賜沈檀講坐二，各高二丈。設萬人齋。

冬，十月，以劉鄴同平章事。

壬辰（八七二）

十三年。

春，正月，幽州節度使張允伸卒。允伸鎮幽州二十三年，勤儉恭謹，邊鄙無警，上下安之。得疾，請委軍就醫，許之。以其子簡會爲留後。病甚，表納旌節而卒。

二月，于琮罷，以趙隱同平章事。

夏，四月，以張公素爲平盧留後。平州刺史張公素素有威望，爲幽人所服。張允伸卒，公素帥州兵來奔喪，張簡會懼，奔京師。詔以公素爲留後。

五月，殺國子司業韋殷裕。國子司業詣閤門，告郭淑妃弟陰事，上怒，杖殺之；閤門使亦坐受狀，奪紫配陵。

胡氏曰：懿宗淫刑，人能譏之。殷裕出位而言，非所宜，得無罪乎？

貶于琮爲韶州刺史。于琮爲韋保衡所譖，貶官。琮妻廣德公主，上之妹也，與琮皆之韶州，行則肩輿門相對，坐則執琮之帶，琮由是獲全。時諸公主多驕縱，惟廣德動遵法度，事于氏宗親無不如禮，内外稱之。

秋，七月，以李璋爲宣歙觀察使。韋保衡欲以其黨裴條爲郎官，憚左丞李璋方嚴，恐其不放上，先遣人達意。璋曰：「朝廷遷除，不應見問。」保衡怒，出之。

八月，歸義節度使張義潮卒，以其長史曹義金代之。是後中原多故，朝命不及，回鶻陷甘州，餘州亦爲羌、胡所據。

癸巳（八七三）

十四年。

春，正月，遣使迎佛骨。夏，四月，至京師。上遣敕使詣法門寺迎佛骨，羣臣諫者甚衆，至有言「憲宗迎佛骨，尋晏駕」者，上曰：「朕生得見之，死亦無恨。」及至京師，儀衛之盛，過於郊祀。上降樓膜拜，流涕霑臆，迎入禁中。宰相已下，競施金帛。因下德音，降中外繫囚。

六月，王鐸罷。時韋保衡挾恩弄權，鐸薄其爲人，保衡譖而逐之。

秋，七月，帝崩，普王儼即位。上疾大漸，中尉劉行深、韓文約立上少子普王儼爲皇太子，權句當軍國政事。上崩，太子即位，時年十二，是爲僖宗。

胡氏曰：韋保衡、劉鄴、趙隱雖不能大正人主之終始，盍出次策，與兩中尉公議之曰：「政事不修，中國多故。若立長而賢者，非惟宗社之福，實亦南、北司交有所賴；必欲贊私立少，若涉淵冰，求濟難矣。」宦官中豈無忠智之人，聞此語，亦必悚然更慮。而宴安寵禄，了不預知，至使僖宗踰越四兄，蠢然尸位，遂以亡唐。古人所謂焉用彼相者，其鄴、隱、保衡之謂邪！

八月，關東、河南大水。

九月，貶韋保衡爲賀州刺史，尋賜死。

冬，十月，以蕭倣同平章事。

十一月，貶路巖爲新州刺史。巖喜聲色遊宴，在西川，委政於親吏邊咸、郭籌，軍中不安，坐貶。

甲午(八七四)

僖宗皇帝乾符元年。

春，正月，關東旱，饑。翰林學士盧攜上言曰：「國家之有百姓，如草木之有根柢，若秋冬培溉，則春夏滋榮。今關東旱災，所至皆饑，人無依投，待盡溝壑。其蠲免餘税，實無可徵；而州縣督趣甚急，動加捶撻，雖撤屋伐木，雇妻鬻子，止可供所由酒食之費，未得至於府庫也。朝廷儻不撫存，百姓實無生計。乞敕州縣一切停徵，仍發義倉亟加賑給。」敕從其言，而有司竟不能行。

賜路巖死。巖之爲相也，密奏「三品以上賜死，皆令使者剔取結喉三寸以進，驗其必死」。至是，自罹其禍，所死之處乃楊收之榻也。邊咸、郭籌皆伏誅。巖自淮南崔鉉幕府入爲御史，不出長安，十年至宰相。其入翰林也，鉉聞之曰：「路十已入翰林，如何得老！」果如其言。

二月，葬簡陵。

趙隱罷。

以裴坦同平章事，夏，五月，卒。

以劉瞻同平章事，秋，八月，卒。瞻之貶也，人無賢愚，莫不痛惜；及還長安，兩市人率錢雇百戲迎之，瞻聞之，改期由他道而入。初，瞻南遷，劉鄴附於韋、路，共短之，至是鄴懼，延瞻置酒。瞻歸而卒，人以爲鄴鴆之也。

胡氏曰：劉瞻之死，其猶費禕待郭循之失，不得同郭尚父見魚朝恩之量歟！劉鄴與韋、路爲黨，瞻論其罪惡而顯逐之可也；既不能然，又飲其酒以陷不測，與立乎巖墻之下，斃乎桎梏之間者相去幾何？難以言盡其道而死矣！

以崔彦昭同平章事。

冬，十月，劉鄴罷，以鄭畋、盧攜同平章事。

十一月，羣臣上尊號。

魏博節度使韓允中卒。允中，君雄賜名也。卒，子簡爲留後。

南詔寇西川，陷黎州，入邛崍關。南詔作浮梁濟大渡河，防河兵馬使黄景復俟其半濟擊之，蠻敗走，斷其浮梁。蠻以中軍多張旗幟當其前，而分兵潛出上、下流各二十里，濟，襲破諸城柵，夾攻景復。景復陽敗走，而設三伏以待之，蠻兵大敗。歸至之羅谷，遇國中發兵繼至，新舊相合，復寇大渡河，與景復戰連日。援兵不至，景復軍遂潰。蠻乘勝陷黎州，入邛崍關，攻雅州。成都驚擾，大爲守備。驃信遺節度使牛叢書云：「欲入見天子，面訴冤抑。今假道貴府，留止數日。」叢素懦怯，欲許之，楊慶復以爲不可，斬使者，留二人遣還，授以書，詈辱之。蠻兵乃退。

遣使册回鶻可汗。回鶻屢求册命，遣册立使郗宗莒詣其國。會回鶻爲吐谷渾嗢末所敗，逃遁不知所之，宗莒乃還。

濮州人王仙芝作亂。自懿宗以來，奢侈日甚，用兵不息，賦斂愈急。關東連年水旱，州縣不以實聞，百姓流殍，無所控訴，相聚爲盜，所在蜂起。州縣兵少，人不習戰，每與盜遇，官軍多敗。是歲，王仙芝聚衆數千人，起於長垣。

乙未(八七五)

二年。

春，正月，以高駢爲西川節度使。駢至劍州，先遣使開成都門。或諫曰：「蠻寇逼近，萬一豨突，奈何？」駢曰：「蠻聞我來，逃竄不暇，何敢輒犯成都！今春氣向暖，數十萬人藴積城中，將成癘疫，不可緩也。」使者至，縱民出城，各復常業，民大悅。蠻方攻雅州，聞之，遣使請和引去。駢發兵追至大渡河，殺獲甚衆，擒其酋長數十人。修復邛崍關、大渡河諸城柵，各置兵數千戍之，自是蠻不復入寇。駢召黄景復，責以失守，斬之。先是，南詔督爽屢牒中書，辭語怨望，中書不答。盧攜以爲：「如此，則蠻益驕，宜數其罪答之。然自中書發牒，則嫌於體敵，請詔高駢使録報之。」從之。

以田令孜爲中尉。上之爲普王也，小馬坊使田令孜有寵，及即位，使知樞密，遂擢爲中尉。上專事遊戲，政事一委令孜，呼爲「阿父」。令孜頗讀書，多巧數，納賄，除官不復關白。每見，常自備果食，與上對飲。上與内園小兒狎昵，賞賜動以萬計，府藏空竭。令孜説上籍兩市商貨悉輸内庫，有陳訴者，付京兆杖殺之；宰相以下，鉗口莫敢言。

胡氏曰：唐自明皇以來，尊寵宦者。德宗始委以禁兵。文宗以後，天子由其所立。故其末流子孫至於如此。夫國之興也，未有不由親賢，及其衰也，猶以小人取敗，况祖宗所任不正，則後世必有甚焉者矣。是以明王必慎其所與，恐開禍亂之原也。若僖宗者，又何責焉！

夏，四月，西川軍亂，討平之。初，楊慶復以右職優給，募突將以禦蠻兵。高駢至，悉罷之。突將作亂，大譟突入府廷。駢走匿廁間。監軍遣人招諭，許復職名廩給，乃肯還營。駢使人夜圍其家，悉殺之，死者數千人。

浙西鎮遏使王郢作亂，陷蘇、常州。浙西鎮遏使王郢等有戰功，節度使趙隱賞以職名而不給衣糧。郢等遂劫庫兵作亂，收衆萬人，攻陷蘇、常，泛江入海，轉掠二浙，南及福建，大爲人患。

五月，蕭倣卒。

六月，以李蔚同平章事。

王仙芝陷濮、曹州，冤句人黄巢聚衆應之。仙芝及其黨尚君長攻陷濮、曹州，天平節度使薛崇出兵擊之，不利。冤句人黄巢善騎射，喜任俠，麤涉書傳，屢舉進士不第，遂與仙芝共販私鹽；至是，聚衆應之，攻剽州縣，民之困於重斂者爭歸之，數月之間，衆至數萬。

范氏曰：自古賊盜之起，國家之敗，未有不由暴賦重斂，而民之失職者衆也。唐之季世，政出閹尹，不惟賦斂割剥，復販鬻百物，盡奪民利，故有私鹽之盜。使民無衣食之資，欲不亡，其可得乎！

秋，七月，大蝗。飛蝗蔽日，所過赤地。京兆尹楊知至奏：「蝗不食稼，皆抱荆棘而死。」宰相以下皆賀。

冬，十月，貶董禹爲郴州司馬。左補闕董禹諫上遊畋擊毬，上賜金帛以褒之。邠寧節度使李仙奏爲假父求贈官，禹上疏論之，語侵宦官；樞密使楊復恭等訴於上，遂坐貶。

十二月，以宋威爲諸道行營招討使。王仙芝寇沂州，平盧節度使宋威請帥兵討賊，故有是命；仍詔諸道兵並取處分。

丙申（八七六）

三年。

春，正月，天平軍亂，詔本軍宣慰之。天平軍遣將士張晏等救沂州，還，聞北境有盜，使留扞禦；晏等不從，喧譟趣府。都將張思泰出城慰諭然後定。詔本軍宣慰，無得窮詰。

二月，令天下鄉村各置弓刀鼓板以備羣盜。

三月，崔彦昭罷，以王鐸同平章事。

夏，五月，以李可舉爲盧龍節度使。初，可舉父茂勳逐張公素而代之，至是致仕，請以軍授可舉。

六月，雄州地震裂，水涌出。壞州城及公私廬舍皆盡。

秋，七月，宋威擊王仙芝於沂州，大破之。宋威擊王仙芝，大破之，仙芝亡去。威奏仙芝已死，縱遣諸道兵。百官皆入賀。居三日，州縣奏仙芝尚在，攻剽如故。時兵始休，詔復發之，士皆忿怨思亂。

詔忠武節度使崔安潛發兵討王仙芝。

九月朔，日食。

王仙芝陷汝州，又陷陽武，攻鄭州；冬，十月，攻唐、鄧。

高駢築成都羅城。高駢將築成都羅城，使僧景仙規度，周二十五里，悉召縣令庀徒賦役，吏受百錢以上皆死。蜀土疏惡，以甓甃之，取土皆剗丘垤平之，無得爲坎埳以害耕種。役者十日而代，衆樂其均，不費扑撻，凡九十六日而畢。役之始作也，駢恐南詔揚聲入寇以驚役者，乃奏遣景仙託遊行入南詔，説諭驃信，許以公主妻之；又聲言欲巡邊，蠻中惴恐。由是訖於城成，邊候無警。先是西川遣使至南詔，驃信皆坐受其拜。駢以其俗尚浮屠，故遣景仙往，驃信果迎拜，信用其言。

王仙芝寇淮南諸州。鄭畋上言：「自沂州奏捷之後，仙芝愈肆猖狂，屠陷五、六州，瘡痍數千里。宋威衰病，殊無進討之意。曾元裕望風退縮。崔安潛威望過人，張自勉驍雄良將，宮苑使李瑑，西平王晟之孫，嚴而有勇。請以安潛爲行營都統，瑑爲招討使代威，自勉爲副使代元裕。」上頗采其言。

以王仙芝爲神策押牙，不受。王仙芝攻蘄州，以書與刺史裴渥，約斂兵不戰。渥許爲之奏官，開城延仙芝及黄巢輩入城，置酒，厚贈之，表陳其狀。詔以仙芝爲左神策軍押牙，仙芝甚喜，黄巢大怒曰：「始者共立大誓，横行天下，今獨取官而去，使此五千餘衆安所歸乎！」因毆仙芝傷首，其衆諠譁不已。仙芝遂不受命，大掠蘄州。分其軍三千餘人從仙芝及尚君長，二千餘人從巢，分道而去。

丁酉（八七七）

四年。

春，二月，王郢陷明、台州。

王仙芝陷鄂州。

黄巢陷鄆州。

南詔酋龍卒，子法立，請和，許之。酋龍嗣立以來，爲邊患殆二十年，中國爲之虚耗，而其國中亦弊。酋龍卒，謚景莊皇帝。子法立，好畋獵酣飲，委國事於大臣。嶺南西道節度使辛讜奏南詔請和，且言：「諸道兵戍邕州歲久，餽餉疲弊，請許其和，使羸瘵息肩。」詔許之，但留荆南、宣歙數軍，餘減什七。

閏月，王郢衆降，郢走明州，敗死。王郢横行浙西，節度使裴璩嚴兵設備，不與之戰，密招其黨降之，散其徒六、七千人，輸器械二十餘萬，舟航粟帛稱是。郢收餘衆至明州，鎮遏使劉巨容射殺之，餘黨皆平。

三月，黄巢陷沂州。

夏，四月朔，日食。

賊帥柳彦璋掠江西。

秋，七月，王仙芝、黄巢圍宋州。賊圍宋威於宋州，將軍張自勉將忠武兵七千救之，殺賊二千餘人，賊解圍遁去。王鐸、盧攜欲使自勉以所將兵受宋威節度，鄭畋以爲：「威與自勉已有疑忿，若在麾下，必爲所殺。」不肯署奏。遂皆求罷免，不許。

王仙芝陷安州。

鹽州軍亂，逐刺史王承顔。詔貶承顔象州司户。承顔素有政聲，以嚴肅爲驕卒所逐。朝廷與貪暴致亂者同貶，時人惜之。

冬，十一月，王仙芝遣尚君長請降，宋威執之以獻，斬之。招討副都監楊復光遣人説諭王仙芝，仙芝遣尚君長等請降。宋威遣兵劫取，奏與戰生擒以獻。復光奏君長實降。詔御史鞫之，竟不能明，遂斬於狗脊嶺。

黄巢陷濮州。

江州刺史劉秉仁斬柳彦璋。秉仁乘驛之官，單舟入賊水寨。賊出迎降，秉仁斬之而散其衆。

戊戌(八七八)

五年。

春，正月，王仙芝寇荆南。王仙芝寇荆南，節度使楊知温不設備，賊陷羅城，知温猶賦詩。山南東道節度使李福自將救之。時有沙陀五百在襄陽，福與之俱。至荆門遇賊，沙陀縱騎奮擊破之。仙芝聞之，焚掠而去，死者什三、四。

招討副使曾元裕大破王仙芝於申州，詔以爲招討使，張自勉副之。先是，鄭畋與王鐸、盧攜爭論用兵於上前，畋不勝，退，上奏曰：「自王仙芝俶擾，崔安潛首請討之，賊不敢犯其境；又以兵授張自勉，解宋州圍，使江、淮漕運流通，不輸寇手。今罷自勉而以所將兵七千人隸宋威，威復奏加誣毁。若勍寇忽至，何以枝梧！臣請以四千人授威，餘三千人使自勉將之，守衛其境。」盧攜不以爲然，上不能決。畋復上言：「宋威欺罔朝廷，敗衄狼籍，宜正軍法，早行罷黜。」不從。至是，元裕大破仙芝，殺萬人，招降散遣者亦萬人。乃罷威，而以元裕爲招討使，自勉副之。

胡氏曰：僖宗諸相，幸有鄭畋，若專守其策，賊必可平矣。雖然，秦有趙高，而後關東兵起；漢有十常侍，而後黄巾賊作。正使畋計得行，芝、巢破滅，而田令孜在内，與僖宗如一人，畋獨且奈何哉！唐亦必亡而已矣。

大同軍亂，殺防禦使段文楚，推李克用爲留後。振武節度使李國昌之子克用，爲沙陀副兵馬使，戍蔚州。時河南盜賊蜂起，沙陀兵馬使李盡忠與牙將康君立、薛志勤、程懷信、李存璋等謀曰：「今天下大亂，朝廷號令不復行於四方，此乃英雄立功名取富貴之秋也。李振武功大官高，名聞天下。其子勇冠諸軍，若輔以舉事，代北不足平也。」衆以爲然。會代北荐饑，漕運不繼，防禦使段文楚頗減軍士衣米，軍士怨怒。盡忠遣君立潛詣蔚州説克用起兵，除文楚而代之。克用曰：「吾父在振武，俟我禀之。」君立曰：「今機事已泄，緩則生變。」於是盡忠夜執文楚繫獄。克用帥其衆趣雲州，行收兵衆且萬人。盡忠送符印，請克用爲留後而殺文楚。克用遂入府視事，表求敕命，朝廷不許。國昌上言：「請速除防禦使，若克用違命，臣請帥本道兵討之，終不愛一子以負國家。」朝廷乃以盧簡方爲防禦使。詔國昌語克用，令迎候如常儀。除克用官，必令稱愜。

二月，曾元裕大破王仙芝於黄梅，斬之。

黄巢自稱衝天大將軍，陷沂、濮，掠宋、汴。巢方攻亳州未下，尚讓帥仙芝餘衆歸之。推巢號衝天大將軍，改元，署官屬，攻陷沂、濮，掠宋、汴。

王仙芝餘黨陷洪州。

黄巢陷虔、吉、饒、信等州。

夏，四月，以李國昌爲大同節度使，國昌不奉詔。朝廷以克用據雲中，以李國昌爲大同節度使，以爲克用必無以拒也。國昌欲父子并據兩鎮，得制書毁之，殺監軍，與克用合兵進擊寧武及岢嵐軍。

詔河南貸商旅富人錢穀，除官有差。詔以東都軍儲不足，貸商旅富人錢穀以供數月之費，仍以空名告身賜之。時連歲旱、蝗，寇盜充斥，耕桑半廢，租賦不足，故有是命。

南詔請和親。南詔請和，無表，但令督爽牒中書，請爲弟而不稱臣。詔百官議之，禮部侍郎崔澹等以「南詔驕僭無禮，高駢不達大體，反因一僧呫囁卑辭誘致其使。若從其請，恐垂笑後代」。駢上表與澹等辨，詔諭解之。

五月，鄭畋、盧攜罷。鄭畋、盧攜議蠻事，攜欲和親，畋不可。攜怒，拂衣起，袂罥硯墮地破之，上聞之曰：「大臣相詬，何以儀刑四海！」遂皆罷之。

以豆盧瑑、崔沆同平章事。時宰相有好施者，常以囊貯錢，自隨行施匄者，每出，襤褸盈路。有朝士以書規之曰：「今百姓疲弊，寇盜充斥。相公宜奉賢任能，紀綱庶務，捐不急之費，杜私謁之門，使萬物各得其所。何必如此行小惠乎！」宰相大怒。

六月，以曹翔爲河東節度使。河東節度使竇澣發土團千人戍代州，土團不發，求優賞。時府庫空竭，澣遣虞候鄧虔往慰諭之，給錢三百，布一端，衆乃定。朝廷以澣爲不才，遣曹翔代之。翔至，誅亂者，引兵救忻州，爲沙陀所敗，乃還晉陽，閉門城守。尋卒。

以高駢爲鎮海節度使。王仙芝餘黨剽掠浙西。朝廷以高駢先在天平有威名，仙芝黨多鄆人，乃徙駢鎮浙西。

秋，七月，黄巢寇宣州，入浙東。黄巢寇宣州，觀察使王凝拒之。巢攻城不克，乃引兵入浙東，開山路七百里，攻剽福建諸州。

九月，李蔚罷，以鄭從讜同平章事。

冬，十月，河東、昭義合兵討沙陀，大敗，昭義節度使李鈞戰死。

十二月，黄巢陷福州。

曹師雄寇掠二浙。王仙芝餘黨曹師雄寇掠二浙，杭州募兵使石鏡、都將董昌等將以討之。臨安人錢鏐以驍勇事昌爲兵馬使。

己亥（八七九）

六年。

春，正月，高駢遣將分道擊黄巢，大破之。巢趣廣南。

嶺南西道節度使辛讜遣使如南詔。初，辛讜遣賈宏等使南詔，相繼道死。時讜已病風痺，召攝巡官徐雲虔，執其手曰：「遣使入南詔，而相繼物故。吾子既仕，則思徇國，能爲此行乎？讜恨風痺不能拜耳。」因嗚咽流涕。雲虔曰：「士爲知己死，敢不承命！」讜喜，厚具資裝而遣之。雲虔至善闡城，驃信見之，與抗禮，使人謂曰：「貴府牒欲使驃信稱臣奉表貢方物。驃信已遣人與唐約爲兄弟，不則舅甥，何表貢之有！」雲虔曰：「驃信之先，由大唐之命，得合六詔爲一，恩德深厚。中間小忿，罪在邊鄙。今驃信欲修舊好，豈可違祖考之故事乎！順祖考，孝也。事大國，義也。息戰爭，仁也。審名分，禮也。四者，皆令德也，可不勉乎！」驃信待雲虔甚厚，授以木夾遣還；然猶未肯奉表稱貢。

河東軍亂，殺節度使崔季康。

夏，四月朔，日食。

以王鐸爲行營招討都統。上以羣盜爲憂，王鐸曰：「臣在朝不足分陛下之憂，請自督諸將討之。」詔以鐸爲荆南節度使、行營都統。鐸奏以李係爲副使，將精兵五萬屯潭州，以拒黄巢。係，晟之曾孫也，有口才，而實無勇略。鐸以其世將，奏用之。

胡氏曰：王鐸憂賊而不治其本，不能已亂，衹以滋之。無亦力爲上言宦官擅政，綱紀紊亂，將帥顧望，不肯盡力，因其開寤，格去非心，治自内興，外患弭矣。不然，與其無益，曷若奉身而退之爲愈也。

秋，九月，黄巢陷廣州。黄巢上表求廣州節度使，上命大臣議之。左僕射于琮以爲：「廣州市舶，寶貨所聚，豈可令賊得之！」宰相請除巢率府率，從之。巢得告身，大怒，詬執政，急攻廣州，陷之，執節度使李迢，使草表，迢曰：「予代受國恩，親戚滿朝，腕可斷，表不可草。」巢殺之。高駢奏：「請遣兵馬使張璘將兵五千於郴州守險，留後王重任將兵八千於循、潮二州邀遮，自將萬人自大庾嶺趣廣州擊黄巢，巢必逃遁。乞敕王鐸以兵三萬守梧、昭、桂、永四州之險。」不許。

胡氏曰：高駢所建，良策也，而朝廷不從，則亦崔沆、豆盧瑑昧於制勝之道耳。爲宰相而不知兵，輕用人，國以致傾危，安得專歸罪於北司哉！凡人才氣，當及其鋒而用之。高駢既不得所請，又移鎮淮南，知朝廷不足稟畏，其精鋭亦自銷耎，不復能振矣。

冬，十月，以高駢爲淮南節度使，充鹽鐵轉運使，崔安潛爲西川節度使。安潛到官不詰盜，蜀人怪之。安潛乃出庫錢千五百緡，分置三市，榜其上曰：「能告捕一盜，賞錢五百緡。同侶告捕，釋其罪，賞同平人。」未幾，有捕盜而至者，盜曰：「汝與我同爲盜十七年，贓皆平分，汝安能捕我！我與汝同死耳。」安潛曰：「汝既知吾有榜，何不捕彼以來！則彼應死，汝受賞矣。既爲所先，死復何辭！」立命給告者錢，咼盜於市。於是諸盜相疑，無地容足，散逃他境。安潛以蜀兵怯弱，奏遣將詣陳、許諸州募壯士，與蜀人相雜，訓練得三千人，戴黄帽，號黄頭軍。又奏乞洪州弩手教蜀人用弩走丸而射之，選得千人，號神機營。蜀兵由是浸强。

黄巢陷潭州。黄巢士卒罹瘴疫，死者什三、四，其徒勸之北還以圖大事。巢乃自桂州編栰，沿湘而下，抵潭州。李係不敢出，巢攻陷之。

黄巢將尚讓逼江陵，王鐸走，守將劉漢宏作亂。尚讓進逼江陵，衆號五十萬。江陵兵不滿萬，王鐸留劉漢宏守江陵，自帥衆趣襄陽。漢宏大掠，北歸爲盜。後數日，賊乃至。

山南東道節度使劉巨容大破黄巢於荆門。黄巢趣襄陽，劉巨容與江西招討使曹全晸合兵屯荆門以拒之。賊至，巨容伏兵林中，全晸逆戰，陽敗，賊追之，伏發，大破之，俘斬什七、八。賊渡江東走，或勸巨容窮追，巨容曰：「國家喜負人，有急則撫存將士，不愛官賞；事寧則棄之，或更得罪，不若留賊以爲富貴之資。」衆乃止。全晸渡江追賊，會朝廷除代，亦還。由是賊勢復振，陷鄂州，掠饒、信等十五州，衆至二十萬。

胡氏曰：夫食人之禄，則事人之事，乘人之車，則憂人之憂。邂逅有成，適足塞責，而必望非分之報，少不如意，則生怏怏心，此臧獲下陳之見爾。若巨容盡力殄賊，恩榮立至，爲唐勳臣，顧不賢於養賊自封之醜耶！一念不善，縱賊挺禍，他日無辜，斃於奄尹之手，非不幸矣。

十一月，王鐸罷，以盧攜同平章事。初，盧攜嘗薦高駢可爲都統，至是駢將屢破賊，乃復以攜爲相。凡王鐸、鄭畋所除將帥多易置之。

庚子（八八〇）

廣明元年。

春，正月，沙陀寇忻、代，逼晉陽。

河東軍亂，殺節度使康傳圭。傳圭貪虐，遣教練使張彦球將兵追沙陀，至百井軍變，還殺傳圭。朝廷聞之，遣使宣慰曰：「殺節度使，事出一時，各宜自安，勿復憂懼。」

二月，殺左拾遺侯昌業。昌業以盗賊滿關東，而上專務遊戲，賞賜無度，田令孜專權無上，社稷將危，上疏極諫，上大怒，召昌業至内侍省賜死。上善騎射，劍槊、法算，至於音律、蒱博，無不精妙；好蹴鞠、鬬雞，尤善擊毬。嘗謂優人石野猪曰：「朕若應擊毬進士舉，須爲狀元。」對曰：「若遇堯、舜作禮部侍郎，恐陛下不免駁放。」上笑而已。

改楊子院爲發運使。從高駢之請也。度支以用度不足，奏借富户、胡商貨財之半。駢上言：「天下盗賊蜂起，皆出於飢寒，獨富户、胡商未耳。」乃止。

三月，以陳敬瑄爲西川節度使。崔安潛之鎮許昌也，田令孜爲其兄陳敬瑄求兵馬使，不得。至是，令孜見關東羣盗日熾，陰爲幸蜀之計，奏以敬瑄及其腹心楊師立、牛勗、羅元杲鎮三川。上令四人擊毬賭之，敬瑄得第一籌，即以爲西川節度使，代安潛，師立鎮東川，勗鎮興元。

以鄭從讜爲河東節度使。康傳圭既死，河東兵益驕，故以宰相鎮之。從讜奏以王調、劉崇龜、崇魯、趙崇爲參佐，時人謂之「小朝廷」，言名士之多也。從讜貌温而氣勁，多謀而善斷，將士欲爲惡者，輒先覺誅之；知張彦球有方略，本心非欲爲亂，獨推首亂者殺之，慰諭彦球，委以兵柄。彦球爲盡死力，卒獲其用。

以高駢爲諸道行營都統。盧攜奏以駢爲都統。駢乃傳檄徵天下兵，且廣召募，得兵七萬，威望大振。攜病風不能行，内挾田令孜，外倚高駢，寵遇甚厚，貨賂公行。豆盧瑑無他才，附之。崔沆時有啓陳，常爲所沮。

夏，四月，以李琢爲蔚朔節度使。

五月，劉漢宏寇宋、兖，徵諸道兵討之。

以李順融爲樞密使。始降白麻，與將相同。

六月，黃巢別將陷睦、婺州。黃巢屯信州，遇疾疫，卒徒多死，張璘急擊之。巢以金啗璘，且致書請降於高駢。駢欲誘致之，許爲之求節鉞。時昭義、感化、義武等軍皆至淮南，駢恐分其功，乃奏賊不日當平，不煩諸道兵，悉遣歸之。賊知之，乃告絶請戰。駢怒，令璘擊之，兵敗，璘死。巢勢復振，陷兩州。

青城妖人作亂，討平之。陳敬瑄素微賤，報至，蜀人皆驚，莫知爲誰。青城有妖人，詐稱陳僕射，止逆旅，索馬甚急。馬步使瞿大夫覺其妄，執之，沃以狗血，即引服，誅之。

朔州降。李琢將兵萬人屯代州，與幽州節度使李可舉、吐谷渾都督赫連鐸共討沙陀。李克用遣大將高文集守朔州，自將其衆拒官軍。鐸遣人説文集歸國。文集執克用將傅文達與沙陀酋長李友金降於琢，開門迎官軍。

黃巢陷宣州。

劉漢宏掠申州。

遣宗正少卿李龜年使南詔與和親。初，西川節度使崔安潛表以崔澹之議爲是，上命宰相議之，盧攜、豆盧瑑曰：「蠻數犯邊，天下疲弊，致百姓困爲盜賊，皆蠻故也。不若且遣使臣報復，縱未得其稱臣奉貢，且不使之懷怨犯邊，亦可矣。」乃詔陳敬瑄許其和親而不稱臣，以宗正少卿李龜年充使，賜以金帛。

秋，七月，黃巢渡江。黃巢自采石渡江，圍天長、六合，兵勢甚盛。淮南將畢師鐸言於高駢曰：

「朝廷倚公爲安危。今賊數十萬衆，乘勝長驅，若不據險擊之，使踰長淮，必爲大患。」駢以諸道兵已散，張璘復死，自度力不能制，不敢出兵；且上表告急，稱賊六十餘萬，去城無五十里。先是，盧攜謂駢有文武長才，若悉委以兵柄，黄巢不足平。及表至，人情大駭。詔書責駢，駢遂稱風痺，不復出戰。

劉漢宏降。

李可舉討李克用，大破之。李琢討李國昌，敗之。國昌、克用亡走達靼。李克用引兵擊高文集，李可舉遣兵邀之於藥兒嶺，大破之，殺萬七千餘人，李盡忠、程懷信皆死。李琢及吐谷渾都督赫連鐸進攻蔚州，李國昌戰敗，部衆皆潰，獨與克用及宗族北入達靼。達靼本靺鞨之别部也，居于陰山。後數月，赫連鐸陰賂達靼，使取之。克用知之，時與其豪帥遊獵，置馬鞭、木葉或懸針，射之無不中，豪帥心服。又置酒與飲，酒酣，克用言曰：「吾得罪天子，願效忠而不得。今聞黄巢北來，必爲中原患。一旦天子若赦吾罪，得與公輩南向共立大功，不亦快乎！人生幾何，誰能老死沙磧邪！」達靼知無留意，乃止。

黄巢渡淮。黄巢之衆號十五萬，副都統曹全晸以其衆六千與之戰，頗有殺獲。以衆寡不敵，退屯泗上，以俟援軍，而高駢竟不之救。賊遂擊全晸，破之。時詔諸道發兵屯溵水。徐州兵過許昌大譟，節度使薛能登城慰勞，久之方定。時忠武亦遣大將周岌詣溵水，行未遠，聞之，夜還，襲殺徐卒，遂逐能殺之。於是溵水之兵皆散。黄巢遂悉衆渡淮，所過不虜掠，惟取丁壯以益兵。

冬，十月，黄巢陷申州，入潁、宋、徐、兖之境。

羣盜陷澧州。羣盜陷澧州，殺刺史李詢及判官皇甫鎮。鎮舉進士二十三上，不中第，詢辟之。賊至，城陷，鎮走，問人曰：「使君免乎？」曰：「賊執之矣。」鎮曰：「吾受知若此，去將何之！」遂還詣賊，竟與同死。

十一月，河中虞候王重榮作亂，詔以爲留後。

黄巢陷東都。初，黄巢將渡淮，豆盧瑑請以天平節鉞授巢，俟其到鎮討之。盧攜曰：「盜賊無厭，雖與之節，不能止其剽掠。不若急發諸道兵扼泗州，賊既前不能入關，必還掠淮、浙，偷生海渚耳。」從之。既而淮北相繼告急，攜稱疾不出，京師大恐。巢自稱天補大將軍，轉牒諸軍云：「各宜守壘，勿犯吾鋒。吾將入東都，即至京邑，自欲問罪，無預衆人。」豆盧瑑、崔沆請發關内及神策軍守潼關。上對宰相泣下，田令孜陳幸蜀之計，瑑和之，上不懌，令且發兵守潼關。令孜薦張承範等使將兵。以令孜爲都指揮制置招討等使。黄巢入東都境，汝、鄭把截使齊克讓收軍退保潼關，奏乞早遣糧援。上命選兩神策弩手得二千八百人，令張承範等將以赴之。巢陷東都，留守劉允章帥百官迎謁。巢入城勞問，閭里晏然。田令孜奏募坊市數千人以補兩軍。

以周岌爲忠武節度使，秦宗權爲蔡州刺史。初，薛能遣牙將秦宗權調發至蔡州，聞許州亂，託云赴難，選募蔡兵，遂逐刺史，據其城。及周岌帥忠武，即以爲刺史。

十二月，黄巢入潼關。張承範等發京師，神策軍士皆長安富家子，賂宦官竄名軍籍，厚得稟賜，未嘗更戰陳，聞當出征，父子聚泣，多以金帛雇病坊貧人代行，往往不能操兵。是日，上御章信門樓臨遣之。承範進言：「聞黄巢擁數十萬之衆，鼓行而西。齊克讓以飢卒萬人依託關外，復遣臣以二千餘人屯於關上，而未聞爲饋餉之計，以此拒賊，臣竊寒心。願陛下趣諸道精兵早爲繼援。」上曰：「卿輩第行，兵尋至矣！」十二月，承範等至潼關，與克讓軍皆絶糧。黄巢軍抵關下，不見其際，呼聲振河、華。克讓力戰，自午至酉，士卒飢甚，遂潰，克讓走入關。賊急攻潼關，承範悉力拒之。賊自關左禁阬入，夾攻潼關，關上兵潰，師會自殺，承範變服脱走。巢入華州，留其將喬鈐守之。河中留後王重榮請降於賊。

以黄巢爲天平節度使。

以王徽、裴澈同平章事，盧攜自殺。田令孜聞巢已入關，恐天子責己，乃歸罪於攜，貶爲賓客，分司，而薦徽、澈爲相。攜仰藥死。

胡氏曰：元稹、盧攜初年奏疏，其意氣豈不壯哉！終自浼於北司，義理不勝，私欲爲主，其意謂媢寵可恃以安也，不知以勢合者，勢傾則離；以利合者，利窮則散。盧攜之事，亦可監矣。而交結匪人，酖於寵禄者，猶不爲戒也！

黄巢入長安，上走興元。鳳翔、博野援兵至渭橋，見新軍衣裘温鮮，大怒，掠之，更爲賊鄉導，以趣長安。既入城，令孜帥神策兵五百奉帝自金光門出，惟福、穆、澤、壽四王及妃嬪數人從行，百官皆莫之知。晡時，賊前鋒入長安，金吾將軍張直方帥文武數十人迎於霸上。巢入城數日，其徒各出大掠，巢不能禁。尤憎官吏，得皆殺之。

范氏曰：詩曰：「豈弟君子，民之父母。」夫爲吏而使民愛之如父母，則愛其君可知矣。苟使民疾吏如寇讎，則其君豈得不危亡乎！

上趣駱谷，鳳翔節度使鄭畋謁於道次，請留鳳翔，上曰：「朕不欲密邇巨寇，且幸興元，徵兵以圖收復。卿可糾合鄰道，勉建大勳。」畋曰：「道路梗澁，奏報難通，請得便宜從事。」許之。

黄巢僭號。巢殺唐宗室在長安者無遺類，遂入宫，自稱大齊皇帝，改元金統。唐官三品以上悉停，四品以下如故。以尚讓爲太尉。巢將碭山朱温屯東渭橋。温少孤貧，與兄存、昱依蕭縣劉崇家，崇數笞辱之，崇母獨憐之，戒家人曰：「朱三非常人，汝曹善遇之。」豆盧瑑、崔沆、于琮、劉鄴匿民間，巢搜獲，皆殺之。廣德公主曰：「我唐室之女，誓與于僕射俱死！」賊并殺之。將作監鄭綦、庫部郎中鄭係義不臣賊，舉家自殺。張直方多納亡命，匿公卿於複壁，巢殺之。

鳳翔節度使鄭畋合鄰道兵討賊。鄭畋還鳳翔，召將佐議拒賊，皆曰：「賊勢方熾，且宜從容以俟兵集，乃圖收復。」畋曰：「諸君勸畋臣賊乎？」因悶絶仆地，不能言。會巢使者以赦書至，監軍與之宴，樂奏，將佐以下皆哭。使者怪之，幕客孫儲曰：「以相公風痺不能來，故悲耳。」民間聞者無不泣。畋聞之曰：「吾固知人心尚未厭唐，賊授首無日矣！」乃刺指血爲表，遣使詣行在；召將佐諭以逆順，皆聽命，刺血與盟；完城塹，繕器械，訓士卒；密約鄰道合兵討賊，鄰道皆許諾發兵。時禁軍分鎮關中者尚數萬，畋使人招之，皆至，軍勢大振。巢遣人賫詔召畋，畋斬之。

車駕至興元，詔諸道出兵收復京師。

以張濬爲兵部郎中。初，楊復恭薦處士張濬，拜太常博士。黄巢逼潼關，濬避亂商山。上幸興元，道中無供頓，漢陰令李康以騾負糗糧數百馱獻之，從行軍士始得食。上問康：「何能如是？」對曰：「臣不及此，乃張濬教臣。」上召濬，拜兵部郎中。

義武節度使王處存舉軍入援。處存聞長安失守，號哭累日，不俟詔命，舉軍入援，遣二千人間道詣興元衛車駕。

黄巢遣朱温攻河中，節度使王重榮與戰，大破之，遂入援。巢遣使調發河中，吏民不勝其苦。王重榮謂衆曰：「始吾屈節以紓患，今調發不已，亡無日矣。」悉驅巢使者殺之。巢遣朱温擊河中，王重榮與戰，大破之，獲糧仗四十餘船。遣使與王處存結盟，引兵營於渭北。

辛丑（八八一）

中和元年。

春，正月，幸成都。陳敬瑄遣兵奉迎，請幸成都。田令孜亦勸上，上從之。

以蕭遘同平章事。

以樂朋龜爲翰林學士。裴澈自賊中奔詣行在。時百官未集，乏人草制，右拾遺樂朋龜謁田令孜而拜之，由是擢爲翰林學士。張濬先亦拜令孜，至是，令孜召朝貴飲酒，濬耻於衆中拜之，乃先謁令孜謝酒。及賓客畢集，令孜言曰：「令孜與張郎中清濁異流，嘗蒙中外，既慮玷辱，何憚改更，今日於隱處謝酒則又不可。」濬慚懼無所容。

胡氏曰：張濬才氣亦有過人者，觀其教李康奉糗糧於行在，責王敬武效忠順於朝廷，其與庸人遠矣。卒之功名不立者，急於自售，行事反覆故也。使其抑制欲心，克忍私憤，豈不以其才氣表見於當時哉！故君子有言：「富貴易得，名節難守。」又曰：「富貴有命，枉道以求，徒喪所守。」自古如此者，可勝數哉！

二月，以王鐸同平章事。

加高駢東面都統。上遣使趣駢討黄巢，道路相望，駢終不出兵。

三月，朱温陷鄧州。

以鄭畋爲京城四面諸營都統。詔以畋爲都統，蕃、漢將士赴難有功者，並聽以墨敕除官。畋奏以涇原節度使程宗楚爲副都統。

黄巢遣尚讓寇鳳翔，鄭畋擊敗之。黄巢遣尚讓帥衆五萬寇鳳翔，畋使司馬唐弘夫伏兵要害，自以兵數千陳於高岡。賊以畋書生輕之，鼓行而前，伏發，大敗於龍尾陂，斬首二萬餘級。

赦李克用，遣李友金召之。沙陀李友金入援，至絳州，刺史瞿稹謂曰：「賊勢方盛，未可輕進。」乃俱還代州。募兵得三萬人，皆北方雜胡，屯於崞西，獷悍暴横，稹與友金不能制。友金乃説監軍陳景思曰：「吾兄司徒父子勇略過人，爲衆所服。請奏天子，赦其罪，召以爲帥，則代北之人一麾響應，賊不足平也。」景思遣使言之，詔如所請。友金以五百騎迎之。克用帥達靼諸部萬人赴之。

鄭畋傳檄天下，合兵討賊。宥州刺史拓跋思恭，本党項羌也，糾合夷、夏兵，會鄜延節度使李孝昌同盟討賊。奉天鎮使齊克儉遣使詣鄭畋求自效。畋乃傳檄天下，合兵討賊。時天子在蜀，詔令不通，天下謂朝廷不能復振，及得畋檄，爭發兵應之。賊懼，不敢復窺京西。而諸道及四夷貢獻行在不絶，蜀中府庫充實，賞賜不乏，士卒欣悦。

夏，四月，官軍入長安，黄巢走，還襲之，殺副都統程宗楚、鳳翔司馬唐弘夫，復據長安。是時唐弘夫屯渭北，王重榮屯沙苑，王處存屯渭橋，拓跋思恭屯武功，鄭畋屯盩厔。弘夫乘龍尾之捷，進薄長安，黄巢帥衆東走。程宗楚先入，弘夫繼至，處存帥鋭卒五千夜入城。民讙呼出迎，爭以瓦礫擊賊。軍士釋兵入第舍，掠金帛、妓妾。賊露宿霸上，詗知官軍不整，還襲之，大戰長安中。宗楚、弘夫死，軍士死者什八、九，處存收餘衆還營。巢復入長安，縱兵屠殺，流血成川，謂之「洗城」。諸軍皆退。

五月，高駢移檄討賊，出屯東塘。有雙雉集廣陵府舍，占者以爲城邑將空之兆。駢惡之，乃移檄四方云：「將入討黄巢。」發兵八萬，舟二千艘，出屯東塘。諸將數請行期，駢託風濤爲阻，竟不發。

忠武監軍楊復光克鄧州。黄巢之陷長安也，周岌降之。嘗以夜宴，急召監軍楊復光，左右曰：「周公臣賊，將不利於内侍，不可往。」復光曰：「事已如此，義不圖全。」即詣之。酒酣，岌言及本朝，復光泣下，良久曰：「丈夫所感者恩義耳！公自匹夫爲公侯，奈何捨十八葉天子而臣賊乎！」岌亦流涕曰：「吾不能獨拒戰，故貌奉而心圖之。今日召公，正爲此耳。」因瀝酒爲盟，分軍八千人爲八都，遣牙將鹿晏弘、晉暉、王建、韓建、張造、李師泰、龐從等八人將之，復光帥之以擊朱温，敗之，遂克鄧州。

六月，以鄭畋爲司空、同平章事，都統如故。

李克用陷忻、代州。李克用牒河東，稱奉詔將兵討黄巢，令具頓遞。鄭從讜閉城設備而犒給之。

克用累日不發，縱沙陀剽掠，城中大駭。尋引兵還，陷忻、代，留居代州。

秋，七月，以韋昭度同平章事。

西川黃頭軍作亂，討平之。田令孜爲行在都指揮處置使，頒賜從駕諸軍無虛日〔一〕，不復及蜀軍，頗有怨言。令孜宴土客都頭，以金杯行酒，因賜之。諸都頭皆拜受，黃頭軍使郭琪獨不受，起言曰：「蜀軍與諸軍同宿衛，而賞賚懸殊，頗有觖望，恐萬一致變。願軍容減諸將之賜以均蜀軍，使土客如一，則上下幸甚！」令孜默然，乃自酌酒於別樽以賜琪，琪知其毒，不得已飲之；歸，殺一婢，吮其血以解毒，吐黑汁數升，遂帥所部作亂。令孜奉天子保東城，閉門登樓，命諸軍擊之。琪夜突圍，出奔高駢於廣陵。

殺左拾遺孟昭圖。上日夕專與宦官同處議天下事，待外臣殊薄。左拾遺孟昭圖上疏曰：「治安之代，遐邇猶應同心；多難之時，中外尤當一體。去冬車駕西幸，不告南司，遂使宰相以下悉爲賊所屠。前夕黃頭軍亂，陛下亦不召宰相、朝臣。至今未知聖躬安否？夫天下者，高祖、太宗之天下，非北司之天下；天子者，四海九州之天子，非北司之天子。北司未必盡可信，南司未必盡無用。若天子與宰相了無關涉，朝臣皆若路人，臣恐收復之期，尚勞宸慮。」疏入，令孜屏不奏，矯詔貶昭圖嘉州司户，遣人沈於蟇頤津，聞者氣塞。

范氏曰：自僖宗播越，幾於亡矣，而諫爭之職，猶有人焉。蓋天下未嘗無賢，惟其君不能用也。昭圖豈不知言發而禍應哉？特出於忠義憤激而不能已耳。夫明主導天下而使之言，故國家可得而治也。苟上下否隔，使言者出於憤激之氣，則其國豈不殆哉！

八月，星交流如織，或大如杯椀。

感化牙將時溥殺節度使支詳，詔以溥爲留後。支詳遣時溥、陳璠將兵入關討黃巢，二人皆詳所獎拔也。至東都，矯稱詳命，還師屠河陰，掠鄭州而東。及彭城，詳迎勞甚厚。溥説詳曰：「衆心見迫，請公解印以相授。」詳不能制。璠謂溥曰：「支僕射有惠於徐人，不殺，必成後悔。」溥不許，送詳歸朝。璠伏甲於七里亭，并其家屬殺之。溥表璠爲宿州刺史。

壽州人王緒作亂，陷光州。壽州屠者王緒與妹夫劉行全聚衆五百，盜據本州，月餘，復陷光州，有衆萬餘人。秦宗權表爲光州刺史。固始縣佐王潮及弟審邽、審知皆以材氣知名。緒以潮爲軍正，信用之。

南詔上表款附。

九月，高駢罷兵還府。駢與鎮海節度使周寶俱出神策軍，駢以兄事寶，及封壤相鄰，數爭細故，遂有隙。駢檄寶入援，寶治舟師以俟之，怪其久不行。幕客或曰：「高公有併吞江東之志，聲云入援，未必非圖我也。」會駢使人約寶面會瓜洲議軍事，寶辭疾不往，由是遂爲深仇。駢留東塘百餘日，詔屢趣之，駢上表託以寶將爲後患，復罷兵還府；其實無赴難心，但欲禳雉集之異耳。

以董昌爲杭州刺史。高駢召董昌至廣陵，錢鏐説昌曰：「觀高公無討賊心，不若去之。」昌從之，自石鏡引兵入據杭州，周寶表爲杭州刺史。

冬，十月，鳳翔行軍司馬李昌言作亂，鄭畋赴行在。李昌言將兵屯興平。時鳳翔倉庫虛竭，犒賞稍薄。昌言因激怒其衆，引軍還襲府城。鄭畋登城謂之曰：「行軍苟能戢兵愛人，爲國滅賊，亦可以順守矣。」乃以留務委之，即日西赴行在。詔以畋爲太子少傅分司，昌言爲鳳翔節度使。

胡氏曰：人固有能謀而不能爲者，鄭畋是也。畋爲僖宗畫命將之策，視諸相爲賢矣；及自當大鎮，身任討賊，乃不知居重馭輕而倒持太阿，又不知和衆豐財而士有飢色，坐被襲逐，何耻如之！此用之者違其才，而畋不審己之過也。

裴澈罷。

十二月，武陵蠻雷滿等寇陷朗、衡、澧州。

壬寅(八八二)

二年。

春，正月，以王鐸爲諸道行營都統。王鐸以高駢無心討賊，自以身爲首相，發憤請行，懇款流涕，至于再三；上許之，以鐸充都統，罷高駢但領鹽鐵轉運使。鐸辟崔安潛爲副都統，以周岌、王重榮爲司馬，諸葛爽、康實爲先鋒使；又以王處存、李孝昌、拓跋思恭爲京城三面都統，以楊復光爲南面行營都監使。

二月，朱温據同州。

以鄭畋爲司空、同平章事。軍事一以咨之。

李克用寇蔚州。

邛州牙官阡能作亂，陳敬瑄遣兵討之。敬瑄多遣人歷縣鎮詗事，謂之尋事人，所至多所求取。有二人過資陽鎮，獨無所求。鎮將謝弘讓邀之，不至，自疑有罪，夜，亡入羣盜中，而實無罪也。捕盜使楊遷誘而執之，求功。敬瑄不之問，釘於西城，煎油潑之，備極慘酷。邛州牙官阡能因公事違期，亡命，遷復誘之。能方出首，聞弘讓之冤，發憤爲盜，踰月，衆至萬人，橫行邛、雅，所過塗地。蜀中盜賊競起，州縣不能制。敬瑄遣楊行遷將兵數千人討之。

夏，四月，王鐸以諸道兵逼長安。鐸將西川、興元之軍屯靈感寺，涇原屯京西，易定、河中屯渭北，邠寧、鳳翔屯興平，保大、定難屯渭橋，忠武屯武功。官軍四集，巢勢日蹙，號令所行，不出同、華。

五月，加高駢侍中，罷鹽鐵轉運使。駢既失兵柄，復解利權，攘袂大詬，上表自訴，言辭不遜。上命鄭畋草詔切責之。駢臣節既虧，貢賦遂絶。初，駢好神仙，有方士呂用之坐妖黨亡命歸駢，駢補以軍職，頗言公私利病，駢信任之。用之欲專權，浸以計去駢舊將梁纘等，而引其黨張守一、諸葛殷，共蠱惑駢。殷詭辯風生，駢以爲神。駢與鄭畋有隙，用之謂曰：「宰相有遣劍客來刺公者，今夕至矣！」駢大懼問計，用之曰：「張先生可以禦之。」駢請於守一，守一乃使駢衣婦人服，潛於他室，而代居駢寢中，夜擲銅器於階，令鏗然有聲，又密以彘血灑於庭宇，如格鬭之狀。及旦，笑謂駢曰：「幾落奴手！」駢泣謝之。用之刻青石爲奇字，云「玉皇授白雲先生高駢」。密令左右置道院香案。駢得之，驚喜。用之曰：「玉皇以公焚修功著，將補真官，計鸞鶴不日當降此際。用之等謫限亦滿，必得陪幢節，同歸上清耳。」是後，駢於道院庭中刻木鶴，時着羽服跨之。用之常厚賂駢左右，使伺駢動靜，共爲欺罔，駢不之寤。少有異議者，輒爲所陷，死不旋踵。奪人資財，掠人婦女，所破滅者數百家。公私大小之事，皆取決焉。用之又欲以兵威脅制諸將，請募驍勇二萬人，號莫邪都。駢即以張守一及用之爲軍使，置將吏如帥府。慮人泄其姦謀，乃言於駢曰：「神仙不難致，但恨學道者不能絶俗累，故不肯降臨耳！」駢乃悉去姬妾，謝絶人事，賓客、將吏皆不得見；有不得已見之者，皆先令沐浴齋祓，拜起纔畢，已復引出。由是用之得專行威福，無所忌憚，境内不復知有駢矣。

六月，蜀中羣盜應阡能，官軍與戰，大敗。蜀人羅渾擎、句胡僧、羅夫子、韓求各聚衆數千人以應阡能。官軍與之戰，不利，恐獲罪，多執村民爲俘，日數十百人。敬瑄不問，悉斬之。其中亦有老弱婦人，或問之，皆曰：「我方治田績麻，官軍忽入村係虜以來，竟不知何罪。」

秋，七月，以鍾傳爲江西觀察使。王仙芝寇掠江西，高安人鍾傳聚蠻獠，依山爲堡，衆至萬人。仙芝陷撫州而不能守，傳入據之，詔即以爲刺史。至是，又據洪州，朝廷遂以傳爲觀察使。傳既去撫州，南城人危全諷復據之，遣其弟仔倡據信州。

劉漢宏寇杭州，董昌擊破之。劉漢宏既降，以爲浙東觀察使。漢宏遣弟漢宥將兵二萬營于西陵，謀并浙西，董昌遣兵馬使錢鏐拒之。鏐夜濟江襲其營，大破之。

九月，朱温以華州降，王鐸以爲同華節度使。朱温見巢兵勢日蹙，知其將亡，遂舉州降。

冬，十月，賊帥韓秀昇、屈行從斷峽江路。

以朱温爲河中行營招討副使，賜名全忠。

以王敬武爲平盧留後。諸道兵皆會關中，獨平盧不至，王鐸遣判官張濬往説之。時平盧大將王敬武方逐節度使，自爲留後，已受黄巢官爵，不出迎，濬見而責之曰：「公爲藩臣，侮慢詔使，不能事上，何以使下！」敬武愕然謝之。既宣詔，將士皆不應，濬徐諭之曰：「人生當先曉逆順，次知利害。黄巢，前日販鹽虜耳，公等捨累葉天子而臣之，果何利哉？今天下勤王之師皆集京畿，而淄青獨不至；一旦賊平，天子返正，公等何面見天下之人乎！」將士皆改容引咎曰：「諫議之言是也。」敬武即發兵從濬而西。

十一月，李克用將沙陀趣河中。黄巢兵勢尚强，王重榮謀於都監楊復光，復光曰：「雁門李僕射驍勇有强兵，素有徇國之志，所以不來者，以與河東結隙耳。若以朝旨諭鄭公而召之，必來；來則賊不足平矣！」時王鐸在河中，乃以墨敕召李克用，諭鄭從讜。克用遂將沙陀萬七千人趣河中，不敢入太原境，獨以數百騎過晉陽城下〔二〕，與從讜别，從讜厚贈之。

陳敬瑄遣押牙高仁厚討阡能等平之。阡能入蜀州境。陳敬瑄以楊行遷等久無功，以押牙高仁厚爲都招討指揮使，往代之。未發前一日，執阡能之諜者，仁厚温言問之，對曰：「某村民，阡能囚某父母妻子，而曰『汝詗事得實，則免汝家。不然，皆死』。某非願爾也。」仁厚曰：「誠如是，我何忍殺汝！汝歸，但語阡能云：『高尚書來日發，所將止五百人，無多兵也。』然我活汝一家，汝爲我潛語寨中人云：『僕射閔汝曹皆良人，爲賊所制，故使尚書救汝。汝若投兵迎降，當書汝背爲歸順字，遣汝復舊業。所欲誅者，阡能、羅渾擎、句胡僧、羅夫子、韓求五人耳。』」諜曰：「此皆百姓心上事，尚書盡知而赦之，其誰不聽命！」遂遣之。明日，引兵發至雙流，周視塹柵，怒曰：「重複牢密如此，宜其可以安眠飽食，養寇邀功也。」將斬之〔三〕，監軍力救得免。命悉平塹柵，留兵五百守之。賊伏兵千人於野橋箐以邀官軍，仁厚詗知之，引兵圍之，下令勿殺，遣人釋戎服入賊中告諭，賊大喜，爭投兵請降。仁厚悉撫諭，書其背，使歸寨中，餘衆爭出降。渾擎走，其衆執之以來，仁厚謂降者曰：「本欲即遣汝歸，爲前塗諸寨未知吾心，或有憂疑，藉汝曹爲我前行，過諸寨，示以背字告諭之。」乃取渾擎旗倒繫之，每五十人授以一旗，使前走揚旗疾呼曰：「羅渾擎已擒，大軍行至。汝曹速如我出降，立得爲良人，無事矣！」至穿口、新津、延貢，寨中皆爭出降，執句胡僧，斬韓求。羅夫子奔阡能寨，與之謀悉衆決戰；未定，執旗先驅者至，能欲出兵，衆皆不應。明旦，諸寨呼譟爭出，羅夫子自剄，衆挈其首，縛阡能，驅之前迎官軍，見仁厚，擁馬首大呼泣拜曰：「百姓負冤日久，無所控訴。自諜者還，百姓引領，度頃刻如期年。今遇尚書，如出九泉睹白日，已死而復生矣。」賊寨在他所者，分遣諸將往降之。仁厚出軍凡六日，五賊皆平。敬瑄梟二首於市，釘阡能、羅渾擎、句胡僧而咼之。阡能孔目官張榮屢舉進士不中第，歸於能，爲之謀主，仁厚送府，釘於馬市；自餘不戮一人。敬瑄牓邛州，賊黨皆釋不問。未幾，邛州刺史申捕獲阡能叔父行全家，請準法。敬瑄以問孔目官唐溪，對曰：「公已牓勿問，而刺史復捕之，此必有故。今若殺之，豈惟使明公失大信，竊恐阡能之黨紛紛復起矣！」敬瑄從之，因問其故，果行全有良田，刺史欲買之，不與，故恨之耳。敬瑄召刺史，將按之，刺史以憂死。他日，行全密餉溪金百兩，溪怒曰：「此乃太師仁明，何預吾事，汝乃懷禍相餉乎！」還其金，斥逐使去。

胡氏曰：唐溪明足以照姦，智足以守信，廉足以褆身，若使處敬瑄之位，阡能、韓秀昇、楊師立之禍無自而起矣。由是觀之，自古衰世人才之易地者，豈特一唐溪哉！經世之人所以汲汲於求賢，惟恐不聞，良有以也。

十二月，以李克用爲鴈門節度使。李克用將兵四萬至河中，皆衣黑，賊憚之曰：「鴉軍至矣，當避其鋒。」

癸卯（八八三）

三年。

春，正月，李克用敗賊將黃揆于沙苑，王鐸以克用爲東北面行營都統。揆，巢之弟也。

以王鐸爲義成節度使。田令孜欲歸重北司，稱鐸討黃巢久無功，卒用楊復光策，召沙陀而破之，故罷鐸兵柄以悦復光。

以田令孜爲十軍十二衛觀軍容使。令孜自以建議幸蜀，收傳國寶、列聖真容，散家財犒軍爲己功，令宰相請加賞，故有是命。

魏博節度使韓簡寇鄆州及河陽，其將樂行達殺之，詔以爲留後。賜名彦禎。

以王鎔爲成德留後。

三月，李克用圍華州，黃巢遣尚讓救之，克用逆戰，破之。巢兵數敗，食復盡，陰爲遁計，發兵三萬搤藍田道。遣尚讓救華州，李克用及王重榮引兵逆戰，破之。克用進軍渭橋，每夜令其將薛志勤、康君立潛入長安，燔積聚，斬虜而還，賊中大驚。

以楊行愍爲廬州刺史。 淮南押牙楊行愍勇敢，屢有戰功，高駢以爲押牙，知廬州事，朝廷因而命之。行愍聞州人王勗賢，召欲用之，固辭，問其子弟，曰：「子潛好學慎密，可任以事。弟子稔有氣節，可爲將。」行愍召潛置門下，以稔及季章爲騎將。

夏，四月，陳敬瑄遣高仁厚討峽路羣盜，平之。 初，陳敬瑄遣兵討韓秀昇、屈行從，皆爲所敗，江、淮貢賦斷絶，雲安、淯井路不通，乏鹽。敬瑄乃奏以高仁厚爲行軍司馬，將兵三千以討之。行遇敗兵還走，仁厚叱之，即止，斬都虞候一人，更令修娖部伍。乃召耆老，詢以山川蹊徑及賊寨所據，喜曰：「賊精兵盡在舟中，使老弱守寨，而資糧皆在寨中，此所謂重戰輕防，其敗必矣！」乃揚兵江上，爲欲涉之狀。賊晝夜禦備，遣兵挑戰，仁厚不應，潛遣勇士千人攻焚其寨，賊救之不及，資糧蕩盡。仁厚復募善遊者鑿其舟底，相繼皆沉，賊惶惑不能相救。仁厚遣兵於要路邀擊，且招之，賊衆執秀昇、行從以降。仁厚詰之曰：「何故反？」秀昇曰：「自大中皇帝晏駕，天下無復公道，紐解綱絶。今日反者，豈惟秀昇！机上之肉，惟所烹醢耳！」仁厚愀然，命善食而械之，獻于行在，斬之。

五月，李克用破黄巢，收復長安。 李克用與忠武將龐從、河中將白志遷等引兵先進，與黄巢軍戰於渭南，一日三捷。義成、義武等諸軍繼之，賊衆大奔。克用等入京師，巢焚宫室遁去，多遺珍寶於路，官軍爭取之，不急追，賊遂逸去。詔克用同平章事，斬巢相崔璆。克用時年二十八，於諸將最少，而兵勢最强，破黄巢，復長安，功第一，諸將皆畏之。克用一目微眇，時人謂之「獨眼龍」。

六月，黄巢取蔡州，節度使秦宗權降之，合兵圍陳州。巢使其驍將孟楷將萬人擊蔡州，宗權逆戰而敗，遂稱臣於巢。初，陳州刺史趙犨謂將佐曰：「巢不死長安，必東走，陳其衝也，不可不爲之備。」乃完城塹，繕甲兵，積芻粟，六十里之内，民有資糧者，悉徙之入城；多募勇士，使子弟分將之。楷果移兵擊陳，犨先示之弱，伺其無備襲擊，殺獲殆盡，擒楷斬之。巢聞之怒，與宗權合兵圍之，掘塹五重，百道攻之。陳人大恐，犨諭之曰：「忠武素著義勇，陳州號爲勁兵。況吾家久食陳禄，誓與此州存亡！且徇國而死，不愈於臣賊而生乎！有異議者斬！」數引鋭兵開門擊賊破之。巢益怒，營於州北，爲持久之計。時民間無積聚，賊掠人爲糧，置舂磨寨。

以劉謙爲封州刺史。初，上蔡劉謙爲嶺南小校，節度使韋宙奇之，妻以兄女。謙屢擊盗有功，故有是命。

秋，七月，以朱全忠爲宣武節度使。時汴、宋荐饑，驕軍難制，外有大敵，衆心危懼，而全忠勇氣益振。

左騎衛上將軍楊復光卒於河中。復光慷慨喜忠義，善撫士卒，及卒，軍中慟哭累日，八都將各以其衆散去。田令孜素忌復光，聞其卒甚喜，因擯斥其兄樞密使復恭爲飛龍使。令孜專權，人莫與之抗，惟復恭數與之争得失，故令孜惡之。

鄭畋罷爲太子太保。畋雖當播越，猶謹法度。田令孜爲判官吴圓求郎官，畋不許；陳敬瑄欲立於宰相之上，畋以故事，使相品秩雖高，皆居真相之下，固爭之。二人乃令鳳翔節度使李昌言上言：「軍情猜忌，不可令畋扈從過此。」乃罷之。

以裴澈同平章事。

冬，十月，李克用取潞州。昭義節度使孟方立以潞州地險人勁，屢篡主帥，欲遷治所於邢州，潞人不悅，潛乞師於李克用。克用遣李克修擊之，取潞州。是後克用每歲出兵爭山東，三州之人半爲俘馘，野無稼穡矣。

以宗女妻南詔。

十二月，忠武大將鹿晏弘據興元。晏弘帥所部自河中南掠襄、鄧、金、洋，所過屠滅，聲云西赴行在。至興元，遂逐節度使牛勗，自稱留後。

時溥殺其判官李凝古。溥因食中毒，疑判官李凝古，殺之。時凝古父損爲散騎常侍，在成都。溥奏凝古與父同謀，田令孜受其賂，令御史臺鞫之。蕭遘奏曰：「李凝古行毒，事出暖昧，父損相別數年，安得誣以同謀！溥恃功亂法，欲殺天子侍臣，若徇其欲，朝廷何以自立！」由是損得免。時令孜專權，羣臣莫敢迕視，惟遘屢與爭辨，朝廷倚之。

甲辰（八八四）

四年。

朱全忠據亳州。趙犨求救於鄰道，朱全忠救之，與賊戰于鹿邑，敗之，遂入亳州據之。

春，二月，東川節度使楊師立舉兵反。三月，詔以高仁厚爲留後，將兵討之。陳敬瑄之遣高仁厚討韓秀昇也，語之曰：「成功而還，當奏以東川相賞。」楊師立聞之怒，令孜恐其爲亂，徵爲右僕射。師立得詔書，怒，不受代，殺官告使及監軍使，舉兵進屯涪城，移檄行在及諸道，數陳敬瑄十罪，自言集本道將士十五萬人長驅問罪。詔仁厚討之。

夏，四月，李克用會許、汴、徐、兖之軍于陳州，黃巢退走。黃巢兵尚强，周岌、時溥、朱全忠等求救於李克用，克用將蕃、漢兵五萬赴之。巢圍陳州幾三百日，趙犨兄弟與之大小數百戰，雖兵食將盡，而衆心益固。克用會許、汴、徐、兖之軍于陳州，攻尚讓于太康，拔之。巢聞之懼，解圍去。

五月，黃巢趣汴州，李克用等追擊，大破之，尚讓帥衆降。巢收餘衆奔兖州。五月，大雨，平地三尺，巢營爲水所漂，且聞李克用至，遂引兵東北趣汴州，屠尉氏。尚讓以驍騎五千進逼大梁，全忠復告急於克用。克用追之，及於中牟北王滿渡，乘其半濟奮擊，大破之，殺萬餘人。賊遂潰，尚讓帥其衆降。巢踰汴而北，克用追擊之於封丘，又破之。巢收餘衆近千人，東奔兖州。克用追至冤句，騎能屬者纔數百人，晝夜行二百餘里，以糧盡還汴州，欲裹糧復追之。獲巢幼子及乘輿、器服、符印；得所掠男女萬餘人，皆縱遣之。

李克用至汴州，朱全忠襲之，克用走還。李克用至汴州，全忠固請入城，館於上源驛，就置酒甚恭。克用乘酒使氣，語頗侵之，全忠不平。薄暮罷酒，從者皆醉。宣武將楊彦洪密與全忠謀，連車塞路，發兵圍驛而攻之。克用醉，不之聞，親兵薛志勤、史敬思等十餘人格鬬，侍者郭景銖扶克用匿牀下，以水沃其面而告之，克用始張目援弓而起。須臾煙火四合，會大雨震電，天地晦冥，志勤扶克用，帥左右數人踰垣突圍，乘電光而行。汴人扼橋，力戰得度，敬思爲後拒，戰死。克用縋城得出。全忠誤射彥洪，殺之。克用妻劉氏多智略，左右先歸者以變告，劉氏神色不動，立斬之，陰召大將約束，謀保軍以還。比明，克用至，欲勒兵攻全忠，劉氏曰：「此當訴之朝廷。若擅舉兵相攻，則天下孰能辨其曲直，且彼得以有辭矣。」克用從之，引兵去，但移書責全忠。全忠復書曰：「前夕之變，僕不之知。朝廷自遣使者與楊彥洪爲謀。彥洪既伏其辜，惟公諒察。」克用乃還晉陽。克用養子嗣源，年十七，從克用自上源出，矢石之間，獨無所傷。嗣源本胡人，名邈佶烈，無姓。克用擇軍中驍勇者，皆養爲子，張存信、孫存進、王存賢、安存孝皆以養子冒姓李氏。

胡氏曰：克用固全忠所忌也，然親救其危困，全忠雖欲圖之，必未敢發；其固請入城，特欲示殷勤、伸謝悃爾，而克用不謹於禮，激全忠禍賊之心，而召其兵。全忠失矣，克用亦豈爲得乎！得免之後，宜以書與全忠，引咎修好，勸以勤王，則善矣；乃不省己失，力校犯者，拏兵至死，志不克伸，惜哉！

高仁厚敗東川兵於鹿頭關，進圍梓州。高仁厚屯德陽，楊師立遣其將鄭君雄據鹿頭以拒之，堅壁不出。高仁厚曰：「攻之則彼利我傷，圍之則彼困我逸。」遂列寨圍之。夜二鼓，君雄等出勁兵掩擊城北寨，副使楊茂言不能禦，帥衆走，諸寨聞之皆走。仁厚聞之，大開寨門，設炬火照之，自帥士卒爲兩翼，伏道左右。賊至，見門開，不敢入，還去。發伏擊之，東川兵大奔，追至城下，斬獲甚衆。仁厚念諸寨皆走，當死者衆，乃召孔目官張韶諭之曰：「爾速遣數十人，分道追走者，自以爾意諭之曰：『僕射幸不知，汝曹速歸。來旦牙參如常，勿憂也。』」韶素名長者，衆信之，皆還；惟茂言走至張把，乃追及之。詰旦，諸將牙集，仁厚謂茂言曰：「昨夜聞副使走至張把，有諸？」對曰：「昨夜聞賊攻中軍，僕射已去，遂策馬參隨，既審其虛，復還寨中矣。」仁厚曰：「仁厚與副使俱受命討賊，若仁厚先走，副使當叱下馬，行軍法，代總軍事，然後奏聞。今副使既先走，又爲欺罔，理當如何？」茂言拱手曰：「當死。」仁厚曰：「然！」命扶下斬之，諸將股栗。仁厚陳於關下，鄭君雄等悉衆出戰。仁厚設伏於陳後，陽敗走，君雄等追之，伏發，大敗遁歸。仁厚遂進圍梓州。

校勘記

〔一〕頒賜從駕諸軍無虚日　「日」原作「月」，據殿本、通鑑卷二五四唐僖宗中和元年七月條改。

〔二〕獨以數百騎過晉陽城下　「百」字原脱，據殿本、通鑑卷二五五唐僖宗中和二年十一月條補。

〔三〕將斬之　「之」，殿本、通鑑卷二五五唐僖宗中和二年十一月條作「白文現」。

資治通鑑綱目卷五十二

起甲辰六月唐僖宗中和四年，盡丙辰唐昭宗乾寧三年，凡一十三年〔一〕。

甲辰（八八四）

四年。

六月，東川將吏斬楊師立以降，詔以高仁厚爲節度使。高仁厚圍梓州久不下，乃爲書射城中，遺其將士曰：「仁厚不忍城中玉石俱焚，爲諸君緩師十日，使諸君自成其功。如其不然，四面俱進，克之必矣。諸君圖之。」數日，鄭君雄大呼於衆曰：「天子所誅者元惡耳，它人無預也。」衆大譟，突入府，師立自殺，君雄挈其首出降。詔以仁厚爲東川節度使。

尚讓敗黄巢于瑕丘，賊黨斬巢以降。尚讓追黄巢至瑕丘，敗之。巢衆殆盡，巢甥林言斬巢兄弟妻子首，將詣時溥；沙陀奪之，并斬言以獻。

天平節度使朱瑄擊秦宗權，敗之。秦宗權縱兵四出，侵噬鄰道。天平節度使朱瑄有衆三萬，從父弟瑾勇冠軍中。朱全忠爲宗權所攻，勢甚窘，求救於瑄。瑄遣瑾將兵救之，敗宗權於合鄉。

秋，七月，時溥獻黄巢首。時溥遣使獻黄巢首，并其姬妾。上御樓受之，宣問姬妾：「汝曹皆勳貴子女，何爲從賊？」其居首者對曰：「狂賊凶逆，國家以百萬之衆，失守宗祧，播遷巴、蜀。今陛下乃以不能拒賊責一女子，置公卿將帥於何地乎！」上皆戮之。

李克用表乞討朱全忠，詔諭解之。李克用還晉陽，大治甲兵，奉表自陳爲朱全忠所圖，將佐三百餘人并牌印皆没不返，乞遣使按問，發兵誅討。朝廷方務姑息，得表大恐，但優詔和解之。克用前後八表，稱「全忠陰狡禍賊，異日必爲國患。惟乞下詔削其官爵，臣自帥本道兵討之」。上累遣楊復恭等諭指，稱「吾深知卿冤，方事之殷，姑存大體」。克用終鬱鬱不平。時藩鎮相攻者，朝廷不復爲之辨曲直，由是互相吞噬，惟力是視，皆無所稟畏矣。

范氏曰：天子所以制御天下者，賞善罰惡，辨是非枉直，使人各當其所，物各安其分，而不相陵暴也。克用有復唐室之大功，而全忠輒欲殺之，克用不敢專兵復讎而赴訴於朝廷，是諸侯猶有尊王室之心也。爲天子者，詰其孰是孰非，使征伐號令出於天子，則誅一鎮而天下莫敢不從矣。僖宗則不然，知其直者而不恤，置其不直者而不問，不惟全忠無所忌憚，而克用心亦不服，欲兩存之，乃兩失之。自是以後，藩鎮擅相攻伐，不復稟命，以天子不足訴也。書曰：「有罪無罪，予曷敢有越厥志。」刑罰者，所以爲天討也。王者之於天下，懲勸可不明哉！

八月，以李克修爲昭義節度使。李克用請以其弟克修鎮澤潞，從之。由是昭義分爲二鎮。

進李克用爵爲隴西郡王。

以王徽知京兆尹事。上以長安宮室焚毀，故久留蜀未歸，以徽爲京兆尹，招撫流散，繕治宮室。

冬，十一月，鹿晏弘據許州，詔以爲忠武節度使。晏弘之去河中也，王建、韓建、張造、晉暉、李師泰各帥其衆與之俱。晏弘猜忍，衆心不附。田令孜密遣人誘之，二建與張造帥衆數千奔行在，令孜皆養爲假子，拜諸衛將軍，使各將其衆，號隨駕五都。又遣禁兵討晏弘，晏弘棄興元，陷襄州，轉掠襄、鄧，還據許州，自稱留後。朝廷不能討，因以爲節度使。

田令孜殺內常侍曹知慤。初，宦者曹知慤有膽略，黄巢陷長安，知慤集壯士據嵯峨山，數遣人變服夜入長安攻賊營，賊驚疑不自安。朝廷聞而嘉之，就除內常侍。田令孜惡之，矯詔使邠寧節度使王行瑜襲殺之。令孜由是益驕横，禁制天子不得有所主斷，上時語左右而流涕。

十二月，以陳巖爲福建觀察使。初，黄巢轉掠福建，建州人陳巖聚衆數千保鄉里，號九龍軍。觀察使鄭鎰表以自代。巖爲治有威惠，閩人安之。

盗殺中書令王鐸。鐸厚於奉養，徙義昌節度使，過魏州，侍妾成列，服御鮮華。魏博節度使樂彦禎之子從訓圍而殺之，掠其侍妾。彦禎以遇盗聞，朝廷不能詰。

胡氏曰：鐸在相位，不明是非，同盧攜而沮鄭畋〔二〕，信裴渥而庇宋威，一年之間，使賊大熾，及爲都統，又不能式遏黄巢，更生劉漢宏一寇，然則謀議乖剌，施置乖方，政之所殺多矣，晚而陷禍，豈特驕奢汰侈之罪哉！

以馮行襲爲均州刺史。賊帥孫喜聚衆數千人攻均州，刺史呂曄不知所爲，都將馮行襲伏兵江南，自乘小舟迎喜，謂曰：「州人得良牧，無不歸心。然公從卒太多，州人懼於剽掠，尚以爲疑。不若置軍江北，獨與腹心輕騎俱進。」行襲請爲前道，告諭州人，無不服者矣。」喜從之。既渡江，伏發，行襲手擊喜，斬之。詔以行襲爲刺史〔三〕。

乙巳〔四〕（八八五）

光啓元年。

春，正月，詔招撫秦宗權。黄巢雖平，宗權復熾，寇掠焚爇，其殘暴又甚於巢，軍行未始轉糧，車載鹽尸以從，北至衛、滑，西及關輔，東盡青、齊，南出江、淮，極目千里，無復煙火。上將還長安，畏宗權爲患，詔招撫之。

車駕發成都。

淮南叛將張瓌據荆南，郭禹據歸州。雷滿屢攻掠荆南，淮南將張瓌、韓師德叛高駢，據復、岳二州。荆南節度使陳儒請瓌攝行軍司馬，使將兵擊雷滿。瓌還兵逐儒而代之。瓌性貪暴，荆南舊將夷滅殆盡。惡牙將郭禹慓悍，欲殺之，禹亡去，襲歸州據之。禹，成汭也，因殺人亡命，更其姓名。

王緒陷汀、漳二州。秦宗權責租賦於光州，刺史王緒不能給。宗權怒，發兵擊之。緒懼，悉舉光、壽二州兵五千人渡江，轉掠江、洪、虔州，是月，陷汀、漳，然皆不能守也。

三月，車駕至京師。京師荆棘滿城，狐兔縱横，上凄然不樂。時朝廷號令所及，惟河西、山南、劍南、嶺南數十州而已。

秦宗權僭號，詔以時溥爲行營都統討之。

夏，四月，田令孜自兼兩池榷鹽使。初，田令孜在蜀，募新軍五十四都，每都千人；又南牙、北司官共萬餘員，而上供不至，賞賚不時，士卒有怨言，令孜患之。先是，安邑、解縣兩池皆隸鹽鐵，中和以來，河中節度使王重榮專之，歲獻三千車以供國用。令孜奏復舊制，自兼兩池使，收其利以贍軍。重榮論訴不已，而令孜養子匡祐使河中，驕傲，重榮數責之。匡祐脱歸，勸令孜圖重榮。乃徙重榮爲泰寧節〔五〕度使，以王處存代之，仍詔李克用以河東兵援處存赴鎮。重榮自以有復京城功，爲令孜所擯，不肯之兖州，累表數令孜十罪。令孜結邠寧節度使朱玫、鳳翔節度使李昌符以抗之。昌符，昌言之弟也。

李可舉、王鎔寇易、定，王處存擊破之。盧龍節度使李可舉、成德節度使王鎔惡李克用之强，而義武節度使王處存與克用親善，又河北唯義武尚屬朝廷，可舉等慮其害己，約共滅而分之。可舉遣其將李全忠攻易州，鎔亦遣將攻無極。盧龍裨將劉仁恭穴地入城，陷易州。李克用自將救無極，大敗成德兵，拔新城。處存夜遣兵蒙羊皮襲盧龍軍，復取易州。

六月，盧龍將李全忠殺李可舉而代之。全忠既喪師，恐獲罪，還襲幽州，李可舉自焚死，全忠自爲留後。

秦宗權遣將孫儒陷東都。留守李罕之與儒相拒數月，兵少食盡，棄城，西保澠池。儒據東都月餘，焚掠而去，城中寂無雞犬。

秋，七月，殺右補闕常濬。濬上疏曰：「陛下姑息藩鎮太甚，是非功過，駢首並足，致天下紛紛若此，猶未之寤。宜稍振典刑，以威四方。」田令孜曰：「此疏傳於藩鎮，豈不致其猜忿！」貶濬萬州司户，尋賜死。

范氏曰：殺諫臣者，其國必亡，故侯昌業、孟昭圖、常濬皆以諫死，而唐亡之兆著矣，何必天變、彗孛之爲妖乎！夫忠臣欲救社稷之危，人君不惟棄其言，而又戮其身，不祥莫大焉！此其國所以爲墟也。

八月，以趙犨爲蔡州節度使。秦宗權攻鄰道二十餘州陷之，唯陳距蔡百餘里，兵力甚弱，刺史趙犨日與宗權戰，宗權不能屈。詔以犨爲蔡州節度使。犨德朱全忠之援，凡所調發，無不立至。

王緒前鋒將擒緒，奉王潮爲將軍。王緒至漳州，以道險糧少，令軍中無得以老弱自隨，犯者斬。唯王潮兄弟扶其母以從，緒責之曰：「軍皆有法，未有無法之軍！汝違吾令而不誅，是無法也。」潮等曰：「人皆有母，未有無母之人，將軍奈何使人棄其母乎？」緒怒，命斬其母。潮等曰：「潮等事母如事將軍，既殺其母，安用其子，請先母死！」將士皆爲之請，乃捨之。有望氣者謂緒曰：「軍中有王者氣。」於是緒見將卒有勇略及氣質魁岸者，皆殺之，衆皆自危。行至南安，潮説其前鋒將伏壯士篁竹中，擒緒，反縛以徇。遂奉潮爲將軍，引兵將還光州，約其屬所過秋豪無犯。行及沙縣，泉州人張延魯等以刺史廖彦若貪暴，帥耆老奉牛酒，請潮爲州將，潮乃引兵圍泉州。

冬，十月，田令孜遣朱玫、李昌符攻河中，李克用救之。十二月，進逼京城，上奔鳳翔。十月，王重榮求救於李克用，克用方怨朝廷不罪朱全忠，選兵市馬，聚結諸胡，議攻汴州，報曰：「待吾先滅全忠，還掃鼠輩如秋葉耳。」重榮曰：「待公自關東還，吾爲虜矣。不若先除君側之惡，退擒全忠易矣。」時朱玫、李昌符亦陰附於全忠，克用乃上言〔六〕：「玫、昌符與全忠相表裏，欲共滅臣，臣不得不自救，已集蕃、漢兵十五萬，決以來年濟河，北討二鎮，不近京城，保無驚擾；還滅全忠，以雪讎耻。」上遣使者諭釋，冠蓋相望。朱玫欲朝廷討克用，數遣人潛入京城，燒積聚，殺近侍，聲云克用所爲，於是京師震恐。令孜遣玫、昌符將本軍及神策等軍合三萬人屯沙苑，以討王重榮，重榮發兵拒之，告急於克用，克用引兵赴之。十一月，與重榮俱壁沙苑，表請誅令孜及玫、昌符，詔和解之，克用不聽。十二月，合戰，玫、昌符大敗，克用進逼京城，令孜奉天子幸鳳翔。長安宮室復爲亂兵焚掠，無孑遺矣。

丙午(八八六)

二年。

春，正月，田令孜劫上如寶雞。李克用還軍河中，與王重榮同表請上還宮，因罪狀田令孜，請誅之。令孜引兵入宮，劫上幸寶雞，從者纔數百人，宰相、朝臣皆不知，翰林承旨杜讓能獨追及之；明日，乃有太子少保孔緯等數人繼至，太廟神主皆失之。上以緯爲御史大夫，使還召百官。時田令孜弄權，再致播遷，天下共忿疾之，朱玫、李昌符亦耻爲之用，且憚蒲、晉之强，更與之合。蕭遘召玫亟迎車駕，玫引步騎五千至鳳翔。孔緯詣宰相宣詔，蕭遘、裴澈以令孜在上側，辭疾不見。緯令臺吏趣百官赴行在，皆辭以無袍笏。緯召三院御史泣謂曰：「布衣親舊有急，猶當赴之，豈有天子蒙塵而臣子累召不往耶！」御史請辦裝數日而行，緯拂衣起曰：「吾妻病垂死且不顧，諸君善自爲謀，請從此辭。」遂復走行在。

朱玫、李昌符追逼車駕，上復走入大散關。邠、岐兵追逼乘輿，鉦鼓之聲聞於行宮，田令孜奉上發寶雞。神策軍使王建以長劍五百前驅奮擊，乘輿乃得前。上以傳國寶授建，使負之以從。登大散嶺，李昌符焚閣道丈餘，將摧折矣，王建掖上自煙焰中躍過，夜宿板下。玫攻散關不克。嗣襄王煴，肅宗之玄孫也，爲玫所得，與之俱還鳳翔。克用還太原，重榮復與玫、昌符表請誅田令孜。

二月，至興元。朱玫、李昌符使山南西道節度使石君涉柵險要，燒郵驛。上由它道以進，山谷崎嶇，邠軍迫其後，危殆者數四，僅得達山南。君涉棄鎮走鳳翔。百官蕭遘等罪狀田令孜及其黨韋昭度，請誅之。詔加王重榮應接糧料使，調其穀十五萬斛以繼國用。重榮表稱令孜未誅，不奉詔。詔遣王建帥部兵戍三泉，遥領壁州刺史。將帥遥領州鎮自此始。

三月，以孔緯、杜讓能同平章事。

陳敬瑄殺東川節度使高仁厚。

夏，四月，朱玫奉襄王煴權監軍國事，還京師，以鄭昌圖同平章事。朱玫以田令孜在天子左右，終不可去，言於蕭遘曰：「主上播遷六年，將士冒矢石，百姓供饋餉，戰死餓死，什減七、八，僅能復京城。主上更以勤王之功，爲敕使之榮，委以大權，使墮綱紀，騷擾藩鎮，召亂生禍。玫昨奉尊命，來迎大駕，不蒙信察，反類脅君。吾輩報國之心極矣，戰賊之力殫矣，安能垂頭弭耳，受制於閹寺之手哉！李氏子孫尚多，相公盍改圖以利社稷乎？」遘曰：「主上無大過惡，正以令孜專權肘腋，致坐不安席，近日初無行意，令孜陳兵帳前，迫脅以行。足下盡心王室，正有引兵還鎮，拜表迎鑾。廢立重事，遘不敢聞命！」玫出，宣言曰：「我立李氏一王，敢異議者斬！」遂逼鳳翔百官奉襄王熅權監軍國事，承制封拜。帥百官奉熅還京師，使遘爲册文，遘不從，乃使兵部侍郎鄭昌圖爲之。以昌圖同平章事。

田令孜自爲西川監軍。令孜自知不爲天下所容，乃薦楊復恭爲中尉，自除西川監軍，往依陳敬瑄。復恭斥令孜之黨，出王建爲利州刺史。

五月，朱玫以蕭遘爲太子太保。遘遂辭歸永樂。

胡氏曰：天子蒙塵，雖外諸侯，猶當奔問官守，况輔弼大臣乎！田令孜有寵用事久矣，蕭遘未嘗爲上極言令孜敗國致寇之罪，亦安可望帝自寤，而悻悻不從乎！雖不預廢立，辭撰册文，而亦受其宫保之命矣。處君臣之際如此，乃欲以辭疾自全，難乎其免矣！

朱玫自加侍中，以裴澈判度支，高駢兼中書令，吕用之爲嶺南東道節度使。朱玫承制大行封拜以悦藩鎮，受其命者什六、七。高駢仍奉牋勸進。吕用之建牙開幕，一與駢同，凡駢之腹心及將校能任事者，皆逼以從己，不復咨禀。駢頗疑之，欲奪其權，而無如之何。用之亦懼，訪於其黨鄭杞，杞曰：「寧我負人，無人負我。」

六月，詔扈蹕都將楊守亮與王重榮、李克用共討朱玫。初，李昌符與朱玫謀立襄王，既而玫自爲宰相，昌符怒，更通表興元。玫遣王行瑜將兵五萬追乘輿，屯鳳州。是時諸道貢賦多之長安，興元從官衛士皆乏食，上涕泣，不知爲計。杜讓能曰：「楊復光與王重榮同破黄巢，相親善，若遣重臣往諭以大義，且致復恭之意，宜有回慮。」上從之。重榮即聽命，表獻絹十萬疋，且請討朱玫以自贖。襄王熅遣使者至晉陽，賜李克用詔，言「上已晏駕，吾爲藩鎮所推，今已受册」。克用大怒。其大將蓋寓因説曰：「鑾輿播遷，天下皆歸咎於我。今不誅朱玫，黜李熅，無以自湔洗。」克用從之，燔詔書，囚使者，遣使上表，移檄進討。詔復恭假子扈蹕都將楊守亮將兵二萬出金州，與重榮、克用共討朱玫。先是，山南之人皆言克用與朱玫合，人情恟懼。表至，上出示從官，并諭山南諸鎮，由是帖然。然克用表猶以朱全忠爲言。上使楊復恭以書諭之，云「俟三輔事寧，别有進止」。

秋，七月，秦宗權陷許州，殺鹿晏弘。

朱玫遣王行瑜寇興州，詔神策都將李茂貞等拒之。茂貞，博野人宋文通也，以功賜姓名。

以周岳爲武安軍節度使。衡州刺史周岳發兵攻潭州，閔勗招淮西將黄皓入城共守。皓遂殺勗。岳攻拔州城，擒皓殺之。詔更其軍號，以岳爲節度使。

八月，盧龍節度使李全忠卒，以其子匡威爲留後。

王潮陷泉州。潮拔泉州，殺廖彦若，聞觀察使陳巖威名，不敢犯福州境，遣使降之。巖表潮爲泉州刺史。潮沈勇有智略，招懷離散，均賦繕兵，吏民悦服。王緒自殺。

冬，十月，朱玫立襄王熅，稱帝改元。

十一月，董昌取越州。董昌謂錢鏐曰：「汝能取越州，吾以杭州授汝。」鏐遂將兵攻克之。劉漢宏走台州，刺史杜雄執送昌斬之。昌遂徙鎮越州，以鏐知杭州事。

十二月，王行瑜還長安，斬朱玫；熅奔河中，王重榮殺之，傳首行在。楊復恭傳檄關中曰：「得朱玫首者，以靜難節度使賞之。」王行瑜戰數敗，與其下謀曰：「今無功歸亦死，曷若與汝曹斬玫首，定京城，迎大駕，取邠寧節鉞乎？」衆從之，遂引兵歸長安。玫怒責之曰：「汝欲反邪？」行瑜曰：「吾不反，欲誅反者耳！」遂擒斬之，并殺其黨數百人。諸軍大亂。裴澈、鄭昌圖奉襄王奔河中，重榮詐爲迎奉，執煴殺之，百官死者殆半；函煴首送行在。刑部請御門獻馘，百官畢賀，太常博士殷盈孫曰：「煴爲賊臣所逼，正以不能死節爲罪耳。禮，公族罪在大辟，君爲之素服不舉。今煴已就誅，宜廢爲庶人，而葬其首。其獻馘稱賀之禮，請俟朱玫首至而行之。」從之。

孫儒陷河陽。初，忠武決勝指揮使孫儒與龍驤指揮使劉建鋒戍蔡州，拒黄巢，馬殷隸軍中，以材勇聞。及秦宗權叛，儒等皆屬焉。宗權遣儒將兵攻陷鄭州，進陷河陽。儒自稱節度使。張全義據懷州，李罕之據澤州以拒之。

天平牙將朱瑾逐泰寧節度使齊克讓而代之。瑾將襲兖州，乃求昏於克讓，而盛飾車服，私藏兵甲以赴之。親迎之夕，甲士竊發，逐克讓而代之。

丁未（八八七）

三年。

春，正月〔七〕，以王行瑜爲靜難軍節度使，李茂貞領武定節度使，楊守亮爲山南西道節度使。

以董昌爲浙東觀察使，錢鏐爲杭州刺史。

二月，流田令孜於端州。令孜依陳敬瑄，竟不行。

代北節度使李國昌卒。

三月，誅僞宰相蕭遘、鄭昌圖、裴澈。時朝士受熅官者甚衆，法司皆處以極法，杜讓能爲爭之，免者什七、八。

胡氏曰：蕭遘之罪，固可以死，然有拒朱玫之言，有罪狀田令孜之奏，有不撰僞册、棄官歸永樂之節，若裴、鄭則身相襄王，其事有間矣。杜讓能爲餘人力爭，而不爲遘區别，惜哉！以愚考之，遘之死，由令孜、崔昭度也。遘在鳳翔，罪狀令孜，并及昭度，此讓能所以不能救歟？

車駕至鳳翔。李昌符恐車駕還京，雖不治前過，恩賞必疏，乃以宫室未完，固請駐蹕府舍，從之。

鎮海軍亂，節度使周寶奔常州。寶募親軍千人，號後樓兵，倍其稟給；軍中皆怨，而後樓兵浸驕不可制。寶溺於聲色，不親政事。有言軍中怨望者，寶曰：「亂則殺之！」軍將劉浩帥其黨作亂，後樓兵亦叛，寶奔常州。迎度支催勘使薛朗入爲留後。

利州刺史王建襲閬州而據之。山南西道節度使楊守亮忌王建驍勇，屢召之，建懼不往。周庠説建曰：「唐祚將終，藩鎮互相吞噬〔八〕，皆無雄材遠略，不能戡濟多難。公勇而有謀，得士卒心，立大功者，非公而誰！然葭萌四戰之地，難以久安。閬州地僻人富，刺史楊茂實不修職貢，若表其罪，興兵討之，可一戰而擒也。」建從之，召募溪洞酋豪，有衆八千，沿嘉陵江而下，襲閬州，逐茂實，自稱防禦使，招納亡命，軍勢益盛。部將張虔裕説建：「遣使奉表天子，仗大義以行師。」部將綦毋諫復説建養士愛民以觀天下之變。建皆從之。

夏，四月，淮南都將畢師鐸等發兵討呂用之，克揚州；用之亡走，師鐸執高駢而幽之。

高駢遣畢師鐸將兵屯高郵，備秦宗權。師鐸與呂用之有隙，疑懼不自安，謀於腹心，皆勸師鐸起兵誅用之。師鐸曰：「用之數年以來，人怨鬼怒，安知天不假手於我誅之邪！」淮寧軍使鄭漢章亦素切齒於用之，師鐸乃夜與百騎潛詣之，漢章大喜，發兵千餘人，從師鐸至高郵，與鎮遏使張神劍割臂瀝酒飲之，推師鐸爲行營使，移書境內，言誅用之及張守一、諸葛殷之意。神劍請留高郵，師鐸、漢章前至廣陵，城中驚擾，用之斷橋塞門爲守備而不以告駢。駢聞喧譟聲，左右乃以變告。駢驚，急召用之詰之，用之徐對曰：「師鐸之衆思歸，爲門衛所遏，適已隨宜區處。儻或不已，正煩玄女一力士耳。」駢曰：「近者覺君之妄多矣，君善爲之，勿使吾爲周侍中！」用之慚懅而退。師鐸遣孫約詣宣州，乞師於觀察使秦彦，且許以克城之日迎彦爲帥。駢命用之遣一大將以手札諭師鐸等。用之以諸將皆仇敵，恐不利於己，遣所部許戡往，師鐸始亦望駢遣舊將勞問，得以具陳用之姦惡，見戡至，大罵，斬之。射書入城，用之焚之，擁甲入見，駢大驚曰：「汝欲反耶！」命驅出。自是高、呂判矣。用之命諸將大索城中丁壯，驅縛登城，自旦至暮，不得休息；又恐其與外寇通，數易其地，家人餉之，莫知所在。由是城中人亦恨師鐸入城之晚。駢遣師鐸幼子諭師鐸，師鐸遽遣子還，曰：「令公但斬呂、張以示師鐸，師鐸不敢負恩，請以妻子爲質。」會秦彦遣其將秦稠將兵三千助師鐸，攻羅城，克之。用之亡走，駢保子城。師鐸縱兵大掠。駢命撤備，與師鐸相見，交拜如賓主之儀，署節度副使，承制加左僕射，鄭漢章等遷官有差。都虞候申及說駢曰：「逆黨不多，諸門尚未有守者，令公及此夜出，發諸鎮兵，還取府城，此轉禍爲福之計也。若一、二日事定，恐浸艱難，及亦不得在左右矣。」駢猶豫不從。明日，師鐸果分兵守諸門，搜捕用之親黨，悉誅之；遣使趣秦彦過江。或説師鐸曰：「僕射鄙者舉兵，蓋以用之輩姦邪暴横，高令公不能區理，故順衆心爲一方去害。今用之既敗，軍府廓然，僕射宜復奉高公而佐之，但總其兵權以號令，誰敢不服！用之乃淮南一叛將耳，移書所在，立可梟擒。如此，則外有推奉之名，内得兼并之實，雖朝廷聞之，亦無虧臣節。使高公聰明，必知内愧；如其不悛，乃机上肉耳，奈何以此功業付之他人！不若亟止秦司空，彼必未敢輕進；就使他日責我以負約，猶不失爲高氏忠臣也。」師鐸不從，以告鄭漢章，漢章曰：「此智士也！」求之不復見。既而宣軍焚進奉兩樓數十間。師鐸獲諸葛殷，杖殺之；迎駢入道院，并收其親黨十餘人幽之。

秦宗權攻汴州，朱全忠拒擊，大破之。

秦宗權悉力攻汴州，朱全忠患兵少，以朱珍爲淄州刺史，募兵於東道。珍至淄、青，旬日得萬餘人；又襲青州，獲馬千匹，還至大梁。朱全忠喜曰：「吾事濟矣。」時蔡兵數萬環汴城，列三十六寨，全忠謂諸將曰：「彼未知朱珍之至，宜出其不意擊之。」乃自引兵攻之，連拔四寨，斬萬餘級，蔡人自驚以爲神。宗權自引精兵會之。全忠求救於兖、鄆，朱瑄、朱瑾皆引兵赴之，義成軍亦至。全忠以四鎮兵攻宗權，大破之，宗權宵遁。全忠深德朱瑄，兄事之。蔡人之守東都、河陽、許、汝、懷、鄭、陝、虢者，聞宗權敗，皆棄去。宗權之勢，自是稍衰。

宣州觀察使秦彦入揚州，廬州刺史楊行密引兵攻之。

初，吕用之詐爲高駢牒，署廬州刺史楊行密行軍司馬，追兵入援。廬江人袁襲説行密曰：「高公昏惑，用之姦邪，師鐸悖逆，凶德參會而求兵於我，此天以淮南授明公也，趣赴之。」行密從之，至天長，用之及張神劍皆以其衆歸之。會秦彦將兵三萬入廣陵，自稱權知節度使。行密遂帥諸軍抵廣陵，彦閉城自守，遣秦稠出戰，敗死，士卒死者什七、八。行密即行愍也，高駢改其名。

六月，李昌符作亂，敗走，以李茂貞爲招討使討之。天威都頭楊守立與李昌符爭道，麾下相毆，帝命中使諭之，不止。昌符遂擁兵燒行營，守立與戰，昌符敗，走保隴州。詔遣茂貞討之。

河中軍亂，殺節度使王重榮，詔以王重盈代之。重榮用法嚴，末年尤甚。牙將常行儒作亂，攻重榮殺之。制以其弟重盈爲護國節度使，執行儒殺之。

以李罕之爲河陽節度使，張全義爲河南尹。孫儒既去河陽，李罕之召張全義於澤州，與之收合餘衆。罕之據河陽，全義據東都，共求援於河東。李克用表罕之爲河陽節度使，全義爲河南尹。初，東都荐經寇亂，居民不滿百户。全義選麾下十八人材器可任者，人給一旗一榜，謂之屯將，使詣十八縣故墟落中植旗張榜，招懷流散，勸之樹藝，蠲其租税，惟殺人者死，餘但笞杖而已，由是民歸之者如市。又選壯者教之戰陳以禦寇盗。數年之後，都城坊曲漸復舊制，諸縣户口率皆歸復，桑麻蔚然，野無曠土；其勝兵者，大縣至七千人，小縣不减二千人，乃奏置令佐以治之。全義明察，人不能欺，而爲政寬簡。出，見田疇美者，輒下馬，與僚佐共觀之，召田主，勞以酒食；有蠶麥善收者，或親至其家，悉呼出老幼，賜以茶綵衣物。民間言：「張公不喜聲伎，見之未嘗笑；獨見佳麥良繭則笑耳。」有田荒穢者，則集衆杖之；或訴以乏人牛，乃召其鄰里，責使助之。由是鄰里有無相助，比户豐實，凶年不饑，遂成富庶焉。

秋，八月，李茂貞平隴州，李昌符伏誅，詔以茂貞爲鳳翔節度使。

朱全忠取曹州。全忠欲兼兗、鄆，而以朱瑄兄弟有功於己，攻之無名，乃誣瑄招誘宣武軍士，遣其將朱珍、葛從周襲曹州，拔之；又攻濮州，與兗、鄆兵戰於劉橋，殺數萬人，瑄、瑾僅以身免。

秦彦遣兵擊楊行密，大敗而還。秦彦悉出城中兵萬二千人，遣畢師鐸、鄭漢章將之，陳於城西，延袤數里。行密安卧帳中，曰：「賊近告我。」諸將以衆寡不敵，欲還。李濤怒曰：「吾以順討逆，何論衆寡！且大軍至此，去將安歸？濤願爲前鋒，保爲公破之。」行密乃積金帛麰米於一寨，使羸弱守之，多伏精兵於其旁，自將千餘人衝其陳。兵始交，行密陽不勝而走，廣陵兵追之，入寨縱掠，伏兵四起，俘斬殆盡。自是秦彦不復言出師矣。

九月，以張濬同平章事。

秦彦殺高駢。高駢在道院，左右無食。秦彦與畢師鐸出師屢敗，疑駢爲厭勝，外圍益急，恐駢黨爲内應，乃殺駢，并其子弟甥姪，同坎瘞之。楊行密聞之，帥士卒縞素，向城大哭三日。駢之在成都殺突將也，有一婦人臨刑，戟手大駡曰：「我必訴于上帝，使汝它日舉家屠滅如我今日！」至是，卒如其言。

胡氏曰：高駢之事，豈非佛氏所謂輪迴果報者乎？曰：似之而非也。易曰：「積善之家，必有餘慶。積不善之家，必有餘殃。」曾子曰：「出乎爾者，反乎爾者也。」若駢所得，猶未足以償數千人之怨，纔足以見天道好還之不差忒耳。若夫輪迴之説，謂死於此，生於彼，今世爲人，後世爲異物，負怨於陽明之界，而取償於幽陰之府，則無是理也。行密起兵赴難，於義已得，又能舉軍縞素，向城大臨，雖非其誠，亦假仁之舉也。

冬，十月，朱全忠拔濮州，進攻鄆州。

楊行密克揚州。廣陵城中無食，草根木實皆盡，以堇泥爲餅食之，餓死者太半。宣軍掠人詣肆賣之，驅縛屠割，流血滿市。部將張審威帥麾下登城啓關納外兵，守者皆不鬭而潰。先是，彦、師鐸信重妖尼奉仙，至是問計，奉仙曰：「走爲上策。」乃奔東塘。行密入城，改殯駢及其族。城中遺民纔數百家，飢羸非復人狀，行密輦西寨米以賑之；自稱淮南留後。

十一月，秦宗權遣孫儒攻揚州，屠高郵。秦宗權遣其弟宗衡將兵萬人渡淮，與楊行密爭揚州，以孫儒爲副，張佶、劉建鋒、馬殷及宗權族弟彦暉皆從，抵廣陵城西，據行密故寨。秦彦、畢師鐸引兵與合。未幾，宗權召宗衡等還蔡拒朱全忠。孫儒知宗權勢不能久，稱疾不行。宗衡屢促之，儒怒殺之，傳首於全忠；分兵掠鄰州，衆至數萬，以城下乏食，還襲高郵。張神劍逃歸揚州，儒屠高郵。行密殺神劍而阬其衆，又恐孫儒乘勝取海陵，命鎮遏使高霸帥其兵民悉歸府城，凡數萬户。

閏月，以朱全忠兼淮南節度使。朝廷以淮南久亂，以全忠兼節度使。全忠遣張廷範致朝命於楊行密，以行密爲副使，又以李璠爲留後，遣牙將郭言將兵千人送之。感化節度使時溥自以先進爲都統，顧不得淮南，而全忠得之，意甚恨望。全忠以書假道於溥，溥不許。璠至泗州，溥以兵襲之，郭言力戰得免而還。徐、汴始搆怨。全忠多權數，將佐莫測其所爲，惟館驛巡官敬翔能逆知之，往往助其所不及，全忠大悦，自恨得翔晚，凡軍機民政悉以咨之。

王建攻成都，不克，退屯漢州。王建既據閬州，東川節度使顧彦朗畏之，數遣使問饋。陳敬瑄恐其合兵圖己，謀於田令孜，令孜曰：「建，吾子也，今折簡召之，可致麾下。」遣使召之，建大喜，留其家於梓州，帥麾下精兵二千，與從子宗鐬、假子宗瑶、宗弼、宗侃、宗弁俱西至鹿頭關。西川參謀李乂謂敬瑄曰：「王建，虎也，奈何延之入室〔九〕？彼安肯爲公下乎！」敬瑄悔，遣人止之。建怒，破關而進，拔漢州。敬瑄遣使讓之，對曰：「十軍阿父召我來，及門而拒之，重爲顧公所疑，進退無歸矣。」令孜登樓慰諭之，建與諸將羅拜曰：「今既無歸，且辭阿父作賊矣！」彦朗發兵助之，急攻成都，三日不克，退屯漢州。敬瑄告難於朝，詔遣中使和解之，不從。

楊行密斬吕用之。吕用之之在天長也，紿楊行密曰：「用之有銀五萬鋌，埋於所居，克城之日，願備麾下一醉之資。」至是，行密閲士卒，顧用之曰：「僕射許此曹銀，何食言邪？」因牽下腰斬之，怨家刳裂立盡。發其中堂，得桐人，書駢姓名於胸，桎梏而釘之。張守一亦歸行密，復爲諸將合仙丹，又欲干軍府之政，行密怒而殺之。

胡氏曰：吕用之之罪大矣，而楊行密久留不殺，何也？用之嘗詐牒行密爲司馬，又以其衆迎之于天長，此行密所以不殺歟？夫天下之惡一也，用之既誤高駢，有如舉城以授行密，行密亦當數其罪惡，肆諸市朝，以謝揚土，乃懷其私惠而容貸之；及責餉不效，然後施刑，向使得金，其勢必將不死。是行密喜怒生殺皆以利行，夫豈仗大義、圖霸業之道哉！桐人桎梏，世所謂祝咀也，或見高駢受誅，必以爲驗。彼吕用之、張守一、諸葛殷，又誰咀厭者哉！苟明乎理，則不以此爲惑矣。

十二月，秦宗權陷荆南。張瓌留其將王建肇守城而去，遺民纔數百家。

錢鏐取潤州。

戊申（八八八）

文德元年。

春，正月，孫儒殺秦彦、畢師鐸、鄭漢章。彦等之歸孫儒也，其衆猶二千餘人，其後稍稍爲儒所奪。裨將唐宏知其必及禍，恐併死，乃誣告彦等潛召汴軍。儒殺彦等，以宏爲馬軍使。

以朱全忠爲蔡州四面行營都統。蔡將石璠將萬餘人寇陳、亳，朱珍、葛從周將兵擊擒之〔一〇〕。詔以全忠爲都統，代時溥，諸鎮兵皆受節度。

二月，以楊行密爲淮南留後。張廷範至廣陵，楊行密厚禮之；及聞李璠來，怒有不受之色。廷範密使人白全忠，宜自以大軍赴鎮。全忠從之，至宋州，廷範逃歸曰：「行密未可圖也。」全忠乃奏以爲留後。

上至長安。

魏博軍亂，逐其節度使樂彦禎，推牙將羅弘信知留後事。魏博節度使樂彦禎驕泰不法，築羅城方八十里，人苦其役。子從訓凶險，聚亡命爲親兵。牙兵疑之，籍籍不安。從訓逃出，彦禎以爲相州刺史。從訓遣人至魏，運甲兵金帛，交錯於路，牙兵益疑。彦禎懼，請避位爲僧。衆推牙將羅弘信知留後事。弘信引兵出與從訓戰，敗之。

張全義襲河陽，李罕之奔澤州。初，罕之與全義刻臂爲盟，相得歡甚。罕之勇而無謀，性復貪暴，意輕全義，聞其勤儉力穡，笑曰：「此田舍一夫耳。」屢求穀帛，全義皆與之；小不如所欲，輒械主吏杖之，河南將佐皆憤怒。全義竭力奉之，罕之益驕。罕之所部不耕稼，專以剽掠爲資，至是悉衆攻絳州，降之，進攻晉州。王重盈密結全義以圖之。全義潛發屯兵夜襲河陽，黎明入之。罕之踰垣步走，全義盡俘其家，遂兼領河陽節度使。罕之奔澤州，求救於李克用。

三月朔，日食，既。

立壽王傑爲皇太弟。帝崩，太弟即位。上疾大漸，皇弟吉王保長而賢，羣臣屬望，十軍觀軍容使楊復恭請立其弟壽王傑。是日，下詔立傑爲皇太弟，監軍國事，中尉劉季述遣兵迎傑入居少陽院，宰相以下就見之。上崩，遺制太弟即位，更名敏，以韋昭度攝冢宰。昭宗體貌明粹，有英氣，喜文學，以僖宗威令不振，朝廷日卑，有恢復前烈之志，尊禮大臣，夢想賢豪，踐祚之始，中外忻忻焉。

范氏曰：宦者利於幼弱，欲專威權，以長而立，則已無功，故必有所廢置，謂之定策。夫立君以爲天下，而宦者以私一己；既以援立爲功，未有不亂國家者也。

夏，四月，孫儒襲揚州，陷之。孫儒陷揚州，自稱節度使。楊行密將奔海陵，袁襲勸行密歸廬州，再爲進取之計，從之。

李克用遣兵攻河陽，朱全忠救却之。李克用以其將康君立督騎七千助李罕之攻河陽，張全義嬰城自守，求救於朱全忠。全忠遣丁會等將兵數萬救河陽。李存孝戰敗，君立懼，引兵還。全忠表會爲留後，張全義復爲河南尹。全義德全忠出己，盡心附之，給其糧仗。李罕之爲澤州刺史，領河陽節度，專以寇鈔爲事，自懷、孟、晉、絳數百里閒，州無刺史，縣無令長，田無麥禾，邑無煙火者，殆將十年。

羅弘信殺樂彦禎及其子從訓，詔以弘信知魏博留後。

以郭禹爲荆南留後。郭禹擊荆南，逐其帥王建肇，詔以禹爲留後。荆南兵荒之餘，止有一十七家。禹厲精爲治，撫集雕殘，通商務農，晚年殆及萬户。時藩鎮各務兵力相殘，莫以養民爲事，獨華州刺史韓建招撫流散，勸課農桑，數年之間，民富軍贍，時人謂之北韓南郭。久之，朝廷遂以禹爲節度使。禹奏復姓名爲成汭。

五月，朱全忠擊蔡州，克其外城。全忠既得洛、孟，無西顧之憂，乃大發兵擊秦宗權，大破之，克北關門。宗權守中州，全忠分諸將爲二十八寨以環之。

六月，以韋昭度爲西川節度使，兼兩川招撫使。陳敬瑄與王建相攻，貢賦中絶。建以成都尚强，欲罷兵，周庠、綦毋諫以爲不可，請據邛州爲根本。建曰：「吾在軍中久，觀用兵者不倚天子之重，則衆心易離。不若疏敬瑄之罪，表請朝廷，命大臣爲帥而佐之，則功庶可成。」乃使周庠草表，請討敬瑄以贖罪，因求邛州。顧彦朗亦表請赦建罪，移敬瑄它鎮以靖兩川。初，黄巢之亂，上爲壽王，從幸蜀，徒行疲乏，卧磻石上，田令孜自後至，以鞭抶之使前，上心銜之。及即位，使監西川軍，令孜不奉詔。上方憤藩鎮跋扈，欲以威制之，會得彦朗、建表，以令孜所恃者敬瑄耳，乃以昭度兼兩川招撫制置等使，徵敬瑄爲龍武統軍。

秋，八月，楊行密圍宣州。楊行密畏孫儒之逼，欲輕兵襲洪州，袁襲曰：「鍾傳定江西已久，兵强食足，未易圖也。趙鍠新得宣州，怙亂殘暴，衆心不附。公宜卑辭厚幣説和州孫端、上元張雄，使自採石濟江侵其境，彼必來逆戰，公自銅官濟江會之，破鍠必矣。」行密從之。鍠將蘇塘等出戰，大敗。行密遂圍宣州。

朱全忠遣兵擊徐州，大破其兵，遂取宿州。

冬，十月，葬靖陵。

十二月，蔡將申叢執秦宗權以降。

以王建爲永平軍節度使，削陳敬瑄官爵。陳敬瑄、田令孜聞韋昭度將至，治兵完城以備之。詔割邛、蜀、黎、雅置永平軍，以王建爲節度使，削敬瑄官爵。

己酉(八八九)

昭宗皇帝龍紀元年〔一一〕。

春，正月，以劉崇望同平章事。

王建攻彭州，陳敬瑄遣兵救之，大敗。初，感義節度使楊晟爲王行瑜所逐，棄興、鳳，走據文、龍、成、茂四州，田令孜使守彭州。王建攻之，陳敬瑄使眉州刺史山行章將兵五萬壁新繁以救之，建大破之。晟懼，徙屯三交。

二月，秦宗權伏誅。

三月，進朱全忠爵東平郡王

夏，六月，李克用拔磁、洺，殺孟方立。李克用大發兵，遣李罕之、李存孝攻孟方立，拔磁、洺。方立遣大將馬溉將兵數萬拒之，大敗。克用乘勝進攻邢州。方立性猜忌，諸將不爲用，懼，飲藥死。弟遷素得士心，衆奉爲留後，求援於宣武。朱全忠遣大將王虔裕將精甲數百赴之。

以楊行密爲宣歙觀察使。楊行密圍宣州，城中食盡，人相啗。指揮使周進思據城逐趙鍠，鍠將奔廣陵，田頵追擒之。未幾，城中執進思以降。行密入宣州，諸將爭取金帛，徐温獨據米囷爲粥以食餓者。鍠將周本勇冠軍中，行密以爲裨將。鍠既敗，左右皆散，惟李德誠不去，行密以宗女妻之。詔以行密爲觀察使。朱全忠與鍠有舊，遣使求之。袁襲勸行密斬首還之。未幾，襲卒，行密哭之曰：「天不欲成吾大功耶？何爲折吾股肱也！」

秋，七月，朱全忠攻徐州，不克，引兵還。全忠遣朱珍攻徐州，拔蕭縣據之。時溥與相拒。全忠欲自往臨之。珍命諸軍皆葺馬厩，李唐賓部將嚴郊獨惰慢，軍吏責之，唐賓怒，見珍訴之；珍怒斬之，白全忠云唐賓謀叛。敬翔恐全忠乘怒，倉猝處置違宜，故留使者，逮夜，然後白之，全忠果大驚。翔因爲畫策，收唐賓妻子繫獄，遣騎往慰撫，軍中始安。七月，全忠至，珍出迎，執而誅之。進攻時溥，會大雨，引兵還。

冬，十月，平盧節度使王敬武卒。軍中推其子師範爲留後。

十一月，上更名曄。

上祀圜丘。上將祀圜丘。故事，中尉、樞密皆襆衫侍從。僖宗之世，已具襴笏；至是，又令有司制法服，孔緯及諫官、禮官皆以爲不可，上出手札諭之曰：「卿等所論至當。事有從權，勿以小瑕遂妨大禮。」於是宦官始服劍佩侍祠。

上在藩邸，素疾宦官，及即位，楊復恭恃援立功，所爲多不法，上意不平，政事多謀於宰相。孔緯、張濬勸上舉大中故事抑宦者權。復恭常乘肩輿至太極殿。它日，上與宰相言及四方反者，孔緯曰：「陛下左右有將反者，況四方乎！」上矍然問之，緯指復恭曰：「復恭陛下家奴，乃肩輿造前殿，多養壯士爲假子，使典禁兵，或爲方鎮，非反而何！」復恭曰：「子壯士，欲以收士心，衛國家，豈反邪！」上曰：「然則何不使姓李而姓楊乎？」復恭無以對。復恭假子天威軍使守立勇冠六軍，上欲討復恭，恐守立爲亂，謂復恭曰：「朕欲得守立在左右。」復恭見之，上賜姓名李順節，使掌六軍管鑰，不期年，擢至天武都頭，俄加平章事。及謝日，臺吏申請班見百僚，孔緯判不集；順節不悦。它日，語微及之，緯曰：「宰相師長百僚，故有班見。相公職爲都頭，而於政事堂班見百僚，於意安乎？」順節不敢復言。朱全忠求領鹽鐵，緯謂進奏吏曰：「朱公須此職，非興兵不可！」全忠乃止。

胡氏曰：僭亂之事，未有不自微而著，故孔子曰：「惟名與器不可以假人。」皐陶曰：「五服五章哉！」故亂之所生，則衣服以爲階也[二]。

十二月，田令孜殺劉巨容。巨容能燒藥爲黄金，田令孜求其方，不與，恨之。至是，殺巨容，滅其族。

庚戌（八九〇）

大順元年。

春，正月，羣臣上尊號。

李克用拔邢州

王建攻邛州。王建攻邛州，陳敬瑄遣其大將楊儒將兵三千助刺史毛湘守之。儒登城見建兵盛，歎曰：「唐祚盡矣。王公治衆嚴而不殘，殆可以庇民乎！」遂帥所部出降。建養以爲子，更名宗儒，留判官張琳爲邛南招安使，引兵還成都。韋昭度營於唐橋，建營於東閭門外，事昭度甚謹。簡、資、嘉、戎四州皆降。

二月，楊行密取潤州。

李克用攻雲州。克用將兵攻雲州，克其東城，防禦使赫連鐸求救於盧龍。李匡威將兵三萬赴之，克用引還。

以楊行密爲寧國軍節度使。

夏，五月，詔削奪李克用官爵、屬籍，以張濬爲招討制置使，會諸道兵討之。赫連鐸、李匡威請討李克用，朱全忠亦上言：「克用終爲國患，臣請與河北三鎮共除之。乞朝廷命大臣爲統帥。」初，張濬因楊復恭以進，復恭中廢，更附田令孜而薄復恭，復恭再用事，深恨之。上知濬與復恭有隙，特親倚之。濬亦以功名爲己任，每自比謝安、裴度。克用薄其爲人，聞其作相，私謂詔使曰：「張公好虚談而無實用，傾覆之士也。主上采其名而用之，它日交亂天下必是人也。」濬聞而銜之。上從容與濬論當今所急，對曰：「莫若强兵以服天下。」上於是募兵京師至十萬人。及全忠請討克用，上命三省、御史臺四品以上議之，以爲不可者十六、七，杜讓能、劉崇望亦以爲不可。濬欲倚外勢以擠復恭，乃曰：「先帝再幸山南，沙陀所爲也。臣常慮其與河朔相表裏，致朝廷不能制。今兩河藩鎮共請討之，此千載一時也。但乞陛下付臣兵柄，旬月可平。」孔緯曰：「濬言是也。」復恭曰：「先朝播遷，雖藩鎮跋扈，亦由居中之臣措置未得其宜。今宗廟甫安，不宜更造兵端。」上曰：「克用有興復大功，今乘其危而攻之，天下其謂我何？」緯曰：「陛下所言，一時之體也；張濬所言，萬世之利也。」上以二相言叶，僶俛從之，曰：「兹事付卿二人，無貽朕羞！」乃以濬爲河東行營都招討制置使，孫揆副之。濬奏給事中牛徽爲行營判官。徽曰：「國家以喪亂之餘，欲爲英武之舉，横挑强寇，吾見其顛沛也。」遂以衰疾固辭。濬發京師，言於上曰：「俟臣先除外憂，然後爲陛下除内患。」楊復恭竊聽聞之；餞濬於長樂坂，屬濬酒，濬辭，復恭戲之曰：「相公杖鉞專征，作態邪？」濬曰：「俟平賊還，方作態耳。」復恭益忌之。濬會諸道兵於晉州。

昭義軍亂，殺留後李克恭。朱全忠取潞州，李克用遣兵圍之。初，李克用巡潞州，以供具不厚，怒節度使李克修，詬而笞之，克修慚憤成疾，卒。克用表其弟克恭爲留後。克恭驕恣，不曉軍事。潞人素樂克修簡儉，以其死非罪，憐之。昭義有精兵號後院將，克用將圖河朔，令克恭選五百人送晉陽，克恭遣小校馮霸部送至銅鞮。霸劫其衆以叛，牙將安居受帥其黨作亂，克恭自焚死。霸引兵入潞，自爲留後。朱全忠遣河陽留後朱崇節將兵入潞州，克用遣康君立、李存孝將兵圍之。詔以孫揆領昭義節度使。

六月，朱全忠爲宣武、宣義節度使。更名義成軍曰宣義。

秋，八月，李克用執招討副使孫揆以歸，殺之。七月，官軍至陰地關。朱全忠遣驍將葛從周將千騎潛自壺關夜抵潞州，犯圍入城；又遣别將攻李罕之於澤州，奏請遣孫揆赴鎮。張濬亦恐昭義遂爲汴人所據，使揆將兵二千趣潞州。八月，發晉州，李存孝聞之，以三百騎伏於長子西谷中，擒揆及中使韓歸範〔一三〕，獻於克用。克用欲以揆爲河東副使，揆曰：「吾天子大臣，兵敗而死，分也；豈能復事鎮使邪！」克用怒，命鋸之，不能入，揆駡曰：「死狗奴，鋸人當用板夾，汝豈知耶！」乃以板夾而鋸之，至死，駡不絶聲。

九月，朱全忠遣兵圍澤州，李克用養子存孝與戰，破之，復取潞州。汴軍之初圍澤州也，呼李罕之曰：「相公每恃河東，今張相公圍太原，葛僕射入潞府，旬日之間，沙陀無穴自藏，相公何路求生邪？」及李存孝至，選精騎五百繞汴寨呼曰：「我沙陀之求穴者也，欲得爾肉以飽士卒，可令肥者出鬭。」鄧季筠亦驍將也，引兵出戰，存孝生擒之，餘衆遁去。存孝大破之，復攻潞州，葛從周亦走歸。全忠時軍河陽，亦引還。克用以康君立爲昭義留後，存孝爲汾州刺史。存孝以不得昭義，憤恚，始有叛志。

李匡威攻蔚州，李克用養子嗣源擊走之。嗣源性謹重廉儉。諸將相會，各自詫勇略，嗣源獨默然，徐曰：「諸君喜以口擊賊，嗣源但以手擊賊耳。」衆慚而止。

王建克邛州。邛州刺史毛湘本田令孜親吏，王建攻之急，食盡，救兵不至。湘謂都知兵馬使任可知曰：「吾不忍負田軍容，吏民何罪？爾可持吾頭歸王建。」乃沐浴以俟刃，可知斬湘以降。建入邛州，以張琳知留後，繕完城隍，撫安夷獠，經營蜀、雅，引兵還成都。

冬，十月，王建取蜀州。

李克用遣兵拒官軍於趙城，官軍潰，張濬、韓建遁還。官軍出陰地關，克用遣李存孝將兵五千營于趙城。鎮國節度使韓建以壯士三百夜襲其營，存孝設伏以待之。建兵不利，靜難、鳳翔之兵不戰而走，禁軍自潰。河東兵乘勝逐北，抵晉州西門。張濬出戰，又敗。靜難、鳳翔、保大、定難之軍先渡河西歸。濬獨有禁軍及宣武軍合萬人，與韓建閉城拒守。存孝攻晉州三日，語其衆曰：「張濬宰相，俘之無益；天子禁兵，不宜加害。」乃退五十里而軍，濬、建乃得遁去。存孝取晉、絳二州，大掠慈、隰之境。先是，克用遣韓歸範歸，附表訟冤曰：「臣父子三代，受恩四朝，破龐勛，翦黄巢，黜襄王，存易定，致陛下今日冠通天之冠，佩白玉之璽，未必非臣之力也！若以攻雲州爲臣罪，則拓跋思恭之取鄜延〔一四〕，朱全忠之侵徐、鄆，何獨不討？賞彼誅此，臣豈無辭！今張濬既已出師，則臣固難束手，已集蕃、漢兵五十萬，欲直抵蒲、潼，與濬格鬭；若其不勝，甘從削奪。不然，輕騎叫閽，頓首丹陛，訴姦回於扆座，納制敕於廟庭，然後自拘司敗，恭俟鈇質。」表至，濬已敗，朝廷震恐。濬、建至河陽，撤屋爲栰以濟，師徒失亡殆盡。是役也，朝廷倚朱全忠及河朔三鎮，及濬至晉州，全忠方連兵徐、鄆〔一五〕，鎮、魏倚河東爲扞蔽，皆不出兵。兵未交而孫揆被擒，楊復恭復從中沮之，故濬軍望風自潰。

復置昇州。

辛亥（八九一）

二年。

春，正月，朱全忠攻魏博，羅弘信拒之，不克，請和，全忠乃還。初，全忠假道于魏以伐河東，羅弘信不許，乃自黎陽濟河擊魏。丁會、葛從周取黎陽、臨河，龐師古、霍存下淇門、衛縣，全忠自以大軍繼之。弘信軍于内黄，全忠擊之，五戰皆捷。弘信懼，遣使厚幣請和，全忠乃還。魏博自是服於汴。

孔緯、張濬罷，以崔昭緯、徐彦若同平章事。

貶孔緯、張濬遠州刺史，復李克用官爵。李克用上表曰：「張濬以陛下萬代之業，邀自己一時之功，知臣與朱温深仇，私相連結。臣今身無官爵，名是罪人，不敢歸陛下藩方，且欲於河中寄寓。進退行止，伏俟指麾。」於是再貶緯、濬，復克用官爵，使歸晉陽。楊復恭遣人刼孔緯於長樂坡，資裝俱盡。

孫儒攻宣州。孫儒盡舉淮、蔡之兵濟江，轉戰而南，楊行密城戍皆望風奔潰。儒將李從立奄至宣州東溪，行密守備尚未固，衆心危懼，夜使其將臺濛將五百人屯溪西。濛使士卒傳呼，往返數四，從立以爲大衆繼至，遽引去。儒前軍至溧水，行密使其將李神福帥精兵襲之〔一六〕，俘斬千人。朱全忠遣使與行密約共攻儒。儒恃其强，移牒藩鎮，數行密、全忠之罪，且曰：「俟平宣、汴，當引兵入朝，除君側之惡。」於是悉焚揚州廬舍，盡驅丁壯及婦女渡江，殺老弱以充食。

二月，加李克用中書令，貶張濬繡州司户。張濬奔華州，依韓建，與孔緯密求救於朱全忠。全忠表訟其冤，朝廷不得已，並聽自便。

范氏曰：李克用有復唐社稷之功，朱全忠欲殺之，而朝廷不詰；全忠與諸鎮一請討克用，則遽從之。有功者見討，有罪者不誅，昭宗所以失政而海内愈亂者，由張濬爲此役也。唐之將亡，譬如人有必死之疾，使和、扁救之，未必能起也，而庸醫妄藥以攻之，所攻非疾，所疾不攻，豈不速其死乎！

三月，復陳敬瑄官爵，詔顧彦朗、王建罷兵。韋昭度將諸道兵十餘萬討陳敬瑄，三年不能克，饋運不繼。朝議欲息兵，故有是命。

以王師範爲平盧節度使。師範初爲留後，棣州刺史張蟾不從，起兵討之。至是，師範遣其將盧弘擊棣州，弘引兵還攻師範，師範使人迎之，仍請避位。弘以師範年少，信之，不設備。師範密謂小校劉鄩曰：「汝能殺弘，吾以汝爲大將。」弘入城，師範伏甲而饗之，鄩殺弘於座。師範慰諭士卒，自將以攻棣州，殺蟾，以鄩爲馬步副都指揮使。詔以師範爲節度使。師範和謹好學，每本縣令到官，師範輒備儀衛往謁之，命客將挾令坐廳事，自稱「百姓」，拜之於庭。僚佐或諫，師範曰：「吾敬桑梓，所以教子孫不忘本也！」

夏，四月，彗星見，赦天下。彗星出三台，入太微，長十餘丈〔一七〕。

胡氏曰：天人之際，精祲相盪，善惡相推。天變見乎上，則人事動乎下；人事失於下，則天變作乎上。所以然者，天人一理，上下同流故也。是以爲君者，必修大人之德以居天位，先天而天不違，則感之者順也；後天而奉天時，則應之者正也。是以三光全，寒暑平，雖有舛戾，亦不爲咎。今星孛三台，入太微。三台，宰輔也；太微，帝庭也。其象著矣，其戒切矣。使君相仰而察，俯而思，各正厥事，欲銷去之，禍之來也，庶可禦乎！乃徒以赦令禳之，惡人幸焉，良民病焉，於是上帝震怒，不復可解；而姦雄好亂之人，各厲其芒氣以掃王室，如彗之爲矣。

王建逐韋昭度，還攻成都。成都城中乏食，棄兒滿路，餓殍狼籍，吏民多謀出降，敬瑄悉捕其族黨誅之。王建見罷兵制書，曰：「大功垂成，奈何棄之！」周庠勸建請韋公還朝，獨攻成都，克而有之。於是建表：「敬瑄、令孜罪不可赦，願畢命以圖成功。」復説昭度曰：「今關東藩鎮迭相吞噬，此腹心之疾也。相公宜早歸廟堂，與天子謀之。敬瑄疥癬，責建可辦也。」昭度猶豫未決，建擒其親吏駱保於行府門，臠食之，昭度大懼，遽稱疾，以印節授建，即日東還。建送之出劍門，即以兵守之，不復内東軍；急攻成都，環城烽塹，亘五十里。

五月，孫儒遣兵據滁、和，楊行密攻克之。

秋，七月，李克用攻雲州，克之。

王建克成都，自稱西川留後。陳敬瑄巡内州縣，率爲建所取。田令孜登城謂建曰：「老夫鄉於公甚厚，何見困如是？」建曰：「父子之恩豈敢忘！但朝廷命建討不受代者，儻太師改圖，建復何求！」是夕，令孜自携印節詣建營授之，建泣謝，請復爲父子如初。敬瑄開城迎建，建下令禁焚掠，自稱西川留後。初，敬瑄之拒命也，令孜欲盗其軍政，謂曰：「軍務煩勞，不若盡以相付，兄但高居自逸而已。」敬瑄素無智能，忻然許之，自是軍事皆不由己，以至於亡。敬瑄寓居新津，建以一縣租賦贍之。將佐有器幹者，建皆禮而用之。

九月，以楊復恭爲上將軍，致仕。楊復恭總宿衛兵，專制朝政，諸假子皆爲節度使；又養宦官子六百人，皆爲監軍。上舅王瓌求節度使，復恭不可，瓌怒詬之，復恭奏以爲黔南節度使，至桔柏津，覆諸江中，上深恨之。李順節盡以復恭陰事告上，上乃出復恭爲鳳翔監軍。復恭愠懟，不肯行，稱疾，求致仕，從之。使者致詔命還，復恭潛刺殺之。

冬，十月，以王建爲西川節度使。建留心政事，容納直言，好施樂士，用人各盡其材，謙恭儉素；然多忌好殺，諸將有功名者，多因事誅之。

楊復恭謀反，遣天威都頭李順節討之。復恭走興元，與楊守亮等舉兵拒命。復恭居第近玉山營，假子守信爲玉山軍使，數往省之。或告復恭與守信謀反。上御安喜門，命李順節將兵攻其第，不克；禁軍欲掠兩市，遇劉崇望立馬諭之曰：「天子親在街東督戰，汝曹皆宿衛之士，當於樓前殺賊立功，勿貪小利，自取惡名。」衆皆曰：「諾。」遂從而東。守信兵望見潰走，守信與復恭挈其族趣興元，與楊守亮等同舉兵拒朝廷，以討李順節爲名。

李克用攻王鎔，大破之，拔臨城。

朱全忠取曹州。全忠取曹州，徐之驍將劉知俊降之。時溥軍自是不振。

十二月，殺天威都頭李順節。順節恃恩驕横，出入常以兵自隨。中尉劉景宣、西門君遂惡之，白上恐其作亂，誘殺之，百官表賀。

孫儒攻宣州。孫儒引兵逼宣州，屢破楊行密之兵，旌旗輜重亘百餘里。行密求救於錢鏐，鏐以兵食助之。

楊守亮執中使，寇梓州，王建遣兵救之。東川節度使顧彦朗卒，以其弟彦暉代之，遣中使宋道弼賜旌節。楊守亮因而奪之，使守厚將兵攻梓州，彦暉求救於王建。建遣其將華洪等救之，而密謂諸將曰：「汝等破賊，彦暉必犒師，因報宴而執之，無煩再舉也。」洪等破守厚走之。彦暉犒師，及將報宴，王宗弼告之，彦暉以疾辭。守亮又欲自金、商襲京師，均州刺史馮行襲逆擊，大破之。詔以行襲爲昭信防禦使，治金州。

福建觀察使陳巖卒。巖疾病，遣使召泉州刺史王潮，欲授以軍政，未至而卒。都將范暉諷將士推己爲留後，發兵拒潮。

壬子（八九二）

景福元年。

春，二月，以李茂貞爲山南西道招討使。先是，鳳翔李茂貞、静難王行瑜、鎮國韓建、同州王行約、秦州李茂莊五節度使上言：「楊守亮容匿叛臣楊復恭，請出兵討之。乞加茂貞山南西道招討使。」朝議以茂貞得山南不可復制，下詔和解之，皆不聽。茂貞、行瑜擅舉兵擊興元，表請不已，遺杜讓能、西門君遂書，陵蔑朝廷。上意不能容，召宰相、諫官議之。時宦者有陰與二鎮相表裏者，宰相不敢言，給事中牛徽曰：「先朝多難，茂貞誠有翼衛之功。諸楊阻兵，亟出攻討，其志亦在疾惡，但不當不俟詔命耳。比聞兵過山南，殺傷至多。陛下儻不以招討使授之，使用國法約束，則山南之民盡矣。」上乃從之。

王鎔、李匡威攻堯山，李克用遣兵擊破之。

朱全忠擊朱瑄，瑄擊破之。

孫儒圍宣州。

楊行密取常、潤州。

以時溥爲太子太師，溥不奉詔。朱全忠連年攻時溥，徐、泗、濠三州民不得耕穫，兗、鄆、河東兵救之，皆無功。復值水災，人死者十六、七，溥困甚，請和於全忠。全忠曰：「必移鎮乃可。」溥許之。全忠乃奏請移溥他鎮，詔以溥爲太子太師。溥恐全忠詐而殺之，據城不奉詔。

三月，以鄭延昌同平章事。

李克用、王處存攻王鎔，鎔擊敗之。

夏，四月，以錢鏐爲武勝軍防禦使。楊行密取楚州。時溥遣兵南侵，至楚州，楊行密將張訓、李德誠敗之于壽河，遂取楚州。

六月，楊行密擊孫儒，斬之，遂歸揚州。楊行密謂諸將曰：「孫儒之衆十倍於我，吾戰數不利，欲退保銅官，何如？」劉威、李神福曰：「儒掃地遠來，利在速戰。宜屯據險要，堅壁清野以老其師；時出輕騎抄其饋餉，奪其俘掠。彼前不得戰，退無資糧，可坐擒也。」戴友規曰：「若望風棄城，正墮其計。淮南士民及自儒軍來降者甚衆，公宜遣將先護送歸淮南，使復生業。儒軍聞淮南安堵，皆有思歸之心；人心既摇，安得不敗！」行密悦，從之。至是，屢破儒兵。張訓屯安吉，斷其糧道。儒食盡，士卒大疫。行密縱兵擊之，儒軍大敗，田頵擒斬之，傳首京師。儒衆多降於行密。劉建鋒、馬殷收餘衆七千南走，比至洪州，衆十餘萬。行密帥衆歸揚州，表田頵守宣州，安仁義守潤州。先是，揚州富庶甲天下，時人稱「揚一益二」。及經秦、畢、孫、楊兵火之餘，江、淮之間，東西千里，掃地盡矣。

王建圍彭州。王建圍彭州，久不下，民皆竄匿山谷，諸寨日出俘掠。有軍士王先成者，度諸將惟王宗侃最賢，乃往説之曰：「彭州本西川之巡屬也，陳、田以授楊晟，使拒朝命。今陳、田已平，而晟猶據之。州民皆知西川大府，而司徒其主也，故大軍始至，民不入城而入山谷，以俟招安。今軍士掠之，而司徒不恤，彼將更思楊氏矣。」宗侃惻然，不覺屢移其牀，前問之，先成曰：「又有甚於是者。今諸寨旦出淘虜，薄暮乃返，曾無守備之意；城中萬一有智者爲之畫策，伏兵門内，望淘虜者稍遠，使出奮擊，又於三面城下各出耀兵，諸寨咸自備禦，無暇相救，能無敗乎？」宗侃矍然曰：「此誠有之，將若之何？」先成請條列爲狀以白王建，凡七條：一乞招安山中百姓；二乞禁諸寨淘虜；三乞置招安寨，選部將謹幹者執兵巡衛；四乞招安之事，願帖宗侃專掌；五乞悉索所虜彭州百姓集於營場，有父子、兄弟、夫婦自相認者，即使相從送招安寨，敢匿者斬；六乞置九隴行縣於招安寨中，撫理百姓，給帖入山，招其親戚；七彭土宜麻，民未入山，多漚藏者，宜令縣令曉諭，各歸田里，出而鬻之，以爲資糧，必漸復業。建得之大喜，即行之。三日，民出山赴寨如歸市；久之，見村落無抄暴，稍辭縣令，復其故業；月餘，招安寨皆空。

胡氏曰：古人所以廣取士之路者，爲賢材難知，恐其遺也。取之廣，然後賢材不在下而皆在上。賢材在上，則下受其賜，而亂無自起矣。王先成走卒也，王建得之，遂不用兵而下一州。然則人材之隱伏於塵土草茅，可勝計哉！是宜表而用之，俾盡見其所長，而建不能，宜所就之狹劣也。夫古人取材之道，惟患其不廣，而或者顧以詞藝任子，欲得天下之士，使有實而無文、地寒而族冷者何由而進哉！

李茂貞取鳳、興、洋州。

秋，八月，以楊行密爲淮南節度使。孫儒降兵多蔡人，行密選其尤勇健者五千人，厚其稟賜，以皂衣蒙甲，號黑雲都，每戰，使之先登陷陳，四鄰畏之。行密以用度不足，欲以茶鹽易民布帛，掌書記高勗曰：「兵火之餘，十室九空，又漁利以困之，將復離叛。不若悉我所有而鄰道所無者，相與貿易以給軍用；而選守令，課農桑，數年之間，倉庫自實。」行密從之。田頵聞之曰：「賢者之言，其利遠哉！」行密馳射武伎，皆非所長，而寬簡有智略，善撫御將士，與同甘苦，推心待物，無所猜忌。淮南被兵六年，士民轉徙幾盡。行密能以勤儉足用，非公宴，未嘗舉樂；招撫流散，輕傜薄斂，未及數年，公私富庶，幾復承平之舊。

李茂貞取興元，楊復恭、守亮等奔閬州。

冬〔一八〕，復以時溥爲感化節度使。

以李存孝爲邢洺磁節度使。初，邢洺磁留後李存孝與李存信俱爲克用假子，不相睦。存信有寵於克用，存孝欲立大功以勝之，乃建議取鎮冀，存信從中沮之，不時聽許。及王鎔圍堯山，存孝救之，不克，存信譖之。存孝憤怨，且懼及禍，乃潛結王鎔及朱全忠，上表以三州自歸，乞賜旌節及會諸道兵討克用。詔以存孝爲節度使，不許會兵。

胡氏曰：李存孝雖非克用真子，固爲父子久矣，一旦叛父，請兵討之，將何有於君！昭宗宜囚其使，却其表，下詔訓勵，仍責鎮、汴以不當結納之義，則一舉而克用心服，鎮、汴内愧，存孝無所容，而綱紀振矣。今雖不許會師，而賜之旄鉞，是教子叛父也。子可以叛父，臣獨不可以叛君乎！

十一月，朱全忠遣兵取濠、泗、濮州，遂擊徐州。

十二月，初行景福崇玄曆。

王建遣兵擊楊守亮於閬州，破之。

癸丑（八九三）

二年。

春，正月，以李茂貞爲山南西道節度使，茂貞不奉詔。茂貞自請鎮興元，故有是命。茂貞欲兼得鳳翔，不奉詔。

李克用擊王鎔，李匡威救之。克用還攻邢州。李克用圍邢州，王鎔致書解之，克用怒，進擊鎔，大破之，遂下井陘。李存孝將兵救之，又乞師於朱全忠。全忠方與時溥相攻，不能救。李匡威亦引兵救鎔，敗河東兵於元氏。克用引還，攻邢州。

李匡威爲弟匡籌所逐，奔鎮州。匡威之發幽州也，家人會別，以弟匡籌之妻美，醉而淫之。及還，匡籌據軍府，自稱留後，以符追行營兵，匡威衆潰。鎔迎歸鎮州，父事之。

以柳玭爲瀘州刺史。柳氏自公綽以來，世以孝悌禮法爲士大夫所宗。玭爲御史大夫，上欲以爲相，宦官惡之，故久謫於外。玭嘗戒其子弟曰：「凡門地高，可畏不可恃也。立身行己，一事有失，則得罪重於他人，死無以見先人於地下，此其所以可畏也。門高則驕心易生，族盛則爲人所嫉；懿行實材，人未之信，小有玭纇，衆皆指之，此其所以不可恃也。故膏粱子弟，學宜加勤，行宜加勵，僅得比他人耳！」

夏，四月，王建殺陳敬瑄、田令孜。建屢請殺敬瑄、田令孜，朝廷不許。建使人告敬瑄作亂，令孜通鳳翔書，皆殺之；使判官馮涓草表奏之曰：「開柙出虎，孔宣父不責他人；當路斬蛇，孫叔敖蓋非利己。專殺不行於閫外，先機恐失於彀中。」

胡氏曰：公道在上，其下服焉，治世也。清議在下，其上惡焉，亂世也。清議者，公道鬱而後有；公道者，清議達而後行。是故賞罰者，人主制世御俗之柄，不可以失焉者也。令孜敗亂國家，敬瑄敗亂藩鎮，置于重典，誰不謂然！朝廷既不得而治之，會王建有請，當亟下詔，奬其爲國督姦之志而許之，豈不賢於建專殺而不請哉！而猶且不許，倒授之柄，昭宗宜斷而不斷之過也。

朱全忠拔徐州，時溥自殺。先是，朱全忠遣其子友裕圍彭城，時溥數出兵，友裕閉壁不戰。都虞候朱友恭譖友裕於全忠，全忠怒，使龐師古代之。友裕大懼，以二千騎逃入碭山。全忠夫人張氏聞之，使友裕單騎詣汴州見全忠，全忠將斬之，夫人趨就抱之泣曰：「汝捨兵衆，束身歸罪，無異志明矣！」全忠悟而捨之。夫人多智略，全忠敬憚之，雖軍府事，時與之謀議，或將兵出至中塗，夫人以爲不可，遣一介召之，全忠立爲之反。龐師古攻佛山寨，拔之，自是徐兵不敢出。全忠遂自將如徐州。師古拔彭城，時溥舉族登燕子樓自焚死。全忠以宋州刺史張廷範知感化留後，乞除文臣爲節度使。

李匡威劫王鎔，鎮人殺之。李匡威爲王鎔完城塹，繕甲兵，訓士卒，潛謀奪鎮州，陰以恩施悦其將士。王氏在鎮久，鎮人愛之，不徇匡威。匡威忌日，鎔弔之，匡威素服衷甲，伏兵劫之。鎔趨抱匡威曰：「鎔爲晉人所困幾亡矣，賴公以有今日，公欲得四州，此固鎔之願也。不若與公共歸府，以位讓公，則將士莫之拒矣。」匡威以爲然，與鎔駢馬入府。會大風雷雨，屋瓦皆振。匡威入門，鎮軍閉之。有屠者墨君和自缺垣躍出，拳毆匡威，甲士挾鎔登屋，共攻匡威，殺之。鎔時年十七。

幽州將劉仁恭攻李匡籌，不克，奔河東。仁恭將兵戍蔚州，過期未代。會李匡籌立，戍卒奉仁恭爲帥，還攻幽州，不克。仁恭奔河東，李克用厚待之。

五月，王潮取福州。范暉驕侈失衆心。王潮以從弟彦復爲都統，弟審知爲都監，將兵攻福州，經年不下，白潮罷兵。潮報曰：「兵盡添兵，將盡添將，兵將俱盡，吾當自來。」彥復等懼，親犯矢石急攻之。城中食盡，暉棄城走，爲將士所殺。潮入福州，自稱留後，素服葬陳巖，以女妻其子延晦，厚撫其家。汀、建州降，羣盜皆潰。

閏月，以扈蹕都頭曹誠等爲諸道節度使。時李茂貞跋扈，上以武臣難制，欲用諸王代之，故誠等四人皆加恩，罷兵，令赴鎮。

秋，七月，王鎔救邢州，李克用敗之，復與連和。

楊行密克廬州。先是，廬州刺史蔡儔發楊行密父祖墓，遣使求救於朱全忠。全忠惡其反覆，牒報行密。行密遣李神福將兵討儔，至是，克而斬之。左右請發儔父母冢，行密曰：「此儔之罪也，吾何爲效之！」

胡氏曰：父母冢見發，人子至痛之情也。攻儔斬之，怨可釋矣。儻稱其犯而報之然後快，是自爲寇也。行密於是知孝道之輕重矣，宜其能駕馭羣材，而霸有一方也。

八月，以覃王嗣周爲京西招討使，討李茂貞。茂貞恃功驕横，上表曰：「陛下貴爲萬乘，不能庇元舅之一身；尊極九州，不能戮復恭之一豎。但觀强弱，不計是非。體物錙銖，看人衡纊。軍情易變，戎馬難羈，唯慮甸服生靈，因兹受禍，未審乘輿播越，自此何之！」上怒，決策討之，命杜讓能專掌其事，讓能諫曰：「陛下初臨大寶，國步未夷，茂貞近在國門，未宜與之構怨，萬一不克，悔之無及！」上曰：「王室日卑，號令不出國門，此乃志士憤痛之秋。朕不能坐視陵夷。卿但爲朕調兵食，朕自委諸王用兵，成敗不以責卿！」讓能曰：「陛下必欲行之，則中外大臣共宜協力以成聖志，不當獨以任臣。」上曰：「卿位居元輔，與朕同休戚，無宜避事！」讓能泣曰：「臣豈敢避事！顧時有所未可，勢有所不能耳。但恐他日徒受晁錯之誅，不能弭七國之禍也。敢不奉詔，以死繼之！」乃命讓能留中書，計畫調度，月餘不歸。崔昭緯陰結邠、岐，爲之耳目，讓能朝發一言，二鎮夕必知之。李茂貞使其黨糾合市人數百千人，邀西門君遂馬及崔昭緯、鄭延昌肩輿訴之，二相曰：「茲事主上專委杜太尉，吾曹不預知。」市人因亂投瓦石，二相走匿，僅免。上命捕其唱帥者誅之，用兵之意益堅，遂有是命。

楊行密取歙州，以陶雅爲刺史。 行密遣田頵攻歙州，刺史裴樞城守久不下。時諸將爲刺史者多貪暴，獨池州陶雅寬厚得民。歙人曰：「得陶雅爲刺史，請聽命。」行密即以雅爲刺史，歙人納之。雅盡禮見樞，送之還朝。

朱全忠遣兵攻兗州。

九月，以錢鏐爲鎮海節度使。

李克用攻邢州。 克用自引兵攻邢州，掘塹築壘環之，存孝時出突擊，塹壘不能成。河東牙將袁奉韜使人謂存孝曰：「大王惟俟塹成，即歸晉陽；諸將非尚書敵，咫尺之塹，安能沮尚書之鋒銳邪！」存孝以爲然，按兵不出。旬日塹壘成，飛走不能越。存孝由是遂窮。

李茂貞、王行瑜合兵拒官軍，官軍逃潰。貶杜讓能雷州司户。 覃王嗣周帥禁軍三萬，軍于興平，李茂貞、王行瑜合兵六萬，軍于盩厔以拒之。禁軍皆新募市井少年，而兩鎮皆邊兵百戰之餘。茂貞等進逼興平，禁軍皆望風逃潰。茂貞等乘勝進攻三橋，京師大震。茂貞等陳於臨皋驛〔一九〕，表讓能罪，請誅之。讓能曰：「臣固先言之矣，請以臣爲解。」上涕下不自禁，曰：「與卿訣矣！」是日，貶讓能梧州刺史，再貶雷州司户；斬西門君遂等三人。

以韋昭度、崔胤同平章事。胤，慎由之子也，外寬弘而内巧險，與崔昭緯深相結，故得爲相。季父安潛謂所親曰：「吾父兄刻苦以立門户，終爲緇郎所壞。」緇郎，胤小字也。

冬，十月，殺雷州司户杜讓能，以李茂貞爲鳳翔兼山南西道節度使。李茂貞勒兵不解，請誅杜讓能，然後還鎮。崔昭緯復從而擠之，遂賜死。自是朝廷動息皆禀於邠、岐，南、北司往往依附二鎮以邀恩澤。復以茂貞鎮兩道。於是茂貞盡有鳳翔、興元、洋、隴、秦十五州之地。

以王潮爲福建觀察使。

楊行密取舒州。

十一月〔二〇〕，以王行瑜爲太師，號尚父，賜鐵券。行瑜求爲尚書令，韋昭度密奏曰：「太宗以尚書令登天位，自是不以授人。惟郭子儀以大功拜，終身避讓。行瑜安可輕議！」遂有是命。

十二月，朱全忠請領鹽鐵，不許。朱全忠請徙鹽鐵於汴州，崔昭緯以爲全忠新破徐、鄆，兵力倍增，若更判鹽鐵，不可復制；乃賜詔開諭之。

邵州刺史鄧處訥取潭州，殺周岳。初，岳殺閔勗，處訥聞而哭之，諸將入弔，處納曰：「吾與公等咸受僕射大恩，今岳殺之，吾欲與公等竭力爲僕射報仇，可乎？」皆曰：「善！」於是訓卒厲兵八年，乃結朗州刺史雷滿共攻潭州，斬岳，自稱留後；詔以爲節度使。

甲寅（八九四）

乾寧元年。

春，正月，李茂貞入朝。茂貞入朝，大陳兵自衛，數日歸鎮。

二月，朱全忠大破兗、鄆兵於魚山。

以鄭綮同平章事。綮好詼諧，多爲歇後詩譏嘲時事，上以爲有所蘊，手注班簿，命以爲相，聞者大驚。堂吏往告之，綮笑曰：「諸君大誤，使天下更無人，未至鄭綮！」吏曰：「特出聖意。」綮曰：「果如是，奈何！」既而賀客至，綮搔首言曰：「歇後鄭五作宰相，時事可知矣！」累讓不獲，乃視事。

胡氏曰：人當事任，常苦不自知，及臨富貴，常苦不自克。小人敗國，大抵坐此。鄭綮則自知矣。使其力辭不拜，誰得而笑之！故爲利爲義，一念之頃，反覆手之殊，雖君子不可不致慎於此也。

李克用克邢州，殺李存孝。邢州城中食盡，存孝出見克用，泥首謝罪。克用囚之以歸，車裂於牙門。存孝驍勇，軍中莫及，常將騎兵爲先鋒，身被重鎧，腰弓髀槊，獨舞鐵檛陷陳，萬人辟易。克用惜其材，意臨刑，諸將必爲之請。既而諸將疾其能，竟無一人言者。既死，克用爲之不視事者旬日。又有薛阿檀者，其勇與存孝相侔，諸將疾之，常不得志，密與存孝通，恐事泄，遂自殺。自是克用兵勢浸弱，而朱全忠獨盛矣。

夏，五月，劉建鋒、馬殷入潭州，殺鄧處訥。劉建鋒、馬殷引兵至醴陵，鄧處訥遣其將蔣勛將步騎三千守龍回關。殷遣使説勛曰：「劉龍驤智勇兼人，將十萬衆，精鋭無敵，而君以鄉兵數千拒之，難矣！不如先下之，取富貴還鄉里，不亦善乎！」勛謂衆曰：「東軍許吾屬還矣。」士卒皆懽呼，棄旗幟、鎧仗遁去。建鋒令前鋒衣其甲，張其旗，趨潭州，殺處訥，自稱留後。

王建克彭州，殺楊晟。王建攻彭州克之，殺楊晟，獲其馬步使安師建，欲使爲將，師建泣謝曰：「師建誓與楊司徒同生死，不忍復戴日月，惟速死爲惠。」再三諭之，不從，乃殺之。

鄭延昌罷。六月，以李谿同平章事，尋罷之。以翰林學士李谿爲相，方宣制，知制誥劉崇魯出班掠麻慟哭，上召問之，對曰：「谿姦邪，依附宦官，得在翰林，無相業，恐危社稷！」谿竟罷爲太子少傅。上師谿爲文，崔昭緯恐分己權，故使崇魯沮之。谿十表自訟，醜詆崇魯嘗庭拜田令孜，爲朱玫作勸進表，慟哭正殿，爲國不祥；詔停崇魯見任。

秋，七月，李茂貞克閬州。

李克用大破吐谷渾，殺赫連鐸。

鄭綮致仕。綮自以不合衆望，累表避位故也。

徐彦若同平章事。

八月，楊復恭等伏誅。李茂貞既拔閬州，楊復恭帥其黨出走，韓建獲之，獻于闕下，斬于獨柳。

茂貞獻復恭與守亮書，訴致仕之由云：「承天門乃隋家舊業，大姪但積粟訓兵，勿貢獻。吾於荆榛中立壽王，纔得尊位，廢定策國老，有如此負心門生天子！」

范氏曰：小人無功，猶不可長，況其有功，何以堪之！故小人而有非常之功者，國之不幸也。復恭刑臣，至與天子爲敵；昭宗親戰，用大師而後克之。其言不臣如此，由其恃援立之功故也。豈不足永爲戒哉！

胡氏曰：中臣馮恃近君，又有兵柄，是以恣横，謂人無如己何！然未有不自屠者，曷若忠順不失以事其上之爲美歟！此可以爲中人之永監矣。

冬，十一月，楊行密取泗州。朱全忠遣使至泗州，陵慢刺史張諫，諫舉州降行密。行密遣押牙唐令回持茶萬餘斤如汴、宋貿易，全忠執令回，盡取其茶。揚、汴始有隙。

十二月，李克用攻幽州，克之，李匡籌走死。劉仁恭數因蓋寓獻策於克用，願得兵萬人取幽州。克用方攻邢州，分兵數千納仁恭，不克。匡籌益驕，數侵河東之境。克用怒，大舉兵攻匡籌，拔武州，進圍新州。匡籌遣將救之，克用逆戰破之。新州降。匡籌復發兵出居庸關，克用使精騎夾擊之，幽兵大敗，匡籌奔滄州。義昌節度使盧彦威遣兵攻殺之。克用進軍幽州，其大將請降。

黄連洞蠻圍汀州，王潮遣兵擊破之。閩地略定。潮遣僚佐巡州縣，勸農桑，定租税，交好鄰道，保境息民，閩人安之。

以劉隱爲封州刺史。封州刺史劉謙卒，其子隱居喪。賀江土民百餘人謀亂，隱一夕盡誅之。嶺南節度使劉崇龜召補押牙，表刺封州。

乙卯(八九五)

二年。

春，正月，李克用入幽州。幽州軍民數萬以麾蓋歌鼓迎李克用入府舍。克用命符存審、劉仁恭將兵略定巡屬。

以陸希聲同平章事。

護國節度使王重盈卒。王重盈卒，軍中請以重榮子珂知留後。重盈之子保義節度使珙、晉州刺史瑶舉兵擊珂，表言「珂非王氏子」。珂上表自陳，且求援於李克用。上遣中使諭解之。

二月，董昌僭號於越州。昌爲政苛虐，加斂數倍，以充貢獻，由是寵命相繼；求爲越王未許，昌不悦曰：「朝廷欲負我矣。」有諂之者曰：「與爲越王，曷若爲越帝！」於是民間訛言，相率塡門，請昌爲帝。昌大喜，集將佐議之，副使黄碣曰：「今唐室雖微，天人未厭。大王興於畎畝，受朝廷厚恩，位至將相，富貴極矣，奈何一旦忽爲族滅之計！」昌族誅之。又問會稽令吴鐐，鐐曰：「大王不爲真諸侯以傳子孫，欲爲假天子以取滅亡邪？」昌亦族誅之。山陰令張遜曰：「浙東雖領六州，王若稱帝，彼必不從，徒守孤城，爲天下笑耳！」昌又殺之。遂稱皇帝。錢鏐遺昌書曰：「與其閉門作天子，與九族、百姓俱陷塗炭，豈若開門作節度使，終身富貴邪！及今悛悔，尚可及也。」昌不聽，鏐以狀聞。

復以李谿同平章事，三月，罷。上重谿文學，復以爲相。崔昭緯與邠、岐相結，得天子過失，朝廷機事，悉以告之。谿再入相，昭緯使告行瑜曰：「鄜者尚書令之命已行矣，而韋昭度沮之；今又引李谿爲同列，相與熒惑聖聽，恐復有杜太尉之事！」行瑜乃與茂貞表谿姦邪，昭度無相業，宜罷居散秩。上報曰：「軍旅之事，朕則與藩鎮圖之。至於命相，當出朕懷。」行瑜等論列不已，谿復罷。

以劉仁恭爲盧龍節度使。從李克用之請也。

崔胤罷，以王摶同平章事。

以王珂爲護國留後。珂，李克用之婿也，克用表重榮有功於國，請賜珂節鉞。王珙厚結王行瑜、李茂貞、韓建，更上表稱「珂非王氏子」，請以珂爲陝州，珙爲河中。上報曰：「先已允克用之奏矣。」

楊行密取濠州。行密攻濠州拔之，掠得徐州人李氏子，生八年矣，養以爲子，其長子渥憎之。行密謂徐温曰：「此兒質狀性識頗異於人，吾度渥必不能容。今賜汝爲子。」温名之曰知誥。知誥勤孝過諸子，温愛之，使掌家事，家人無違言；及長，喜書善射，識度英偉。行密謂温曰：「知誥俊傑，諸將子皆不及也。」

夏，四月，罷諸王將兵。上以郊畿多盜，至有踰垣入宫侵犯陵寢者，欲令宗室、諸王將兵巡警，又欲使之四方撫慰藩鎮。南、北司用事之臣恐其不利於己，交章論諫，上不得已罷之。

胡氏曰：昭宗欲使諸王將兵，雖非上策，然亦足以外攝藩鎮，内制中官矣。北司不便可也，而南牙亦請罷之，此必崔昭緯與邠、岐爲腹心耳。小人姦邪，視人主昏明剛柔而作止者也。李克用有勞則伐之，杜讓能忠計則殺之〔二二〕，李順節出死力去叛奄則戮之，然則人臣何所恃於君父哉！昭緯、崔胤、孔緯、張濬各倚藩鎮以爲外援，蓋懼此也。諸臣之罪固大矣，致其如此者誰歟？故君不君則臣不臣，春秋之義，所以端本而清源也。

陸希聲罷。

楊行密取壽州及漣水。行密圍壽州，不克，將還，其將朱延壽請試往更攻，一鼓拔之。以延壽權知壽州。未幾，汴兵數萬攻之，延壽制軍中每旗二十五騎，命黑雲隊長李厚將十旗擊汴兵，不勝將斬之。厚稱衆寡不敵，乃益以五旗。厚殊死戰，延壽悉衆乘之，汴兵敗走。

以韋昭度爲太保，致仕。

以劉建鋒爲武安節度使。建鋒以馬殷爲内外馬步軍都指揮使。

五月，制削奪董昌官爵，委錢鏐討之。

王行瑜、李茂貞、韓建舉兵犯闕，殺韋昭度、李谿。行瑜以不得尚書令怨朝廷。畿内有八鎮兵，隸左、右軍。郃陽鎮近華州，韓建求之；良原鎮近邠州，王行瑜求之。宦官曰：「此天子禁軍，何可得也！」王珂、王珙爭河中，行瑜、建及茂貞皆爲珙請，不能得，耻之。珙使人語三帥曰：「珂與河東昏姻，必爲諸公不利，請討之。」行瑜使其弟同州刺史行約攻河中，而自與茂貞、建各將精兵數千人入朝，市人竄匿。上御安福門以待之，三帥盛陳甲兵，拜伏舞蹈。上詰之曰：「卿輩不奏請俟報，輒稱兵入京城，其志欲何爲乎？若不能事朕，今日請避賢路！」行瑜、茂貞流汗不能言，獨韓建粗述入朝之由。上與之宴，三帥奏稱：「南、北司互有朋黨，墮紊朝政。韋昭度討西川失策，李谿作相不合衆心，請誅之。」上未之許。行瑜等輒殺之，及樞密使康尚弼等數人；請除王珙河中，徙王行約於陝，王珂於同州，上皆許之。李克用聞三鎮犯闕，即日遣使發北部兵，期以來月渡河入關。始三帥謀廢上，立吉王保，及聞克用起兵，行瑜、茂貞各留兵二千人宿衛京師，與建皆辭還鎮。

六月，錢鏐遣其將顧全武討董昌。

以孔緯同平章事，張濬爲諸道租庸使。上以崔昭緯等外交藩鎮，朋黨相傾，思得骨鯁之士，故驟用緯、濬。既而朱全忠薦濬，上欲復相之。李克用表請發兵擊全忠，且言：「濬朝爲相，臣夕至闕。」詔和解之。

李克用舉兵討三鎮。秋七月，王行約、李繼鵬作亂，上如石門鎮。李克用大舉蕃、漢兵南下，上表稱「王行瑜、李茂貞、韓建稱兵犯闕，賊害大臣，請討之」。又移檄三鎮，數其罪。行瑜等大懼。克用軍至絳州，攻拔之，斬刺史王瑶。至河中，王珂迎謁于路。王行約棄同州走。弟行實時爲左軍指揮使，奏請幸邠州，樞密使駱全瓘請幸鳳翔，上曰：「克用已駐軍河中，就使至此，朕自有以枝梧。卿等但各撫本軍，勿令揺動。」右軍指揮使李繼鵬，茂貞假子也，謀劫上幸鳳翔。中尉劉景宣與王行實知之，欲劫上幸邠州。孔緯面折景宣，以爲不可輕離宫闕。向晚，王行約引左軍攻右軍，鼓譟震地。上聞亂，登承天樓，欲諭止之。捧日都頭李筠將本軍於樓前侍衛。李繼鵬以鳳翔兵攻筠，矢拂御衣，左右扶上下樓。繼鵬復縱火焚門，煙炎蔽天。時有鹽州六都兵屯京師，素爲兩軍所憚，上急召令入衛。既至，兩軍退走。上幸李筠營，護蹕都頭李居實帥衆繼至。或傳行瑜、茂貞欲自來迎車駕，上懼爲所迫，以筠、居實兩都兵自衛，幸石門鎮。克用遣判官王環奉表問起居，遣兵攻華州。韓建登城呼曰：「僕於李公未嘗失禮，何爲見攻？」克用使謂之曰：「公爲人臣，逼逐天子，公爲有禮，孰爲無禮者乎！」會聞邠、岐欲迎車駕，乃移兵營渭橋，遣其將李存貞爲前鋒，又遣史儼將三千騎詣石門侍衛；遣李存信、存審會保大節度使李思孝攻王行瑜梨園寨，擒其將王令陶等獻於行在。李茂貞懼，斬李繼鵬，傳首行在，上表請罪；且遣使求和於克用。上復遣延王戒丕諭克用，令且赦茂貞，併力討行瑜。

以崔胤同平章事。

制削奪王行瑜官爵，以李克用爲招討使討之。詔李克用討王行瑜。克用遣其子存勗詣行在，年十一，上奇其狀貌，撫之曰：「兒方爲國之棟梁，它日宜盡忠於吾家。」

車駕還京師。李克用表請車駕還京師，從之。時宫室焚毁，未暇完葺，上寓居尚書省，百官往往無袍笏、僕、馬。

崔昭緯罷。

九月，孔緯卒。

王建遣兵赴援，屯綿州。

楊行密遣兵救董昌。

冬，十月，貶崔昭緯爲梧州司馬。

以孫偓同平章事。

十一月，李克用克邠州，王行瑜伏誅。河東將李存貞敗邠寧軍於梨園北，李罕之、李存信等又急攻之，王行約、行實遁去。行瑜以精甲五千守龍泉寨，李克用攻拔之。行瑜走入邠州，克用引兵逼之。行瑜登城號哭，謂克用曰：「行瑜無罪，脅迫乘輿，皆茂貞、繼鵬所爲，請移兵問鳳翔。行瑜願束身歸朝。」克用曰：「王尚父何恭之甚！僕受詔討三賊臣，公預其一。束身歸朝，非僕所得專也。」行瑜挈族出走。克用入邠州，封府庫，撫居人。行瑜尋爲部下所殺，傳首。

朱全忠圍兗州。朱全忠遣葛從周擊兗州，自以大軍繼之，圍其城。朱瑄遣其將賀瓌、柳存、何懷寶將兵萬餘人襲曹州，以解兗州之圍。全忠自中都引兵夜追之，比明，至鉅野南及之，屠殺殆盡，擒三將，俘三千人。會大風晦冥，全忠曰：「此殺人未足耳。」命所得俘皆殺之，縛三將徇於兗州城下，謂朱瑾曰：「卿兄已敗，何不早降？」既而殺存及懷寶，聞瓌名，禮而用之。瑄、瑾告急於河東，李克用遣大將史儼將數千騎以救之。

十二月，王建遣兵擊東川。王建奏顧彥暉不發兵赴難而略奪輜重，請興兵討之。

進李克用爵晉王。詔李克用進爵晉王，李罕之、蓋寓諸將佐進官有差。克用性嚴急，左右小有過，輒死，無敢違忤，惟蓋寓敏慧，能揣其意，婉辭裨益，無不從者。克用或以非罪怒將吏，寓必陽助之怒，克用常釋之；有所諫諍，必徵近事爲諭，由是克用愛信之。朱全忠數使人間之，克用待之益厚。

李克用還晉陽。克用遣掌書記李襲吉入謝，請乘勝勢遂取鳳翔。上謀於貴近，或曰：「茂貞復滅，則沙陀太盛，朝廷危矣。」上乃賜克用詔，褒其忠款，且言：「不臣之狀，行瑜爲甚；茂貞、韓建自知其罪，職貢相繼。且當休兵息民。」克用奉詔而止，既而私於詔使曰：「觀朝廷之意，似疑克用有異心也。然不去茂貞，關中無安寧之日。」又詔免克用入朝，將佐或言：「今密邇闕廷，豈可不入見天子！」克用猶豫未決，蓋寓曰：「天子還未安席，人心尚危。大王若引兵渡渭，竊恐復驚駭都邑。人臣盡忠，在於勤王，不在入覲。願熟圖之。」克用笑曰：「蓋寓尚不欲吾入朝，況天下之人乎！」乃表曰：「臣總帥大軍，不敢徑入朝覲。」表至京師，上下始安。克用遂引兵歸。而茂貞驕橫如故，河西州縣多爲所據。

胡氏曰：克用於三鎮，非有父兄之怨，特爲王室雪耻，故仗義而來。昭宗不明，又任術數，陰疑克用，偏黨茂貞，它日困辱凶終，蓋始乎此謀矣。

又曰：克用所咨決者蓋寓而已，而寓於此有失策焉。當此時也，正當勸克用入覲，力陳茂貞不誅，必爲後患之意；不然，將在軍，君令有所不受，蕩平岐、華，駐師郊畿，釋戎服以見天子，身輔朝政，修明紀律，使東寇不得西略，王室安矣。釋此不爲，而區區疲力於幽州，爭地於慈、隰，遂使全忠先手，遂移唐祚，晉陽岌岌，幾不自保，此豈非初謀不遠故歟！

丙辰(八九六)

三年。

春，正月，蔣勛據邵州，劉建鋒遣馬殷擊之。勛求邵州，劉建鋒不許。勛乃起兵寇湘潭，據邵州，建鋒遣殷擊之。

閏月，李克用遣李存信將兵救兗、鄆，羅弘信襲之，存信軍潰。李克用遣李存信將萬騎假道于魏以救兗、鄆，軍于莘縣。朱全忠使人謂羅弘信曰：「克用志吞河朔，師還之日，貴道可憂。」存信戢衆不嚴，侵暴魏人。弘信怒，發兵三萬夜襲之，存信軍潰，委棄資糧兵械萬數。弘信自是與河東絶，專志汴州。全忠方圖兗、鄆，畏弘信議其後，弘信每有贈遺，全忠必對使者北向拜受之，曰：「六兄於予，倍年以長，固非諸鄰之比。」弘信信之。全忠以是得專意東方。

二月，以通王滋判侍衛諸軍事。

朱全忠遣龐師古擊鄆州。

夏，四月，河漲。河漲，將毁滑州，朱全忠決爲二河，夾城而東，爲害滋甚。

李克用攻魏州。

武安軍亂，殺劉建鋒，推馬殷爲留後。建鋒嗜酒，不親政事。長直兵陳贍妻美，建鋒私之。贍殺建鋒。諸將迎行軍司馬張佶爲留後，佶將入，馬忽踶齧傷髀。時馬殷攻邵州未下，佶謝諸將曰：「馬公勇而有謀，寬厚樂善，吾所不及，真乃主也。」乃以牒召之。殷至，佶肩輿入府，坐受殷拜謁，已，乃命殷升聽事，以留後讓之；即趨下，帥將吏拜賀，復爲行軍司馬，代殷將兵攻邵州。

五月，董昌去僭號。董昌使人覘錢鏐兵，有言其强盛者，輒怒斬之；言兵疲食盡，則賞之。顧全武進兵越州，昌出戰而敗，全武圍之。昌始懼，去帝號。

楊行密取蘇州。常熟鎮使陸郢以城應楊行密，虜刺史成及。行密閲及家貲，惟圖書、藥物，賢之，歸署行軍司馬。及泣曰：「及百口在錢公所，失蘇州不能死，敢求富貴！願以身易百口之死！」引佩刀欲自刺，行密遽止之。錢鏐急召顧全武，使備行密，全武曰：「越州，賊之根本，奈何垂克而棄之！請先取越州，後復蘇州。」鏐從之。

崔昭緯伏誅。昭緯既貶，復求救於朱全忠。詔遣中使賜昭緯死，及於荆南斬之。中外咸以爲快。

荆南將許存降于王建。成汭與其將許存泝江略地，盡取濱江州縣，以趙武爲黔中留後，存爲萬州刺史。知存不得志，使人詗之〔二二〕，曰：「存不治州事，日出蹴鞠。」汭曰：「存將逃，先匀足力也。」遣兵襲之，存棄城走，降于王建。建忌存勇略，欲殺之，掌書記高燭曰：「公方總攬英雄，以圖霸業；彼窮來歸我，奈何殺之！」建使戍蜀州，陰使知蜀州王宗綰察之。宗綰密言：「存忠勇謙厚，有良將材。」建乃捨之，更其姓名曰王宗播。而宗綰竟不使宗播知其免己也。宗播元從孔目官柳修業每勸宗播慎静以免禍。後遇强敵諸將所憚者，宗播以身先之，及有功，輒稱病，不自伐，由是得以功名終。

錢鏐克越州，董昌伏誅。全武攻越州，克其外郭，董昌猶據牙城拒之。鏐遣給昌云：「奉詔令大王致仕歸臨安。」昌乃送牌印而出，全武斬之。昌在圍城中，貪吝益甚，口率民間錢帛，減戰士糧；及城破，庫有金帛、雜貨五百間，倉有糧三百萬斛。錢鏐散金帛以賞將士，開倉以振貧乏。

六月，李克用攻魏博，朱全忠遣其將葛從周救之；還擊兖、鄆，破之。李克用攻魏博。朱全忠召葛從周於鄆州，使將兵營洹水以救魏博，克用引兵擊之。汴人多鑿坎於陳前，戰方酣，克用馬蹪，幾爲汴人所獲，顧射其將一人斃之，乃得免，引軍還。從周復擊兖、鄆兵，破之，兖、鄆屬城皆爲汴人所據。克用發兵赴之，輒爲魏人所拒，不得前。兗、鄆由是不振。

秋，七月，李茂貞舉兵犯闕，上如華州。初，李克用屯渭北，李茂貞、韓建憚之，事朝廷禮甚恭。克用去，二鎮貢獻漸疏，表章驕慢。上自石門還，置殿後四軍，選補數萬人，使延王戒丕等將之。茂貞遂表言：「延王無故稱兵討臣，臣今勒兵入朝請罪。」上告急於河東，茂貞遂引兵逼京畿，覃王嗣周與戰，敗績。七月，茂貞進逼京師，戒丕曰：「今關中藩鎮無可依者，不若自鄜州濟河幸太原。」上至渭北，韓建奉表請幸華州，不許。既而上復憚遠適，至富平，復遣人召建面議去留。建至，頓首言：「今藩臣跋扈者，非止茂貞。陛下若遠巡邊鄙，臣恐無復還朝。今華州兵力雖微，亦足自固；西距長安不遠。願陛下臨之，以圖興復。」上乃從之，至華州。茂貞遂入長安，燔燒俱盡。

崔胤罷。上以胤崔昭緯之黨，故罷之。

以陸扆同平章事。

八月，李克用發兵入援。韓建移檄諸道，令共輸資糧詣行在。李克用聞之歎曰：「去歲從余言，豈有今日之患！」又曰：「韓建天下癡物，爲賊臣弱帝室，是不爲李茂貞所擒，則爲朱全忠所虜耳。」因奏將與鄰道發兵入援。

王摶罷，以朱朴同平章事。水部郎中何迎表薦國子博士朱朴材如謝安，道士許巖士亦薦朴有經濟材；上連日召對，朴有口辯，上悅之，曰：「朕雖非太宗，得卿如魏徵矣。」上憤天下之亂，思待奇傑之士不次用之。朴自言：「得爲宰相月餘，可致太平。」上以爲然，以朴爲相。朴庸鄙迂僻，中外大驚。

尋兼判户部，凡軍旅財賦，一以委之。

九月，以王潮爲威武軍節度使。

以馬殷判湖南軍府事。殷以高郁爲謀主，而畏楊行密、成汭之强，議以金帛結之。郁曰：「成汭不足畏也。行密，公之讎，雖以萬金賂之，安肯爲吾援乎！不若上奉天子，下撫士民，訓卒厲兵，以修霸業，則誰與敵矣！」殷從之。

以崔胤、崔遠同平章事〔二三〕，貶陸扆爲硤州刺史。胤之罷相，韓建之志也。胤密求援於朱全忠，且教之營東都宫闕，表迎車駕。全忠從之，仍請以兵迎駕，且言：「崔胤忠臣，不宜出外。」建懼，復奏召胤爲相，遣使諭止全忠。胤恨扆代己，誣以黨於茂貞而貶之。

冬，十月，以孫偓爲鳳翔四面行營招討使，討李茂貞。茂貞上表請罪，仍獻助修宫室錢。韓建復佐佑之，竟不出師。

以王摶同平章事。

以錢鏐爲鎮海、鎮東節度使。鏐令兩浙吏民上表請兼領浙東，朝廷不得已從之，改威勝曰鎮東。

以劉隱爲清海行軍司馬。清海節度使薛王知柔行至湖南，廣州牙將盧琚據境拒之。封州刺史劉隱襲廣州，斬琚，具軍容迎知柔入視事〔二四〕。知柔表隱爲行軍司馬。

校勘記

〔一〕凡一十三年　「十三年」，殿本作「十二年有奇」。

〔二〕同盧攜而沮鄭畋　「同」，成化本、殿本作「用」。

〔三〕詔以行襲爲刺史　「刺史」原作「制也」，據殿本、通鑑卷二五六唐僖宗中和四年十二月條改。

〔四〕乙巳　此二字原脱，據殿本補。

〔五〕建與張造帥衆數千奔行在至乃徙重榮爲泰寧節　此九百六十字原脱，據台灣故宫博物院藏宋本補。

〔六〕克用乃上言曰　「上」原作「止」，據殿本、通鑑卷二五六唐僖宗光啓元年十一月條改。

〔七〕春正月　「春」字原脱，據殿本補。

〔八〕藩鎮互相吞噬　「藩」原作「蕃」，據殿本、通鑑卷二五六唐僖宗光啓三年三月條改。

〔九〕奈何延之入室　「奈」原作「密」，據殿本、通鑑卷二五七唐僖宗光啓三年閏十一月條改。

〔一〇〕朱珍葛從周將兵擊擒之　「兵」字原脱，據殿本、通鑑卷二五七唐僖宗文德元年正月條補。

〔一一〕昭宗皇帝龍紀元年　「昭宗皇帝」原脱，據殿本補。

〔一二〕胡氏曰至則衣服以爲階也　此四十七字原脱，據月崖書堂本、殿本補。

〔一三〕擒撲及中使韓歸範　「韓」原作「孫」，據殿本、通鑑卷二五八唐昭宗大順元年八月乙丑日條、舊唐書卷二〇昭宗紀改。

〔一四〕則拓跋思恭之取鄜延 「跋」原作「拔」，據殿本、通鑑卷二五八唐昭宗大順元年十一月條改。

〔一五〕全忠方連兵徐鄆 「兵」字原脱，據殿本、通鑑卷二五八唐昭宗大順元年十一月條補。

〔一六〕李神福帥精兵襲之 「神」字原脱，據殿本、通鑑卷二五八唐昭宗大順二年正月條補。

〔一七〕長十餘丈 「十餘」原作「數十」，據殿本、通鑑卷二五八唐昭宗大順二年四月條改。

〔一八〕冬 「冬」字原脱，據殿本補。

〔一九〕茂貞等陳於臨皋驛 「臨」原作「海」，據殿本、通鑑卷二五九唐昭宗景福二年九月甲申日條改。

〔二〇〕十一月 「一」原作「二」，據殿本改。

〔二一〕杜讓能忠計則殺之 「計則」原作「則計」，據成化本、殿本改。

〔二二〕使人詗之 「詗」原作「詞」，據殿本、通鑑卷二六〇唐昭宗乾寧三年五月條改。

〔二三〕以崔胤崔遠同平章事 「同」字原脱，據殿本、通鑑卷二六〇唐昭宗乾寧三年九月乙未日條補。

〔二四〕具軍容迎知柔入視事 「具」原作「其」，據殿本、通鑑卷二六〇唐昭宗乾寧三年十二月條改。

資治通鑑綱目卷五十三

起丁巳唐昭宗乾寧四年，盡丙寅唐昭宣帝天祐三年，凡一十年。

丁巳（八九七）

四年。

春，正月，詔罷諸王所領兵及殿後四軍。

韓建奏：「睦、濟、韶、通、彭、韓、儀、陳八王謀殺臣，劫車駕幸河中。」上大驚，召建諭之。建稱疾不入，令諸王詣建自陳。建不之見，表請勒歸十六宅，妙選師傅，教以詩書，不令典兵預政。上不得已，詔諸王所領軍士並縱歸田里。建又奏：「所置殿後四軍，顯有厚薄偏黨，乞皆罷遣。」詔亦從之。於是天子之親軍盡矣。捧日都頭李筠，石門扈從功第一，建復奏斬之。

立德王裕爲皇太子。

建既幽諸王於別第，上意不悅，乃奏請立德王爲太子，欲以解之。

朱全忠克鄆州，執朱瑄；進襲兗州，克之，朱瑾奔淮南。

龐師古、葛從周并兵攻鄆州，朱瑄兵少食盡，不復出戰，但引水爲深壕以自固。師古等爲浮梁夜濟，瑄棄城走，野人執之以獻。全忠入鄆州，以龐師古爲天平留後。朱瑾留大將康懷貞守兗州，自與河東將史儼、李承嗣掠徐境以給軍食。全忠遣從周將兵襲兗州，懷貞降。從周入兗州，獲瑾妻子。瑾及儼等帥其衆奔淮南。全忠納瑾之妻，引兵還。張夫人請見之，瑾妻拜，夫人答拜，且泣曰：「兗、鄆與司空約爲兄弟，以小故恨望，起兵相攻，使吾姒辱於此。他日汴州失守，吾亦如吾姒之今日乎？」全忠乃出瑾妻而斬瑄。於是鄆、齊、曹、棣、兗、沂、密、徐、宿、陳、許、鄭、滑、濮皆入于全忠，惟王師範保淄、青，亦服於全忠。淮南舊善水戰，不知騎射，及得河東、兗、鄆兵，軍聲大振。

王建遣華洪將兵攻東川。建更華洪姓名曰王宗滌。

孫偓、朱朴罷。朴既秉政，所言皆不效，外議沸騰，故罷。

三月，朱全忠以葛從周守兗州，朱友裕守鄆州，龐師古守徐州。

張佶克邵州，擒蔣勛。

夏，四月，遣使和解兩川。

六月，貶王建爲南州刺史，以李茂貞爲西川節度使，覃王嗣周爲鳳翔節度使。王建將兵五萬攻東川，李茂貞表其罪，故貶之，徙茂貞鎮西川，覃王鎮鳳翔。建克梓州南寨，執其將李繼寧。宣諭使李洵至梓州，建指執旗者曰：「戰士之情，不可奪也。」茂貞亦不受代，圍覃王於奉天。韓建移書茂貞，覃王乃得歸。

秋，八月，韓建、劉季述殺通王滋等十一人。韓建奏：「諸王罷兵，尚苞陰計。願陛下聖斷不疑，制於未亂。」上不報。建乃與知樞密劉季述矯制發兵圍十六宅，諸王被髮升屋呼曰：「宅家救兒！」建盡殺之，以謀反聞。

胡氏曰：御得其道，則昆蟲草木無札瘥夭閼之患。不然，一身無所容於天地之間，況妻子哉！古之明君所以不敢不敬德，不敢不教子，不敢用小人，不敢失大柄，爲易世之後，末流之若此也。唐室至此，豈非祖宗詒謀有未孫歟！

九月，李克用攻幽州，劉仁恭與戰，敗之。初，李克用取幽州，表劉仁恭爲節度使，留戍兵及腹心將十人典其機要，租賦供軍之外，悉輸晉陽。及上幸華州，克用徵兵於仁恭以入援，仁恭辭以契丹入寇，不出兵。克用移書責之，仁恭抵書慢罵，囚其使者。克用大怒，自將擊之，仁恭遣其將軍單可及引兵迎戰〔一〕。克用方飲酒，前鋒白「賊至矣」！克用醉曰：「可及輩何足爲敵！」亟命擊之。是日大霧，幽州將楊師侃伏兵於木瓜澗，河東兵大敗。克用醒而後知之，責諸將曰：「吾以醉廢事，汝曹何不力爭？」仁恭奏討克用，詔不許。仁恭又遣使謝克用，克用復書略曰：「公仗鉞控兵，理民立法，擢士則欲其報德，選將則望彼酬恩；己尚不然，人何足信！僕料猜防出於骨肉，嫌忌生於屏帷，持干將而不敢授人，捧盟盤而何辭著誓！」

冬，十月，以韓建爲鎮國、匡國節度使。

詔削奪李茂貞官爵、姓名，發兵討之；復以王建爲西川節度使。

王建克梓州，顧彥暉自殺。初，建與彥暉五十餘戰，蜀州刺史周德權言於建曰：「東川羣盜多據州縣，彦暉皆啗以厚利，恃其救援，故堅守不下。若遣人諭賊帥以禍福，來者賞之以官，不服者威之以兵，則彼反爲我用矣。」建從之。彦暉勢益孤。至是，建攻梓州益急，彦暉自殺。建入梓州，城中兵尚七萬人。建以王宗滌爲留後。

朱全忠擊楊行密，戰於清口，全忠大敗。朱全忠既得兗、鄆，甲兵益盛，乃大舉擊楊行密，遣龐師古壁清口，葛從周壁安豐，全忠自將屯宿州。行密與朱瑾將兵三萬拒之。師古營於清口，或曰：「營地汙下，不可久處。」不聽。朱瑾壅淮上流，欲灌之；或以告師古，以爲惑衆，斬之。瑾以五千騎潛渡，趣其中軍，士卒倉黄拒戰，淮水至，汴軍駭亂。行密引大軍夾攻之，汴軍大敗，斬師古，從周奔還。行密、瑾乘勝追擊之，殺溺殆盡，還者不滿千人。全忠亦奔還。行密大會諸將，謂副使李承嗣曰：「始吾欲先趣壽州，副使云不如先向清口，師古敗，從周自走。今果如所料。」賞之錢萬緡，表領鎮海節度。行密待承嗣、史儼甚厚，第舍、姬妾，咸選其尤者賜之，故二人爲行密盡力，屢立功。行密由是遂保據江、淮，全忠不能與之爭。

立淑妃何氏爲皇后。

十二月，威武節度使王潮卒。王潮以弟審知爲觀察副使〔二〕，有過猶加捶撻，審知無怨色。潮寢疾，捨其子，命審知知軍府事。

南詔驃信舜化上書。南詔上書，朝廷欲以詔書報之，王建言：「小夷不足辱詔書，臣在西南，彼必不敢犯塞。」從之。黎、雅間有淺蠻三部，歲賜繒帛，使覘南詔，而蠻反受南詔賂，詗成都虛實，陰與大將相表裏。節度使或失大將心，則教諸蠻紛擾。建絶其賜，斬押牙山行章以懲之。邛郲之南，不置障戍，蠻亦不敢侵盗。

貶張道古施州司户。右拾遺張道古上疏言：「國家有五危、二亂。陛下登極十年，而曾不知爲君馭臣之道，先朝封域日蹙幾盡。臣雖微賤，竊傷陛下朝廷社稷始爲姦臣所弄，終爲賊臣所有也！」上怒，貶之，仍下詔罪狀，宣示諫官。

戊午（八九八）

光化元年。

春，正月，詔復李茂貞姓名、官爵，罷諸道兵。

以韓建爲修宫闕使。初，李茂貞以數出兵救東川，不暇東逼乘輿，詐稱改過；又聞朱全忠營洛陽宫，累表迎駕，與建皆懼，請修復宫闕，奉上歸長安。詔以建爲修宫闕使。建及茂貞皆致書於李克用，請和，仍乞丁匠助修宫室，克用許之。

三月，以朱全忠爲宣武、宣義、天平節度使。朱全忠遣副使韋震入奏，求兼鎮天平，朝廷未之許；震爭之力，不得已從之。

以馬殷知武安留後。時湖南管内多爲羣盗所據，殷得潭、邵二州而已。

劉仁恭取滄、景、德州。義昌節度使盧彦威性殘虐，與仁恭爭鹽利。仁恭遣其子守文將兵襲之，彦威奔汴州。仁恭遂取滄、景、德三州，以守文爲留後；兵勢益盛，有併吞河朔之志。爲守文請旌節，未許。會中使至范陽，仁恭語之曰：「旌節吾自有之，但欲得長安本色耳，何爲見拒？」其悖慢如此。

夏，四月，朱全忠會幽州、魏博兵擊李克用，敗之，拔洺、邢、磁州。

秋，八月，車駕至長安。

遣使宣慰河東、宣武。上欲藩鎮輯睦，以太子賓客張有孚爲河東、汴州宣慰使和解之。克用欲奉詔，全忠不從。

九月，錢鏐克蘇州。錢鏐使顧全武攻蘇州，城中食盡，淮南所署刺史棄城走，獨秦裴守崑山不下。全武帥萬餘人攻之，裴屢出戰，復斬侮全武。全武怒，益兵攻城，引水灌之，城壞乃降，羸兵不滿百人。鏐怒曰：「單弱如此，何敢久爲旅拒！」對曰：「裴義不負楊公。今力屈而降耳。」鏐善其言，顧全武亦勸宥之。時人稱全武長者。

魏博節度使羅弘信卒。軍中推其子紹威知留後。

以王審知爲威武節度使。

冬，十月，王珙殺前常州刺史王柷。柷性剛介，有時望，詔徵之，時人以爲且入相。過陝，節度使王珙延奉甚至，請叙子姪之禮，柷固辭，珙怒，使送者殺之，以覆舟聞，朝廷不敢詰。

十一月，以羅紹威爲魏博節度使。

十二月，李罕之據潞州，朱全忠表爲節度使。李克用之平王行瑜也，李罕之求帥邠寧，克用曰：「行瑜恃功邀君，故吾與公討而誅之。昨破賊之日，吾首奏趣蘇文建赴鎮。今遽二三，朝野之論，必謂吾輩復如行瑜所爲也。俟還鎮，當更爲公論功耳。」罕之不悅，復求小鎮養疾，克用亦不許，罕之鬱鬱。及昭義節度使薛志勤卒，罕之擅引澤州兵夜入潞州據之。克用怒，遣人讓之，罕之遂請降於朱全忠。克用遣李嗣昭將兵討之，嗣昭先取澤州，收罕之家屬送晉陽。全忠表罕之爲昭義節度使。

己未（八九九）

二年。

春，正月，崔胤罷，以陸扆同平章事。

劉仁恭屠貝州。三月，朱全忠遣兵擊敗之，遂攻河東，大敗而還。仁恭發幽、滄等十二州兵十萬，欲兼河朔，攻拔貝州，城中萬餘户盡屠之。由是諸城各堅守不下。仁恭進攻魏州，節度使羅紹威求救於朱全忠，全忠遣李思安將兵救魏。仁恭遣守文及單可及將精兵五萬擊之。思安伏兵逆戰，陽却，守文逐之，伏發，大敗之，斬可及，殺獲三萬人，守文僅以身免。可及驍將也，燕軍由是喪氣。時葛從周將精騎已入魏州，仁恭攻館陶門，從周出，顧門者闔扉，死戰，仁恭復大敗，燒營而遁。仁恭自是不振，而全忠益横矣。從周乘勢攻河東，拔承天軍，别將氏叔琮拔遼州。李克用遣周德威擊之。叔琮有驍將陳章，號陳夜叉，請於叔琮曰：「河東所恃者周楊五，請擒之，求一州爲賞。」克用聞之以戒德威，德威曰：「彼大言耳。」戰于洞渦，德威微服往挑戰，謂其屬曰：「汝見陳夜叉即走。」章果逐之，德威奮鐵檛擊之，墜馬，生擒以獻；因擊叔琮，大破之。從周亦引還。

夏，六月，以丁會爲昭義節度使。從朱全忠之請也。

保義軍亂，殺節度使王珙。珙性猜忍，雖妻子、親近常不自保，至是爲麾下所殺。推都將李璠爲留後，都將朱簡復殺璠而代之，附於朱全忠。改名友謙，預於子姪。

秋，七月，馬殷拔道州。殷遣李唐攻道州，賊帥蔡結伏兵于隘，擊破之。唐曰：「蠻所恃者山林耳。」乃因風燔林，光燭天地，羣蠻驚遁；遂拔道州，擒結斬之。

八月，李克用拔潞州。先是，克用遣李君慶圍潞州，朱全忠遣張存敬救之，君慶解圍去。克用誅君慶，以李嗣昭代之。李罕之死，全忠使賀德倫守潞州。嗣昭日以鐵騎環其城，捕芻牧者，附城三十里禾黍皆剗之，德倫宵遁。克用表孟遷爲留後。

九月，以李茂貞爲鳳翔、彰義節度使。

庚申（九〇〇）

三年。

春，二月，李克用治晉陽城。李克用大治晉陽城塹，押牙劉延業諫曰：「大王聲振華、夷，宜揚兵以嚴四境，不當近治城塹，損威望而啓寇心。」克用謝之，賞以金帛。

夏，四月，朱全忠遣兵圍滄州。全忠遣葛從周將兵擊劉仁恭，拔德州，圍滄州。仁恭復遣使求救於河東，李克用遣周德威將五千騎以救之。

六月，以崔胤同平章事，殺司空、同平章事王摶。王摶明達有度量，時稱良相。上素疾樞密使宋道弼、景務修專横，崔胤日與上謀去之。由是南、北司益相憎疾，各結藩鎮以相傾。摶恐其致亂，從容言於上曰：「人君當務明大體，無所偏私。宦官擅權之弊，誰不知之？顧其勢未可猝除，宜俟多難漸平，以道消息。願陛下言勿輕泄，以速姦變。」胤聞之，譖摶爲道弼輩外應，上疑之。及胤罷相，意摶排己，恨之，遺朱全忠書，使表論之。上不得已，召胤復相之，貶摶崖州司户，流道弼驩州、務修愛州，皆賜自盡。於是胤專制朝政，勢震中外，宦官皆側目。

胡氏曰：昭宗在位十有三載〔三〕，其人才可知已久矣。王摶爲相累年，未聞有所匡益，獨此數言，足以救其急促之禍，已爲崔胤所擠，置之死地；然則摶亦暗於度君，而冒於居位矣。當是時也，唯貴戚之卿與世受國恩者〔四〕，無潔身之義，自餘去之可也。

秋，七月，李克用遣兵攻邢、洺以救滄州，汴軍敗還。

九月，以徐彦若爲清海節度使。崔胤以彦若位在己上，惡之；彦若亦自求引去。時藩鎮皆爲强臣所據，惟嗣薛王知柔在廣州，乃求代之。

崔遠罷，以裴贄同平章事。

朱全忠攻鎮州。朱全忠以王鎔與李克用交通，伐之。鎔懼，遣判官周式詣全忠請和，曰：「鎮州密邇太原，困於侵暴，王公與之連和，乃爲百姓故也。今明公果能爲人除害，則天下誰不聽命！若但窮威武，則鎮州雖小，城堅食足，明公雖有十萬之衆，未易攻也。」全忠笑曰：「與公戲耳。」乃遣使入見鎔，鎔以其子爲質。全忠引還。

朱全忠取瀛、景、莫州。成德判官張澤言於王鎔曰：「河東，勍敵也，今雖有朱氏之援，譬如火發於家，安能俟遠水乎？彼幽、滄、易、定猶附河東。不若説朱公乘勝兼服之，使河北合而爲一，則可以制河東矣。」鎔復遣周式往説全忠。全忠喜，遣張存敬擊劉仁恭，拔瀛、景、莫三州。

胡氏曰：張澤爲王鎔謀，若智而愚：舍近附遠，一愚也；舍忠功附姦賊，二愚也；反覆棄信，三愚也；説朱公合河北之勢，則於成德何私焉〔五〕，四愚也；澤之意特以朱强李弱爲向背耳。以强弱爲向背，而不論義理，非守國之善計也。

馬殷取桂州。靜江軍節度使劉士政遣副使陳可璠屯全義嶺以備馬殷，殷遣李瓊等將兵擊之。可璠掠縣民耕牛以犒軍，縣民怨之，爲瓊鄉導以襲秦城，擒可璠。遂圍桂州，士政出降。桂、宜、巖、柳、象五州皆降。

朱全忠遣兵攻定州，義武節度使王郜奔晉陽。張存敬攻定州，王郜遣兵馬使王處直將兵數萬拒之。處直請依城爲柵，俟其師老而擊之，孔目官梁汶曰：「昔幽、鎮合兵三十萬攻我，于時我軍不滿五千，一戰敗之。今存敬兵不過三萬，我軍十倍於昔，奈何示怯，欲依城自固乎！」郜乃遣處直逆戰，大敗，郜奔晉陽。軍中推處直爲留後。存敬進圍定州。朱全忠至城下，處直登城呼曰：「本道事朝廷盡忠，於公未嘗相犯，何爲見攻？」全忠曰：「何故附河東？」對曰：「封疆密邇，且婚姻也。今請改圖。」全忠許之。處直以繒帛十萬犒師，全忠乃還，仍爲處直表求節鉞。劉仁恭遣其子守光將兵救定州，全忠遣張存敬襲之，殺六萬餘人。由是河北諸鎮皆服於全忠。

十一月，中尉劉季述等幽上於少陽院，而立太子裕。自宋道弼、景務修死，宦官皆懼。中尉劉季述王仲先、樞密王彦範薛齊偓等陰相與謀曰：「主上輕佻變詐，難奉事，專聽任南司官，吾輩終罹其禍。不若奉立太子，引岐、華兵控制諸藩，誰能害我哉！」至是，上獵苑中，夜，醉歸，手殺黄門、侍女數人。明旦，日加辰巳，宫門不開。季述帥禁兵千人破門而入，具得其狀，出謂崔胤曰：「主上所爲如是，豈可理天下！廢昏立明，自古有之，爲社稷大計，非不順也！」胤不敢違。季述召百官，陳兵殿庭，作胤等狀，請太子監國，胤及百官皆署之。將士大呼入思政殿，上驚起，季述等出狀白之，曰：「此非臣等所爲，皆南司衆情，不可遏也。」即扶上與何后同輦，嬪御纔十餘人，適少陽院。季述以銀檛畫地數上曰：「某時某事，汝不從我言，其罪一也。」如此數十不止。乃手鎖其門，鎔鐵錮之，遣兵圍之，穴墻以通飲食。上求錢帛、紙筆，皆不與。公主、嬪御無衣衾，號哭聞於外。季述迎太子入宫，矯詔立之。以上爲太上皇。加百官爵秩，將士優賞。凡宫人、左右爲上所寵信者，皆榜殺之。

胡氏曰：在易困有亨道。苟有剛中之德，致其誠意，求在下之賢，必有應者，故困厄于前而受福于後也。昭宗德非剛中，心無誠意，卞急譙譙，昧徐説之義，是以終於困而已也。當是時，國家之勢如積薪在炎火之上，累卵在頽石之下，尚何心於馳騁田獵〔六〕，樂飲而沉醉也？左右宦官伺釁日久，又以奰怒促之，能無少陽之辱乎！

崔胤密致書朱全忠，使與兵圖返正。進士李愚客遊華州，上韓建書曰：「明公居近關重鎮，君父幽辱，坐視凶逆而忘勤王之舉，僕所未諭也。一朝山東侯伯唱義連衡，鼓行而西，明公求欲自安，其可得乎！不如馳檄四方，諭以逆順，軍聲一振，則元凶破膽，旬浹之間，二豎之首傳於天下，計無便於此者。」建雖不能用，厚待之。愚堅辭而去。

胡氏曰：李愚自爲進士時，已有遠見忠謀，宜終爲世用也。惜其所告非所當告耳。韓建前日肆其凶悖，今日豈能率義乎？不可與言而與之言，失言。愚於是爲不知矣。

全忠在定州，聞亂而還。季述遣其養子希度詣全忠，許以唐社稷輸之。全忠猶豫未決，副使李振獨曰：「王室有難，霸者之資也。公爲唐桓、文，安危所屬，宦豎囚廢天子不能討，何以復令諸侯！且幼主位定，則天下之權盡歸宦官矣。」全忠大悟，即囚希度，遣親吏蔣玄暉如京師，與崔胤謀之。

辛酉(九〇一)

天復元年。

春，正月朔，神策指揮使孫德昭等討劉季述等，皆伏誅。上復于位，黜太子裕爲德王。

神策指揮使孫德昭自季述等廢立，常憤惋不平。崔胤聞之，遣判官石戩説之曰：「今反者獨季述、仲先耳。公誠能誅此二人，迎上皇復位，則富貴窮一時，忠義流千古。苟狐疑不決，則功落它人之手矣！」德昭曰：「相公有命，不敢愛死！」遂結右軍都將董彦弼、周承誨，謀以除夜伏兵安福門外以俟之。正旦，仲先入朝，德昭擒斬之。馳詣少陽院，叩門呼曰：「逆賊已誅，請陛下出勞將士。」何后不信曰：「果爾，以其首來。」德昭獻其首，上乃與后毀扉而出。崔胤迎上御長樂門樓，帥百官稱賀。周承誨擒劉季述、王彦範繼至，方詰責，已爲亂梃所斃。薛齊偓赴井死，出而斬之。滅四人之族，并誅其黨二十餘人。上曰：「裕幼弱，非其罪。」黜爲德王。賜孫德昭姓名李繼昭，承誨姓名李繼誨，彦弼亦賜姓，皆以使相留宿衛，賞賜傾府庫，時人謂之「三使相」。上寵待胤益厚，朱全忠由是亦益重李振。

進朱全忠爵爲東平王，李茂貞爲岐王。

以韓全誨、張彦弘爲中尉，袁易簡、周敬容爲樞密使。敕：「近年宰臣延英奏事，樞密使侍側，爭論紛然，撓權亂政。自今並依大中舊制，俟宰相奏事畢，方得升殿承受公事。」崔胤、陸扆上言：「禍亂之興，皆由中官典兵。乞令胤主左軍，扆主右軍，則諸侯不敢侵陵，王室尊矣。」上召李繼昭等謀之，皆曰：「臣等累世在軍中，未聞書生爲軍主，若屬南司，必多所變更；不若歸之北司爲便。」於是復以宦者爲中尉，又徵前樞密使嚴遵美爲兩軍中尉觀軍容處置使。遵美曰：「一軍猶不可爲，況兩軍乎！」固辭不起。胤以宦官終爲肘腋之患，欲以外兵制之。會李茂貞入朝，胤諷茂貞留兵宿衛，以假子繼筠將之。諫議大夫韓偓以爲不可，曰：「留此兵則家國兩危，不留則國家兩安。」胤不從。

范氏曰：劉季述劫太子而幽帝，宦者皆預其謀。昭宗不能因天下讎疾之心窮治逆黨，奪其兵柄〔七〕，歸之將相，而以亂易亂，復任宦者；既赦而不問，又稍以法誅之，至使反側不安，外結藩鎮，以致劫遷之禍，由除惡不絶其本，而大信不立故也。昔陽虎作亂於魯，囚季桓子，劫其國君，春秋書之曰「盜」。若季述等，家臣賤人，不得曰「廢立」。爲唐史者，宜書曰「盜」，則名實正矣。

胡氏曰：崔胤之言，其心雖私，其策則是。冢宰，六卿之長，於事無所不統，況兵權，有國之司命，而可不預知乎？然不當分爲左右，通掌可也。彼三武夫，固北司之隸也，夫豈足與謀乎！

二月〔八〕，朱全忠取河中、晉、絳等州，執王珂以歸，殺之。朱全忠既服河北，欲取河中以制河東，遣張存敬將兵三萬襲之，而自以中軍繼其後。晉、絳不意其至，皆降。全忠留兵守之，以扼河東援兵之路。珂告急於李克用，克用兵不得進，報曰：「不若舉族歸朝。」珂又遺李茂貞書，言：「天子詔藩鎮無得相攻。今朱公不顧詔命，首興兵相加。河中若亡，則同、華、邠、岐俱不自保，天子神器拱手授人矣。公宜亟帥關中諸鎮兵固守潼關，赴救河中。關中安危，國祚修短，繫公此舉。」茂貞不報。存敬圍河中〔九〕，王珂欲奔京師，而人情離貳，不復能出，遂請降。全忠馳赴之，至虞鄉，哭重榮墓盡哀，河中人皆悦。珂欲面縛，全忠止之曰：「太師舅之恩何可忘！若郎君如此，使僕異日何以見舅於九泉！」乃以常禮出迎。全忠表張存敬爲留後。珂舉族遷于大梁，後全忠竟殺之。

以王溥、裴樞同平章事。

三月，朱全忠遣兵攻河東，取沁、澤、潞、遼等州。李克用遣使請好於全忠，全忠忿其書辭蹇傲，遣氏叔琮等分道攻之，沁、澤、潞、遼等州皆降。别將白奉國會成德兵自井陘入，拔承天。叔琮等兵抵晉陽城下，克用登城備禦，不遑飲食。時大雨積旬，芻糧不給，士卒瘧利，全忠乃召兵還。周德威、李嗣昭以精騎躡之，殺獲甚衆。

夏，五月〔一〇〕，以朱全忠爲宣武、宣義、天平、護國節度使。全忠奏乞除河中節度使，而諷吏民請己爲帥。

李茂貞入朝。初，楊復恭借度支賣麴之利一年以贍軍，而不復歸。至是，崔胤欲抑宦官，罷之，令酤者自造，而月輸錢度支；并近鎮亦禁之。李茂貞惜其利，表乞入朝論奏，韓全誨請許之。茂貞至京師，全誨深與相結。崔胤始懼，益厚朱全忠，而與茂貞爲仇敵矣。

六月，解崔胤鹽鐵使。上之返正也，中書舍人令狐涣、給事中韓偓皆預其謀，故擢爲翰林學士。時上悉以軍國事委崔胤，宦官側目；胤欲盡除之，韓偓曰：「事禁太甚，此輩亦不可全無。恐其黨迫切，更生他變。」胤不從。上獨召偓問之，對曰：「東内之難，敕使誰非同惡，處之當在正旦，今已失其時矣。」上曰：「當是時卿何不爲崔胤言之？」對曰：「陛下詔書云『四家之外，餘無所問』。夫人主所重莫大於信，既下此詔，則守之宜堅；若復戮一人，則人人懼死矣。然後來所去，已爲不少，此其所以恟恟不安也。今不若擇其尤無良者數人，明示其罪，寘之於法，然後撫諭其餘，擇其忠厚者使爲之長，有善則奬，有罪則懲，則咸自安矣。此曹在公私者以萬數，豈可盡誅邪！夫帝王之道，當以重厚鎮之，公正御之；至於瑣細機巧，此機生，則彼機應矣，終不能成大功，所謂理絲而棼之者也。况今朝廷之權，散在四方，苟能先收此權，則事無不可爲者矣。」上深以爲然，曰：「此事終以屬卿。」胤復請盡誅宦官，但以宫人掌内諸司事。宦官乃求美女知書者數人，内之宫中，陰令詗察其事，盡得胤密謀；日夜謀所以去胤者。時胤領三司，全誨等教禁軍對上諠譟，訴胤减損冬衣，上不得已，解胤鹽鐵使。時朱全忠、李茂貞各有挾天子令諸侯之意。胤知謀泄事急，遺全忠書，稱被密詔，令全忠以兵迎車駕。

冬，十月，朱全忠舉兵發大梁。初，韓全誨等懼誅，謀以兵制上，乃與李繼昭、繼誨、彦弼及神策指揮使李繼筠深相結，繼昭獨不肯從。它日，韓偓因對及之，上曰：「是不虚矣。令狐涣欲令朕召胤及全誨等於内殿，置酒和解之，何如？」對曰：「如此則彼凶悖益甚。獨有顯罪數人，速加竄逐，餘者許其自新，庶幾可息。若一無所問，彼必知陛下心有所貯，益不自安，事終未了耳。」上曰：「善。」既而宦官自恃黨援已成，稍不遵敕旨。或使監軍守陵，皆不行，上無如之何。朱全忠得崔胤書，自河中還大梁發兵。上聞之，急召韓偓謂曰：「聞全忠欲來除君側之惡〔一一〕，大是盡忠；然須令與茂貞共其功。若兩帥交争，則事危矣。卿語崔胤速飛書兩鎮使合謀。」又謂偓曰：「繼誨、彦弼輩驕横益甚。」對曰：「兹事失之於初，當其立功之時，但應以官爵、田宅、金帛酬之，不應聽其出入禁中也。且崔胤本留岐兵，欲以制敕使也。今敕使、衛兵相與爲一，汴兵若來，必與鬬於闕下，臣竊寒心。」十月，全忠兵發大梁。

楊行密遣兵攻杭州，擒其將顧全武。楊行密遣李神福等將兵取杭州，全武等列八寨以拒之。神福聲言還師，所獲杭俘走還者皆不追，暮遣羸兵先行，而伏兵青山。全武追之，伏發被擒。錢鏐聞之，驚泣曰：「喪我良將。」既而久攻不拔，神福欲歸，恐爲鏐所邀，乃遣人守衛鏐祖考丘壟，又使顧全武通家信。鏐遣使謝之，神福受其犒賂而還。既而行密遣全武歸〔一二〕，以易秦裴。

十一月，韓全誨等劫帝如鳳翔，朱全忠取華州。韓全誨等聞全忠將至，令李繼誨、李彦弼等勒兵劫上，請幸鳳翔。上密詔崔胤曰：「我爲宗社大計，勢須西行。卿等但東行也。」是日開延英，全誨等復侍側，同議政事。李繼筠遣兵掠内庫寶貨法物。全誨遣人密送諸王宫人先之鳳翔。全忠至河中，表請車駕幸東都，京城大駭。上遣中使召百官，皆辭不至。全誨等陳兵殿前，言於上曰：「全忠欲劫天子幸洛陽，求傳禪。臣等請奉陛下幸鳳翔，收兵拒之。」上不許，拔劍登乞巧樓，全誨等逼上下樓，李彥弼即於御院縱火。上不得已，與后妃、諸王百餘人皆上馬，慟哭而出。李茂貞出迎，上下馬慰接之，遂入鳳翔。全忠議引兵還，張濬說之曰：「韓建，茂貞之黨，不取之，必爲後患。」乃引兵逼其城，建單騎迎謁。全忠以建爲忠武節度使，以兵送之。車駕之在華州也，商賈輻湊，建重征之，得錢九百萬緡，至是，全忠盡取之。是時，京師無天子，行在無宰相，崔胤等列狀請朱全忠西迎車駕，全忠復書曰：「進則懼脅君之謗，退則懷負國之慚。然不敢不勉！」

范氏曰：崔胤本與韓全誨有隙，故各倚强藩以爲外援，而岐、汴亦憑宦官、宰相以制朝廷，故胤召全忠，而全誨劫帝西幸。唐室之亡，由南、北司相吞滅，而人主受其禍。豈不足爲將來之永鑒哉！

朱全忠引兵至鳳翔城東而還。朱全忠至長安，宰相帥百官班迎。至鳳翔，軍於城東，李茂貞登城謂曰：「天子避災，非臣下無禮，讒人誤公至此。」全忠報曰：「韓全誨劫遷天子，今來問罪，迎扈還宮。岐王苟不預謀，何煩陳諭！」上屢詔全忠還鎮，全忠乃拜表奉辭，移兵北趣邠州。節度使李繼徽請降，復姓名楊崇本。李茂貞以詔命徵兵河東，李克用遣李嗣昭將五千騎趣晉州，與汴兵戰於平陽北，破之。戎昭節度使馮行襲亦遣使聽命於全忠。韓全誨遣中使二十餘人分道徵兵，皆爲所殺。全誨又徵兵於王建，建使王宗佶等將兵五萬，聲言迎車駕，實襲山南諸州。

以盧光啓參知機務，崔胤、裴樞罷。

十二月，清海節度使徐彦若卒。彦若遺表薦劉隱權留後。

江西節度使鍾傳取撫州。傳圍撫州，天火燒其城，士民讙驚。諸將請急攻之，傳曰：「乘人之危，非仁也。」刺史危全諷聞之，謝罪聽命。

壬戌（九〇二）

二年。

春，正月，以韋貽範同平章事。

二月，李克用遣兵取慈、隰，逼晉、絳。朱全忠還河中，遣兵擊之。先是，朱全忠移軍武功，嗣昭等攻慈、隰以分其兵勢。全忠遂還河中。嗣昭等克二州，進逼晉、絳，全忠遣兄子友寧會氏叔琮擊之。

盜發簡陵。

三月，汴兵圍晉陽。氏叔琮、朱友寧進攻李嗣昭、周德威營。時汴軍横陳十里，而河東軍不過數萬。德威戰敗，叔琮、友寧乘勝攻河東，取慈、隰、汾三州，圍晉陽，攻其西門。克用召諸將議走保雲州，李存信欲入北虜，嗣昭、德威及李嗣源皆曰：「兒輩在此，必能固守。王勿爲北謀搖人心。」劉夫人亦曰：「王常笑王行瑜輕去其城，死於人手，奈何效之？且一足出城，則禍變不測，塞外可得至邪？」克用乃止。居數日，潰兵復集，軍府浸安。嗣昭、嗣源數將敢死士夜入叔琮營，斬首捕虜，汴軍驚擾。會大疫，引兵還。嗣昭與德威追之，復取慈、隰、汾三州。自是克用不敢與全忠争者累年。克用以貯糧、繕兵，修城利害問於幕府，掌書記李襲吉曰：「國富不在倉儲，兵强不由衆寡。霸國無貧主，强將無弱兵。願大王崇德愛人，去奢省役，設險固境，訓兵務農。定亂者選武臣，制理者選文吏，錢穀有句，刑法有律。誅賞由我，則下無威福之弊；近密多正，則人無譖謗之憂。如此，則國不求富而自富，不求安而自安矣。至於率閭閻，定間架，增麴蘗，檢田疇，恐非開國建邦之切務也。」克用以封疆日蹙，憂形於色，存勗進言曰：「朱氏窮凶極暴，人怨神怒，今其極也，殆將斃矣。吾家代襲忠貞，大人當遵養時晦以待其衰，奈何輕爲沮喪，使羣下失望乎！」克用悅。劉夫人無子，克用寵姬曹氏生存勗，幼警敏，有勇略，劉夫人待曹氏加厚。

以楊行密爲行營都統，賜爵吳王。上遣金吾將軍李儼宣諭江、淮，書御衣賜楊行密，令討朱全忠立功。將士聽承制遷補，然後表聞。

回鶻遣使入貢。回鶻請發兵赴難，上命韓偓答詔許之。偓曰：「戎狄獸心，不可倚信。彼見國家人物華靡，而甲兵凋弊，必有輕中國之心；且自會昌以來，爲國家所破，恐其乘危復怨。宜諭以小小寇竊，不須赴難，虛愧其意，實沮其謀。」從之。

夏，四月，盧光啓罷。

五月，朱全忠至東渭橋。崔胤詣河中，泣訴於朱全忠，請以時迎奉。全忠與之宴，胤親執板歌以侑酒。全忠乃將兵五萬發河中。

韋貽範罷。初，上與李茂貞以及宰相、中尉宴，酒酣，茂貞及韓全誨亡去，上問韋貽範：「朕何以巡幸至此？」對曰：「臣在外不知。」上曰：「卿既以非道取宰相，當於公事如法；若有不可，必準故事。」因怒目視之，微言曰：「此賊當杖之二十。」貽範屢持大盃獻上，上不即持，貽範舉盃直及上頤。至是，遭母喪而罷。

進錢鏐爵爲越王。

以蘇檢同平章事。宦官薦翰林學士姚洎爲相。洎謀於韓偓，偓曰：「若圖永久之利，則莫若未就爲善。儻出上意，固無不可。且汴軍旦夕合圍，孤城難保，家族在東，可不慮乎？」洎乃移疾。李茂貞及宦官恐上自用人，協力薦檢，遂用之。

昇州刺史馮弘鐸襲宣州，敗走；楊行密取昇州。馮弘鐸介居宣、揚之間，自恃樓船之强，不事兩道，至是帥衆襲宣城，田頵帥舟師逆擊破之。弘鐸收餘衆將入海，楊行密遣使招之，署節度副使，館給甚厚。初，弘鐸遣牙將尚公廼詣行密求潤州，行密不許，公廼大言曰：「公不見聽，但恐不敵樓船耳。」至是，行密謂公廼曰：「頗記求潤州時否？」公廼謝曰：「將吏各爲其主，但恨無成耳。」行密笑曰：「爾事楊叟如馮公，無憂矣。」行密以李神福爲昇州刺史。

朱全忠圍鳳翔。李茂貞自將與朱全忠戰于虢縣之北，大敗而還。全忠攻鳳州拔之，進軍鳳翔城下，朝服嚮城而泣曰：「臣但欲迎車駕還宫耳，不與岐王角勝也。」遂爲五寨環之。

楊行密攻宿州，不克。楊行密發兵討朱全忠，欲以巨艦運糧，徐温曰：「運路久不行，請用小艇，庶幾易通。」軍至宿州，會久雨，重載不能進，士有飢色，而小艇先至。行密由是奇温，始與議軍事。攻宿州，竟不克，乃引還。

秋，八月，兩浙軍亂。初，孫儒死，其士卒多奔浙西，錢鏐愛其驍悍，以爲中軍，號武勇都。杜稜諫曰：「狼子野心，它日必爲深患。請以土人代之。」不從。鏐如衣錦軍，命指揮使徐綰帥其衆以治溝洫，衆有怨言，謀殺鏐，不果。鏐命綰將所部先還杭州，及外城，縱兵焚掠。左都許再思與之合，進逼牙城。鏐聞變，微服乘小舟夜歸，踰城入。杜建徽自新城入援。

起復韋貽範同平章事。貽範之爲相也，多受人賂，許以官，既而以喪罷去，日爲債家所誚，故汲汲於起復，日遣人詣兩中尉、樞密及李茂貞求之。上命韓偓草制，偓曰：「吾腕可斷，此制不可草！」即上疏論之，以爲此必駭物聽，傷國體，中使怒曰：「學士勿以死爲戲！」偓以疏授之，解衣而寢。中使奏之，上命罷草。明日，班定，無白麻可宣，宦官諠言：「韓侍郎不肯草麻。」茂貞入見曰：「陛下命相，而學士不肯草麻，與反何異！」上曰：「學士所陳事理明白，若之何不從！」茂貞不悦而出，語人曰：「我實不知書生禮數，爲貽範所誤。」貽範乃止。至是，竟起復貽範，使姚洎草制。貽範不讓，即表謝，明日視事。

王建取興元。西川軍請假道於興元，節度使李繼密遣兵拒之，戰敗，奔還。西川軍乘勝至城下，王宗滌先登，克之。繼密請降，得兵三萬，騎五千。詔以王宗滌鎮之。宗滌有勇略，得衆心，王建忌之。王宗佶等疾其功，構以飛語。建召詰責之，宗滌曰：「三蜀略平，大王聽讒殺功臣可矣！」建縊殺之，成都爲之罷市，連營涕泣如喪親戚。建以王宗賀權興元留後。

九月，李茂貞攻朱全忠營，敗績。朱全忠以久雨，士卒病，議引兵歸河中。指揮使高季昌、劉知俊曰：「天下英雄，窺此舉一歲矣。今茂貞已困，奈何捨去？」全忠患茂貞堅壁不出，季昌請募人爲諜，入城誘致之。騎士馬景請行。會朱友倫發兵於大梁，將至，當出兵迓之。全忠命諸軍秣馬飽士，偃旗幟，潛伏營中，寂如無人。景乃詐爲逃亡入城，告茂貞曰：「全忠舉軍遁矣，獨留傷病者近萬人守營，請速擊之。」茂貞開門悉衆攻全忠營。全忠鼓於中軍，百營俱出，縱兵擊之；又遣數百騎據其城門。鳳翔軍進退失據，自蹈藉，殺傷殆盡。茂貞自是喪氣，始議與全忠連和，奉車駕還京矣。茂貞盡出騎兵於鄜州就芻糧。全忠穿蚰蜒壕圍鳳翔〔一三〕，設犬鋪、鈴架以絶内外。

王建取洋州。

以李茂貞爲鳳翔、靜難、武定、昭武節度使。

田頵攻杭州。或勸錢鏐渡江，東保越州以避徐、許之難，杜建徽按劍叱之曰：「事或不濟，同死於此，豈可復東渡乎！」顧全武曰：「聞綰等謀召田頵，頵至，則淮南助之，不可敵也。」建徽曰：「孫儒之難，王嘗有德於楊公，今往告之，宜有以相報。」鏐命全武告急楊行密，且以子傳璙爲質。綰等果召頵，頵引兵赴之。鏐謂之曰：「軍中叛亂，何方無之，公爲節帥，乃助賊爲逆乎？」全武至廣陵説行密，行密許之，以女妻傳璙。

冬，十月，楊行密建制敕院。李儼至揚州，楊行密始建制敕院，每有封拜，輒以告儼，於紫極宫玄宗像前陳制書，再拜然後下。

王建取興州。

朱全忠遣使奉表迎車駕。朱全忠遣幕僚司馬鄴奉表入城，獻食物、繒帛；復遣使請與茂貞連和，修宫闕，迎車駕。上亦遣使賫詔賜之。鳳翔軍夜縋降汴軍者甚衆。茂貞疑上與全忠有密約，增兵防衛。汴軍夜鳴鼓角，城中地如動。攻城者詬城上人云：「劫天子賊。」乘城者詬城下人云：「奪天子賊。」是冬大雪，城中食盡，凍餓死者不可勝計，或卧未死，肉已爲人所剮。市中賣人肉，斤直錢佰，犬肉直伍佰。茂貞儲偫亦竭，以犬彘供御膳。上鬻御衣及小皇子衣於市以充用。

十一月，保大節度使李茂勳引兵救鳳翔。朱全忠遣兵取鄜坊，茂勳降。

韋貽範卒。蘇檢數爲韓偓經營入相，言於茂貞及中尉、樞密，且遣親吏告偓，偓怒曰：「公不能有所爲，乃欲以此相污耶！」

錢鏐拒擊田頵，破之。田頵急攻杭州，錢鏐拒擊破之。楊行密亦使人召頵曰：「不還，吾且使人代鎮宣州。」頵取鏐次子傳瓘爲質，將妻以女；與徐綰、許再思同歸宣州。

十二月，李繼昭詣朱全忠降。茂貞山南州鎮皆入王建，關中州鎮皆入全忠，坐守孤城，乃密謀誅宦官以自贖，遺全忠書曰：「禍亂之興，皆由全誨，僕迎駕至此，以備它盜。公既志匡社稷，請公迎扈還宫。僕以弊甲彫兵從公陳力。」全忠復書曰：「僕舉兵至此，以乘輿播遷，公能協力，固所願也。」上召李茂貞、蘇檢、李繼誨等食，議與全忠和。上曰：「十六宅諸王以下，凍餓死者，日有數人。在内諸王及公主、妃嬪，一日食粥，一日食湯餅，今亦竭矣。卿等意如何？」皆不對，上曰：「速當和解耳。」鳳翔兵數十人遮韓全誨罵之曰：「闔城塗炭，正爲軍容輩數人耳。」李繼昭謂全誨曰：「昔楊軍容破楊守亮一族，今軍容亦破繼昭一族邪？」慢罵之，遂出降於朱全忠，復姓名符道昭。

癸亥（九〇三）

三年。

春，正月，平盧節度使王師範發兵討朱全忠，克兗州。師範頗好學，以忠義自許，爲治有聲迹。全忠圍鳳翔，韓全誨以詔書徵藩鎮兵入援，師範見之，泣下霑衿，曰：「吾屬爲帝室藩屏，豈得坐視天子困辱如此！雖力不足，當死生以之。」時關東兵多從全忠在鳳翔，師範分遣諸將，詐爲貢獻及商販，包束兵仗，載以小車，入汴、徐諸州，西至陜、華，期以同日俱發討全忠。適諸州者多事泄被擒，獨行軍司馬劉鄩取兗州。時泰寧節度使葛從周將其兵屯邢州，鄩帥精兵自水竇入據府舍，拜從周母，待其妻子以禮。全忠判官裴迪守大梁。師範遣走卒齎書至大梁，見迪色動，迪問知之，不暇白全忠，亟請馬步都指揮使朱友寧將兵萬餘人東巡兗、鄆，召從周於邢州，共攻師範。

李茂貞殺韓全誨等。帝幸朱全忠營，遂發鳳翔，復以崔胤爲司空、同平章事。李茂貞獨見上，請誅全誨等，與朱全忠和解，奉車駕還京。上喜，即收全誨等斬之，又斬李繼筠、繼誨、彦弼等十六人，而以第五可範、仇承坦爲中尉，王知古、楊虔朗爲樞密使；遣韓偓及趙國夫人詣全忠營，囊全誨等首以示之，曰：「曏來脇留車駕，不欲協和，皆此曹也，今朕與茂貞決意誅之。卿可曉諭諸軍以豁衆憤。」全忠遣判官李振奉表入謝，而圍猶未解。茂貞疑崔胤教全忠欲必取鳳翔，白上急召胤，令帥百官赴行在。賜詔六、七，胤竟不至。全忠亦以書召之，胤始來鳳翔，乃啓城門。茂貞請以其子侃尚平原公主，蘇檢女爲景王妃以自固，上皆從之。時鳳翔所誅宦官已七十二人，全忠又密令京兆捕誅九十人。車駕幸全忠營，全忠素服待罪，頓首流涕，上亦泣，親解玉帶以賜之，少休即行。全忠令朱友倫將兵扈從。車駕至興平，崔胤始帥百官迎謁；復以爲相，領三司如故。

車駕至長安，大誅宦官，以崔胤判六軍十二衛事。車駕入長安，崔胤奏以「宦官典兵豫政，傾危國家，不翦其根，禍終不已。請悉罷内諸司使，其事務盡歸之省寺，諸道監軍俱召還闕下」。上從之。全忠遂以兵驅第五可範已下數百人盡殺之，冤號之聲，徹於内外；其出使外方者，詔所在誅之，止留黄衣幼弱者三十人以備灑掃。自是宣傳詔命，皆令宫人出入；其兩軍八鎮兵，悉屬六軍。以崔胤兼判六軍十二衛事。

司馬公曰：宦者用權，爲國家患，其來久矣。蓋以出入宫禁，人主自幼及長，與之親狎，非如公卿進見有時，可嚴憚也。其間復有性識儇利，語言辨給，善伺候顔色，承迎志趣，受命則無違忤之患，使令則有稱愜之效。自非上智之主，燭知物情，慮患深遠，侍奉之外，不任以事，則近者日親，遠者日疏，甘言卑辭之請有時而從，浸潤膚受之愬有時而聽。於是黜陟刑賞之政，潛移於近習而不自知，如飲醇酒，嗜其味而忘其醉也。東漢之衰，宦官最名驕横，然皆假人主之權，依憑城社，以濁亂天下，未有能劫脇天子如制嬰兒，廢置在其手，東西出其意，如唐世者也。所以然者非它，漢不握兵，唐握兵故也。蓋其禍始於明皇，盛於肅、代，成於德宗，極於昭宗，而唐之廟社因以丘墟矣。爲國家者，可不慎其始哉！夫寺人之官，所以謹閨闥之禁，通内外之言，安可無也。如巷伯之疾惡，寺人披之事君，鄭衆之辭賞，吕彊之直諫，曹日昇之救患，馬存亮之弭亂，楊復光之討賊，嚴遵美之避權，張承業之竭忠，其中豈無賢才乎！顧人主不當與之謀議，進退士大夫，使有威福足以動人耳。果或有罪，小則刑之，大則誅之，無所寬赦；如此，雖使之專横，孰敢哉！豈可不察臧否，不擇是非，欲草薙而禽獮之，能無亂乎！是以袁紹行之於前而董卓弱漢，崔胤襲之於後而朱氏篡唐，雖快一時之忿，而國隨以亡。是猶惡衣之垢而焚之，患木之蠹而伐之，其爲害豈不益多哉！

二月，貶陸扆爲沂王傅、分司。車駕還京師，賜諸道詔書，獨鳳翔無之。扆曰：「茂貞罪雖大，然朝廷未與之絶。今獨無詔書，示人不廣。」崔胤怒，奏貶之。

賜蘇檢死，貶王溥爲賓客、分司。皆崔胤所惡也。

賜朱全忠號回天再造竭忠守正功臣。將佐敬翔、朱友寧，都頭以下皆賜號有差。

以輝王祚爲諸道兵馬元帥，朱全忠守太尉以副之，進爵梁王，崔胤爲司徒兼侍中。上議褒崇全忠，欲以皇子爲元帥，全忠副之。崔胤請以輝王爲之，上曰：「濮王長。」胤承全忠密旨，利於幼冲，固請之。胤恃全忠之勢，專權自恣，天子動静皆禀之，刑賞繫其愛憎，中外畏之。李克用聞之曰：「胤外倚賊勢，内脅其君，權重則怨多，勢侔則釁生，破國亡家，在目中矣。」

貶韓偓爲濮州司馬。上嘗謂偓曰：「崔胤雖忠，然頗用機數。」對曰：「凡爲天下者，萬國皆屬之耳目，安可以機數欺之！莫若推誠直致，雖日計之不足，而歲計之有餘也。」上欲用偓爲相，偓薦趙崇、王贊自代。胤惡其分己權，使朱全忠白上曰：「趙崇輕薄，王贊不才，韓偓何得妄薦！」上不得已，貶偓。

上與泣別，偓曰：「是人非復向來之比，臣得貶死爲幸，不忍見篡弑之辱！」胡氏曰：主暗國危，韓偓久於近密而不去何也？昭宗多與之謀議，君臣之分，有所不忍也。宰相，人所願欲而偓終不拜，甘心斥逐，其去雖晚，其志操可尚矣。

梁王全忠辭歸鎮。全忠奏留步騎萬人於故兩軍，以朱友倫爲宿衛使，張廷範爲宮苑使，王殷爲皇城使，蔣玄暉爲街使，乃辭歸鎮。上餞之於延喜樓，全忠奏曰：「克用於臣本無大嫌，乞厚加撫慰。」克用聞之，笑曰：「賊欲有事淄、青，畏吾掎其後耳。」

以裴樞同平章事。朱全忠薦之也。

三月，梁王全忠遣朱友寧、葛從周擊王師範。朱全忠還至大梁。王師範遣兵圍齊州，全忠遣友寧擊却之。劉鄩由是援絶，葛從周引兵圍之。友寧進攻青州，全忠引兵十萬繼之。

夏，五月，馬殷襲江陵，陷之。楊行密遣使詣馬殷，言朱全忠跋扈，請絶之。湖南大將許德勳曰：「全忠雖無道，然挾天子以令諸侯，不可絶也。」殷從之。先是，淮南將李神福圍鄂州，節度使杜洪求救於朱全忠。全忠遣兵屯灄口，令荆南成汭、武貞雷彦威與殷出兵救之。汭畏全忠，且欲侵地自廣，發舟師十萬沿江東下。掌書記李珽諫曰：「今每艦載甲士千人，稻米倍之，緩急不可動也。吴兵剽輕，難與角逐。武陵、長沙皆吾讎也，豈得不爲反顧之慮乎！不若遣驍將屯巴陵，堅壁勿戰，不過一月，吴兵食盡自遁，鄂圍解矣。」汭不聽而行。殷果遣許德勳將舟師襲江陵，陷之，大掠而去。將士聞之，皆無鬬志。神福聞汭將至，自乘輕舟覘之，還謂諸將曰：「彼戰艦雖多而不相屬，易制也。」逆擊破之，汭赴水死。彦威狡獪殘忍，常泛舟焚掠鄰境，荆、鄂之間，殆至無人。

王師範以淮南兵擊朱友寧，斬之。秋七月，梁王全忠擊師範，破之，遣楊師厚攻青州。朱友寧圍博昌，月餘不拔，全忠怒，遣使督之。友寧驅民丁十餘萬築土山，并人畜木石，排而築之，冤號聞數十里；俄而城陷，盡屠之。進拔臨淄，抵青州城下，遣别將攻登、萊。師範求救於楊行密，行密遣將王茂章救之。六月，汴兵拔登州。師範拒友寧於石樓，友寧攻之，破其一柵。師範趣茂章出戰，茂章按兵不動，比明，渡汴兵已疲，乃與師範合兵出戰，大破之。友寧馬仆，斬之。乘勝逐北，俘斬殆盡。全忠聞友寧死，自將兵二十萬，晝夜兼行赴之。七月，至臨朐，命諸將攻青州。師範出戰，大敗。茂章閉壘，伺汴兵稍懈，毁柵出戰；戰酣，退坐，召諸將飲酒，已而復戰。全忠登高望見之，歎曰：「使吾得此人爲將，天下不足平也！」至晡，汴兵乃退。茂章度衆寡不敵，引兵還。全忠留楊師厚攻青州而歸。

八月，進王建爵爲蜀王。

楊行密遣兵擊宣、潤州。初，田頵破馮弘鐸，詣廣陵謝楊行密，求池、歙爲巡屬，行密不許，頵怒而歸。頵兵强財富，好攻取，行密欲保境息民，每抑止之。頵陰有叛志，李神福言於行密曰：「頵必反，宜早圖之。」行密曰：「頵有大功，反狀未露，今殺之，諸將人人自危矣。」頵有良將曰康儒，與頵謀議多不合，行密知之，擢儒爲廬州刺史。頵以儒爲貳於己，族之，儒曰：「吾死，公亡無日矣！」頵遂與潤州團練使安仁義同舉兵。行密使李神福討頵，王茂章討仁義。茂章攻潤州，不克，行密使徐温將兵會之。温易其衣服旗幟如茂章兵，仁義不知，出戰，温奮擊破之。壽州節度使朱延壽，行密妻弟也，行密素狎侮之，延壽怨怒，陰與頵通謀。行密乃詐爲目疾，謂夫人曰：「吾不幸失明，諸子皆幼，軍府事當悉以授三舅。」夫人以報延壽，行密又自遣使召之。延壽至，行密執而斬之。初，延壽赴召，其妻王氏曰：「君此行，吉凶未可知，願日發一使以安我。」一日使不至，王氏曰：「事可知矣。」部分僮僕，授兵闔門，捕騎至，乃焚府舍，曰：「妾誓不以皎然之軀爲讎人所辱！」赴火而死。頵襲昇州，得李神福妻子，善遇之，遣使謂神福曰：「公見機，與公分地而王。不然，妻子無遺。」神福曰：「吾以卒伍事吳王，今爲上將，義不以妻子易其志！頵有老母，不顧而反，三綱且不知，烏足與言乎！」斬使者而進，士卒皆感勵。頵遣王檀、汪建將水軍逆戰，神福因風縱火焚之，檀、建大敗。頵聞之，自將水軍逆戰。神福曰：「賊棄城而來，此天亡也。」堅壁不戰，遣使告行密，請發兵斷其歸路。行密遣臺濛將兵應之。

楊師厚逼青州，王師範降。楊師厚進逼青州，師範請降。時朱全忠聞李茂貞將起兵，恐其復劫天子而去，欲迎車駕都洛陽，乃受之。

冬，十月，王建取夔、忠、萬、施四州。議者以瞿唐蜀之險要，建乃棄歸、峽，屯軍夔州。

葛從周取兖州。葛從周急攻兖州，鄆使從周母登城謂從周曰：「劉將軍事我，不異於汝。」從周攻城爲之少緩。鄆簡婦人及民之老疾者出之，獨與少壯者堅守以捍敵；及師範使者至，始出降。全忠表鄆爲保大留後。

宿衛使朱友倫卒。友倫擊毬墜馬而卒，全忠疑崔胤爲之，殺同戲者十餘人，遣兄子友諒代典宿衛。

山南東道節度使趙匡凝取荆南，表其弟匡明爲留後。時天子微弱，諸道多不上供，惟匡凝兄弟委輸不絶。

胡氏曰：忠孝，至行也，有所利而爲之，外行雖美，内心則惡。是時唐室垂滅，藩鎮奉上，非有賞可冀，有罰可懼，而二趙勉勉輸貢，是無所利而爲之者，可不謂之忠乎！

李茂貞、李繼徽舉兵逼京畿。朱全忠之克邠州也，質静難節度使楊崇本妻於河中而私焉，崇本怒，使謂李茂貞曰：「唐室將滅，父忍坐視之乎！」遂相與連兵侵逼京畿，復姓名李繼徽。全忠恐其復有刼遷之謀，乃發兵屯河中。

十一月，楊行密克宣州，斬田頵。初，頵聞臺濛將至，自將步騎逆戰。濛以楊行密書徧賜頵將，皆下馬拜受。濛因其挫伏，縱兵擊之，頵兵遂敗，奔還城守，濛引兵圍之。頵帥敢死士數百出戰，濛擊斬之，遂克宣州。初，行密與頵同里相善，約爲兄弟，及頵首至，視之泣下，與諸子以子孫禮事其母。以李神福鎮宣州。神福以杜洪未平，固讓不拜。宣州長史駱知祥善治金穀，牙推沈文昌善爲文，嘗爲頵草檄駡行密，行密皆擢用之。遣錢傳瓘歸杭州。

以獨孤損同平章事，裴贄罷。

張全義殺左僕射張濬。王師範之舉兵，濬預其謀。朱全忠謀簒奪，恐濬扇動藩鎮，諷全義殺之〔一四〕。

甲子（九〇四）

天祐元年。

春，正月，梁王全忠殺崔胤，以崔遠、柳璨同平章事。初，崔胤假朱全忠兵力以誅宦官，全忠既破李茂貞，威震天下，遂有篡奪之志，胤懼，與全忠外雖親厚，私心漸異，乃謂全忠曰：「長安密邇茂貞，不可不爲之備。六軍十二衛，但有空名，請召募以實之，使公無西顧之憂。」全忠知其意，曲從之，密使麾下壯士應募以察之。胤不之知，與鄭元規等繕治兵仗，日夜不息。及朱友倫死，全忠益疑。至是，欲遷天子都洛，恐胤立異，密表胤等專權亂國，請并其黨鄭元規等誅之。詔皆貶之，而以裴樞、獨孤損分判六軍、三司。全忠密令朱友諒殺胤及元規等數人。

胡氏曰：人見崔胤深結宣武，疑其有輸以社稷之意。胤非敢爾，直惡奄豎，疾茂貞爾；不然，何用區區召補六軍諸衛爲王室壯形勢哉？是則胤自謂能制全忠〔一五〕，而不知其在全忠之度内也。故不擇交，不慎始，終必傾虧，崔胤、張濬之事亦可監矣。

梁王全忠屯河中，表請遷都。上發長安，二月，至陝。朱全忠引兵屯河中，遣牙將奉表稱邠、岐兵逼畿甸，請上遷都洛陽。時上御延喜樓，及下，裴樞已促百官東行，驅徙士民，號哭滿路，罵曰：「賊臣崔胤召朱温來，傾覆社稷，使我曹流離至此。」上遂發長安。全忠以張廷範爲御營使，毁長安宫室、百司及民間廬舍，取其材浮渭沿河而下，長安遂墟。上至華州，民夾道呼萬歲，上泣曰：「勿呼萬歲，朕不復爲汝主矣！」館於興德宫，謂侍臣曰：「鄙語云：『紇干山頭凍殺雀，何不飛去生處樂？』朕今漂泊，不知竟落何所！」因泣下霑襟，左右莫能仰視。二月，至陝，以東都宫闕未成，留止。全忠來朝，上延入寢室見何后，后泣曰：「自今大家夫婦委身全忠矣！」

王建遣兵迎車駕。上遣間使以御札告難于建，建遣王宗祐將兵會鳳翔兵至興平，遇汴兵，不得進而還。建始自用墨制除官，云「俟車駕還長安表聞」。

三月，以梁王全忠判六軍諸衛事。

梁王全忠赴洛陽。全忠置酒私第，邀上臨幸，遂赴洛陽督修宮。上與之宴羣臣，既罷，留全忠及韓建飲，皇后出，自捧玉巵飲之。宮人或附上耳語。建躡全忠足，全忠不飲，陽醉而出。

遣間使以密詔告難于四方。上復遣間使以絹詔告急於王建、楊行密、李克用等，令糾率藩鎮以圖匡復，曰：「朕至洛陽，則爲全忠所幽閉，詔敕皆出其手，朕意不得復通矣。」

楊行密遣兵擊杜洪。楊行密復遣李神福將兵擊杜洪。朱全忠遣使詣之，請捨鄂、岳，復修舊好，行密報曰：「俟天子還長安，始敢聞命。」

夏，四月，上至洛陽。朱全忠奏：「宮室已成，請車駕早發。」上遣宮人諭以「皇后新產，未任就路，請俟十月東行」。全忠疑上徘徊俟變，怒甚，謂牙將寇彥卿曰：「汝速至陝，即日促官家發來。」閏月，車駕發陝，全忠迎於新安，殺上左右及宮人數人。自崔胤之死，六軍散亡俱盡，餘內園小兒二百餘人，從上而東，全忠盡殺之，豫選二百人大小相類者，衣其服而代之，上初不覺，累日乃寤。自是上之左右使令皆全忠之人矣。至洛陽入宮，以蔣玄暉、王殷爲宣徽南、北院使[一六]，張廷範爲街使，韋震爲河南尹；又召朱友恭、氏叔琮爲左、右龍武統軍，典宿衛。

以梁王全忠爲護國、宣武、宣義、忠武節度使。

更封錢鏐爲吴王。鏐求封吴越王，朝廷不許，乃更封吴王。

命魏博曰天雄軍，進羅紹威爵爲鄴王。

五月，梁王全忠還鎮。帝宴全忠等罷，復召全忠宴於内殿，全忠疑不入。帝曰：「然則可令敬翔來。」全忠擿翔使去，曰：「翔亦醉矣。」乃還大梁。

趙匡凝攻夔州，不克。匡凝遣水軍上峽攻夔州，知渝州王宗阮擊敗之。萬州刺史張武作鐵絙絶江中流，立柵於兩端，謂之「鏁峽」。

六月，李茂貞、王建、李繼徽合兵討朱全忠，全忠拒之河中。西川諸將勸王建乘茂貞之衰取鳳翔，建以問判官馮涓，涓曰：「今梁、晉虎爭，勢不兩立，若併而爲一，舉兵向蜀，雖諸葛復生，不能敵矣。鳳翔，蜀之藩蔽，不若與之和親，無事則務農訓兵，有事則觀釁而動，可以萬全。」建曰：「善。」乃與茂貞修好，與茂貞及李繼徽合兵討朱全忠，全忠拒之河中。建賦斂重，人莫敢言，涓因建生日獻頌，先美功德而後言之，建愧謝，自是賦斂稍損。

秋，八月，朱全忠弑帝於椒殿，太子柷即位。初，全忠見德王裕眉目疏秀，年齒已壯，惡之，私謂崔胤曰：「德王嘗干帝位，豈可復留！公何不言之？」胤言於帝，帝問全忠，全忠曰：「陛下父子之間，臣安敢竊議！此崔胤賣臣耳。」帝自離長安，日憂不測，與皇后終日沉飲，或相對悲泣。全忠使蔣玄暉伺帝動静，帝從容謂玄暉曰：「德王朕愛子，全忠何故堅欲殺之？」因泣下，齧中指血流。玄暉具以語全忠，全忠愈不自安。時李茂貞等移檄往來，皆以興復爲辭。全忠方西討，以帝有英氣，恐變生於中，欲立幼君，易謀禪代，乃遣判官李振至洛陽，與玄暉及朱友恭、氏叔琮等圖之。玄暉選牙官史太等百人夜叩宫門，殺宫人裴貞一。帝在椒殿方醉，遽起，單衣繞柱走，太追弒之。昭儀李漸榮以身蔽帝，呼曰：「寧殺我曹，勿傷大家！」太亦殺之。玄暉矯詔稱貞一、漸榮弒逆，立輝王祚爲皇太子，更名柷，於柩前即位，時年十三。宫中恐懼，不敢出聲哭。全忠聞之，陽驚哭，自投於地，曰：「奴輩負我，令我受惡名於萬代！」至東都，伏梓宫慟哭，殺友恭、叔琮。友恭臨刑大呼曰：「賣我以塞天下之謗，如鬼神何！」全忠遂辭赴鎮。

范氏曰：唐末藩鎮，惟李克用最爲有功，雖嘗跋扈，而終不失臣節，若倚爲藩扞，使太原之勢常重，則諸鎮未敢窺唐也。而唐以其戎狄之人，疑而不信，是以不競於汴。而全忠獨強，吞噬諸鎮，卒滅唐室。自古忠者不見信，而所信者不忠，豈有不亡者乎！

以張全義爲河南尹。

楊行密以劉存爲招討使，子渥爲宣州觀察使。李神福、臺濛卒，楊行密以存、渥代之。徐温謂渥曰：「王寢疾而嫡嗣出藩，此必姦臣之謀。它日相召，非温使者，及王令書，慎無亟來。」渥泣謝而行。

九月，尊皇后爲皇太后。

冬，十月朔，日食。

十二月，楊行密遣馬賨歸長沙。賨性沈勇，事行密屢有功。行密從容問其兄弟，乃知爲馬殷之弟，大驚曰：「吾嘗怪汝器度瓌偉，果非常人。」遣歸長沙。賨固辭，行密固遣之。賨至長沙。殷議入貢，賨曰：「楊王地廣兵强，不若與之結好。」殷作色曰：「楊王不事天子，一旦朝廷致討，罪將及吾。汝置此論，勿爲吾禍。」

以劉隱爲清海節度使。清海節度使崔遠赴鎮，畏隱不敢前。隱以重賂結朱全忠，故有是命。

乙丑（九〇五）

昭宣帝天祐二年。

春，正月，楊行密克潤州，殺安仁義。仁義勇决得士心，茂章攻之，踰年不克；至是，城陷見殺。

二月，朱全忠殺德王裕等九人。全忠使蔣玄暉邀德王裕九人，置酒九曲池，悉縊殺之，投尸池中；皆昭宗之子也。

劉存拔鄂州，執杜洪。

葬和陵。

三月，以王師範爲河陽節度使。師範舉族西遷大梁，全忠客之，使鎮河陽。

獨孤損、裴樞、崔遠並罷，以張文蔚、楊涉同平章事。初，柳璨及第，不四年爲相，性傾巧。時天子左右皆朱全忠腹心，璨曲意事之，同列裴樞、崔遠、獨孤損皆朝廷宿望，意輕之，璨以爲憾。張廷範本優人，有寵於全忠，奏以爲太常卿，樞曰：「廷範勳臣，幸有方鎮，何藉樂卿！恐非元帥之旨。」持之不下。全忠聞之，謂賓佐曰：「吾嘗以裴十四器識真純，不入浮薄之黨；觀此議論，本態露矣。」璨因此并譖遠、損於全忠，故三人皆罷。以張文蔚、楊涉爲相。涉爲人和厚恭謹，聞當爲相，泣謂其子凝式曰：「此吾家之不幸也，必爲汝累！」

河東押牙蓋寓卒。寓遺書勸李克用省營繕，薄賦斂，求賢俊。

夏，四月，彗星出西北，長竟天。

六月，殺裴樞、獨孤損、崔遠、陸扆、王溥等三十餘人。柳璨恃朱全忠之勢，恣爲威福。會有星變，占者曰：「君臣俱災，宜誅殺以應之。」璨因疏其素所不快者於全忠曰：「此曹皆怨望腹非，宜以之塞災異。」李振亦言於全忠曰：「王欲圖大事，此曹皆朝廷之難制者也，不若盡去之。」全忠以爲然，貶獨孤損、裴樞、崔遠、陸扆、王溥、趙崇、王贊等官有差，自餘或門胄高華，或科第自進，以名檢自處者，皆指以爲浮薄貶之。六月朔，聚樞等三十餘人於白馬驛，一夕盡殺之，投尸于河。初，李振屢舉進士，不中第，故深疾搢紳之士，言於全忠曰：「此輩常自謂清流，宜投之黄河，使爲濁流。」全忠笑而從之。振自汴至洛，朝臣必有竄逐者，時人謂之「鴟梟」。

范氏曰：白馬之禍，至今悲之，歐陽修有言曰：「一太常卿與社稷孰爲重？使樞等不死，尚惜一卿，其肯以國與人乎！雖樞等之力不能存唐，必不亡唐而獨存也。」是不然，昭宗返自鳳翔，全忠篡奪之勢成矣，樞乃被其薦引以爲宰相；全忠之劫遷也，昭宗未及下樓，樞受賊旨，已率百官出長安東門，昭宗卒以弑殞，而唐遂亡。由此觀之，樞爲忠於李氏乎？忠於朱氏乎？且長安與一太常卿孰重？國亡君弒，與流品不分孰急？樞不惜長安以與全忠，乃惜一卿不與廷範；不恤國亡君弒，而恤流品之不分，其愚豈不甚哉！夫樞非有忠義之心能爲社稷者也，不勝利欲之心，畏全忠而附之，弒其君父，既從之矣；以爲除太常卿，小事也，持之不與，未必咈全忠之心，欲微以示人至公，而不意全忠之怒至此也。全忠以爲此小事也，猶不從己，其肯聽己取天下乎！是以肆其誅鋤，無所不至；不知樞等實非能爲唐輕重，乃全忠疑之過也。嚮使樞有存唐之心，當全忠之劫遷，端委而受刃於國門，天下忠義之士聞之，必有奮發而起者矣。樞不爲此，而惜一卿，不死於昭宗之弒，而死於廷範之事，處身如此，豈能爲國慮乎！白馬之禍，蓋自取之也。然自古如此而死者多矣，貪躁之士，亦可少戒哉！

秋，八月，王建取金州。

徵前禮部員外郎司空圖詣闕，尋放還山。初，圖棄官居虞鄉王官谷，昭宗屢徵之不起。柳璨以詔書徵之。圖懼，入見，陽爲衰野，墜笏失儀。璨復下詔曰：「養高釣名，匪夷匪惠，難居公正之朝，可放還山。」

胡氏曰：唐末進退不汙者，惟司空圖一人，其猶在韓偓之右乎？迹近而意遠，情疏而罪微，此蔡邕、伍瓊、周毖之所難也。詳味其事，想見其人。烏乎，其可謂賢矣哉！

九月，梁王全忠遣楊師厚取襄陽，趙匡凝奔廣陵。朱全忠以匡凝與楊行密、王建交通，遣師厚將兵擊之，自將大軍繼之，攻下七州，大破其兵。匡凝奔廣陵，楊行密戲之曰：「君在鎮，歲以金帛輸朱全忠，今敗，乃歸我乎！」匡凝曰：「諸侯事天子，歲輸貢賦，乃其職也，豈輸賊乎！今日歸公，正以不從賊耳。」行密厚遇之。

楊師厚取江陵，趙匡明奔成都。

冬，十月，以梁王全忠爲諸道兵馬元帥。

梁王全忠擊淮南，不利。朱全忠部署將士，將歸大梁，忽變計欲乘勝擊淮南。敬翔諫曰：「今師出未踰月，平兩大鎮，闢地數千里，遠近震懾，此威望可惜！不若且歸息兵，俟釁而動。」不聽。至棗陽，遇大雨；抵光州，道險塗潦，人馬疲乏，士卒逃亡。十一月，渡淮而北，光州刺史柴再用抄其後軍，斬首三千級，獲輜重萬計。全忠悔之，躁忿尤甚。

改昭宗謚號。起居郎蘇楷素無行，嘗登進士第，昭宗覆試黜之，至是，建議昭宗謚聖穆景文多謚美，請改之。太常卿張廷範奏改爲恭靈莊愍，廟號襄宗。

十一月，吳王楊行密卒，子渥代爲淮南節度使。行密長子渥素無令譽，軍府輕之。行密寢疾，命判官周隱召渥，隱性戇直，對曰：「司徒輕易信讒，喜擊毬，好飲酒，非保家之主；餘子皆幼，未能駕馭諸將。廬州刺史劉威從王起細微，必不負王，不若使之權領軍府，俟諸子長而授之。」行密不應。徐温、張顥密言於行密曰：「王出萬死，冒矢石，爲子孫立基業，安可使它人有之！」行密曰：「吾死瞑目矣。」行密使温與幕僚嚴可求詣隱取牒，遣使召渥，以王茂章代守宣州。渥至，行密卒，謚武忠〔一七〕。李儼承制以渥爲節度使。

以梁王全忠爲相國，封魏王，加九錫，全忠不受。先是，全忠急於傳禪，密使蔣玄暉等謀之。玄暉與柳璨等議以魏、晉以來，皆先封大國，加九錫殊禮，然後受禪，當次第行之，全忠大怒。宣徽副使王殷、趙殷衡譖之曰：「玄暉、璨等欲延唐祚，故留其事以須變。」玄暉聞之懼，詣全忠言狀，全忠曰：「汝曹巧述閑事以沮我，借使我不受九錫，豈不能作天子邪！」玄暉曰：「唐祚已盡，天命歸王，但以晉、燕、岐、蜀皆吾勍敵，王遽受禪，彼心未服，不可不曲盡義理，然後取之。玄暉等欲爲王創萬代之業耳。」全忠叱曰：「奴果反矣！」玄暉歸，與璨議加全忠九錫，朝士多竊懷憤邑，禮部尚書蘇循，楷之父也，獨揚言曰：「梁王功業顯大，曆數有歸，朝廷宜速行揖讓。」朝士無敢違者。乃以全忠爲相國，總百揆，進封魏國，加九錫。全忠怒不受。璨遂奏請傳禪，詣大梁白全忠，全忠拒之。

十二月，朱全忠弒太后何氏，殺蔣玄暉、柳璨、張廷範。初，柳璨與玄暉、廷範相結，爲全忠謀禪代事。何太后使宮人達意，求傳禪之後，子母生全。王殷、趙殷衡譖玄暉云：「與璨、廷範與太后夜宴，焚香爲誓，興復唐祚。」全忠信之，誅玄暉等〔一八〕，以殷權知樞密，殷衡權判宣徽院事。殷等遂誣玄暉私侍太后，全忠令殷等弒太后于積善宮，斬柳璨於上東門，車裂廷範於都市。璨臨刑呼曰：「負國賊柳璨，死其宜矣！」

范氏曰：孟子曰：「不仁而得國者有之矣，不仁而得天下者未之有也。」三代以後，蓋有不仁而得天下者，全忠是也。雖爲天子數年而不免其身，子孫殄戮，靡有遺類，是以一族易一身之富貴也。五代之際，起匹夫而爲天子，或五、六年，或三、四年，或一、二年，皆宗族夷滅，世絶不祀。亂臣賊子，曾莫懲也！書曰：「惠迪吉，從逆凶，惟影響。」豈不信哉！

罷謁郊廟。先是，禮院奏皇帝登位，應祀南郊，敕用十月行之。既習儀，朱全忠怒曰：「柳璨、蔣玄暉欲郊天以延唐祚。」璨等懼，改用來年正月。至是，全忠弑太后，誅璨等，敕以宫禁内亂罷之。

丙寅（九〇六）

三年。

春，正月，宣州觀察使王茂章奔杭州。楊渥之去宣州也，欲取其幄幕及親兵以行，茂章不與，渥怒。既襲位，遣李簡等將兵襲之，茂章帥衆奔兩浙。錢鏐以爲鎮東節度副使，更名景仁。

羅紹威殺其牙軍八千家。初，田承嗣鎮魏博，選募六州驍勇之士五千人爲牙軍，厚其給賜以自衛。自是父子相繼，親黨膠固，日益驕横，小不如意，輒族舊帥而易之，自史憲誠以來，皆立於其手。羅紹威惡之，力不能制，密告朱全忠，欲借兵以誅之。全忠乃發兵屯深州，聲言擊滄州。會全忠女適紹威子者卒，全忠遣將實甲兵於槖中，選兵千人爲擔夫，入魏，詐云會葬，全忠自以大軍繼其後，云赴行營，牙軍不之疑〔一九〕。紹威潛遣人入庫，斷弓弦甲襻，夜率奴客數百人與汴將合擊牙軍，牙軍欲戰，而弓甲皆不可用，遂闔營殪之，凡八千家〔二〇〕，嬰孺無遺。詰旦，全忠引兵入城。

以梁王全忠爲三司都制置使。三司之名始于此。全忠辭不受。

夏，四月朔，日食。

天雄軍亂，梁王全忠討平之。羅紹威既誅牙軍，魏之諸軍皆猜懼，牙將史仁遇聚衆數萬據高唐，巡內州縣多應之，全忠攻拔層之。李克用遣兵救之，不克。

爲之一空。

鎮南節度使鍾傳卒。子匡時爲留後。

秋，七月，梁王全忠還大梁。全忠留魏半歲，羅紹威供億所殺牛羊豕近七十萬，資糧稱是，蓄積爲之一空。紹威雖去其逼，而魏兵自是衰弱，紹威悔之，謂人曰：「合六州四十三縣鐵，不能爲此錯也。」

范氏曰：自天寶已後，燕、趙、魏之俗，安於悖逆，不復知有君臣，歷十五世，然後夷滅，靡有遺類，而其俗猶不改也。其後梁、唐之得國與失之，皆始於魏，由其習亂易動也。而燕人至晉氏遂淪於左衽，豈非諸夏之禮，其亡有漸乎！趙居二寇之間，或逆或順，不若燕、魏之甚也，故其禍有淺深。論者或謂紹威誅牙兵以弱魏，而全忠無後顧之慮，因以篡唐。夫唐與魏離亦久矣，牙軍適足亂魏而已，豈能爲唐室之輕重乎！

九月，梁王全忠攻滄州，劉仁恭救之。全忠以幽、滄相首尾爲魏患，欲先取滄州，引兵渡河圍滄州。劉仁恭救之，下令境內男子十五以上、七十以下，悉自備兵糧詣行營，文其面曰「定霸都」，士人則文其臂曰「一心事主」，得兵十萬，軍于瓦橋，畏汴軍强，不敢戰。城中食盡，全忠使人説劉守文曰：「何不早降？」守文登城應之曰：「梁王方以大義服天下，若子叛父而來，將安用之！」全忠愧其辭直，爲之緩攻。

楊渥取洪州。楊渥遣秦裴將兵擊洪州，軍于蓼洲，諸將請阻水立寨，裴不從。鍾匡時果遣其將劉楚據之，諸將以咎裴，裴曰：「匡時驍將獨楚耳，若帥衆守城，不可猝拔，吾故以要害誘致之耳。」破寨執楚，遂圍洪州，拔之。

楊崇本攻夏州。

冬，十月，王建立行臺。王建始立行臺於蜀。建東向舞蹈號慟言曰：「自大駕東遷，制命不通，請權立行臺。」用李晟、鄭畋故事，承制封拜，仍以榜帖告諭所部。

李克用遣兵攻潞州。劉仁恭求救於河東，前後數百輩。李克用恨其返覆，未之許，存勗諫曰：「天下之勢，歸朱温者什七、八，自河以北，能爲温患者，獨我與幽、滄耳，今不與之併力，非我之利也。夫爲天下者不顧小怨，且彼嘗困我，而我救其急，以德懷之，乃一舉而名實附也。此乃吾復振之時，不可失也。」克用以爲然，謀召幽州兵與攻潞州，曰：「於彼則可以解圍，於我則可以拓境。」乃許仁恭和。仁恭遣兵三萬詣晉陽，克用遣周德威、李嗣昭等將兵與之共攻潞州。

梁王全忠遣劉知俊救夏州，邠人大敗。夏州告急於全忠，全忠遣知俊等救之。崇本將其鎮之兵五萬〔二一〕，軍于美原。知俊等擊敗之，乘勝攻下鄜、延等五州。西軍自是不振。

梁王全忠以高季昌爲荆南留後。武貞雷彦恭屢寇荆南，留後賀瓌閉城自守。朱全忠以爲怯，使季昌代之。

十二月，昭義節度使丁會降于河東，梁王全忠引兵還。初，昭宗凶訃至潞州，會帥將士縞素，流涕久之。及李嗣昭攻潞州，會舉軍降之。李克用以嗣昭爲昭義留後。會見克用泣曰：「會非力不能守也。梁王陵虐唐室，會雖受其舉拔之恩，誠不忍其所爲，故來歸命耳。」克用厚待之，位於諸將之上。

全忠將攻滄州，聞潞州不守，引兵還，芻糧山積，命悉焚之，在舟中者鑿而沈之。劉守文使遺全忠書曰：「城中數萬口不食數月矣，與其焚之爲煙，沈之爲泥，願乞所餘以救其命。」全忠留數囷以遺之，滄人賴以濟。

校勘記

〔一〕仁恭遣其將軍單可及引兵迎戰　「單」字原脱，據殿本、通鑑卷二六一唐昭宗乾寧四年九月丁丑日條補。

〔二〕王潮以弟審知爲觀察副使　「弟」字原脱，據殿本、通鑑卷二六一唐昭宗乾寧四年十二月丁未日條補。

〔三〕昭宗在位十有三載　「三」，成化本、殿本作「二」。

〔四〕唯貴戚之卿與世受國恩者　「唯」原作「非」，據成化本、殿本改。

〔五〕則於成德何私焉　「私」，成化本作「利」。

〔六〕尚何心於馳騁田獵　「田」原作「日」，據成化本、殿本改。

〔七〕奪其兵柄　「兵」原作「近」，據成化本、殿本改。

〔八〕二月　「二」原作「三」，據成化本、殿本改。

〔九〕存敬圍河中　「存敬」原作「敬存」，據殿本改。

〔一〇〕夏五月　「夏」字原脱，據殿本補。

〔一一〕聞全忠欲來除君側之惡　「來」原作「求」，據殿本、通鑑卷二六二唐昭宗天復元年九月癸丑日條改。

〔一二〕既而行密遣全武歸　「而」字原脱，據殿本補。

〔一三〕全忠穿蚰蜒壕圍鳳翔　「鳳翔」原脱，據殿本、通鑑卷二六三唐昭宗天復二年九月辛亥日條補。

〔一四〕諷全義殺之　「義」原作「忠」，據殿本、通鑑卷二六四唐昭宗天復三年十二月條改。

〔一五〕是則胤自謂能制全忠　「制」原作「以」，據成化本、殿本改。

〔一六〕以蔣玄暉王殷爲宣徽南北院使　「暉」原作「輝」，據殿本、通鑑卷二六四唐昭宗天祐元年四月戊申日條改。

〔一七〕謚武忠　「武忠」原作「忠武」，據殿本、通鑑卷二六五唐昭宣帝天祐二年十一月庚辰日條、新唐書卷一八八楊行密傳改。

〔一八〕誅玄暉等　「誅」字原脱，據殿本補。

〔一九〕牙軍不之疑　「軍」原作「兵」，據殿本、通鑑卷二六五唐昭宣帝天祐三年正月條改。

〔二〇〕凡八千家　「八」原作「十」，據殿本、通鑑卷二六五唐昭宣帝天祐三年正月條改。

〔二一〕崇本將其鎮之兵五萬　「其」，殿本、通鑑卷二六五唐昭宣帝天祐三年十月條作「六」。

資治通鑑綱目卷五十四

起丁卯唐哀帝天祐四年，盡己卯晉王李存勗唐天祐十六年、梁主瑱貞明五年，凡一十三年。

丁卯（九〇七）

四年。四月以後，梁太祖皇帝朱晃開平元年，西川稱唐天復七年。是歲，唐亡，梁、晉、岐、淮南、西川凡五國，吴越、湖南、荆南、福建、嶺南凡五鎮。

春，正月，淮南牙將張顥、徐温作亂。楊渥既得江西，驕侈益甚，以故怨殺判官周隱，將佐皆不自安。渥居喪酣飲作樂，然十圍之燭以擊毬，或單騎出遊，從者不知所之。左、右牙指揮使張顥、徐温泣諫，渥怒。顥、温潛謀作亂，一日，帥牙兵二百，露刃直入庭中。渥曰：「爾果欲殺我邪？」對曰：「非敢然也，欲誅王左右亂政者耳。」因數渥所親信十餘人之罪，曳下擊殺之，謂之「兵諫」。諸將不與之同者，稍以法誅之。於是軍政悉歸二人，渥不能制。

三月，唐遣使奉册寶如梁。梁王全忠自滄州還，威望大沮，恐中外離心，欲速受禪；過魏有疾，羅紹威恐全忠襲之，説曰：「今唐室衰微，天命已改，而四方稱兵者皆以興復爲名，王宜早正位號，以絶人望。」全忠然之，乃歸大梁。帝遣御史大夫薛貽矩至勞之。貽矩請以臣禮見，北面拜舞於庭，還言於帝曰：「元帥有受禪之意矣。」帝乃下詔禪位于梁，遣宰相張文蔚、楊涉及薛貽矩、蘇循、張策、趙光逢等奉玉册傳國寶，帥百官，備法駕，詣大梁。楊涉子直史館凝式言於涉曰：「大人爲唐宰相，而國家至此，不可謂之無過，況手持天子璽綬與人，雖保富貴，奈千載何！盍辭之？」涉大駭曰：「汝滅吾族！」神色爲之不寧者數日。

夏，四月，盧龍節度使劉仁恭爲其子守光所囚。仁恭驕侈貪暴，以大安山四面懸絶，築館其上，極壯麗，實以美女，與方士鍊藥其中；悉斂境内錢瘞山頭，令民間用堇泥爲錢。有愛妾羅氏，其子守光通焉，仁恭杖守光而斥之。至是，梁遣李思安擊之，直抵城下。仁恭在大安，城幾不守。守光自外引兵入，登城拒守却之，遂自稱節度使，令部將李小喜攻大安，虜仁恭以歸，囚於别室。守光弟守奇奔河東。

梁王全忠更名晃，稱皇帝，奉唐帝爲濟陰王。張文蔚等至大梁。梁王更名晃。文蔚等乘輅奉册寶至金祥殿。王被衮冕即皇帝位，文蔚等升殿，讀册寶已，降，帥百官舞蹈稱賀。梁主與之宴，舉酒勞之曰：「此皆諸公推戴之力也。」文蔚等皆慚伏不能對，獨蘇循、薛貽矩盛稱功德，宜應天順人。梁主復與宗戚飲博宫中，其兄全昱謂曰：「朱三，汝本碭山一民也，從黄巢爲盗，天子用汝爲四鎮節度使，富貴極矣，奈何一旦滅唐家三百年社稷！它日得無滅吾族乎！」梁主不懌而罷。奉唐帝爲濟陰王，遷于曹州，栫之以棘，使甲士守之。

梁以汴州爲東都，開封府，洛陽爲西都，長安爲大安府，佑國軍。

梁以馬殷爲楚王。

梁以敬翔知崇政院事。梁以宣武掌書記、太府卿敬翔知崇政院事，以備顧問，參謀議於禁中，承上旨宣於宰相而行之；宰相非時奏請，皆因以聞。後廢樞密院，以其職事歸之。翔爲人沈深有智略，在幕府三十餘年，盡心勤勞，晝夜不寐，自言惟馬上乃得休息。梁主性暴戾難近，人莫能測，惟翔能識其意，有所不可，未嘗顯言，但微示持疑，梁主已悟。禪代之際，翔謀居多。

梁以朱友文判建昌院事。初，梁主爲四鎮節度使，凡倉庫之籍，置建昌院以領之。至是，以養子友文判院事，掌凡國之金穀。友文，本康氏子也。

淮南、西川移檄興復唐室。時惟河東、鳳翔、淮南稱天祐，西川稱天復年號，餘皆禀梁正朔。蜀王建與楊渥移檄諸道，云「欲與岐王、晉王會兵興復唐室」，卒無應者。建乃謀稱帝，遺晉王書云：「請各帝一方。」晉王復書不許曰：「誓於此生，靡敢失節！」

岐王李茂貞開府。茂貞治軍寬簡無紀律，兵羸地蹙，不敢稱帝，但開岐王府，置百官，宫殿號令，皆擬帝者。

契丹遣使如梁。初，契丹有八部，部各有大人，推一人爲王，建旗鼓以號令諸部，三年一代，以次爲之。及耶律阿保機爲王，尤雄勇，奚及室韋、達靼咸役屬之。阿保機恃其强，不肯受代。七部劫之，阿保機不得已，傳旗鼓，請帥種落居古漢城，别自爲一部。漢城地宜五穀，有鹽池之利。後稍以兵擊滅七部，北侵室韋、女真，西取突厥故地，東北諸夷皆畏服之。是歲，帥衆三十萬寇雲州，晉王與之連和，約爲兄弟，延之帳中，縱酒盡歡，約共擊梁。或勸晉王擒之，王曰：「讎敵未滅而失信夷狄，自亡之道也。」留之旬日，厚贈遺之。阿保機既歸而背盟，更附于梁，晉王由是恨之。

梁以錢鏐爲吳越王。鎮海節度判官羅隱説鏐舉兵討梁曰：「縱無成功，猶可退保杭、越，自爲東帝，奈何交臂事賊，爲終古之羞乎！」鏐始以隱爲不遇於唐，必有怨心，及聞其言，雖不能用，心甚義之。

梁以高季昌爲荆南節度使。依政進士梁震，唐末登第，歸蜀，過江陵，高季昌愛其才識，留之，欲奏爲判官，震耻之，欲去，恐及禍，乃曰：「震素不慕榮宦，明公不以爲愚，必欲使參謀議，但以白衣侍樽俎可也。」季昌許之。震終身止稱前進士，不受高氏辟署，季昌甚重之，以爲謀主，呼曰「先輩」。

梁主封其兄全昱爲廣王。全昱不樂在京師，常居碭山故里，三子皆封王。

胡氏曰：人而盜竊，良心盡亡，猶知畏人，則有不可亡者，但不能充其類而已。朱温爲盜二十年，卒竊唐室，全昱初無諫止，預其利也，及見温被衮稱帝，則惕然驚駭，發於言色，所謂不亡之良心也。全昱於此，誠能審度大小修短之數，無寧堅守所志，歸耕碭山，則温之族固滅，而朱之宗必全矣。見其不可，而不勝其利欲，畜疑行險，既居王爵，又封三子，於是舉家爲賊，而參夷之罪，勢必相及，雖歸碭山，安能免乎！

梁禮部尚書蘇循等致仕。循及其子楷自謂有功於梁，朝夕望爲相，梁主薄其爲人，敬翔、李振亦鄙之，言於梁主曰：「蘇循，唐之鴟梟，賣國求利，不可以立於惟新之朝。」詔循等十五人並勒致仕，楷斥歸田里。循父子乃之河中，依朱友謙。

胡氏曰：人莫難於自見，蘇循求相，與梁之簒國何異？朱温、敬翔捨己鴟梟而謂人鴟梟，循肯服耶？

六月，淮南遣兵擊楚，楚大破之，遂取岳州。楊渥遣其將劉存、許玄應將水軍擊楚。楚王殷懼，軍使楊定真賀曰：「我軍勝矣！」殷問其故，定真曰：「夫戰懼則勝，驕則敗。今淮南兵驕而王有懼色，吾是以知其必勝也。」殷命指揮使秦彦暉、黄璠帥戰艦擊之。存等遇雨，引兵還，彦暉追之，存數戰不利，乃遺殷書詐降。彦暉使謂殷曰：「此必詐也，勿受。」鼓譟而進，存等走。黄璠引兵合擊，大破之，執存，拔岳州。玄應，渥之腹心也，張顥、徐温因其敗，收斬之。

秋，七月，梁以劉守光爲盧龍節度使。

梁侵晉，圍潞州，晉遣周德威等救之。梁遣康懷貞攻潞州，晉李嗣昭閉城拒守。懷貞晝夜攻之，半月不克，乃築壘，穿蚰蜒塹而守之，内外斷絶。晉王以周德威爲行營都指揮使救之。

八月，晉敗梁兵於潞州，梁築夾寨守之。晉周德威壁于高河，康懷貞遣親騎擊之，不克。梁主遣李思安代之，將兵西上，至潞州城下，更築重城，内以防奔突，外以拒援兵，謂之「夾寨」。調山東民饋軍糧，德威日以輕騎抄之，思安乃自東南山口築甬道屬於夾寨。德威與諸將互往攻之，一晝夜數十發，梁兵疲於奔命，閉壁不出。

九月，蜀王王建稱帝。蜀王建議稱帝，將佐皆以爲然，馮涓獨獻議請以蜀王稱制，曰：「朝興則未爽稱臣，賊在則不同爲惡。」不從，涓杜門不出。建用副使韋莊之謀，即帝位。以王宗佶、韋莊爲宰相，唐道襲爲内樞密使。是時，唐衣冠之族多避亂在蜀，蜀主禮而用之，使修舉故事，故其典章文物有唐之遺風。

十一月，義昌節度使劉守文舉兵討其弟守光。守文聞其弟守光幽其父，集將吏大哭曰：「不意吾家生此梟獍〔一〕！吾生不如死，誓與諸君討之！」乃發兵擊守光，互有勝負。守文恐梁乘虛襲其後，遣使請降。

梁赦軍士逃亡爲盜者。初，梁主在藩鎮，用法嚴，將校有戰没者，所部兵悉斬之，謂之「跋隊斬」，士卒多亡；乃命軍士皆文其面以記軍號，逃輒執之，無不死者。由是亡者皆聚山澤爲盜。至是，赦其罪，聽還鄉里，盜減什七、八。

胡氏曰：文面始於有苗，至劉仁恭、朱全忠而加甚，籍民爲兵，無罪而黥之，使終身不能去。非至不仁者，莫忍爲也。其可以爲故常而無改易耶！

戊辰（九〇八）

晋、岐、淮南稱唐天祐五年，梁開平二年。蜀高祖王建武成元年。是歲，西川稱蜀，凡五國、五鎮。

春，正月，晋王李克用卒，子存勗立。晋王病篤，周德威等退屯亂柳。晋王命其弟克寧、監軍張承業、大將李存璋、吴珙、掌書記盧質立其子晋州刺史存勗爲嗣，曰：「此子志氣遠大，必能成吾事。爾曹善教導之！」謂存勗曰：「嗣昭厄於重圍，吾不及見矣。俟葬畢，汝與德威輩速竭力救之！」又謂克寧等曰：「以亞子累汝！」亞子，存勗小名也。言終而卒。克寧久總兵柄，有次立之勢，軍中多竊議者，存勗懼，以位讓之，克寧曰：「汝冢嗣也，且有先王之命，誰敢違之！」將吏欲謁見存勗，存勗方哀哭，久未出。張承業入曰：「大孝在不墜基業，多哭何爲！」因扶存勗出，襲位爲河東節度使、晉王。克寧首帥諸將拜賀，王悉以軍府事委之。

二月，蜀以張格同平章事。蜀主登樓，有僧抉一目以獻，蜀主命飯僧萬人以報之。翰林學士張格曰：「小人無故自殘，赦其罪已幸矣。不宜復崇獎以敗風俗。」蜀主乃止。至是爲相，多迎合主意，有勝己者，必以計排去之。

晉兵馬使李克寧謀作亂，晉王殺之。初，晉王克用多養軍中壯士爲子，寵遇如真子。及存勗立，諸假子皆年長握兵，心怏怏不服。存顥陰説克寧曰：「兄終弟及，自古有之。以叔拜姪，於理安乎！」克寧曰：「吾家世以慈孝聞天下。先王之業苟有所歸，吾復何求！汝勿妄言，我且斬汝！」克寧妻孟氏素剛悍，諸假子各遣其妻入説之，使迫克寧。克寧心動。存顥等謀奉克寧爲節度使，舉河東附梁，執晉王及太夫人曹氏送大梁。帳下親信史敬鎔知之，以告，太夫人大駭，召張承業，指晉王謂之曰：「先王把此兒臂授公等，如聞外間謀欲負之，但置吾母子有地，勿送大梁，自它不以累公。」承業惶恐曰：「老奴以死奉先王之命，此何言也！」晉王以克寧之謀告，且曰：「至親不可自相魚肉，吾苟避位，則亂不作矣。」承業乃召李存璋等陰爲之備，置酒府舍，伏甲執克寧、存顥於座。晉王流涕數之曰：「兒曏以軍府讓叔父，叔父不取。今事已定，奈何復爲此謀，忍以吾母子遺仇讎乎！」遂殺之。

梁主晃弒濟陰王。追謚曰唐哀皇帝。

夏，五月，晉王攻梁夾寨，破之，潞州圍解。李思安等攻潞州久不下，亡將校四十人，士卒以萬計。梁主疑晉王克用詐死，欲召兵還，恐晉人躡之，乃議自至澤州應接歸師，且召匡國節度使劉知俊爲招討使，削思安官爵，斬監押楊敏貞。晉李嗣昭固守踰年，城中資用將竭。梁主數遣使諭降之，嗣昭焚詔書，斬使者。梁主欲召兵還，諸將以爲：「李克用死，晉兵且退，上黨孤城無援，請更留旬月以俟之。」梁主從之。初，晉周德威握重兵在外，國人疑之，晉王召德威還。四月，德威至晉陽，留兵城外，徒步而入，伏哭極哀，退謁嗣王甚恭，衆心由是釋然。梁夾寨奏晉兵已去，梁主以爲援兵不能復來，還大梁；夾寨亦不復設備。晉王與諸將謀曰：「上黨，河東之藩蔽，無上黨，是無河東也。且朱温所憚者，獨先王耳，聞吾新立，以爲童子未閑軍旅，必有驕怠之心。若簡精兵倍道趣之，出其不意，破之必矣。取威定霸，在此一舉，不可失也！」張承業亦勸之行。乃大閲士卒，以丁會爲都招討使，帥周德威等發晉陽。五月朔，晉王伏兵三垂岡下，詰旦，大霧，進兵直抵夾寨。梁軍無斥候，將士尚未起。晉王命周德威、李嗣源分兵爲二道，填塹燒寨，鼓譟而入。梁兵大潰南走，招討使符道昭馬倒被殺，失亡將士萬計，委棄資械山積。德威至城下呼嗣昭曰：「先王已薨，今王自來破賊。賊已去矣，可開門。」嗣昭不信曰：「此必爲賊所得，來誑我耳。」王自往呼之，嗣昭見王白服，大慟幾絶，城中皆哭，遂開門。初，德威與嗣昭有隙，晉王克用臨終，謂存勗曰：「進通忠孝，吾愛之深。今不出重圍，豈德威不忘舊怨邪？汝爲吾以此意諭之，若潞圍不解，吾死不瞑目。」進通，嗣昭小名也。存勗以告德威，德威感泣，由是戰甚力。既相見，歡好如初。梁主聞夾寨不守，大驚，既而嘆曰：「生子當如李亞子，克用爲不亡矣。至如吾兒豚犬耳！」

胡氏曰：喪不二事，故春秋於背喪而即戎者皆深譏之。惟其門庭之寇，存亡係焉，然後從權制而無避，此費誓所以得列於典謨命誥之後也。若李存勗夾寨之戰，君子深有取者，與是類爾。梁置夾寨，距晉陽不百里，可謂危急之勢矣，使存勗於是焉執哀戚之常情，忽國家之大計，上黨淪陷，則晉陽不存，又豈所以爲孝！是以審緩急，量輕重，出奇制勝，以走梁師，然後霸基復安，君子美之，垂訓大矣！

晉師攻梁澤州，不克。周德威乘勝進趣澤州，梁統軍牛存節將兵應接潰兵，至天井關，謂其衆曰：「澤州要害地，不可失也，雖無詔旨，當救之。」衆皆不欲，曰：「晉人勝氣方鋭，且衆寡不敵。」存節曰：「見危不救，非義也；畏敵强而避之，非勇也。」遂舉策引衆而前，至澤州，城中人已欲應晉，存節至乃定。晉兵尋至，攻之。存節晝夜拒戰，凡旬有三日。劉知俊引兵救之，德威退保高平。

晉王歸晉陽。晉王歸晉陽，休兵行賞；命州縣舉賢才，黜貪殘，寬租賦，撫孤窮，伸冤濫，禁姦盗，境内大治；訓練士卒，令騎兵不見敵無得乘馬，部分已定，無得相踰越及留絶以避險，分道並進，期會無得差晷刻，犯者必斬。初，唐昭宗許晉王克用承制封拜，時方鎮多行墨制，王耻與之同，每除吏必表聞。至是，存勗始承制除吏，兄事張承業，升堂拜母，賜遺甚厚。潞州圍守歷年，士民死者太半，嗣昭勸課農桑，寬租緩刑，數年之間，軍城完復。

淮南張顥、徐温弑其節度使楊渥；温復攻顥殺之。張顥、徐温專制軍政，弘農威王心不能平，欲去之而未能。二人不自安，共謀弒王，分其地以臣於梁。顥遣其黨弒王，集將吏於府廷，列白刃，厲聲問曰：「嗣王暴薨，軍府誰當主之？」三問，莫應，氣色益怒。幕僚嚴可求前密啓曰：「軍府至大，四境多虞，非公主之不可。然今日則恐太速。」顥曰：「何也？」可求曰：「劉威、陶雅皆先王之等夷，必不肯爲公下！不若立幼主輔之，諸將孰敢不從！」顥默然。可求因屏左右，急書一紙置袖中，麾同列詣使宅賀，衆莫測其所爲；既至，可求跪讀之，乃太夫人史氏教也，大要言：「先王創業艱難，嗣王不幸早世，隆演次當立，諸將宜無負楊氏，善輔導之。」辭旨明切。顥氣色皆沮，以其義正，不敢奪，遂奉王弟隆演稱留後。既罷，副都統朱瑾詣可求曰：「瑾年十六、七即横戈躍馬，衝犯大敵，未嘗畏懾，今日對顥，不覺流汗，公面折之如無人，乃知瑾匹夫之勇，不及公遠矣。」因以兄事之。顥以徐温鎮潤州。可求説温曰：「公捨牙兵而出，顥必以弒君之罪歸公。」温驚曰：「奈何？」可求曰：「顥剛愎而暗於事，請爲公圖之。」乃往見顥曰：「公出徐公於外，人皆言公欲奪其兵權而殺之，多言亦可畏也。」顥曰：「右牙欲之，非吾意也。業已行矣，奈何？」可求曰：「止之易耳。」明日，可求邀顥詣温，可求瞋目責温曰：「古人不忘一飯之恩，況公楊氏宿將！今幼嗣初立，多事之時，乃求自安於外，可乎？」温謝曰：「苟諸公見容，温何敢自專！」由是不行。顥知可求陰附温，夜遣盜刺之，可求知不免，請爲書辭府主。盜執刀臨之，可求操筆無懼色，盜見其辭旨忠壯，曰：「公長者，吾不忍殺。」掠其財以復命。温與可求謀，密結將軍鍾泰章等壯士三十人，斬顥於牙堂，暴其弒君之罪。初，顥與温謀弒威王，温曰：「參用左、右牙兵，心必不一；不若獨用吾兵。」顥不可，温曰：「然則獨用公兵。」顥從之。至是，窮治逆黨，皆左牙兵也，由是人以温爲實不知謀。隆演以温爲左、右牙都指揮使，軍府事咸取決焉；以可求爲揚州司馬。温性沈毅，自奉簡儉，雖不知書，使人讀獄訟之辭而決之，皆中情理；立法度，禁强暴，政舉大綱，軍民安之。温以軍旅委可求，以財賦委支計官駱知祥，皆稱其職。

蜀、岐、晉會兵攻梁雍州，梁遣忠武節度使劉知俊拒却之。

六月，梁殺其金吾將軍王師範，夷其族。朱友寧之妻泣訴於帝曰：「陛下化家爲國，宗族皆蒙榮寵。妾夫獨不幸，因王師範叛，死於戰場。今仇讎猶在，妾誠痛之！」帝曰：「朕幾忘此賊！」遣使族之。師範盛陳宴具，與宗族列坐，謂使者曰：「予不欲使積屍長幼無序。」酒既行，命自幼及長，以次就死，凡二百人。

秋，七月，楚收茶税。湖南判官高郁請聽民自采茶，賣於北客，收其征以贍軍，楚王殷從之。請於梁置回圖務，運茶於河南、北賣之，以易繒纊、戰馬而歸，由是富贍。

淮南將吏推楊隆演爲節度使。淮南將吏請於李儼，承制授隆演淮南節度使、弘農王。

九月，淮南遣兵攻吴越，圍蘇州。淮南遣指揮使周本擊吴越，圍蘇州。吴越攻拔東洲，淮南遣柴再用復取之。再用方戰，舟壞，僅而得濟。家人爲之飯僧千人，再用悉取其食以犒部兵，曰：「士卒濟我，僧何力焉！」

冬，十月，華原賊帥温韜發唐諸陵。

十一月，晉遣兵擊劉守文，敗之。劉守文攻幽州，劉守光求救於晉。晉王遣兵五千助之，守文敗還。

胡氏曰：朱温助守光以子囚其父，悖天理甚矣。然温弑君篡國之人也，又何責焉！晉王兵以義動，當討守光，助守文，一舉而父子兄弟之道皆得。今乃救守光，抑守文，人之稱斯師也，謂之何哉？其異於朱温所爲幾希矣。

己巳（九〇九）

晉、岐、淮南稱唐天祐六年，梁開平三年。是歲，凡五國、五鎮。

春，正月，梁遷都洛陽。

二月朔，日食。

梁攻岐，取丹、延、鄜、坊四州。

淮南徐温自領昇州刺史。徐温以金陵形勝，戰艦所聚，乃自以淮南行軍副使領昇州刺史，留廣陵，以其假子元從指揮使知誥爲昇州防遏兼樓船副使，往治之。

夏，四月，梁以王審知爲閩王。審知儉約，常躡麻屨，府舍卑陋，未嘗營葺；寬刑薄賦，公私富實，境内以安。

吴越擊淮南兵破之。淮南兵圍蘇州，推洞屋攻城，吴越將孫琰置輪於竿首，垂絙投錐以揭之，攻者盡露，礮至張網以拒之。吴越王鏐遣指揮使錢鏢等救之。蘇州有水通城中，淮南軍張網綴鈴懸水中，魚鼈過皆知之。吴越虞候司馬福欲潛行入城，故以竿觸網；敵聞鈴聲舉網，福因得過，入城。由是城中號令與援兵相應，敵以爲神。鏐嘗遊府園，見園卒陸仁章樹藝有智而志之；至是，使仁章通信入城，果得報而返。吴越兵内外合擊淮南兵，大破之，擒其將三十餘人。周本夜遁。

五月，梁殺其佑國節度使王重師，夷其族。王重師鎮長安數年，梁主怒其貢奉不時，以劉捍爲留後。捍譖之云「與邠、岐通」。賜自盡，夷其族。

劉守光執其兄守文，進攻滄州。劉守文以重賂招契丹、吐谷渾之衆，合四萬，屯薊州，守光逆戰，爲所敗。守文單馬立於陳前，泣謂其衆曰：「勿殺吾弟！」守光將元行欽識之，直前擒之，滄、德兵皆潰。守光囚之别室，乘勝進攻滄州。滄州判官吕兖、孫鶴推守文子延祚爲帥，乘城拒守。

六月，梁劉知俊叛奔岐。知俊功名浸盛，以梁主猜忍日甚，内不自安；及王重師誅，益懼。梁主急徵知俊，欲以爲河東行營都統，知俊弟知浣密使人語知俊云〔二〕：「入必死。」知俊遂以同州附於岐，遣兵襲華州，守潼關；遣人以重利啗長安諸將，執劉捍，送於岐殺之。梁主遣近臣諭知俊曰：「朕待卿甚厚，何忽相負？」對曰：「臣不背德，但畏族耳。」詔削知俊官爵，遣楊師厚、劉鄩等討之。鄩至關東，獲知俊伏路兵，使爲前導，關吏納之，鄩兵直進，遂克潼關。知俊舉族奔岐。岐兵據長安城，師厚以奇兵克之。岐王厚禮知俊，以爲中書令。

秋，七月，梁以劉守光爲燕王。

淮南盡取江西地。撫州刺史危全諷帥撫、信、袁、吉之兵攻洪州。淮南守兵纔千人，節度使劉威密遣使告急於廣陵，日召僚佐宴飲。全諷聞之，屯象牙潭不敢進。楚王殷遣指揮使苑玫圍高安以助全諷。徐温問將於嚴可求，可求薦周本，乃以本將兵七千救高安。本以前攻蘇州無功，稱疾不出。可求即其卧内强起之，本曰：「蘇州之役，敵不能勝我，但主將權輕耳。今必見用，願無置副貳乃可。」可求許之，本曰：「楚人爲全諷聲援耳，非欲取高安也。吾敗全諷，援兵必還。」乃疾趣象牙潭。或曰：「全諷兵强，君宜觀形勢。」本曰：「賊衆十倍於我，我軍聞之必懼；不若乘其鋭而用之。」全諷營柵臨溪，亘數十里。本隔溪布陳，先使羸兵嘗敵。全諷兵涉溪追之，本乘其半濟，縱兵擊之，全諷兵大潰。本分兵斷其歸路，擒全諷，乘勝克袁州。歙州刺史陶雅遣兵襲饒、信，饒州刺史唐寶棄城走。米志誠敗苑玫於上高。吉州刺史彭玕帥衆奔楚。信州刺史危仔倡奔吴越，吴越以爲淮南節度副使，更其姓曰元氏。虔州刺史盧光稠以州附于淮南。於是江西之地盡入于楊氏。

冬，十月，蜀行永昌曆。司天監胡秀林所獻也。

十一月，岐遣劉知俊攻梁靈州，梁遣兵救之，大敗而還。岐王欲取靈州以處劉知俊，使自將兵攻之。朔方節度使韓遜遣使告急于梁，梁主遣康懷貞、寇彦卿將兵攻邠寧以救之，克寧、衍二州，拔慶州南城，遊兵及涇州之境。知俊聞之，解圍引還。梁主急召懷貞等還，知俊據險邀之，左龍驤軍使王彦章力戰，懷貞等乃得過；至昇平，知俊伏兵山口，懷貞大敗，僅以身免。岐王以知俊爲彰義節度使，鎮涇州。彦章驍勇絶倫，每戰用二鐵槍，皆重百斤，一置鞍中，一在手，所向無前，時人謂之王鐵槍。

蜀蜀州刺史王宗弁罷。宗弁稱疾罷歸，杜門不出。蜀主疑其怨望，加檢校太保；不受，謂人曰：「廉者足而不憂，貪者憂而不足。吾小人，致位至此，足矣；豈可求進不已乎！」蜀主嘉其志而許之。

晉、岐、吳稱唐天祐七年，梁開平四年。是歲，淮南稱吳，凡五國、五鎮。

庚午（九一〇）

春，正月，劉守光克滄州，殺其兄守文。滄州城中食盡，呂兖選男女羸弱者烹之以給軍食。正月，劉廷祚力盡出降。守光使大將張萬進、周知裕輔其子繼威鎮滄州，族呂兖而釋孫鶴。兖子琦年十五，門下客趙玉紿監刑者曰：「此吾弟也，勿妄殺！」遂挈以逃。琦足痛不能行，玉負之，變姓名乞食於路，僅而得免。琦感家門殄滅，力學自立。晉王聞其名，署代州判官。守光使人殺守文，歸罪於殺者而誅之。

二月，岐王承制加楊隆演嗣吳王。

夏，四月，梁夏州亂，殺節度使李彝昌，以其族父仁福代之。

梁宋州獻瑞麥。梁宋州節度使、衡王友諒獻瑞麥，一莖三穗。梁主曰：「豐年爲上瑞。今宋州大水〔三〕，安用此爲！」詔除本縣令名，遣使詰責友諒，以惠王友能代之。

梁貶寇彦卿爲遊擊將軍。梁左金吾大將軍寇彦卿入朝，有民不避道，投諸欄外而死。彦卿自首，梁主以彦卿有功，命以私財遺死者家以贖罪。御史司憲崔沂劾奏，請論如法。梁主命彦卿分析，彦卿對：「令從者舉置欄外，不意誤死。」梁主欲以過失論，沂奏：「在法，以勢力使令爲首，下手爲從，不得歸罪從者；不鬬而故毆傷人，加傷罪一等，不得爲過失。」乃責授彦卿遊擊將軍。彦卿揚言：「有得崔沂首者，賞萬緡。」梁主使人謂彦卿：「崔沂有毫髮傷，我當族汝！」時功臣驕横，由是稍肅。

五月，梁天雄節度使羅紹威卒，以其子周翰代之。

六月〔四〕，梁匡國軍節度使馮行襲卒。行襲疾篤請代，許州牙兵皆秦宗權餘黨，梁主深以爲憂，命崇政院直學士李珽馳往視行襲。珽至，謂將吏曰：「天子握百萬兵，去此數舍耳。馮公忠純，勿使上有所疑。汝曹赤心奉國，何憂不富貴！」由是衆莫敢異議。行襲欲使人代受詔，珽曰：「東首加朝服，禮也。」乃即卧内宣詔，謂行襲曰：「公勿視事，子孫之福也。」行襲泣謝，遂解印授珽，使代掌軍府。行襲卒，以珽權知匡國留後。

梁以楚王殷爲天策上將軍。楚王殷求爲天策上將；始開府，以弟賨、存爲相。

秋，七月〔五〕，岐、晉合兵攻梁夏州，梁遣兵拒却之。岐王遣使告晉，請合兵攻定難節度使李仁福。晉王遣周德威將兵會圍夏州。梁主恐晉兵襲西京，遣兵分屯河陽、三原，遣李遇邀其歸路。岐、晉兵皆解去。

胡氏曰：晉之所圖，莫重於梁，次則燕也，李仁福豈能爲河東病！晉王徇三鎮之請爲之遠師，德威又不諫止，豈欲收三鎮心，不得不然耶？不然，則持國之道疏矣。

八月〔六〕，吴越築捍海石塘，廣杭州城。由是錢塘富庶，盛於東南。

冬，十一月〔七〕，蜀主立其假子宗裕等爲王。初，唐末宦官典兵者，多養軍中壯士爲子以自强，由是諸將亦效之，而蜀主尤多，至百二十人，雖冒姓連名，而不禁昏姻。

梁遣兵襲鎮州，取深、冀。鎮、定推晉王爲盟主，晉遣兵救之。梁主疑趙王鎔貳於晉，且欲因鄴王紹威卒，除移鎮、定。會燕王守光發兵侵定州，遣供奉官杜廷隱、丁延徽監魏博兵三千分屯深、冀，聲言助趙守禦。趙將石公立戍深州，白鎔拒之，鎔不從。公立出門，指城而泣曰：「朱氏滅唐社稷，三尺童子知其爲人，而我王猶恃姻好，以長者期之，此所謂開門揖盗者也。惜乎，此城之人今爲虜矣！」深、冀民見魏博兵入，奔走驚駭。未幾，延隱等閉門盡殺趙戍兵，乘城拒守。鎔始命公立攻之，不克；乃遣使求援於燕、晉，與義武節度使王處直共推晉王爲盟主，合兵攻梁。晉王會將佐謀之，皆曰：「鎔久臣朱温，輸賂結昏，其交深矣；此必詐也。」王曰：「彼亦擇利害而爲之耳。王氏在唐猶或臣或叛，況肯終爲朱氏之臣乎？今救死不贍，何顧昏姻！我若疑而不救，正墮朱氏計中。」乃遣周德威將兵出井陘，屯趙州。鎔使者至幽州，守光方獵，孫鶴馳詣野謂曰：「趙人乞師，此天欲成王之功業也。」守光曰：「何故？」對曰：「比常患其與朱温膠固。温之志非盡吞河朔不已，今彼自爲讎敵，王若與之併力破梁，則鎮、定皆斂衽而朝燕矣。不早出師，但恐晉人先我矣。」守光曰：「王鎔數負約，今使之與梁自相弊，吾可以坐承其利，又何救焉！」不爲出兵。自是鎮、定復稱唐天祐年號，梁主命王景仁等將兵擊之。

十二月，梁定律令格式行之。

梁進軍逼鎮州，晉王救之，次于高邑。梁王景仁等進軍柏鄉。趙王鎔復告急於晉，晉王自將東下，王處直遣將將兵五千以從。至趙州，與周德威合，獲梁芻蕘者，問之，曰：「梁主戒上將云：『鎮州反覆，終爲子孫之患。今悉以精兵付汝，鎮州雖以鐵爲城，必爲我取之。』」晉王命送於趙；進軍距柏鄉三十里，遣周德威等以胡騎迫梁營挑戰，梁兵不出；進距柏鄉五里，營於野河之北，又遣胡騎迫梁營馳射，且詬之，梁將韓勍等將步騎追之，鎧冑鮮華，光彩炫曜，晉人望之奪氣，德威謂李存璋曰：「梁人志不在戰，徒欲曜兵耳。不挫其鋭，則吾軍不振。」乃徇于軍曰：「彼皆汴州屠酤傭販之徒耳，衣鎧雖鮮，十不能當汝一。擒獲一夫，足以自富，乃奇貨，不可失也。」帥精騎千餘擊其兩端，獲百餘人，且戰且却，距野河而止。言於晉王曰：「賊勢甚盛，宜按兵以待其衰。」王曰：「吾孤軍遠來，救人之急，三鎮烏合，利於速戰，公乃欲按兵持重，何也？」德威曰：「鎮、定之兵長於守城，短於野戰。且吾所恃者騎兵，利於平原廣野，可以馳突。今壓賊壘門，騎無所展其足；且衆寡不敵，使彼知吾虛實，則事危矣。」王不悦，退卧帳中，諸將莫敢言。德威往見張承業曰：「大王驟勝而輕敵，不量力而務速戰。今去賊咫尺，所限者一水耳，彼若造橋以薄我，我衆立盡矣。不若退軍高邑，誘賊離營，彼出則歸，彼歸則出，别以輕騎掠其饋餉，不過踰月，破之必矣。」承業入，褰帳撫王曰：「此豈王安寢時邪！德威老將知兵，其言不可忽也。」王蹶然而興曰：「予方思之。」梁兵有降者，詰之，曰：「景仁方造浮橋。」王謂德威曰：「果如公言。」是日，拔營，退保高邑。

胡氏曰：晉王雖善將兵而不善將將，欲功自己出而短於用人，高邑之役，非承業啓其意，則德威必死矣。存勗資性如此，莫之能改，它日胡柳陂竟違德威之謀，遂失良將。故君子有言：「必心不外，乃能統大衆；智不鑿，乃能處大事。」晉王鑿智自私而心不廣，此功名所以不遂歟！

辛未(九一一)

晉、岐、吴稱唐天祐八年，梁乾化元年。蜀永平元年。是歲，凡五國、五鎮。

春，正月朔，日食。

晉王伐梁軍于柏鄉，大破之。柏鄉比不儲芻，梁兵刈芻自給。晉人抄之，梁兵不敢出，剉屋茅坐席以飼馬，馬多死。周德威與别將史建瑭、李嗣源將精騎三千，壓梁壘門而詬之，王景仁、韓勍怒，悉衆而出。德威等轉戰而北，至高邑南，李存璋以步兵陳於野河之上。梁兵横亘數里，競前奪橋，鎮、定步兵禦之，勢不能支。晉王謂指揮使李建及曰：「賊過橋，則不可復制矣。」建及力戰却之。王登高丘以望曰：「梁兵争進而囂，我兵整而静，我必勝。」戰自巳至午，勝負未決。王謂德威曰：「兩軍已合，勢不可離，我之興亡，在此一舉。我爲公先登，公可繼之。」德威叩馬諫曰：「觀梁兵之勢，可以勞逸制之，未易以力勝也。彼去營三十餘里，雖挾糗糧，亦不暇食，日昳之後，飢渴内迫，矢刃外交，士卒勞倦，必有退志，當是時，我以精騎乘之，必大捷；今未可也。」王乃止。至晡，梁軍未食，果引却，德威疾呼曰：「梁兵走矣！」晉兵大譟争進，梁兵驚怖大潰。李存璋引步兵乘之，呼曰：「梁人亦吾人也，父兄子弟餉軍者勿殺。」於是戰士悉解甲投兵而棄之，囂聲動天地。趙人以深、冀之憾，不顧剽掠，但奮白刃追之，梁之精兵殆盡，棄糧食、資械不可勝計。凡斬首二萬級。河朔大震。晉王收兵屯趙州。杜廷隱等棄深、冀而去。

晉師圍邢、魏，梁兵救之，晉師還。晉王遣周德威、史建瑭趣澶、魏，張承業、李存璋攻邢州，自以大軍繼之；移檄河北州縣，諭以利害。自攻魏州，不克。梁主以羅周翰年少，且忌其舊將佐，以李振爲天雄節度副使，命杜廷隱將兵千人衛之，間道夜入魏州，助周翰城守。晉王觀河於黎陽，梁兵將渡，皆棄舟而去。德威拔夏津、高唐、東武、朝城，澶州刺史棄城走。進攻黎陽，拔臨河、淇門；逼衛州，掠新鄉、共城。梁主帥親軍屯白司馬阪以備之。劉守光淫虐滋甚，每刑人，必置諸鐵籠，以火逼之；又爲鐵刷刷人面。聞梁兵敗，使人謂趙王鎔及王處直曰：「聞二鎮與晉王破梁兵，舉軍南下。僕亦有精騎三萬，欲自將之，爲諸公啓行。然四鎮連兵，必有盟主。僕若至彼，何以處之？」鎔告于晉王，晉王笑曰：「趙人告急，守光不能出一卒以救之。及吾成功，乃復欲以兵威離間二鎮，愚莫甚焉！」諸將曰：「雲、代與燕接境，彼若擾我城戍，動摇人情，亦腹心之患也；不若先取守光，然後可以專意南討。」王曰：「善。」會梁楊師厚引兵救邢、魏，晉王解圍去。師厚留屯魏州。趙王鎔來謁晉王，大犒將士。自是遣其養子德明將三十七都，常從晉王征討。德明本姓張，名文禮。晉王歸晉陽，留周德威等戍趙州。

三月，梁清海節度使劉隱卒，弟巖知留後。

夏，四月，岐攻興元，蜀兵擊却之。蜀主之女普慈公主嫁岐王從子繼崇。繼崇驕矜嗜酒，蜀主召公主歸寧，留之。岐王怒，始與蜀絶。至是，岐王聚兵寇蜀興元，唐道襲擊却之。

晉王推劉守光爲尚父，梁亦以爲采訪使。守光嘗衣赭袍，顧謂將吏曰：「今天下大亂，英雄角逐，吾兵强地險，亦欲自帝，何如？」孫鶴曰：「今内難新平，公私困竭；太原窺吾西，契丹伺吾北，遽謀自帝，未見其可。大王但養士愛民，訓兵積穀，德政既修，四方自服矣。」守光不悦。又使人諷鎮、定求尊己爲尚父，趙王鎔以告晉王。晉王怒，欲伐之，諸將皆曰：「是爲惡極矣，行當族滅；不若陽爲推尊以稔之。」乃與鎔及義武王處直、昭義李嗣昭、振武周德威、天德宋瑶六節度使共奉册推守光爲尚書令、尚父。守光不寤，益驕，表梁主曰：「晉王等推臣，臣荷陛下厚恩，未之敢受。不若陛下授臣河北都統，則并、鎮不足平矣。」梁主亦知其狂愚，乃以守光爲河北道采訪使，遣使册命之。守光命僚屬草受册儀。僚屬取唐册太尉儀獻之，守光問：「何得無郊天、改元之事？」對曰：「尚父，人臣也，安有郊天、改元者乎？」守光怒，投之於地，曰：「我地方二千里，帶甲三十萬，直作河北天子，誰能禁我！尚父何足爲哉！」命趣具即帝位之儀，械繫梁及諸道使者於獄，既而皆釋之。

秋，七月，梁主避暑于河南尹張宗奭第。宗奭即全義也，梁改其名。梁主避暑其第，亂其婦女殆徧。宗奭子繼祚不勝憤耻，欲弑之，宗奭止之曰：「吾家頃在河陽，爲李罕之所圍，啗木屑以度朝夕，賴其救我，得有今日。此恩不可忘也。」乃止。

梁遣楊師厚將兵屯邢州，趙王鎔會晉王于承天軍。趙王鎔以楊師厚在邢州，甚懼，會晉王于承天軍。晉王謂鎔父友也，事之甚恭，謂王曰〔八〕：「朱温之惡極矣，天將誅之，雖有師厚輩不能救也。脱有侵軼，僕自帥衆當之，叔父勿以爲憂。」鎔捧卮爲壽，謂晉王爲四十六舅。晉王許以女妻其幼子昭誨。由是晉、趙之交遂固。

八月，燕王劉守光稱帝。守光將稱帝，將佐多竊議以爲不可。守光乃置斧質於庭，曰：「敢諫者斬！」孫鶴曰：「滄州之破，鶴分當死，蒙王生全以至今日，敢愛死而忘恩乎！竊以爲今日之帝未可也。」守光怒，伏諸質上，令軍士剮而噉之。鶴呼曰：「百日之外，必有急兵。」守光命以土室其口，寸斬之。遂即位，改元應天。受册之日，契丹陷平州，燕人驚擾。

岐王使劉知俊攻蜀，圍安遠軍。岐王使知俊、李繼崇將兵擊蜀，蜀將王宗侃大敗〔九〕，奔安遠軍，知俊、繼崇追圍之。

九月，梁主如相州。梁主聞晉、趙謀南伐，自將拒之，至衛州方食。軍前奏晉軍已出井陘，遽命輦北趣邢、洺，晝夜倍道兼行。至相州，聞晉兵不出，乃止。刺史李思安不意梁主猝至，落然無具，坐削官爵。

冬，十月，晉遣李承勳使于燕。晉王聞劉守光稱帝，大笑曰：「俟彼十年，吾當問其鼎矣。」張承業請遣使致賀以驕之，晉王遣太原少尹李承勳往，用鄰藩通使之禮，燕典客欲使稱臣庭見，承勳曰：「吾受命於唐朝爲太原少尹，燕王豈得而臣之乎！」守光怒，囚之數日，竟不能屈。

胡氏曰：晉諸將請尊劉守光以稔其惡，張承業請賀其稱帝以驕其心，自詐謀而論，則用兵之善計；自義而論，則不若晉王欲伐之之爲正也。昔湯嘗事葛矣，教之以禮，導之以善，一不從，再不從，而終不悛也，然後伐之。方守光圖爲僭竊，晉王宜遣使爲言人倫不可悖，天命不可干，囚父殺兄，僭居大號，天下其孰容之！守光長惡迷復，於是致討，必師涉燕地而變生肘腋矣。此其舉措，豈不賢於承業諸人之計乎！

十一月，梁主還洛陽。梁主發相州，至洹水。邊吏言晉、趙兵南下，梁主即時進軍至魏縣。或告云：「沙陀至矣！」士卒恟懼，多逃亡，嚴刑不能禁。既而復告云無寇，上下始定。梁主以夾寨、柏鄉屢失利，故力疾北巡，思一雪其耻，意鬱鬱，多躁忿，功臣宿將往往以小過被誅，衆心益懼。既而晉、趙兵竟不出。梁主南還，納懷州刺史段明遠妹爲美人。明遠饋獻豐備，梁主悦。至洛陽，疾復作。

幽州參軍馮道奔晉。劉守光謀攻易定，道以爲未可，繫獄得免，亡奔晉；張承業薦之，晉王以爲掌書記。

蜀主自將擊岐兵，大破之。蜀王宗弼、王宗播再敗岐兵。蜀主如興元，安遠軍望其旗，王宗侃等鼓譟而出，與援軍夾攻岐兵，大破之，拔二十一寨，斬其將李廷志等。岐兵解圍遁去。唐道襲先伏兵於斜谷邀擊，又破之。岐王左右讒劉知俊，岐王奪其兵。李繼崇曰：「知俊壯士，窮來歸我，不宜以讒廢之。」知俊舉族居于秦州。

劉守光寇易定，晉遣兵救之。

壬申（九一二）

晉、岐、吴稱唐天祐九年，梁乾化二年。是歲，凡五國、五鎮。

春，正月，晉師及鎮、定之兵伐幽州。二月，梁主救之，大敗走還。晉周德威東出飛狐，與趙將王德明、義武將程巖會于易水，攻燕祁溝關，下之，圍涿州。刺史劉知温城守，劉守奇之客劉去非大呼於城下，謂知温曰：「河東小劉郎來爲父討賊，何豫汝事而堅守邪？」守奇免冑勞之，知温遂降。周德威疾守奇之功，譖諸晉王。守奇恐獲罪，與去非及進士趙鳳奔梁，梁主以爲博州刺史。先是，守光籍境内丁壯，悉文面爲兵，雖士人亦不免，鳳詐爲僧奔晉，守奇客之。德威遂至幽州城下，守光求救於梁，梁主自將救之。從官以梁主誅戮無常，多憚行，梁主怒。至白馬頓，賜從官食，多未至，遣騎趣之，散騎常侍孫鷟等三人後至，樸殺之。至武陟，段明遠供饋有加於前，帝追思李思安前事，貶柳州司户，告曰：「觀明遠之忠勤如此，見思安之悖慢何如！」尋長流崖州，賜死。明遠後更名凝。梁主至魏州，命楊師厚、李周彝圍棗彊，賀德倫、袁象先圍蓨縣，晝夜兼行至下博，遇趙將符習引數百騎巡邏。或告曰：「晉兵大至矣！」梁主棄行幄，亟引兵趣棗彊，與師厚軍合。師厚急攻棗彊，數日不下，城壞復修，死傷萬數。城中矢石將竭，謀出降，有一卒奮曰：「賊自柏鄉喪敗以來，視鎮人裂眥，今往歸之，如自投虎狼之口耳。我請獨往試之。」夜縋出降，周彝召問之，對曰：「非半月未易下也。」因請一劍效死，周彝不許，使荷擔從軍。卒得間，舉擔擊周彝首，踣地，救至得免。梁主愈怒，命師厚晝夜急攻屠之。德倫攻蓨，晉將李存審謂史建瑭、李嗣肱曰：「吾王方有事幽、薊，無兵此來。使賊得蓨，必西侵深、冀，患益深矣。當與公等以奇計破之。」存審乃引兵扼下博橋，使建瑭、嗣肱分道擒生，遇梁軍之樵芻者皆執之，獲數百人殺之，留數人斷臂縱去，曰：「爲我語朱公，晉王大軍至矣。」時梁主引師厚兵攻蓨，未及置營。建瑭、嗣肱各將三百騎，效梁軍旗幟服色，與樵芻者雜行，暮至營門，縱火大譟，弓矢亂發，營中大擾，不知所爲。斷臂者復來曰：「晉軍大至矣！」梁主大駭，燒營夜遁，迷失道，委曲行百五十里，蓨之耕者皆荷鉏奮梃逐之，委棄資械不可勝計。既而復遣騎覘之，曰：「晉軍實未來，此乃史先鋒遊騎耳。」梁主慚憤，病遂增劇。

滄州人殺劉繼威。

義昌節度使劉繼威年少，淫虐類其父，淫於都指揮使張萬進家，萬進怒殺之。梁以萬進爲節度使。

晉師克瓦橋關。

周德威遣裨將攻瓦橋關，其將吏及莫州刺史李嚴皆降。嚴涉獵書傳，晉王使傅其子繼岌，嚴固辭，王怒，將斬之，教練使孟知祥諫曰：「强敵未滅，大王豈宜以一怒戮嚮義之士乎！」乃免之。知祥，李克讓之婿也。

夏，四月，晋師克瀛州。

五月，梁主至洛陽。梁主至洛陽，疾甚，謂近臣曰：「我經營天下三十年，不意太原餘孽更昌熾如此。吾觀其志不小，天復奪我年，我死，諸兒非彼敵也。吾無葬地矣。」因哽咽，絶而復蘇。

劉守光遣兵出戰，晋人擊敗之，擒其將。守光遣其將單廷珪將精兵萬人出戰，與周德威遇於龍頭岡，曰：「今日必擒周楊五以獻。」楊五，德威小名也。既戰，單騎逐之，槍及德威背，德威側身避之，奮撾反擊廷珪墜馬，擒之。燕兵退走，引騎乘之，斬首三千級。廷珪，燕驍將也，燕人失之奪氣。

吴徐温攻宣州，克之，殺其觀察使李遇。吴鎮南節度使劉威、歙州觀察使陶雅、宣州觀察使李遇、常州刺史李簡皆武忠王舊將，有大功，以徐温秉政，内不能平，李遇尤甚。館驛使徐玠使於吴越，温使説遇入見新王，曰：「公不爾，人謂公反。」遇怒曰：「君言遇反，殺侍中者非反邪！」温怒，以王檀爲宣州制置使，數遇不入朝之罪，遣柴再用、徐知誥討之。遇不受代，再用攻之，踰月不克。遇少子爲淮南牙將，温執之，至城下示之，遇不忍戰，乃請降；温斬之，夷其族。於是諸將始畏温，莫敢違其命。知誥以功遷昇州刺史。知誥事温甚謹，温特愛之，每謂諸子曰：「汝輩事我，能如知誥乎！」時諸州長吏多武夫，專以軍旅爲務，不恤民事。知誥獨選用廉吏，修明政教，招延四方士大夫。洪州進士宋齊丘好縱横之術，謁知誥，知誥奇之，辟爲推官，與判官王令謀、參軍王翃專主謀議，以牙吏馬仁裕、曹悰爲腹心。

六月，梁郢王友珪弑其主晃而自立。梁主長子郴王友裕早卒；次假子博王友文，梁主特愛之，常留守東都；次郢王友珪，其母亳州營倡也，爲控鶴指揮使，無寵；次均王友貞，爲東都指揮使。初，張后嚴整多智，梁主敬憚之。后殂，梁主縱意聲色，諸子雖在外，常徵其婦入侍。友文婦王氏色美，尤寵之，欲以友文爲太子，友珪心不平。梁主疾甚，命王氏召友文，欲付以後事。友珪婦張氏知之，密告友珪曰：「大家以傳國寶付王氏，懷往東都，吾屬死無日矣！」夫婦相泣。左右或説之曰：「事急計生，何不改圖？」六月朔，梁主命敬翔出友珪爲萊州刺史。友珪恐，易服微行，入左龍虎軍，見統軍韓勍，以情告之。勍亦見功臣多被誅，懼不自保，遂相與合謀，以牙兵從友珪雜控鶴士中，夜斬關入，至寢殿。梁主驚起曰：「我固疑此賊，恨不早殺之！汝悖逆如此，天地豈容汝乎！」友珪曰：「老賊萬段！」友珪僕夫馮廷諤刺梁主腹，刃出於背，以敗氊裹之，瘞於寢殿。遣供奉官丁昭溥馳詣東都，命友貞殺友文。矯詔稱：「友文謀逆，賴友珪忠孝，將兵誅之。宜令友珪權主軍國之務。」韓勍爲友珪謀，多出金帛賜諸軍及百官以取悦。乃發喪，即位。

胡氏曰：朱温雖篡逆無道，若其用兵，則雄長一時矣。及晚節末路，平日狡桀，略不復施，何也？温本羣盗，豈嘗有天下之志，一日據非所據，意滿氣得，豐殖乎貨財，沈溺乎子女，精鋭之鋒，勢自銷耎，狡厲之智，浸以昏昧，何足怪哉！

梁忠武軍亂，殺節度使韓建。

秋，七月，梁以楊師厚爲天雄節度使。天雄節度使羅周翰幼弱，楊師厚軍於魏州，久欲圖之，憚太祖威嚴不敢發，至是引兵入牙城，據位視事。梁以師厚爲天雄節度使，徙周翰鎮宣義。

梁加吳越王鏐尚父。

梁遣兵擊河中，節度使朱友謙降晉。友珪既篡立，諸宿將多憤怒，雖曲加恩禮，終不悦。護國節度使、冀王友謙泣曰：「先帝數十年開創基業，前日變起宫掖，聲聞甚惡。吾備位藩鎮，心竊恥之。」友珪加友謙侍中，且徵之。友謙謂使者曰：「先帝晏駕不以理，吾且至洛陽問罪，何以徵爲！」友珪遣韓勍討之。友謙以河中附於晉以求救。

梁以敬翔同平章事。友珪以敬翔太祖腹心，恐其不利於己，欲解其内職，恐失人望，遂以爲相；以李振充崇政院使。翔多稱疾，不預事。

吳以徐温領鎮海節度使。吳劉威爲帥府所忌，徐温將討之。威幕客黄訥説威曰：「公受謗雖深，反本無狀。若輕舟入覲，則嫌疑皆亡矣。」威從之。陶雅亦懼，與威皆詣廣陵。温待之甚恭，如事武忠王之禮，皆遣還鎮。由是人皆重温。

冬，十月，晉王救河中，梁兵敗走。朱友謙告急于晉，晉王自將而西，遇梁將康懷貞，大破之。梁兵解圍，退保陝州。友謙至猗氏，詣晉王帳，拜之爲舅。晉王夜置酒張樂，友謙大醉，晉王留宿帳中，友謙安寢，鼾息自如。明旦，復置酒而罷。

梁楊師厚入朝。楊師厚既得魏博，又兼都招討使，宿衛勁兵多在麾下，諸鎮兵皆得調發，威勢甚重，心輕友珪，專行不顧。友珪患之，發詔召之。師厚將行，其腹心曰：「往必不測。」師厚曰：「吾知其爲人矣。」乃帥精兵萬人渡河，友珪大懼。至都門，留兵於外，與十餘人入見。友珪喜，遜詞悦之，厚賜遣還。

梁隰州降晉。

癸酉(九一三)

晉、岐、吴稱唐天祐十年，梁主瑱乾化三年。是歲，凡五國、五鎮。

春，正月，晉拔燕順、薊州、安遠、盧臺軍。

二月，梁均王友貞起兵討賊，友珪伏誅。友貞立於大梁，更名瑱。友謙復歸梁。友珪遽爲荒淫，内外憤怒。駙馬都尉趙巖，犨之子，太祖之婿也。龍虎統軍袁象先，太祖之甥也。巖奉使至大梁，均王友貞密與之謀誅友珪。巖曰：「此事成敗在楊令公，得其一言諭禁軍，吾事立辦。」均王乃遣腹心説師厚曰：「郢王篡弑，人望屬在大梁，公若因而成之，此不世之功也。」且許事成之日，賜犒軍錢五十萬緡。師厚與將佐謀之曰：「方郢王弑逆，吾不能即討；今君臣之分已定，無故改圖可乎？」或曰：「郢王親弑君父，賊也。均王舉兵復讎，義也。奉義討賊，何君臣之有！彼若一朝破賊，公將何以自處乎？」師厚驚曰：「吾幾誤計。」乃遣其將王舜賢至洛陽，陰與袁象先謀。巖歸洛陽，亦與象先定計。先是，龍驤軍戍懷州者潰亂，友珪搜捕其黨，獲者族之，經年不已。有戍大梁者，友珪徵之。均王因使人激怒其衆曰：「天子追汝輩，欲盡阬之。」其衆皆懼，見均王泣請可生之路，王曰：「先帝與汝輩三十餘年征戰，經營王業。今先帝尚爲人所弑，汝輩安所逃死乎！」因出太祖畫像示之而泣曰：「汝能自趣洛陽雪讎恥〔一〇〕，則轉禍爲福矣。」衆皆踴躍呼萬歲。象先等帥禁兵數千人突入宫中。友珪令馮廷諤先殺妻，次殺己，廷諤亦自剄。象先、巖齎傳國寶詣大梁迎均王，王曰：「大梁國家創業之地，何必洛陽！」乃即位於大梁，追廢友珪爲庶人，復博王友文官爵。梁主更名鍠，久之，又更名瑱。加楊師厚兼中書令，賜爵鄴王。遣使招撫朱友謙，友謙復稱藩。

三月，晉師徇山後八軍及武州，皆下之。劉守光命元行欽募山北兵以應契丹，又以騎將高行珪爲武州刺史。晉李嗣源分兵徇山後八軍，皆下之。進攻武州，行珪以城降。行欽引兵攻行珪，行珪使其弟行周質晉軍以求救，嗣源救之。行欽力屈亦降。嗣源愛其驍勇，養以爲子，攻儒州拔之。以行珪爲代州刺史。行周留事嗣源，常與嗣源假子從珂分將牙兵以從。從珂，本王氏子，母魏氏，爲嗣源妾，故嗣源以從珂爲子；及長，以勇健善戰知名，嗣源愛之。

夏，四月，晉師逼幽州，拔平、營州。晉周德威進軍逼幽州南門，劉守光遣使致書請和，語甚卑哀。德威曰：「大燕皇帝尚未郊天，何雌伏如是邪？予受命討有罪者，結盟繼好，非所聞也。」不答其書。別將劉光濬拔平州。營州降。

梁擊趙以救燕，晉分兵拒之。楊師厚與劉守奇將兵十萬大掠趙境，至鎮州，燔其關城。周德威遣騎將李紹衡，會趙將王德明同拒梁軍。

六月，蜀以道士杜光庭爲諫議大夫。光庭博學善屬文，蜀主重之，頗與議政事。

蜀主殺其太子元膺。元膺豭喙齴齒，目視不正，而警敏知書，善騎射，性狷急猜忍。蜀主命杜光庭選純静有德者侍東宫，光庭薦儒者許寂、徐簡夫。太子未嘗與之交言，日與樂工羣小嬉戲無度，僚屬莫敢諫。至是，召諸王大臣宴飲，集王宗翰、内樞密使潘峭、翰林承旨毛文錫不至，太子怒曰：「集王不來，必峭與文錫離間也。」白蜀主貶之。少保唐道襲，蜀主嬖臣也，太子素惡之，屢相譖毁；至是，言於蜀主曰：「太子謀作亂，欲召諸將、諸王，以兵錮之，然後舉事耳。」蜀主疑焉。道襲請召兵入衛，内外戒嚴。太子初不爲備，聞道襲召兵，乃以天武甲士自衛，捕峭、文錫，囚之。軍使徐瑶、常謙各帥所部奉太子攻道襲，斬之。内樞密使潘炕言於蜀主曰：「太子與道襲争權耳，無它志也。陛下宜面諭大臣以安社稷。」蜀主乃召王宗侃等，使發兵討瑶殺之。謙與太子亡匿艦中，舟人以告蜀主，遣宗翰往慰撫之。比至，已爲衛士所殺。蜀主疑宗翰殺之，大慟不已。會張格呈慰諭軍民牓，讀至「不行斧鉞之誅，將誤社稷之計」，蜀主收涕曰：「朕何敢以私害公！」於是下詔廢元膺爲庶人。

晉克瀛、莫州。

梁賜高季昌爵渤海王。季昌造戰艦五百艘，治城塹，繕器械，爲攻守之具，招聚亡命，交通吴、蜀，朝廷浸不能制。

冬，十月，蜀立宗衍爲太子。蜀潘炕屢請立太子，蜀主以雅王宗輅類己，信王宗傑才敏，欲擇一人立之。鄭王宗衍最幼，其母徐賢妃有寵，使唐文扆諷張格表請立之。格夜以表示王宗侃等，詐云「受密旨」，衆皆署名。蜀主不得已許之，曰：「宗衍幼懦，能堪其任乎？」宗衍受册畢，炕稱疾請老，蜀主不許，涕泣固請，乃許之。國有大疑，常遣使就第問之。

十一月，晉王入幽州，執劉仁恭及守光以歸。盧龍巡屬皆入于晉，守光求援於契丹，契丹以其無信不救；屢請降於晉，晉人疑其詐亦不許。至是，登城謂周德威曰：「俟晉王至，吾則開門泥首聽命。」十一月，晉王單騎抵城下，謂守光曰：「朱温篡逆，余本欲與公合河朔之兵，興復唐祚。公謀之不臧，乃效彼狂僭；鎮、定二帥皆俯首事公，而公曾不之恤，是以有今日之役。丈夫成敗，須決所向。公將何如？」守光曰：「今日俎上肉耳，惟王所裁。」王憫之，與折弓矢爲誓，曰：「但出相見，保無它也。」先是，守光愛將李小喜多贊成守光之惡。至是，守光將出降，小喜止之。是夕，踰城出降，且言城中力竭。晉王督諸軍四面攻城，克之，擒劉仁恭。守光帥妻子亡去。王入幽州，以周德威爲盧龍節度使，李嗣本爲振武節度使。守光將奔滄州，迷失道，爲人所擒，送晉軍。晉王發幽州，仁恭父子皆荷校於露布之下。至行唐，趙王鎔迎謁于路。

十二月，梁遣兵侵吴，吴人擊敗之。梁以王景仁爲淮南招討使，將兵萬餘侵盧、壽，吴徐温、朱瑾帥諸將拒之，遇于趙步，徽兵未集，温戰不勝而却，景仁乘之，吴吏士皆失色。將軍陳紹援槍大呼曰：「誘敵太深，可以進矣！」躍馬還鬭，衆隨之，梁兵乃退。温賜之金帛，紹悉以分麾下。吴兵既集，復戰於霍丘，梁兵大敗。梁之渡淮而南也，表其可涉之津，霍丘守將朱景浮表於木，徙置深淵。及梁兵敗還，望表而涉，溺死者太半。

甲戌（九一四）

晉、岐、吴稱唐天祐十一年，梁乾化四年。是歲，凡五國、五鎮。

春，正月，劉仁恭、劉守光伏誅。晉王以練紖劉仁恭父子，凱歌入于晉陽，獻于太廟，自臨斬劉守光。守光呼曰：「教守光不降者，李小喜也。」小喜瞋目叱守光曰：「汝内亂禽獸行，亦我教邪？」王怒其無禮，先斬之；乃斬守光。械仁恭至代州，刺其心血以祭先王墓，然後斬之。

鎮、定推晉王爲尚書令，始置行臺。或説趙王鎔曰：「大王所稱尚書令，乃梁官也。大王既與梁爲讎，不當稱其官。且自太宗踐阼已來，無敢當其名者。今晉王爲盟主，不若以尚書令讓之。」鎔乃與王處直各遣使推晉王爲尚書令，晉王三讓，然後受之。始開府置行臺，如太宗故事。

高季昌攻蜀夔州，不克。高季昌以夔、萬、忠、涪四州舊隸荆南，興兵取之。先攻夔州，刺史王成先逆戰。季昌縱火船焚蜀浮橋，蜀將張武舉鐵絙拒之，船不得進，焚溺甚衆。季昌遁還。

夏，四月，楚人襲吴黄州，克之。楚岳州刺史許德勳將水軍巡邊，夜分，南風暴起，都指揮使王環乘風趣黄州，大掠而還。德勳曰：「鄂州將邀我，宜備之。」環曰：「我軍入黄州，鄂人不知，奄過其城，彼自救不暇，安敢邀我！」乃展旗鳴鼓而行，鄂人不敢逼。

五月，梁朔方節度使韓遜卒，以其子洙代之。

秋，七月，晉伐梁邢州，不克。晉王既克幽州，乃謀伐梁，會趙王鎔及周德威攻邢州，李嗣昭引昭義兵會之。梁楊師厚引兵救而却之。

八月，蜀以毛文錫判樞密院。峽上有堰，或勸蜀主乘夏秋江漲，決之以灌江陵，文錫諫曰：「季昌不服，其民何罪！陛下方以德懷天下，忍以鄰國之民爲魚鼈食乎！」蜀主乃止。

冬，十一月，南詔寇蜀，蜀遣兵擊敗之。南詔寇黎州，蜀主遣兵擊敗之，俘斬數萬級，溺死數萬人。

十二月，蜀攻岐階州，破長城關。

乙亥（九一五）

晉、岐、吳稱唐天祐十二年，梁貞明元年。是歲，凡五國、五鎮。

春，二月，梁分天雄爲兩鎮。夏四月，魏人降晉。六月，晉王入魏。梁天雄節度使楊師厚矜功恃衆，擅割財賦，置銀槍效節都數千人，欲以復故時牙兵之盛。梁主雖外加尊禮，内實忌之。及卒，租庸使趙巖、判官邵贊言於梁主曰：「魏博爲唐腹心之蠹二百餘年。紹威、師厚據之，朝廷皆不能制，陛下不乘此時爲之計，安知來者不爲師厚乎！宜分六州爲兩鎮以弱其權。」梁主以爲然，以賀德倫爲天雄節度使；置昭德軍於相州，割澶、衛二州隸焉，以張筠爲昭德節度使，分魏州將士、府庫之半於相州。恐魏人不服，遣劉鄩將兵六萬濟河，以討鎮、定爲名，實張形勢以脅之。魏兵皆父子相承，族姻磐結，不願分徙，連營聚哭。鄩遣王彦章將五百騎入魏州，魏兵謀曰：「朝廷忌吾軍府强盛，欲設策使之殘破耳。吾六州歷代藩鎮，兵未嘗遠出河門，一旦骨肉流離，生不如死。」是夕，軍亂，縱火大掠，詰旦，入牙城，劫德倫置樓上。有效節軍校張彦者，自帥其黨，拔白刃，止剽掠。四月，梁主遣供奉官扈異撫諭魏軍，許彦以刺史。彦請復三州。異還，言彦易與，但遣劉鄩加兵，由是不許。使者再返，彦裂詔書抵於地，戟手南向詬朝廷，謂德倫曰：「天子愚暗，聽人穿鼻。」遂逼德倫以書求援於晉。晉王得書，命李存審進據臨清。

五月，劉鄩屯洹水。晉王引大軍東下，與存審會，猶疑魏人之詐，按兵不進。德倫遣判官司空頲犒軍，密言張彥凶狡之狀，勸晉王先除之。王進屯永濟，彥選銀鎗效節五百人，執兵自衛，詣謁，王登驛樓語之曰：「汝陵脅主帥，殘虐百姓。我今舉兵而來，以安百姓，非貪土地。汝雖有功於我，不得不誅以謝魏人。」遂斬彥及其黨七人，餘衆股栗。王召諭之曰：「罪止八人，餘無所問。自今當竭力爲吾爪牙。」衆皆拜伏呼萬歲。明日，王緩帶輕裘而進，令彥卒擐甲執兵，翼馬而從，衆心由是大服。劉鄩趣魏縣，王自引親軍與鄩夾河爲營。梁主聞之悔懼，遣兵屯楊劉。六月，晉王入城，德倫上印節，王固辭，德倫再拜曰：「今寇敵密邇，人心未安，德倫腹心見殺殆盡，形孤勢弱，安能統衆！一旦生事，恐負大恩。」王乃受之。德倫帥將吏拜賀，王承制以德倫爲大同節度使；至晉陽，張承業留之。時銀槍效節都猶驕横，晉王以李存進爲天雄都巡按使，有訛言摇衆及强取人一錢已上者，皆梟首於市，城中肅然。王以府事委司空頲。頲恃才挾勢，睚眦必報，納賄驕侈；有從子在河南，密使人召之，都虞候執之以白王，族誅頲，以判官王正言代之。魏州孔目吏孔謙勤敏多計數，善治簿書，以爲支度務使。謙能曲事權要，由是寵任彌固。魏州新亂之後，府庫空竭，民間疲弊，而供億軍須，未嘗有闕，謙之力也。然急徵重斂，使六州愁苦，歸怨於王，亦其所爲也。

胡氏曰：晉王未入汴之前，注措有失者不過數事，至破夾寨，斬張彥，尤爲奇偉。其天資亦英矣，使其知學聞道，輔成其質，豈不能混一宇内爲賢主邪！

晉拔德州。貝州刺史張源德北結滄、德，南連劉鄩以拒晉，數斷鎮、定糧道。或説晉王：「請先取源德，東兼滄、景，則海隅之地皆爲我有。」晉王曰：「不然，貝州城堅兵多，未易猝攻。德州隸於滄州而無備，若得而戍之，則滄、貝不得往來。二壘既孤，然後可取。」乃遣騎五百兼行，襲德州，克之。

秋，七月，晉拔澶州。晉人夜襲澶州陷之，刺史王彦章在劉鄩營，晉人獲其妻子，待之甚厚，遣間使誘彦章；彦章斬其使，晉人盡滅其家。

晉王勞軍魏縣。晉王勞軍於魏縣，因帥百餘騎循河而上，覘劉鄩營。會天陰晦，鄩伏兵五千於河曲，鼓譟而出，圍王數重。王躍馬大呼，所向披靡。裨將夏魯奇等操短兵力戰，自午至申乃得出，亡其七騎。會李存審救兵至，乃得免。賜魯奇姓名曰李紹奇。

梁劉鄩引兵襲晉陽，不至，還守莘城。劉鄩以晉兵盡在魏州，晉陽必虛，欲襲取之，乃潛引兵自黄澤西去。晉人怪鄩軍數日不出，遣騎覘之，時見旗幟循堞往來，晉王曰：「吾聞劉鄩用兵，一步百計，此必詐也。」更使覘之，乃縛芻爲人，執旗乘驢在城上耳。晉王曰：「鄩長於襲人，短於決戰，計彼行纔及山下。」亟發騎兵追之。會陰雨積旬，道險泥深，士卒腹疾足腫，墜崖谷死者什二、三。晉將李嗣恩倍道先入晉陽，城中知之，勒兵爲備。鄩糧盡，又聞晉有備，追兵在後，衆懼，將潰，鄩諭之曰：「今深入敵境，腹背有兵，山谷高深，去將何之！惟力戰庶幾可免，不則以死報君親耳。」衆泣而止。周德威聞鄩西上，自幽州引千騎救晉陽，至土門，鄩已整衆下山，屯於宗城，馬死殆半；知臨清有蓄積，欲據之以絶晉糧道。德威急追，至南宫，擒其斥候者，斷腕而縱之，使言曰：「周侍中已據臨清矣！」詰朝，略鄩營而過，入臨清。鄩引軍趨貝州，軍堂邑。德威攻之，不克。翌日，軍于莘縣，塹而守之。晉王營莘西三十里，一日數戰。晉王愛元行欽驍健，從李嗣源求之，賜姓名曰李紹榮。王復欲求高行周，重於發言，密使人以官禄啗之，行周辭曰：「代州養壯士，亦爲大王耳。行周事代州，亦猶事大王也。代州脱行周兄弟於死，行周不忍負之。」乃止。

八月，梁復取澶州。

晉遣李存審圍貝州。

梁劉鄩攻鎮、定營，晉師擊敗之。劉鄩饋運不給。晉人數挑戰，鄩不出。晉人乃攻絶其甬道。梁主以詔讓鄩，鄩奏：「晉兵甚多，便習騎射，誠爲勍敵，未易輕也。苟有隙可乘，臣豈敢偷安養寇！」梁主怒〔一一〕，遣中使往督戰。鄩集諸將問曰：「主上深居禁中，不知軍旅，徒與少年新進輩謀之。夫兵在臨機制變，不可預度。今敵尚强，與戰必不利，奈何？」諸將皆曰：「勝負須一决，曠日何待？」鄩默然不悦，退謂所親曰：「主暗臣諛，將驕卒惰，吾不知死所矣！」後數日，將萬餘人，薄鎮、定營。營中驚擾。晉李存審以騎兵二千横擊之，鄩大敗奔還。晉人逐之，俘斬千計。

吴徐温出鎮潤州，留子知訓江都輔政。吴以徐温爲諸軍都指揮使，鎮潤州，軍國庶務參決如故。留徐知訓居廣陵秉政。

冬，十月，梁康王友敬作亂，伏誅。梁德妃張氏卒，將葬，友敬使腹心數人匿於寢殿。梁主覺之，跣足踰垣而出，召宿衛兵索殿中，得而手刃之，捕友敬誅之。由是疏忌宗室，專任趙巖及妃兄弟漢鼎、漢傑、從兄弟漢倫、漢融，咸居近職，參預謀議，每出兵，必使之監護。巖等依勢弄權，賣官鬻獄，離間舊將相，敬翔、李振雖爲執政，所言多不用。振每稱疾不預事。政事日紊，以至於亡。

十一月，蜀遣兵攻岐，克階、成、秦、鳳州，岐將劉知俊奔蜀。蜀王宗翰引兵出青泥嶺，王宗綰等敗秦州兵於金沙谷，克階、成州。秦州節度使李繼崇遣其子迎降。劉知俊攻霍彦威於邠州，半歲不克，聞秦州降蜀，妻子皆遷成都，解圍還鳳翔，懼及禍，夜帥親兵斬關奔蜀軍。宗綰攻鳳州，克之。

岐耀、鼎二州降梁。岐義勝節度使李彦韜知岐王衰弱，舉耀、鼎二州降梁。彦韜即温韜也，復姓温氏，名昭圖，官任如故。

廣州始與梁絶。劉巖以吴越王鏐爲國王，而已獨爲南平王，表求封南越王，不許。巖謂僚屬曰：「今中國紛紛，孰爲天子！安能梯航萬里，遠事僞庭乎！」自是貢使遂絶。

丙子（九一六）

晋、岐、吴稱唐天祐十三年，梁貞明二年，蜀通正元年。是歲，凡五國、五鎮。

春，正月，梁以李愚爲左拾遺。梁主聞李愚學行，召爲左拾遺，充崇政院直學士。衡王友諒貴重，李振等見皆拜之，愚獨長揖。梁主讓之曰：「衡王，朕兄也，朕猶拜之，卿長揖可乎？」對曰：「陛下以家人禮見衡王，拜之宜也。振等陛下家臣。臣於王無素，不敢妄有所屈。」久之，竟以抗直罷。

二月，吴將馬謙等起兵誅徐知訓，不克而死。吴宿衛將馬謙、李球劫吴王登樓，發庫兵討徐知訓。知訓將出走，嚴可求曰：「軍城有變，公先棄衆自去，衆將何依！」知訓乃止。衆猶疑懼，可求闔户而寢，府中稍安。謙等陳于天興門外。朱瑾自潤州至，視之曰：「不足畏也。」返顧外衆，舉手大呼，亂兵皆潰，擒謙、球斬之。

梁劉鄩攻晉魏州，晉王擊敗之。劉鄩閉壁不出，晉王乃留李存審守營，自勞軍於貝州，聲言歸晉陽。鄩聞之，奏請襲魏州，令澶州刺史楊延直以萬人會魏州。延直夜至，城中選壯士五百，潛出擊之，潰走。詰旦，鄩悉衆至城東，與延直餘衆合。李存審引營中兵踵其後，李嗣源以城中兵出戰，晉王亦自貝州至，與嗣源當其前。鄩見之，驚却，晉王躡之，至故元城西，爲方陳於西北，存審爲方陳於東南，鄩爲圓陳於其中間，四面受敵；合戰良久，梁兵大敗，鄩突圍走，步卒七萬，殺溺殆盡。鄩渡河，保滑州。

梁遣兵襲晉陽，晉將安金全擊却之。梁匡國節度使王檀密疏請發關西兵襲晉陽，奄至城下，晝夜急攻，城幾陷者數四。代北故將安金全，退居太原，往見張承業曰：「晉陽根本之地，若失之，則大事去矣。僕雖老病，憂兼家國，請以庫甲見授，爲公擊之。」承業即與之，金全帥其子弟及退將之家，得數百人，夜出擊梁兵，梁兵大驚引却。李嗣昭亦遣牙將石君立將五百騎救晉陽，朝發上黨，夕至城下，大呼曰：「昭義侍中大軍至矣！」遂入城，夜與安金全等分出諸門擊梁兵，梁兵死傷什二、三。晉王性矜伐，以策非己出，故不行賞。賀德倫部兵多逃入梁軍，張承業恐其爲變，收德倫斬之。梁主聞劉鄩敗，又聞王檀無功，歎曰：「吾事去矣！」

胡氏曰：安金全之保晉陽，其功猶在周德威救上黨之右，晉王不念宗國幾亡而復存，顧以策非己出，不復行賞，其不克有終也宜哉！

晉王克衛、磁州。

梁遣劉鄩屯黎陽。

夏，四月，晉人克洺州。

梁戍卒作亂，攻宮門，討平之。劉鄩既敗，河南大恐。梁主屢召鄩不至，由是將卒皆揺心。梁主遣捉生都指揮使李霸帥所部千人戍楊劉。既出復入，大譟縱掠，攻建國門。梁主登樓拒戰。龍驤指揮使杜晏球出騎擊之，決力死戰，俄而賊潰。晏球討亂者，闔營皆族之。

秋，七月，梁以吳越王鏐爲諸道兵馬元帥。吳越王鏐遣判官皮光業間道入貢，梁主嘉之，故有是命。朝議多言鏐之入貢，利於市易，不宜過以名器假之；翰林學士竇夢徵執麻以泣，坐貶。

八月，晉拔相、邢二州。晉王自將攻邢州，張筠棄相州走。晉人復以相州隸天雄，以李嗣源爲刺史。遣人告閻寶以相州已拔，寶舉城降。晉王以李存審爲安國節度使，鎮邢州。

契丹寇晉，陷蔚州。

九月，晉王還晉陽。王性孝，雖經營河北，而數還晉陽省曹夫人，歲再三焉。

晉拔滄州。晉兵逼滄州，滄州降。晉王徙李存審爲横海節度使，以嗣源爲安國節度使。嗣源以應州胡人安重誨爲中門使，委以心腹，重誨亦爲盡力。

晉拔貝州。晉人圍貝州踰年，張源德欲降，其衆不從，共殺源德，嬰城固守。城中食盡，乃請擐甲執兵而降，晉將許之。其衆三千人出降，既釋甲，圍而殺之，盡殪。於是河北皆入于晉，惟黎陽爲梁守。

晉王如魏州。

冬，十月，蜀攻岐，圍鳳翔。

晉王遣使如吳，吳遣兵擊梁，圍潁州。

十二月，楚王遣使如晉。

晉以張瓘爲麟州刺史。張承業治家甚嚴，有姪爲盜，殺販牛者，承業斬之。晉王以其姪瓘爲麟州刺史。承業謂曰：「汝本爲賊，慣爲不法；今若不悛，死無日矣。」由此瓘所至，不敢貪暴。

契丹稱帝，改元。契丹王阿保機自稱皇帝，國人謂之天皇王，以妻述律氏爲皇后，置百官，改元神册。述律后勇決多權變，阿保機行兵御衆，后常預其謀。阿保機嘗擊党項，留后守帳，室韋乘虚合兵掠之；后知之，勒兵以待，奮擊破之。后有母有姑，皆踞榻受其拜，曰：「吾惟拜天，不拜人也。」晉王方經營河北，欲結契丹爲援，常以叔父事阿保機，以叔母事述律后。劉守光末年衰困，遣參軍韓延徽求援於契丹，阿保機怒其不拜，留之，使牧馬於野。延徽有智略，頗知屬文。述律后曰：「延徽能守節不屈，此今之賢者，奈何辱以牧圉！宜禮而用之。」阿保機召與語，悦之，遂以爲謀主。延徽始教契丹建牙開府，築城郭，立市里，以處漢人，使各有配偶，墾藝荒田。由是漢人安業，逃亡者少。契丹威服諸國，延徽有助焉。頃之，逃奔晉陽，晉王欲置之幕府，掌書記王緘疾之；延徽不自安，求歸省母，遂復入契丹，阿保機待之益厚；至是，以爲相。延徽寓書於晉王曰：「非不戀英主，非不思故鄉，所以不留，正懼王緘之讒耳。」因以老母爲託，且曰：「延徽在此，契丹必不南牧。」故終同光之世，契丹不深入爲寇，延徽之力也。

胡氏曰：契丹、沙陀，無以異者，然晉王功義著見，進於中國。當是之時，不仕則已，仕而舍晉，蓋無足適矣。延徽儻憂見譏者，無亦晦而待察，乃甘從契丹，是故急於用而不慎所歸，才士之通患也。於張礪亦云。

丁丑(九一七)

晉、岐、吴稱唐天祐十四年，梁貞明三年。蜀天漢元年，漢乾亨元年。是歲，嶺南稱漢，凡六國、四鎮。

春，二月，晉新州裨將盧文進殺其防禦使李存矩，亡奔契丹。晉王之弟、威塞軍防禦使存矩，在新州驕惰不治，侍婢預政。晉王使募山北部落及劉守光亡卒；又率其民出馬，期會迫促，邊人嗟怨，存矩自部送之。盧文進爲裨將。行者皆憚遠役，存矩復不存恤，至祁溝關，小校宫彦璋與士卒謀殺存矩，文進不能制。因還新州，守將楊全章拒之。文進帥其衆奔契丹。晉王聞存矩不道，殺侍婢及幕僚數人。

三月，契丹陷晉新州，晉師攻之，不克。初，幽州北七百里有渝關，下有渝水通海，自關東北循海有道，道狹處纔數尺，旁皆亂山，高峻不可越。舊置八防禦軍，募土兵守之，田租皆供軍食，歲致繒纊以供衣。每歲早穫，清野堅壁以待契丹。契丹至，則閉壁不戰；俟其去，選驍勇據隘邀之，契丹常失利走。土兵皆自爲田園，力戰有功，則賜勳加賞，由是契丹不敢輕入寇。及周德威鎮盧龍，恃勇不修邊備，遂失渝關之險，契丹每芻牧於營、平之間。德威又忌幽州舊將有名者，往往殺之。吴王遣契丹主阿保機以猛火油，曰：「此油然火，得水愈熾，可以攻城。」阿保機大喜，即選騎欲攻幽州，述律后哂之曰：「豈有試油而攻一國乎！但以三千騎伏其旁，掠其四野，使城中無食，不過數年，城自困矣。何必如此躁動輕舉，萬一不勝，爲中國笑，吾部落亦解體矣。」乃止。至是，盧文進引契丹兵急攻新州，刺史安金全棄城走。周德威合河東、鎮、定之兵攻之，旬日不克。阿保機帥衆三十萬救之，德威大敗奔歸。

契丹圍幽州。夏四月，晉王遣李嗣源將兵救之。契丹乘勝進圍幽州，盧文進教之攻城。周德威遣使告急。晉王與梁相持河上，欲分兵則兵少，欲勿救恐失之，謀於諸將，獨李嗣源、李存審、閻寶勸王救之。王喜曰：「昔太宗得一李靖，猶擒頡利。今吾有猛將三人，復何憂哉！」存審、寶以爲：「虜無輜重，勢不能久，不若俟其還而擊之。」李嗣源曰：「德威社稷之臣，今朝夕不保，恐變生於中，何暇待虜之衰！臣請身爲前鋒以赴之。」王曰：「公言是也。」即日命治兵。四月，命嗣源將兵先進，寶以鎮、定之兵繼之。

五月，吳徐温徙治昇州。徐知誥治昇州，城市府舍甚盛。徐温行部，愛其繁富。潤州司馬陳彦謙勸温徙鎮海軍治所於昇州，温從之。徙知誥爲潤州團練使。知誥求宣州，温不許，知誥不樂。宋齊丘曰：「三郎驕縱，敗在朝夕。潤州去廣陵隔一水耳，此天授也。」知誥悦，即之官。三郎，謂知訓也。温以彦謙爲判官，温但舉大綱，細務悉委彦謙，江、淮稱治。

秋，八月，劉巖稱越帝於廣州。清海、建武節度使劉巖稱皇帝，國號越，以趙光裔、楊洞潛、李殷衡同平章事。用洞潛計，立學校，設選舉。

晉師擊契丹敗之，幽州圍解。契丹圍幽州且二百日，城中危困。李嗣源等步騎七萬會于易州，李存審曰：「虜衆吾寡，虜多騎，吾多步，若平原相遇，虜以萬騎蹂吾陳，吾無遺類矣。」嗣源曰：「虜無輜重，吾行必載糧食自隨，若平原相遇，虜抄吾糧，吾不戰自潰矣。不若自山中潛行趣幽州，若中道遇虜，則據險拒之。」遂踰嶺而東。嗣源與從珂將三千騎爲前鋒，距幽州六十里與契丹遇，力戰得進。至山口，契丹以萬騎遮其前，將士失色。嗣源以百餘騎先進，免冑揚鞭，胡語謂曰：「汝無故犯我疆場，晉王命我將百萬衆直抵西樓，滅汝種族。」因躍馬奮檛，三入其陳，斬酋長一人〔一二〕。後軍齊進，契丹兵却，晉兵始得出。存審命步兵伐木爲鹿角，人持一枝，止則成寨。契丹騎環寨而過，寨中發萬弩射之，人馬死傷塞路。將至幽州，契丹列陳待之。存審命步兵陳於其後，戒勿動，先令羸兵曳柴然草而進，煙塵蔽天，鼓譟合戰，乃趣後陳起乘之，契丹大敗，俘斬萬計。嗣源等入幽州。契丹以盧文進爲盧龍節度使，居平州，歲入北邊，殺掠吏民。盧龍巡屬爲之殘弊。

冬，十月，梁以吳越王鏐爲天下兵馬元帥。

晉王還晉陽。王連歲出征，凡軍府政事，一委監軍使張承業。承業勸課農桑，畜積金穀，收市兵馬，徵租行法，不寬貴戚，由是軍城肅清，饋餉不乏。王或時須錢蒱博及給賜伶人，而承業靳之。王乃置酒庫中，令其子繼岌爲承業舞，承業以帶馬贈之。王指錢積謂曰：「和哥乏錢，宜與一積，帶馬未爲厚也。」承業曰：「郎君纏頭，皆出承業俸禄。此錢大王所以養戰士也，承業不敢以爲私禮。」王不悦，語侵之，承業怒曰：「僕老敕使耳，非爲子孫計。惜此庫錢，所以佐王成霸業也。不然，王自取用之，何問僕爲！不過財盡人散，一無所成耳。」王怒，顧李紹榮索劍，承業起挽王衣泣曰：「僕受先王顧託之命，誓爲國家誅汴賊，若以惜庫物死於王手，僕下見先王無愧矣！」曹太夫人聞之，遽令召王；王皇恐叩頭謝，請承業痛飲以分其過，承業不肯。王入宫，太夫人使人謝承業曰：「小兒忤特進，已笞之矣。」明日，與王俱至承業第謝之。未幾，承制授承業開府儀同三司、左衛上將軍、燕國公，承業固辭不受，但稱唐官終身。盧質嗜酒輕傲，王銜之。承業恐其及禍，乘間言曰：「盧質數無禮，請爲大王殺之。」王曰：「吾方招納賢士，以就功業，七哥何言之過也？」承業起賀曰：「王能如此，何憂不得天下！」質由是獲免。

胡氏曰：張承業之志行，雖搢紳士大夫有遠不能及者，可以爲内侍之師法矣。爲晉養民畜財，軍不乏興，職也；受克用顧託，不敢違負，忠也；行法不寬貴戚，不以官物爲私禮，公也；晉王欲使分過，終不承命，守也；居唐官終其身，義也。使中常侍皆率此道，烏有趙高、石顯、張讓之禍哉！

十一月，晉王如魏州。晉王聞河冰合，曰：「用兵數歲，限一水不得度。今冰自合，天贊我也。」亟如魏州。

十二月，蜀殺其招討使劉知俊。蜀主以劉知俊爲都招討使，諸將皆舊功臣，多不用其命，且疾之，故無成功。唐文扆數毁之。蜀主亦忌其才，嘗謂所親曰：「吾老矣，知俊非爾輩所能馭也。」乃誣以謀叛，斬之。

晉王襲梁楊劉，拔之。梁主如洛陽，尋還大梁。晉王視河冰已堅，引步騎稍渡。梁甲士三千戍楊劉城，緣河數十里，列栅相望。晉王急攻，皆陷之，進攻楊劉城，拔之。先是，梁租庸使趙巖言曰：「陛下踐阼以來，尚未南郊，議者以爲無異藩侯。請幸西都行郊禮。」敬翔諫曰：「自劉鄩失利，公私困竭，人心惴恐。今展禮圜丘，必行賞賚，是慕虚名而受實弊也。且勍敵近在河上，乘輿豈宜輕動！俟北方既平，報本未晚。」不聽。遂如洛陽，閱車服，飾宫闕，郊祀有日；聞楊劉失守，訛言：「晉軍已入大梁，扼汜水矣。」梁主惶駭，遂罷郊祀，奔歸大梁。

戊寅（九一八）

晉、岐、吴稱唐天祐十五年，梁貞明四年。蜀光天元年。是歲，凡六國、四鎮〔一三〕。

春，正月，晉師掠梁濮、鄆而還。梁敬翔上疏曰：「國家連年喪師，疆土日蹙。陛下所與計事者，皆左右近習，豈能量敵國之勝負乎！李亞子繼位以來，攻城野戰，無不親當矢石，近者攻楊劉，身負束薪爲士卒先，一鼓拔之。陛下儒雅守文，晏安自若，使賀瓌輩敵之，而望攘逐寇讎，非臣所知也。宜詢訪黎老，别求異策；不然，憂未艾也。」疏奏，趙、張之徒言翔怨望，梁主遂不用。

蜀信王宗傑卒。蜀太子衍好酒色，樂遊戲。蜀主嘗自夾城過，聞太子與諸王鬭雞擊毬喧呼之聲，歎曰：「吾百戰以立基業，此輩其能守之乎！」由是惡張格，而徐賢妃爲之内主，竟不能去也。信王宗傑有才略，屢陳時政，蜀主賢之，有廢立意。至是暴卒，蜀主深疑之。

夏，六月，蜀主建殂，太子宗衍立。蜀主久疾昏瞀，至是增劇，以王宗弼爲都指揮使，召大臣告之曰：「太子仁弱，朕不能違諸公之請而立之。若其不堪，可寘别宫，幸勿殺之。但王氏子弟，諸公擇而輔之。徐妃兄弟，止可優其禄位，慎勿使之掌兵預政，以全其宗族。」時内飛龍使唐文扆典兵預政，欲去諸大臣，遣人守宫門，宗弼輩不得入；聞其謀，排闥入言之，召太子入侍疾；貶文扆刺眉州，以宋光嗣爲内樞密使，與宗弼等受遺詔輔政。初，蜀主雖因唐制置樞密使，專用士人。至是，蜀主以諸將多許州故人，恐其不爲幼主用，故以光嗣代之。自是宦者始用事矣。蜀主殂，太子即位，尊徐賢妃爲太后，徐淑妃爲太妃。殺唐文扆。

吴副都統朱瑾殺都軍使徐知訓而自殺。吴都軍使徐知訓驕倨淫暴。威武節度使李德誠有家妓數十，知訓求之不得，怒曰：「會當殺德誠，并其妻取之。」狎侮吴王，無復君臣之禮。嘗與王爲優，自爲參軍，使王爲蒼鶻；又嘗與王泛舟，王先起，知訓以彈彈之；又嘗侍宴，使酒悖慢，王懼而泣，左右扶王登舟，知訓逐之不及，撾殺王親吏。與弟知詢皆不禮於徐知誥，獨季弟知諫以兄禮事之〔一四〕。知訓嘗召兄弟飲，知誥不至。知訓怒曰：「乞子不欲酒，欲劍乎！」又嘗與知誥飲，伏甲欲殺之，知諫躡知誥足，知誥遁去。副都統朱瑾遣家妓候知訓，知訓强欲私之，瑾已不平。知訓惡瑾位己上，出瑾爲静淮節度使，瑾益悵之，然外事知訓愈謹。置酒延之中堂，伏壯士於户内，出妻拜之，知訓答拜，瑾以笏擊之踣地，呼壯士出斬之，提其首馳入府，示吴王曰：「僕已爲大王除害。」王懼，走入内，曰：「舅自爲之，我不敢知！」子城使翟虔等闔府門勒兵討之，瑾遂自剄。徐知誥在潤州聞難，用宋齊丘策，即日濟江，撫定軍府。温乃以知誥代執吴政。宣諭使李儼貧困，寓居海陵，温疑其與瑾通謀，殺之。

梁人決河以限晉兵，晉王攻之，拔其四寨。梁將謝彦章攻楊劉，決河水以限晉兵，瀰漫數里。

晋王謂諸將曰：「梁軍非有戰意，但欲阻水以老我師。當涉水攻之。」遂引親軍先涉，諸軍隨之，褰甲横槍，結陳而進。彦章拒之，稍却，鼓譟復進，梁兵大敗，河水爲赤。晋人遂陷濱河四寨。

蜀貶張格爲維州司户。

秋，七月，蜀以王宗弼爲鉅鹿王。蜀主不親政事，内外遷除皆出於王宗弼。宗弼納賄多私，上下咨怨。宋光嗣通敏善希合，蜀主寵任之。蜀由是遂衰。

吴以徐知誥爲淮南行軍副使，輔政。吴徐温入朝于廣陵，疑諸將皆預朱瑾之謀，欲大行誅戮。徐知誥、嚴可求具陳知訓過惡，温怒稍解，責知訓將佐不能匡救，皆抵罪，獨刁彦能屢有諫書，温賞之。以知誥爲行軍副使，知諫權潤州團練事。温還金陵，庶政皆決於知誥。知誥事吴王盡恭，接士大夫以謙，御衆以寬，約身以儉。以吴王之命蠲天祐十三年以前逋税。求賢才，納規諫，除姦猾，杜請託，於是士民歸心，宿將悦服。以宋齊丘爲謀主。先是，吴有丁口錢，又計畝輸錢，錢重物輕，民甚苦之。齊丘以爲：「錢非耕桑所得。今使民輸錢，是教民棄本逐末也。請蠲丁口錢，餘税悉輸穀帛，紬絹疋直千錢者當税三千。」或曰：「如此，縣官歲失錢億萬計。」齊丘曰：「安有民富而國家貧者邪！」知誥從之。由是江、淮間曠土盡闢，桑柘滿野，國以富强。知誥欲進用齊丘，而徐温惡之。知誥夜引齊丘於水亭屏語，常至夜分；或居高堂，悉去屏幛，獨置大爐，以鐵筯畫灰爲字，隨以匙滅去之，故其所謀，人莫得而知也。

八月，晋王大舉伐梁。晋王謀大舉伐梁。周德威將幽州步騎三萬，李存審、李嗣源、王處直遣將各將步騎萬人，及諸部落奚、契丹、室韋、吐谷渾皆以兵會之，并河東、魏博之兵，大閲於魏州，軍於麻家渡。梁賀瓌、謝彦章屯濮州北，相持不戰。晉王好自引輕騎迫敵營挑戰，危窘者數四，賴李紹榮力戰得免。趙王鎔及王處直皆遣使致書曰：「元元之命繫於王，本朝中興繫於王，奈何自輕如此！」王笑謂使者曰：「定天下者，非百戰何由得之，安可但深居帷房以自肥乎！」一旦將出，李存審扣馬泣諫曰：「大王當爲天下自重。先登陷陳，存審之職也。」王爲之攬轡而還。它日，伺存審不在，策馬急出，以數百騎抵梁營。謝彦章伏精甲五千，圍王數十重，王力戰僅得出；始以存審之言爲忠。

胡氏曰：存朂不自宴安是也，而謂非百戰無由定天下，則非也。天下惡乎定？定于有德。漢高、光、唐太宗固以兵取，未有不假仁勉義，使百姓見德者，故得之易而居之久。戰勝攻取，隨即失之，秦是也。晉王不知監焉，成難壞易，不亦宜哉！

蜀以諸王領軍使。蜀諸王皆領軍使，彭王宗鼎謂其昆弟曰：「親王典兵，禍亂之本。今主少臣强，讒間將興；繕甲訓士，非吾輩所宜爲也。」因固辭，但營書舍，植松竹自娛而已。

梁泰寧節度使張萬進降晉。梁嬖倖用事，多求賂於萬進。萬進遣使附于晉，且求援。

蜀以宦者歐陽晃等爲將軍。蜀主以内給事歐陽晃等爲將軍，皆干預政事，驕縱貪暴。周庠切諫，不聽。晃患所居之隘，夜因風縱火，焚西鄰軍營數百間；明旦，召匠廣其居。蜀主亦不之問。

冬，十一月，越改國號漢。

吴取虔州。吴遣劉信將兵攻虔州，譚全播拒守。其城險固，久之不下。信使人説譚全播，取質納賂而還。徐温大怒。信子英彦典親兵，温授兵三千曰：「汝父據上游之地，將十倍之衆，不能下一城，是反也。汝可以此兵往與父同反。」又使指揮使朱景瑜與之俱，曰：「全播守卒皆農夫，飢窘踰年，妻子在外，重圍既解，相賀而去，聞大兵再往，必皆逃遁。全播所守者空城耳，往必克之。」信大懼，引兵還擊虔州。先鋒始至，虔兵皆潰，譚全播奔雩都，追執之。

十二月，晉王與梁軍戰于胡柳陂，周德威敗死。晉王收兵復戰，大破梁軍。晉王欲趣大梁，而梁軍扼其前，堅壁不戰百餘日。王進兵距梁軍十里而舍。梁招討使賀瓌善將步兵，排陳使謝彥章善將騎兵，瓌惡其與己齊名，一日治兵於野，瓌指一高地曰：「此可以立柵。」至是，晉軍適置柵於其上，瓌疑彥章與晉通謀。瓌屢欲戰，彥章曰：「强寇憑陵，利在速戰。今深溝高壘，據其津要，彼安敢深入！若輕與之戰，萬一蹉跌，則大事去矣。」瓌益疑之，密譖之於梁主，因享士伏甲殺之，及別將孟審澄、侯温裕，以謀叛聞。審澄、温裕亦騎將之良者也。晉王聞之，喜曰：「彼將帥自相魚肉，亡無日矣！瓌殘虐，失士卒心。我若引軍直指其國都，彼安得堅壁不動；幸而一與之戰，蔑不勝矣。」王欲自將萬騎直趣大梁，周德威曰：「梁軍尚全，輕行徼利，未見其福。」不從，毁營而進，衆號十萬。瓌亦棄營而踵之。至胡柳陂，候者言：「梁兵至矣！」周德威曰：「賊倍道而來，未有所舍；我營柵已固，守備有餘。既深入敵境，動須萬全，不可輕發。此去大梁至近，梁兵各念其家，内懷憤激，不以方略制之，恐難得志。王宜按兵勿戰，德威請以騎兵擾之，使不得息，至暮營壘未立，樵爨未具，乘其疲乏，可一舉滅也。」王曰：「公何怯也！」即以親軍先出。德威不得已從之，謂其子曰：「吾無死所矣。」賀瓌結陳而至，横亘數十里。王帥銀槍都陷其陳，衝盪擊斬，往返十餘里。梁馬軍都指揮使王彥章軍敗走濮陽。晉輜重望見梁旗幟，驚，潰入幽州陳；幽州兵亦擾亂，德威不能制，父子皆戰死。梁兵四集，勢甚盛。晉王據高丘收散兵，至日中，軍復振。陂中有土山，賀瓌引兵據之。晉王謂將士曰：「今日得此山者勝，吾與汝曹奪之。」即引騎兵先登，李從珂、王建及以步卒繼之，遂奪其山。日向晡，賀瓌陳於山西，晉兵望之有懼色，諸將以爲「諸軍未盡集，不若斂兵還營，詰朝復戰」。閻寶曰：「梁騎兵已入濮陽，山下惟步卒，向晚有歸志，我乘高趣下，破之必矣。今深入敵境，偏師不利，若復引退，必爲所乘。諸軍未集者，聞梁再克，必不戰自潰。凡決勝料敵，惟觀情勢，情勢已得，斷在不疑。王之成敗，在此一戰；若不決力取勝，縱收餘衆北歸，河朔非王有也。」李嗣昭曰：「賊無營壘，日晚思歸，但以精騎擾之，使不得夕食，俟其引退，追擊可破也。我若斂兵還營，彼歸整衆復來，勝負未可知也。」王建及擐甲横槊而進曰：「王但登山，觀臣爲王破賊。」王愕然曰：「非公等言，吾幾誤計。」嗣昭、建及以騎兵大呼陷陳，諸軍繼之，梁兵大敗，死亡者幾三萬人。晉王還營，聞德威父子死，哭之慟，曰：「是吾罪也。」李嗣源不知王所之，或曰：「北渡河矣。」嗣源遂乘冰北渡。晉王進攻濮陽，拔之。嗣源復來見，王不悦曰：「公以吾爲死邪？」嗣源頓首謝。王以從珂有功，但賜大鍾酒以罰之，然自是待嗣源稍薄。梁敗卒走至大梁，曰：「晉人至矣！」京城大恐。梁主驅市人登城，又欲奔洛陽，遇夜而止。敗卒至者不滿千人，傷夷逃散，各歸鄉里，月餘僅能成軍。

胡氏曰：仲由問孔子：「行三軍當誰取？」子曰：「暴虎憑河，死而無悔者，我不與也。必也臨事而懼，好謀而成者也。」孔子所取，德威有之；其所不取，存勗犯焉。聖人之訓，不可違如此。昔光武伐尤來兵敗，軍中意王没矣，吳漢曰：「王兄子在，何憂？」光武不以爲嫌。誠以喪敗之際，參不相知，有如不測，寧能禁人之它議！晉王於是不能容一嗣源，淺量褊局，固非可以席卷天下、包舉宇内者也。

己卯（九一九）

晉、岐稱唐天祐十六年，梁貞明五年。蜀乾德元年，吴宣王楊隆演武義元年。是歲，凡六國、四鎮。

春，正月，晉築德勝兩城。晉李存審於德勝南北夾河築兩城而守之。晉王以存審爲内外蕃漢馬步總管。

三月，晉王自領盧龍節度使。王自領盧龍節度使，以李紹宏提舉軍府事。紹宏宦者也，本姓馬，晉王賜姓名。

晉以郭崇韜爲中門副使。孟知祥薦教練使雁門郭崇韜能治劇，王以爲中門副使。崇韜倜儻有智略，臨事敢決，王寵待日隆。知祥稱疾辭位，崇韜專典機密。

夏，四月，吴王隆演建國改元。吴徐温自以權重而位卑，説吴王隆演曰：「今大王與諸將皆爲節度使，不相臨制，請建吴國，稱帝而治。」王不許。嚴可求屢勸温以知誥代徐知詢，知詢與駱知祥謀出可求爲楚州刺史。可求至金陵，見温説之曰：「吾奉唐正朔，常以興復爲辭。今朱、李方爭，一旦李氏有天下，吾能北面爲之臣乎？不若先建吴國以繫民望。」温大悦，復留可求參總庶政。至是，温帥將吏藩鎮請吴王稱帝，不許。四月朔，即吴國王位，大赦改元。建宗廟社稷，置百官，宫殿文物，皆用天子禮。以温爲大丞相、都督中外諸軍事、東海郡王，知誥爲左僕射、參政事、兼知内外諸軍事，王令謀爲内樞使，嚴可求爲門下侍郎，駱知祥爲中書侍郎。

吴越擊吴，戰於狼山，破之。吴越王鏐遣其子副大使傳瓘擊吴，吴遣將彭彦章、陳汾拒之。戰于狼山，吴船乘風而進，傳瓘引舟避之，既過，自後隨之。吴回船與戰，傳瓘使順風揚灰，吴人不能開目；及船舷相接，傳瓘使散沙於己船，而散豆於吴船，豆爲戰血所漬，吴人踐之皆僵仆。因縱火焚吴船，吴兵大敗。彦章戰甚力，陳汾按兵不救，彦章自殺。吴人誅汾，籍没家貲，以其半賜彦章家；廩其妻子終身。

梁攻晉德勝南城，不克。賀瓌攻德勝南城，百道俱進，以竹笮聯艨艟十餘艘，蒙以牛革，設睥睨戰格，横於河流，以斷晉救兵。晉王自引兵救之，不能進；遣善遊者入城。守將言：「矢石將盡，陷在頃刻。」晉王積金帛於軍門，募能破艨艟者，衆莫知爲計。李建及請選效節敢死士，得三百人，被鎧操斧，帥之乘舟而進。將至，流矢雨集。建及使操斧者入艨艟間，斧其竹笮；又以木甖載薪，沃油然火，於上流縱之，隨以巨艦鼓譟攻之，艨艟隨流，梁兵焚溺者殆半。晉兵乃得渡，瓌解圍走。

秋，七月，吴越攻吴常州，吴人與戰，破之。吴越王鏐遣錢傳瓘將兵三萬攻吴常州，徐温帥諸將拒之，戰于無錫。會温病熱，不能治軍。吴越攻中軍，陳彦謙遷中軍旗鼓于左，取貌類温者，擐甲胄，號令軍事。吴越兵敗，殺其將何逢，斬首萬級，傳瓘遁去。温募生獲叛將陳紹者，賞錢百萬，獲之。紹勇而多謀，温復使之典兵。初，吴將曹筠亦奔吴越，温厚遇其妻子，遣間使告之曰：「使汝不得志而去，吾之過也。」是役，筠復奔吴。温自數昔日不用筠言者三，而不問其罪，歸其田宅，復其軍職。筠内愧而卒。

知誥請帥步卒二千，易吴越旗幟鎧仗，躡敗卒而東，襲取蘇州。温曰：「爾策固善，然吾且求息兵，未暇如汝言。」諸將亦以爲：「吴越所恃者舟楫，今大旱水涸，此天亡之時，宜盡步騎之勢，一舉滅之。」温歎曰：「天下離亂久矣，民困已甚。錢公亦未易可輕；若連兵不解，方爲諸君之憂。今戰勝以懼之，戢兵以懷之，使兩地之民各安其業，君臣高枕，豈不樂哉！多殺何爲！」遂引還。吴越王鏐見何逢馬，悲不自勝，故將士心附之。寵姬鄭氏父犯法當死，左右爲之請，鏐曰：「豈可以一婦人亂我法！」出其女而斬之。鏐自少在軍，半夜未常寐，倦極，則就圓木小枕，或枕大鈴，寐熟輒欹而寤，名曰「警枕」。置粉盤于卧内，有所記則書盤中，比老不倦。或寢方酣，外有白事者，令侍女振紙即寤。時彈銅丸于樓墻之外，以警直更者。嘗微行，夜叩北城門，吏不肯啓關，曰：「雖大王來亦不可啓。」乃自他門入。明日，召吏厚賜之。

晉王以馮道掌書記。中門使郭崇韜以諸將陪食者衆，請省其數，王怒曰：「孤爲效死者設食，亦不得專。可令軍中別擇河北帥，孤自歸太原。」即召馮道草詞示衆，道曰：「大王方平河南定天下，崇韜所請未至大過，不從可矣；何必以此驚動遠近，使敵國聞之，謂大王君臣不和，非所以隆威望也！」乃止。

八月，梁以王瓚爲招討使拒晉兵。賀瓌卒，梁主以王瓚爲招討使。瓚爲治嚴，令行禁止。據晉人上游楊村，夾河築壘，造浮梁，饋運相繼。晉副總管李存進亦造浮梁於德勝。或曰：「浮梁須竹笮、鐵牛、石囷，我皆無之，何以能成？」存進以葦笮維巨艦，繫於土山巨木，踰月而成，人服其智。

吴與吴越連和。吴徐温遣使以吴王書歸無錫之俘於吴越，吴越王鏐亦遣使請和於吴。自是吴國休兵息民，三十餘州民樂業者二十餘年。

冬，十月，晉廣德勝北城。晉王發徒數萬廣德勝北城，日與梁人爭，大小百餘戰，互有勝負。左射軍使石敬瑭戰于河壖，梁人斷其馬甲，横衝兵馬使劉知遠以所乘馬授之，自乘斷甲者徐行爲殿；梁人疑有伏，不敢迫，俱得免，敬瑭以是親愛之。二人之先皆沙陀人。敬瑭，李嗣源之婿也。

梁克兖州，殺張萬進。劉鄩圍張萬進於兖州，經年，城中危窘。晉王方與梁人戰河上，力不能救。萬進遣親將劉處讓乞師，未許。處讓於軍門截耳，曰：「苟不得請，生不如死！」晉王義之，將爲出兵；會鄩已屠兖州，族萬進，乃止。以處讓爲驍衛將軍。

十二月，梁王瓚與晉王戰，敗績。梁以戴思遠代之。晉王與王瓚戰於河南。瓚先勝，獲晉將石君立等；既而大敗，失亡萬計。梁主聞石君立勇，繫於獄而使人誘之。君立曰：「我晉之敗將，而爲用於梁，雖竭誠效死，誰則信之！人各有君，何忍反爲仇讎用哉！」梁主猶惜之。晉王乘勝拔濮陽。梁主召瓚還，以戴思遠代爲招討使，屯河上以拒晉人。

吴團結民兵。吴禁民私畜兵器，盗賊益繁。御史臺主簿盧樞言：「今四方分爭，宜教民戰；且善人畏法禁，而姦民弄干戈，是欲偃武而反招盗也。宜團結民兵，使之習戰，自衛鄉里。」從之。

校勘記

〔一〕不意吾家生此梟獍　「獍」原作「鏡」，據殿本、通鑑卷二六六後梁太祖開平元年十一月條改。

〔二〕知後弟知浣密使人語知俊云　「浣」原作「樞」，據殿本、通鑑卷二六七後梁太祖開平三年五月條、舊五代史卷一三劉知俊傳、新五代史卷四四劉知俊傳改。

〔三〕今宋州大水　「今」原作「令」，據殿本、通鑑卷二六七後梁太祖開平四年四月丁卯日條改。

〔四〕六月　此二字原脱，據殿本補。

〔五〕秋七月　此三字原脱，據殿本補。

〔六〕八月　此二字原脱，據殿本補。

〔七〕冬十一月　「冬」字原脱，據殿本補。

〔八〕謂王曰　「王」字，殿本、通鑑卷二六八後梁太祖乾化元年七月條皆無，疑衍。

〔九〕蜀將王宗侃大敗　「蜀」字原脱，據殿本、通鑑卷二六八後梁太祖乾化元年八月乙亥日條補。

〔一〇〕汝能自趣洛陽雪讎耻　「趣」原作「轉」，據殿本、通鑑卷二六八後梁均王乾化三年二月條改。

〔一一〕梁主怒　「梁主」原作「帝」，據殿本改。

〔一二〕斬酋長一人　「酋」原作「首」，據殿本、通鑑卷二七〇後梁均王貞明三年八月條改。

〔一三〕凡六國四鎮　「六國四鎮」原作「五國五鎮」，據殿本改。

〔一四〕獨季弟知諫以兄禮事之　「禮事」原作「事禮」，據殿本、通鑑卷二七〇後梁均王貞明四年六月條改。

資治通鑑綱目卷五十五

起庚辰晉王李存勗唐天祐十七年、梁主瑱貞明六年，盡丙戌後唐莊宗存勗同光四年、後唐明宗嗣源天成元年，凡七年。

庚辰(九二〇)

晉、岐稱唐天祐十七年，梁貞明六年。是歲，梁、晉、岐、蜀、漢、吴凡六國，吴越、湖南、荆南、福建凡四鎮。

春，三月，晉以李建及爲代州刺史。晉王自得魏州，以李建及爲都將。建及爲人忠壯，所得賞賜，悉分士卒，與同甘苦，故能得其死力，所向立功。同列疾之。宦者韋令圖譖之曰：「建及以私財驟施，此其志不小。」王罷建及軍職，以爲代州刺史。

夏，四月，梁朱友謙取同州，遂以河中降晉。梁河中節度使、冀王友謙襲取同州，以其子令德爲留後，表求節鉞，不許，乃附於晉。晉王以墨制除令德忠武節度使。

五月，吴宣王隆演卒，弟溥立。王重厚恭恪，徐温父子專政，王未嘗有不平之意形於言色，温以是安之；及建國稱制，尤非所樂，多沈飲鮮食，遂成疾。温自金陵入朝，議當爲嗣者。或曰：「蜀先主謂武佚：『嗣子不才，君宜自取。』」温正色曰：「吾果有意取之，當在誅張顥之初，豈至今日邪！　使楊氏無男，有女亦當立之。　敢妄言者斬！」乃以王命迎丹楊公溥監國。　王卒，溥即位。

六月，蜀殺其華陽尉張士喬。　蜀主作高祖原廟于萬里橋，帥后妃、百官用褻味作鼓吹祭之。　士喬上疏諫，蜀主怒，欲誅之，太后不可，乃流黎州。　士喬感憤，赴水死。　蜀主奢縱無度，日與太后、太妃遊宴貴臣之家，及遊近郡名山，所費不可勝紀。　教坊使嚴旭强取民子女納宫中，累遷刺史。　太后、太妃各出教賣官，每一官闕，數人納賂，多者得之。　文思殿大學士韓昭以便佞得幸，乞數州刺史賣之以營居第，許之。　識者知蜀之將亡。

梁遣劉鄩等討同州，晉遣李存審救之。　李存審等至河中，即日濟河，軍于朝邑。　梁軍亦大集河中。　將士皆勸友謙且歸款於梁〔一〕，以退其師，友謙曰：「昔晉王親赴吾急，秉燭夜戰。　今方與梁相拒，又命將星行，分我資糧，豈可負耶！」晉人分兵攻華州，壞其外城。　李存審進逼劉鄩營，鄩等悉衆出戰，大敗，宵遁，追擊破之，殺獲甚衆。　存審等移檄告諭關右，引兵略地至下邽，謁唐帝陵，哭之而還。

秋，八月，蜀主北巡。　冬十一月，遣兵侵岐，不克而還。　蜀主下詔北巡，遂發成都，被金甲，冠珠帽，執弓矢而行。　旌旗兵甲，亘百餘里。　雒令段融上言「不宜遠離都邑，當委大臣征討」。不從。　十一月，遣王宗儔將兵伐岐，攻隴州。　岐王自將屯汧陽。　蜀將陳彦威敗岐兵于箭筈嶺。　蜀兵食盡引還。　蜀主至利州，泛江而下，龍舟畫舸，輝映江渚，州縣供辦，民始愁怨。　至閬州，州民何康女色美，將嫁，蜀主取之，賜其夫家帛百疋，夫一慟而卒。

趙王鎔殺其司馬李藹，夷其族。趙王鎔治府第園沼，極一時之盛，多事嬉遊，不親政事，權移左右。司馬李藹、宦者李弘規用事，宦者石希蒙尤以諂諛得幸。鎔晚好佛求仙，講經受籙，廣齋醮，煉仙丹。盛飾館宇於西山，每往遊之，數月方歸，從者萬人，軍民苦之。是月，自西山還，宿鶻營莊，石希蒙勸鎔復之他所，李弘規曰：「晉王夾河血戰，櫛風沐雨，親冒矢石，而王專以供軍之資奉不急之費。且時方艱難，人心難測，王久虛府第，遠出遊從，萬一有姦人爲變，閉關相拒，將若之何？」鎔將歸，希蒙曰：「弘規出不遜語以劫脅王，欲以長威福耳。」鎔遂無歸志。弘規乃教内牙都將蘇漢衡帥親軍，擐甲拔刃，詣帳前白鎔曰：「士卒暴露已久，願從王歸！」弘規因進言曰：「石希蒙勸王遊從不已，請誅之以謝衆。」鎔不聽，牙兵遂大譟，斬希蒙。鎔怒且懼，亟歸府。使其長子副大使昭祚將兵圍弘規及李藹之第，族誅之；又殺蘇漢衡，收其黨與，窮治反狀，親軍大恐。

辛巳（九二一）

晉、岐稱唐天祐十八年，梁龍德元年，吴睿皇楊溥順義元年〔二〕。是歲，凡六國、四鎮。

春，正月，蜀主還成都，廢其后高氏。蜀主之爲太子，高祖爲聘兵部尚書高知言女爲妃，無寵；及韋妃入宮，尤見疏薄。至是，遣還家；知言驚仆而卒。韋妃者，徐耕之孫也，有殊色，蜀主見而悦之，太后因納於後宮。蜀主不欲娶於母族，託云韋昭度之孫。蜀主常列錦步障，擊毬其中；往往遠適，而外人不知。爇諸香，晝夜不絶，久而厭之，更爇皂莢以亂其氣。結繒爲山，及宫殿樓觀於其上，或爲風雨所敗，則更以新者易之。或樂飲繒山，涉旬不下，山前穿渠，乘船夜歸，令宫女秉蠟炬千餘居前船，却立照之，水面如畫。好爲微行，酒肆倡家，無所不到。晉得傳國寶。蜀主、吴王屢以書勸晉王稱帝，晉王以示僚佐曰：「昔王太師亦嘗遺先王書，勸以自帝一方。先王語余云：『昔天子幸石門，吾發兵誅賊臣。當是之時，威振天下，吾若挾天子據關中，自作九錫禪文，誰能禁我！顧吾家世忠孝，立功帝室，誓死不爲耳。他日當務以復唐社稷爲心，慎勿效此曹所爲！』言猶在耳，此議非所敢聞也。」因泣。既而將佐及藩鎮勸進不已，乃令有司市玉造法物。黄巢之破長安也，魏州僧得傳國寶，至是以爲常玉，將鬻之，或識之，乃詣行臺獻之；將佐皆奉觴稱賀。張承業聞之，亟詣魏州諫曰：「吾王世世忠於唐室，救其患難，所以老奴三十餘年爲王捃拾財賦，召補兵馬，誓滅逆賊，復本朝宗社耳。今河北甫定，朱氏尚存，而王遽即大位，殊非從來征伐之意，天下其誰不解體乎！王何不先滅朱氏，復列聖之深讎，然後求唐後而立之，南取吴，西取蜀，汎掃宇内，合爲一家。當是之時，雖使高祖、太宗復生，誰敢居王上者！讓之愈久，則得之愈堅矣。老奴之志無他，但以受先王大恩，欲爲王立萬年之基耳。」王曰：「此非余所願，奈羣下意何！」承業知不可止，慟哭曰：「諸侯血戰，本爲唐家，今王自取之，誤老奴矣。」即歸晉陽，邑邑成疾，不復起。

胡氏曰：孔子曰：「欲速則不達。見小利則大事不成。」晉王以夷狄賜姓，豈親宗室之比！朱氏未滅，偏霸大國，周匝三垂。存勗戰克攻取之才，固爲羣雄所服，而輔世長民之德，天下未聞也，於是焉而遽登尊極，則欲速見小，是以其行不達，而大事不成也。張承業直不欲晉王爲此，意在復唐社稷，立其後裔，此曹孟德所難，而何望於存勗。雖然，承業其賢矣哉！

二月，成德將張文禮殺其節度使趙王鎔而代之。趙王鎔委政於其子昭祚。昭祚性驕愎，附李弘規者皆族之。弘規部兵五百人欲逃，聚泣偶語，未知所之。會諸軍有給賜，鎔忿親軍之殺石希蒙，獨不時與，衆益懼。王德明素蓄異志，因其懼而激之曰：「王命我盡阬爾曹，吾念爾曹無罪不忍。不然，又獲罪於王，奈何？」衆皆感泣，相與飲酒而謀之，酒酣，其中驍健者曰：「吾曹識王太保意，今夕富貴決矣。」即踰城入，鎔方焚香受籙，斷其首而出，因焚府第。德明復姓名曰張文禮，盡滅王氏之族，獨置昭祚之妻普寧公主，以自託於梁。三月，遣使告亂于晉，因求節鉞。晉王方置酒作樂，聞之，投盃悲泣，欲討之。僚佐以爲「方與梁爭，不可更立敵，宜且安之」。王不得已。四月，承制授文禮成德留後。

夏，五月，梁殺其泰寧節度使劉鄩。初，鄩與朱友謙爲昏，其受詔討友謙也，先遣使移書諭以禍福，待之月餘，友謙不從，然後進兵。尹皓、段凝因譖之，梁主密令西都留守張宗奭酖之。

六月朔，日食。

秋〔三〕，晉以蘇循爲節度副使。晉王既許藩鎮之請，求唐舊臣，朱友謙遣蘇循詣行臺。循至魏州，望府即拜，謂之「拜殿」；見王呼「萬歲」，舞蹈，泣而稱臣；翌日，又獻大筆三十枚，謂之「畫日筆」。王大喜，即命循爲河東節度副使。張承業深惡之。

八月，晉以符習爲成德留後，討張文禮。文禮既作亂，内不自安，復遣間使求援於契丹；又遣使告梁，乞發精甲萬人，自德、棣渡河。梁主疑未決，敬翔曰：「陛下不乘此釁以復河北，則晉人不可復破矣。宜徇其請，不可失也。」趙、張輩皆曰：「今强寇近在河上，盡吾兵力以拒之，猶懼不支，何暇救文禮乎？且文禮坐持兩端，欲以自固，我何利焉？」梁主乃止。文禮忌趙故將，多所誅滅。符習將趙兵萬人，從晉王在德勝，文禮請以他將代之。習見晉王泣涕請留，晉王曰：「吾與趙王同盟討賊，義猶骨肉，不意一旦禍生肘腋，吾誠痛之。汝苟不忘舊君，能爲之復讎乎？吾以兵糧助汝。」習與部將三十餘人舉身投地慟哭曰：「大王念故使輔佐之勤，許之復冤，習等不敢煩霸府之兵，願以所部徑前，搏取凶豎，以報王氏累世之恩，死不恨矣！」八月，王以習爲成德留後，命閻寶、史建瑭將兵助之，自邢、洺而北。文禮先病腹疽，晉兵拔趙州，文禮驚懼而卒。其子處瑾與其黨韓正時悉力拒晉。九月，晉兵圍鎮州，建瑭中流矢卒。

冬，十月，梁襲晉德勝北城，晉王擊破之。晉王欲自分兵攻鎮州，戴思遠聞之，悉衆襲德勝北城。晉王知之，十月，命李嗣源伏兵於戚城，李存審屯德勝，先以騎兵誘之，梁兵競進，晉王以鐵騎三千奮擊，梁兵大敗，失亡二萬餘人。

義武節度使王處直爲其假子都所囚。初，義武節度使王處直未有子，得小兒劉雲郎養爲子，名之曰都。及壯，便佞多詐，處直愛之，置新軍，使典之。處直有孽子郁無寵，奔晉，晉王克用以女妻之，累遷至新州團練使；餘子皆幼。處直以都爲副大使，欲以爲嗣。及晉王存勗討張文禮，處直以鎮、定唇齒，恐鎮亡而定孤，固諫以爲「方禦梁寇，且宜赦文禮」。晉王答以「文禮弑君，義不可赦；又潛引梁兵，恐於易定亦不利」。處直患之，乃潛遣人語郁，使賂契丹，令犯塞以解鎮州之圍。郁素疾都冒繼其宗，乃邀處直求爲嗣，處直許之。軍府皆不欲召契丹，都亦慮郁奪其處，乃以新軍數百伏於府第，大譟曰：「將士不欲以城召契丹，請令公歸西第。」乃并其妻妾幽之，盡殺其子孫、腹心，以狀白晉王；晉王因以都代處直。處直憂憤而卒。

胡氏曰：王都幽囚父母，殺其子孫，此與張文禮何異？存勗既爲討文禮，而許都襲位，賞刑如此，何以扶天下之爲君父者哉！三綱既淪，政本亡矣；雖暫得之，不旋踵而失之，非不幸也！

吴王溥祀南郊。吴徐温勸吴王郊祀。或曰：「唐祀南郊，其費巨萬。今未能辦也。」温曰：「吾聞事天貴誠，多費何爲！唐每郊祀，啓南門，灌其樞，用脂百斛，此乃季世奢泰之弊，又安足法乎！」乃祀南郊。

十一月，晉王自將討鎮州〔四〕。晉王使李存審、李嗣源守德勝，自將兵攻鎮州，旬日不克。張處瑾使韓正時突圍出〔五〕，趣定州求救，晉兵追斬之。

十二月，契丹寇幽州，拔涿州，進寇義武，晉王救之。王都説契丹主曰：「鎮州美女如雲，金帛如山，天皇王速往則皆己物也；不然，爲晉王所有矣。」契丹主以爲然，悉衆而南。述律后曰：「吾有西樓羊馬之富，其樂不可勝窮也，何必勞師遠出，以乘危徼利乎！吾聞晉王用兵天下莫敵，脫有危敗，悔之何及！」契丹主不聽。十二月，攻幽州，李紹宏嬰城自守。契丹南圍涿州，拔之〔六〕，擒李嗣弼；進寇定州。王都告急于晉，晉王將親軍五千救之。

壬午（九二二）

晉、岐稱唐天祐十九年，梁龍德二年。是歲，凡六國、四鎮。

春，正月，晉王擊契丹，大敗之。晉王至新城，候騎白契丹前鋒涉沙河，將士皆失色，有亡去者，斬之不能止。諸將皆曰：「吾衆寡不敵，又梁寇内侵，宜且還師以救根本。」或請西入井陘避之，晉王猶豫未決。郭崇韜曰：「契丹本利貨財而來，非能救鎮州之急難也。王新破梁兵，威振夷、夏，挫其前鋒，遁走必矣。」李嗣昭亦曰：「强敵在前，有進無退，不可輕動以揺人心。」晉王曰：「吾以數萬之衆平定山東，今遇此小虜而避之，何面目以臨四海！」乃自帥鐵騎五千先進。至新城北，半出桑林，契丹見之驚走，晉王分軍逐之，獲契丹主之子。契丹舉衆退保望都。晉王至定州，王都迎謁馬前，請以愛女妻王子繼岌。王引兵趣望都，遇奚酋秃餒五千騎，爲其所圍，力戰，出入數四，不解。李嗣昭引三百騎横擊之，虜退，王乃得出，因縱兵奮擊，契丹大敗，逐北至易州。會大雪彌旬，平地數尺，契丹人馬死者相屬，契丹主乃歸。晉王引兵躡之，隨其行止，見其野宿之所，布藁於地，回環方正，皆如編翦，雖去，無一枝亂者，歎曰：「虜用法嚴，乃能如是，中國所不及也。」晉王至幽州，使二百騎躡契丹之後，曰：「虜出境即還。」晉騎恃勇追擊之，悉爲所擒。契丹主責王都，縶之以歸，自是不聽其謀。

胡氏曰：晉王聽王都因父取國，既失於前；今因其出迎，明父子之義，討而殺之，則軍政修明，人心聳服，契丹將不戰而自退矣。晉王先助劉守光，今又助王都，何有見於斬張彦，而無見於此耶？凡此類皆制勝之大幾也，接而不失，惟上智能之。

梁襲晉魏州不克，攻德勝北城。二月，晉王還魏州，梁兵遁還。李存審謂李嗣源曰：「梁人聞我在南兵少，不攻德勝，必襲魏州。不若分軍備之。」遂分軍屯澶州。戴思遠果悉衆趣魏州，嗣源引兵先之，遣兵挑戰。思遠知有備，乃西拔成安，大掠而還。又攻德勝北城，重塹複壘，斷其出入，晝夜急攻，存審悉力拒守。晉王聞之，自幽州赴之，五日至魏州。思遠燒營遁還。

晉師圍鎮州不克，退保趙州。夏四月，晉李嗣昭戰死。晉閻寶築壘以圍鎮州，決呼沱水環之〔七〕，内外斷絶。城中食盡，遣五百餘人出求食，寶縱其出，欲伏兵取之。其人遂攻長圍，寶不爲備；俄數千人繼至，遂壞長圍，縱火攻營，寶不能拒，退保趙州。晉王以李嗣昭爲招討使代寶。張處瑾遣兵千人迎糧於九門，嗣昭設伏邀擊之，殺獲殆盡。鎮兵發矢中其腦，嗣昭拔矢射之，一發而殪；是夕，亦卒。晉王聞之，不御酒肉者累日。嗣昭遺命悉以澤、潞兵授判官任圜，使督諸軍攻鎮州，號令如一，鎮人不知嗣昭之死也。晉王以李存進爲招討使，命嗣昭諸子護喪歸葬晉陽。其子繼能不受命，帥兵擁喪歸潞州。嗣昭七子，繼儔當襲爵，素懦弱，繼韜凶狡，囚之，詐令士卒劫己爲留後。晉王不得已，改昭義曰安義，以繼韜爲留後。

秋，八月，梁取晉衛州。晉衛州刺史李存儒，本姓楊，名婆兒，以俳優得幸於晉王爲刺史，專事掊斂，防城卒皆徵月課縱歸。梁段凝、張朗引兵夜襲之，詰旦登城，執存儒，遂克衛州。戴思遠又與凝攻陷淇門、共城、新鄉。於是澶州之西，相州之南，皆爲梁有，晉人失軍儲三之一，梁軍復振。

九月，晉王克鎮州，自領之，以符習爲天平節度使。張處瑾使其弟處球乘李存進無備，將兵七千人奄至東垣渡，及營門，存進狼狽引十餘人鬬于橋上，鎮兵退，晉騎兵斷其後，夾擊之，鎮兵殆盡，存進亦戰没。晉王以李存審爲招討使。鎮州食竭力盡，處瑾遣使請降，未報，存審兵至。城中將李再豐投縋以納晉兵，執處瑾兄弟及其黨高濛送行臺，趙人皆請而食之，磔張文禮屍於市。王鎔故侍者得鎔遺骸，晉王祭而葬之。以符習爲成德節度使，習辭曰：「故使無後而未葬，習當斬衰以葬之，俟禮畢聽命。」既葬，即詣行臺。趙人請晉王兼領成德，從之。乃割相、衛二州置義寧軍，以習爲節度使。習辭曰：「魏博霸府，不可分也，願得河南一鎮，習自取之。」乃以爲天平節度使。

冬，十一月，唐特進、河東監軍使張承業卒。承業卒，曹太夫人詣其第，爲之行服，如子姪之禮。晉王聞之，亦不食者累日。

十二月，晉以張憲權鎮州事。魏州税多逋負，晉王以讓司録趙季良，季良曰〔八〕：「殿下何時當平河南？」王怒曰：「汝職在督税，何敢預我軍事！」季良對曰：「殿下方謀攻取而不愛百姓，一旦百姓離心，恐河北亦非殿下之有，況河南乎！」王悦，謝之。自是重之，每預謀議。

癸未（九二三）

岐稱唐天祐二十年；梁龍德三年，盡十月；四月以後，唐莊宗李存勗同光元年。是歲，梁亡，晉稱唐，凡五國、四鎮。

春，二月，晉以豆盧革、盧程爲行臺丞相。晉王下教於四鎮判官中選前朝士族，欲以爲相，河東判官盧質爲之首；質固辭，請以義武判官豆盧革、河東判官盧程爲之。即拜行臺左、右丞相，以質爲禮部尚書。

梁以錢鏐爲吳越王。鏐始建國，儀衛名稱多如天子之制，惟不改元；置百官，有丞相、侍郎、客省等使。

三月，晉李繼韜以潞州叛降梁，其將裴約據澤州不下。李繼韜爲留後，終不自安，幕僚魏琢、牙將申蒙復從而間之，曰：「晉朝無人，終爲梁所併耳。」弟繼遠亦勸之，繼韜乃使繼遠詣大梁請降。梁主大喜，以繼韜爲節度使。安義舊將裴約戍澤州，泣諭其衆曰：「余事故使踰二紀，見其分財享士，志滅仇讎。不幸捐館，柩猶未葬，而郎君遽背君親。吾寧死不能從也！」遂據州自守，梁遣董璋將兵攻之。繼韜散財募士，堯山人郭威往應募。嘗殺人繫獄，繼韜惜其才勇而逸之。

夏，四月，晉王存勗稱皇帝于魏州，國號唐。晉王築壇於魏州牙城之南，四月，升壇祭告，遂即帝位，國號大唐。尊母曹氏爲皇太后，嫡母劉氏爲皇太妃。初，太妃無子，性不妬忌，太后亦謙退，相得甚歡。及受册，太妃詣太后宫賀，有喜色，太后忸怩不自安，太妃曰：「願吾兒享國久長，吾輩獲没于地。園陵有主，餘何足言！」因相向歔欷。

唐以豆盧革、盧程同平章事，郭崇韜、張居翰爲樞密使。革、程皆輕淺無他能，唐主特以其衣冠之緒，霸府元僚，故用之。李紹宏自幽州召還，崇韜惡其位在己上，乃薦居翰，而以紹宏爲宣徽使。紹宏恨之。居翰和謹畏事，軍國機政，皆崇韜掌之。孔謙自謂應爲租庸使，衆議以謙人微地寒，故崇韜薦張憲，以謙副之。謙亦不悦。

胡氏曰：建王霸之績者，必有心腹股肱之臣，其未濟也，以爲謀主；其既成也，遂登輔相。輔相之任，當承平之際，無遠慮者，或不知考慎矣。若創業垂統之君，天下固以此卜其成敗，而可忽諸？梁、唐、晉、漢之朝，無所稱焉。豈氣方紛亂，天不生賢耶？將人主無知人之監而不能致耶？

唐建東、西京及北都。以魏州爲興唐府，建東京。又於太原府建西京。又以鎮州爲真定府，建北都。時唐國所有，凡十三節度、五十州。

閏月，唐立宗廟于晉陽。唐主追尊曾祖執宜曰懿祖昭烈皇帝，祖國昌曰獻祖文皇帝，考晉王曰太祖武皇帝；立宗廟於晉陽，以高祖、太宗、懿宗、昭宗洎懿祖以下爲七室。

唐遣李嗣源襲梁鄆州取之，以嗣源爲節度使。契丹屢寇幽州，衛州爲梁所取，潞州内叛，人情岌岌，以爲梁未可取，唐主患之。會鄆州將盧順密來奔，言曰：「鄆州守兵不滿千人，可襲取也。」郭崇韜等皆以爲不可，唐主密召李嗣源謀之，曰：「梁人志在澤、潞，不備東方。若得東平，則潰其心腹。東平果可取乎？」嗣源自胡柳有渡河之慚，常欲立奇功以補過，對曰：「今用兵歲久，生民疲弊，苟非出奇取勝，大功何由可成？臣願獨當此役，必有以報。」唐主悦，遣嗣源將精兵五千趣鄆州。日暮，陰雨道黑，將士皆不欲進，高行周曰：「此天贊我也，彼必無備。」夜渡河至城下，鄆人不知。李從珂先登殺守卒，啓關納外兵，進攻牙城，拔之。嗣源禁焚掠，撫吏民。唐主大喜曰：「總管真奇才，吾事集矣！」即以爲天平節度使。梁主大懼，遣使詰讓諸將段凝、王彦章等，趣令進戰。

五月，梁遣招討使王彦章攻唐德勝南城，拔之；進攻楊劉。六月，唐主救之，梁兵退。

秋，七月，彦章罷。敬翔知梁室已危，以繩内靴中，入見梁主曰：「先帝取天下，不以臣爲不肖，所謀無不用。今敵勢益强，而陛下棄忽臣言。臣身無用，不如死。」引繩將自經，梁主止之，問所欲言，翔曰：「事急矣，非用王彦章爲大將，不可救也！」梁主從之。以彦章爲招討使，仍以段凝爲副。唐主聞之，自將親軍屯澶州，命朱守殷守德勝，戒之曰：「王鐵槍勇決，宜謹備之。」守殷，王幼時所役蒼頭也。五月，遣使徵兵於吴，徐温欲持兩端，遣兵循海助其勝者，嚴可求不可，乃止。梁主召王彦章問以破敵之期，彦章對曰：「三日。」左右皆失笑。彦章出，兩日馳至滑州，置酒大會，陰遣人具舟於楊村，夜命甲士六百，皆持巨斧，載冶者，具鞴炭，乘流而下。會飲尚未散，彦章陽起更衣，引精兵數千循河南岸趨德勝。天微雨，朱守殷不爲備，舟中兵舉鏁燒斷之，因以巨斧斬浮橋，而彦章引兵急擊南城，破之，時適三日矣。守殷救之，不及。彦章進攻諸寨，皆拔之，聲勢大振。唐主遣宦者焦彦賓急趣楊劉，與鎮使李周固守，命守殷棄北城，撤屋爲柭，載兵械浮河東下，助楊劉守備。王彦章亦撤南城屋材浮河而下，每遇灣曲，輒於中流交鬬，一日百戰，互有勝負〔九〕。比及楊劉，殆亡士卒之半。彦章以十萬衆攻楊劉，城垂陷者數四，李周悉力拒之，與士卒同甘苦，彦章不能克，退屯城南。唐主引兵救之，曰：「李周在內，何憂！」日行六十里，不廢畋獵。六月，至楊劉。梁兵塹壘，不可入。唐主問計於郭崇韜，對曰：「請築壘於博州東岸以固河津，既得以應接東平，又可以分賊兵勢。但慮彦章薄我，城不能就。願募死士，日挑戰以綴之，旬日不東，則城成矣。」時李嗣源守鄆州，河北聲問不通，人心漸離，不保朝夕。會梁將康延孝密請降於嗣源。延孝者，太原胡人，有罪，奔梁。嗣源遣押牙范延光送延孝蠟書，延光因言於唐主，請築壘馬家口以通鄆州之路。唐主遣崇韜將萬人夜發，渡河築之，晝夜不息。自與梁人晝夜苦戰。崇韜築城六日，彦章聞之，將兵數萬馳至急攻。時板築僅畢，未有守備，崇韜慰諭士卒，以身先之，四面拒戰。唐主引大軍救之。彦章退保鄒家口。鄆州奏報始通。李嗣源請正朱守殷覆軍之罪，不從。七月，唐主引兵南，彦章等復趣楊劉。李紹榮直抵梁營，擒其斥候，又以火栰焚其連艦。彦章等走保楊村，唐兵追擊之，梁兵前後死者且萬人。楊劉圍解，城中無食已三日矣。彦章疾趙、張亂政，謂所親曰：「待我成功還，當盡誅姦臣以謝天下！」趙、張聞之，私相謂曰：「我輩寧死於沙陀，不可爲彦章所殺！」相與協力傾之。段凝素疾彦章而諂附趙、張，百方沮撓之，惟恐其有功；每捷奏至，趙、張悉歸功於凝，由是彦章功竟無成。梁主猶恐彦章成功難制，徵還大梁。

唐盧程罷。程以私事干興唐府，府吏不能應，鞭吏背。少尹任圜，唐主姊壻也，詣程訴之，程駡曰：「公何等蟲豸，欲倚婦力邪！」唐主怒曰：「朕誤相此癡物。」欲賜自盡，盧質力救之，乃貶右庶子。

八月，梁取唐澤州，裴約死之。裴約遣間使告急，唐主曰：「吾兄不幸，乃生梟獍。裴約獨能知逆順。」顧謂指揮使李紹斌曰：「澤州，彈丸之地，朕無所用，卿爲我取裴約以來。」紹斌至，城已陷，約死，唐主深惜之。

梁以段凝爲招討使，遣王彦章、張漢傑攻鄆州。梁主遣段凝監軍河上，敬翔、李振屢請罷之，梁主曰：「凝未有過。」振曰：「俟其有過，則社稷危矣。」至是，凝厚賂趙、張，求爲招討使。翔、振力爭，不從。於是宿將憤怒，士卒亦不服。凝將全軍五萬，濟河掠澶州，至頓丘。梁主又命王彦章將保鑾騎士萬人，屯兗、鄆之境，謀復鄆州，仍以張漢傑監其軍。

梁將康延孝奔唐。唐主引兵屯朝城，康延孝來奔，唐主解錦袍玉帶賜之，以爲招討指揮使，問以梁事，對曰：「梁朝地不爲狹，兵不爲少，然主既暗懦，趙、張擅權，内結宫掖，外納貨賂；段凝智勇俱無，專率斂行伍，以奉權貴。梁主不能專任將帥，常以近臣監之，進止可否，動爲所制。近又聞欲數道出兵，令董璋趣太原，霍彦威寇鎮、定，王彦章攻鄆州，段凝當陛下，決以十月大舉。臣竊觀梁兵聚則不少，分則不多。願陛下養勇蓄力以待其分，帥精騎五千，自鄆州直抵大梁，擒其僞主，旬月之間，天下定矣。」唐主大悦。

九月，蜀主宴羣臣於宣華苑。蜀主以韓昭、潘在迎、顧在珣等爲狎客，陪侍遊宴，與宫女雜坐。或爲豔歌相唱和，褻慢無所不至。樞密使宋光嗣等專斷國事，恣爲威虐，務徇蜀主之欲，以盗其權。宰相王鍇、庾傳素等各保寵禄，無敢規正。潘在迎每勸蜀主誅諫者，無使謗國。嘉州司馬劉贊獻陳後主三閣圖，并作歌以諷；賢良方正蒲禹卿對策語極切直，蜀主不能用。至是，以重陽宴近臣於宣華苑，酒酣，嘉王宗壽乘間極言社稷將危，流涕不已。昭曰：「嘉王好酒悲。」因諧笑而罷。

冬，十月朔，日食。

唐主救鄆州，梁師敗績，王彦章死之。唐主入大梁，梁主瑱自殺。唐遂滅梁。唐自德勝失利以來，喪芻糧數百萬，租庸副使孔謙暴斂以供軍，民多流亡，租税益少；澤、潞未下，契丹屢寇瀛、涿；又聞梁人欲大舉，數道入寇，唐主深以爲憂，召諸將會議。李紹宏等皆以爲：「鄆州難守，請以易衛州及黎陽於梁，與之約和，休兵息民，更圖後舉。」唐主不悦曰：「如此，吾無葬地矣。」乃獨召郭崇韜問之，對曰：「陛下不櫛沐、不解甲十五餘年，欲雪家國讎耻；今已正尊號，始得鄆州尺寸之地，不能守而棄之，臣恐將士解體。將來食盡衆散，雖畫河爲境，誰爲陛下守之？臣嘗細詢康延孝以河南之事，度已料彼，日夜思之，成敗之機，決在今歲。梁今悉以精兵授段凝，決河自固，恃此不復爲備。凝非將材，不足畏。降者皆言大梁無兵。陛下若留兵守魏，固保楊劉，自以精兵與鄆州合勢，長驅入汴，僞主授首，則諸將自降矣。不然，今秋不登，軍糧將盡，大功何由可成？諺曰：『當道築室，三年不成。』帝王應運，必有天命。在陛下勿疑耳。」唐主曰：「此正合朕志。丈夫得則爲王，失則爲虜。吾行決矣。」司天奏天道不利，不聽。王彦章將攻鄆州，李嗣源遣從珂逆戰，敗其前鋒，彦章退保中都。捷奏至，唐主喜曰：「鄆州告捷，足壯吾氣。」命將士悉遣其家歸興唐，亦遣夫人劉氏、皇子繼岌歸，與之訣曰：「事之成敗，在此一決。若其不濟，當聚吾家於魏宫而焚之。」

胡氏曰：莊宗以宦官之譖，罷李建及而失忠壯之助；以俳優之説，用李存儒而失要害之地；以役使之愛，使朱守殷而陷南城，喪芻糧數百萬。幾如是而地不蹙、國不亡，然則不旋踵而克梁者，非晉必當克也，蓋梁祚告終之期促耳。且經營大業者，必厚其根本之地，使進可以取，退可以保。今晉雖久有河東，其地瘠薄，故必兼得河北，然後富强。然晉王不擇牧民御衆之才守之，又令孔謙之徒急政暴賦趣辦目前；至於崇韜決策擣汴，亦未及善後之計也。而莊宗所謂「丈夫得則爲王，失則爲虜」，遣妻子歸而與之訣者，亦不敢必於克梁也。烏乎！捐身與家以爭天下，將以濟民乎？抑亦濟欲乎？此非真英雄之所爲，不足道也。

濟河至鄆州，中夜進軍，以李嗣源爲前鋒，遇梁兵，一戰敗之，追至中都，圍之。梁兵潰，追擊，破之。彦章走，將軍李紹奇追之。彦章重傷，馬蹶，遂擒之，并擒張漢傑等二百餘人，斬首數千級。彦章嘗謂人曰：「李亞子鬭雞小兒，何足畏！」至是，唐主謂曰：「爾常謂我小兒，今日服未？且爾名善將，何不守兗州？中都無壁壘，何以自固？」彦章對曰：「天命已去，無足言者。」唐主惜彦章之材，欲用之，賜藥傅其創，屢遣人誘諭之。彦章曰：「余本匹夫，蒙梁恩，位至上將，與皇帝交戰十五年；今兵敗力窮，死自其分，縱皇帝憐而生我，我何面目見天下之人乎！豈有朝爲梁將，暮爲唐臣！此我所不爲也。」唐主復遣嗣源自往諭之，彦章卧謂曰：「汝非邈佶烈乎？」於是諸將稱賀，唐主舉酒屬嗣源曰：「今日之功，公與崇韜之力也。曏從紹宏輩語，大事去矣。」謂諸將曰：「曏所患惟彦章，今已就擒，是天意滅梁也。段凝猶在河上，何向而可？」諸將以爲：「東方諸鎮兵皆在段凝麾下，所餘空城耳，以天威臨之，無不下者。若先廣地，東傅于海，然後觀釁而動，可以萬全。」康延孝固請亟取大梁，嗣源曰：「兵貴神速。今彦章就擒，段凝必未知；就使有人走告之，疑信之間，尚須三日。設若知吾所向，即發救兵，直路則阻決河，須自白馬南渡，舟檝亦難猝辦。此去大梁至近無險，方陳兼程，信宿可至。段凝未離河上，友貞已爲吾擒矣。延孝之言是也，請陛下以大軍徐進，臣願以千騎前驅。」唐主從之。令下，諸軍踴躍。嗣源是夕遂行。明日，唐主發中都。以王彦章終不爲用，斬之。

胡氏曰：梁之所以亡，以理言之，朱氏無長久之道；以事言之，友貞疏遠勳舊，信任姻黨，將士解體，卒伍離心。敬翔皆無以正之，獨請用王彦章。自古頗聞倚一猛將，能救危而扶顛者耶！夫彦章固善鬭，然所當者乃朱守殷，夫人能破之矣；及李周固守，則彦章以十萬衆而不能克，其才亦可見矣。其所以著名者，特以死節不屈爾。此則五代之臣所難及者也。

越二日，至曹州，梁守將降。梁主聞彦章就擒，唐軍且至，聚族而哭，召羣臣問策，皆莫能對；謂敬翔曰：「朕忽卿言，以至於此。今事急矣，將若之何？」翔泣曰：「臣受先帝厚恩，殆將三紀，名爲宰相，其實朱氏老奴，事陛下如郎君。前後獻言，莫匪盡忠，陛下不用，致有今日。雖使良、平更生，誰能爲陛下計者！臣願先賜死，不忍見宗廟之亡也。」因與梁主相向慟哭。時城中尚有控鶴軍數千，朱珪請帥之出戰；梁主不從，命王瓚驅市人乘城爲備。梁主疑諸兄弟乘危謀亂，盡殺之。梁主登建國樓。或請幸洛陽，收軍拒唐，唐雖得都城，勢不能久留。或請幸段凝軍，指揮使皇甫麟曰：「凝本非將材，官由幸進，今危窘之際，望其臨機制勝，轉敗爲功，難矣。且凝聞彦章軍敗，其膽已破，安知能終爲陛下盡節乎！」趙巖曰：「事勢如此，一下此樓，誰心可保！」梁主復召宰相謀之，鄭珏請自懷傳國寶詐降以紓國難，梁主曰：「今日固不敢愛寶，但此策竟可了否？」珏俯首久之，曰：「但恐未了。」左右皆縮頸而笑。梁主日夜涕泣，不知所爲；置傳國寶於卧内，忽失之，已爲左右竊之迎唐軍矣。趙巖曰：「吾待温許州厚，必不負我。」遂奔許州。梁主謂皇甫麟曰：「吾不能自裁，卿可斷吾首。」麟泣曰：「臣爲陛下揮劍死唐軍則可矣，不敢奉此詔。」梁主曰：「卿欲賣我邪？」麟欲自剄，梁主持之曰：「與卿俱死。」麟遂弑梁主，因自殺。梁主爲人温恭儉約，無荒淫之失；但寵信趙、張，使擅威福，疏棄敬、李舊臣，不用其言，以至於亡。李嗣源軍行五日至大梁，王瓚開門出降。是日，唐主亦至，入自梁門，嗣源迎賀，唐主喜不自勝，手引嗣源衣，以頭觸之曰：「吾有天下，卿父子之功也，天下與爾共之。」李振謂敬翔曰：「有詔洗滌吾輩，相與朝新君乎？」翔曰：「吾二人爲梁宰相，君昏不能諫，國亡不能救，新君若問，將何辭以對！」是夕未曙，或報翔曰：「李太保已入朝矣。」翔嘆曰：「李振謬爲丈夫！國亡君死，何面目入建國門乎！」乃縊而死。趙巖至許州，温昭圖斬之，復名韜。詔漆朱友貞首，函之，藏於太社。

梁段凝降唐。段凝入援，以杜晏球爲前鋒，至封丘，遇李從珂，晏球先降，凝衆五萬亦降。帝勞之，賜姓名李紹欽。凝出入公卿間，揚揚自得無愧色，梁之舊臣皆欲齕其面，抉其心。晏球亦賜姓名李紹虔。

唐貶梁宰相鄭珏以下十一人。以其世受唐恩，而仕梁貴顯也。

敬翔、李振、趙巖、張漢傑等伏誅，夷其族。敬翔既死，段凝、杜晏球上言：「僞梁要人趙巖、張漢傑等竊弄威福，殘蠹羣生，不可不誅。」詔敬翔、李振首佐朱温，共傾唐祚，可並族誅。巖至許州，亦爲温韜所殺。

唐毀梁宗廟，追廢朱温、朱友貞爲庶人。

梁諸藩鎮入朝于唐，皆復其任。宋州節度使袁象先首來入朝，輦珍貨數十萬，徧賂劉夫人及權貴、伶官、宦者，中外爭譽之，恩寵隆異。

唐以郭崇韜守侍中。崇韜權兼内外，謀猷規益，竭忠無隱；頗亦薦引人物。豆盧革受成而已，無所裁正。

梁河南尹張宗奭入朝于唐。宗奭來朝，復名全義。唐主欲發梁太祖基，斵棺焚屍，全義言：「朱温雖國之深讎，然其人已死，刑無可加，屠滅其家，足以爲報，乞免焚斵以存聖恩。」唐主從之，但鏟其闕室，削封樹而已。

胡氏曰：朱全忠併弒二主，毀唐宗社，凶悖殘暴，無與爲比。莊宗列數其罪，誕告多方，發冢斵棺，焚屍而颺之，汙瀦其宫室，然後快人心，合天意，垂後來亂賊之監。全義懷私甘辱，豈知帝王懲戒之大方！莊宗過聽其言，而略於討惡之典，惜哉！

唐加李嗣源中書令。

楚王殷遣使入貢于唐。殷遣其子希範入見，納行營都統印，上本道將吏籍。

吳遣使如唐。唐遣使以滅梁告吳，徐温尤嚴可求曰：「公前沮吾計，今將奈何？」可求笑曰：「聞唐主始得中原，志氣驕滿，御下無法，不出數年，將有内變。吾但當卑辭厚禮，保境安民以待之耳。」唐使稱詔，吳人不受。唐主易其書用敵國之禮，吳人復書，稱大吳國主，辭禮如牋表。

吳貶鍾泰章爲饒州刺史。吳人有告壽州團練使鍾泰章侵市官馬者，徐知誥遣王稔代之，以泰章爲饒州刺史。徐温召至金陵，使陳彦謙詰之，三不對。或問泰章何以不自辨，泰章曰：「吾在壽州，去淮數里，步騎五千，苟有他志，豈王稔單騎能代之乎！我義不負國，雖黜爲縣令亦行，況刺史乎！何爲自辨，以彰朝廷之失？」知誥請收泰章治罪，徐温曰：「吾非泰章，已死於張顥之手。今日富貴，安可負之！」命知誥爲子景通娶其女以解之。時張崇在廬州，貪暴不法，廬江民訟縣令受賕，知誥遣侍御史知雜事楊廷式往按之。廷式曰：「雜端推事，其體至重，職業不可不行。」知誥曰：「何如？」廷式曰：「械繫張崇，使吏如昇州簿責都統。」知誥曰：「何至是！」廷式曰：「縣令微官，張崇使之取民財轉獻都統耳。豈可捨大而詰小乎！」知誥以是重之。

彗星見。彗出輿鬼，長丈餘。蜀司天監言國有大災，蜀主詔於玉局化設道場。右補闕張雲上疏，以爲：「百姓怨氣上徹於天，故彗星見，此乃亡國之徵，非祈禳可弭。」蜀主怒，流雲黎州，道卒。

十一月，唐以李紹欽爲泰寧節度使。紹欽因伶人景進納貨於宮掖，故有是命。唐主幼善音律，或時自傅粉墨，與優人共戲於庭，以悅劉夫人。優名謂之李天下，嘗自呼曰：「李天下、李天下。」優人敬新磨遽前批其頰，唐主失色，新磨徐曰：「理天下者只有一人，尚誰呼耶？」唐主悅，厚賜之。嘗畋中牟，踐民稼，中牟令當馬前諫曰：「陛下爲民父母，奈何毁其所食，使轉死溝壑乎！」唐主怒，叱去，將殺之。新磨追擒至馬前責之曰：「汝爲縣令，獨不知吾天子好獵邪？奈何縱民耕種，以妨吾天子之馳騁乎？汝罪當死。」因請行刑，唐主笑而釋之。諸伶出入宮掖，侮弄縉紳，羣臣憤嫉，莫敢出氣；亦有反相附託以希恩澤者，四方藩鎮爭以貨賂結之。其尤蠹政害人者，景進爲之首。進好採閭閻鄙細事以聞，唐主亦欲知外間事，遂委進以耳目。進每奏事，常屏左右問之。由是進得施其讒慝，干豫政事，自將相大臣皆憚之。

唐朱友謙、温韜入朝。友謙入朝，唐主與之宴，寵錫無算，賜姓名曰李繼麟。康延孝亦賜姓名李紹琛，賜温韜姓名曰李紹沖。紹沖多齎金帛賂劉夫人，及權貴、伶官，旬日，復遣還鎮。郭崇韜曰：「温韜發唐山陵殆遍，其罪與朱温相埒耳，何得復居方鎮，天下義士其謂我何！」上曰：「入汴之初，已赦其罪。」竟遣之。

胡氏曰：罪人不可不誅，赦令不可不守，二者將何處？必於未赦之前，揆情法、審輕重而區别之，使預赦者無可誅之罪，被刑者無可恕之人，則一舉而兩得矣。然莊宗所見又異乎此，使温韜不賂伶官，貨宫妃，必不以赦爲言也。

唐省文武官。中書奏以「國用未充，請量留三省寺監官，餘並停」。詔從之。人頗咨怨。

唐廢北都爲成德軍，梁東京爲宣武軍，以宋州爲歸德軍。

唐以趙光胤、韋説同平章事，豆盧革判租庸兼鹽鐵轉運使。議者以郭崇韜不能知朝廷典故，當用前朝名家以佐之，或薦禮部尚書薛廷珪、太子少保李琪耆宿有文。崇韜奏：「廷珪浮華無相業，琪傾險無士風。尚書左丞趙光胤廉潔方正，有宰相器。」豆盧革薦禮部侍郎韋説諳練朝章，故有是命。光胤，光逢之弟也，性輕率，喜自矜。説謹重守常而已。光逢自梁朝罷相，杜門不交賓客，光胤時往見之，語及政事。他日，光逢署其户曰：「請不言中書事。」孔謙畏張憲公正，欲專使務，言於郭崇韜，奏爲東京副留守。崇韜復奏以豆盧革判租庸兼諸道鹽鐵轉運使，謙彌失望。

唐荆南節度使高季興入朝。高季昌避唐朝諱，更名季興，欲自入朝。梁震曰：「唐有吞天下之志，嚴兵守險，猶恐不自保，况數千里入朝乎！且公朱氏舊將，安知彼不以佐敵相遇乎！」季興不從，遂入朝。唐主待之甚厚，從容問曰：「朕欲用兵於吴、蜀二國，何先？」季興以蜀道險，難取，乃對曰：「吴地薄民貧，克之無益，不如先伐蜀。蜀土富饒，主荒民怨，伐之必克。克蜀之後，順流而下，取吴如反掌耳。」唐主曰：「善。」

唐復以長安爲西京京兆府。

十二月，唐遷都洛陽。從張全義之請也。

唐復行舊律令。御史臺奏：「朱温删改本朝律令格式，悉收舊本焚之。聞定州敕庫所藏具在，乞下本道録進。」從之。

唐李繼韜入朝，赦之，尋伏誅。李繼韜憂懼，欲走契丹，會有詔徵詣闕。繼韜母楊氏善蓄財，家貲百萬，乃與偕行，齎銀四十萬兩，他貨稱是，大布賂遺，伶官爭爲之言曰：「繼韜初無邪謀，爲姦人所惑耳。嗣昭親賢，不可無後。」楊氏入宫泣請，又求哀於劉夫人。唐主釋之，寵待如故。繼韜不自安，潛遺弟繼遠書，教軍士縱火，冀復遣己撫安之，事泄被誅，并斬繼遠。

吳復遣使如唐。吳復遣盧蘋使唐，嚴可求豫料所問，教蘋應對。既至，皆如所料。蘋還，言「唐主荒于遊畋，嗇財拒諫，内外皆怨」。

高季興還鎮。季興在洛陽，唐主左右伶官求貨無厭，季興忿之。唐主欲留季興，郭崇韜諫曰：「陛下新得天下，諸侯不過遣子弟將佐入貢，惟高季興身自入朝，當褒賞以勸來者，乃羈留不遣，棄信虧義，沮四海之心，非計也。」乃遣之。季興倍道而去，至江陵，握梁震手曰：「不用君言，幾不免虎口。」又謂將佐曰：「新朝百戰，方得河南，乃對功臣舉手云：『吾於十指上得天下。』矜伐如此，則他人皆無功矣，其誰不解體！又荒于禽色，何能久長！吾無憂矣。」乃繕城積粟，招納梁舊兵，爲戰守之備。

胡氏曰：勞而不伐，有功而不德，賢人君子尚或難之。然事在强勉而已。意欲如是，少忍而思之，曰：「如是不善。」終忍而不爲，斯善矣。意不欲如是，少思而克之，曰：「不如是不善。」終克而爲之，斯善矣。此强勉之道也。意動即行，不復加思，其入於不善如丸之下坂，孰能禦之！莊宗之徒是已。夫九五尊位，非覬望可得；聖人不以得之爲喜，而以處之爲懼，是以能濟，故曰：「巍巍乎舜、禹之有天下而不與焉。」又曰：「予臨兆民，懍乎若朽索之馭六馬。」莊宗克梁，志驕氣溢，爲藩鎮所窺，凡所料度，其應如響。矜伐之爲害乃爾，可不戒哉！

甲申（九二四）

後唐同光二年。是歲，岐降後唐，凡四國、四鎮。

春，正月，契丹寇幽州。

岐王茂貞遣使入貢于唐。茂貞聞唐主入洛，内不自安，遣其子繼曮入貢，上表稱臣。唐主以其前朝耆舊，特加優禮，賜詔不名。

唐復以宦官爲内諸司使及諸道監軍。敕：「内官不應居外，並遣詣闕。」至者殆千人，皆給贍優厚，以爲腹心。内諸司使，自天祐以來以士人代之，至是復用宦者，浸干政事。既而復置諸道監軍，陵忽主帥，怙勢爭權，由是藩鎮皆憤怒。

唐以王正言爲租庸使。孔謙復言於郭崇韜曰：「首座相公事繁第遠，簿書留滯，宜更圖之。」豆盧革嘗以手書便省庫錢數十萬，謙以示崇韜。革懼，奏請崇韜專判租庸，崇韜固辭，請復用張憲。謙彌失望，言於革曰：「錢穀細事，魏都根本；興唐尹王正言操守有餘，智力不足，使之居朝廷，猶愈於專委方面也。」革言於崇韜，乃留張憲於東京，以正言爲租庸使。正言昏懦，謙利其易制故也。尋敕三司並隸租庸使。

唐太后至洛陽。唐主遣存渥、繼岌迎太后、太妃於晉陽。太妃曰：「陵廟在此，若相與俱行，歲時何人奉祀？」遂留不來，而太后至洛陽。

二月，唐主祀南郊，大赦。孔謙欲聚斂以求媚，凡赦文所蠲者，謙復徵之。自是每有詔令，人皆不信，百姓愁怨。郭崇韜頗受饋遺，所親諫之，崇韜曰：「吾禄賜巨萬，豈藉外財。但以僞梁之季，賄賂成風，今河南藩鎮，皆梁之舊臣，主上之仇讎也；若拒其意，能無懼乎！吾特爲國家藏之私室耳。」及將祀南郊，崇韜獻錢十萬緡。先是，宦官勸唐主分天下財賦爲内、外府，州縣上供者入外府，充經費；方鎮貢獻者入内府，充宴賜。於是外府常虛竭無餘，而内府山積。及是乏勞軍錢，崇韜言於唐主曰：「臣已傾家所有以助大禮，願陛下亦出内府之財以賜有司。」唐主默然，久之曰：「晉陽自有儲積，可令租庸輦取。」於是軍士皆不滿望，始怨恨有離心矣。

唐以李茂貞爲秦王。

唐立夫人劉氏爲后。郭崇韜位兼將相，權侔人主，性剛急，遇事輒發，嬖倖僥求，多所摧抑，宦官朝夕短之，崇韜扼腕不能制。豆盧革、韋説嘗問之曰：「汾陽王本太原人，公世家雁門，豈其枝派邪？」崇韜因曰：「嘗聞先人言，上距汾陽四世耳。」革曰：「然則固從祖也。」崇韜由是以膏粱自處，多甄别流品，引拔浮華，鄙棄勳舊。由是嬖倖疾之於内，勳舊怨之於外。崇韜鬱鬱不得志，與所親謀赴本鎮以避之，其人曰：「不可。蛟龍失水，螻蟻足以制之。」先是，唐主欲以劉夫人爲皇后，而有正妃韓夫人在。太后素惡劉夫人，崇韜亦屢諫，唐主以是不果。於是所親説崇韜曰：「公若請立劉夫人爲皇后，則伶官輩不能爲患矣。」崇韜從之，與宰相帥百官共奏請立之。后生於寒微，其父以醫卜爲業。后幼被掠得入宮，性狡悍淫妬。從唐主在魏，父聞其貴，詣魏上謁。時后方與諸夫人爭寵，以門地相高，恥之，怒曰：「妾去鄉時，父不幸死亂兵，妾哭而去。今何物田舍翁敢至此！」命笞之宮門。又專務蓄財，薪蘇果茹皆販鬻之。至是，四方貢獻皆分爲二，一上天子，一上中宮，以是寶貨山積，惟用寫佛經、施尼師而已。是時皇太后誥，皇后教，與制敕交行於藩鎮，奉之如一。勳臣畏伶官之讒，皆不自安。李嗣源求解兵柄，不許。

胡氏曰：崇韜希莊宗邪心，請立非所宜立，將以自安，反以自族。烏乎，豈不足爲持祿迷邦之戒哉！

三月，蜀主宴近臣於怡神亭。蜀主宴近臣，酒酣，君臣及宮人皆脱冠露髻，喧嘩自恣。知制誥李龜禎諫曰：「君臣沈湎，不憂國政，臣恐啓北敵之謀。」不聽。

唐封高季興爲南平王。

唐以李存賢爲盧龍節度使。李存審以不得預克汴之功，感憤疾甚，表求入覲，許之。初，唐主嘗與存賢手搏，存賢不盡其技，唐主曰：「汝能勝我，當授藩鎮。」存賢乃仆唐主。至是，以存賢鎮幽州，曰：「手搏之約，吾不食言矣。」

唐詔銓司考覈僞濫。唐末喪亂，搢紳之家，或以告敕鬻於族姻，遂亂昭穆，至有舅叔拜甥姪者；選人僞濫者衆。郭崇韜欲革其弊，請令銓司精加考覈。時南郊行事官千二百人，注官者纔數十人，塗毀告身者十之九，選人或號哭道路，或餒死逆旅。

唐遣使按視諸陵。

夏，四月，唐主加尊號。

唐遣客省使李嚴如蜀。唐遣客省使李嚴使于蜀。嚴盛稱唐主威德，有混一天下之志，且言「朱氏篡竊，諸侯曾無勤王之舉」。王宗儔請斬之，蜀主不從。宣徽使宋光葆言「宜選將練兵，屯戍邊鄙，積糗糧，治戰艦以待之」。蜀主乃以光葆爲梓州觀察使。嚴之行也，唐主令市宫中珍玩，而蜀法禁錦綺珍奇不得入中國，其粗惡者乃聽，謂之「入草物」。嚴還以聞，唐主怒曰：「王衍寧免爲入草人乎！」嚴因言：「衍童騃荒縱，不親政務，斥遠故老，昵比小人。其臣諂諛專恣，黷貨無厭。賢愚易位，刑賞紊亂。大兵一臨，瓦解土崩，可翹足而待也。」唐主然之。

唐秦王李茂貞卒。遺奏以其子繼曮權知軍府事。

唐澤、潞軍亂。初，安義牙將楊立有寵於李繼韜，繼韜誅，常邑邑思亂。會發安義兵戍涿州，立因聚譟攻城，焚掠市肆，自稱留後，表求旄節。詔以李嗣源、李紹榮、張廷藴討之。

唐貸民錢。孔謙貸民錢，使以賤估償絲，屢檄州縣督之。知汴州盧質言：「梁趙巖爲租庸使，舉貸誅斂，結怨于人。今陛下革故鼎新，爲人除害，而有司未改其所爲，是趙巖復生也。」不報。

五月，唐以伶人陳俊、儲德源爲刺史。初，胡柳之役，伶人周匝爲梁所得，唐主每思之。入汴之日，匝謁見，泣言：「臣所以得生，皆梁教坊使陳俊、内園使儲德源之力也。願乞二州以報之。」唐主許之。郭崇韜曰：「陛下所與共取天下者，皆英豪忠勇之士。今大功始就，封賞未及一人，而先以伶人爲刺史，恐失天下心。」以是不行。踰年，伶人屢以爲言，唐主謂崇韜曰：「吾已許周匝矣。公言雖正，然當爲我屈意行之。」故有是命。時親軍有百戰未得刺史者，莫不憤歎。

胡氏曰：莊宗知崇韜之言正而竟違之，所以然者，不知克己之道也。克己者，自勝其私意也。人有私意，有公心，克之久，則公心大；莫之克，則私意專。自身及家，達之天下，治與亂之原本也。

唐詔州鎮無得修城，毁其守具。唐主以潞州叛，故有是詔。右諫議大夫薛昭文上疏曰：「今諸道僭竊者尚多，征伐之謀，未可遽息。又士卒久從征伐，賞給未豐，宜加頒賚。又河南諸軍，皆梁之精鋭，恐僭竊之國，潛以厚利誘之，宜加收撫。又户口流亡者，宜寬徭薄賦以安集之。土木不急之役，宜加裁省。擇隙地牧馬，勿使踐京畿民田。」皆不從。

契丹寇幽州。

唐以李繼曮爲鳳翔節度使。

唐以曹義金爲歸義節度使。時瓜、沙與吐蕃雜居，義金遣使間道入貢，故命之。

唐討潞州平之。李嗣源軍前鋒至潞州，日已暝，張廷蘊帥麾下壯士坎城而上，即斬關延諸軍入。

比明，嗣源、紹榮至，城已下矣。嗣源等不悦。六月，磔楊立。唐主以潞州城池高深，悉夷之。

六月，唐以李嗣源爲蕃漢馬步總管。

秋，七月，唐發兵塞決河。梁所決河，連年爲曹、濮患。命將軍婁繼英督汴、滑兵塞之。未幾復壞。

八月，唐以孔謙爲租庸使。孔謙復短王正言於郭崇韜，又厚賂伶官求租庸使，終不獲，意怏怏，表求解職。唐主怒，將寘於法，景進救之得免。會正言病風恍惚，景進又以爲言，乃以謙爲租庸使，孔循爲副使。循即趙殷衡也，梁亡復其姓名。謙自是重斂急徵，以充唐主之欲，民不聊生；賜號豐財贍國功臣。天平節度使李存霸言：「屬州多稱直奉租庸使帖指揮公事，使司不知，有紊規程。」租庸使奏：「近例皆直下。」敕：「朝廷故事，制敕不下支郡，牧守不專奏陳。今兩道所奏，乃本朝舊規；租庸所陳，是僞廷近事。自今支郡自非進奉，皆須本道騰奏，租庸徵催亦須牒觀察使。」雖有此敕，竟不行。

唐主獵于近郊。時唐主屢出遊獵，傷民禾稼。洛陽令何澤遮馬諫曰：「陛下賦斂既急，今稼穡將成，復蹂踐之，使吏何以爲理，民何以爲生！臣願先賜死。」唐主慰遣之。

蜀中書令王宗儔卒。宗儔以蜀主失德，與王宗弼謀廢立。宗弼猶豫未決，宗儔憂憤而卒。宗弼謂宋光嗣等曰：「宗儔教我殺爾曹，今日無患矣。」光嗣輩泣謝〔一〇〕。宗弼子承班謂人曰：「吾家難乎免矣。」

冬〔一一〕，蜀以宦者王承休爲龍武指揮使。承休請擇諸軍驍勇者置龍武軍，給賜優異，以承休爲都指揮使。裨將安重霸以狡佞賄賂事承休，承休悦之，以爲己副，舊將無不憤耻。

吴越入貢于唐。吴越王鏐復修職貢于唐，唐因梁官爵而命之。鏐厚貢獻，并賂權要，求金印玉册。有司言：「故事，惟天子用玉，王公皆用竹册。」唐主曲從之。

吴王如白沙。吴王如白沙觀樓船，更命曰迎鑾鎮。徐温來朝。先是，温以親吏翟虔爲閤門使，使察王起居，防制甚急。至是，王對温名雨爲水，温請其故，王曰：「翟虔父名，吾諱之熟矣。」因以虔無禮告，温頓首謝，請斬之。王曰：「遠徙可也。」乃徙撫州。

唐主獵于伊闕。唐主獵于伊闕，命從官拜梁太祖墓；涉歷山險，連日不止，或夜合圍，士卒墜崖谷，死傷甚衆。

蜀遣使如唐，罷北邊兵。

十二月，蜀復以張格同平章事。初，格之得罪，中書吏王魯柔乘危窘之；及再爲相，杖殺之。許寂謂人曰：「張公才高而識淺，戮一魯柔，他人誰敢自保！此取禍之端也。」

契丹寇蔚州〔一二〕，唐遣李嗣源禦之。

唐主及后如河南尹張全義第。全義大陳貢獻，酒酣，皇后奏：「妾幼失父母，請父事全義。」唐主許之。全義惶恐固辭，强之，竟受后拜，復貢獻謝恩。明日，后命翰林學士趙鳳草書謝全義。鳳奏：「自古無天下之母，拜人臣爲父者。」唐主嘉其直，然卒行之。

蜀以王承休爲天雄節度使。唐僖、昭之世，宦官雖盛，未嘗有建節者。承休言於蜀主曰：「秦州多美婦人，請爲陛下採擇以獻。」蜀主許之，故有是命。又以徐延瓊爲内外都指揮使。延瓊以外戚居舊將之右，衆皆不平。

乙酉（九二五）

後唐同光三年。蜀咸康元、漢白龍元年。是歲，凡四國、四鎮。

春，正月，唐主如興唐。初，李嗣源北征過興唐，庫有供御細鎧，嗣源牒副留守張憲取五百領。憲以軍興，不暇奏而給之。至是，唐主怒，罰憲俸一月，令自往取。又以義武王都將入朝，欲闢毬場。憲以場有即位壇，不可毀，請更闢場於宫西。數日未成，唐主命毀即位壇。憲謂郭崇韜曰：「此壇主上受命之地，若之何毀之？」崇韜從容言之，唐主立命兩虞候毀之。憲私於崇韜曰：「忘天背本，不祥莫大焉！」

二月，唐以李嗣源爲成德節度使。唐主以契丹爲憂，與郭崇韜謀，以宿將零落殆盡，欲徙嗣源鎮真定，崇韜深以爲便。時崇韜領真定，唐主欲徙崇韜汴州，崇韜辭曰：「臣富貴極矣，何必更領藩方。且羣臣或經百戰，所得不過一州，臣無汗馬之勞，致位至此，常不自安，今因委任勳賢，使臣得解旄節，乃大願也。且汴州衝要富繁，臣既不至治所，徒令他人攝職，何異空城，非所以固國基也。」唐主曰：「卿爲朕畫策，保固河津，直趨大梁，成朕帝業，豈百戰之功可比乎！」崇韜固辭，乃許之。

漢遣使如唐。漢主聞唐滅梁而懼，遣宫苑使何詞入貢覘强弱。詞還，言：「唐主驕淫無政，不足畏也。」漢主大悦，遂不復通。

三月，唐黜李從珂爲突騎指揮使。唐主性剛好勝，不欲權在臣下，信伶官之讒，頗疏忌宿將。李嗣源家在太原，表從珂爲北京内牙指揮使，以便其家。唐主怒，黜從珂爲突騎指揮使，帥數百人戍石門鎮。嗣源憂恐求朝，不許。郭崇韜亦忌之，私謂人曰：「總管令公非久爲人下者，皇家子弟皆不及也。」密勸唐主罷其兵權，因而除之；不從。

唐遣使採民女入後宫。唐宦者欲增廣嬪御，詐言宫中夜見鬼物，因言：「咸通、乾符時六宫不減萬人，今掖庭空虚，故鬼物遊之耳。」唐主乃命宦者王允平、伶人景進採擇民女三千餘人以充後庭。

唐復以洛陽爲東都，興唐爲鄴都。

夏，四月朔，日食。

大旱。初，五臺僧誠惠自言「能降伏天龍，命風召雨」。唐主親帥后妃拜之，誠惠安坐不起；羣臣莫敢不拜，獨郭崇韜不拜。會大旱，迎至洛陽，使祈雨，數旬不雨。或謂誠惠：「官以師祈雨無驗，將焚之。」誠惠逃去，慚懼而死。

五月，唐太妃劉氏卒。太后自與太妃别，常忽忽不樂，太妃亦邑邑成疾。太后欲自往省之，唐主以天暑道遠苦諫，久之乃止。及卒，太后悲哀不食者累日，自是得疾。

六月，雨。春夏大旱，至是始雨。遂連雨七十五日始霽，百川皆溢。

唐主作清暑樓。唐主苦溽暑，宦者因言：「長安全盛時，宫中樓觀以百數。今日宅家曾無避暑之所。」唐主乃命王允平别建一樓，宦者曰：「郭崇韜常不伸眉，爲孔謙論用度不足。恐陛下雖欲營繕，終不可得。」唐主曰：「吾自用内府錢，無關經費。」然猶慮崇韜諫，遣中使語之曰：「今歲盛暑異常。朕昔在河上，行營卑濕，被甲乘馬，親當矢石，猶無此暑；今居深宫之中，而暑不可度，奈何？」對曰：「陛下昔在河上，勍敵未滅，深念讎耻，雖有盛暑，不介聖懷；今外患已除，海内賓服，故雖珍臺閑館，猶覺鬱蒸也。陛下儻不忘艱難之時，則暑氣自消矣。」唐主默然。宦者曰：「崇韜之第無異皇居，宜其不知至尊之熱也。」唐主卒命允平營樓，日役萬人，所費巨萬。崇韜諫曰：「今兩河水旱，軍食不充。願且息役，以俟豐年。」不聽。

吳鎮海判官陳彦謙卒。彦謙有疾，徐知誥恐其遺言及繼嗣事，遺之醫藥，金帛相屬。彦謙臨終，密留書遺徐温，請以所生子爲嗣。

秋，七月，唐太后曹氏殂。唐主哀毁，五日方食。

八月，唐主殺其河南令羅貫。貫性强直，爲郭崇韜所知，用爲河南令，爲政不避權豪，伶官請託一不報，皆以示崇韜，崇韜奏之，由是伶官切齒。張全義亦惡之，遣婢訴於劉后。后與伶官共毁之，唐主含怒未發。會往視坤陵，道濘橋壞，怒，下貫獄，明日，傳詔殺之。崇韜諫曰：「貫法不至死。」唐主怒曰：「太后靈駕將發，天子朝夕往來，橋道不修，卿言無罪，是黨也！」崇韜曰：「陛下以萬乘之尊，怒一縣令，使天下謂陛下用法不平，臣之罪也。」唐主曰：「既公所愛，任公裁之。」拂衣起入宫，崇韜隨之，論奏不已；唐主自闔殿門，崇韜不得入。貫竟死，暴屍府門，遠近冤之。

胡氏曰：莊宗五日不食，學禮者之所難也。然曾子曰：「斷一樹，殺一獸，不以其時，非孝也。」況爲伶官譖毁而殺賢令乎！然則莊宗之不食五日，才足爲小節；而殺賢縣令，是乃大不孝，可謂不能充其類者也。

九月，蜀主與太后、太妃遊青城山。

唐遣魏王繼岌及郭崇韜將兵伐蜀。唐主與宰相議伐蜀。李紹欽素諂事宣徽使李紹宏，紹宏薦紹欽有奇才，可大任。郭崇韜曰：「段凝，亡國之將，姦諂絶倫，不可信也。」衆舉李嗣源，崇韜曰：「契丹方熾，總管不可離河朔。魏王地當儲副，未立殊功，請以爲都統，成其威名。」帝曰：「兒幼豈能獨往，當求其副。」既而曰：「無以易卿。」乃以繼岌充西川行營都統，崇韜充都招討制置等使，軍事悉以委之。又以高季興充招討使，李繼曮充轉運使，李令德、李紹琛、張筠、毛璋、董璋、李嚴皆爲列將，將兵六萬伐蜀。仍詔季興自取夔、忠、萬三州爲巡屬。工部尚書任圜、翰林學士李愚並參預軍機。崇韜以孟知祥有薦引舊恩，將行，言於上曰：「知祥信厚有謀，可爲西川帥。」又薦張憲謹重有識，可爲相。

冬，十月，蜀主東遊。安重霸勸王承休請蜀主東遊秦州，毁府署作行宫，强取民間女子，教歌舞，圖形以遺韓昭。蜀主將行，羣臣諫，皆不聽。太后涕泣不食止之，亦不能得。前秦州節度判官蒲禹卿上表，略曰：「先帝艱難創業，欲傳之萬世。陛下少長富貴，荒色惑酒，無故盤遊，頻離宫闕。今百姓失業，盗賊公行。山河險固，不足憑恃。」韓昭謂曰：「吾收汝表，俟主上西歸，當使獄吏字字問汝！」承休妻美，蜀主私焉，故鋭意欲行。十月，引兵數萬發成都，武興節度使王承捷告唐兵西上，蜀主不信，大言曰：「吾方欲耀武。」遂行，在道賦詩，殊不爲意。

十一月，唐師滅蜀，蜀主王衍降。唐李紹琛攻蜀威武城，城降，得糧二十萬斛。紹琛縱其敗兵萬餘人逸去，因倍道趣鳳州。李嚴飛書以諭王承捷。李繼曮竭鳳翔蓄積以饋軍，不能充，人情憂恐。郭崇韜入散關，指其山曰：「吾輩進無成功，不復得還此矣。當盡力一決。今饋運將竭，宜先取鳳州，因其糧。」諸將皆言蜀地險固，未可長驅。崇韜以問李愚，愚曰：「蜀人苦其主荒淫，莫爲之用。宜乘其人情崩離，風驅霆擊，彼皆破膽，雖有險阻，誰與守之！兵勢不可緩也。」崇韜倍道而進。王承捷以鳳、興、文、扶四州印節迎降，得兵八千，糧四十萬斛。崇韜曰：「平蜀必矣。」蜀主至利州，遇威武敗卒，始信唐兵之來，乃以王宗勳、王宗儼、王宗昱爲三招討，將兵三萬逆戰。兵皆怨憤曰：「龍武軍糧賜倍於他軍，他軍安能禦敵！」紹琛等克興州，與戰三泉，大敗之；又得糧十五萬斛。蜀主聞宗勳等敗，倍道西走，斷桔柏津浮梁；命王宗弼守利州。李紹琛晝夜兼行趣利州。宋光葆遺郭崇韜書：「請兵不入境，當舉巡屬内附；苟不如約，則背城決戰。」崇韜納之。繼岌至興州，光葆及諸城鎮皆望風款附。王承休與安重霸謀掩擊唐軍，重霸曰：「擊之不勝，則大事去矣。然公受國恩，聞難不可不赴，願與公俱西。」承休以爲然，使以兵從。將行，重霸拜於馬前曰：「若從開府還朝，誰當守此！開府行矣，重霸請爲公守之。」承休無如之何，遂行。重霸遂以秦、隴降唐。高季興常欲取三峽，畏蜀將張武，不敢進。至是，乘唐兵勢，自將水軍上峽取施州。武以鐵鏁斷江路，季興遣勇士乘舟斫之。會風大起，舟絓於鏁，不能進退，季興輕舟遁去。既而夔、忠、萬州遣使詣繼岌降。崇韜遺王宗弼等書，爲陳利害。宗弼棄城歸，三招討追及之，相持而泣，遂合謀送款於唐。蜀主至成都，百官及後宮出迎。蜀主入妃嬪中作回鶻隊入宮。數日，宗弼亦至，登大玄門，嚴兵自衛，劫遷蜀主及太后、後宮、諸王于西宮，收其璽綬及内庫金帛歸其家。子承涓入宮，取蜀主寵姬數人以歸。李紹琛進至綿州，蜀斷綿江浮梁，水深，無舟楫。紹琛謂李嚴曰：「吾懸軍深入，利在速戰。乘蜀人破膽之時，但得百騎過鹿頭關，彼且迎降不暇；若俟修繕橋梁，必留數日，或教王衍堅閉近關，折吾兵勢，儻延旬浹，則勝負未可知矣。」乃與嚴乘馬浮渡江，從兵得濟者僅千人，溺死者亦千餘人，遂入鹿頭關，據漢州。宗弼遣使勞軍，且以蜀主書遺李嚴曰：「公來吾即降。」或謂嚴：「公首建伐蜀之策，蜀人怨公深入骨髓，不可往。」嚴不從，欣然馳入成都，撫諭吏民，告以大軍繼至，悉命徹去樓櫓。蜀主命翰林學士李昊草降表，又命平章事王鍇草降書，遣兵部侍郎歐陽彬奉之以迎繼岌、崇韜。宗弼斬宋光嗣、景潤澄、李周輅、歐陽晃，函首送繼岌；又責韓昭佞諛，梟于金馬坊門。遣使奉牋以後宮珍玩賂繼岌、崇韜，求西川節度使。繼岌曰：「此皆我家物，奚以獻爲！」留其物而遣之。繼岌至成都，李嚴引蜀主及百官儀衛出降，蜀主白衣首絰，銜璧牽羊，百官衰絰、徒跣、輿櫬，號哭俟命。繼岌受璧，崇韜解縛，焚櫬，承制釋罪；君臣東北向拜謝。大軍入成都，崇韜禁侵掠，市不改肆。自出師至是，凡七十日。得節度十，州六十四，縣二百四十九，兵三萬，鎧仗、錢糧、金銀、繒錦共以千萬計。高季興聞蜀亡，方食，失匕箸，曰：「是老夫之過也。」梁震曰：「不足憂也。唐主得蜀益驕，亡無日矣，安知其不爲吾福！」楚王殷上表：「願上印綬，以保餘齡。」優詔諭之。

十二月，唐以董璋爲東川節度使。平蜀之功，李紹琛爲多，位董璋上，而璋素與郭崇韜善，崇韜數召璋與議軍事。紹琛心不平，謂曰：「吾有平蜀之功，公等樸樕相從，反呫囁於郭公之門，謀相傾害。吾爲都將，獨不能以軍法斬公邪！」璋訴于崇韜。十二月，崇韜表璋爲東川節度使，解其軍職。紹琛愈怒曰：「吾冒白刃，陵險阻，定兩川，璋乃坐有之邪！」乃見崇韜言：「東川重地，任尚書有文武才，宜表爲帥。」崇韜怒曰：「紹琛反邪，何敢違吾節度！」紹琛懼而退。初，唐主遣宦者李從襲等從繼岌，繼岌雖爲都統，軍中制置一出郭崇韜，將吏賓客趨走盈庭，而都統牙門索然，從襲等固耻之。及破蜀，蜀之貴臣大將爭以寶貨、妓樂遺崇韜及其子廷誨，繼岌所得不過匹馬、束帛、唾壺、麈柄而已，從襲等益不平。王宗弼賂崇韜求爲節度使，崇韜陽許之，既而久未得，乃帥蜀人列狀見繼岌，請留崇韜鎮蜀。從襲等因謂繼岌曰：「郭公父子專橫，今又使蜀人請己爲帥，其志難測，王不可不爲之備。」繼岌謂崇韜曰：「主上倚侍中如山嶽，豈肯棄之蠻夷之域乎！且此非余之所敢知也，請諸人詣闕自陳。」由是繼岌與崇韜互相疑。

蜀王宗弼、王承休伏誅。崇韜徵犒軍錢數萬緡於宗弼，宗弼靳之，士卒怨怒，夜縱火諠譟。崇韜欲誅宗弼以自明，白繼岌，收宗弼等，數其不忠之罪，族誅之。蜀人爭食宗弼之肉。承休至，繼岌亦斬之。

閩王王審知卒，子延翰立。

唐以孟知祥爲西川節度使。唐以北都留守孟知祥爲西川節度使。議選代者，樞密承旨段徊等惡鄴都留守張憲，不欲其在朝廷，皆曰：「憲雖有宰相器，然宰相在天子目前，事有得失，可以改更；北都獨繫一方安危，在任尤重，非憲不可。」乃徙憲爲太原尹，王正言爲興唐尹，史彥瓊爲鄴都監軍。正言昏耄，彥瓊本伶人有寵，遂專六州之政，威福自恣，陵忽將佐，正言以下皆諂事之。

唐主獵於白沙。初，唐主得魏州銀槍效節都，近八千人，以爲親軍，夾河之戰，屢立殊功，常許以滅梁之日大加賞賚。既而河南平，雖賞賚非一，而士卒恃功，驕恣無厭，更成怨望。是歲大饑，民多流亡，租賦不充，倉廩空竭。孔謙日於上東門外望諸州漕運至者，隨以給之。軍士乏食，有雇妻鬻子者，老弱餧死，流言怨嗟。而唐主遊畋不息，獵於白沙，後宮畢從，六日而還。時大雪，吏卒僵仆。伊、汝間饑尤甚。衛兵所過，責其供餉不得，則壞其什器，撤其室廬，甚於寇盜。

漢白龍見。漢主改名龑。

長和求昏於漢。長和驃信鄭旻求昏于漢，漢主以女增城公主妻之。長和即唐之南詔也。

閏月，唐詔罷折納紐配法。唐主以軍儲不足，謀於羣臣，吏部尚書李琪上疏曰：「古者量入以爲出，計農而發兵，故雖有水旱之災，而無匱乏之憂。近代税農以養兵，未有農富給而兵不足，農捐瘠而兵豐飽者也。今縱未能蠲省租税，苟除折納紐配之法，農亦可以小休矣。」唐主即敕有司從之，然竟不能行。唐主又欲如汴州，諫官上言：「不如節儉以足用。自古無就食天子。今楊氏未滅，不宜示以虛實。」乃止。

唐遣宦者馬彥珪使蜀軍。郭崇韜素疾宦者，嘗密謂魏王繼岌曰：「大王他日得天下，騬馬亦不可乘，況任宦官！宜盡去之，專用士人。」呂知柔竊聽聞之，由是宦官皆切齒。時蜀中盜賊羣起，崇韜恐大軍既去，更爲後患，命任圜、張筠分道招討，以是淹留未還。帝遣宦者向延嗣促之，崇韜不出迎，延嗣怒。李從襲曰：「郭公專權如是。」延誨日與軍中驍將、蜀土豪傑狎飲，指天畫地，近聞白其父，請表己爲蜀帥。諸將皆郭氏之黨。王寄身於虎狼之口，一朝有變，吾屬不知委骨何地矣。」因相向垂涕。延嗣歸，具以語劉后，后泣訴於唐主，請早救繼岌。前此唐主聞蜀人請崇韜爲帥，已不平，至是不能無疑，閱蜀府庫之籍〔一三〕，曰：「人言蜀中珍貨無算，何如是之微也？」延嗣曰：「蜀珍貨皆入崇韜父子，故縣官所得不多耳。」唐主遂怒。及孟知祥行，語之曰：「聞崇韜有異志，卿到，爲朕誅之。」知祥曰：「崇韜，國之勳舊，不宜有此。俟臣至蜀察之，苟無他志，則遣還。」唐主許之。尋復遣宦者馬彦珪馳詣成都，曰：「崇韜奉詔班師則已，若有遷延跋扈之狀，則與繼岌圖之。」彦珪見劉后，説之曰：「蜀中事勢憂在朝夕，安能緩急禀命於三千里外乎！」后復言之，唐主曰：「傳聞之言，未知虚實，豈可遽爾！」后不得請，退，自爲教與繼岌，令殺崇韜。

楚鑄鉛鐵錢。 楚王殷不征商旅，由是四方商旅輻湊。湖南地多鉛鐵，殷用高郁策，鑄鉛鐵錢，商旅出境，無所用之，皆易他貨而去，故能以境内所餘之物，易天下百貨，國以富饒。湖南民不事桑蠶，郁命民輸税者，皆以帛代錢；未幾，民間機杼大盛。

丙戌（九二六）

後唐同光四年，四月，明宗李嗣源天成元年；吴越寶正元年。是歲，蜀亡，閩建國，凡四國、三鎮。

春，正月，唐護國軍節度使李繼麟入朝。 繼麟自恃與唐主故舊有功，苦諸伶官求匄無厭，遂拒不與。大軍之征蜀也，繼麟閱兵，遣其子令德將之以從。景進與宦官譖之曰：「繼麟聞大軍起，以爲討己，故閱兵自衛。」又曰：「崇韜與河中陰謀内外相應。」繼麟聞之懼，欲入朝以自明。其所親止之，繼麟曰：「郭侍中功高於我，今事勢將危。吾得見主上，面陳至誠，則讒人獲罪矣。」乃入朝。

唐魏王繼岌殺郭崇韜。魏王繼岌將發成都，部署已定，馬彦珪至，以皇后教示繼岌，繼岌曰：「彼無釁端，安可爲此！且主上無敕，獨以皇后教殺招討使可乎！」李從襲等泣，相與巧陳利害，繼岌從之。召崇韜計事，從者李環撾碎其首，并殺其子廷誨、廷信。推官李崧謂繼岌曰：「今行軍三千里外，初無敕旨，擅殺大將，大王奈何行此危事邪？」繼岌曰：「公言是也，悔之無及！」崧乃召書吏數人登樓去梯，矯爲敕書，用蠟印宣之，軍中粗定。崇韜左右皆竄匿，獨掌書記張礪詣魏王府慟哭久之。繼岌命任圜代總軍政。

唐復以故蜀樂工嚴旭爲蓬州刺史。魏王獻蜀樂工，唐主問嚴旭曰：「汝何以得刺史？」對曰：「以歌。」使之歌而善之，許復故任。

唐殺其睦王存乂及李繼麟。馬彦珪還洛陽，唐主乃下詔暴郭崇韜之罪，并殺其諸子，朝野駭惋。保大節度使、睦王存乂，崇韜之婿也，宦官言：「存乂攘臂稱冤，言辭怨望。」唐主殺之。景進言：「李繼麟與存乂連謀。」宦官因共勸速除之，唐主乃使朱守殷殺之，復其姓名。詔繼岌誅令德。又詔李紹奇誅其家人於河中。時諸軍飢窘，妄爲謠言，伶官採之以聞，故崇韜、友謙皆及於禍。李嗣源入朝，亦爲謠言所屬，唐主遣朱守殷察之。守殷私謂嗣源曰：「令公勳業振主，宜自圖歸藩以遠禍。」嗣源曰：「吾心不負天地，禍福之來，無可避，皆委之於命耳。」時伶官用事，勳舊人不自保，嗣源危殆者數四，李紹宏左右營護，以是得全。

唐魏王繼岌發成都。繼岌留李仁罕、潘仁嗣、趙廷隱、張業、武璋、李延厚戍成都而還，命李紹琛帥萬二千人爲後軍，行止常差中軍一舍。

二月，唐以李紹宏爲樞密使。

唐鄴都亂，遣李紹榮招諭之。唐魏博指揮使楊仁晸將兵戍瓦橋，踰年代歸。唐以鄴都空虛，恐兵至爲變，敕留屯貝州。時天下莫知郭崇韜之罪，民間訛言皇后弒帝，人情愈駭。仁晸部兵皇甫暉與其徒夜博不勝，因人情不安，遂作亂，劫仁晸曰：「主上所以有天下者，吾魏軍力也。今天下已定，天子不念舊勞，更加猜忌，去家咫尺，不使相見。今聞皇后弒逆，京師已亂，願與公俱歸。若天子萬福，興兵致討，以吾兵力足以拒之，安知不更爲富貴之資乎！」仁晸不從，暉殺之。又劫小校，不從，又殺之。效節指揮使趙在禮聞亂而走，暉追及，示以二首，在禮懼而從之。亂兵遂奉以爲帥，焚掠貝州，南趣臨清。有來告者，都巡檢使孫鐸等亟詣史彥瓊，請授甲乘城爲備。彥瓊曰：「賊至臨清，計程須六日方至，爲備未晚。」鐸曰：「賊既作亂，必乘吾未備，晝夜倍道，安肯計程而行！請僕射帥衆乘城，鐸募勁兵千人伏於王莽河逆擊之，賊既勢挫，必當離散，然後可撲討也。必俟其至城下，萬一有姦人爲內應，則事危矣。」是夜，賊前鋒攻北門，彥瓊兵潰，單騎奔洛陽。賊入鄴都，在禮據宮城，署皇甫暉、趙進爲指揮使，縱兵大掠。王正言方據案召吏草奏，無至者，正言怒，其家人曰：「賊已入城殺掠，吏皆逃散，公尚誰呼！」正言驚曰：「吾初不知也。」乃出府門謁在禮，再拜請罪，在禮諭遣之。衆擁在禮爲留後。張憲家在鄴都，在禮厚撫之，遣使以書誘憲，憲斬其使。唐主乃命歸德節度使李紹榮詣鄴都招撫。

唐李紹琛反於蜀，魏王繼岌使工部尚書任圜討之。郭崇韜之死也，李紹琛謂董璋曰：「公復欲呫囁誰門耶？」璋懼，謝罪。魏王繼岌至武連，遇敕使，諭以令董璋將兵誅朱令德。紹琛以不見委，大驚。俄而璋過不謁，紹琛怒謂諸將曰：「國家南取大梁，西定巴、蜀，皆郭公之謀而吾之功也；至於去逆效順，與國家掎角以破梁，則朱公也。今朱、郭皆無罪族滅，歸朝之後，行及我矣。冤哉！天乎！奈何！」紹琛所將多河中兵，號哭於軍門曰：「西平王何罪，闔門屠膾！我輩歸則同誅，決不復東矣。」紹琛自劍州擁兵西還，自稱西川節度使，移檄成都，招諭蜀人，衆至五萬。繼岌聞之，以任圜爲副招討使追討之。

唐李紹榮攻鄴都，不克。李紹榮至鄴都，攻其南門，遣人以敕招諭之。趙在禮拜於城上曰：「將士思家擅歸，相公誠善爲敷奏，得免於死，敢不自新！」史彦瓊戟手大罵曰：「羣死賊，城破萬段！」皇甫暉謂衆曰：「觀史武德之言，上不赦我矣。」因聚譟，掠敕書手壞之，守陴拒戰。紹榮攻之，不利，以狀聞。唐主怒曰：「克城之日，勿遺噍類。」大發諸軍討之。

唐從馬直軍士作亂，伏誅。從馬直指揮使郭從謙，本優人也，優名郭門高，以德勝之役挑戰有功，遂有寵，積功至指揮使。郭崇韜方用事，從謙以叔父事之；又爲睦王存乂假子。及二人得罪，從謙數以私財饗諸校，對之流涕，言崇韜之冤。至是，軍士王温等五人作亂，伏誅。唐主戲謂從謙曰：「汝既負我附崇韜、存乂，又教王温反，欲何爲也？」從謙益懼，退，陰謂諸校曰：「主上以王温之故，俟鄴都平定，盡阬若曹。家之所有，宜盡市酒肉，勿爲久計也。」由是親軍皆不自安。

唐遣李嗣源將親軍討鄴都。李紹榮再攻鄴都，賊知不赦，堅守無降意。唐朝患之，日發中使促魏王繼岌東還。繼岌以李紹琛叛，留利州未得發。紹榮久無功。會邢州兵趙太等亦爲亂，據州未下；滄州軍亂，小校王景戡自爲留後。河朔州縣告亂者相繼。唐主欲自征鄴都，大臣皆言：「京師根本，車駕不可輕動。」唐主曰：「諸將無可使者。」皆曰：「李嗣源最爲勳舊。」唐主心忌嗣源，曰：「吾惜嗣源，欲留宿衛。」皆曰：「他人無可者。」張全義、李紹宏亦屢言之，乃許之。

唐以王延翰爲威武節度使。

唐討鄴兵劫李嗣源入鄴都。李嗣源至鄴都城西南，下令詰旦攻城。是夜，從馬直軍士張破敗作亂，帥衆大譟焚營。嗣源帥親軍拒戰，不能敵。嗣源叱而問之，對曰：「將士從主上十年，百戰以得天下。今貝州戍卒思歸，主上不赦；從馬數卒諠競，遽欲盡誅其衆。我輩初無叛心，但畏死耳。今欲與城中合勢，請主上帝河南，令公帝河北。」嗣源泣諭之，不從，遂拔白刃擁嗣源及李紹真等入城，城中不受外兵，逆擊之，皆潰。趙在禮帥諸校迎拜嗣源，泣謝曰：「將士輩負令公，敢不惟命是聽！」嗣源詭説在禮曰：「凡舉大事，須藉兵力，今外兵流散無所歸，我爲公出收之。」在禮乃聽嗣源、紹真俱出城，宿魏縣，散兵稍有至者。

唐任圜破李紹琛，擒之；孟知祥討定餘寇。董璋將兵二萬，會任圜討李紹琛，至漢州，紹琛逆戰。張礪請伏精兵於後，而以羸兵誘之，圜從之。紹琛大敗，閉城不出。漢州無城塹，樹木爲栅，圜攻焚之。紹琛戰敗，奔綿竹，追擒之。孟知祥自至漢州犒軍，與任圜、董璋置酒高會，引李紹琛檻車至座中，知祥自酌大卮飲之，謂曰：「公何患不富貴而求入此邪？」紹琛曰：「郭侍中佐命功第一，兵不血刃取兩川，一旦無罪族誅。如紹琛輩安保首領，以此不敢歸朝耳！」魏王繼岌倍道而東。孟知祥獲李肇、侯弘實，以爲牙内都指揮使。蜀中羣盜猶未息，知祥擇廉吏使治州縣，蠲除横賦，安集流散，下寬大之令，與民更始；遣趙廷隱、張業將兵分討羣盜，悉誅之。

唐李嗣源奔相州。李嗣源之爲亂兵所逼也，李紹榮有衆萬人，營於城南。嗣源遣牙將七人相繼召之，欲與共誅亂者，紹榮疑不應。及嗣源入鄴，遂引兵去。嗣源在魏縣，衆不滿百，又無兵仗。李紹真所將鎮兵五千〔一四〕，聞嗣源得出，相帥歸之，由是兵稍振。嗣源欲歸藩待罪，中門使安重誨曰：「公爲元帥，不幸爲凶人所劫。李紹榮不戰而退，歸朝必以公藉口。公若歸藩，則爲據地邀君，適足以實讒慝之言耳。不若星行詣闕，面見天子，庶可自明。」嗣源曰：「善！」南趣相州，遇馬坊使康福，得馬數千匹，始能成軍。

唐豫借河南夏秋税。唐主以軍食不足，敕河南尹豫借夏秋税，民不聊生。租庸使以倉儲不足，頗朘刻軍糧，軍士流言益甚。宰相懼，帥百官上表，請出内庫之財以給諸軍，唐主欲從之。劉后曰：「吾夫婦君臨萬國，雖藉武功，亦由天命。命既在天，人如我何！」宰相又於便殿論之，后屬耳於屏風後，須臾出妝具及三銀盆、皇幼子三人於外，曰：「四方貢獻隨以給賜，所餘止此耳，請鬻以贍軍。」宰相惶懼而退。

唐李嗣源引兵向大梁。李紹榮退保衛州，奏李嗣源已叛，與賊合。嗣源遣使上章自理，一日數輩。唐主遣嗣源長子從審諭嗣源，至衛州，紹榮欲殺之。從審乃還，唐主憐之，賜名繼璟，待之如子。是後嗣源所奏，皆爲紹榮所遏，不得通。嗣源由是疑懼，石敬瑭曰：「夫事成於果決，而敗於猶豫。安有上將與叛卒入賊城，而他日得保無恙乎？大梁，天下之要會也，願假三百騎先往取之，公引大軍亟進。如此，始可自全。」康義誠曰：「主上無道，軍民怨怒。公從衆則生，守節必死。」嗣源乃令安重誨移檄會兵。時李紹虔、李紹欽、李紹英屯瓦橋，安審通屯奉化，嗣源皆遣使召之。嗣源家在真定，虞候將王建立先殺其監軍，由是獲全。李從珂將所部兵趣鎮州，與建立合，倍道從嗣源。嗣源分三百騎使石敬瑭將之前驅，李從珂爲殿，軍勢大盛。從子從璋過邢州，邢人奉爲留後。唐主乃詔白從暉將騎兵扼河陽橋，出金帛給賜，軍士詬曰：「吾妻子已殍死，得此何爲？」李紹榮至洛陽，曰：「鄴都亂兵欲濟河襲鄆、汴，願陛下幸關東招撫。」唐主從之。

唐殺故蜀主王衍，夷其族。景進等言於唐主曰：「西南未安，王衍族黨不少，聞車駕東征，恐其爲變，不若除之。」唐主乃遣中使賫敕往誅之。敕曰：「王衍一行，並從殺戮。」已印畫，張居翰覆視，就殿柱揩去「行」字，改爲「家」字，由是獲免者千餘人。衍母徐氏且死，呼曰：「吾兒以一國迎降，不免族誅，信義俱棄，吾知汝行亦受禍矣！」

唐主如關東。李嗣源入大梁，唐主乃還。唐主發洛陽，次汜水。或勸繼璟亡去，不從。唐主亦屢遣之，繼瑒固辭，請死。唐主聞嗣源至黎陽，復遣繼瑒召之，道遇李紹榮，見殺。嗣源至滑州，符習、安審通引兵來會。知汴州孔循遣使迎唐主，亦遣使輸款於嗣源，曰：「先至者得之。」石敬瑭以勁兵入封丘門，遂據其城，使人趣嗣源，嗣源入大梁。是日，唐主至滎澤東，命龍驤指揮使姚彦温將三千騎爲前軍，彦温即以其衆叛歸嗣源，嗣源奪其兵。唐主至萬勝鎮，聞嗣源已據大梁，諸軍離叛，神色沮喪，登高歎曰：「吾不濟矣！」即命旋師。夜復至汜水，扈從兵二萬五千，已失萬餘人；還過罌子谷，道遇衛士，輒以善言撫之曰：「適報魏王又進西川金銀五十萬，到京當盡給爾曹。」對曰：「陛下賜已晚矣，人亦不感聖恩！」唐主流涕而已。又索袍帶賜從官，内庫使張容哥稱頒給已盡，衛士叱之曰：「致吾君失社稷，皆此閹豎輩也。」抽刀逐之。容哥謂同類曰：「皇后吝財致此，今乃歸咎於吾輩。事若不測，吾輩萬段，吾不忍待也。」因赴河死。唐主至石橋西，置酒悲涕。晚入洛城。嗣源命石敬瑭將前軍趣汜水收撫散兵，嗣源繼之。李紹虔、李紹英引兵來會。宰相、樞密奏：「西軍將至，車駕宜且控汜水，收撫散兵以俟之。」唐主從之。

夏，四月，唐伶人郭從謙弑其主存勗。李嗣源入洛陽。

唐主復如汜水。四月朔，嚴辦將發，從馬直指揮使郭從謙帥所部兵攻興教門。唐主方食，聞變，帥衛兵擊之，逐亂兵出門。時朱守殷將騎兵在外，唐主急召之，守殷不至，引兵憩茂林下。亂兵焚興教門，緣城而入，近臣宿將皆釋甲潛遁，獨散員都指揮使李彦卿、軍校何福進、王全斌等十餘人力戰。俄而唐主爲流矢所中，鷹坊人善友扶下，至絳霄殿廡下抽矢，渴懣，劉后不自省視，遣宦者進酪，須臾遂殂。彦卿等慟哭而去，左右皆散，善友斂樂器覆屍而焚之。劉后囊金寶繫馬鞍，與申王存渥及李紹榮焚嘉慶殿出走。朱守殷入宫，選宫人三十餘人，内於其家。於是諸軍大掠。是日，李嗣源至罌子谷，聞之慟哭，謂諸將曰：「主上素得士心，正爲羣小蔽惑致此，今吾將安歸乎！」乃入洛陽，止于私第，禁焚掠，拾莊宗骨於灰燼之中而殯之；謂朱守殷曰：「公善巡徼，以待魏王。淑妃、德妃在宫，供給尤宜豐備。吾俟山陵畢，社稷有奉，則歸藩爲國家扞禦北方耳。」是日，豆盧革帥百官上牋勸進，嗣源曰：「吾奉詔討賊，不幸部曲叛散，欲入朝自訴，又爲紹榮所隔，披猖至此。諸君見推，殊非相悉，願勿言也！」紹榮欲奔河中，爲人所執，折足送洛陽。魏王繼岌至興平，聞亂，復引兵西，謀保鳳翔。始誅李紹琛。

胡氏曰：莊宗初立，決勝夾寨，解潞州之圍；歸而治國訓兵，事各有理。使朱温未死，固必爲所禽矣。既違張承業忠謀，亟稱尊號，則舉措之失，已稍形見；逮滅梁之後，遂無一善可稱。與向者猶二人然，是何也？才器有限也。若曰天數，則裂膚汗血，沐雨櫛風，凡十五年而後得；好田，好女，寵伶人，信宦官，不三年而滅亡，其心昔明而今暗，先戒而後肆，豈亦天耶？故莊宗之「命哲、命吉凶、命歷年」，皆所自貽，不可歸之天數也。

唐太原軍亂。初，莊宗命吕、鄭二内養在晉陽，張憲以下承應不暇。莊宗既殂，推官張昭遠勸張憲奉表勸進，憲曰：「吾自布衣至服金紫，皆出先帝之恩，豈可偷生而不自愧乎！」昭遠泣曰：「此古人所行，公能行之，忠義不朽矣！」有李存沼者，莊宗之近屬，與二内養謀殺憲及巡檢李彦超。彦超欲先圖之，憲曰：「僕受先帝厚恩，不忍爲此。徇義而不免於禍，乃天也。」軍士共殺二内養及存沼，憲奔忻州。

會嗣源移書至，彥超號令士卒，城中始安。彥超，彥卿之兄也。

唐李嗣源監國。百官三牋請嗣源監國，嗣源乃許之。入居興聖宮，百官班見。下令稱教。宣徽使選後宮美少者數百獻之，監國曰：「奚用此爲！」對曰：「宮中職掌不可闕也。」監國曰：「宮中職掌宜諳故事，此輩安知！」乃悉用老舊之人補之，其少年者皆出之。蜀中所送宮人準此。

唐以安重誨爲樞密使，張延朗爲副使。延朗本梁租庸吏，性纖巧，善事權要，故重誨引之。

唐監國嗣源殺劉后及諸王。監國令所在訪求諸王。通王存確、雅王存紀匿民間。安重誨與李紹真謀曰：「今殿下既監國典喪，諸王宜早爲之所，以壹人心。」密遣人殺之。後月餘，監國聞之，切責重誨，傷惜久之。劉后奔晉陽，在道與存渥私通，存渥爲其下所殺。劉后爲尼於晉陽，監國使人就殺之。莊宗幼子繼嵩等皆不知所終，惟邕王存美以病得免。

高季興以孫光憲掌書記。徐溫、高季興聞莊宗遇弒，益重嚴可求、梁震。梁震薦孫光憲掌書記。季興欲攻楚，光憲諫曰：「荆南亂離之後，賴公休息，士民始有生意；若又與楚國交惡，他國乘吾之弊，良可憂也。」季興乃止。

唐監國嗣源殺李紹榮。紹榮被執，監國責之曰：「吾何負於爾，而殺吾兒？」紹榮瞋目直視曰：「先帝何負於爾？」遂斬之，復其姓名曰元行欽。

唐張居翰罷，以孔循爲樞密使。

唐監國嗣源殺孔謙，廢租庸使及諸道監軍。監國下教，數租庸使孔謙姦佞侵刻、窮困軍民之罪而斬之，凡謙所立苛斂之法皆罷之。因廢租庸使，依舊爲三司，委宰相一人專判。又罷諸道監軍使，以莊宗由宦官亡國，命諸道盡殺之。

唐魏王繼岌至長安，自殺。魏王繼岌退至武功，李從襲曰：「退不如進，請亟東行以救内難。」繼岌從之。還至渭水，留守張籛已斷浮梁，乃循水浮渡至渭南，腹心吕知柔等皆已竄匿，從襲謂繼岌曰：「時事已去，王宜自圖。」繼岌徘徊流涕，乃自伏於床，命李環縊殺之。任圜代將而東。華州都監李冲殺從襲。

胡氏曰：任圜參預軍機，而主帥一旦至此，從容其間，莫能救止，而竊取其柄，得爲忠乎？李愚職與圜同，而寂無所施，亦不得爲無罪矣。且武皇諸子，至是或誅或病；莊宗五子，繼岌縊死〔一五〕，餘不知所終，何也？德養人者也，力服人、智欺人者也。我以智力加人，有時而窮，則人亦得以加諸我矣。故用智，未有不困者也。我養人，其養既久，則人亦不忍離我矣。故修德未有不安者也。三代而上，純德之世也。三代已下，皆力矣。假德以文之，視其智力之裕局，則斷其成就之廣狹；觀其假德之深淺，則決其所享之延遡。後唐之事，亦足以觀矣。歐陽氏以爲向使張籛不斷橋，使繼岌得東，明宗未必能自立。愚以爲不然。繼岌制於從襲，莫能可否，使其有立，豈以皇后教殺郭崇韜！既聞大變，宜整比六師，倍道赴難，豈張籛斷橋所能遏乎！以彼之才，政使東行，夫豈嗣源之敵也！

唐主嗣源立。有司議即位禮，李紹真、孔循以爲唐運已盡，宜自建國號。監國問左右：「何謂國號？」對曰：「先帝賜姓於唐，爲唐復讎，故稱唐。今梁朝之人，不欲殿下稱唐耳。」監國曰：「吾年十三事獻祖，獻祖以吾宗屬，視吾猶子；又事武皇、先帝，垂五十年，經綸攻戰，未嘗不預。武皇之基業，則吾之基業也；先帝之天下，則吾之天下也，安有同家而異國乎！」李琪曰：「若改國號，則先帝遂爲路人，梓宮安所託乎？不惟殿下不忘三世舊君，吾曹爲人臣者能自安乎？前代以旁支入繼多矣，宜用嗣子柩前即位之禮。」衆從之。監國服斬衰，於柩前即位，百官縞素。既而御衮冕受册，百官吉服稱賀。

胡氏曰：李琪之言似也，然國亡君弒，子不得立，而他人是保，人臣心不自安，尚有大於此者乎！

唐殺其太原尹張憲。有司劾憲委城之罪也。

胡氏曰：張憲不附伶官以致疏外，進不預朝廷之謀，退不預鄴都之亂，及嗣源入洛，又不雷同勸進，懷忠徇義，蓋賢者也。明宗即位，考慎相臣，無以踰憲者矣，乃徇有司迎合之奏而殺之，無乃重誨所欲乎？

唐大赦。唐主大赦。量留後宫百人，宦官三十人，教坊百人，鷹坊二十人，御厨五十人，中外無得獻鷹犬奇玩。諸司使務有名無實者皆廢之。分遣諸軍就食近畿，以省饋運。除夏秋税省耗。諸使四節貢奉，毋得斂百姓。刺史以下不得貢奉。

胡氏曰：此數條者，聖王常事也，而英雄明達如漢武帝、唐太宗，猶有不能焉，明宗夷狄之人，從容行之，豈不爲賢哉！且非矯勉於初政，而怠忽於末路者，其賢益可尚矣。是故表而出之。

唐以鄭珏、任圜同平章事。圜憂公如家，簡拔賢俊，杜絶僥倖，期年之間，軍民皆足，朝綱粗立。圜每以天下爲己任，由是安重誨忌之。

唐李紹真等復姓名。李紹真、李紹瓊、李紹英、李紹虔、李紹奇、李紹能各復舊姓名，爲霍彦威、萇從簡、房知温、王晏球、夏魯奇、米君立。晏球本王氏子，畜於杜氏，故請復姓王。

唐初令百官轉對。初令百官正衙常朝外，五日一赴内殿起居，轉對奏事。

唐以安金全爲振武節度使。追賞晉陽之功也。

唐以趙在禮爲義成節度使。在禮以軍情未聽，不赴。

唐以馮道、趙鳳爲端明殿學士。唐主目不知書，四方奏事，皆令安重誨讀之。重誨亦不能盡通，乃奏請選文學之臣，與之共事，以備應對，乃置端明殿學士，以道、鳳爲之。

胡氏曰：天子、宰相，義理所極〔一六〕，天下取正焉者也。氣數淆薄，乃至目不諳書者爲之，夫安能考前言，學古訓，以治天下也。然明宗所行，有太宗所不及，則其質之美也，使輔以學，則爲聖賢必矣。而道、鳳腐儒，不能有以開導裨益，使天成之政，加美於前也，不亦可惜矣哉！

唐聽郭崇韜歸葬，復朱友謙官爵。

六月，唐汴州軍亂，指揮使李彦饒討平之。詔發汴州軍戍瓦橋，已出城，指揮使張諫復還作亂，殺知州高逖，逼指揮使李彦饒爲帥。彦饒禁止焚掠，伏甲執諫等斬之。其黨大譟，彦饒擊之盡殪。

即日牒推官韋儼權知軍州事。彦饒，彦超之弟也。

秋，七月，唐安重誨殺殿直馬延。安重誨恃恩驕横，殿直馬延誤衝前導，斬之於馬前。御史大夫李琪以聞。重誨白帝下詔，稱延陵突重臣，戒諭中外。

契丹攻勃海，拔夫餘城。契丹主阿保機攻勃海，拔其夫餘城，更命曰東丹國。命其長子突欲鎮之，號人皇王；次子德光守西樓，號元帥太子。

唐遣供奉官姚坤如契丹。唐遣姚坤告哀於契丹。契丹主阿保機聞莊宗遇害，慟哭曰：「我朝定兒也。」「朝定」猶華言朋友也。謂坤曰：「今天子聞洛陽有急，何不救？」對曰：「地遠不能及。」曰：「何故自立？」坤爲言其由。契丹主曰：「漢兒喜飾説，毋多談！」又曰：「聞吾兒專好聲色遊畋，不恤軍民，宜其及此。我自聞之，舉家不飲酒，散遣伶人，解縱鷹犬；若亦效吾兒所爲，行自亡矣。」又曰：「我於今天子無怨，足以修好。若與我大河之北，吾不復南侵矣。」坤曰：「此非使臣之所得專也。」契丹主怒，囚之旬餘，復召之曰：「河北恐難得，得鎮、定、幽州亦可也。」給紙筆，趣令爲狀，坤不可，欲殺之。韓延徽諫，乃復囚之。

唐豆盧革、韋説罷。革、説奏事帝前，禮貌不盡恭。百官俸錢皆折估，而革父子獨受實錢。説以孫爲子，奏官；受選人賂，除近官。中旨以蕭希甫爲諫議大夫，革、説覆奏。希甫恨之，上疏言革、説不忠前朝，并誣革他罪。制貶革、説，擢希甫爲散騎常侍。

契丹阿保機死。阿保機卒於夫餘城。述律后召諸酋長妻謂曰：「我今寡居，汝不可不效我。」又集其夫泣問曰：「汝思先帝乎？」對曰：「受先帝恩，豈得不思！」曰：「果思之，宜往見之。」遂殺之。

八月朔，日食。

唐孟知祥增置營兵。知祥陰有據蜀之志，增置諸營兵七萬餘人。

唐平盧軍亂，討平之。平盧軍校王公儼作亂，討斬之。其黨支使韓叔嗣預焉。其子熙載將奔吳，密告其友李穀曰：「吳若用吾爲相，當長驅以定中原。」穀笑曰：「中原若用吾爲相，取吳如囊中物耳。」

九月，契丹德光立。契丹述律后愛中子德光，欲立之。至西樓，命與突欲俱乘馬立帳前，謂諸酋長曰：「二子，吾皆愛之，莫知所立，汝曹擇可立者執其轡。」酋長知其意，爭執德光轡，后曰：「衆之所欲，吾安敢違！」遂立之，爲天皇王。突欲愠，欲奔唐，后遣歸東丹。德光尊后爲太后，國事皆決焉。太后復納其姪爲后。德光性孝謹，母病不食，亦不食。以韓延徽爲政事令，聽姚坤歸唐，葬阿保機於木葉山。太后左右有桀黠者，后輒謂曰：「爲我達語於先帝。」至墓所則殺之，前後所殺以百數。最後平州人趙思温當往，不肯行，后曰：「汝事先帝嘗親近，何爲不行？」對曰：「親近莫如后。后行，臣則繼之。」后曰：「吾非不欲從先帝於地下也，顧嗣子幼弱，國家無主，不得往耳。」乃斷一腕，令置墓中。思温亦得免。

冬，十月，唐初賜百官春冬衣。

王延翰自稱閩王。延翰驕淫殘暴，自稱大閩國王，宫殿、百官皆倣天子之制。

契丹盧龍節度使盧文進奔唐。文進爲契丹守平州，唐主遣人説之，以易代之後，無復嫌怨。文進所部皆華人，思歸，乃帥其衆十萬歸唐。

唐以趙季良爲三川制置轉運使，李嚴爲西川都監。初，郭崇韜率蜀中富民輸犒賞錢五百萬緡，晝夜督責，有自殺者。給軍之餘，猶二百萬緡。至是，任圜判三司，知成都富饒，遣季良爲三川都制置轉運使，蜀人欲皆不與。知祥曰：「府庫他人所聚，輸之可也。州縣租税，以贍鎮兵，決不可得。」季良但發庫物，不敢復言制置轉運職事矣。安重誨以知祥及東川節度使董璋皆據險擁兵，又知祥乃莊宗近姻，陰欲圖之。李嚴自請爲西川監軍，嚴母謂曰：「汝前啓滅蜀之謀，今日再往，必以死報蜀人矣。」

唐罷告身綾軸錢。舊制，吏部給告身，先責其人輸朱膠綾軸錢。喪亂以來，貧者但受敕牒，多不取告身。侍郎劉岳言：「告身有褒貶訓戒之辭，豈可使其人初不之覩！」後執政議，以爲朱膠綾軸，厥費無多，乃奏罷之。是後試銜、帖號所除浸多，乃至卒伍、胥吏皆得銀青階及憲官，歲賜告身以萬數矣。

十二月，閩王延稟弑其君延翰，而立其弟延鈞。延翰蔑棄兄弟，出延鈞爲泉州刺史。延翰多取民女以充後庭，延鈞上書極諫，由是有隙。審知養子延稟爲建州刺史，延翰使之採擇，延稟復書不遜，亦有隙。合兵襲福州。延稟先至，梯城而入。延翰驚匿，延稟執之，暴其罪惡，斬于門外。延鈞至，延稟納之，推爲威武留後。

唐主以其子從榮爲天雄節度使。

校勘記

〔一〕將士皆勸友謙且歸款於梁　「將士」，殿本、通鑑卷二七一後梁均王貞明六年八月條作「友謙諸子」。

〔二〕吴睿皇楊溥順義元年　「皇」，殿本作「王」。

〔三〕秋　「秋」字原脱，據殿本補。

〔四〕晉王自將討鎮州　「王」原作「主」，據殿本改。

〔五〕張處瑾使韓正時突圍出　「張」字原脱，據殿本補。

〔六〕拔之　「拔」原作「救」，據殿本、通鑑卷二七一後梁均王龍德元年十二月條改。

〔七〕決呼沱水環之　「呼」，殿本、通鑑卷二七一後梁均王龍德二年二月條作「滹」。

〔八〕季良曰　「季良」原脱，據殿本、通鑑卷二七一後梁均王龍德二年十二月條補。

〔九〕互有勝負　「互」原作「玄」，據殿本、通鑑卷二七二後唐莊宗同光元年五月己巳日條改。

〔一〇〕光嗣輩泣謝　「輩」字原脱，據殿本、通鑑卷二七三後唐莊宗同光二年九月庚戌日條補。

〔一一〕冬　「冬」字原脱，據殿本補。

〔一二〕契丹寇蔚州　「蔚」原作「幽」，據成化本、殿本、通鑑卷二七三後唐莊宗同光二年十一月庚申日條改。

〔一三〕閬蜀府庫之籍　「庫」原作「軍」，據殿本、通鑑卷二七四後唐莊宗同光三年十二月條改。

〔一四〕李紹真所將鎮兵五千　「真」原作「榮」，據成化本、殿本、通鑑卷二七四後唐明宗天成元年三月丁卯日條改。

〔一五〕繼岌縊死　「死」者原脱，據成化本、殿本補。

〔一六〕義理所極　此四字，成化本、殿本作「義禮所出」。

資治通鑑綱目卷五十六

起丁亥後唐明宗天成二年，盡丙申後唐主從珂清泰三年、晉高祖石敬瑭天福元年，凡一十年。

丁亥(九二七)

後唐天成二年。吴乾貞元年。是歲，後唐、漢、吴、閩凡四國，吴越、荆南、湖南凡三鎮。

春，正月，唐主更名亶。初，唐主詔：「朕二名不連稱者勿避。」至是乃改名。

唐以馮道、崔協同平章事。安重誨以孔循少侍宫禁，謂其諳練故事，知朝士行能，多聽其言。時議置相，循已薦鄭珏，又薦崔協；而任圜欲用李琪，珏素惡琪，故循力沮之，謂重誨曰：「李琪非無文學，但不廉耳。宰相但得端重有器度者，足以儀刑多士矣。」它日議於唐主前，圜曰：「重誨未悉朝中人物，爲人所賣。協雖名家，識字甚少。臣既以不學忝相位，奈何更益以協，爲天下笑乎！」唐主曰：「宰相重任，卿輩審之。吾在河東時見馮書記多才博學，與物無競，此可相矣。」既退，循不揖，拂衣去，因稱疾不朝者數日。重誨謂圜曰：「今方乏人，協且備員，可乎？」圜曰：「明公捨李琪而相崔協，是猶棄蘇合之丸，取蛣蜣之轉也。」循與重誨日短琪而譽協，竟以道、協同平章事。

唐初令長吏每旬慮囚。

遂致兩國俱亡。今公復來，蜀人懼矣。且天下皆廢監軍，公獨來監吾軍何也？」嚴惶怖求哀，知祥曰：「衆怒不可遏也。」揖下斬之，因誣奏：「嚴詐宣口敕，云代臣赴闕。臣輒已誅之。」

唐孟知祥殺李嚴。知祥遇李嚴甚厚，一日謂曰：「公前奉使王衍，歸而請兵伐蜀，莊宗用公言，

唐主以其子從厚爲河南尹，判六軍諸衛事。從厚，從榮之弟也。從榮聞之不悦。

二月，唐以石敬瑭爲六軍諸衛副使。

唐郭從謙伏誅，夷其族。唐以郭從謙爲景州刺史，既至，遣使族誅之。

胡氏曰：後唐之亡者三，劉后及宦官，明宗既誅之矣；獨伶人景進之徒，不聞被刑。從謙又負叛弒之罪，乃不及時致討，至於十月之久〔二〕，誘以寵命，然後族之，得非畏其衆乎？夫乘初至之威，治叛弒之賊，其勢甚易。速則人心悦而大義立，緩則觀望怠而綱紐縱，此撫事者所以貴於及時也。

高季興襲取夔州，唐遣兵討之。初，高季興請夔、忠、萬州爲屬郡，唐主許之。又請自除刺史，不許。季興輒遣兵突入夔州，據之；又襲涪州，不克。魏王繼岌遣押牙韓珙等部送蜀珍貨四十萬浮江而下，季興殺而掠之，朝廷詰之，對曰：「欲知覆溺之故，自宜按問水神。」帝怒，削奪季興官爵，以劉訓爲南面招討使，將步騎討之；董璋充東南面招討使，將蜀兵下峽；仍會湖南軍三面進攻。

三月，唐初置監牧。

唐鄴都軍亂，討平之。初，莊宗之克梁也，以魏州牙兵之力；及其亡也，皇甫暉、張破敗之亂亦

由之。趙在禮之徙滑州，不之官，亦實爲其下所制。在禮自謀脱禍，陰求移鎮，唐主乃爲之除皇甫暉陳州、趙進貝州刺史，徙在禮爲横海節度使，以皇子從榮鎮鄴都，命范延光將兵送之，且制置鄴都軍事。乃出奉節等九指揮三千五百人，使軍校龍晊部之，戍盧臺軍，不給鎧仗，但繫幟於長竿以别隊伍，由是皆俛首而去。中塗聞孟知祥殺李嚴，軍中籍籍，已有訛言；既至，會朝廷擢烏震爲副招討使，代房知温。知温怨震，誘龍晊所部兵殺之，其衆譟於營外，馬軍指揮使安審通脱身濟河，按甲不動。知温恐事不濟，亦走渡河，與審通合謀擊亂兵。亂兵遂南，列炬宵行〔二〕，疲於荒澤。詰朝，騎兵四合擊之，亂兵殆盡，得免者什無一二。四月，敕盧臺亂兵在營家屬並全門處斬。鄴都闔九指揮之門，驅三千五百家凡萬餘人悉斬之，永濟渠爲之變赤。朝廷雖知知温首亂，欲安反仄，詔加侍中。

夏，四月，唐以趙季良爲西川副使。季良與孟知祥有舊，知祥奏留之，朝廷不得已從之。李昊歸蜀，知祥以爲推官。

五月，唐以王延鈞爲威武節度使。

唐兵討荆南，不克，引還。江陵卑濕，復值久雨，糧道不繼，將士疾疫。唐主遣孔循往視之。循至，攻之不克，説之不下。又賜湖南行營夏衣萬襲，楚王殷鞍馬玉帶，督饋糧於行營，亦不能得。乃詔劉訓等引兵還。

荆南自附於吳，吳人不受。楚王殷遣使入貢，唐主賜之駿馬十，美女二。過江陵，高季興執而奪之，自附於吳。徐温曰：「爲國者，當務實效而去虚名。洛陽去江陵不遠，唐人步騎襲之甚易；我以舟師泝流救之甚難。夫臣人而弗能救，使之危亡，能無愧乎！」乃受其貢物，辭其稱臣。

胡氏曰：徐温辭高氏稱臣是也，而受其貢物非也。一事而兩處，半義而半利，蓋見可欲不能遏也。高氏輕吴之心自此生矣。

唐任圜罷。任圜性剛急，勇於敢爲，權倖多疾之。舊制，館券出於户部，安重誨請從内出，與圜爭於唐主前，聲色俱厲。唐主退朝，宫人曰：「妾在長安宫中，未嘗見宰相、樞密奏事敢如是者，蓋輕大家耳。」唐主不悦，卒從重誨議。圜因求罷，居磁州。

唐以馬殷爲楚國王。殷始建國，立宫殿，置百官，以姚彦章、許德勳爲丞相。

唐蜀兵敗荆南軍，取夔、忠、萬州。

秋，七月，唐殺豆盧革、韋説。坐前以三州與高季興也。

唐流段凝、温韜於邊郡。

八月朔，日食。

契丹與唐修好。

冬，十月，唐主如汴州。宣武節度使朱守殷反，唐主遣兵討之，遂遣使殺任圜。守殷自殺。唐主如汴州，至滎陽。民間訛言：「帝欲制置東方諸侯。」宣武節度使朱守殷疑懼，判官孫晟勸守殷反，守殷遂乘城拒守。唐主遣范延光往諭之，延光曰：「不早擊之，則汴城堅矣。願得五百騎與俱。」從之。延光暮發，未明，行二百里，抵大梁城下，與汴人戰。御營使石敬瑭將親軍倍道繼之。或謂安重誨曰：「失職在外之人乘賊未破，或能爲患，不如除之。」重誨奏遣使賜任圜死。趙鳳哭謂重誨曰：「任圜義士，安肯爲逆！公濫刑如此，何以贊國！」使至，圜聚族酣飲，然後死，神情不撓。唐主至大梁，守殷自殺，乘城者望見乘輿，相帥開門降。孫晟奔吴，徐知誥客之。

唐免三司逋負二百萬緡。

胡氏曰：明宗不事華侈，故除省耗，絶進奉，今又蠲逋負近二百萬緡。一人寡欲，受賜者不知其幾何人矣！

吴丞相徐温卒。初，温子行軍司馬知詢以其兄知誥非徐氏子，數請代之執吴政，温曰：「汝不如也。」嚴可求及副使徐玠屢勸温，温以知誥孝謹不忍。可求等言之不已。温欲帥諸藩鎮入朝，勸吴王稱帝。將行，有疾，乃遣知詢奉表勸進，因留代知誥執政。未果，温卒，知詢亟歸金陵。吴王贈温齊王，謚曰忠武。

唐以石敬瑭爲侍衛親軍都指揮使。

十一月，吴王楊溥稱帝。

十二月，孟知祥修成都城。

唐以周玄豹爲光禄卿致仕。初，晉陽相者周玄豹嘗言唐主貴不可言，唐主欲召詣闕，趙鳳曰：「玄豹言已驗矣，無所復詢。若置之京師，則輕躁狂險之人，必輻凑其門，爭問吉凶。自古術士妄言，致人族滅者多矣，非所以靖國家也。」乃就除光禄卿致仕，厚賜金帛而已。

唐主立親廟於應州舊宅。中書舍人馬縞請用漢光武故事，别立親廟。中書門下奏請「稱皇不稱帝」，唐主欲兼稱之〔三〕。羣臣乃引德明、玄元、興聖皇帝例，請立廟京師。唐主令立於應州舊宅，自高祖以下皆追謚。

有年。是歲，蔚、代緣邊粟斗不過十錢。

戊子（九二八）

後唐天成三年。漢大有元年。是歲，凡四國、三鎮。

春，二月朔，日食。

吴遣使如唐，不受。吴使者至，安重誨以爲「楊溥敢與朝廷抗禮，遣使窺覘」，拒而不受。自是遂與吴絶。

三月，唐以孔循爲東都留守，王建立同平章事。樞密使孔循性狡佞，安重誨親信之。唐主欲爲皇子娶重誨女，循謂曰：「公職居近密，不宜復與皇子爲昏。」重誨辭之。久之，循陰遣人結王德妃，求納其女，唐主許之。重誨大怒，出循東都。重誨性强愎，惡成德節度使王建立，奏其有異志。建立入朝，因言重誨與宣徽使張延朗結昏，相表裏，弄威福。唐主怒，謂重誨曰：「今與卿一鎮，以王建立代卿。」延朗亦除外官。」宣徽使朱弘昭曰：「陛下平日待重誨如左右手，奈何以小忿棄之！」唐主尋召重誨慰撫之。會鄭珏請致仕，以建立爲僕射、平章事、判三司。

楚人擊荆南，敗之。楚王殷遣六軍使袁詮、副使王環、監軍馬希瞻將水軍擊荆南，高季興以水軍逆戰。希瞻夜匿戰艦數十於港中，詰旦合戰，出戰艦横擊之，季興大敗。進逼江陵，季興請和，乃還。殷讓環不遂取荆南，環曰：「江陵在中朝及吴、蜀之間，四戰之地也。宜存之以爲吾扞蔽。」殷悦。環每戰，身先士卒，與衆同甘苦，常置鍼藥於座右，戰罷，索傷者於帳前，自傅治之。士卒隸環麾下者，相賀曰：「吾屬得死所矣。」故所向有功。

楚人擊漢封州，大敗。楚以水軍擊漢，圍封州。漢主命街使蘇章救之。至賀江，沈鐵絙於兩岸，作巨輪挽絙，築長堤以隱之，伏壯士於堤中，自以輕舟逆戰，陽不利，楚人逐之，入堤中，挽輪舉絙，楚艦不能進退，以强弩夾水射之，楚兵大敗，遁去。

夏，四月，唐以從榮爲北都留守。以從榮爲北都留守，馮贇爲副留守，楊思權爲步軍都指揮使以佐之。唐主謂重誨曰：「從榮左右有矯宣朕旨，令勿接儒生，恐弱人志氣者。朕以從榮年少臨大藩，故擇名儒使輔導之。今姦人所言乃如此！」欲斬之，重誨請嚴戒而已。

吴攻楚岳州，大敗。吴雄武軍使苗璘、統軍王彦章將水軍攻楚岳州，楚王殷遣許德勳將戰艦千艘禦之。德勳曰：「吴人掩吾不備，見大軍，必懼而走。」乃潛軍角子湖，使王環夜帥戰艦二百屯楊林浦，絶吴歸路。遲明，吴人進軍江口，德勳命虞候詹信以輕舟三百出吴軍後，德勳以大軍當其前，夾擊之，虜璘及彦章以歸。

唐王都反，奚、契丹助之。唐遣招討使王晏球等將兵討破之。義武節度使王都在鎮十餘年，自除刺史，租賦皆贍本軍。及安重誨用事，稍以法制裁之。唐主亦以都篡父位，惡之。時契丹數犯塞，朝廷多屯兵於幽、易間，都陰爲之備，浸成猜阻。腹心和昭訓勸都爲自全之計，都乃遣人説北面副招討使王晏球，晏球不從。乃以金遺晏球帳下使圖之，不克。晏球以都反狀聞。詔削奪官爵，以晏球爲招討使，發諸道兵會討定州。晏球攻拔其北關城。都以重賂求救於奚酋秃餒。五月，秃餒以萬騎突入定州，晏球退保曲陽。都與秃餒就攻之，晏球與戰破之。因進攻之，得其西關城，以爲行府，使三州民輸税供軍食而守之。契丹亦發兵救定州，與王都夜襲新樂，破之，殺趙州刺史朱建豐。晏球至曲陽，王都悉衆與契丹五千騎合萬餘人邀戰。晏球集諸將校令之曰：「王都輕而驕，可一戰擒也。今日，乃諸君報國之時。悉去弓矢，以短兵擊之，回顧者斬！」於是騎兵先進，奮檛揮劍，直衝其陳，大破之，僵屍蔽野。契丹死者過半，餘衆北走。都與秃餒得數騎，僅免。盧龍節度使趙德鈞邀擊契丹，北走者殆無孑遺。晏球知定州有備，未易急攻，朱弘昭、張虔釗宣言大將畏怯；有詔促令攻城，晏球不得已攻之，殺傷將士三千人。

吴遣使如楚。吴求和於楚，請苗璘、王彦章，楚王殷歸之。許德勳餞之，謂曰：「楚國雖小，舊臣宿將猶在，願吴朝勿以措懷。必俟衆駒爭皁棧，然後可圖也。」時殷多内寵，嫡庶無别，諸子驕奢，故德勳語及之。

胡氏曰：異哉，德勳之爲人！苟忠於楚，則不當爲它人畫計；苟不願爲之臣，則當去相位而不居。今無忠規力諫，而以禍亂之萌泄諸敵國，則不知其心之所止矣。

秋，七月〔四〕，唐收麴税。東都民有犯私麴者，留守孔循族之。或請聽民造麴，而於秋税畝收五錢，從之。

契丹救定州，王晏球擊走之，擒其將惕隱。契丹復遣其酋長惕隱救定州，晏球逆戰破之，追至易州，俘斬溺死者，不可勝數。趙德鈞遣牙將武從諫邀擊之，擒惕隱等數百人。餘衆散投村落，村民以白梃擊之，其得脱者不過數十人。自是契丹沮氣，不敢輕犯塞。德鈞獻俘，諸將皆請誅之，唐主曰：「此曹皆虜中驍將，殺之則虜絶望；不若存之，以紓邊患。」乃赦惕隱等五十人，餘六百人悉斬之。

八月，唐以王延鈞爲閩王。延鈞度僧二萬人。由是閩中多僧。

契丹遣使如唐。

九月，唐温韜、段凝伏誅。唐主以韜發諸陵，凝反覆〔五〕，敕所在賜死。

冬，十一月〔六〕，唐立哀帝廟於曹州。

十二月，荆南節度使高季興卒。吴立其子從誨代之。

己丑（九二九）

唐天成四年。吴大和元年。是歲，四國、三鎮。

春，二月，唐王晏球克定州，王都伏誅；獲禿餒，送大梁斬之。定州守備固、伺察嚴，諸將屢有謀翻城應官軍者，皆不果。唐主遣使者促王晏球攻城。晏球與使者聯騎巡城，指之曰：「城高峻如此，借使主人聽外兵登城，亦非梯衝所及，徒多殺精兵，無損於賊。不若食三州之租，愛民養兵以俟之，彼必内潰。」唐主從之。王都、秃餒欲突圍走，不得出。定州都指揮使馬讓能開門納官軍，都舉族自焚，擒秃餒，送大梁斬之。晏球在定州城下，日以私財饗士，自始攻至克城，未嘗戮一卒。三月，入朝，唐主美其功，晏球謝久煩饋運而已。

胡氏曰：王晏球非知經術者〔七〕，然取定州之功，不特於五代時爲冠，蓋深合古人用兵之意。夫以周公討三監，宜若振槁，然二年始得其罪人，恐以速故傷百姓也。罪人得則已矣。後世爲一夫背叛，至於殺人盈野，或舉城而屠之，或連數十萬人而阬之，不仁孰甚焉！晏球生於衰亂之時，乃能不急近功，不糜士卒，力戰以絶契丹之援，堅圍以蹙王都之勢，不及一年，都族自焚，而定州下矣。可不謂之善用兵乎！

三月，唐主殺其子從璨。從璨性剛，安重誨用事，從璨不爲之屈。唐主東巡，從璨與客宴於會節園，酒酣，戲登御榻。重誨奏請誅之。

楚王殷以其子希聲知政事，總諸軍。自是國政先歷希聲，乃聞於殷。

夏，四月，唐禁鐵錫錢。時湖南全用錫錢，銅錢一，直錫錢百，流入中國，法不能禁。

唐置緣邊市馬場。先是，党項皆詣闕，以貢馬爲名，國家約其直酬之，加以館穀、賜與，歲費五十餘萬緡。至是，始於緣邊置場市馬，不令詣闕。

唐以從榮爲河南尹，從厚爲北都留守。北都留守從榮年少驕很，不親政務。唐主遣左右往諷導之，其人謂曰：「河南相公恭謹好善，親禮端士，有老成之風。相公齒長，宜自策勵，勿令聲問出河南之下。」從榮不悅，退告楊思權曰：「我其廢乎？」思權因勸從榮多募部曲，繕甲兵，陰爲自固之備。其人懼〔八〕，以告馮贇，贇密奏之。唐主召思權詣闕，亦弗之罪。及贇入爲宣徽使，謂執政曰：「從榮剛僻而輕易，宜選重德輔之。」史館修撰張昭遠亦言：「竊見先朝皇弟、皇子皆喜俳優，入則飾姬妾，出則誇僕馬，習尚如此，何道能賢？諸皇子宜精擇師傅，令皇子屈身師事之，講禮義之經，論安危之理。古者人君即位，則建太子，所以明嫡庶之分，塞禍亂之源。今卜嗣建儲，臣未敢輕議。至於恩澤賜與之間，昏姻省侍之際，嫡庶長幼，宜有所分，示以等威，絶其僥冀。」唐主賞歎其言，而不能用。

唐以趙鳳同平章事。唐主問鳳：「帝王賜人鐵券何也？」對曰：「與之立誓，令其子孫長享爵禄耳。」唐主曰：「先朝受此賜者三人，崇韜、繼麟尋皆族滅，朕得脱如毫釐耳。」因歎息久之。鳳曰：「帝王心存大信，固不必刻之金石也。」

五月，唐遣使如兩川。唐主將祀南郊，遣客省使李仁矩以詔諭兩川獻錢，皆辭以軍用不足。仁矩，唐主在藩鎮時客將也，爲安重誨所厚，恃恩驕慢。至梓州，董璋置宴召之，日中不往，方擁妓酣飲。璋怒，從卒執兵入驛，立仁矩於階下而詬之曰：「公但聞西川斬李客省，謂我獨不能邪？」仁矩流涕拜請，僅而得免。未幾，唐復遣通事舍人李彦珣詣東川，入境失小禮，璋拘其從者，彦珣奔還。

六月，唐罷鄴都。

秋，七月，唐以高從誨爲荊南節度使。高季興之叛唐也，其子從誨切諫，不聽。既襲位，謂僚佐曰：「唐近而吴遠，捨近臣遠，非計也。」乃因楚王殷以謝罪於唐，求復修職貢，故有是命。莊宗入洛，殷遣其子希範入貢。莊宗愛其警敏，曰：「比聞馬氏當爲高郁所奪，今有子如此，郁安能得之！」高季興亦屢以流言間郁於殷，殷不聽。乃遣使遺希聲書，盛稱郁功名，願爲兄弟。司馬楊昭遂，希聲之妻族也，謀代郁任，日譖之於希聲。希聲屢言於殷，請誅之，殷曰：「成吾功業，皆郁力也。汝勿爲此言。」希聲固請罷其兵柄，乃左遷郁行軍司馬。郁謂所親曰：「亟營西山，吾將歸老。猘子漸大，能咋人矣。」希聲聞之益怒，矯以殷命殺郁，誣以謀叛，并誅其族黨。至暮，殷尚未知。是日，大霧，殷謂左右曰：「吾昔從孫儒渡淮，每殺不辜，多致兹異。馬步院豈有冤死者乎？」明日，吏以郁死告，殷拊膺大慟曰：「吾老耄，政非己出，使我勳舊横罹冤酷。」既而顧左右曰：「吾亦何可久處此乎！」

楚馬希聲殺判官高郁。初，楚王殷用都軍判官高郁爲謀主，國以富强，鄰國皆疾之。

有年。唐主與馮道從容語及年穀屢登，四方無事，道曰：「臣昔在先皇幕府，奉使中山，歷井陘之險，臣憂馬蹶，執轡甚謹，幸而無失，逮至平路，放轡自逸，俄至顛隕。凡爲天下者，亦猶是也。」唐主深以爲然。又問道：「今歲雖豐，百姓贍足否？」道曰：「農家歲凶，則死於流殍；歲豐，則傷於穀賤。豐凶皆病者，惟農家爲然。臣記進士聶夷中詩云：『二月賣新絲，五月糶新穀，醫得眼下瘡，剜却心頭肉。』語雖鄙俚，曲盡田家之情狀。農於四民之中，最爲勤苦，人主不可不知也。」唐主悦，命左右録其詩，常諷誦之。

唐削錢鏐官爵。吴越王鏐嘗遺安重誨書，辭禮頗倨。唐遣供奉官烏昭遇、韓玫使吴越，還，玫奏昭遇見鏐稱臣拜舞，重誨奏賜昭遇死。制鏐以太師致仕，自餘官爵皆削之，凡吴越進奏官、使者、綱吏，令所在繫治之。鏐令子傳瓘等上表訟冤，不省。

冬，十月，唐以康福爲朔方節度使。前磁州刺史康福善胡語，唐主退朝，多召入便殿，訪以時事，福以胡語對。安重誨惡之，常戒之曰：「汝但妄奏事，會當斬汝！」福懼，求外補。重誨以靈州深入胡境，爲帥者多遇害，以福爲朔方、河西節度使。福見唐主泣辭，唐主命更它鎮，重誨不可。唐主不得已，遣將軍衛審峹等將兵萬人衛送之。福行至方渠，羌胡出兵邀福，福擊走之。至青剛峽，遇吐蕃野利、大蟲二族數千帳，福遣審峹掩擊，大破之，殺獲殆盡。由是威聲大振，遂進至靈州。自是朔方始受代。

吴加徐知誥兼中書令。吴諸道副都統徐知詢數與知誥爭權，知誥患之。内樞密使王令謀曰：「公輔政日久，挾天子以令境内，誰敢不從！知詢年少，恩信未洽於人，無能爲也。」知詢待諸弟薄，諸弟皆怨之，徐玠反持其短以附知誥。知詢典客周廷望説知詢捐寶貨結勳舊，知詢從之。廷望至江都，因知誥親吏周宗密輸款於知誥，亦以知誥陰謀告知詢。宗謂廷望曰：「人言侍中有不臣七事，宜亟入謝。」廷望還以告知詢。十一月，知詢入朝，知誥留以爲統軍，遣徵金陵兵還江都。知誥自是始專吴政。知詢又以廷望所言詰知誥，知誥曰：「以爾所爲告我者，亦廷望也。」遂斬之。吴加知誥兼中書令。知誥召知詢飲，以金鍾酌酒飲之曰：「願弟壽千歲！」知詢疑有毒，引它器均之，跽獻曰：「願與兄各享五百歲！」知誥變色，左右莫知所爲，伶人申漸高徑前爲詼語，掠二酒合飲之，懷鍾趨出，腦潰而卒。

唐以李仁矩爲保寧節度使。唐割閬、果二州，以仁矩爲節度使，安重誨之謀也。重誨又使綿州刺史武虔裕將兵赴治。虔裕，唐主故吏，重誨之外兄也。重誨使仁矩詗董璋反狀，仁矩增飾而奏之。又使夏魯奇治遂州城隍，繕甲兵，益兵戍之。璋大懼。時道路傳言，又將割緜、龍爲節鎮，孟知祥亦懼。璋素與知祥有隙，未嘗通問，至是遣使詣成都，請爲其子娶知祥女，知祥許之，謀併力以拒朝廷。

庚寅（九三〇）

唐長興元年。是歲，凡四國、三鎮。

春，二月，唐董璋築寨劍門，與孟知祥上表拒命，詔慰諭之。董璋遣兵築七寨于劍門。孟知祥遣趙季良詣璋修好，還言：「璋貪殘好勝，終必爲患。」西川指揮使李仁罕、張業欲置宴召知祥。有尼告二將欲害知祥，詰之無狀，斬之；屏左右，獨詣仁罕第。仁罕叩頭流涕曰：「老兵惟盡死以報德！」由是諸將親服知祥。與董璋同上表，言「兩川聞朝廷於閬中建節，緜、遂益兵，無不憂懼」。唐主以詔書慰諭之。璋遂召武虔裕囚之，閱民兵，皆剪髮黥面，於劍北列烽火。知祥累表請雲安鹽監，唐主許之。

三月，唐立淑妃曹氏爲后。唐主將立曹淑妃爲后，淑妃謂王德妃曰：「吾素病中煩，倦於接對，妹代我爲之。」德妃曰：「中宮敵偶至尊，誰敢干之！」乃立淑妃爲后。德妃事后恭謹，后亦憐之。初，妃因安重誨得進，常德之。唐主性儉約，及在位久，宮中用度稍侈，重誨每規諫。妃取外庫錦造地衣，重誨切諫，引劉后爲戒，妃由是怨之。

吳遣兵擊荆南，不克。

唐河中軍亂，逐其節度使李從珂，討平之。初，唐主在真定，李從珂與安重誨飲酒爭言，從珂毆重誨，既醒悔謝，重誨終銜之。至是，從珂爲河中節度使，重誨屢短之，唐主不聽。重誨乃矯以唐主命，諭河中牙内指揮使楊彦温使逐之。從珂出城閱馬，彦温勒兵閉門拒之。從珂使人詰之，對曰：「彦温非敢負恩，受樞密院宣，請公入朝耳。」從珂遣使以聞，唐主以問重誨，對曰：「此姦人妄言耳，宜速討之。」唐主疑之，欲誘致彦温訊其事。重誨固請發兵擊之，乃命西都留守索自通等將兵討之，令「必生致彦温，吾欲面訊之」。從珂馳入自明，唐主責使歸第，絶朝請。自通拔河中，斬彦温。唐主怒。安重誨諷馮道、趙鳳奏從珂失守，宜加罪。唐主曰：「吾兒爲姦黨所傾，未明曲直，公輩遂不欲置之人間何邪？且此皆非公輩意也。」明日，重誨自言之，唐主曰：「朕昔爲小校，家貧，賴此小兒拾馬糞自贍，以至今日爲天子，曾不能庇之邪！卿欲如何處之於卿爲便？」重誨曰：「惟陛下裁之！」唐主曰：「使閑居私第亦可矣，何用復言！」以自通鎮河中。自通承重誨旨，籍軍府甲仗數上之，以爲從珂私造；賴王德妃保護得免。士大夫不敢與從珂往來，惟禮部郎中吕琦居相近，時往見之。從珂每有奏請，皆咨琦而後行。

六月朔，日食。

秋，八月，唐告密人邊彦温等伏誅。捧聖軍使李行德、十將張儉引告密人邊彦温告「安重誨發兵，云欲自討淮南；又引占相者問命」。侍衛都指揮使安從進、藥彦稠曰：「此姦人欲離間陛下勳舊耳。臣等請以宗族保之。」唐主乃斬彦温，召重誨慰撫之，君臣相泣。既而趙鳳復奏收行德及儉，皆族誅之。

唐以張延朗爲三司使。三司使之名自此始。

唐立子從榮爲秦王，從厚爲宋王。

唐兩川節度使董璋、孟知祥連兵反。董璋之子光業爲宫苑使，璋與書曰：「朝廷割吾支郡爲節鎮，屯兵三千，是殺我必矣。汝見樞要爲吾言，如朝廷更發一騎入斜谷，吾必反，與汝訣矣！」光業以書示樞密承旨李虔徽。未幾，朝廷又遣兵戍閬州。光業謂虔徽曰：「此兵未至，吾父必反！吾不敢自愛，恐煩朝廷調發。願止此兵，吾父保無它。」虔徽以告安重誨，重誨不從。璋遂反。重誨曰：「臣久知其如此，陛下含容不討耳。」唐主曰：「我不負人，人負我，則討之。」九月，西川進奏官蘇愿白孟知祥云：「朝廷欲討兩川。」知祥謀於副使趙季良，季良請以東川先取遂、閬，然後併兵守劍門。知祥從之，遣使約董璋同舉兵。璋引兵擊閬州。知祥以指揮使李仁罕、趙廷隱、張業將兵攻遂州，侯弘實、孟思恭將兵會璋攻閬州。

九月，唐以范延光爲樞密使。安重誨久專大權，中外惡之。王德妃及武德使孟漢瓊浸用事，數短重誨於上。重誨懼，表解機務，求一鎮以全餘生，唐主不許。重誨請不已，唐主怒曰：「聽卿去，朕不患無人！」前成德節度使范延光勸留重誨，且曰：「重誨去，誰能代之？」唐主曰：「卿豈不可？」延光謝不敢當。唐主遣漢瓊詣中書議重誨事，馮道曰：「諸公果愛安令，宜解其樞務爲便。」趙鳳曰：「公失言。」乃奏大臣不可輕動。乃以延光爲樞密使，而重誨如故。

胡氏曰：重誨不得於君，則當奉身而力退；明宗不安其相，則當聽去而保終。既各有所懷，而以虚文飾貌相處，其能久而無變耶？馮道、趙鳳之言皆是也，鳳爲朝廷計，道爲重誨謀也。雖然，與其强留而存形迹之嫌，不若優以外鎮之爲全也。

董璋陷閬州，唐將姚洪死之。東川兵至閬州，諸將皆曰：「董璋久蓄反謀，以金帛啗其士卒，鋭氣不可當。宜深溝高壘以挫之，不過旬日，大軍至，賊自走矣。」李仁矩曰：「蜀兵懦弱，安能當我精卒！」遂出戰，兵未交而潰。璋晝夜攻之，城陷，殺仁矩。初，璋爲梁將，指揮使姚洪嘗隸麾下，至是將兵戍閬州。璋密以書誘之，洪投諸厠。城陷，璋讓之曰：「汝何相負？」洪曰：「老賊！汝昔爲李氏奴，掃馬糞，得臠炙，感恩無窮。今天子用汝爲節度使，何負於汝而反邪？汝猶負天子，吾受汝何恩而云相負哉！汝奴材固無耻，吾義士豈忍爲汝所爲乎！吾寧爲天子死，不能與人奴並生！」璋怒，然鑊於前，令壯士十人刲其肉，自啗之。洪至死，駡不絶聲。唐主置洪二子於近衛，厚給其家。

唐詔削董璋官爵，遣天雄節度使石敬瑭討之。下制削董璋官爵，興兵討之，以孟知祥兼供饋使，石敬瑭爲招討使，夏魯奇副之。

漢取交州。

冬，十月，孟知祥兵圍遂州，董璋攻利州，不克。李仁罕圍遂州。夏魯奇嬰城固守，遣馬軍都指揮使康文通出戰，文通以其衆降。董璋引兵趣利州，遇雨，還閬州。知祥聞之曰：「比破閬中，正欲徑取利州，其帥不武，必望風遁去。吾獲其倉廩，據漫天之險，北軍終不能西救武信。今董公僻處閬州，遠棄劍閣，非計也。」欲遣兵三千助守劍門，璋固辭曰：「此已有備。」

唐誅董璋之子光業，夷其族。

董璋兵陷徵、合、巴、蓬、果五州。

十一月，孟知祥兵陷黔州。

楚武穆王馬殷卒，子希聲嗣。殷遺命諸子，兄弟相繼。及卒，希聲襲位，去建國之制。希聲居喪無戚容，葬殷之日，頓食雞臛數盤。其臣潘起譏之曰：「昔阮籍居喪食蒸豚，何代無賢！」

唐削孟知祥官爵，并討之。攻劍州，不克。石敬瑭入散關，階州刺史王弘贄、瀘州刺史馮暉與前鋒王思同、趙在禮引兵出人頭山後，過劍門之南，還襲劍門，克之，殺東川兵三千人，據而守之。弘贄等破劍州，而大軍不繼，乃焚其廬舍，取其資糧，還保劍門。董璋遣使至成都告急。孟知祥懼曰：「董公果誤我！」遣指揮使李肇將兵五千赴之，戒之曰：「爾倍道兼行，先據劍州，北軍無能爲也。」又遣趙廷隱將萬人會屯劍州，李筠將兵四千趣龍州，守要害。先是，西川牙内指揮使龐福誠、謝鍠屯來蘇村，聞劍門失守，相謂曰：「使北軍更得劍州，則二蜀勢危矣。」遽引部兵千餘人間道趣劍州。始至，官軍萬餘人自北山大下，會日暮，二人謀曰：「衆寡不敵，逮明則吾屬無遺矣。」福誠夜引兵數百升北山，大譟於官軍營後，鍠帥餘衆操短兵自其前急擊之，官軍大驚，空營遁去，復保劍門，十餘日不出。知祥聞之，喜曰：「吾始謂弘贄等克劍門，徑據劍州，堅守其城，或引兵直趣梓州，董公必棄閬州奔還；我亦須解遂州之圍，如此則内外受敵，兩川震動，勢可憂危。今乃焚毀劍州，運糧東歸劍門，頓兵不進，吾事濟矣。」董璋遣王暉將兵三千，會李肇等分屯劍州。

契丹東丹王突欲奔唐。突欲自以失職，帥部曲四十人越海奔唐。

十二月，唐石敬瑭攻劍州，不克。石敬瑭至劍門，進屯劍州北山。趙廷隱陳于牙城後山，李肇、王暉陳于河橋。敬瑭引步兵進擊廷隱，廷隱擇善射者五百人伏敬瑭歸路，按甲待之，矛矟欲相及，乃揚旗鼓譟擊之，斬百餘人。敬瑭又使騎兵衝河橋，肇以强弩射之。薄暮，敬瑭引去，廷隱引兵躡之，與伏兵合擊，敗之。

唐遣安重誨督征蜀諸軍。石敬瑭征蜀未有功，使者自軍前來，多言道險狹，難進兵，關右之人疲於轉餉，聚爲盗賊。唐主憂之，謂近臣曰：「誰能辦吾事者？吾當自行耳。」安重誨曰：「軍威不振，臣之罪也。臣請自往督戰。」拜辭，遂行，日馳數百里。西方藩鎮聞之，無不惶駭，錢帛、芻糧晝夜輦運赴利州，人畜斃踣不可勝紀。時唐主已疏重誨，石敬瑭本不欲西征，及重誨西出，乃敢累表奏論，以爲蜀不可伐，唐主頗然之。

辛卯（九三一）

唐長興二年。是歲，凡四國、三鎮。

春，正月，孟知祥兵陷遂州，唐守將夏魯奇死之。

唐召安重誨還。二月，石敬瑭引兵遁歸，兩川兵追之，陷利州。初，鳳翔節度使朱弘昭諂事安重誨，連得大鎮。重誨過鳳翔，弘昭迎拜馬首，館於府舍，妻子羅拜，奉酒進食，禮甚謹。重誨爲弘昭泣言：「讒人交構，幾不免。賴主上明察，得保宗族。」重誨既去，弘昭即奏「重誨怨望，有惡言。至行營，恐奪敬瑭兵柄」。又遺敬瑭書，言「重誨舉措孟浪，恐將士疑駭，宜逆止之」。敬瑭大懼，即上言：「重誨至，恐有變，宜急徵還。」宣徽使孟漢瓊自西方還，亦言重誨過惡。有詔召重誨還。二月朔，石敬瑭以遂、閬既陷，糧運不繼，燒營北歸。軍前以告孟知祥，知祥匿書，謂趙季良曰：「北軍漸進，奈何？」季良曰：「不過綿州必遁。」知祥問故，曰：「彼懸軍千里，糧盡，能無遁乎！」知祥大笑，以書示之。安重誨至三泉，得詔亟歸；過鳳翔，弘昭不内，重誨懼，馳騎而東。兩川兵追敬瑭至利州，昭武節度使李彦琦棄城走。知祥以趙廷隱爲昭武留後，廷隱遣使密言於知祥曰：「董璋多詐，必爲公患。因其至劍州勞軍，請圖之。并兩川之衆，可以得志於天下。」知祥不許。廷隱歎曰：「不從吾謀，禍難未已！」

孟知祥兵陷忠、萬、夔州。

唐以安重誨爲護國節度使。趙鳳言於唐主曰：「重誨，陛下家臣，終不叛主，但以不能周防，爲人所讒。陛下不察其心，重誨死無日矣。」唐主以爲朋黨，不悦。

吴以宋齊丘爲右僕射致仕。吴徐知誥欲以宋齊丘爲相。齊丘自以資望素淺，欲以退讓爲高，謁歸洪州葬父，因入九華山應天寺，啓求隱居。吴主下詔徵之，不至；知誥遣其子景通入山敦諭，齊丘始還，除右僕射致仕。

唐賜契丹突欲姓名李贊華，以爲懷化節度使。

唐以李從珂爲左衛大將軍；復錢鏐官爵。唐主既解安重誨樞務，乃召李從珂，泣謂曰：「如重誨意，汝安得復見吾！」以爲左衛大將軍。盡復錢鏐官爵，遣使往諭旨，以鏐日致仕，重誨矯制也。

唐以李愚同平章事。

夏，四月，唐以德妃王氏爲淑妃。

閩奉國節度使王延稟舉兵襲福州，敗死。延稟聞閩王延鈞有疾，帥建州刺史繼雄，將水軍襲福州。延鈞遣樓船指揮使王仁達拒之。仁達僞降，繼雄喜，登舟慰撫，仁達斬之。延稟衆潰，追擒之。延鈞見之曰：「果煩老兄再下。」延稟慚不能對，延鈞斬之。遣其弟都教練使延政如建州，撫慰吏民。

唐以趙延壽爲樞密使，石敬瑭兼六軍諸衛使。

唐罷麴稅。罷畝稅麴錢，城中官造麴減舊半價，鄉村聽百姓自造，民甚便之。

唐以宦者孟漢瓊爲宣徽使。漢瓊本趙王鎔奴也，時范延光、趙延壽懲安重誨以剛愎得罪，每事不敢可否，獨漢瓊與王淑妃居中用事，人皆憚之。先是宫中須索，稍踰常度，重誨輙執奏，由是非分之求殆絶。至是，漢瓊直以中宫之命取府庫物，不復關由樞密院及三司，亦無文書，所取不可勝紀。

唐殺其太子太師致仕安重誨。安重誨内不自安，表請致仕。閏月，制以太子太師致仕。其子崇贊、崇緒逃奔河中。以李從璋爲護國節度使，遣步軍指揮使藥彦稠將兵趣河中。崇贊等至，重誨驚曰：「汝安得來？」既而曰：「此爲人所使耳。吾以死徇國，夫復何言！」乃執二子表送詣闕。明日，有中使至，見重誨，慟哭，重誨問故，中使曰：「人言令公有異志，朝廷已遣藥彦稠將兵至矣。」重誨曰：「吾受國恩，死不足報，敢有異志，更煩國家發兵，貽主上之憂，罪益重矣。」皇城使翟光鄴素惡重誨，唐主遣詣河中察之，曰：「重誨果有異志則誅之。」光鄴至，從璋以甲士圍其第，自入見重誨，拜于庭下。重誨驚，降階答拜，從璋奮撾擊其首。妻張氏驚救，亦撾殺之。詔以重誨離間孟知祥、董璋、錢鏐，又誣其欲自擊淮南以圖兵柄，遣元隨竊二子歸本道；并二子誅之。

唐遣兩川將吏還諭本鎮。唐主遣西川進奏官蘇愿、東川軍將劉澄各還本道，諭以安重誨專命興兵，今已伏辜。孟知祥遣使告董璋，欲與之俱上表謝罪。璋怒曰：「孟公親戚皆完，固宜歸附。璋已族滅，尚何謝爲！」由是復爲怨敵。

六月，唐均田税。

閩作寶皇宫。閩王延鈞好神仙之術，道士陳守元、巫者徐彦林與盛韜共誘之作寶皇宫〔九〕，極土木之盛。

秋，九月，唐敕解縱五坊鷹隼。敕解縱鷹隼，内外無得更進。馮道曰：「陛下可謂仁及鳥獸。」唐主曰：「不然。朕昔嘗從武皇獵時，秋稼方熟，有獸逸入田中，遣騎取之，比及得獸，餘稼無幾。以是思之，獵有損無益，故不爲耳。」

冬，十月，唐以王延政爲建州刺史。

十一月朔，日食。

吴以其中書令徐知誥鎮金陵，徐景通爲司徒，輔政。知誥表請歸老金陵。以知誥爲鎮海、寧國節度使，鎮金陵，總録朝政；以其子景通爲司徒、同平章事，知中外左右諸軍事，留江都輔政；以王令謀、宋齊丘爲左、右僕射，並同平章事，兼内樞使，以佐景通。知誥作禮賢院於府舍，聚圖書，延士大夫，與孫晟、陳覺議時事。以國中屢災，曰：「兵民困苦，吾安可獨樂！」悉縱遣侍妓，取樂器焚之。

十二月，唐初聽民鑄田器，畝收稅錢。初聽百姓自鑄農器并雜鐵器，每田二畝，夏秋輸農具三錢。

孟知祥遣李肇守利州。昭武留後趙廷隱請兵於孟知祥，欲以取興元及秦、鳳，知祥不許。廷隱以頃在劍州與李肇同功，願以昭武讓肇，知祥褒諭不許；廷隱三讓，知祥從之。

壬辰（九三二）

唐長興三年。是歲，凡四國、三鎮。

春，正月，唐遣兵擊党項，破之。

二月，唐初刻九經版，印賣之。

胡氏曰：有天下國家，必以經術示教化。不意五季之君，夷狄之人，而知所先務，可不謂賢乎！雖然，命國子監以大本行，所以一文義，去舛訛，使人不迷於所習，善矣。頒之可也，鬻之非也。或曰：「天下學者甚衆，安得人人而頒之？」曰：以監本爲正，俾郡邑皆傳刊焉，何患於不給哉！

唐賜高從誨爵勃海王。

三月，吳越武肅王錢鏐卒，子元瓘嗣。鏐寢疾，謂將吏曰：「吾疾必不起，諸兒皆愚懦，誰可爲帥者？」衆泣曰：「兩鎮令公仁孝有功，孰不愛戴！」鏐乃悉出印鑰授傳瓘曰：「將吏推爾，宜善守之。」又曰：「子孫善事中國，勿以易姓廢事大之禮。」卒，年八十一。傳瓘與兄弟同幄行喪。內牙指揮使陸仁章曰：「令公嗣先王霸業，將吏旦暮趨謁，當與諸公子異處。」乃命主者更設一幄，扶傳瓘居之，禁諸公子從者無得妄入。鏐末年，左右皆附傳瓘，獨仁章數以事犯之。至是，傳瓘勞之，仁章曰：「先王在位，仁章不知事令公。今日盡節，猶事先王也。」傳瓘嘉歎久之。傳瓘更名元瓘。以遺命去國儀，用藩鎮法；除民田荒絶者租税。置擇能院，掌選舉殿最。内牙指揮使劉仁杞及仁章久用事，爲衆所惡。一日，諸將共請誅之，元瓘諭之曰：「二將事先王久，吾方圖其功，汝曹乃欲逞私憾而殺之，可乎？吾爲汝主，汝當禀吾命；不然，吾當歸臨安以避賢路！」衆懼而退。乃以仁章爲衢州刺史，仁杞爲湖州刺史。中外有上書告訐者，元瓘皆置不問，由是將吏輯睦。

契丹遣使如唐。初，契丹舍利萴剌與惕隱皆爲趙德鈞所擒，契丹屢遣使請之。唐主謀於羣臣，德鈞等皆曰：「契丹所以數年不犯邊、數求和者，以此輩在南故也，縱之則邊患復生。」冀州刺史楊檀亦曰：「萴剌，契丹之驍將，在朝廷數年，知中國虚實，若得歸，爲患必深，恐悔之無及。」既而契丹使者辭歸，唐主曰：「朕志在安邊，不可不少副其求。」乃遣萴骨舍利與之俱歸。契丹以不得萴剌，自是數寇雲州及振武。

夏，四月，董璋襲西川。五月，孟知祥擊敗之，璋爲其下所殺。知祥遂取東川。孟知祥三遣使説董璋，以「主上加禮於兩川，苟不奉表謝罪，恐復致討」。璋不從。三月，遣李昊詣梓州，極論利害，璋詬怒不許。昊還，言於知祥曰：「璋不通謀議，且有窺西川之志，公宜備之。」至是，璋會諸將，謀襲成都，皆曰：「必克。」王暉曰：「劍南萬里，成都爲大。時方盛夏，師出無名，必無成功。」璋不從。自將破白楊林鎮，聲勢甚盛。知祥憂之，趙季良曰：「璋爲人勇而無恩，士卒不附，城守則難克，野戰則成擒矣。今不守巢穴，公之利也。璋用兵，精鋭皆在前鋒，公宜以羸兵誘之，以勁兵待之，始雖小衄，後必大捷。璋素有威名，今舉兵暴至，人心危懼，公當自出禦之，以强衆心。」趙廷隱亦以爲然。乃以廷隱爲都部署，將三萬人拒之。五月朔，入辭。璋檄至，又有遺季良、廷隱及李肇書，誣之云「與己通謀」。廷隱不視，投之於地，曰：「不過爲反間，欲令公殺副使與廷隱耳。」再拜而行。知祥曰：「事必濟矣。」肇囚其使者，擁衆爲自全計。璋克漢州。知祥自將兵八千趣漢州，廷隱陳於雞蹤橋，張公鐸陳於其後。璋退陳於武侯廟下，璋帳下驍卒大譟曰：「日中曝我輩何爲？何不速戰！」璋乃上馬。前鋒始交，指揮使張守進降於知祥，言「璋兵盡此，無復後繼，當急擊之」。知祥登高冢督戰，趙廷隱三戰不利，知祥懼，以馬箠指後陳。張公鐸帥衆大呼而進，東川兵大敗，死者數千人。璋與數騎遁去，餘衆七千人降。知祥引兵追璋，至赤水而還。命廷隱攻梓州。璋至梓州，王暉帥兵三百大譟而入。璋引妻子登城，呼指揮使潘稠使討亂兵，稠斬璋首，以授暉。暉舉城迎降。廷隱封府庫以待知祥。李肇聞璋敗，始斬其使以聞。知祥復將兵八千如梓州。李仁罕自遂州來，侵侮廷隱，廷隱大怒。知祥犒賞將士，謂仁罕、廷隱曰：「二將誰當鎮此？」命李昊草牒，俟二將所推而命之，昊曰：「昔梁祖、莊宗皆兼領四鎮，今二將不讓，惟公自領之爲便耳。」知祥命李仁罕歸遂州，留趙廷隱東川巡檢，遂還成都。廷隱亦引兵還。知祥謂李昊曰：「君爲我曉廷隱，今復以閬州爲保寧軍，益以果、蓬、渠、開四州，往鎮之。吾自領東川，以絶仁罕之望。」廷隱猶不平，昊深解之，乃受命。趙季良帥將吏請知祥兼鎮東川，許之；又請稱王，不許。董璋之起兵也，范延光言於唐主曰：「若兩川併於一賊，取之益難，宜及其交爭，早圖之。」唐主以爲然。未幾，聞璋敗死，延光曰：「知祥雖據全蜀，然士卒皆東方人，知祥恐其思歸爲變，亦欲倚朝廷之重以威其衆，陛下不屈意撫之，彼則無從自新。」唐主曰：「知祥吾故人，爲人離間至此，何屈意之有！」乃遣供奉官李存瓌賜知祥詔，知祥拜泣受詔，上表謝罪。自是復稱藩，然益驕倨矣。

秋，七月，唐武安節度使馬希聲卒。八月，弟希範嗣。

唐以李從珂爲鳳翔節度使。

唐詔孟知祥補兩川節度使以下官。知祥令李昊爲武泰趙季良等五留後草表，請以知祥爲蜀王，行墨制，仍自求旌節，昊曰：「如此則輕重之權皆在羣下矣。借使明公自請，豈不可邪！」知祥大悟，更令昊爲己草表，請行墨制，補兩川刺史已下；又表請以季良等爲節度使。初，安重誨欲圖兩川，每除刺史，皆以東兵衛送之，小州不減五百人，夏魯奇、李仁矩、武虔裕各數千人，皆以牙隊爲名。及知祥克六鎮，得東兵無慮三萬人，恐朝廷徵還，表請其妻子。詔凡劍南節度使以下官，聽知祥署訖奏聞，唯不遣戍兵妻子；然其兵亦不復徵也。

吴徐知誥廣金陵城。

九月，唐城三河縣。初，契丹既强，寇抄盧龍諸州皆徧。每自涿州運糧入幽州，虜多伏兵於閻溝掠取之。及趙德鈞爲節度使，城閻溝而戍之，爲良鄉縣，糧道稍通。於州東五十里，城潞縣而戍之。近州之民，始得稼穡。至是又於州東北百餘里，城三河縣，以通薊州運路，虜騎來爭，德鈞擊却之。

唐大理少卿康澄上疏論事，唐主優詔答之。澄上疏曰：「國家有不足懼者五，有深可畏者六：陰陽不調不足懼，三辰失行不足懼，小人訛言不足懼，山崩川涸不足懼，蟊賊傷稼不足懼；賢人藏匿深可畏，四民遷業深可畏，上下相徇深可畏，廉恥道消深可畏，毀譽亂真深可畏，直言蔑聞深可畏。不足懼者，願陛下存而勿論；深可畏者，願陛下修而靡忒。」優詔獎之。

胡氏曰：康澄之所謂不足懼者，非誠不足懼也，所以明夫六可畏之必可畏也。使澄信以爲不足懼，則其所謂可畏者，幸而言中耳。言雖不足以盡人，亦足以取人。澄所言乃常理，而未有總而言之如是之明者。使明宗善聽，于以卜相可也，何止優詔答之而已乎！

冬，十一月，唐以石敬瑭爲河東節度使。秦王從榮喜爲詩，聚浮華之士高輦等於幕府，與相唱和，頗自矜伐。唐主語之曰：「吾雖不知書，然喜聞儒生講經義，開益人智思。吾見莊宗好爲詩，將家子，文非素習，徒取人竊笑，汝勿效也。」從榮爲人鷹視，輕佻峻急，既參朝政，驕縱不法。安重誨死，王淑妃、孟漢瓊宣傳制命；范延光、趙延壽爲樞密使，從榮皆輕侮之。石敬瑭兼六軍諸衛副使，其妻永寧公主與從榮異母，素相憎疾。從榮以從厚聲名出己右，尤忌之。從厚善以卑弱奉之，故嫌隙不外見。敬瑭不欲與從榮共事，常思外補以避之。延光、延壽亦慮及禍，屢辭機要。會契丹欲入寇，唐主命擇河東帥，延光、延壽皆曰：「今帥臣可往者，獨石敬瑭、康義誠耳。」敬瑭亦願行，即命除之。既受詔，不落六軍副使，敬瑭復辭。遂召義誠詣闕，且命趣議河東帥；敬瑭欲之，而延光、延壽欲用義誠，議久不決。樞密直學士李崧以爲「非石太尉不可」。衆從崧議，遂以敬瑭鎮河東。敬瑭至晉陽，以部將劉知遠、周瓌爲都押衙，委以心腹，軍事委知遠，帑藏委瓌。

唐蔚州叛降契丹。蔚州刺史張彦超與石敬瑭有隙，聞敬瑭爲總管，遂降契丹。

癸巳（九三三）

唐長興四年。閩主王延鈞龍啓元年。是歲，凡四國、三鎮。

春，正月，閩王王延鈞稱帝，更名璘。閩人有言真封宅龍見者，閩王延鈞更命其宅曰龍躍宫。遂詣寶皇宫受册，備儀衛入府，即皇帝位。自以國小地僻，常謹事四鄰，由是境内差安。

二月，唐定難節度使李仁福卒，子彝超嗣。

唐以孟知祥爲蜀王。

三月，唐以李彝超爲彰武留後，安從進爲定難留後。彝超拒命。先是，河西諸鎮皆言李仁福潛通契丹，併吞河右，南侵關中。會仁福卒，以其子彝超爲彰武留後，安從進爲定難留後，仍命静難節度使藥彦稠將兵五萬，以宫苑使安重益爲監軍，送從進赴鎮。敕諭夏、銀、綏、宥將吏：「彝超年少，未能扞禦，故徙之延安。從命則有富貴之福，違命則有覆族之禍。」四月，彝超上言「爲軍民擁留，未得赴鎮」。詔遣使趣之。

唐以劉瓚爲秦王傅。言事者請爲親王置師傅，宰相畏秦王從榮，請令自擇。秦府判官王居敏薦兵部侍郎劉瓚於從榮，從榮請以爲傅。王府参佐皆新進少年，輕脱諂諛，瓚獨從容規諷。從榮不悦，概以僚屬待之。瓚有難色，從榮戒門者勿爲通，月聽一至府，或竟日不召，亦不得食。

唐立子從珂爲潞王，從益爲許王。

閩地震。初，閩王審知性節儉，府舍皆庳陋。至是大作宫殿，極土木之盛。

吴徐知誥營宫城於金陵。宋齊丘勸徐知誥徙吴主都金陵，知誥乃營宫城於金陵。

秋，七月，唐安從進討李彝超，不克引還。安從進攻夏州。州城赫連勃勃所築，堅如鐵石，斸鑿不能入。又党項萬餘騎，徜徉四野，抄掠糧餉，官軍無所芻牧。山路險狹，關中民輸斗粟束藁，費錢數緡，民間困竭不能供。彝超登城謂從進曰：「夏州貧瘠，非有珍寶蓄積，可以充朝廷貢賦也。但以祖父世守此土，不欲失之。幸與表聞，許其自新。」詔從進引兵還。自是夏州輕朝廷，每有叛臣，必陰與之連，以邀賂遺。

唐賜在京諸軍優給。唐主暴得風疾，久未平。征夏州無功，軍士頗有流言。於是賜在京諸軍優給有差。賞賚無名，士卒益驕。

唐以錢元瓘爲吴王。元瓘於兄弟甚厚，其兄元璙自蘇州入見，元瓘以家人禮事之，奉觴爲壽曰：「此兄之位也，而小子居之，兄之賜也。」元璙曰：「先王擇賢而立之，君臣位定，元璙知忠順而已。」因相與對泣。

閩以薛文傑爲國計使。文傑性巧佞，以聚斂求媚，閩主璘親任之。文傑陰求富民之罪，籍没其財，被榜捶者，胸背分受，仍以銅斗火熨之。建州土豪吴光入朝，文傑利其財，將治之。光怨怒，帥其衆且萬人叛奔吴。

唐主加尊號，賜内外將士優給。時一月之間，再行優給，用度益窘。

唐以秦王從榮爲天下兵馬大元帥。太僕少卿致仕何澤表請立從榮爲太子，唐主覽表泣下，私謂左右曰：「羣臣請立太子，朕當歸老太原舊第耳。」不得已詔宰相、樞密議之。從榮見上言曰：「臣幼少，且願學治軍民，不願當此名也。」退見范延光、趙延壽曰：「執政欲奪我兵柄，幽之東宫耳。」延光等知上意，且懼從榮之言，即以白上。制以從榮爲天下兵馬大元帥，位宰相上。

胡氏曰：明宗初非有黄屋之志，邂逅得國，無富貴奢侈之奉，而有老成朴素之風，其德美矣；至於始終之際，乃眷戀把握，不肯釋手。嗚乎，此固中君所難也！明宗雖不知書，既親儒士，喜經義，而懵然於此，豈非馮道、趙鳳稽古無功，不足以啓沃故耶！

唐以趙延壽爲宣武節度使，朱弘昭爲樞密使。秦王從榮請嚴衛、捧聖步騎兩指揮爲牙兵。每入朝，從數百騎，張弓挾矢，馳騁衢路。不快於執政，私謂所親曰：「吾一旦南面，必族之。」范延光、趙延壽懼，屢求外補以避之。唐主以爲見己病而求去，甚怒曰：「欲去自去，奚用表爲！」齊國公主復爲延壽言於禁中。乃以延壽爲宣武節度使，以朱弘昭爲樞密使、同平章事。弘昭復辭，唐主叱之，弘昭乃不敢言。

唐遣使如吴越。吏部侍郎張文寶泛海使杭州，船壞，風飄至天長。吴主厚禮之，資以從者儀服、錢幣數萬。文寶獨受飲食，餘皆辭之，曰：「本朝與吴久不通問，今既非君臣，又非賓主，若受此物，何辭以謝！」吴主嘉之。竟達命於杭州而還。

閩主璘殺其從子繼圖。薛文傑説閩主璘抑挫諸宗室，繼圖不勝忿，謀反坐誅，連坐者千餘人。

冬，十月，唐以范延光爲成德節度使，馮贇爲樞密使。延光屢因孟漢瓊、王淑妃以求出，以爲成德節度使，以馮贇代之。唐主以親軍都指揮使康義誠爲朴忠，親任之。時要近之官，多求出以避秦王之禍。義誠度不能自脱，乃令其子事秦王，務持兩端，冀得自全。唐主餞范延光曰：「卿今遠去，事宜盡言。」對曰：「朝廷大事，願陛下與内外輔臣參決，勿聽羣小之言。」遂相泣而别。時孟漢瓊用事，附之者共爲朋黨，以蔽惑主聽，故延光言及之。

唐以李彝超爲定難節度使。彝超上表謝罪，故有是命。

十一月，唐主疾病，秦王從榮作亂，伏誅。唐主疾作大漸，秦王從榮入問疾，唐主俛首不能舉。從榮出，聞宫中皆哭，意唐主已殂，明旦稱疾不入。從榮自知不爲時論所與，恐不得爲嗣，與其黨謀欲以兵入侍，先制權臣，遣都押牙馬處鈞謂朱弘昭、馮贇曰：「吾欲帥牙兵入宫中侍疾，且備非常。」二人曰：「主上萬福，王宜竭心忠孝，不可妄信浮言。」從榮怒，復遣謂曰：「公輩殊不愛家族邪，何敢拒我！」二人患之，入告王淑妃、孟漢瓊，召康義誠謀之，義誠竟無言。從榮將步騎千人陳於天津橋，遣馬處鈞至馮贇第語之曰：「吾今日決入，公輩禍福在須臾耳！」贇馳入右掖門，見弘昭、義誠、漢瓊及三司使孫岳，贇讓義誠曰：「公勿以兒在秦府，左右顧望。主上拔擢吾輩，自布衣至將相。苟使秦王兵得入此門，置主上何地乎！」義誠未對。監門白秦王已將兵至端門外。漢瓊拂衣起入殿門，弘昭、贇隨之，義誠不得已亦隨之入。漢瓊見唐主曰：「從榮反，兵已攻端門矣。」唐主指天泣下，謂義誠曰：「卿自處置，勿驚百姓。」控鶴指揮使李重吉，從珂之子也，時侍側，唐主曰：「吾與爾父冒矢石定天下，從榮輩得何力？今乃爲人所教，爲此悖逆。當呼爾父授以兵柄耳。」重吉即帥控鶴兵守宫門。漢瓊召馬軍指揮使朱洪實，使將五百騎討從榮。從榮先歸府，僚佐皆竄匿，牙兵潰去。皇城使安從益斬從榮，并其子以獻。唐主悲駭，絶而復蘇，由是疾復劇。從榮一子尚幼，養宫中，諸將請除之，唐主泣曰：「此何罪！」不得已，竟與之。時宋王從厚爲天雄節度使，遣孟漢瓊徵之，追廢從榮爲庶人。執政共議從榮官屬之罪，馮道曰：「從榮所親者，高輦、劉陟、王説而已，自非與之同謀，豈得一切誅之！」於是流貶有差。初，從榮失道，六軍判官趙遠諫曰：「大王勿謂父子至親爲可恃，獨不見恭世子、戾太子乎！」從榮怒，出爲涇州判官。及從榮敗，遠以是知名。遠字上交，幽州人也。

唐主亶殂。明宗性不猜忌，與物無競。登極之年，已踰六十，每夕於宫中焚香祝天曰：「某胡人，因亂爲衆所推，願天早生聖人，爲生民主。」在位年穀屢豐，兵革罕用，校於五代，粗爲小康。

胡氏曰：明宗美善頗多，過舉亦不至甚，求于漢、唐之間，蓋亦賢主也。其尤足稱者，内無聲色，外無遊畋，不任宦官，廢内藏庫，賞廉吏，治贓蠹。若輔相得賢，則其過舉當又損矣。其焚香祝天之言，發於誠心。天既厭亂，遂生聖人。用是觀之，天人交感之理，不可誣矣。

閩主璘殺其樞密使吴勗。閩主璘好鬼神，巫盛韜等皆有寵。薛文傑言於璘曰：「陛下左右多姦臣，非質諸鬼神不能知也。盛韜善視鬼，宜使察之。」文傑惡樞密使吴勗。勗有疾，文傑省之，曰：「主上以公久疾，欲罷公近密。僕言公但小苦頭痛耳，將愈矣。主上或遣使來問，慎勿以它疾對也。」明日，使韜言於璘曰：「適見北廟崇順王訊吳勗謀反，以銅釘釘其腦。」璘以告文傑，文傑曰：「未可信也，宜遣使問之。」果以頭痛對，即收下獄，遣文傑治之。勗自誣服，并其妻子誅之。由是國人益怒。吳光請兵於吳，吳信州刺史蔣延徽不俟命，引兵會攻建州。璘遣使求救於吳越。

十二月，唐主從厚立。唐主自終易月之制，即召學士讀貞觀政要、太宗實録，有致治之志，然不知其要，寬柔少斷。李愚私謂同列曰：「位高責重，事亦堪憂。」朱弘昭以誅秦王、立唐主爲己功，欲專朝政。天雄押牙宋令詢侍唐主最久，雅被親信。弘昭不欲其在唐主左右，以爲磁州刺史。唐主不悦，而無如之何。孟知祥聞明宗殂，亦謂僚佐曰：「宋王幼弱，爲政者皆胥史小人，其亂可坐而俟也。」

閩主璘殺其指揮使王仁達。仁達有擒王延稟之功，性慷慨，言事無所避，閩主璘惡之，誣以謀叛，族誅之。

甲午(九三四)

唐閔帝從厚應順元年。四月以後，唐主從珂清泰元年。蜀主孟知祥明德元年。是歲，蜀建國，凡五國、三鎮。

春，正月，唐以高從誨爲南平王，馬希範爲楚王，錢元瓘爲吳越王。

唐以李重吉爲亳州團練使。潞王從珂與石敬瑭少從明帝征伐，有功名，得衆心。朱弘昭、馮贇位望素出二人下遠甚，一旦執朝政，皆忌之。及明宗殂，從珂辭疾不來。使臣至鳳翔者，或自言伺得從珂陰事。於是朱、馮不欲重吉典禁兵，出爲亳州團練使。從珂女爲尼洛陽，亦召入禁中。從珂由是疑懼。

吳人攻閩建州，不克。吳蔣延徽敗閩兵於浦城，遂圍建州。閩主璘遣兵救建州，軍及中塗，士卒不進，曰：「不得薛文傑，不能討賊。」軍中以聞，國人震恐。太后及福王繼鵬泣謂璘曰：「文傑盜弄國權，枉害無辜，上下怨怒久矣。今吳兵深入，士卒不進，社稷一旦傾覆，留文傑何益？」文傑亦在側，互陳利害。璘曰：「吾無如卿何，卿自爲謀。」文傑出，繼鵬伺之門外，以笏擊之仆地，檻車送軍前，士卒臠食之。初，文傑以古制檻車疏闊，更爲之，形如木匱，攢以鐵鋌内向，動輒觸之；既成，而首自入焉。并誅盛韜。延徽攻建州垂克，徐知誥以延徽吳太祖之婿，與臨川王濛素善，恐其克建州，奉濛以圖興復，遣使召之。延徽亦聞閩兵及吳越兵將至，引兵歸；閩人追擊，敗之。知誥貶延徽爲右威衛將軍，遣使求好于閩。

唐以唐汭、陳乂爲樞密直學士。唐主即位，舊鎮將佐之有才者，朱、馮皆斥逐之。汭以文學從歷三鎮，而性迂疏，故朱、馮引置密近；又以其黨陳乂監之。

蜀王孟知祥稱帝。知祥以趙季良爲司空、平章事。

吳徐知誥黜其押牙周宗爲池州副使，尋復召之。吳人多不欲遷都者，都押牙周宗言於徐知誥曰：「主上西遷，公復須東行，不惟勞費甚大，且違衆心。」吳主遣宋齊丘如金陵諭知誥罷遷都。先是，知誥久有傳禪之志，以吳主無失德，恐衆心不悦，欲待嗣君；宋齊丘亦以爲然。一旦，知誥臨鏡鑷白髭，歎曰：「國家安而吾老矣，奈何？」周宗知其意，請如江都，微以傳禪諷吳主。齊丘以宗先己，心疾之，手書切諫，以爲未可，請斬宗以謝吳主。乃黜宗爲池州副使。久之，節度副使李建勳、司馬徐玠等屢陳知誥功業，宜早從民望。召宗復爲都押牙。知誥由是疏齊丘。

胡氏曰：齊丘果以傳禪爲不可，它日何爲請幽讓皇，晚節又謀簒國，以是知其建正論，責勸進，不署表，非真能守義也，特以自失先幾，不得爲元功耳。此姦邪之情實也。

唐以潞王從珂爲河東節度使，石敬瑭爲成德節度使。從珂舉兵鳳翔，唐遣兵討之。官軍降潰。

朱弘昭、馮贇不欲石敬瑭久在太原，徙潞王從珂鎮河東，敬瑭鎮成德，皆不降制書，但各遣使臣持宣監送赴鎮。從珂既與朝廷猜阻，朝廷又命洋王從璋權知鳳翔。從璋性麄率樂禍，前代安重誨而殺之。從珂謀於將佐，皆曰：「主上富於春秋，政事出於朱、馮。大王功名震主，離鎮必無全理，不可受也。」觀察判官馬胤孫曰：「君命召，不俟駕。今道過京師，臨喪赴鎮而已。諸人凶謀，不可從也。」衆哂之。從珂乃移檄鄰道，言「朱弘昭等專制朝權，懼傾社稷。今將入朝以清君側，而力不能獨辦，願乞靈鄰藩以濟之」。以西都留守王思同當東出之道，尤欲與之相結，遣使詣長安，説以利害，餌以美妓。思同謂將吏曰：「吾受明宗大恩，今與鳳翔同反，借使事成而榮，猶爲一時之叛臣，况事敗而辱，流千古之醜迹乎！」遂執其使以聞。它使亦多爲鄰道所執，惟隴州防禦使相里金傾心附之，遣判官薛文遇往來計事。朝廷議討鳳翔。康義誠不欲出，請以王思同爲統帥，侯益爲都虞候。益知軍情將變，辭疾不行。嚴衛指揮使尹暉、羽林指揮使楊思權等皆爲偏裨。護國節度使安彦威爲都監。思同雖有忠義之志，而御軍無法。從珂老於行陳，將士徼幸富貴者，心皆向之。三月，彦威與山南西道張虔釗、武定孫漢韶、彰義張從賓、靜難康福等五節度使合兵討鳳翔。鳳翔城塹卑淺，守備俱乏，衆心危急，從珂登城泣謂外軍曰：「吾未冠從先帝百戰，出入生死，金創滿身，以立今日之社稷；汝曹目睹其事。今朝廷信任讒臣，猜忌骨肉，我何罪而受誅乎！」因慟哭，聞者哀之。虔釗褊急，以白刃驅士卒登城，士卒怒，大詬，反攻之，虔釗走免。楊思權因大呼曰：「大相公，吾主也。」遂帥諸軍解甲投兵，請降於從珂，以幅紙進曰：「願王克京城日，以臣爲節度使。」從珂即書「思權可邠寧節度使」授之。王思同猶未之知，趣士卒登城，尹暉大呼曰：「城西軍已入城受賞矣。」衆爭棄甲投兵而降，其聲震地。日中，亂兵悉入，外軍亦潰，思同等六節度使皆遁去。潞王悉斂城中之財以犒軍，至於鼎釜皆估直以給之。思同等至長安，副留守劉遂雍閉門不內，乃趣潼關。

唐潞王從珂至長安，唐主以康義誠爲招討使，將兵拒之；殺馬軍指揮使朱洪實。從珂建大將旗鼓，整衆而東，以孔目官劉延朗爲腹心。劉遂雍悉出府庫之財於外，軍士前至者，即給賞令過，皆不入城。從珂至長安，遂雍迎謁，率民財以充賞。都監王景從等奔還，中外大駭。唐主不知所爲，謂康義誠等曰：「先帝棄萬國，朕外守藩方，當是之時，爲嗣者，在諸公所取耳。既承大業，國事皆委諸公，諸公以社稷大計見告，朕何敢違！今事至於此，何方可以轉禍？朕欲自迎潞王，以大位讓之，若不免於罪，亦所甘心。」朱弘昭、馮贇大懼，不敢對。義誠欲悉以宿衛兵迎降爲己功，乃曰：「侍衛諸軍尚多，臣請自往，扼其衝要，招集離散，以圖後效。幸陛下勿爲過憂。」唐主遣使召石敬瑭，欲令將兵拒之。義誠固請自行，唐主乃召將士慰諭，空府庫以勞之，許以平鳳翔，人更賞三百緡。軍士益驕，無所畏忌。遣楚匡祚殺李重吉於宋州。匡祚榜捶重吉，責其家財；又殺尼惠明。初，馬軍都指揮使朱洪實爲秦王從榮所厚，及從榮勒兵天津，洪實首擊之，康義誠由是恨之。唐主親至左藏，給將士金帛，義誠、洪實共論用兵利害。洪實欲以禁軍固守洛陽，曰：「如此彼亦未敢徑前，然後徐圖進取，可以萬全。」義誠怒曰：「洪實欲反邪？」洪實曰：「公自欲反，乃謂誰反？」其聲漸厲。唐主聞，召而訊之，竟不能辨，遂斬洪實，軍士益憤。

唐潞王從珂執西京留守王思同殺之。從珂至昭應，聞前軍獲王思同，曰：「思同雖失計，然盡心所奉，亦可嘉也。」至靈口，前軍執思同以至，從珂責讓之，對曰：「思同起行間，先帝擢之，位至節將，常愧無功以報大恩，非不知附大王，立得富貴；助朝廷，自取禍殃，但恐死之日，無面目見先帝於泉下耳。敗而釁鼓，固其所也，請早就死。」王爲之改容曰：「公且休矣。」欲宥之，而楊思權之徒耻見其面，尹暉盡取思同家資妓妾，屢言於劉延朗曰：「若留思同，慮失士心。」屬從珂醉，不待報，擅殺之，及其妻子。從珂醒，怒延朗，嗟惜者累日。

唐潞王從珂至陜，諸將及康義誠皆降。從珂至閿鄉，朝廷前後所發諸軍，遇之皆迎降，無一人戰者。康義誠引兵發洛陽。詔以安從進爲京城巡檢。從進已受從珂書，潛布腹心矣。從珂至靈寶，安彥威、安重霸皆降，惟保義節度使康思立謀固守陜城。從珂前鋒至城下，呼曰：「禁軍十萬已奉新帝，爾輩數人奚爲？徒累一城人塗地耳。」於是士卒爭出迎，思立不能禁，亦出迎。從珂至陜，移書諭洛陽文武士庶，惟朱弘昭、馮贇兩族不赦。義誠所部自相結，百什爲羣，棄甲兵，爭先詣陜降。義誠麾下纔數十人，亦因候騎請降。

唐主出奔。夏四月，石敬瑭入朝，遇於衛州，殺其從騎。唐主憂駭不知所爲，急遣中使召朱弘昭謀所向。弘昭赴井死，安從進殺馮贇於第，傳二人首於從珂。唐主欲奔魏州，召孟漢瓊使爲先置。漢瓊單騎奔陝。初，唐主密與慕容遷謀，使帥部兵守玄武門，及是以五十騎出門，謂曰：「朕且幸魏州，徐圖興復。汝帥有馬控鶴從我。」遷曰：「生死從大家。」乃陽爲團結，而竟不行。馮道等入朝，及端門，聞變，道及劉昫欲歸，李愚曰：「天子之出，吾輩不預謀。今太后在宮，吾輩當至中書，遣小黄門取太后進止，然後歸第，人臣之義也。」道曰：「主上失守社稷，人臣惟君是奉。潞王已處處張榜，不若歸俟教令。」乃歸。至天宮寺，安從進遣人語之曰：「潞王倍道而來，且至矣。相公宜帥百官至穀水奉迎。」乃止於寺中，召百官。中書舍人盧導至，馮道曰：「勸進文書，宜速具草。」導曰：「潞王入朝，百官班迎可也；設有廢立，當俟太后教令，豈可遽議勸進乎？」道曰：「事當務實。」導曰：「安有天子在外，人臣遽以大位勸人者邪！若潞王守節北面，以大義見責，將何辭以對？公不如帥百官詣宮門，進名問安，取太后進止，則去就善矣。」道未及對，從進屢遣人趣之，道等即紛然而去。既而從珂未至，三相息於上陽門外，盧導過前，道復召而語之，導對如初。李愚曰：「舍人之言是也。吾輩之罪，擢髮不足數。」

胡氏曰：「事當務實」，此言是也。馮道以之處人主廢興則不可。若曰務實，曷亦勸明宗早建儲嗣，勸閔帝黜遠朱、馮，鎮綏中外，則難何由作乎？以之處此，是紾兄臂而得食，摟鄰女而得妻，不必由禮者也。

康義誠至陝待罪，從珂責之曰：「先帝晏駕，立嗣在諸公；今上亮陰，政事出諸公，何爲不能終始，陷吾弟至此乎？」義誠大懼，叩頭請死。從珂素惡其爲人，未欲遽誅，且宥之。乃上牋於太后取進止，遂自陝而東。四月，唐主至衛州東數里，遇石敬瑭，大喜，問以大計，敬瑭聞康義誠叛去，俯首長歎數四，乃見衛州刺史王弘贄問之，弘贄曰：「前代天子播遷多矣，然皆有將相、侍衛、府庫、法物，使羣下有所瞻仰；今獨以五十騎自隨，雖有忠義之心，將若之何？」敬瑭還，以其言告弓箭庫使沙守榮、奔洪進，洪進前責敬瑭曰：「公明宗愛婿，富貴相與共之，憂患亦宜相恤。今天子播越，委計於公，冀圖興復，乃以此四者爲辭，是直欲附賊賣天子耳！」抽佩刀欲刺之，敬瑭親將陳暉救之，守榮鬭死，洪進亦自刎。敬瑭牙內指揮使劉知遠引兵入，盡殺唐主左右及從騎，獨置唐主而去。敬瑭遂趣洛陽。

唐孟漢瓊詣潞王從珂降，從珂誅之。初，從珂罷河中歸私第，王淑妃數遣孟漢瓊存撫之。漢瓊自謂於從珂有舊恩，至澠池西，見從珂大哭，欲有所陳。從珂曰：「諸事不言可知。」即命斬於路隅。

唐興元、武定兩鎮降蜀。張虔釗之討鳳翔也，留武定節度使孫漢韶守興元。虔釗敗歸，與漢韶舉兩鎮之地降蜀。

唐潞王從珂入洛陽，廢其主從厚爲鄂王而自立。從珂至蔣橋，百官班迎，傳教以未拜梓宮，未可相見。馮道等皆上牋勸進。從珂入謁太后、太妃，詣西宮，伏梓宮慟哭，自陳詣闕之由。馮道帥百官班見，拜，從珂答拜。道等復上牋勸進，從珂曰：「予之此行，事非獲已。俟皇帝歸闕，園寢禮終，當還守藩服。羣公遽言及此，甚無謂也。」明日，太后下令廢少帝爲鄂王，以潞王知軍國事。又明日，太后令潞王宜即帝位。乃即位於柩前。唐主從珂之發鳳翔也，許軍士以入洛人百緡；既至，問三司使王玫以府庫之實，對有數百萬在，既而閲實，金帛不過三萬兩疋，而賞軍之費，計應用五十萬緡。唐主怒，玫請率京城民財以足之。數日，僅得數萬緡。唐主謂執政曰：「軍不可不賞，人不可不恤。今將奈何？」執政請據屋爲率，無問士庶自居及僦者，預借五月僦直；從之。

胡氏曰：潞王纔入洛，剥民酬兵，自是而後，六軍販易天子，益以習熟。唐、晉、漢、周皆不過再傳，旋又爲人所貿。故曰：「後義先利，雖奪之猶不饜也。」

唐主從珂弑鄂王從厚于衛州，磁州刺史宋令詢死之。王弘贄遷唐閔帝於州廨。唐主從珂遣弘贄之子巒往酖之，閔帝不飲，巒縊殺之。閔帝性仁厚，於兄弟敦睦，雖遭秦王忌疾，坦懷待之，卒免於患；及嗣位，於潞王亦無嫌，而朱弘昭、孟漢瓊之徒横生猜間，閔帝不能違，以至禍敗焉。孔妃尚在宫中，唐主使人謂之曰：「重吉輩何在？」遂殺妃，并其四子。閔帝之在衛州也，惟磁州刺史宋令詢遣使問起居，聞其遇害，慟哭半日，自經死。

胡氏曰：歐陽公五代史取死節者三人，死事者十人，而不及宋令詢，豈以其君微，其事略，故遺之歟？夫潞王非明宗之子也，閔帝真其國矣。所以不終者，身乏股肱，朝無楨幹，非其罪也。令詢不以其微而廢君臣之義，雖王彦章、裴約何以加焉，是以表而出之。

唐以郝瓊權判樞密院。

唐康義誠伏誅，夷其族。

胡氏曰：誤閔帝者，朱弘昭、馮贇、孟漢瓊、康義誠爲甚，潞王行此，雖不足以贖奪國弑君之罪，亦足少懲姦賊，快於人心，方諸苻堅之不殺慕容評〔一〇〕，隋文之不殺江總，太宗之不殺封倫、宇文士及，使小人洋洋然得志，自謂無適不容者，豈不賢哉！

唐賜將士緡錢有差。有司百方斂民財，僅得六萬。唐主怒，下軍巡使獄，晝夜督責，囚繫滿獄，貧者至自經赴井，而軍士遊市肆，皆有驕色。市人聚詬之曰：「汝曹爲主力戰，立功良苦，反使我輩鞭胸杖背，出財爲賞，汝曹猶揚揚自得，不愧天地乎！」是時，竭左藏舊物，及諸道貢獻，乃至太后、太妃器服、簪珥皆出之，纔及二十萬緡。唐主患之，學士李專美夜直，唐主讓之曰：「卿名有才，不能爲我謀此，留才安所施乎？」專美謝曰：「臣駑劣，陛下擢任過分，然軍賞不給，非臣之責也。竊思自長興之季，賞賚亟行，卒以是驕；繼以山陵及出師，帑藏遂涸。雖有無窮之財，終不能滿驕卒之心，故陛下拱手於危困之中而得天下。夫國之存亡，不專繫於厚賞，亦在修法度，立紀綱。陛下苟不改覆車之轍，臣恐徒困百姓，存亡未可知也。今財力盡於此矣，宜據所有均給之，何必踐初言乎！」唐主以爲然。詔禁軍在鳳翔歸命者，賜錢七十緡至二十緡，在京者各十緡。軍士無厭，猶怨望，爲謡言曰：「除去菩薩，扶立生鐵。」以閔帝仁弱，唐主剛嚴，有悔心故也。

五月，唐以韓昭胤爲樞密使，劉延朗爲副使。

唐復以石敬瑭爲河東節度使。唐主與石敬瑭皆以勇力善鬭事明宗，然素不相悦。至是，敬瑭不得已入朝，不敢言歸。時敬瑭久病羸瘠，太后及魏國公主屢爲之言，而鳳翔舊將佐多勸留之，惟韓昭胤、李專美以爲「趙延壽在汴，不宜猜忌敬瑭」。唐主亦見其骨立，不以爲虞，乃復遣之河東。

唐以馮道爲匡國節度使，范延光爲樞密使。

唐復以李從曮爲鳳翔節度使。唐主之起鳳翔也，悉取天平節度使李從曮家財甲兵以供軍，將行，鳳翔之民遮馬請復以從曮鎮鳳翔，許之，故有是命。

吳徐知誥幽其主之弟臨川王濛于和州。知誥將受禪，忌臨川王濛，遣人告濛藏匿亡命，擅造兵器，降封歷陽公，幽于和州，命控鶴軍使王宏將兵二百衛之。

秋，七月，唐以盧文紀、姚顗同平章事。劉昫苛察，李愚剛褊，論議多不合，至相詬駡，事多凝滯。唐主患之，欲更命相，問所親信，皆以尚書左丞姚顗、太常卿盧文紀、祕書監崔居儉對，論其才行，互有優劣。唐主不能決，乃寘其名於琉璃瓶，夜焚香祝天，以筯挾之，得二人，故有是命。

唐流楚匡祚於登州。唐主欲殺楚匡祚，韓昭胤曰：「陛下爲天下父，天下之人皆陛下子，用法宜存至公。匡祚受詔檢校重吉家財，不得不爾。今族匡祚，無益死者，恐不厭衆心。」乃流登州。

蜀主知祥殂，子昶立。蜀主得疾踰年，至是增劇，立子仁贊爲太子，召司空趙季良、節度使李仁罕趙廷隱、樞密使王處回受遺詔輔政。是夕殂，祕不發喪。王處回夜啓義興門告趙季良。處回泣不已，季良正色曰：「今强將握兵，專伺時變，宜速立嗣君，以絶覬覦，豈可但相泣邪！」處回收淚謝之。季良教處回見李仁罕，審其詞旨，然後告之。處回至仁罕第，仁罕設備而出，遂不以實告。仁贊更名昶，即位。

八月，唐詔蠲逋租三百三十八萬。初，唐主以王玫對左藏見財失實，故以劉昫代判三司。昫命判官高延賞鈎考窮覈，皆積年逋欠之數，姦吏利其徵責匄取，故存之。昫具奏其狀，且請察其可徵者急督之，必無可償者悉蠲之。韓昭胤極言其便。八月，詔：「長興以前，户部及諸道逋租三百三十八萬，咸免勿徵。」貧民大悅，而三司吏怨之。

唐李愚、劉昫罷。

冬，十月，蜀殺其中書令李仁罕，徙其侍中李肇於邛州。仁罕自恃宿將有功，復受顧託，求判六軍，令進奏吏諭樞密院；又至學士院偵草麻。蜀主不得已，加仁罕兼中書令，判六軍事。昭武節度使李肇聞蜀主即位，顧望不時入朝，至漢州，留飲踰旬，十月，始至成都，稱足疾，扶杖入朝，不拜。指揮使張公鐸與醫官使韓繼勳等素怨仁罕，共譖之，云有異志。蜀主令繼勳等與趙季良、趙廷隱謀，因仁罕入朝，命武士執而殺之。是日，肇始釋杖而拜，左右請誅之，蜀主以爲太子少傅致仕，徙邛州。

十一月，吴徐知誥召其子景通還金陵，留景遷江都輔政。

唐葬鄂王于徽陵城南。徽陵，明宗墓也。封纔數尺，觀者悲之。

旱。是歲秋冬旱，民多流亡，同、華、蒲、絳尤甚。

漢平章事楊洞潛卒。漢主命秦王弘度募宿衛兵千人，皆市井無賴，弘度昵之。洞潛諫曰：「秦王，國之冢嫡，宜親端士，使之治軍已過矣，況昵羣小乎！」漢主不聽。洞潛出，見衛士掠商人金帛，商人不敢訴，歎曰：「政亂如此，安用宰相！」因謝病歸，久之卒。

乙未(九三五)

唐清泰二年。吴天祚元年，閩永和元年。是歲，凡五國、三鎮。

春，二月，唐夏州節度使李彝超卒，兄彝殷代之。

蜀主尊其母李氏爲太后。太后太原人，本唐莊宗後宫也，以賜蜀高祖。

閩主璘立其父婢陳氏爲后。陳氏本太祖侍婢金鳳也，陋而淫，閩主嬖之，立以爲后；以其族人守恩、匡勝爲殿使。

三月，唐以趙延壽爲樞密使。

唐詔開言路。太常丞史在德性狂狷，上書歷詆内外文武之士，請徧加考試，黜陟能否。執政大怒，盧文紀及補闕劉濤皆請加罪。唐主謂學士馬胤孫曰：「朕新臨天下，宜開言路，若朝士以言獲罪，誰敢言者？卿爲朕作詔書，宣朕意。」乃下詔，略曰：昔魏徵請賞皇甫德參，今濤等請黜史在德，事同言異，何其遠哉！在德情在傾輸，安可責也！

吴加徐景遷同平章事。徐知誥令尚書郎陳覺輔景遷，謂曰：「吾少時與宋子嵩論議，好相詰難，子嵩携衣笥，望秦淮門欲去者數矣，吾常戒門者止之。吾今老矣，猶未徧達時事，況景遷年少當國，故屈吾子以誨之耳。」

夏，六月，吴中書令柴再用卒。史官王振嘗詢再用戰功，對曰：「鷹犬微效，皆社稷之靈，再用何功之有！」竟不報。

契丹寇邊，唐北面總管石敬瑭將兵屯忻州。敬瑭既還鎮，陰爲自全之計。唐主好咨訪外事，常命端明殿學士李專美、翰林學士李崧、知制誥吕琦薛文遇、翰林天文趙延義等更直於中興殿庭，與語或至夜分。時敬瑭二子爲内使，賂太后左右，令伺其密謀，事無巨細皆知之。敬瑭對客常稱羸瘠，不堪爲帥，冀朝廷不之忌。時契丹屢寇北邊，禁軍多在幽并，敬瑭與趙德鈞求益兵運糧，朝夕相繼。詔借河東人菽粟，詔鎮州輸絹五萬疋於總管府，率鎮冀車千五百乘，運糧於代州。時水旱民饑，敬瑭遣使者督趣嚴急。山東流散，亂始兆矣。敬瑭將大軍屯忻州，朝廷遣使賜軍士夏衣，傳詔撫諭，軍士呼萬歲者數四。敬瑭懼，幕僚段希堯請誅其唱者。敬瑭命劉知遠斬三十六人以徇。唐主聞，益疑之。

唐詔："竊盜不計贓，并縱火强盜，並行極法。"

秋，七月，唐遣北面副總管張敬達將兵屯代州。唐以敬達爲北面行營副總管，將兵屯代州，以分石敬瑭之權也。唐主深以時事爲憂，嘗從容讓盧文紀等無所規贊，文紀等上言："臣等每五日起居，與兩班旅見，侍衛滿前，雖有愚慮，不敢敷陳。竊見前朝置延英殿，或宰相欲有奏論，天子欲有咨度，皆非時召對，旁無侍衛，故人得盡言。望復此故事。"詔以"舊制五日起居，百僚俱退，宰相獨升，若常事自可敷奏。或事應嚴密，聽於閤門奏牓子，當盡屏侍臣，於便殿相待，何必襲延英之名也！"

唐以房暠爲樞密使。劉延朗及學士薛文遇等居中用事，暠與趙延壽雖爲使長，啓奏除授，一歸延朗。州鎮自外入者，先賂延朗，後議貢獻，賂厚者先得内地，賂薄者晚得邊陲。由是諸將帥皆怨憤。

蜀寇唐金州，不克。蜀寇金州，拔水寨。城中兵纔千人，都監陳知隱遁去；防禦使馬全節罄私財以給軍〔一一〕，出奇死戰，蜀兵乃退。

冬，十月，閩李倣弒其主璘，而立福王繼鵬，更名昶。初，閩主璘有幸臣曰歸守明，出入卧内。璘晚得風疾，陳后與守明及百工院使李可殷私通，國人皆惡之。可殷嘗譖皇城使李倣於璘，后族陳匡勝無禮於福王繼鵬，倣及繼鵬皆恨之。璘疾甚，倣使人殺可殷，陳后訴之。璘力疾視朝，詰可殷死狀。倣懼而出，俄引部兵鼓譟入宫。璘匿帳下，亂兵刺殺之。倣與繼鵬殺陳后、陳守恩、陳匡勝、歸守明及繼鵬弟繼韜。繼鵬即位，更名昶，既而自稱權知福建節度事，遣使奉表於唐；立父婢李春燕爲賢妃。璘初娶漢女，使宦者林延遇置邸於番禺，掌國信。漢主問以閩事，延遇不對，退謂人曰：「去閩語閩，去越語越，處人宫禁，可如是乎？」至是聞變，求歸，不許，素服向其國三日哭。

荆南梁震退居土洲。荆南節度使高從誨性明達，親禮賢士，委任梁震，以兄事之。楚王希範好奢靡，遊談者共誇其盛。從誨謂僚佐曰：「如馬王可謂大丈夫矣。」孫光憲對曰：「天子諸侯，禮有等差。彼乳臭子驕侈僭忲，取快一時，不爲遠慮，危亡無日，又足慕乎！」從誨悟曰：「公言是也。」它日，謂梁震曰：「吾自念平生奉養，固已過矣。」乃捐去玩好，以經史自娱，省刑薄賦，境内以安。震曰：「先王待我如布衣交，以嗣王屬我。今嗣王能自立，不墜其業，吾老矣，不復事人矣。」遂固請退居。從誨不能留，乃爲之築室於土洲。震披鶴氅，自稱荆臺隱士，每詣府，跨黄牛至聽事。從誨時過其家，四時賜與甚厚。自是悉以政事屬孫光憲。

司馬公曰：孫光憲見微而能諫，高從誨聞善而能從，梁震成功而能退，自古有國家者能如是，夫何亡國敗家喪身之有！

胡氏曰：震成高氏基業，而不肯爲之臣，求之十國，蓋少倫矣。獨有可恨者，高季興好掠諸道貢幣，而從誨四向稱臣，利其賜予，震皆不之諫，使高氏父子有剽劫之行，無賴之名，豈論之不及歟？抑智之弗察歟？或者季興父子苟得無耻，不可教誨歟？

吳加徐知誥大元帥，封齊王，備殊禮。

十一月，閩李倣伏誅。閩皇城使李倣專制朝政，陰養死士。閩主昶與拱宸指揮使林延皓等圖之。十一月，倣入朝，執斬之，梟首朝門，詔暴倣弑君及殺繼韜等罪，告諭中外。六軍判官葉翹爲内宣徽使。翹博學質直，閩主璘擢爲福王友，昶以師傅禮待之，多所裨益，宫中謂之「國翁」。昶既嗣位，驕縱，不與翹議國事。一旦，昶方視事，翹衣道士服趨出，昶召還，拜之曰：「軍國事殷，久不接對，孤之過也。」翹頓首曰：「老臣輔導無狀，致陛下即位以來，無一善可稱，願乞骸骨。」昶曰：「先帝以孤屬公，政令不善，公當極言，奈何棄孤去？」厚賜金帛，慰諭令復位。昶元妃李氏，昶嬖李春燕，待之甚薄。翹諫曰：「夫人先帝之甥，聘之以禮，奈何以新愛而棄之？」昶不悦，放歸永泰〔一二〕，以壽終。

唐以馬全節爲横海留後。唐主嘉馬全節之功，召詣闕。劉延朗求賂，全節無以與之，延朗欲以爲絳州刺史，羣議沸騰，乃以爲横海留後。

十二月，唐以馮道爲司空。時久無正拜三公者，朝議疑其職事；盧文紀欲令掌祭祀掃除，道聞之曰：「司空掃除，職也，吾何憚焉。」既而文紀自知不可，乃止。

閩以陳守元爲天師。閩主賜陳守元號天師，信重之，更易將相，刑罰選舉，皆與之議。守元受賂請託，言無不從，其門如市。

丙申(九三六)

唐清泰三年。十一月以後，晉高祖石敬瑭天福元年。閩主昶通文元年。是歲，唐亡，晉興，凡五國、三鎮。

春，正月，唐以吕琦爲御史中丞。唐主以千春節置酒，晉國長公主上壽畢，辭歸晉陽。唐主醉曰：「何不且留，遽歸欲與石郎反邪？」石敬瑭聞之益懼，盡收其貨之在洛陽及諸道者歸晉陽，託言以助軍費，人皆知其有異志。唐主夜與近臣從容語曰：「石郎於朕至親，無可疑者，但流言不息，萬一失歡，何以解之？」皆不對。端明殿學士李崧退謂同僚吕琦曰：「吾輩受恩深厚，豈得自同衆人，一概觀望邪！計將安出？」琦曰：「河東若有異謀，必結契丹爲援。契丹屢求和親，但求萴剌等未獲，故未成耳。今誠歸萴剌等，歲以禮幣十餘萬緡遺之，彼必驩然承命。如此，則河東雖欲陸梁，無能爲矣。」崧曰：「此吾志也。然錢穀皆出三司，宜更與張相謀之。」遂告張延朗，延朗曰：「如學士計，不惟可以制河東，亦省邊費之什九。若主上聽從，但責辦於老夫。」它夕，二人密言其策，唐主大喜；久之，以告樞密直學士薛文遇，文遇對曰：「以天子之尊，屈身夷狄，不亦辱乎？又虜若循故事，求尚公主，何以拒之？」唐主意遂變，一日，急召崧、琦，盛怒責之曰：「卿輩皆知古今，欲佐人主致太平，今乃爲謀如是！朕一女尚乳臭，卿欲棄之沙漠邪？且欲以養士之財，輸之虜庭，其意安在？」二人懼，拜謝無數。琦氣竭，拜少止，唐主曰：「吕琦强項，肯視朕爲人主邪！」既而怒解，各賜卮酒罷之。自是羣臣不敢復言和親之策。遂以琦爲御史中丞，蓋疏之也。

豈惟敬瑭，天下皆服矣；和親下計，非上策也。

胡氏曰：崧、琦欲弭未然之禍者[一三]，當勸其君内修政事，明義而惇信，使朝廷無失可指[一四]，

閩主昶立其父婢李氏爲后。

夏，四月，楚王希範以其弟希杲知朗州。静江節度使馬希杲有善政，監軍裴仁煦譖之於楚王希範，言其收衆心，希範疑之。漢侵蒙、桂二州，希範自將步騎如桂州。希杲懼，其母華夫人逆希範於全義嶺，謝曰：「希杲爲治無狀，致寇戎入境，妾之罪也，願削封邑，灑掃掖廷，以贖希杲罪。」希範曰：「吾久不見希杲，聞其治行尤異，故來省之，無它也。」漢兵引去，徙希杲知朗州。

五月，唐以石敬瑭爲天平節度使，敬瑭拒命，唐發兵討之。初，石敬瑭欲嘗唐主之意，累表自陳羸疾，乞解兵柄，移它鎮。唐主與執政議從其請，移鎮鄆州。房暠、李崧、吕琦等皆力諫以爲不可。五月，薛文遇獨直，唐主與之議，文遇曰：「當道築室，三年不成。兹事斷自聖志，羣臣各爲身謀，安肯盡言！以臣觀之，河東移亦反，不移亦反，在旦暮耳，不若先事圖之。」先是術者言：「國家今年應得賢佐，出奇謀，定天下。」唐主意文遇當之，聞其言，大喜曰：「卿言殊豁吾意，成敗吾決行之。」即爲除目，付學士院使草制，徙敬瑭鎮天平，宋審虔鎮河東。制出，兩班聞呼敬瑭名，相顧失色。以張敬達爲西北都部署，趣敬瑭之鄆州。敬瑭疑懼，謀於將佐曰：「吾之再來河東也，主上面許終身不除代；今忽有是命，得

非如千春節與公主所言乎？我安能束手死於道路！今且發表稱疾以觀其意，若其寬我，我當事之；若加兵於我，我則改圖耳。」段希堯極言拒之，敬瑭以其朴直，不責也。判官趙瑩勸敬瑭赴鄆州，劉知遠曰：「明公久將兵，得士卒心；今據形勝之地，士馬精强，若稱兵傳檄，帝業可成，奈何以一紙制書自投虎口乎！」掌書記桑維翰曰：「主上初即位，明公入朝，主上豈不知蛟龍不可縱之深淵邪？然卒以河東復授公，此乃天意假公以利器也。明宗遺愛在人，主上以庶孽代之，羣情不附。公明宗之愛婿，今主上以反逆見待，此非首謝可免，但力爲自全之計。契丹主素與明宗約爲兄弟，公誠能推心屈節事之，朝呼夕至，何患無成！」敬瑭意遂決，表唐主「養子，不應承祀，請傳位許王」。唐主手裂其表抵地，以詔答之曰：「卿於鄂王固非疏遠，衛州之事，天下皆知；許王之言，何人肯信！」制削奪敬瑭官爵；張敬遠爲太原四面兵馬都部署，楊光遠爲副。先鋒指揮使安審信、雄義指揮使安元信帥衆奔晉陽。敬瑭謂曰：「汝見何利害，捨强而歸弱？」對曰：「元信非知星識氣，顧以人事決之耳。夫帝王所以御天下，莫重於信。今主上失大信於令公，親而貴者且不自保，況疏賤乎！其亡可翹足而待，何强之有！」敬瑭悦，委以軍事。振武巡檢使安重榮亦帥步騎五百奔晉陽。

唐天雄軍亂，逐節度使劉延皓以應河東。

延皓恃后族之勢，驕縱無度，都虞候張令昭因衆心怨怒，謀以魏博應河東，帥衆攻牙城，克之。延皓脱身走至洛陽。唐主怒，命遠貶。皇后爲之請，止削官爵，歸私第。以令昭權知天雄軍府事。令昭以調發未集，且受新命。尋有詔徙齊州防禦使，令昭託以士卒所留。唐主遣使諭之，令昭殺使者。詔以范延光爲天雄軍四面行營招討使討之。

秋，七月，唐殺石敬瑭子弟四人。

唐克魏州。

石敬瑭遣使求救於契丹。敬瑭令桑維翰草表稱臣於契丹主，且請以父禮事之，約事捷之日，割盧龍一道及雁門關以北諸州與之。劉知遠諫曰：「稱臣可矣，以父事之太過；厚以金帛賂之，自足致其兵，不必許以土田。恐異日大爲中國之患，悔之無及。」敬瑭不從。表至，契丹主大喜，復書許俟仲秋傾國赴援。

八月，唐張敬達攻晉陽，不克。張敬達築長圍以攻晉陽。石敬瑭以劉知遠爲馬步都指揮使，降兵皆隸焉。知遠用法無私，撫之如一，由是人無貳心。敬瑭親乘城，坐卧矢石下。知遠曰：「觀敬達輩無它奇策，不足慮也。願明公四出間使，經略外事。守城至易，知遠獨能辦之。」敬瑭執知遠手，撫其背而賞之。唐主聞契丹許敬瑭以仲秋赴援，屢督敬達急攻，不能下。每有營構，多值風雨，長圍復爲水潦所壞，竟不能合。晉陽城中亦日窘，糧儲浸乏。

九月，契丹德光將兵救石敬瑭，唐兵大敗，契丹圍之。唐主自將次懷州。契丹主將五萬騎自揚武谷而南，至晉陽，陳於虎北口，先遣人謂敬瑭曰：「吾欲今日即破賊，可乎？」敬瑭遣人馳告曰：「南軍甚厚，請俟明日。」使者未至，契丹已與唐騎將高行周、符彦卿合戰。敬瑭乃遣劉知遠出兵助之。張敬達、楊光遠、安審琦以步兵陳於城西北山下，契丹遣輕騎三千，不被甲，直犯其陳。唐兵逐之，至汾曲，契丹伏兵起，衝唐兵，斷而爲二，縱兵乘之，唐兵大敗，死者近萬人。敬達等收餘衆保晉安，契丹亦引兵歸虎北口。敬瑭得唐降兵千餘人，劉知遠勸敬瑭盡殺之。是夕，敬瑭出見契丹主，問曰：「皇帝遠來，士馬疲倦，遽與唐戰而大勝，何也？」契丹主曰：「始吾謂唐必斷雁門諸路，伏兵險要，則吾不可得進矣；使人偵視，皆無之，吾是以長驅深入，知大事必濟也。兵既相接，我氣方鋭，若不乘此急擊之，曠日持久，則勝負未可知矣。此吾所以亟戰而勝，不可以勞逸常理論也。」敬瑭歎伏。引兵會圍晉安寨，置營於晉安之南，長百餘里，厚五十里，多設鈴索、吠犬，人跬步不能過。敬達等士卒猶五萬人，馬萬匹，四顧無所之。遣使告敗，唐主大懼，遣符彦饒將兵屯河陽，詔天雄范延光、盧龍趙德鈞、耀州潘環共救晉安。下詔親征，雍王重美曰：「陛下目疾未平，不可遠涉風沙。臣雖童稚，願代陛下北行。」唐主本不欲行，聞之頗悦。張延朗、劉延皓皆勸行，唐主不得已，發洛陽，謂盧文紀曰：「朕排衆議用卿，今禍難如此，卿嘉謀皆安在乎？」文紀但拜謝，不能對。遣符彦饒軍赴潞州，爲大軍後援。諸軍自鳳翔推戴以來，驕悍不爲用，彦饒恐其爲亂，不敢束之以法。唐主至河陽，心憚北行，盧文紀希旨，言「國家根本在河南，胡兵倏來忽往，不能久留；晉安大寨甚固，況已發三道兵救之。河陽天下津要，車駕宜留此鎮撫南北，且遣近臣往督戰，苟不能解圍，進亦未晚」。張延朗曰：「文紀言是也。」唐主議近臣可使北行者，延朗與翰林學士和凝等皆曰：「趙延壽父德鈞以盧龍兵來赴難，宜遣延壽會之。」乃遣延壽將兵二萬如潞州。唐主至懷州，以晉安爲憂，問策於羣臣。吏部侍郎龍敏請「立李贊華爲契丹主，令天雄、盧龍二鎮分兵送之，自幽州趣西樓，朝廷露檄言之，契丹主必有内顧之憂，然後選募軍中精鋭以擊之，此亦解圍之一策也」。唐主深以爲然，而執政恐其無成，議竟不決。唐主憂沮，日夕酣飲悲歌。羣臣或勸其北行，則曰：

「卿勿言，石郎使我心膽墮地。」

胡氏曰：敏之策必可解晉安之圍，而唐之君臣不能用，豈天固亡之，先褫其魄乎！

冬，十月，唐括民馬，籍義軍，以拒契丹。詔大括天下將吏及民間馬；又發民爲兵，每七户出征夫一人，自備鎧仗，謂之「義軍」，期以十一月俱集。用張延朗之謀也。凡得馬二千餘匹，征夫五千人，實無益於用，而民間大擾。

十一月，唐以趙德鈞爲行營都統。初，趙德鈞陰蓄異志，欲因亂取中原，自請救晉安寨。唐主命自飛狐踵契丹後，鈔其部落，德鈞請將騎由土門路西入，許之。趙州刺史劉在明戍易州，德鈞以其衆自隨；至鎮州，以董温琪領招討副使，邀與偕行；又表稱兵少，須合澤、潞兵，乃趣潞州。時范延光受詔將兵屯遼州，德鈞又請與魏博軍合。延光知德鈞志趣難測，表稱魏博兵已入賊境，無容南行數百里，與德鈞合；乃止。十一月，以德鈞爲諸道行營都統。延壽遇德鈞於西陽〔一五〕，悉以兵屬焉。德鈞志在併范延光軍，逗遛不進；詔書屢趣之，德鈞乃引兵北屯團柏谷口。

契丹立石敬瑭爲晉皇帝，敬瑭割幽、薊等十六州以賂之。契丹主謂石敬瑭曰：「吾三千里來赴難，必有成功。觀汝氣貌識量，真中原之主也。吾欲立汝爲天子。」敬瑭辭讓數四，將吏復勸進，乃許之。契丹主作策書，命敬瑭爲大晉皇帝，自解衣冠授之，築壇即位。割幽、薊、瀛、莫、涿、檀、順、新、嬀、儒、武、雲、應、寰、朔、蔚十六州以與契丹，仍許歲輸帛三十萬疋。制改長興七年爲天福元年。敕命法制，皆遵明宗之舊。以趙瑩爲翰林學士承旨，桑維翰爲翰林學士，權知樞密使事，劉知遠爲侍衛馬軍都指揮使，客將景延廣爲步軍都指揮使。立晉國長公主爲皇后。

胡氏曰：敬瑭之罪，在不助閔帝。苟以閔帝失國，則當尊奉許王，不爲衛州之事，而歸奪國弑君之惡於從珂，兵以義舉，名實皆正，則其得美矣。乃急於近利，稱臣契丹，割棄土壤，以父事之，其利不能以再世，其害乃及於無窮。故以功利謀國，而不本於禮義，未有不旋中其禍者也。

唐趙德鈞降契丹，契丹不受。契丹主雖軍柳林，其輜重老弱皆在虎北口，每日暝，輒結束以備遁逃。而趙德鈞欲倚契丹取中國，至團柏踰月，按兵不戰，去晉安纔百里，聲問不能相通。德鈞累表爲延壽求成德節度使，唐主怒曰：「趙氏父子能却胡寇，雖欲代吾位，吾亦甘心；若玩寇邀君，但恐犬兔俱斃耳。」德鈞不悅，密以金帛賂契丹主，云「若立己爲帝，請即以見兵南平洛陽，與契丹爲兄弟」；仍許石氏常鎮河東。契丹主自以深入敵境，晉安未下，德鈞兵尚强，范延光在其東；又恐山北諸州邀其歸路，欲許德鈞之請。晉主聞之大懼，亟使桑維翰說契丹主曰：「趙北平父子素蓄異志，非以死徇國之人，何足可畏而信其誕妄之辭，貪豪末之利，棄垂成之功乎！且使晉得天下，將竭中國之財以奉大國，豈此小利之比乎！」契丹主曰：「吾非有渝前約也，但兵家權謀，不得不爾。」對曰：「皇帝以信義救人之急，四海之人俱屬耳目，奈何一旦二三其命，使大義不終，臣竊爲皇帝不取也。」跪於帳前，自旦至暮，涕泣爭之。契丹主乃從之，指帳前石謂德鈞使者曰：「我已許石郎，此石爛，可改矣。」

唐將楊光遠殺招討使張敬達，降于契丹。龍敏謂前鄭州防禦使李懿曰：「今從駕兵尚萬餘人，馬近五千匹，若選精騎一千，使僕將之，自介休山路夜冒虜騎，入晉安寨，但使其半得入，則事濟矣。

張敬達等陷於重圍，不知朝廷聲問。若知大軍近在團柏，雖有鐵障可衝陷，況虜騎乎！」懿以白唐主，唐主曰：「龍敏之志極壯，用之晚矣。」晉安被圍數月，高行周、符彦卿數引騎兵出戰，無功。芻糧俱竭，馬死則食之。援兵竟不至。張敬達性剛，時謂之張生鐵。楊光遠、安審琦勸敬達降於契丹，敬達曰：「吾受明宗及今上厚恩，爲元帥而敗軍，其罪已大，況降敵乎！今援兵旦暮至，且當俟之；必若力盡勢窮，諸軍斬我出降，未爲晚也。」光遠目審琦欲殺敬達，審琦未忍。高行周知光遠欲圖敬達，常引壯騎尾而衛之。敬達不知其故，謂人曰：「行周每踵余後，何意也？」行周乃不敢隨之。諸將旦集，光遠斬敬達首，帥諸將降於契丹。契丹主嘉敬達之忠，命收葬而祭之，謂其下及晉諸將曰：「汝曹爲人臣，當效敬達也。」馬軍都指揮使康思立憤惋而死。晉主以晉安已降，遣使諭諸州。代州刺史張朗斬其使。吕琦奉詔勞軍，至忻州，遇晉使，亦斬之。

晉以趙瑩、桑維翰同平章事。

契丹主謂晉主曰：「桑維翰盡忠於汝，宜以爲相。」故有是命。

契丹以晉主南下，破唐兵于團柏。唐主還河陽，趙德鈞降契丹。

晉主與契丹主將引兵而南，欲留一子守河東，契丹主令晉主盡出諸子自擇之。晉主兄子重貴，父敬儒早卒，晉主養以爲子，貌類晉主而短小。契丹主指之曰：「此大目者可也。」乃以重貴爲北京留守。以契丹將高謨翰爲前鋒，與降卒偕進，至團柏，與唐兵戰。趙德鈞、趙延壽先遁，諸將繼之，士卒大潰，死者萬計。劉延朗、劉在明至懷州，唐主始知晉主即位，楊光遠降，衆議車駕宜幸魏州。唐主召李崧謀之，薛文遇不知而繼至，唐主怒變色，崧躡文遇足，文遇乃去。唐主曰：「我見此物肉顫，適幾欲抽佩刀刺之。」崧曰：「文遇小人，淺謀誤國，刺之益醜。」崧因勸唐主南還，唐主從之。洛陽大震，居人逃竄，門者請禁之，河南尹雍王重美曰：「國家多難，未能爲百姓主，又禁其求生，徒增惡名耳。不若聽其自便。」乃出令任從所適，衆心差安。唐主還至河陽，命諸將分守南、北城。晉主與契丹主至潞州，趙德鈞父子迎謁於高河，契丹主鎖之，送歸國。德鈞見述律太后，太后問曰：「汝近者何爲往太原？」德鈞曰：「奉唐主之命。」太后指天曰：「汝從吾兒求爲天子，何妄語邪？」又自指其心曰：「此不可欺也。」又曰：「吾兒將行，吾戒之云：『趙大王若引兵北向渝關，亟須引歸，太原不可救也。』汝欲爲天子，何不先擊退吾兒，徐圖亦未晚。汝爲人臣，既負其主，不能擊敵，又欲乘亂邀利。所爲如此，何面目復求生乎！」德鈞俯首不能對。踰年而卒。張礪與延壽俱入契丹，契丹主復以爲翰林學士。

晉主發潞州，契丹北還。晉主將發上黨，契丹主舉酒屬之曰：「我若南向，河南之人必大驚駭。汝宜自引漢兵南下，我令大相温將五千騎衛送汝至河梁，余且留此，俟汝音聞，有急則下山救汝；若洛陽既定，吾即北返矣。」因泣别曰：「世世子孫勿相忘！」又曰：「劉知遠、趙瑩、桑維翰皆創業功臣，無大故，勿棄也。」

唐晉州軍亂，逐守將高漢筠。初，唐主遣將軍高漢筠守晉州。至是，副使田承肇帥衆攻之，漢筠開門延入，從容謂曰：「僕與公俱受朝寄，何相迫如此？」承肇曰：「欲奉公爲節度使。」漢筠曰：「僕老矣，義不爲亂首。死生惟公所處。」承肇目左右欲殺之，軍士投刃於地曰：「高金吾累朝宿德，奈何害之？」承肇乃聽漢筠歸洛陽。

唐主還洛陽。符彦饒、張彦琪言於唐主曰：「今胡兵大下，河水復淺，人心已離，此不可守。」唐主命河陽節度使萇從簡與趙州刺史劉在明守河陽南城，遂斷浮梁，歸洛陽。殺李贊華於其第。

晉主至河陽，節度使萇從簡迎降。從簡迎降，舟楫已具。

唐主從珂自焚死，晉主入洛陽。唐主議復向河陽，將校皆已飛狀迎晉主。晉主慮唐主西奔，遣契丹千騎扼澠池。唐主與曹太后、劉皇后、雍王重美及宋審虔等携傳國寶，登玄武樓自焚。皇后欲燒宮室，重美諫曰：「新天子至，必不露居，它日重勞民力，死而遺怨，將安用之！」乃止。王淑妃與許王從益匿於毬場，獲免。是日晚，晉主入洛陽，唐兵皆解甲待罪。晉主命劉知遠部署京城。知遠分漢軍使還營，館契丹於天宫寺，城中肅然，無敢犯令。初，判三司張延朗不欲河東多蓄積，凡財賦應留使之外，盡收取之，晉主以是恨之，收付御史臺。劉廷皓匿於龍門數日，自經死。劉延朗將奔南山，捕得殺之。斬張延朗；既而選三司使，難其人，晉主甚悔之。

十二月，晉追廢唐主從珂爲庶人，以馮道同平章事。

晉以張希崇爲朔方節度使。初，朔方節度使張希崇爲政有威信，民夷愛之，興屯田以省漕運，徙爲靜難節度使。至是，晉主與契丹修好，恐其復取靈武，復以希崇鎮朔方。

晉以周瓌爲三司使，不拜。瓌辭曰：「臣自知才不稱職，寧以避事見棄，猶勝冒寵獲辜。」許之。

唐安遠節度使盧文進奔吳。文進聞晉主爲契丹所立，棄鎮奔吳，所過鎮戍，召其主將告之故，皆拜辭而退。

高麗擊破新羅、百濟。高麗王建用兵擊破新羅、百濟，於是東夷諸國皆附之，有二京、六府、九節度、百二十郡。

校勘記

〔一〕至於十月之久　「至」字原脱，據成化本、殿本補。

〔二〕列炬宵行　「宵」原作「霄」，據殿本、通鑑卷二七五後唐明宗天成二年三月壬申日條改。

〔三〕唐主欲兼稱之　「唐主」原作「帝」，據殿本改。

〔四〕秋七月　「秋」字原脱，據殿本補。

〔五〕唐主以韜發諸陵凝反覆　「韜發諸陵凝」原作「其」，據殿本、通鑑卷二七六後唐明宗天成三年九月乙未日條改。

〔六〕冬十一月　「冬」字原脱，據殿本補。

〔七〕王晏球非知經術者　「經」，成化本、殿本作「兵」。

〔八〕其人懼　「其」字原脱，據殿本補。

〔九〕道士陳守元巫者徐彦林與盛韜共誘之作寶皇宫　「與」原作「興」，據殿本改。

〔一〇〕方諸苻堅之不殺慕容評　「容」字原脱，據成化本、殿本補。

〔一一〕防禦使馬全節罄私財以給軍　「全」原作「金」，據殿本、通鑑卷二七九後唐潞王清泰二年九月戊寅日條改。

〔一二〕放歸永泰　「泰」，殿本作「春」。通鑑卷二七九後唐潞王清泰二年十一月壬子日注云：「路振九國志：葉翹斥歸永春。按九域志，泉州有永春縣，福州有永泰縣。未知孰是。」

〔一三〕崧琦欲弭未然之禍者　「琦」原作「琪」，據成化本、殿本改。

〔一四〕使朝廷無失可指　「指」原作「措」，據成化本、殿本改。

〔一五〕延壽遇德鈞於西陽　「陽」，月崖書堂本、成化本、通鑑卷二八〇後晉高祖天福元年十一月辛卯日條作「湯」。通鑑是日注云：「歐史『西湯』作『西唐』，薛史作『西唐店』。」

資治通鑑綱目卷五十七

起丁酉晉高祖天福二年，盡丙午晉主重貴開運三年，凡一十年。

晉天福二年。南唐烈祖徐誥昇元元年。是歲，吴亡，晉、蜀、漢、閩，南唐代吴，凡五國；吴越、湖南、荆南，凡三鎮。

丁酉（九三七）

春，正月，日食。

晉天雄軍節度使范延光殺齊州防禦使祕瓊。延光微時，有術士張生語之云「必爲將相」。延光既貴，信重之。嘗夢蛇自臍入腹，以問張生，張生曰：「蛇者，龍也，帝王之兆。」延光由是有非望之志。唐潞王素與延光善，及敗，延光雖奉表請降，内不自安，以書潛結成德留後祕瓊，欲與之爲亂。瓊不報，將之齊，過魏境，延光遣兵邀殺之。

晉以李崧同平章事，充樞密使，桑維翰兼樞密使。時晉新得天下，藩鎮多未服從，或雖服從，反仄不安。兵火之餘，府庫殫竭，民間困窮，而契丹徵求無厭。維翰勸晉主推誠棄怨以撫藩鎮，卑辭厚禮以奉契丹，訓卒繕兵以修武備，務農桑以實倉廩，通商賈以豐貨財。數年之間，中國稍安。

吳徐知誥建齊國于金陵。徐知誥以太尉李德誠、中書令周本位望隆重，欲使之帥衆推戴，本曰：「我受先王大恩，自徐溫父子用事，恨不能救楊氏之危，又使我爲此可乎！」其子弘祚强之，不得已，與德誠帥諸將詣江都，表吳主陳知誥功德，請行册命，又詣金陵勸進。宋齊丘謂德誠之子建勳曰：「尊公太祖元勳，今日掃地矣。」吳太子璉納齊王知誥女爲妃。知誥始建太廟、社稷，改金陵爲江寧府，以宋齊丘、徐玠爲左右丞相，周宗、周廷玉爲内樞使。

胡氏曰：君令臣從，父令子從，夫令婦從，中國令夷狄從，理之正也。一失其理，則君聽於臣，父聽於子，夫聽於婦，中國聽於夷狄，而天下不任其亂矣。周本自以楊氏舊臣〔一〕，不肯勸進於齊，乃持義不力，爲子所奪。世衰道微，一至此極，嗟乎！

二月，契丹攻雲州，判官吳巒拒之。契丹主歸，過雲州，節度使沙彦珣出迎，契丹主留之。判官吳巒在城中，謂其衆曰：「吾屬禮義之俗，安可臣於夷狄乎！」衆推巒領州事，閉城不受命。契丹攻之，不克。應州指揮使郭崇威亦耻臣契丹，挺身南歸。張礪逃歸，爲追騎所獲，契丹主責之，對曰：「臣華人，飲食衣服皆不與此同，生不如死，願早就戮。」契丹主顧通事高彦英曰：「吾常戒汝善遇此人，何故使之失所而亡去？若失之，安可復得邪？」笞彦英而謝礪。礪甚忠直，遇事輒言，無所隱避，契丹主甚重之。

三月，吳越王元瓘殺其弟元珦、元球。初，吳越王鏐少子元球數有軍功，鏐賜之兵仗。及元瓘立,元球恃恩驕横,增置兵仗,國人附之。元瓘忌之。銅官廟吏告元球遣親信禱神,求主吴越;又爲蠟丸與兄元珦謀議。元瓘召元球宴宫中,既至,左右稱元球有刃墜於懷袖,即格殺之;并殺元珦。元瓘欲按諸將吏與交通者,其子仁俊諫曰:「昔光武克王郎,曹公破袁紹,皆焚其書疏以安反側,今宜效之。」元瓘乃止。

晉葬故唐主于徽陵南。或得唐潞王脊及髀骨獻之,詔以王禮葬。

夏,四月,晉遷都汴州。范延光聚卒繕兵,將作亂。會晉主謀徙都大梁,桑維翰曰:「大梁北控燕、趙,南通江、淮,水陸都會,資用富饒。今延光反形已露,大梁距魏不過十驛,彼若有變,大軍尋至,所謂疾雷不及掩耳也。」下詔託以洛陽漕運有闕,東巡汴州。

五月,吴與契丹通使修好。徐誥用宋齊丘策,欲結契丹以取中國,遣使以美女、珍玩泛海修好。契丹主亦遣使報之。

吴徐知誥更名誥。

六月,晉范延光舉兵反,遣楊光遠等討之。范延光素以軍府之政委元隨押牙孫鋭,鋭恃恩專横。會延光病,密召澶州刺史馮暉,逼延光反。延光亦思張生之言,遂從之,遣兵渡河焚草市。詔馬軍指揮使白奉進屯白馬津,都軍使楊光遠屯滑州,護聖都指揮使杜重威屯衛州。重威尚晉主妹樂平長公主。延光遣馮暉、孫鋭將步騎二萬抵黎陽口。

晉以和凝爲端明殿學士,張誼爲左拾遺。凝署其門不通賓客。耀州推官張誼致書于凝,以爲：「切近之職，爲天子耳目，宜知四方利病，奈何拒絶賓客！雖安身爲便，如負國何！」凝奇之，薦於桑維翰，除左拾遺。誼上言：「北狄有援立之功，宜外敦信好，内謹邊備，不可自逸，以啓戎心。」晉主深然之。

胡氏曰：攻己闕而知其賢，和凝有過人之度；觸時忌而納其説，晉祖有預防之憂。善矣！凝知誼賢而亟薦之，非徒知之而已；晉祖納誼説而未能有行焉，則心明其利害，勢有所不可也。夫外敦信好，則威儀贈賂有不可虚拘之實；内謹邊備，則城池軍旅有不可掩匿之事，安能並行而不相悖耶？誼獻此言，必有其策，惜乎高祖之不問也！

晉雲州圍解，以吴巒爲武寧節度副使。契丹攻雲州，半歲不能下。吴巒遣使間道奉表求救，晉主以爲請，契丹解圍去。乃召巒歸，以爲武寧節度副使。

晉魏府部署張從賓反河陽，入東都。張從賓擊范延光，延光使人誘之，從賓遂與同反，殺皇子河陽節度使重信；引兵入洛陽，殺皇子東都留守重乂；引兵東扼汜水關，將逼汴州。羽檄縱横，從官恟懼，獨桑維翰從容指畫軍事，神色自若，接對賓客，不改常度，衆心差安。

閩作白龍寺。方士言於閩主云：「有白龍夜見。」閩主作白龍寺。時百役繁興，用度不足。有司除官，皆令納賂，籍而獻之，以貨多寡爲差。又以空名堂牒，賣官於外。民有隱年者杖背，隱口者死，逃亡者族。果菜雞豚，皆重征之。

秋，七月，張從賓攻晉汜水關。從賓攻汜水。晉主戎服嚴輕騎，將奔晉陽以避之。桑維翰叩頭苦諫曰：「賊鋒雖盛，勢不能久。請少待之，不可輕動。」乃止。

晉將軍婁繼英等奔汜水。范延光遣使以蠟丸招誘失職者，將軍婁繼英、尹暉在大梁，温韜之子延濬、延沼、延袞居許州，皆應之。繼英、暉，事泄出走。敕以延光姦謀，誣汙忠良，自今獲延光諜人，賞獲者，殺諜人，焚蠟書，勿以聞。暉爲人所殺。繼英奔許州。節度使萇從簡盛爲之備，延濬等不得發，欲殺繼英以自明，延沼止之，遂同奔張從賓。繼英勸從賓執三温，皆斬之。

晉義成節度使符彦饒舉兵反，指揮使盧順密討平之。白奉進在滑州，軍士有夜掠者，捕獲五人，三隸奉進，二隸符彦饒，奉進皆斬之，彦饒怒。明日，奉進從數騎詣彦饒謝，彦饒曰：「軍中各有部分，奈何無客主之義乎？」奉進曰：「軍士犯法，何有彼我！僕已謝公，而公怒不解，豈非欲與延光同反邪！」拂衣而起，彦饒不留；帳下甲士大譟，擒奉進，殺之。諸軍諠譟，不可禁止。奉國左廂指揮使馬萬帥部兵欲從亂，遇右廂指揮使盧順密帥部兵出營，厲聲謂萬曰：「符公擅殺白公，必與魏城通謀。此去行宫纔二百里，奈何不思報國，乃欲助亂，自求族滅乎！今日當共擒符公，送天子，立大功。軍士從命者賞，違命者誅！」萬部兵尚有呼躍者，順密殺數人，衆莫敢動。萬不得已，與攻牙城，執彦饒，送大梁斬之。楊光遠士卒聞亂，欲推光遠爲主，光遠曰：「天子豈汝輩販弄之物！晉陽之降出於窮逼，今若改圖，真反賊也。」其下乃不敢言。時三鎮繼叛，人情大震。晉主問計於劉知遠，對曰：「陛下昔在晉陽，糧不支五日，俄成大業。今天下已定，内有勁兵，北結强虜，鼠輩何能爲乎！願陛下撫將相以恩，臣請戢士卒以威；恩威兼著，京邑自安，本根深固，則枝葉不傷矣。」知遠乃嚴設科禁。有軍士盗紙錢一幞，被擒，左右請釋之，知遠曰：「吾誅其情，不計其直。」竟殺之。由是衆皆畏服。

晉楊光遠敗魏兵；杜重威等克汜水，張從賓伏誅。馮暉、孫鋭引兵至六明鎮，光遠引之渡河，半渡而擊之，暉、鋭衆敗，多溺死，暉、鋭走還。杜重威、侯益引兵至汜水，遇張從賓衆萬餘人，與戰，俘斬殆盡，遂克汜水。從賓走，渡河溺死。獲其黨張延播、繼祚，送大梁斬之。滅其族。史館修撰李濤上言〔二〕：「張全義有再造洛邑之功，乞免其族。」乃止誅繼祚妻子。濤，回之族曾孫也。范延光知事不濟，歸罪於孫鋭而族之，遣使奉表待罪；不許。

晉安州亂，討平之。安州指揮使王暉殺節度使周瓌，自領軍府，欲俟延光勝則附之，敗則渡江奔吴。晉遣上將軍李金全將千騎如安州巡檢，許赦王暉。暉大掠安州，將奔吴，部將胡進殺之。

吴徐誥殺其王之弟歷陽公濛。濛知吴將亡，殺守衛軍使王宏，以德勝節度使周本吴之勳舊，引二騎詣廬州欲依之。本將見之，其子弘祚固諫，本怒曰：「我家郎君來，何爲不使我見！」弘祚合扉不聽本出，使人執濛送江都。徐誥遣使殺之。侍衛軍使郭悰殺濛妻子於和州。誥歸罪於悰，貶之。

吴徐誥稱帝，國號唐，奉吴主爲讓皇。吴司徒王令謀老病，或勸之致仕，令謀曰：「齊王大事未畢，吾何敢自安！」疾亟，力勸徐誥受禪。吴主下詔禪位于齊。李德誠等復詣金陵，帥百官勸進。宋齊丘不署表。九月，令謀卒。十月，齊王誥即帝位于金陵，國號唐。遣右丞相玠奉册詣吴主，稱受禪老臣誥謹拜稽首上尊號曰高尚思玄弘古讓皇。宴羣臣於天泉閣，李德誠曰：「陛下應天順人，惟宋齊丘不樂。」因出齊丘止德誠勸進書，唐主執書不視，曰：「子嵩三十年舊交，必不相負。」加齊丘大司徒。齊丘以不得預政事，心愠懟，聞制詞云「布衣之交」，抗聲曰：「臣爲布衣時，陛下爲刺史；今日爲天子，可不用老臣矣。」還家請罪，唐主手詔謝之，亦不改命。久之，齊丘不知所出，乃更上書請遷讓皇於他州，及斥遠吳太子璉，絶其昏，唐主不從。立王后宋氏爲皇后，以景通爲吳王，更名璟。賜楊璉妃號永興公主。妃聞人呼公主，則流涕而辭。

晉安遠節度使李金全殺其中門使賈仁沼。金全以親吏胡漢筠爲中門使。漢筠貪猾殘忍，聚斂無厭。晉主聞之，以廉吏賈仁沼代之，且召漢筠。漢筠懼，勸金全以異謀。金全故人龐令圖屢諫。漢筠夜遣壯士逾垣滅令圖之族，又毒仁沼，舌爛而卒。漢筠遂與推官張緯相結，以諂惑金全，金全愛之彌篤。

契丹改號遼。是歲，契丹改元會同，國號大遼。公卿庶官皆倣中國，參用中國人，以趙延壽爲樞密使，尋兼政事令。

戊戌（九三八）

晉天福三年。蜀廣政元年。是歲，凡五國、三鎮。

春，正月，日食。

唐德勝節度使周本卒。本以不能存吳，愧恨而卒。

二月，晉詔求直言。左散騎常侍張允上駮赦論，以爲：「帝王遇天災多肆赦，謂之修德。借有二人坐獄遇赦，則曲者幸免，直者銜冤，冤氣升聞，乃所以致災，非所以弭災也。」詔褒之。晉主樂聞讜言，詔百官各上封事，置詳定院以考之，無取者留中，可者行之。數月，應詔者無十人，復降御札趣之。河南奏修洛陽宮，諫議大夫薛融諫曰：「今宮室雖經焚毁，猶侈於帝堯之茅茨；所費雖寡，猶多於漢文之露臺。請俟海内平寧，營之未晚。」詔褒納之。

三月，晉禁民作銅器。初，唐世天下鑄錢有三十六冶，喪亂以來皆廢絶，錢日益耗，民多銷錢爲銅器，故禁之。

晉制諸州奏補將校員數。中書舍人李詳上疏曰：「十年以來，赦令屢降，諸道職掌，皆許推恩；而藩方薦論，動逾數百，乃至優伶奴僕，初命則至銀青階，被服皆紫袍象笏，名器僭濫，貴賤不分。請自今諸道節度州，聽奏朱記大將以上十人，他州止聽奏都押牙、都虞候、孔目官而已。」從之。

夏，五月，唐主詔遷故吴主于潤州。吴讓皇固請徙居，李德誠等亦亟以爲言。五月，唐主改潤州牙城爲丹陽宫，徙讓皇居之。或獻毒酒方于唐主，唐主曰：「犯吾法者自有常刑，安用此爲！」羣臣爭請改府寺州縣名有「吴」及「楊」者，判官楊嗣請更姓羊，徐玠曰：「陛下自應天順人，事非逆取，而諂邪之人事事更改，或非急務〔三〕，不可從也。」唐主然之。

晉制民墾田，三年外乃聽徭役。金部郎中張鑄奏：「鄉村浮户，種木未盈十年，墾田未及三頃，似成生業，已爲縣司收供徭役，責之重賦，威以嚴刑，故不免捐功捨業，更思他適。乞自今民墾田及五頃以上，三年外，乃聽縣司徭役。」從之。

秋，七月，晉作受命寶。以「受天明命，惟德允昌」爲文。

八月，晉上尊號於契丹。上尊號於契丹主及太后，以馮道、左僕射劉昫爲册禮使，契丹主大悦。晉主事契丹甚謹，奉表稱臣，謂契丹主爲「父皇帝」；每契丹使至，即於别殿拜受詔敕。歲輸金帛三十萬之外，吉凶慶弔，歲時贈遺，相繼於道，乃至太后、元帥太子、諸王、大臣皆有賂遺；小不如意，輒來責讓，多不遜語，朝野咸以爲耻，而晉主事之曾無倦意。然所輸金帛不過數縣租賦。其後契丹主屢止晉主上表稱臣，但令爲書稱「兒皇帝」，如家人禮。初，契丹主既得幽州，命曰南京，以唐降將趙思温爲留守。思温子延照在晉，晉主以爲祁州刺史。思温密令延照言虜情終變，請以幽州内附，晉主不許。

契丹遣使如唐。契丹遣使詣唐，宋齊丘勸唐主厚賄之。俟至淮北，潛遣人殺之，欲以間晉。

九月，范延光復降于晉，晉以爲天平節度使。楊光遠奏馮暉來降，言「范延光食盡窮困」。時光遠攻廣晉，歲餘不下，晉主以師老民疲，遣内職朱憲入城諭范延光，許移大藩，曰：「若降而殺汝，白日在上，吾無以享國！」延光曰：「主上重信，云不死則不死矣。」乃撤守備。九月，遣牙將奉表待罪，詔釋之。光遠表乞入朝。制以延光爲天平節度使〔四〕，仍賜鐵券，將佐皆除防、團、刺史，牙兵皆升爲侍衛親軍。初，河陽行軍司馬李彦珣，邢州人也，父母在鄉里，未嘗供饋，後與張從賓同反，敗奔廣晉，延光使登城拒守。光遠訪獲其母，置城下以招之，彦珣引弓射殺之〔五〕。至是，得爲坊州刺史。近臣言彦珣殺母惡逆不可赦，晉主曰：「赦令已行，不可改也。」

司馬公曰：治國者固不可無信。然彦珣之惡，三靈所不容，晉高祖赦其叛君之愆，治其殺母之罪，何損於信哉！

晉以楊光遠爲天雄節度使。

冬，十月，契丹加晉主尊號。

晉以汴州爲東京開封府，東都爲西京。晉主以大梁舟車所會，便於漕運，故徙都之。

晉停兵部尚書王權官。晉主遣權使契丹謝尊號，權耻之，謂人曰：「吾老矣，安能向穹廬屈膝！」乃辭以老疾。晉主怒，停權官。

晉樞密使桑維翰罷。初，郭崇韜既死，宰相罕有兼樞密使。至是，維翰、李崧兼之，宣徽使劉處讓及宦官皆不悅。楊光遠圍廣晉，處讓數以軍事銜命往來。光遠奏請多逾分，維翰獨以法裁折之。光遠有不平語，處讓曰：「是皆執政之意。」光遠由是怨執政。范延光降，光遠密表論執政過失，晉主不得已，罷崧、維翰，而以處讓代之。

交州亂，漢主龑遣其子弘操將兵攻之，敗死。初，交州將皎公羡殺安南節度使楊延藝而代之。至是，延藝故將吴權舉兵攻公羡，公羡以賂求救於漢。漢主龑欲乘其亂而取之，以其子弘操爲交王，將兵救公羡。問策於崇文使蕭益，益曰：「今霖雨積旬，海道險遠，吴權桀黠，未可輕也。大軍當持重，多用鄉導，然後可進。」不聽，命弘操帥戰艦趣交州。權已殺公羡，引兵逆戰，先於海口多植大杙，鋭其首，冒之以鐵，遣輕舟乘潮挑戰而僞遁，弘操逐之，須臾潮落，艦鐵杙不得返，大敗，溺死。先是，著作佐郎侯融勸龑弭兵息民，至是以兵不振，追咎融，剖棺暴其屍。

楚王夫人彭氏卒。夫人貌陋而治家有法，楚王希範憚之。既卒，希範始縱聲色。有商人妻美，殺其夫而奪之，妻誓不辱，自經死。

河決鄆州。

十一月，晉册閩主昶爲閩國王，不受。以閩主昶爲閩國王，以散騎常侍盧損爲册禮使，賜昶赭袍。昶聞之，遣進奏官白執政，以既襲帝號，辭册命。閩諫議大夫黄諷以昶淫暴，與妻子辭訣入諫。昶欲杖之，諷曰：「臣若迷國不忠，死亦無怨；直諫被杖，臣不受也。」乃黜爲民。損至福州，閩主不見，命弟繼恭主之；遣使奉繼恭表，隨損入貢。有士人林省鄒私謂損曰：「吾主不事其君，不愛其親，不恤其民，不敬其神，不睦其鄰，不禮其賓，其能久乎！」

晉建鄴都，置彰德、永清軍，徙澶州城。晉主患楊光遠跋扈難制，桑維翰請分天雄之衆，加光遠西京留守，兼河陽節度使。光遠由是怨望，密以賂自訴於契丹，養部曲千餘人，常蓄異志。晉遂建鄴都於廣晉府；置彰德軍於相州，以澶、衛隸之；置永清軍於貝州，以博、冀隸之。澶州舊治頓丘，晉主慮契丹爲後世之患，遣劉繼勳徙澶州城，跨德勝津。以高行周爲鄴都留守，王廷胤爲彰德節度使，王周爲永清節度使。

晉范延光致仕。延光屢請致仕，居于大梁，每預宴會，與羣臣無異。延光之反也，相州刺史王景拒境不從。以景爲耀州團練使。

晉聽公私自鑄錢。敕聽公私自鑄銅錢，無得雜以鉛鐵，每十錢重一兩，以「天福元寶」爲文；惟禁私作銅器。

故吴主楊溥卒。唐主追謚曰睿皇帝。

晉鳳翔軍亂，討平之。鳳翔節度使李從曮厚文士而薄武人，愛農民而嚴士卒，由是將士怨之。會發兵戍西邊，作亂剽掠，從曮發帳下兵擊之。亂兵敗走，至華州，鎮國節度使張彦澤邀擊，盡誅之。

己亥(九三九)

晉天福四年。閩主曦永隆元年。是歲，南唐復姓李氏。凡五國、三鎮。

春，正月，晉以馮暉爲朔方節度使。朔方節度使張希崇卒，羌胡寇鈔，無復畏憚。党項酋長拓跋彦超最爲强大，暉至，彦超入賀，暉厚遇之，因爲於城中治第，豐其服玩，留之不遣；封内遂安。

唐主徐誥復姓李氏，更名昪。唐羣臣累表請唐主復姓李，立唐宗廟，唐主從之。又請上尊號，唐主曰：「尊號虚美，且非古。」遂不受。其後子孫皆踵其法。又不以外戚輔政，宦者不得預事，皆他國所不及也。倉吏歲終獻羡餘萬石，唐主曰：「出納有數，苟非掊民刻軍，安得羡餘耶！」改太祖廟號曰義祖。爲李氏考妣發哀，斬衰居廬，如初喪禮，朝夕臨凡五十四日。詔國事委齊王璟詳決，惟軍旅以聞。唐主更名昪。詔百官議二祚合享禮〔六〕，宋齊丘等議以義祖居七室之東。唐主命居高祖於西室，太宗次之，義祖又次之，皆爲不祧之主。羣臣言：「義祖諸侯，不宜與高祖、太宗同享，請於太廟正殿後别建廟祀之。」唐主曰：「吾自幼託身義祖，鄉非義祖有功於吴，朕安能啓此中興之業？」羣臣乃不敢言。唐主欲祖吴王恪，或曰：「恪誅死，不若祖鄭王元懿。」唐主命有司考二王苗裔，以吴王孫禕有功，禕子峴爲宰相，遂祖吴王，云自峴五世至父榮；其名率皆有司所撰。

胡氏曰：諱既復姓，爲考妣發哀成服是也；而必祖唐，慕名失實，與爲徐氏何異乎？

三月，晉加劉知遠、杜重威同平章事。知遠自以有佐命功，重威起外戚無大功，恥與之同制，制下數日，杜門不受。晉主怒，謂趙瑩曰：「知遠堅拒制命，可落軍權，令歸私第。」瑩拜請曰：「陛下昔在晉陽，兵不過五千，爲唐兵十餘萬所攻，危於朝露，非知遠心如金石，豈能成大業！奈何以小過棄之？竊恐此語外聞，非所以彰人君之大度也。」晉主意乃解，命和凝詣知遠第諭旨，知遠惶恐起受命。

晉靈州戍將王彦忠叛。彦忠據懷遠城叛，晉主遣供奉官齊延祚往招諭之。彦忠降，延祚殺之。晉主怒曰：「朕踐阼以來，未嘗失信於人。彦忠已輸仗出迎，延祚何得擅殺之！」除延祚名，重杖配流。議者猶以爲延祚不應免死。

夏，四月，晉廢樞密院。梁太祖以來，軍國大政，天子多與崇政、樞密使議之，宰相受成命，行制敕，講典故，治文書而已。晉主懲安重誨專横，即位之初，但命桑維翰兼樞密使。及劉處讓爲樞密使，奏對多不稱旨，會處讓遭母喪，廢樞密院，以印付中書院，事皆委宰相分判。然勳臣近習，不知大體，習於故事，每欲復之。

胡氏曰：樞密之任既隆，而宰相失其職。石晉廢院當矣。猶存其印，而委宰相分制其事，是名廢而實存。必也，宰相無所不統，削院毀印，然後可以責成宰相，如古王者之制矣。

閩主昶殺其叔父延武、延望。閩主昶忌其叔父延武、延望，巫者林興與之有怨，託鬼神語云「二人將爲變」。昶不復詰，使興殺之，并其五子。用陳守元言，作三清殿於禁中，以黄金數千斤鑄寶皇、老君像，晝夜作樂，焚香禱祀。政無大小，皆林興傳寶皇命決之。

晉加楚王希範天策上將軍。

唐主遷故吳主楊氏之族於泰州。唐人遷讓皇之族於泰州，號永寧宫，防衛甚嚴。

秋，七月朔，日食。

晉以皇甫遇爲昭義節度使。成德節度使安重榮恃勇驕暴，每謂人曰：「今世天子，兵强馬壯則爲之耳。」府廨有幡竿，高數十尺，嘗挾弓矢謂左右曰：「我能中竿上龍首者，必有天命。」一發中之，以是益自負。所奏請多逾分，爲執政所可否，意憤憤不快，乃聚亡命，市戰馬，有飛揚之志。晉主知之，以義武節度使皇甫遇與重榮姻家，徙爲昭義節度使。

晉禁私鑄錢。敕：「私錢多用鉛錫，小弱缺薄，宜皆禁之，專令官司自鑄。」

晉以桑維翰爲彰德節度使。楊光遠疏平章事桑維翰遷除不公，與民爭利。晉主不得已，出維翰鎮相州。

晉以王廷胤爲義武節度使。初，王處直子威避王都之難，亡在契丹。至是，契丹主遣使來言，請使威襲父土地，晉主辭以「中國之法必自刺史、團、防序遷乃至節度使，請遣威至此，漸加進用」。契丹主怒曰：「爾自節度使爲天子，亦有階級邪！」晉主恐其滋蔓不已，厚賂之，請以處直兄孫廷胤鎮易定，契丹怒稍解。

閩王曦弑其主昶而自立，稱藩于晉。初，閩以太祖元從爲拱宸、控鶴都，及閩主昶立，更募壯士爲腹心，號宸衛都，禄賜特厚，二都怨望，將作亂。昶好爲長夜之飲，强羣臣酒，醉則令左右伺其過失，從弟繼隆醉失禮，斬之。叔父延義陽爲狂愚以避禍，昶賜以道士服，幽於私第。數侮拱宸、控鶴軍使朱文進、連重遇，二人怨之。會北宫火，求賊不獲，昶命重遇將兵掃除餘燼，士卒苦之。又疑重遇知縱火之謀，欲誅之。内學士陳郯私告重遇。重遇帥二都兵迎延義，共攻昶。昶與李后如宸衛都。比明，宸衛戰敗，奉昶及李后出北關，至梧桐嶺，衆稍逃散。延義使兄子繼業將兵追之，及於村舍，醉而縊之，并李后及諸子皆死。延義自稱閩國王，更名曦，遣商人間道奉表稱藩于晉。

河決博州〔七〕。

八月，晉以馮道守司徒，兼侍中。詔中書知印，止委上相。由是事無巨細，悉委於道。晉主常訪以軍謀，對曰：「征伐大事，在聖心獨斷。臣書生，惟知謹守歷代成規而已。」晉主然之，寵遇無比。

晉以吴越王元瓘爲天下兵馬元帥。

晉以唐許王從益爲郇國公。從益尚幼，李后養於宫中，奉王淑妃如事母。

冬，十月，吴越王夫人馬氏卒。初，武肅王鏐禁中外畜聲妓，元瓘年三十餘無子，夫人爲之請於鏐，鏐喜，乃聽元瓘納妾。生弘倧、弘佐、弘俶等數人，夫人撫視慈愛如一，常置銀鹿於帳前，坐諸兒於上而弄之。

十二月，晉禁造佛寺。

漢平章事趙光裔卒。光裔相漢二十餘年，府庫完實，邊境無虞。及卒，漢復以其子損同平章事。

庚子（九四〇）

晉天福五年。是歲，凡五國、三鎮。

春，二月，晉北都留守安彥威入朝。彥威入朝，晉主曰：「吾所重者信與義。昔契丹以義救我，我今以信報之。聞其徵求不已，公能屈節奉之，深稱朕意。」對曰：「陛下以蒼生之故，猶卑辭厚幣以事之，臣何屈節之有！」晉主悦。

楚平羣蠻，立銅柱於溪州。初，溪州刺史彭士愁引羣蠻寇辰、澧，楚王希範遣兵討平之。自是羣蠻服於楚。希範自謂伏波之後，以銅五千斤鑄柱，高一丈二尺，入地六尺，銘誓狀於上，立之溪州。

唐康化節度使楊璉卒。璉謁平陵還，一夕大醉，卒於舟中。唐主追封，謚曰弘農靖王。

閩王曦遣兵擊其弟延政於建州，敗績。吴越遣兵救建州。夏五月，延政擊却之。曦驕淫苛虐，猜忌宗族，多尋舊怨。其弟建州刺史延政數以書諫之，曦怒，復書罵之，遣親吏業翹、杜漢崇監其軍。二人争捃延政陰事告於曦，由是兄弟積相猜恨。一日，翹與延政議事不叶，訶之曰：「公反邪！」延政怒，欲斬翹。翹奔南鎮，延政發兵就攻取之。曦遣統軍使潘師逵、吴行真將兵四萬擊延政〔八〕。延政求救於吴越，吴越王元瓘遣寧國節度使仰仁詮、都監使薛萬忠將兵四萬救之。丞相林鼎諫，不聽。三月，師逵分兵出戰，延政遣兵敗之。延政募死士入師逵壘，因風縱火。戰棹都頭陳誨殺師逵，其衆皆潰。行真將士棄營走。延政乘勝取永平、順昌二城。自是建兵始盛。仁詮等兵至，延政奉牛酒犒之，請班師。仁詮等不從。延政懼，復遣使乞師於曦。曦遣兵救之，遣輕兵絶吴越糧道。吴越軍食盡，延政遣兵出擊，大破之。唐主遣使如閩，和閩王曦及延政。延政遣牙將及女奴持誓書及香爐至福州，與曦盟于宣陵。然猜恨如故。

晉李金全以安州叛降于唐，晉遣馬全節討之，唐師敗績。胡漢筠不詣闕，晉乃以馬全節代李金全。漢筠紿金全曰：「進奏吏遣人來言，朝廷俟公受代，即按賈仁沼死狀。」金全大懼。漢筠因説金全自歸於唐，金全從之。晉主命馬全節討之，安審暉爲之副。金全奉表請降於唐，唐主遣鄂州屯營使李承裕、段處恭將兵三千逆之。金全詣唐軍，承裕入據安州。馬全節進軍與戰，大破之，承裕南走。全節入安州。審暉追敗唐兵，段處恭戰死，虜承裕及其衆，悉斬之，送監軍杜光業等于大梁。晉主曰：「此曹何罪？」皆歸之。初，盧文進之奔吴也，唐主命祖全恩將兵逆之，戒無入安州城，無得剽掠。承裕逆李金全，戒之如全恩。承裕貪剽掠，與晉戰，敗，失亡四千人，唐主惋恨累日，自以戒敕之不熟也。光業等至唐，唐主以其違命而敗，不受，遺晉主書曰：「邊校貪功，乘便據壘，軍法朝章，彼此不可。」帝復遣之，唐主遣戰艦拒之，乃還。晉主悉授唐諸將官，以其士卒爲顯義都，命舊將劉康領之。

司馬公曰：違命者將也，士卒從將之令者也，又何罪乎！受而戮其將以謝敵，吊士卒而撫之，斯可矣，何必棄民以資敵國乎！

秋，七月，閩王曦城福州西郭，度僧萬人。閩城西郭，備建人也。度民爲僧，民避重賦，多爲僧者。

晉贈賈仁沼、桑千等官，誅龐守榮於安州。李金全之叛也，安州副都指揮使桑千、王萬金、成彥温不從而死，都指揮使龐守榮誚其愚以徇金全之意。至是，贈賈仁沼及千等官，誅守榮於安州。金全至金陵，唐主待之甚薄。

晉西京留守楊光遠殺太子太師范延光。延光請歸河陽私第，許之。延光重載而行，光遠利其貨，且慮爲子孫之患，奏「延光叛臣，恐其逃入敵國，宜早除之」。不許。請「敕延光居西京」。從之。光遠使其子承貴以甲士圍其第，逼令自殺，延光曰：「天子賜我鐵券，爾父子何得如此？」承貴以白刃驅延光，擠于河，奏云「自赴水死」。晉主知其故，憚光遠之强，不敢詰。

晉詔諸州倉吏貸死抵罪。李崧奏：「諸州倉糧，於計帳之外所餘頗多。」晉主曰：「法外税民，罪同枉法。倉吏特貸其死，各痛懲之。」

晉罷翰林學士。學士李澣輕薄多酒失，晉主惡而罷之，併其職於中書舍人。

晉以楊光遠爲平盧節度使。光遠入朝，帝欲徙之他鎮，謂光遠曰：「圍魏之役，卿左右皆有功，尚未之賞。今當各除一州以榮之。」因以其將校數人爲刺史，徙光遠鎮青州。

胡氏曰：信者，帝王之大寶。石祖既許范延光以不死，而光遠擅殺之，光遠之罪，豈可貸乎！會其入朝，數以專殺戮而屍之，則信義兼著，恩威並行；曾不能然，復寵以大藩，晉祖失之矣。

冬，十月，晉加吳越王元瓘尚書令。

唐大赦。唐大赦，詔中外奏章無得言「睿」、「聖」，犯者以不敬論。

唐主如江都。唐主巡東都。太僕少卿陳覺以私憾奏泰州刺史褚仁規貪殘，罷爲扈駕都部署。覺始用事。

晉以閩王曦爲閩國王。

辛丑(九四一)

晉天福六年。是歲,凡五國、三鎮。

春,正月,吐谷渾降晉,不受。初,晉主割雁門之北以賂契丹,由是吐谷渾皆屬契丹,苦其貪虐,思歸中國。成德節度使安重榮復誘之。於是部落千餘帳來奔。契丹大怒,遣使來讓。晉主遣兵逐之,使還故土。

閩以王延政爲富沙王。延政請於閩王曦,欲以建州爲威武軍,自爲節度使。曦以建州爲鎮安軍,延政爲節度使,封富沙王。延政改鎮安曰鎮武而稱之。

二月,晉彰義節度使張彦澤殺其掌書記張式。彦澤欲殺其子,式諫止之,彦澤怒,射之。左右素惡式,從而譖之。式懼,謝病去,彦澤遣兵追之。晉主以彦澤故,流式商州。彦澤遣使詣闕求之,且曰:「彦澤不得張式,恐致不測。」晉主不得已與之。彦澤命決口剖心,斷其四支。

夏,四月,唐以陳覺、常夢錫爲宣徽副使。

唐遣使如晉。唐主遣通事舍人歐陽遇如晉,求假道以通契丹,不許。自黄巢以來,天下血戰數十年,然後諸國各有分土,兵革稍息。及唐主即位,江、淮豐稔,兵食有餘,羣臣争言北方多難,宜出兵恢復舊疆,唐主曰:「吾少長軍旅,見兵之爲民害深矣,不忍復言。使彼民安,則吾民亦安矣,又何求焉!」漢主遣使如唐，謀共取楚，分其地，唐主不許。

六月，晉成德節度使安重榮執契丹使者，上表請伐契丹。重榮耻臣契丹，見其使者，必箕踞慢罵，或潛遣人殺之。契丹以爲讓，晉主爲之遜謝。六月，重榮執契丹使拽剌，遣輕騎掠幽州南境，上表稱：「吐谷渾、兩突厥、渾、契苾、沙陀各帥部衆歸附，党項等亦納契丹告牒，言爲虜所陵暴，願自備十萬衆，與晉共擊契丹。陛下屢敕臣承奉契丹，勿自起釁端；其如天道人心，難以違拒。願早決計。」表數千言，大抵斥晉主父事契丹，竭中國以媚無厭之虜。又爲書遺朝貴及移藩鎮，云已勒兵，必與契丹決戰。晉主患之。時鄴都留守劉知遠在大梁。泰寧節度使桑維翰密上疏曰：「陛下免於晉陽之難而有天下，皆契丹之功，不可負也。今重榮恃勇輕敵，吐渾假手報仇，皆非國家之利，不可聽也。臣觀契丹士馬精强，戰勝攻取；其君智勇過人，其臣上下輯睦，牛馬蕃息，國無天災，此未可與爲敵也。且中國新敗，士氣彫沮。又和親既絶，則當發兵守塞，兵少則不足以待寇，兵多則饋運無以繼之；我出則彼歸，我歸則彼至，臣恐禁衛之士疲於奔命，鎮、定之地無復遺民。今天下粗安，烝民困弊，静而守之，猶懼不濟，其可妄動乎！契丹與國家恩義非輕，信誓甚著，彼無間隙而自啓釁端，就使克之，後患愈重；萬一不克，大事去矣。議者以歲輸繒帛謂之耗蠹，有所卑遜謂之屈辱，殊不知兵連禍結，財力將匱，耗蠹孰甚焉！武吏功臣過求姑息，屈辱孰大焉！臣願陛下訓農習戰，養兵息民，俟國無内憂，民有餘力，然後觀釁而動，則動必有成矣。又鄴都富盛，國家藩屏，今主帥赴闕，軍府無人，乞陛下略加巡幸，以杜姦謀。」晉主謂使者曰：「朕比日以來，煩懣不決，今見卿奏，如醉醒矣。」

胡氏曰：重榮耻臣契丹是也，請不獲命而興師，則叛而已矣；故其心似忠而非忠，其事似正而非正。不能釋位而去者，無寧訓齊師旅，富民保境，以待君命、事會之來，豈有終極乎！不能小忍，卒蹈大難，蓋匹夫之勇，淺中之見，不足尚也。

閩王曦殺其兄子繼業。閩王曦以書招泉州刺史王繼業還，賜死；殺其子於泉州。司徒楊沂豐與之親善，下獄族誅。自是宗族勳舊，相繼被誅，人不自保。諫議大夫黄峻舁櫬詣朝堂極諫，曦曰：「老物狂發矣。」貶漳州司户。曦淫侈無度，資用不給，謀於國計使陳匡範，匡範請日進萬金，曦悦。匡範增算商賈數倍，未幾不能足，貸諸省務錢以足之，恐事覺，憂悸而卒。曦祭贈甚厚。諸省務以貸帖聞，曦大怒，斲棺斷其屍，棄水中。以黄紹頗代之。紹頗請令欲仕者輸錢，以資望高下及户口多寡定其直，自百緡至千緡；從之。

秋，七月，晉以劉知遠爲北京留守。晉主憂安重榮跋扈，以知遠爲北京留守。知遠微時，爲晉陽李氏贅婿，嘗牧馬犯僧田，僧執而笞之。知遠至，首召其僧，命之坐，慰諭贈遺。衆心大悦。

吴越府署火。吴越府署火，吴越王元瓘驚懼發狂疾。唐人勸唐主乘弊取之，唐主曰：「奈何利人之災！」遣使唁之，且賙其乏。

閩王曦自稱大閩皇。曦自稱大閩皇，領威武節度；與王延政治兵相攻，互有勝負。鎮武判官潘承祐屢請息兵修好，延政不從。閩主使者至，延政對使者語悖慢，承祐長跪切諫，延政怒，顧左右曰：「判官之肉可食乎？」承祐不顧，聲色愈厲。

八月，晉以杜重威爲御營使。馮道、李崧屢薦重威，以爲御營使，代劉知遠，知遠由是恨二相。重威所至黷貨，民多逃亡。嘗出過市，謂左右曰：「人言我驅盡百姓，何市人之多也？」

胡氏曰：晉祖爲楊光遠而出桑維翰，爲杜重威而出劉知遠，此亡國之本也。契丹之事，翰、遠任之有餘矣。委付不專，則心不固；施設不久，則政不堅。他日契丹入寇，維翰無權，而知遠顧望，蓋晉祖使然也。宰相以知人善任使爲賢，馮道先薦杜重威，復引景延廣。此二人者，實喪晉國；繼之者猶用而不置，是不可曉也。

晉主如鄴都。晉主至鄴都，以詔諭安重榮曰：「吾因契丹得天下，爾因吾致富貴。吾不敢忘德，爾乃忘之何邪？今吾以天下臣之，爾欲以一鎮抗之，不亦難乎？宜審思之，無取後悔。」重榮得詔愈驕，聞山南東道節度使安從進有異志，陰遣使與之通謀。

吳越文穆王錢元瓘卒，子弘佐嗣。元瓘寢疾，察内都監使章德安忠厚，能斷大事，屬以後事。卒，内衙指揮使戴惲，元瓘養子弘侑乳母之親也。或告惲謀立弘侑。德安祕不發喪，與諸將謀，伏甲士於幕下，惲入府，執而殺之；廢弘侑，復姓孫，幽之明州。將吏以元瓘遺命，承制以弘佐爲節度使。弘佐温恭，好書禮士，躬勤政務，發擿姦伏，人不能欺。民有獻嘉禾者，弘佐問倉吏今蓄積幾何，對曰：「十年。」王曰：「然則軍食足矣，可以寬吾民。」乃命復其境内稅三年。

河決滑州。

冬，十月，晉劉知遠招納吐谷渾白承福等，徙之内地。劉知遠遣親將郭威以詔指説吐谷渾酋長白承福，令去安重榮歸朝廷。威曰：「虜惟利是嗜，安鐵胡止以袍袴賂之，今欲其來，莫若重賂，乃可致耳。」知遠從之，且使謂承福曰：「朝廷已割爾曹隸契丹，爾曹當自安部落；今乃南來助安重榮爲逆。重榮已爲天下所棄，朝夕敗亡；爾曹宜早從化，勿俟臨之以兵，南北無歸，悔無及矣。」承福懼，帥衆歸知遠，知遠處之太原、嵐、石之間，表領大同節度使；收其精騎，以隸麾下。達靼、契苾亦不附安重榮，重榮勢大沮〔九〕。

閩王曦稱帝。

十一月，晉山南東道節度使安從進舉兵反。晉主之發大梁也，和凝請曰：「車駕已行，安從進必反。請密留空名宣敕十數通，付留守鄭王重貴，聞變則書諸將名遣擊之。」從之。十一月，從進舉兵，重貴遣高行周、宋彦筠、張從恩討之。從進攻鄧州，節度使安審暉拒之。從進退至花山，遇張從恩兵，不意其至之速，合戰大敗，奔還襄州。

唐定田税。唐主性節儉，常躡蒲屨，盥頮用鐵盎，暑則寢於青葛帷。左右使令，惟老醜宫人，服飾粗略。死國事者，雖士卒皆給禄三年。分遣使者按行民田，以肥瘠定其税，民間稱其平允。自是江、淮調兵興役及他賦斂，皆以税錢爲率，至今用之。唐主勤於聽政，以夜繼晝。還自江都，不復宴樂，頗傷躁急。内侍王紹顔上書，以爲「今春以來，羣臣獲罪者衆，中外疑懼」。唐主手詔釋其所以然，令紹顔告諭中外。

十二月，荆南、湖南會晉師討襄州。

晉安重榮反，晉遣杜重威擊敗之。安重榮聞安從進反，遂集境内饑民數萬，南向鄴都，聲言入朝。晉主聞之，以杜重威爲招討使，馬全節副之。重威與重榮遇於宗城西南，再擊之不動，懼欲退。指揮使王重胤曰：「兵家忌退。鎮之精兵盡在中軍，請公分鋭士擊其左右翼，重胤爲公以契丹直衝其中軍，彼必狼狽。」重威從之。鎮人稍却，官軍乘之，鎮人大潰。重榮走還，嬰城自守。鎮人戰及凍死者二萬餘人。

漢主龑更名龑。漢主龑寢疾，有胡僧謂龑名不利，龑乃自造「龑」字名之，義取「飛龍在天」，讀若「儼」。

壬寅（九四二）

晉天福七年。六月，晉主重貴立。漢主玢光天元年。是歲，凡五國、三鎮。

春，正月，晉師入鎮州，安重榮伏誅。鎮州牙將自西郭水碾門導官軍入城，殺守陴民二萬人，執安重榮，斬之。杜重威殺導者，自以爲功。晉主函重榮首送契丹。

晉以杜重威爲順國節度使。晉改鎮州成德軍爲恒州順國軍，以杜重威爲節度使。重威表王瑜爲副使。瑜爲之重斂於民，恒人不勝其苦。

晉以王周爲彰義節度使。張式父鐸詣闕訟冤，故以周代張彦澤。

唐以宋齊丘知尚書省，尋罷之。齊丘固求豫政事，唐主聽入中書；又求領尚書，乃以齊丘知尚書省事。數月，親吏夏昌圖盗官錢三千緡，齊丘判貸其死，唐主大怒，斬昌圖。齊丘稱疾請罷，從之。

從之。

晉以陳延暉爲涼州節度使。涇州奏遣押牙陳延暉持敕書詣涼州，州中將吏請以爲節度使；

夏，四月，晉貶張彦澤爲龍武大將軍。彦澤在涇州，擅發兵擊諸胡，兵皆敗没，調民馬千餘匹以補之；還至陜，獲亡將楊洪，乘醉斷其手足而斬之。王周奏彦澤在鎮貪殘不法二十六條，民散亡者五千餘户。彦澤既至，晉主以其有軍功，釋不問。四月，諫議大夫鄭受益上言：「楊洪所以被屠，由陛下去歲送張式與彦澤，使之逞志，致彦澤敢肆凶殘，無所忌憚。見聞之人，無不切齒，而陛下曾不動心，一無詰讓。中外皆言陛下受彦澤所獻馬百匹，聽其如是，竊爲陛下惜此惡名。乞正彦澤罪法，以湔洗聖德。」疏奏留中。刑部郎中李濤等伏閤極論彦澤之罪，語甚切至。敕彦澤削一階，降爵一級。濤復與兩省及御史臺官伏閤奏請論如法。晉主召濤面諭之，濤端笏前迫殿陛論辯，聲色俱厲，晉主怒，連叱之，濤不退。晉主曰：「朕已許彦澤不死。」濤曰：「陛下許彦澤不死，不可負；不知范延光鐵券安在？」晉主拂衣起，入禁中；既而有是命。

漢主龔殂，子玢立。漢主龔寢疾，以其子秦王弘度、晉王弘熙皆驕恣，少子越王弘昌孝謹有智識，與右僕射王翷謀，出弘度、弘熙而立弘昌。會崇文使蕭益入問疾，以其事訪之，益曰：「立嫡以長，違之必亂。」乃止。龔爲人辯察多權數，好自矜大，窮奢極麗，宮殿悉以金玉珠翠爲飾；用刑慘酷，有灌鼻、割舌、支解、刳剔、炮炙、烹蒸之法，或聚毒蛇水中，以罪人投之，謂之「水獄」。楊洞潛諫，不聽。末年尤猜忌。以士人多爲子孫計，故專任宦者，由是其國宦者大盛。及殂，弘度即位，更名玢，以弘熙輔政。

胡氏曰：劉龑之不智亦甚哉！人惟愛其親，故及人之親；愛其子，故及人之子。何者？推類故也。宦者無父，何以知孝？無子，何以知慈？無父子慈愛之心，安得有君臣忠厚之道，而能爲長久計乎！

五月，唐以宋齊丘爲鎮南節度使。齊丘既罷，不復朝謁。唐主遣壽王景遂勞問，許鎮洪州，始入朝。唐主與之宴，酒酣，齊丘曰：「陛下中興，臣之力也，奈何忘之？」唐主怒曰：「公以遊客干朕，今爲三公，亦足矣。」齊丘曰：「臣爲遊客時，陛下乃偏裨耳。」明日，唐主手詔謝之曰：「朕之褊性，子嵩平昔所知〔一〇〕，少相親，老相怨，可乎？」乃以齊丘鎮洪州。

夏，六月，晉主敬瑭殂，兄子齊王重貴立。契丹以晉招納吐谷渾，遣使來讓，晉主憂悒成疾。一旦，馮道獨對，晉主命幼子重睿出拜之，又令宦者抱置道懷中，蓋欲道輔立之。六月，晉主殂，道與侍衛馬步都虞候景延廣議以國家多難，宜立長君，乃奉齊王重貴爲嗣。是日即位。延廣始用事，禁人偶語。初，高祖疾亟，有旨召劉知遠入輔政，晉主重貴寢之；知遠由是怨。

胡氏曰：晉祖以幼子委馮道，道不可者，盍明言之，乃含糊不對，死肉未寒，乃背顧命，其視苟息爲如何！

秋，七月，閩富沙王延政攻汀州不克，歸，敗福州兵於尤口。

晉以景延廣爲侍衛都指揮使。

漢循州盜張遇賢起，討之，不克。有神降於博羅縣民家，縣吏張遇賢事之甚謹。時循州盜賊羣起，莫相統一，共禱于神，神大言曰：「張遇賢當爲汝主。」於是羣帥共奉遇賢，稱王改元，攻掠海隅。遇賢年少，無他方略，諸將但告進退而已。漢主遣越王弘昌、循王弘杲討之，戰不利，爲賊所圍。指揮使陳道庠等力戰救之，得免。東方州縣，多爲遇賢所陷。

八月，晉討襄州，拔之，安從進伏誅。高行周圍襄州，逾年不下。奉國軍都虞候王清曰：「賊城已危，我師已老，民力已困，不早逼之，尚何俟乎！」與指揮使劉詞帥衆先登，拔之。從進舉族自焚。

閩主曦殺其從子繼柔。曦宴羣臣於九龍殿，從子繼柔不能飲，强之，繼柔私減其酒，曦怒，并客將斬之。

唐行昇元條。唐主自爲吴相，興利除害，變更舊法甚多。及即位，命法官删定爲昇元條三十卷，行之。

閩以余廷英同平章事。曦以同平章事余廷英爲泉州刺史。廷英掠人女子，事覺，曦以屬吏。廷英獻買宴錢萬緡，曦悦，明日召見，謂曰：「宴已買矣，皇后貢物安在？」廷英復獻錢於李后，乃遣歸泉州。自是諸州皆别貢皇后物。未幾，復召廷英爲相。

冬，十月，楚王希範作天策府。希範作天策府，極棟宇之盛，户牖欄檻皆飾以金玉。

十一月，晉復行官賣鹽法。先是，河南、北諸州官自賣海鹽，歲收緡錢十七萬；又散蠶鹽斂民錢。言事者稱民坐私販鹽抵罪者衆，不若聽民自販，而歲以官所賣錢直斂於民，謂之食鹽錢；高祖從之。俄而鹽價頓賤，每斤至十錢。至是，三司使董遇欲增求美利，而難於驟變前法，乃重征鹽商，過者七錢，留責者十錢。由是鹽商殆絶，而官復自責。其食鹽錢，至今斂之如故。

十二月，閩以李仁遇同平章事。仁遇，閩主曦之甥也，年少美姿容，得幸於曦，以爲左僕射，與吏部侍郎李光準並同平章事。曦荒淫無度，嘗夜宴，光準醉忤旨，命斬之，吏不敢殺，繫獄中；明日視朝，召復其位。他日，又宴，侍臣皆以醉去，獨翰林學士周維岳在，曦曰：「維岳身甚小，何飲酒之多？」左右曰：「酒有別腸，不必長大。」曦欣然命捽維岳下殿，欲剖視其酒腸，或曰：「殺維岳，無人復能侍陛下劇飲者。」乃捨之。

癸卯（九四三）

晉天福八年。南唐元宗璟保大元年，殷主王延政天德元年，南漢主晟乾和元年。是歲，并殷，凡六國、三鎮。

春，二月，晉主還東京。晉主之初即位也，大臣議奉表稱臣告哀於契丹，景延廣請致書稱孫而不稱臣，李崧曰：「陛下如此，他日必躬擐甲胄，與契丹戰，於時悔無益矣。」延廣固爭，馮道依違其間。晉主卒從延廣議。契丹大怒，遣使來責讓，延廣復以不遜語答之。契丹盧龍節度使趙延壽欲代晉帝中國，屢説契丹擊晉，契丹主頗然之。晉主聞契丹將入寇，還東京，然猶與契丹問遺相往來無虛月。

胡氏曰：即事而論，延廣亡晉之罪無可贖者；即情而論，則以晉父事虜，中外人心皆不能平。故慨然欲一灑之，而不思輕背信好，自生釁端，公卿不同謀，將帥有異意，君德荒穢，民力困竭，乃與虜鬭，何能善終！狹中淺謀，一朝之忿，亡其身以及其君。嗟夫！使延廣知「慮善以動，動惟厥時」之義，姑守前約，而内修政事，不越三四年，可以得志於北狄矣！

唐主昇殂。唐宣城王景達剛毅開爽，唐主愛之，屢欲以爲嗣，宋齊丘亟稱其才，唐主以璟年長而止。嘗如璟宫，遇璟親調樂器，大怒數日。幼子景逷母种氏有寵，乘間言景逷可爲嗣，唐主怒曰：「子有過，父訓之，常事也。國家大計，女子何得預知！」即命嫁之。方士獻丹，餌之，浸成躁急。羣臣奏事，往往暴怒；然有論辯中理者，亦斂容謝之。問道士王栖霞：「何道可致太平？」對曰：「王者治心治身，乃治家國。今陛下尚未能去饑嗔飽喜，何論太平！」凡所賜予，皆不受。駕部郎中馮延己爲齊王掌書記，性傾巧，與宋齊丘及陳覺相結，嘗戲謂中書侍郎孫晟曰：「公有何能？」晟曰：「晟，山東鄙儒，文章不如公，詼諧不如公，諂詐不如公。然主上使公與齊王遊處，蓋欲以仁義輔導之也，豈但爲聲色狗馬之友邪！晟誠無能；如公之能，適足爲國家之禍耳。」又有魏岑者，亦在齊府。給事中常夢錫屢言覺、延己、岑皆佞邪小人，不宜侍東宫。司門郎中蕭儼亦表覺姦回亂政。唐主頗寤〔一〕，未及去。會疽發背，疾亟，太醫吴廷裕遣親信召齊王璟入侍疾。唐主謂曰：「吾餌金石，始欲益壽，乃更傷生，汝宜戒之！」是夕，殂。祕不發喪，下制「以齊王監國」。孫晟恐馮延己等用事，欲稱遺詔令太后臨朝稱制。翰林學士李貽業曰：「先帝嘗云：『婦人預政，亂之本也。』安肯自爲厲階！此必近習姦人之詐也。且嗣君春秋已長，明德著聞，公何得遽爲亡國之言！若果宣行，吾必對百官毁之。」晟乃止。陳覺以烈祖末年卞急，近臣多罹譴罰，稱疾累月，及宣遺詔，乃出。蕭儼劾之，齊王不許。自烈祖相吴，禁壓良爲賤，令買奴婢者通官作券。馮延己及弟延魯俱在元帥府，欲自買妾，乃草遺詔聽民賣男女；蕭儼駁曰：「此必延己等所爲，非大行之命也。昔延魯爲東都判官，已有此請；先帝訪臣，臣對曰：『陛下昔爲吴相，民有鬻男女者，爲出府金，贖而歸之，故遠近歸心。今即位而反之，可乎？』先帝斜封延魯章，抹三筆，持入宫。今必尚在。」齊王求，果得之；然以遺詔已行，不之改。

閩富沙王延政稱帝於建州，國號殷。延政稱帝，以潘承祐爲吏部尚書，楊思恭爲兵部尚書，同平章事。國小民貧，軍旅不息，思恭以善聚斂得幸，增田畝山澤之税，至於魚鹽蔬果無不倍征，國人謂之楊剥皮。

晉以桑維翰爲侍中。

唐主璟立。唐元宗即位，大赦，改元保大。祕書郎韓熙載請俟逾年改元，不從。唐主未聽政，馮延己屢入白事，一日至數四。唐主曰：「書記有常職，今何煩也！」唐主爲人謙謹，不名大臣，數延公卿論政體。李建勳謂人曰：「主上寬仁大度，優於先帝；但性習未定，苟旁無正人，恐不能守先帝之業耳。」初，唐主爲齊王，知政事，每有過失，常夢錫常直言規正；始雖忿懟，終以諒直多之。及即位，許以爲翰林學士，齊丘之黨疾之，坐封駁制書，貶池州判官。池州多遷客，節度使王彦儔防制過甚，幾不聊生，惟事夢錫如在朝廷。宋齊丘待陳覺素厚，唐主亦以爲才，委任之。馮延己、延魯、魏岑皆依附覺，與查文徽更相汲引，浸蠹政事，唐人謂爲「五鬼」。延魯自員外郎遷中書舍人，江州觀察使杜昌業聞之，歎曰：「國家所以驅駕羣臣，在官爵而已。若一言稱旨，遽躋通顯，後有立力功者，何以賞之！」未幾，岑及文徽皆爲樞密副使。會覺遭母喪，岑即暴揚覺過惡，擯斥之。

漢晉王弘熙弑其主玢而自立，更名晟。漢主玢驕奢不親政事，居喪無禮；左右忤意輒死，無敢諫者，惟越王弘昌及内常侍吴懷恩屢諫，不聽；常猜忌諸弟。晉王弘熙欲圖之，乃盛飾聲妓，娱悦其意，以成其惡。玢好手搏，弘熙令指揮使陳道庠引力士劉思潮等五人習手搏，漢主與諸王宴而觀之。至夕，大醉，弘熙使道庠、思潮等掖漢主，因拉殺之。弘熙即位，更名晟。以弘昌爲太尉。道庠等皆受賞賜甚厚。

閩主曦立尚氏爲賢妃。妃有殊色，曦嬖之。醉中，妃所欲殺則殺之，所欲宥則宥之。

夏，四月朔，日食。

五月，殷削其平章事潘承祐官爵。承祐上書陳十事，大指言：「兄弟相攻，逆傷天理，一也。賦斂煩重，力役無節，二也。發民爲兵，羇旅愁怨，三也。楊思恭奪人衣食，使歸怨於上，四也。疆土狹隘，多置州縣，增吏困民，五也。除道裹糧，將攻臨汀，曾不憂金陵、錢塘乘虚相襲，六也。括高貲户，財多者補官，逋負者被刑，七也。延平諸津，征果菜魚米，獲利至微，斂怨甚大，八也。與唐、吴越爲鄰，即位以來，未嘗通使，九也。宫室臺榭，崇飾無度，十也。」殷主延政大怒，削承祐官爵，勒歸私第。

漢主晟殺其弟弘杲。漢主晟既立，國中議論詾詾。循王弘杲請斬劉思潮等以謝中外，不從。思潮等聞之，譖弘杲謀反，漢主令思潮等伺之。思潮斬弘杲。於是漢主謀盡誅諸弟，以越王弘昌賢而得衆，尤忌之。

閩主曦殺其校書郎陳光逸。光逸上書陳曦大惡五十事，曦怒殺之。

秋，七月〔一二〕，晉遣使括民穀。詔以年饑，國用不足，分遣使者六十餘人，於諸道括民穀。

吳越貶其都監使章德安於處州。吳越王弘佐初立，上統軍使闞璠强戾，排斥異己，弘佐不能制。章德安數與之爭，右都監使李文慶亦不附璠。璠貶德安、文慶于外，與右統軍使胡思進益專横。

唐主立其弟景遂爲齊王、景達爲燕王。唐主緣烈祖意，以景遂爲諸道兵馬元帥，徙封齊王，居東宫；景達爲副元帥，徙封燕王；宣告中外，約以傳位。景遂、景達固辭，不許。景遂自誓必不敢爲嗣，更其字曰退身。又立景逷爲保寧王。宋太后怨种夫人，屢欲害景逷，唐主力保全之。

九月，晉主尊其母安氏爲太妃。晉主事太后、太妃甚謹，多侍食於其宫，待諸弟亦友愛。

晉執契丹回圖使喬榮，既而歸之。初，河陽牙將喬榮從趙延壽入契丹，契丹以爲回圖使，往來販易於晉，置邸大梁。至是，景延廣説晉主囚榮於獄，凡契丹販易在晉境者皆殺之，奪其貨。大臣皆言契丹不可負，乃釋榮，慰賜而歸之。榮辭延廣，延廣大言曰：「歸語而主，先帝爲北朝所立，故稱臣奉表。今上乃中國所立，所以降志於北朝者，正以不敢忘先帝盟約故耳，爲鄰稱孫足矣，無稱臣之理。翁怒則來戰，孫有十萬横磨劍，足以相待。他日爲孫所敗，取笑天下，毋悔也。」榮欲爲異時據驗，乃曰：「公所言頗多，懼有遺忘，願記之紙墨。」延廣命吏書其語以授之。榮具以白契丹主，契丹主大怒，入寇之志始決。晉使如契丹者皆縶之。桑維翰屢請遜辭以謝契丹，每爲延廣所沮。晉主以延廣爲有定策功，故寵冠羣臣；又總宿衛兵，故大臣莫能與之爭。河東節度使劉知遠知延廣必致寇而不敢言，但益募兵，增置十餘軍，以備契丹。

冬，十月，晉主立其叔母馮氏爲后。初，高祖愛少弟重胤，養以爲子，娶馮濛女爲其婦。重胤早卒，馮夫人寡居，有美色。晉主初立，納之，羣臣皆賀。因與夫人酣飲，過梓宫前，醊而告曰：「皇太后之命，與先帝不任大慶。」左右失笑，晉主亦自笑，顧謂左右曰：「我今日作新婿，何如？」夫人與左右皆大笑。太后雖恚，而無如之何。至是，立以爲后，頗預政事。兄玉時爲鹽鐵判官，擢爲端明殿學士，與議政事。

胡氏曰：出帝之少也，高祖使博士王震教以禮記，久之不能通大義，謂震曰：「此非我家事也。」夫禮文制度，其數固難通也；若其大義，施於父子君臣人倫之際者，王震當引譬目前之事，以證先聖之教，則雖市人猶或可曉，何出帝如是之懵乎？

張遇賢侵唐境，唐遣兵擒斬之。遇賢爲漢所敗，告于神，神曰：「取虔州則大事可成。」遇賢遂趣虔州。唐主遣洪州都虞候嚴恩將兵討之，以通事舍人邊鎬爲監軍。鎬用虔州人白昌裕爲謀主，擊遇賢，屢破之。遇賢禱於神，神不復言，其徒大懼。昌裕勸鎬伐木開道，出其營後襲之。其下執遇賢以降，斬於金陵市。

十二月，晉楊光遠誘契丹入寇。初，高祖以馬三百借平盧節度使楊光遠，景延廣以詔命取之。光遠怒，密召其子單州刺史承祚。承祚稱母病，夜，開門奔青州。晉主遣内班賜光遠玉帶、御馬、金帛以安其意。遣步軍指揮使郭謹、領軍衛將軍蔡行遇將兵戍鄆州。光遠遣騎兵入淄州，劫刺史翟進宗以歸，密告契丹，以晉境大饑，乘此攻之，一舉可取。趙延壽亦勸之。契丹主乃集兵五萬，使延壽將之，經略中國，曰：「若得之，當立汝爲帝。」延壽信之，爲盡力。朝廷頗聞其謀，遣使城南樂及德清軍，徵近道兵以備之。

唐以宋齊丘爲青陽公，遣歸九華。唐侍中周宗年老恭謹，中書令宋齊丘樹黨傾之。宗泣訴於唐主，唐主由是薄齊丘。齊丘忿懟，表乞歸九華舊隱。唐主知其詐，一表即從之，仍賜號九華先生，封青陽公。齊丘乃治大第於青陽，服御、將吏皆如王公，而憤邑尤甚。

晉旱、水、蝗，民大饑。是歲，晉境春夏旱，秋冬水；蝗大起，原野、山谷、城郭、廬舍皆滿，竹木葉俱盡；重以官括民穀，使者督責嚴急，不留其食，有坐匿穀抵死者，縣令往往納印自劾去。民餒死者數十萬口，流亡不可勝數。朝廷以恒、定饑甚，獨不括民穀。杜威奏請如例，用判官王緒謀，檢索殆盡，得百萬斛，威止奏三十萬斛，餘皆入其家。又令判官李沼稱貸於民，復滿百萬斛，闔境苦之。定州吏欲援例爲奏，節度使馬全節不許，曰：「吾爲觀察使，職在養民，豈忍效彼所爲乎！」

楚作九龍殿。楚地多產金銀，茶利尤厚。楚王希範奢欲無厭，務窮侈靡，作九龍殿，刻沉香爲八龍，飾以金寶，長十餘丈，抱柱相向；希範居中，自爲一龍，其幞頭脚長丈餘，以象龍角。用度不足，重爲賦斂。每遣使者行田，專以增頃畝爲功，民多逃去。希範曰：「但令田在，何憂無穀！」命籍逃田，募民耕藝。民捨故從新，僅能自存，自西徂東，各失其業。又聽人入財拜官，富商大賈，布在列位。外官還者，必責貢獻。民有罪，則富者輸財，强者爲兵，惟貧弱受刑。用孔目官周陟議，令常稅之外，大縣貢米二千斛，中千斛，小七百斛，無米者輸布帛。天策學士拓跋恒上書曰：「殿下長深宮之中，藉已成之業，身不知稼穡之勞，耳不聞鼓鼙之音，馳騁遨遊，雕墻玉食。府庫盡矣，而浮費益甚；百姓困矣，而厚斂不息。今淮南爲仇讎之國，番禺懷呑噬之志，荆渚日圖窺伺，溪洞待我姑息。諺曰：『足寒傷心，民怨傷國。』願罷輸米之令，誅周陟以謝郡縣，去不急之務，減興作之役，無令一旦禍敗，爲四方所笑。」希範大怒。他日，請見，辭以晝寢。恒謂客將曰：「王逞欲而愎諫，吾見其千口飄零無日矣。」王益怒，遂終身不復見之。

閩御史中丞劉贊卒。閩主曦嫁其女，取班簿閱視之，朝士有不賀者十二人，皆杖之於朝堂。以贊不舉劾，亦將杖之，贊義不受辱，欲自殺。諫議大夫鄭元弼諫曰：「古者刑不上大夫。中丞儀刑百僚，豈宜加之箠楚！」曦正色曰：「卿欲效魏徵邪？」元弼曰：「臣以陛下爲唐太宗，故敢效魏徵。」曦怒稍解，乃釋贊。贊竟以憂卒。

甲辰（九四四）

晉開運元年。是歲，凡六國、三鎮，閩亡。

春，正月，契丹陷晉貝州，權知州事吴巒敗死。晉遣兵禦之。契丹前鋒將趙延壽、趙延照將兵入寇，逼貝州。先是，朝廷以貝州水陸要衝，多聚芻粟，爲大軍數年之儲。軍校邵珂性凶悖，節度使王令温黜之，珂怨望，密遣人亡入契丹，言貝州易取。會令温入朝執政，以吴巒權知州事。契丹入寇，巒書生，無爪牙，珂請效死，巒使將兵守南門，自守東門。契丹主自攻貝州，巒悉力拒之，燒其攻具殆盡。珂引契丹自南門入，巒赴井死。契丹遂陷貝州，所殺且萬人。晉以高行周爲都部署，與符彦卿、皇甫遇等將兵禦之。

唐主敕齊王景遂參決庶政，既而罷之。唐主決欲傳位於齊、燕二王。翰林學士馮延己等因之欲隔絶中外以擅權，請敕「齊王景遂參決庶政，百官惟魏岑、查文徽得白事，餘非召對不得見」。唐主從之，國人大駭。給事中蕭儼上疏極論，不報。侍衛都虞候賈崇叩閤求見，曰：「臣事先帝三十年，觀其延接疏遠，孜孜不怠，下情猶有不通者。陛下新即位，所任者何人，而頓與羣臣謝絶？臣老矣，不復得奉顔色。」因涕泗嗚咽。唐主感悟，遽收前敕。唐主於宫中作高樓，召侍臣觀之，衆皆歎美，蕭儼曰：「恨樓下無井。」唐主問其故，對曰：「以此不及景陽樓耳。」唐主怒，貶於舒州，觀察使孫晟遣兵防之，儼曰：「儼以諫諍得罪，非有他志。昔顧命之際，君幾危社稷，其罪顧不重於儼乎？今日反見防邪！」晟遽罷之。

胡氏曰：孫晟，唐之良臣，其欲令太后臨朝也，特以遏馮延己之徒，謀之不臧而已，非生厲階也；而蕭儼直以幾危社稷責之，過矣。晟乃能不以其言爲憾，不亦賢乎！

晉主自將次澶州，遣劉知遠、杜威、張彦澤將兵禦契丹。晉主遣使持書遺契丹，契丹已屯鄴都，不得通而返。以景延廣爲御營使，高行周以前軍先發。時用兵方略號令皆出延廣，延廣乘勢使氣，陵侮諸將，雖天子亦不能制。晉主發東京。契丹至黎陽。晉主至澶州。契丹主屯元城。契丹别將寇太原，劉知遠與白承福合兵擊之。詔以知遠爲招討使，杜威爲副使，馬全節爲都虞候；遣張彦澤等將兵拒契丹於黎陽。復遣譯者致書於契丹，求修舊好。契丹主復書曰：「已成之勢，不可改也。」太原奏破契丹偉王於秀容，契丹遁去。

二月，契丹渡河，晉主自將及遣李守貞等分道擊之，契丹敗走。晉天平節度副使顔衎遣觀察判官竇儀奏博州刺史周儒降契丹，又與楊光遠通使，引契丹自馬家口濟河。儀謂景延廣曰：「虜若與光遠合，則河南危矣。」延廣然之。二月朔，命石贇守麻家口，白再榮守馬家口。未幾，周儒引契丹主之從弟麻答自馬家口濟河，營於東岸，攻鄆州北津以應楊光遠。晉遣李守貞、皇甫遇、梁漢璋、薛懷讓將兵萬人，緣河水陸俱進。契丹圍高行周、符彦卿及先鋒使石公霸於戚城。先是，景延廣令諸將分地而守，無得相救。行周等告急，延廣徐白晉主，晉主自將救之，契丹解去。三將泣訴救兵之緩，幾不免。守貞等至馬家口。契丹遣步卒萬人築壘，散騎兵於其外，餘兵數萬屯河西，渡未已，晉兵薄之，契丹騎兵退走，晉兵進攻其壘，拔之。契丹大敗，溺死數千人，俘斬亦數千人。河西之兵慟哭而去，由是不敢復東。初，契丹主得貝州、博州，皆撫慰其人，或拜官賜服章。及敗於戚城及馬家口，忿恚，所得民皆殺之。由是晉人憤怒，勠力爭奮。

晉定難節度使李彝殷侵契丹以救晉。

晉詔劉知遠擊契丹，知遠屯樂平不進。

晉百官奏請其主聽樂，不許。晉主居喪期年，即於宫中奏細聲女樂。及出師，常奏羌笛，擊鼓歌舞，曰：「此非樂也。」及百官表請聽樂，則詔不許。

楊光遠圍晉棣州，大敗，走還。

三月，契丹寇晉澶州，不克，引還。契丹僞棄元城去，伏精騎於古頓丘城，以俟晉軍與恒、定之兵合而擊之。大軍欲進追之，會霖雨而止。契丹人馬饑疲，趙延壽曰：「晉軍悉在河上，畏我鋒鋭，必不敢前；不如即其城下，四合攻之，奪其浮梁，則天下定矣。」契丹主從之，三月朔，自將兵十餘萬陳於澶州城北。高行周與戰，自午至晡，互有勝負。契丹主以精兵當中軍而來，晉主亦出陳以待之。契丹主望見晉軍之盛，謂左右曰：「楊光遠言晉兵半已餒死，今何其多也！」以精騎左右略陳，晉軍不動，萬弩齊發，飛矢蔽地，契丹稍却，兩軍死者不可勝數。昏後，契丹引去。契丹主帳中小校亡來，云：「契丹已傳木書，收軍北去。」景延廣疑有詐，閉壁不敢追。契丹主北歸，所過焚掠，民物殆盡。

漢主晟殺其弟越王弘昌。

閩指揮使朱文進弒其主曦而自立。閩拱宸都指揮使朱文進、閤門使連重遇既弒昶，常懼國人之討，相與結昏以自固。閩主曦果於誅殺，嘗因醉殺控鶴指揮使魏從朗。從朗，朱、連之黨也。又嘗酒酣誦白居易詩云：「惟有人心相對間，咫尺之情不能料。」因舉酒屬二人，二人大懼。李后妒尚賢妃之寵，欲弒曦而立其子亞澄，使人告二人曰：「主上殊不平於二公，奈何？」會后父李真有疾，曦往問之。文進、重遇使馬步使錢達弒曦於馬上，召百官告之曰：「天厭王氏，宜更擇有德者立之。」衆莫敢言。重遇乃推文進升殿，被衮冕，帥羣臣北面稱臣。文進自稱閩主，悉收王氏宗族五十餘人，皆殺之。以重遇總六軍。禮部尚書鄭元弼抗辭不屈。殷主延政遣統軍使吴成義將兵討文進〔一三〕，不克。文進以黄紹頗爲泉州刺史。

晉籍鄉兵。每七户共出兵械資一卒，號武定軍。時兵荒之餘，復有此擾，民不聊生。

夏，四月，晉主還大梁，以景延廣爲西京留守。晉主命高行周、王周留鎮澶州，遂還大梁。景延廣既爲上下所惡，晉主亦憚之。桑維翰引其不救戚城之罪，出爲西京留守。以高行周爲侍衛馬步都指揮使。延廣鬱鬱不得志，日夜縱酒。

晉遣使分道括率民財。晉朝因契丹入寇，國用愈竭，復遣使者三十六人分道括率民財，各封劍以授之。使者多從吏卒，攜鎖械、刀杖入民家，大小驚懼，求死無地。州縣吏復因緣爲姦。河南府出緡錢二十萬，景延廣率三十七萬，留守判官盧億曰：「公位兼將相，富貴極矣。今國家不幸，府庫空竭，不得已取於民，公何忍復因而求利，爲子孫之累乎！」延廣慚而止。先是，詔以楊光遠叛，命兗州修守備。節度使安審信以治樓堞爲名，率民財以實私藏。括率使至，賦緡錢十萬，指取一囷，已滿其數。

晉遣李守貞討楊光遠於青州，契丹救之，不克。

晉太尉、侍中馮道罷，以桑維翰爲中書令兼樞密使。道雖爲首相，依違兩可，無所操決。或謂晉主曰：「馮道承平之良相，今艱難之際，譬如使禪僧飛鷹耳。」乃以爲匡國節度使。或謂晉主曰：「陛下欲禦北狄，安天下，非桑維翰不可。」遂復置樞密院，以維翰爲中書令兼樞密使〔一四〕，事無大小，悉以委之。數月之間，朝廷差治。

晉滑州河決，發民塞之。滑州河決，浸汴、曹、單、濮、鄆五州之境。詔大發數道丁夫塞之。既塞，晉主欲刻碑紀其事，中書舍人楊昭儉諫曰：「陛下刻石紀功，不若降哀痛之詔；染翰頌美，不若頒罪己之文。」晉主乃止。

晉以折從遠爲府州團練使。初，高祖割地以賂契丹，府州與焉。會契丹欲盡徙河西之民以實遼東，州人大恐，刺史折從遠因保險拒之。及晉與契丹絶，從遠引兵深入，拔十餘寨，故有是命。

晉復置翰林學士。以李愼儀爲承旨，劉温叟、徐台符、李澣、范質爲學士。

秋，八月，晉以劉知遠爲行營都統，杜威爲招討使，督十三節度以備契丹。桑維翰兩秉朝政，出楊光遠、景延廣於外，至是一制指揮，節度使十五人無敢違者，時人服其膽略。朔方節度使馮暉上章自陳未老可用，而制書見遺。維翰召學士使爲答詔曰：「非制書忽忘，實以朔方重地，非卿無以彈壓。比欲移卿内地，受代亦須奇才。」暉得詔甚喜。時軍國多事，咨請輻湊，維翰隨事裁決，初若不經思慮，人疑其疏略，退而熟議之，亦終不能易也。然頗任愛憎，恩怨必報，人亦以是少之。契丹之入寇也，晉主再命劉知遠會兵山東，皆不至。晉主疑之，謂所親曰：「太原殊不助朕，必有異圖。」至是雖爲都統，而實無臨制之權，密謀大計，皆不得預。知遠亦知見疏，但愼事自守而已。郭威見知遠有憂色，謂知遠曰：「河東山河險固，風俗尚武，土多戰馬，静則勤稼穡，動則習軍旅，此霸王之資也，何憂乎！」

胡氏曰：宰制運動，據權之所易；知人善任，當國之所難。是時劉光遠、杜重威之徒皆爲制將，而維翰不能區别諸人材否，既一概用之，又不委知遠以權，此失之大者。維翰非於知遠有憾，特不深知之爾。或曰：「知遠先恨李崧，又恨出帝，君臣有隙，未易平也。」曰：維翰不欲禦敵則已，必欲禦敵，師克在和，無寧力啓上心，解崧之意，加禮河東，又致書知遠，使坦懷釋怨，以濟國爲務，而專付統御之權，晉亦豈遽亡乎！

朱文進稱藩于晉，晉以爲閩國王。

晉置鎮寧軍於澶州。

九月朔，日食。

冬，十一月，閩泉州牙將留從效等誅朱文進所署刺史黄紹頗，傳首建州。泉州散員指揮使留從效謂同列曰：「朱文進屠滅王氏，遣腹心分據諸州。吾屬世受王氏恩，而交臂事賊，一旦富沙王克福州，吾屬死有餘愧！」衆以爲然。十一月，各引軍中所善壯士，夜飲於從效之家，從效紿之曰：「富沙王已平福州，密旨令吾屬討黄紹頗。諸君從吾言，富貴可圖；不然，禍且至矣。」衆皆踴躍，操白梃，逾垣而入，執紹頗斬之。從效持州印詣王繼勳第，請主軍府。函紹頗首，遣副使陳洪進齎詣建州。延政以繼勳爲泉州刺史，從效、洪進皆爲都指揮使。

十二月，晉師圍青州，楊光遠之子承勳劫其父以降。李守貞圍青州經時，城中食盡，餓死者太半。契丹援兵不至，楊光遠遥稽首於契丹曰：「皇帝，皇帝，誤光遠矣！」其子承勳勸光遠降，冀全其族，光遠不許。承勳斬勸光遠反者判官丘濤等，送其首於守貞，縱火大譟，劫其父出居私第，上表待罪，開城納官軍。

殷遣兵討朱文進，唐遣兵攻殷。朱文進聞黄紹頗死，大懼，募兵攻泉州。留從效與福州兵戰，大破之。殷主延政遣吴成義帥戰艦千艘攻福州，朱文進求救於吴越。初，唐翰林待詔臧循與樞密副使查文徽同鄉里，循常爲賈人，習福建山川，爲文徽畫取建州之策。文徽表請擊延政，國人多以爲不可。文徽獨奏言攻之必克。唐主以邊鎬爲行營都虞候，將兵從文徽伐殷，屯蓋竹，閩泉、漳、汀降于殷，退保建陽。循屯邵武，邵武民執循送建州斬之。

閏月，晉李守貞殺楊光遠。朝廷以光遠罪大，而諸子歸命，難於顯誅，命守貞以便宜從事。守貞遣人拉殺光遠，以病死聞。起復承勳，除汝州防禦使。

胡氏曰：光遠不肯臣事契丹是也，既而舉兵與契丹合，則其情實反矣。承勳以義迫其父，開門納官軍，變而不失正，亦可矣；父既被殺，而已乃受賞，於心何安！無乃被圍之時，自虞及禍，故爲劫降之計歟？

閩人討殺朱文進，傳首建州。殷吳成義聞有唐兵，詐使人告福州吏民曰：「唐助我討賊臣，大兵今至矣。」福人益懼，南廊承旨林仁翰謂其徒曰：「吾曹世事王氏，今受制賊臣，富沙王至，何面見之！」帥其徒三十人被甲趣連重遇第，刺殺之，斬其首，以示衆曰：「富沙王且至，汝輩族矣。今重遇已死，何不亟取文進以贖罪！」衆踴躍從之，遂斬文進，迎吳成義入城。函二首送建州。

契丹復入寇。契丹復大舉入寇，趙延壽引兵先進，至邢州。晉主欲自將拒之，會有疾，命天平節度使張從恩、鄴都留守馬全節、護國節度使安審琦會諸道兵屯邢州，武寧節度使趙在禮屯鄴都。契丹主以大兵繼至，建牙於元氏。朝廷憚契丹之盛，詔從恩等引兵稍却，於是忷懼無復部伍，委棄器甲，所過焚掠，比至相州，不復能整。

乙巳(九四五)

晉開運二年。是歲，凡五國、三鎮，殷改稱閩而亡。

春，正月，契丹至相州引還，晉主自將追之。

詔趙在禮還屯澶州，馬全節還鄴都；又遣張彥澤屯黎陽，景延廣守胡梁渡。契丹寇邢、洺、磁三州，殺掠殆盡，入鄴都境。張從恩、馬全節、安審琦悉兵陳於相州安陽水之南。皇甫遇與濮州刺史慕容彥超將數千騎前覘契丹，至鄴縣，遇契丹數萬，遇等且戰且卻，至榆林店，契丹大至，二將謀曰：「吾屬今走，死無遺矣！」乃止，布陳，自午至未，力戰百餘合，相殺傷甚衆。遇馬斃，步戰，其僕杜知敏以所乘馬授之；戰稍解，顧知敏已爲契丹所擒，遇曰：「知敏義士，不可棄也。」與彥超躍馬入陳，取知敏而還。俄而契丹繼出新兵來戰，二將曰：「吾屬勢不可走，以死報國耳。」日且暮，安陽諸將怪覘兵不還，審琦即引騎兵出，將救之，從恩曰：「虜衆猥至，盡吾軍恐未足以當之，公往何益！」審琦曰：「成敗，天也，萬一不濟，當共受之。借使虜不南來，坐失皇甫太師，吾屬何顏以見天子！」遂逾水而進。契丹解去，遇等乃得還。彥超，本吐谷渾也，與劉知遠同母。契丹亦引軍退，其衆自相驚曰：「晉軍悉至矣！」時契丹主在邯鄲，聞之，即時北遁，不再宿，至鼓城。從恩等議曰：「契丹傾國而來，吾兵少糧盡，死無日矣。不若引軍就黎陽倉，南倚大河以拒之，可以萬全。」議未決，從恩引兵先發，諸軍繼之，擾亂失亡，復如發邢州之時。留步兵五百守安陽橋，夜四鼓，知相州事符彥倫謂將佐曰：「此夕紛紜，人無固志，五百弊卒，安能守橋！」即召入，乘城爲備。至曙，望之，契丹數萬騎已陳於安陽水北，彥倫命城上揚旌鼓譟約束。契丹不測，逾水環州而南，聞張彥澤兵至，引還。全節等不敢追。晉主疾小愈，河北相繼告急，晉主曰：「此非安寢之時！」乃部分諸將爲行計。馬全節等奏：「據降者言，虜衆不多，宜乘其散歸種落，大舉徑襲幽州。」晉主以爲然，徵兵諸道，下詔親征，發大梁。

殷改國號曰閩。閩之故臣共迎殷主延政，請歸福州，改國號曰閩。延政以方有唐兵，未暇徙都，以從子繼昌鎮福州，以指揮使黄仁諷將兵衛之，賞林仁翰甚薄。仁翰未嘗自言其功，發兩軍甲士萬五千人，詣建州以拒唐。

二月，晉主至澶州，諸將引軍北上。晉主至澶州，馬全節等諸軍以次北上。劉知遠聞之曰：「中國疲弊，自守恐不足，乃横挑强胡，勝之猶有後患，況不勝乎！」

胡氏曰：以知遠自守之言思之，晉若用之爲統帥，必以保境不戰爲務，此固弊虜之良策也。晉之所以大困者，正繇無歲不戰耳。向使河北諸鎮厚蓄其力，相爲掎角，虜來則禦，去則勿追，以逸待勞，須其可乘之勢，德光其能得志於中國乎！知遠所以保河東者，正用此術故。深惜出帝疑之，李崧疏之，而桑維翰用之不盡其才也。

契丹陷晉祁州，刺史沈斌死之。契丹以羸兵驅牛羊過祁州城下，晉刺史沈斌出兵擊之，契丹以精騎奪其門，州兵不得還，趙延壽引契丹急攻之。斌在城上，延壽語之曰：「使君何不早降？」斌曰：「侍中父子失計，陷身虜庭，忍帥犬羊以殘父母之邦，不自愧耻，更有驕色，何哉？沈斌弓折矢盡，寧爲國家死耳，終不效公所爲！」明日城陷，斌自殺。

晉以馮玉爲樞密使。晉端明殿學士馮玉、宣徽北院使李彦韜皆挾恩用事，惡桑維翰，數毁之。

晉主欲罷桑維翰政事，李崧、劉昫固諫而止。請以玉爲樞密副使，玉殊不平。中旨以玉爲樞密使，以分維翰之權。彦韜少事閻寶，爲僕夫，後隸高祖帳下，有寵於晉主，性纖巧，與嬖幸相結，以蔽耳目，至於升黜將相，亦得預議。常謂人曰：「吾不知朝廷設文官何所用，且欲澄汰，徐當盡去之。」

閩人及唐人戰，閩人敗績。唐查文徽表求益兵，唐主遣祖全恩將兵會之，屯赤嶺。閩主延政遣僕射楊思恭、統軍使陳望將兵萬人拒之，列栅水南，旬餘不戰，唐人不敢逼。思恭以延政之命督望戰，望曰：「江、淮兵精，其將習武事，國之安危，繫此一舉，不可不萬全而後動。」思恭怒，望不得已，引兵涉水與唐戰。全恩等以大軍當其前，使奇兵出其後，大破之。望死，思恭僅以身免。延政大懼，嬰城自守，召泉州兵分守要害。

三月，閩李仁達作亂，以僧卓巖明稱帝，閩主延政遣兵討之。初，光州人李仁達仕閩，叛奔建州；及朱文進之亂，復叛奔福州。浦城人陳繼珣亦叛閩主延政奔福州。至是，二人不自安。王繼昌暗弱嗜酒，不恤將士，將士多怨。仁達與繼珣説黄仁諷殺繼昌及吴成義。仁達欲自立，恐衆心未服，以雪峯寺僧卓巖明素爲衆所重，相與迎之，立以爲帝，帥將吏北面拜之。然猶遣使稱藩于晉。延政聞之，族黄仁諷家，命統軍使張漢真將水軍五千，會漳、泉兵討巖明。

契丹還軍南下，晉都排陳使符彦卿等擊之，契丹敗走。夏四月，晉主還大梁。杜威等諸軍會于定州，攻契丹，泰州降之。取滿城，獲契丹二千人。取遂城。趙延壽部曲有降者言：「契丹主還至虎北口，聞晉取泰州，復擁衆南向，約八萬餘騎，計來夕當至。」威等懼，退至陽城。契丹大至。晉軍與戰，逐北十餘里，契丹逾白溝而去。晉軍結陳而南，胡騎四合如山，諸軍力戰拒之，人馬饑乏。至白團衛村，埋鹿角爲行寨。契丹圍之數重，奇兵出寨後斷糧道。是夕，東北風大起，營中掘井輒崩，人馬俱渴。至曙，風甚。契丹主坐奚車中，命鐵鷂四面下馬，拔鹿角而入，奮短兵以擊晉軍，又順風縱火揚塵以助其勢。軍士皆憤怒，大呼曰：「都招討使何不用兵，令士卒徒死！」諸將請出戰，杜威曰：「俟風稍緩，徐觀可否。」李守貞曰：「彼衆我寡，風沙之内，莫測多少，惟力鬭者勝，此風乃助我也。若俟風止，吾屬無類矣。」即呼曰：「諸軍齊擊賊！」又謂威曰：「令公善守禦，守貞以中軍決死矣！」馬軍排陳使張彦澤召諸將問計，皆曰：「虜得風勢，宜俟風回與戰。」彦澤亦以爲然，右廂副使藥元福謂彦澤曰：「今軍中饑渴已甚，若俟風回，吾屬已爲虜矣。敵謂我不能逆風以戰，宜出其不意急擊之，此兵之詭道也。」都排陳使符彦卿曰：「與其束手就擒，曷若以身徇國！」乃與彦澤、元福及皇甫遇引精騎出西門擊之，諸將繼至，契丹却數百步。風勢益甚，昏晦如夜。彦卿等擁萬餘騎横擊契丹，呼聲動天地，契丹大敗而走，勢如崩山。守貞亦令步兵盡拔鹿角出鬭，步騎俱進，逐北二十餘里。鐵鷂既下馬，蒼黄不能復上，委棄馬仗蔽地。契丹主乘奚車走十餘里，追兵急，獲一橐駝，乘之而走。諸將請急追之，杜威揚言曰：「逢賊幸不死，更索衣囊邪？」李守貞曰：「人馬渴甚，得水足重，難以追寇。」乃退保定州。契丹主至幽州，散兵稍集；以軍失利，杖其酋長各數百。諸軍引歸，晉主亦還大梁。

胡氏曰：兵法窮寇勿追，而唐太宗討薛仁杲、劉黑闥、宋金剛之徒，皆乘其犇敗，追而擊之，不遺餘力，恐其稍緩計成，又難取也。故窮寇之或追或不追，歸師之或遏或不遏，惟其可而已。契丹陽城之敗，非僞遁而有覆明矣，所宜蒐柬精鋭，分道躡之，待其勢窘迫，然後與之立約，縱使歸國，此乃止其入寇之良圖也。雖然，杜重威、李守貞方有異志，苟知此策，尚不肯爲，況不知乎！

晉復以鄴都爲天雄軍。

閩兵攻福州，不克。閩張漢真至福州，黄仁諷聞其家夷滅，開門力戰，執漢真斬之。卓巖明無他方略，但於殿上噀水散豆，作諸法事而已。李仁達自判六軍諸衛事，使黄仁諷屯西門，陳繼珣屯北門。仁諷從容謂繼珣曰：「人之所以爲人，以有忠、信、仁、義也。吾頃嘗有功於富沙，中間叛之，非忠也；人以從子託我而與人殺之，非信也；屬者與建兵戰，所殺皆鄉曲故人，非仁也；棄妻子，使人魚肉之，非義也。此身十沉九浮，死有餘愧！」因拊膺慟哭。繼珣曰：「大丈夫徇功名，何顧妻子！宜置此事，勿以取禍。」仁達聞之，使人殺之。由是兵權盡歸仁達。

五月，晉順國節度使杜威入朝。威久鎮恒州，貪殘不法；又畏懦過甚，每契丹數十騎入境，威已閉門登陴。由是虜無所忌憚，屬城多爲所屠，威竟不出一卒救之，千里之間，暴骨如莽。威見所部殘弊，爲衆所怨，又畏契丹之强，累表求朝，不許。威不俟報，遽委鎮入朝。桑維翰曰：「威居常憑恃勳親，邀求姑息，及疆埸多事，曾無守禦之意；宜因此時廢之，庶無後患。」晉主不悦，曰：「威，朕之密親，必無異志；但長公主欲相見耳，公勿以爲疑！」維翰自是不敢復言，以足疾辭位。

閩李仁達殺卓巖明，稱藩于唐。仁達大閲戰士，陰教軍士突前刺殺巖明，共執仁達使居巖明之坐。仁達乃自稱威武留後，奉表稱藩于唐，亦遣使入貢于晉。唐以仁達爲節度使，賜名弘義。

六月，晉以杜威爲天雄節度使。威獻部曲步騎合四千人，粟十萬斛，芻二十萬束，云皆在本道。晉主以其所獻騎兵隸扈聖，步兵隸護國，威復請以爲牙隊，而稟賜皆仰縣官。威又令公主白求天雄節鉞，許之。

晉遣使如契丹。契丹連歲入寇，中國疲於奔命，邊民塗地。契丹人畜亦多死，國人厭苦之。述律太后謂契丹主曰：「使漢人爲胡主，可乎？」曰：「不可。」太后曰：「然則汝何故欲爲漢主？」曰：「石氏負恩，不可容。」太后曰：「汝今雖得漢地，不能居也；萬一蹉跌，悔何所及！」又謂其羣下曰：「漢兒何得一向眠！自古但聞漢和蕃，不聞蕃和漢。漢兒果能回意，我亦何惜與和！」桑維翰屢勸晉主復請和於契丹以紓國患，晉主遣使奉表稱臣，詣契丹謝過。契丹主曰：「使景延廣、桑維翰自來，仍割鎮、定兩道隸我，則可和。」朝廷以契丹語忿，謂其無和意，乃止。及契丹主入大梁，謂李崧等曰：「曏使晉使再來，則南北不戰矣。」

秋，七月，唐兵拔鐔州。閩人或告福州援兵謀叛，閩主延政收仗遣還，伏兵殺之，死者八千餘人，脯其肉以歸爲食。唐邊鎬拔鐔州，魏岑、馮延己、延魯以師出有功，皆踴躍贊成之。徵求供億，府庫爲之耗竭，洪、饒、撫、信之民尤苦之。延政稱臣吳越以求救。

楚王希範殺其弟希杲。

八月朔，日食。

晉加馮玉同平章事。和凝罷，加樞密使馮玉同平章事，事無大小，悉以委之。晉主自陽城之捷，謂天下無虞，驕侈益甚，多造器玩，廣宫室，作織錦樓以織地衣，用工數百，期年乃成；又賞賜優伶無度。桑維翰諫曰：「曏者陛下親禦胡寇，戰士重傷者，賞不過帛數端；今優人一談一笑稱旨，往往賜束帛、萬錢、錦袍、銀帶，彼戰士見之，能不觖望？士卒解體，陛下誰與衛社稷乎！」不聽。馮玉每善承迎，益有寵；有疾在家，晉主謂諸宰相曰：「自刺史以上，俟馮玉出乃得除。」玉乘勢弄權，賂遺輻湊，朝政益壞。

唐兵拔建州，閩主延政出降，汀、泉、漳州皆降。唐兵圍建州既久，建人離心。或謂董思安盍早擇去就，思安曰：「吾世事王氏，危而叛之，天下其誰容我！」衆感其言，無叛者。唐先鋒使王建封先登，遂克建州，閩主延政降。思安整衆犇泉州。初，唐兵之來，建人苦王氏之亂與楊思恭之重斂，爭伐木開道以迎之。至是，縱兵掠焚，建人大失望。

漢主殺其僕射王翷。漢主殺劉思潮，以翷嘗與高祖謀立弘昌，賜死。内外皆懼不自保。

冬，十月，唐以王延政爲羽林大將軍。延政至金陵。唐主斬楊思恭以謝建人，以王崇文爲永安節度使。崇文治以寬簡，建人遂安。

十一月，晉遣使如高麗。初，高麗王建因胡僧襪囉言於晉高祖曰：「勃海，我婚姻也，其王爲契丹所虜，請與朝廷共擊取之。」高祖不報。及是，襪囉復言之。晉主欲使高麗擾契丹東邊以分其兵勢；會建卒，子武上表告喪，以武爲高麗王，遣通事舍人郭仁遇使其國，使擊契丹。仁遇見其兵極弱，曏者之言，特建爲誇誕耳。武亦更以他故爲解。

吴越殺其臣杜昭達、闞璠。吴越内都監使杜昭達、統軍使闞璠皆好貨，富人程昭悦以貨結二人，得侍弘佐左右。昭悦狡佞，王悦之，寵待逾於舊將，璠不能平。昭悦懼，謀去璠。璠專而愎，國人惡之者衆，王亦惡之。昭悦私謂右統軍使胡進思曰：「今欲除公及璠各爲本州，使璠不疑，可乎？」進思許之，乃以璠爲明州、進思爲湖州刺史。璠怒曰：「我出於外，是棄我也。」進思曰：「老兵得大州，幸矣，不行何爲！」璠乃受命。既而復以他故留進思。統軍使錢仁俊母，杜昭達之姑也。昭悦因譖璠、昭達謀奉仁俊作亂，下獄鍛鍊成之。誅璠、昭達，幽仁俊于東府。昭悦治闞、杜之黨，凡權位與己侔，意所忌者，誅放百餘人。進思重厚寡言，昭悦以爲戇，故獨存之。昭悦收仁俊故吏慎温其，使證仁俊之罪，拷掠備至，温其堅守不屈，弘佐嘉之，擢爲國官。

晉桑維翰罷。初，晉主疾未平，會正旦，樞密使桑維翰遣女僕入宫起居太后，因問：「皇弟睿近讀書否？」馮玉因譖維翰有廢立之志。李守貞、李彦韜合謀排之，以趙瑩柔而易制，共薦以代維翰。罷維翰政事，爲開封尹；以瑩爲中書令，李崧爲樞密使。維翰遂稱足疾，希復朝謁，杜絶賓客。或謂馮玉曰：「桑公元老，當優以大藩，奈何使之尹京，親猥細之務乎？」玉曰：「恐其反耳。」曰：「儒生安能反！」玉曰：「縱不自反，恐其教人耳。」

丙午（九四六）

晉開運三年。是歲，凡四國、三鎮。

春，正月，唐以宋齊丘爲太傅。唐齊王景達府屬謝仲宣言於景達曰：「宋齊丘先帝布衣之交，今棄之草萊，不厭衆心。」景達爲之言於唐主曰：「齊丘宿望，勿用可也，何必棄之以爲名！」唐主乃以齊丘爲太傅，但奉朝請，不預政事。

唐以李建勳、馮延己同平章事。建勳練習吏事，而懦怯少斷。延己工文辭，而狡佞，喜大言，多樹黨。水部郎中高越上書指延己兄弟過惡，唐主怒，貶越蘄州司士。初，唐主置宣政院於禁中，以給事中常夢錫領之，專典機密。夢錫與中書侍郎嚴續皆忠直無私。唐主謂夢錫曰：「大臣惟嚴續中立，然無才，恐不勝其黨，卿宜左右之。」未幾，夢錫罷宣政院，續亦出爲池州觀察使。夢錫於是移疾縱酒，不復預朝廷事。續，可求之子也。

二月朔，日食。

夏，四月，晉靈州党項作亂。初，馮暉在靈州，留拓跋彥超於州下，故諸部不敢爲寇；及將罷鎮而縱之。王令温代鎮，不存撫羌胡，以中國法繩之，羌胡怨怒。彥超與石存、也厮褒三族共攻靈州。

唐泉州牙將留從效逐其刺史王繼勳而代之。

晉定州指揮使孫方簡叛降契丹。定州西北有狼山，土人築堡於山上以避胡寇。堡中有佛舍，尼孫深意居之，以妖術惑衆，遠近信奉之。中山人孫方簡及弟行友自言深意之姪，事之甚謹。深意死，方簡嗣行其術，稱深意坐化，事之如生，其徒日滋。會晉與契丹絶好，北邊寇盗充斥，方簡、行友因帥鄉里豪健，據寺自保。契丹入寇，帥衆邀擊，頗獲其軍資，人挈家往依之者益衆，遂爲羣盗。懼爲吏所討，乃歸款朝廷。朝廷亦資其禦寇，署東北招收指揮使。方簡邀求不已，朝廷小不副其意，則舉寨降於契丹，請爲鄉道以入寇。時河北大饑，民餓死者所在以萬數，盜賊蠭起，吏不能禁。天雄軍將劉延翰市馬於邊，方簡執之，獻於契丹。延翰逃歸，言：「方簡欲乘中國凶饑，引契丹入寇，宜爲之備。」

六月，晉復以馮暉爲朔方節度使。暉在靈武得羌、胡心，市馬期年，至五千匹，朝廷忌之，徙鎮邠州。暉乃厚事馮玉、李彥韜，復求靈州。會有羌、胡之擾，從之，使將關西兵擊羌、胡。

契丹寇定州，晉遣兵禦之。定州言契丹勒兵壓境。詔以李守貞爲都部署，將兵禦之。時李彥韜方用事，視守貞蔑如也，守貞恨之。有自幽州來者，言趙延壽有意歸國，李崧、馮玉信之，命杜威致書延壽，啖以厚利。延壽復書，乞發大軍應接，辭旨懇密。朝廷欣然，復遣人詣延壽，與爲期約。

唐遣陳覺使福州。初，唐人既克建州，欲乘勝取福州，唐主不許。樞密使陳覺請自往說李弘義，必令入朝；宋齊丘薦覺才辯可遣，唐主乃以覺爲宣諭使，厚賜弘義。弘義知其謀，見覺辭色甚倨，覺不敢言入朝事而還。

秋，七月，河決。河決楊劉，西入莘縣，廣四十里，自朝城北流。

八月，晉劉知遠殺白承福，夷其族。晉主數召承福入朝，宴賜甚厚，使戍滑州。屬歲大熱，遣其部落還太原畜牧，多犯法，劉知遠無所縱捨。部落知朝廷微弱，且畏知遠之嚴，謀相與遁歸故地。有白可久者，位亞承福，帥所部先亡歸契丹。知遠與郭威謀曰：「今天下多事，置此屬於太原，乃腹心之疾也，不如去之。」密表：「吐谷渾反覆，請遷於內地。」晉主遣使發其部落，分置諸州。知遠遣威誘承福等入居太原城中，誣以謀叛，殺之，合四百口。吐谷渾由是遂微。

晉流慕容彦超於房州。濮州刺史慕容彦超坐違法科斂，擅取官麥，李彦韜素與彦超有隙，發其事，趣馮玉使殺之。李崧曰：「如彦超之罪，今天下藩侯皆有之；若盡其法，恐人人不自安。」乃敕免死，削官爵流房州。

唐攻福州，克其外郭。唐陳覺自福州還，耻無功，矯詔召弘義入朝，擅發汀、建、撫、信州兵，命馮延魯將之趣福州。唐主以覺專命，甚怒。羣臣多言兵已傅城下，不可中止，當發兵助之。覺、延魯進攻福州，弘義出擊，大破之。唐主遣王崇文、魏岑會兵攻福州，克其外郭，弘義固守第二城。

馮暉擊破党項，入靈州。馮暉引兵過旱海，糗糧已盡。拓跋彦超衆數萬，扼要路，據水泉以待之。軍中大懼。暉以賂求和於彦超，彦超許之。自旦至日中，使者往返數四，兵未解。藥元福曰：「虜知我饑渴，陽許和以困我耳；若至暮，則吾輩成擒矣。今虜雖衆，精兵不多，依西山而陳者是也；其餘步卒，不足爲患。請公嚴陳以待我，我以精騎先犯西山兵，小勝則舉黄旗，大軍合勢擊之，破之必矣。」乃帥騎先進，用短兵力戰。彦超小却，元福舉黄旗，暉引兵赴之，彦超大敗。明日，暉入靈州。

晉張彦澤敗契丹於定州北。

晉以楚王希範爲諸道兵馬元帥。希範知晉主好奢靡，屢以珍玩爲獻，求都元帥，故有是命。

冬，十月，晉遣杜威將兵伐契丹。契丹使瀛州刺史劉延祚遺樂壽監軍王巒書，請舉城内附，云：「城中契丹兵不滿千人，乞朝廷發輕兵襲之，己爲内應。契丹主已歸牙帳，地遠阻水，不能救也。」巒與杜威屢奏瀛、莫乘此可取，馮玉、李崧信以爲然，欲發大兵迎趙延壽及延祚。先是，李守貞數將兵過廣晉，杜威厚待之，贈金帛甲兵，動以萬計。守貞入朝，因言：「陛下若他日用兵，臣願與威勠力以清沙漠。」及將北征，晉主與馮玉、李崧議，以威爲都招討使，守貞副之。趙瑩私謂馮、李曰：「杜令國戚，貴爲將相，而所欲未厭，心常慊慊，豈可復假以兵權！必若有事北方，不若止任守貞爲愈也。」不從。十月，下敕牓曰：「專發大軍，往平黠虜。先收瀛、莫，安定關南；次復幽燕，盪平塞北。」「有能擒獲虜主者，除上鎮節度使，賞錢萬緡，絹萬疋，銀萬兩。」時自六月積雨，至是未止，軍行及饋運者甚艱苦。

胡氏曰：馮玉以女寵與政，不足責矣；李崧爲相，而信趙延壽、劉延祚之詐，遂興大衆〔一五〕，爲虜所致。向使桑維翰、劉知遠當之，必能遥度情僞，不輕舉措，以取敗亡矣。

吴越遣兵救福州。唐主命留從效將州兵會攻福州，福州遣使乞師於吴越。吴越王弘佐召諸將，皆曰：「道險遠，難救。」内都監使水丘昭券以爲當救。弘佐曰：「脣亡齒寒，吾爲天下元帥，曾不能救鄰道，將安用之！諸軍但樂飽食安坐邪！」遣統軍使張筠將兵救福州。先是募兵，久無應者，弘佐命糾之，曰：「糾而爲兵者，糧賜減半。」明日，應募者雲集。弘佐命昭券專掌用兵，程昭悦掌應援饋運事，而以軍謀委元德昭。弘佐議鑄鐵錢以益將士禄賜，其弟弘億諫曰：「鑄鐵錢有八害：新錢既行，舊錢皆流入鄰國，一也；可用於吾國而不可用於他國，則商賈不行，百貨不通，二也；銅禁至嚴，民猶盗鑄，况家有鐺釜，野有鏵犂，犯法必多，三也；閩人鑄鐵錢而亂亡，不足爲法，四也；國用幸豐而自示空乏，五也；禄賜有常而無故益之，以啓無厭之心，六也；法變而弊，不可遽復，七也；『錢』者國姓，易之不祥，八也。」弘佐乃止。

十一月，晉師至瀛州，與契丹戰，不利而還。杜威、李守貞會兵於廣晉而北行。威屢使公主入奏，請益兵，由是禁軍皆在麾下，而宿衛空虛。十一月，至瀛州，城門洞啓，寂若無人，威等不敢進。聞契丹將高謨翰先已引兵潛出，威遣梁漢璋將二千騎追之。漢璋敗死，威等引兵南還〔一六〕。

吴越兵救福州，不克。吴越兵至福州，潛入州城。唐兵進據東武門，李達與吴越兵禦之，不利。自是内外斷絶，城中益危。唐主遣王建封助攻福州。時王崇文雖爲元帥，而陳覺、馮延魯、魏岑爭用事，留從效、王建封倔强不用命，各爭功，進退不相應。由是將士皆解體，故攻城不克。

契丹大舉入寇。十二月，晉將王清戰死，杜威等以兵降契丹。遣兵入大梁，執晉主重貴以歸，殺桑維翰，囚景延廣。契丹主大舉入寇，趣恒州。杜威等聞之，將自冀、貝而南。張彦澤時在恒州，引兵會之，言契丹可破之狀。威等乃復趣恒州，以彦澤爲前鋒，與契丹夾滹沱而軍。契丹恐晉軍急渡滹沱，與恒州合勢，議引兵還。及聞晉軍築壘爲持久之計，遂不去。威性懦怯，偏裨皆節度使，但日相承迎，置酒作樂，罕議軍事。磁州刺史李穀説威及李守貞曰：「今大軍去恒州咫尺，煙火相望。若多以三股木置水中，積薪布土其上，橋可立成。密約城中舉火相應，夜募壯士，斫虜營而入，表裏合勢，虜必遁逃。」諸將皆以爲然，獨杜威不可，遣穀出督懷、孟軍糧。契丹以大兵當晉軍之前，潛遣其將蕭翰將百騎出晉軍之後，斷晉糧道及歸路。樵采者遇之，盡爲所掠。有逸歸者，皆稱虜衆之盛，軍中恟懼。翰等獲晉民，皆黥其面曰「奉敕不殺」，縱之南走；運夫在道遇之，皆棄車驚潰。十二月，李穀自書密奏，具言大軍危急之勢，請幸滑州，及發兵守澶州、河陽以備奔衝。杜威奏請益兵，詔悉發守宫禁者得數百人，赴之。威又遣使告急，還爲契丹所獲。自是朝廷與軍前聲問兩不相通。開封尹桑維翰以國家危在旦夕，求見言事。晉主方在苑中調鷹，辭不見。又詣執政言之，執政不以爲然。退，謂所親曰：「晉氏不血食矣！」

胡氏曰：史載維翰請見言事，而不知其所欲言，讀之者皆有遺恨。以愚度之，維翰非有他策，不過勸帝稱臣謝過，割關南以增賂耳。此可以救目前之危，終不足以弭異日之禍。蓋與夷狄共事，勢均力敵〔一七〕，猶且見圖，況爲之下乎！

晉主欲自將北征，李彦韜諫而止。詔以高行周、符彦卿共戍澶州，景延廣戍河陽。指揮使王清言於杜威曰：「請以步卒二千爲前鋒，奪橋開道，公帥諸軍繼之。得入恒州，則無憂矣。」威許諾，遣清與宋彦筠俱進。清戰甚鋭，契丹小却。諸將請以大軍繼之，威不許。彦筠敗走，清獨帥麾下力戰，屢請救，威竟不遣一騎助之。清謂其衆曰：「上將握兵，坐觀吾輩困急而不救，此必有異志。吾輩當以死報國耳！」衆感其言，莫有退者，至暮，戰不息。契丹以新兵繼之，清及士衆盡死。由是諸軍皆奪氣。契丹遥以兵環晉營，軍中食盡。威與李守貞、宋彦筠謀降契丹。威潛遣腹心詣契丹牙帳，邀求重賞。契丹主紿之曰：「趙延壽威望素淺，恐不能帝中國。汝果降者，當以汝爲之。」威喜，遂定降計。伏甲召諸將，出降表使署名，諸將駭愕聽命。命軍士出陳於外，軍士皆踴躍，以爲且戰。威親諭之曰：「今食盡塗窮，當爲汝曹共求生計。」因命釋甲。軍士皆慟哭，聲振原野。威、守貞仍於衆中揚言：「主上失德，信任姦邪，猜忌於己。」聞者無不切齒。契丹主遣趙延壽衣赭袍至晉營慰撫士卒，亦以赭袍衣威，其實皆戲之耳。威引契丹主至恒州城下，順國節度使王周亦出降。先是，契丹主屢攻易州，刺史郭璘固守拒之。契丹主每過城下，指而嘆曰：「吾能吞併天下，而爲此人所扼。」至是，遣通事耿崇美至易州，誘諭其衆，衆皆降；璘不能制，遂爲崇美所殺。契丹主以孫方簡爲義武節度使，麻答爲安國節度使。張礪言於契丹主曰：「今大遼已得天下，中國將相宜用中國人爲之，不宜用北人及左右近習。苟政令乖失，則人心不服，雖得之，猶將失之。」契丹主不從。引兵南，杜威將降兵以從。遣張彥澤將二千騎先取大梁，以通事傅住兒爲都監。杜威之降也，皇甫遇初不預謀。契丹主欲遣遇先入大梁，遇辭；退，謂所親曰：「吾位爲將相，敗不能死，忍復圖其主乎！」至平棘，謂從者曰：「吾不食累日矣，何面目復南行！」遂扼吭而死。

胡氏曰：五代史稱：杜重威召諸將示以降表，遇等愕然，不能對，遂以次署名，麾其下解甲，與張彥澤先入京師，行至平棘，絶吭而死。歐陽子譏之曰：「使遇奮然攘袂而起，殺杜威于坐中，雖不幸而不免，猶爲得其死矣，其義烈豈不凜然哉！既俯首聽命，相與亡人之國，雖死不能贖也，豈足貴哉！」遇一人爾，如晉史則鄙夫也，如通鑑則節士也，其相去遠矣。尚論取予，可不慎哉！

張彥澤倍道疾驅，夜渡白馬津。晉主召李崧、馮玉、李彥韜入禁中計事，欲詔劉知遠發兵入援。明日，彥澤自封丘門斬關而入，城中大擾。晉主於宮中起火，自攜劍驅後宮赴火，爲親軍將薛超所持。俄而彥澤傳契丹主與太后書慰撫之，且召桑維翰、景延廣。晉主乃命滅火，與后妃聚泣。召范質草降表，自稱「孫男臣重貴，禍至神惑，運盡天亡。今與太后及妻馮氏，舉族面縛待罪；遣男延煦、延寶奉國寶出迎」。太后亦上表稱「新婦李氏妾」。傅住兒入宣契丹主命，晉主脱黄袍，服素衫拜受，左右皆掩泣。使召張彥澤，欲與計事，彥澤微笑不應。或勸桑維翰逃去，維翰曰：「吾大臣，逃將安之！」坐而俟命。彥澤以晉主命召維翰，維翰至天街，遇李崧，駐馬語未畢，有軍吏於馬前揖維翰赴侍衛司。維翰知不免，顧謂崧曰：「侍中當國，今日國亡，反令維翰死之，何也？」崧有愧色。

胡氏曰：桑國僑責李崧是也。據一時言之可爾。治亂皆有本原。古之王者，必由正道。始之以正，尚不能使子孫善守而永世，況始之不以正乎！石敬瑭、劉知遠皆起晉陽。以知遠觀之，所對者新勝之契丹，豈潞王危亡之比；然知遠崛然自奮，亦克有立。則知國僑稱臣割地，以急近功，其策大失。譬猶拊摩豺虎，與之共守犬羊，終見啗齧，必致之理也。是則維翰雖無當國亡國之惡，而有謀國誤國之罪矣。雖然，國僑非取怒契丹，固可預通情款，求庇其身，而初不相聞，竟死彥澤之手，是則志在興晉，而不爲身謀，亦足以爲賢矣。

彥澤倨坐見維翰，維翰責之曰：「去年拔公於罪人之中，復領大鎮，授以兵權，何乃負恩至此！」彥澤無以應，遣兵守之。彥澤縱兵大掠二日，都城爲之一空。彥澤自謂有功於契丹，旗幟皆題「赤心爲主」，見者笑之。彥澤素與閤門使高勳不協，殺其叔父及弟。中書舍人李濤謂人曰：「吾與其逃於溝瀆而不免，不若往見之。」乃投刺謁彥澤曰：「上疏請殺太尉人李濤謹來請死。」彥澤欣然接之，謂濤曰：「舍人懼乎？」濤曰：「濤今日之懼，亦猶足下昔年之懼也。曏使高祖用濤言，事安至此！」彥澤大笑，命酒飲之。濤引滿而去，旁若無人。彥澤遷晉主於開封府，頃刻不得留，見者流涕。晉主悉以內庫金珠自隨，彥澤曰：「此物不可匿也。」晉主悉歸之，亦分以遺彥澤。彥澤遣指揮使李筠以兵守晉主，內外不通。

上契丹主表章，皆先示彦澤，然後敢發。使取内庫帛，主者不與曰：「此非帝物也。」求酒於李崧，崧亦辭不進。欲見李彦韜，彦韜亦不往。馮玉佞彦澤，求自送傳國寶，冀契丹復任用。延煦之母有美色，彦澤使人取之。殺桑維翰，以帶加頸，白契丹主云其自經。契丹主命厚撫其家。高行周、符彦卿皆詣契丹降。契丹主以陽城之敗詰之，彦卿曰：「臣當時惟知爲晉主竭力，今日死生惟命。」契丹主笑而釋之。契丹主賜晉主手詔曰：「孫勿憂，必使汝有噉飯之所。」又以所獻傳國寶非真，詰之，晉主奏：「頃王從珂自焚，舊傳國寶不知所在。此寶先帝所爲，羣臣備知。」乃止。有司欲使晉主銜璧牽羊，大臣輿櫬，迎於郊外。契丹主曰：「吾遣奇兵取大梁，非受降也。」不許。又詔晉文武羣臣，一切如故；朝廷制度，並用漢禮。遣兵趣河陽捕景延廣。延廣見契丹主於封丘，契丹主詰之曰：「致兩主失歡，皆汝所爲也。十萬横磨劍安在！」召喬榮使相辨證。延廣初不服，榮以紙所記語示之，乃服。延廣伏地請死，乃鎖之。

校勘記

〔一〕周本自以楊氏舊臣　「自以楊氏」原作「身以唐室」，據成化本、殿本改。

〔二〕史館修撰李濤上言　「上」原作「止」，據殿本、通鑑卷二八一後晉高祖天福二年七月乙卯日條改。

〔三〕或非急務　「或」，通鑑卷二八一後晉高祖天福三年六月壬子日條作「咸」。

〔四〕制以延光爲天平節度使　「延光」原脱，據殿本、通鑑卷二八一後晉高祖天福三年九月己巳日條補。

〔五〕彦珣引弓射殺之　「弓」字原脱，據殿本、通鑑卷二八一後晉高祖天福三年九月己巳日條補。

〔六〕詔百官議二祚合享禮　「二」原作「仁」，據殿本、通鑑卷二八二後晉高祖天福四年二月辛卯日條改。

〔七〕河決博州　「博」原作「薄」，據殿本改。

〔八〕曦遣統軍使潘師逵吳行真將兵四萬擊延政　「師」原作「帥」，據殿本、通鑑卷二八二後晉高祖天福五年二月條改。

〔九〕重榮勢大沮　「沮」原作「阻」，據殿本、通鑑卷二八二後晉高祖天福六年十月條改。

〔一〇〕子嵩平昔所知　「嵩」原作「高」，據殿本、通鑑卷二八三後晉高祖天福七年五月條改。

〔一一〕唐主頗寤　「頗」原作「頓」，據殿本、通鑑卷二八三後晉齊王天福八年正月條改。

〔一二〕秋七月　「秋」字原脱，據殿本補。

〔一三〕殷主延政遣統軍使吳成義將兵討文進　「義」原作「業」，據殿本、通鑑卷二八四後晉齊王開運元年三月條改。

〔一四〕以維翰爲中書令兼樞密使　「使」原作「院」，據殿本、通鑑卷二八四後晉齊王開運元年六月丙午日條改。

〔一五〕遂興大衆　「興」原作「與」，據成化本、殿本改。

〔一六〕威等引兵南還 「還」字原脱，據成化本、殿本補；「南」，通鑑卷二八五後晉齊王開運三年十一月己亥日條作「而」。

〔一七〕勢均力敵 「均」原作「鈞」，據成化本、殿本改。

資治通鑑綱目卷五十八

起丁未漢高祖劉知遠晉天福十二年，盡辛亥周太祖郭威廣順元年，凡五年。

丁未(九四七)

二月(一)，漢高祖劉知遠立，仍稱晉天福十二年，六月，改號漢。是歲，晉亡，漢興，并蜀、南漢、南唐，凡四國；吴越、湖南、荆南，凡三鎮。

春，正月，契丹德光入大梁，殺張彦澤。景延廣自殺。正月朔，百官遥辭晉主於城北，乃易素服紗帽，迎契丹主，伏路側請罪。契丹主命起，改服，撫慰之。晉主、太后迎於封丘門外，契丹主辭不見。遂入門，民皆驚走。契丹主遣通事諭之曰：「我亦人也，汝曹勿懼！會當使汝曹蘇息。我無心南來，漢兵引我至此耳。」至明德門，下馬拜而後入。日暮，復出，屯於赤岡。執楊承勳，責以殺父叛契丹，殺之。高勳訴張彦澤殺其家人，契丹主亦怒彦澤剽掠京城，鎖之。百姓爭投牒疏彦澤罪。遂與傅住兒俱斬北市，仍命高勳監刑。彦澤前所殺士大夫子孫，皆絰杖號哭詬駡，以杖扑之。勳命剖其心以祭死者，市人爭破腦取髓，臠其肉而食之。契丹送景延廣歸其國，宿陳橋，夜，扼吭而死。

胡氏曰：興晉者，桑維翰也。亡晉者，景延廣也。二人用心異而受禍同，何也？歐陽子曰：

「本末不順，而與夷狄共事者，常見其禍，未見其福也。」

契丹封晉主重貴爲負義侯，徙之黄龍府。契丹主使遷晉主及其家人於封禪寺，以兵守之，數遣使存問。時雨雪連旬，外無供億，上下凍餒。太后使人謂寺僧曰：「吾嘗於此飯僧數萬，今日獨無一人相念邪？」僧辭以虜意難測，不敢獻食。晉主陰祈守者，乃稍得食。黄龍府，即慕容氏和龍城也。

契丹以李崧爲樞密使，馮道爲太傅。晉諸藩鎮皆降。契丹引兵入宫，諸門皆以契丹守衛，磔犬、懸羊皮爲厭勝。謂晉羣臣曰：「自今不修甲兵，不市戰馬，輕賦省役，天下太平矣。」改服中國衣冠，百官起居皆如舊制。趙延壽、張礪共薦李崧；會馮道自鄧州入朝，契丹主素聞二人名，皆禮重之。以崧爲太子太師，充樞密使；道守太傅，於樞密院祗候。契丹主遣使以詔賜晉之藩鎮，晉之藩鎮爭上表稱臣。唯彰義節度使史匡威據涇州拒契丹，而雄武節度使何重建以秦、階、成州降蜀。

契丹分遣晉降卒還營。初，杜重威既以晉軍降契丹，契丹主悉收其鎧仗貯恒州，驅馬歸其國，遣重威將其衆從己而南。及河，恐其爲變，欲悉以胡騎擁而納之河流。或諫曰：「晉兵在他所者尚多，彼聞降者盡死，必皆拒命。不若且撫之，徐思其策。」契丹主乃使重威以其衆屯陳橋。會久雪凍餒，咸怨重威。重威每出，道旁人皆罵之。契丹主猶欲誅晉兵，趙延壽曰：「皇帝親冒矢石以取晉國，欲自有之乎，將爲他人取之乎？」契丹主變色曰：「朕舉國南征，五年不解甲，僅能得之，豈爲他人乎！」延壽曰：「晉國南有唐，西有蜀，常爲仇敵；東西數千里，常以兵戍之。南方暑濕，上國之人不能居也。他日車駕北歸，無兵守之，吳、蜀必相與乘虚入寇。如此，豈非爲他人取之乎？」契丹主曰：「然則奈何？」延壽曰：

「陳橋降卒，分以戍邊，則吴、蜀不能爲患矣。」契丹主曰：「昔吾失於斷割，悉以唐兵授晉；既而返爲仇讎。今幸入吾手，豈可復留以爲後患乎？」延壽曰：「曏留晉兵，不質其妻子，故有此憂。今若悉徙其家於恒、朔，每歲分番使戍南邊，何憂其爲變哉！」契丹主悦。由是陳橋兵始得免，分遣還營。

故晉主重貴發大梁。晉主與太后、安太妃、馮后及弟睿、子延煦、延寶俱北遷，從者百餘人。契丹遣三百騎援送，又遣趙瑩、馮玉、李彦韜與之俱。在塗供饋不繼，或時絶食。舊臣無敢進謁者，獨磁州刺史李穀迎謁於路，傾貲以獻。晉主至中度橋，見杜重威寨，歎曰：「天乎！我家何負，爲此賊所破！」慟哭而去。

契丹縱兵大掠，遣使括借士民錢帛。契丹主廣受四方貢獻，大縱酒作樂。趙延壽請給上國兵食，契丹主曰：「吾國無此法。」乃縱胡騎四出剽掠，謂之「打草穀」。丁壯斃於鋒刃，老弱委於溝壑，自東、西兩畿及鄭、滑、曹、濮數百里間，財畜殆盡。契丹主謂判三司劉昫曰：「契丹兵應有優賜，速宜營辦。」時府庫空竭，昫請括借都城士民錢帛，又分遣使者數十人詣諸州括借，皆迫以嚴誅，人不聊生。其實無所頒給，皆蓄之内庫，欲輦歸其國。於是内外怨憤，始患苦契丹，皆思逐之矣。

晉劉知遠遣使奉表於契丹。初，晉主忌河東節度使、北平王劉知遠，以爲北面行營都統，知遠因之廣募士卒，又得吐谷渾財畜，由是富强，步騎至五萬人。晉主與契丹結怨，知遠知其必危，而未嘗論諫。契丹屢深入，知遠初無邀遮、入援之志。及聞契丹入汴，乃分兵守四境；遣客將王峻奉表稱臣。契丹主賜詔褒美，親加「兒」字於知遠姓名之上，仍賜以木柺。胡法以優禮大臣，如漢賜几杖之比。既而知其觀望不至，使謂知遠曰：「汝不事南朝，又不事北朝，意欲何所俟邪？」孔目官郭威言於知遠曰：「虜恨深矣！王峻言契丹貪殘失人心，必不能久有中國。」或勸知遠舉兵進取，知遠曰：「用兵當隨時制宜。今契丹新據京邑，未有他變，豈可輕動！且觀其所利，止於貨財，貨財既足，必將北去。況冰雪已消，勢難久留，宜待其去，然後取之，可以萬全。」昭義節度使張從恩欲朝契丹，謀於知遠，知遠曰：「君宜先行，我當繼往。」從恩以爲然，判官高防諫曰：「公晉室懿親，不可輕變臣節。」從恩不從。以副使趙行遷知留後，以其姻家王守恩與防佐之；遂行。

荆南節度使高從誨遣使入貢於契丹，又遣使詣河東勸進。

唐主立其弟景遂爲太弟。唐主立齊王景遂爲皇太弟，徙景達爲齊王，弘冀爲燕王。景遂嘗與宮僚燕集，贊善大夫張易有所規諫，景遂方與客傳玩玉杯，弗之顧。易怒曰：「殿下重寶而輕士。」取杯抵地碎之，衆皆失色，景遂斂容謝之，待易益厚。景達性剛直，唐主與宗室近臣飲，馮延己、延魯、魏岑、陳覺輩極傾諂之態，景達屢呵責之，復極言諫唐主，以不宜親近佞臣。延己以二弟立非己意，欲以虛言德之；嘗宴東宮，陽醉，撫景達背曰：「爾不可忘我！」景達大怒，入白唐主，請斬之；唐主諭解，乃止。張易謂景達曰：「羣小交構，禍福所繫。殿下未能去，數面折之，使彼懼而爲備，何所不至！」自是每遊宴，景達多辭疾不預。

唐遣使如契丹。唐主遣使賀契丹滅晉，且請詣長安修復諸陵，契丹不許。而晉密州刺史皇甫暉、棣州刺史王建皆避契丹，帥衆奔唐；淮北賊帥多請命於唐。唐史館修撰韓熙載上疏曰：「陛下恢復祖業，今也其時。若虜主北歸，中原有主，則未易圖也。」時方連兵福州，未暇北顧，唐人皆以爲恨，唐主亦悔之。

二月，契丹行朝賀禮，大赦；以趙延壽爲中京留守。契丹主召晉百官問曰：「中國之俗異於吾國，吾欲擇一人君之，如何？」皆曰：「夷、夏之心皆願推戴皇帝。」二月朔，契丹主服通天冠、絳紗袍，登正殿，設樂懸、儀衛於庭，百官朝賀。下制稱大遼會同十年，大赦。趙延壽以契丹主負約，心怏怏，乞爲皇太子。契丹主曰：「皇太子當以天子兒爲之，豈燕王所可爲也！」因令爲延壽遷官。時契丹以恒州爲中京，張礪奏擬延壽中京留守、大丞相、録尚書事、都督中外諸軍事，契丹主取筆塗去「録尚書事都督中外諸軍事」而行之。

晉劉知遠稱帝於晉陽。河東將佐勸知遠稱尊號，以號令四方，知遠不許。聞晉主北遷，聲言欲出兵井陘迎歸晉陽，命指揮使史弘肇集諸軍，告以出師之期，軍士皆曰：「今天下無主。主天下者，非我王而誰！宜先正位號，然後出師。」爭呼萬歲不已。知遠曰：「虜勢尚强，吾軍威未振，當且建功業。士卒何知！」命左右遏止之。郭威與都押衙楊邠入説知遠曰：「此天意也。王不乘此取之，人心一移，則反受其咎矣。」知遠從之。契丹以其將劉愿爲保義節度副使，陝人苦其暴虐。都頭王晏與指揮使趙暉、侯章謀曰：「劉公威德遠著，吾輩若殺愿，舉陝城歸之，爲天下唱，取富貴如反掌耳。」暉等然之。乃斬愿及契丹監軍，奉暉爲留後。知遠即位，自言未忍改晉國，又惡開運之名，乃更稱天福十二年。詔：「諸道爲契丹括率錢帛者，皆罷之。晉臣爲使者，令詣行在。契丹所在誅之。」

胡氏曰：五代之取國，惟後唐與漢爲此善於彼。蓋梁篡唐，而後唐代之；晉爲契丹所滅，而漢興焉，非若李嗣源之逼莊宗，石敬瑭之奪潞王，郭威之逐漢隱帝也。晉受虜擊，知遠不救，固爲罪矣。然是時，朝權則付之李崧、馮玉，而顧命大臣如桑維翰不得與；兵柄則付之杜威、李守貞，而勳舊重將如知遠不得聞。故維翰可以當國責李崧，而後世不當以幸禍責知遠也。

晉主知遠自將迎故晉主重貴，至壽陽而還。知遠自將東迎出帝，至壽陽，聞已過數日，乃留兵戍承天軍而還。出帝既出塞，契丹無復供給；至錦州，令拜阿保機墓，出帝不勝屈辱，泣曰：「薛超誤我！」馮后求毒藥，欲與出帝俱自殺，不果。

晉遣賊帥梁暉襲取相州，殺契丹守兵。契丹主聞知遠即位，遣耿崇美守澤、潞，高唐英守相州，崔廷勳守河陽，以控扼要害。初，晉置天威軍，教習歲餘，竟不可用，悉罷之，但令七户輸錢十千，其鎧仗悉輸官。而無賴子弟不復肯復農業，山林之盜，自是而繁。及契丹入汴，縱胡騎打草穀；又多以其子弟及親信爲節度、刺史，不通政事，華人之狡獪者多往依其麾下，教之妄作，民不堪命。於是所在相聚爲盜，多者數萬人，少者不減千百。滏陽賊帥梁暉有衆數百，送款晉陽。磁州刺史李穀密表令暉襲相州。暉偵知高唐英未至，夜遣壯士逾城，啓關納衆，殺契丹數百，據州自稱留後。

晉主知遠還晉陽。知遠還至晉陽，議率民財以賞將士。夫人李氏諫曰：「陛下因河東創大業，未有以惠澤其民，而先奪其生生之資，殆非新天子所以救民之意也。請悉出宫中所有以勞軍，雖復不厚，人無怨言。」知遠從之，中外大悦。

吴越誅其都監程昭悦。

陝、晉、潞州皆殺契丹使者，遣使奉表詣晉陽。建雄留後劉在明朝于契丹，以節度副使駱從朗知州事。知遠遣使者張晏洪如晉州，諭以即位，從朗因之。大將藥可儔殺從朗，推晏洪權留後，遣使以聞。晉州民亦相帥殺契丹使者。契丹主賜趙暉詔，即以爲保義留後。暉斬使者，焚其詔，遣使奉表勸知遠早引兵南向。高防亦與王守恩謀，斬趙行遷，殺契丹使者，舉鎮降知遠。

澶州賊帥王瓊攻契丹將郎五，不克而死。鎮寧節度使邪律郎五性殘虐，澶州人苦之。賊帥王瓊帥其徒千餘人，圍郎五於衙城。契丹主聞之懼，遣兵救之，瓊敗死。然契丹主自是無久留河南之意矣。

契丹以李從益爲許王。唐王淑妃與郇公從益居洛陽。趙延壽娶明宗女，淑妃詣大梁會禮，契丹主見而拜之曰：「吾嫂也。」以從益爲許王，復歸于洛。

契丹以張礪、和凝同平章事。

羣盗陷宋、亳、密州。東方羣盗大起，陷宋、亳、密三州。契丹主謂左右曰：「我不知中國之人難制如此。」亟遣泰寧安審琦、武寧符彦卿等歸鎮。彦卿至埇橋，賊帥李仁恕控彦卿馬，請從入城。彦卿子昭序遣人出呼賊中曰：「相公已陷虎口，聽相公助賊攻城，城不可得也。」賊知不可劫，乃相帥羅拜解去。

三月朔，契丹行入閤禮。契丹主服赭袍，坐崇元殿，百官行入閤禮。

胡氏曰：衛宣公淫亂，遂爲狄所滅。晉室三綱絶，遂召五胡之亂。唐世家法不正，又好結戎狄，非獨當其世數困於猾夏，流及五代，更七、八傳，其甚則至此，而天下之亂極矣。堯、舜修德而建士師，三王自治而立司寇，謹華、夷之辨，禁侵亂之階，所以深扶人理，慮末流之若此，使斯人與禽獸雜處而罹其凶害也。

晉主知遠遣使安集農民保山谷避契丹者。

契丹以蕭翰爲宣武節度使。契丹主謂晉百官曰：「天時向暑，吾難久留，欲暫至上國省太后。」乃以汴州爲宣武軍，以蕭翰爲節度使。翰，述律太后之兄子，其妹復爲契丹主后。始以蕭爲姓。自是契丹后族皆稱蕭氏。

吴越復遣兵救福州，敗唐兵，遂取福州。吴越遣余安將水軍救福州，至白蝦浦，海岸泥淖，須布竹簀乃可行。唐軍聚而射之，簀不得施。馮延魯曰：「相持不戰，徒老我師。不若縱其登岸，盡殺之，則城不攻自降矣。」裨將孟堅曰：「浙兵至此已久，不能進退，求一戰而死不可得。若聽其登岸，彼必致死於我，其鋒不可當，安能盡殺乎！」不聽。吴越兵既登岸，大呼奮擊，延魯棄衆而走，孟堅戰死。城中兵亦出，夾擊唐兵，大破之。唐軍燒營而遁，死者二萬餘人，委棄資械數十萬，府庫爲之耗竭。余安引兵入福州，李達舉所部授之。

契丹德光發大梁。契丹主發大梁，晉文武諸司、諸軍吏卒從者皆數千人，宫女、宦官數百人，盡載府庫之實以行。謂宣徽使高勳曰：「吾在上國，以射獵爲樂，至此令人悒悒。今得歸，死無恨矣。」

晉主知遠以其弟崇爲太原尹。

夏，四月，契丹陷相州，屠之。契丹主攻相州，克之，悉殺城中男子，驅其婦女而北，留高唐英使守。城中遺民僅七百人，而髑髏十餘萬。或告磁州刺史李穀謀舉州應河東，契丹主執而詰之，穀不服。契丹主引手於車中，若取文書者，穀知其詐，因請曰：「必有其驗，乞顯示之。」凡六詰，穀辭氣不屈，乃釋之。

晉以劉信、史弘肇爲侍衛都指揮使，楊邠爲樞密使，郭威爲副使，王章爲三司使。

晉以蘇逢吉、蘇禹珪同平章事。

晉以折從阮爲永安軍節度使。從遠入朝，更名從阮。置永安軍於府州，以從阮爲節度使。

契丹寇潞州，晉遣史弘肇救之，鄭謙守忻、代，閻萬進守嵐、憲。契丹昭義節度使耿崇美屯澤州，將攻潞州。知遠遣史弘肇將兵救之。又以鄭謙爲忻、代都部署，閻萬進爲嵐、憲都制置使。知遠聞契丹北歸，欲經略河南，故以弘肇爲前驅，而遣二人出北方，以分契丹兵勢。

晉以武行德爲河陽節度使。契丹以船載晉鎧仗，泝河歸國，命寧國都虞候武行德部送之。至河陰，行德與將士謀曰：「虜勢不能久留中國，不若共逐其黨，堅守河陽，以俟天命之所歸者而臣之。」衆以爲然，即相與殺契丹監軍使。會崔廷勳以兵送耿崇美之潞州，行德遂乘虛入據河陽，遣弟行友奉蠟表詣晉陽。史弘肇遣先鋒將馬誨擊契丹，斬首千餘級。崇美等不敢進，引而南。弘肇遣誨追擊，破之，崇美等退保懷州。知遠以行德爲河陽節度使。契丹主聞之，歎曰：「我有三失，宜天下之叛我也！諸道括錢，一失也；令上國人打草穀，二失也；不早遣諸節度使還鎮，三失也。」

胡氏曰：德光知其以「三失」失中國，可謂睹敗而思過者矣。使無此三失，亦必不能有中國。何者？足不可以加之首，無足上首下之理故也。然德光善自爲謀者，討出帝之相負而廢之，治李崧、馮玉、景延廣之誤國而黜之，數杜重威、李守貞、張彦澤背君殘暴而殺之，按兵近郊，召桑維翰、劉知遠，委以扶立重睿，戢暴禁姦，無所取而去。雖古之伐罪弔民，亦不是過矣。今乃滅人社稷，貪其位而不能居，取其子女玉帛以歸其國，是盜賊之魁。使遲留歲月，攻伐之兵四面而至，亦不能免，何「三失」之足咎乎！

唐流陳覺於蘄州，馮延魯於舒州。唐主以矯詔敗軍，皆陳覺、馮延魯之罪，議斬二人以謝中外。御史中丞江文蔚對仗彈馮延己、魏岑曰：「延己、延魯、岑、覺四人，皆陰狡弄權，壅蔽聰明，排斥忠良，引用羣小，諫爭者逐，竊議者刑，上下相蒙，道路以目。今覺、延魯雖伏辜，而延己、岑猶在，本根未殄，枝幹復生。同罪異誅，人心疑惑。」唐主以文蔚言太過，怒，貶江州司士參軍。流覺於蘄州，延魯於舒州。知制誥徐鉉、史館修撰韓熙載上疏曰：「覺、延魯罪不容誅，但齊丘、延己爲之陳請，故陛下赦之。擅興者不罪，則疆場有生事者矣；喪師者獲存，則行陳無效死者矣。請行顯戮，以重軍威。」不從，但罷延己爲太弟少保，貶岑太子洗馬。熙載屢言宋齊丘黨與必爲禍亂。齊丘奏熙載嗜酒猖狂，貶和州司士參軍。

契丹耶律德光死於殺胡林。趙延壽入恒州，自稱權知南朝軍國事。契丹主至臨城，得疾，至殺胡林而卒。國人剖其腹，實鹽數斗，載之北去，晉人謂之「帝羓」。趙延壽恨契丹主負約，即日引兵入恒州。契丹永康王兀欲，東丹王之子也，以兵繼入。契丹諸將密議奉以爲主，延壽不知，自稱受契丹皇帝遺詔，權知南朝軍國事，所以供給兀欲與諸將同，兀欲銜之。契丹主喪至國，述律太后不哭，曰：「待諸部寧壹如故，則葬汝矣。」或説延壽曰：「契丹諸大人數日聚謀，此必有變。今漢兵不減萬人，不若先事圖之。」延壽猶豫不決，下令以來月朔日於待賢館上事，受文武官賀。李崧以虜意不同，事理難測，延壽乃止。

五月，契丹兀欲執趙延壽而自立。兀欲召延壽及張礪等飲，兀欲妻素以兄事延壽，從容謂曰：「妹自上國來，寧欲見之乎？」延壽與俱入，良久，兀欲出，謂礪等曰：「燕王謀反，適已鎖之矣。」又曰：「先帝在汴時，遺我一籌，許我知南朝軍國；近者臨崩，別無遺詔，而燕王擅自知南朝軍國，豈理邪！」後數日，集蕃、漢之臣於府署，宣契丹主遺制，即皇帝位，舉哀，成服；既而易吉服，見羣臣，不復行喪，歌吹之聲不絶於內。

晉以劉崇爲北都留守。知遠集羣臣議進取，諸將咸請出師井陘，攻取鎮、魏，知遠欲自石會趨上黨。郭威曰：「虜主雖死，黨衆猶盛，各據堅城。我出河北，兵少路迂，傍無應援，若羣虜合勢共擊，我軍糧餉路絶，此危道也。上黨山路險澁，粟少民殘，無以供億，亦不可由。近者陝、晉相繼款附，引兵從之，萬無一失；不出兩旬，洛、汴定矣。」知遠曰：「卿言是也。」詔諭諸道，以太原尹崇爲北京留守。

楚文昭王希範卒，弟希廣嗣。希廣，希範之母弟也，性謹順，希範愛之，使判內外諸司事。希範卒，將佐議所立，張少敵、袁友恭以武平節度使、知永州事希萼最長，請立之；劉彥瑫、李弘皐皆欲立希廣，拓跋恒曰：「三十郎居長，請遣使以禮讓之；不然，必起爭端。」彦瑫等皆曰：「天與不取，異日吾輩安所自容乎！」希廣懦弱，不能自決。彦瑫等稱希範遺命，共立之。少敵退而歎曰：「禍其始此乎！」與拓跋恒皆稱疾不出。

晉主知遠發太原，出晉、絳。

晉史弘肇克澤州，契丹將崔廷勳等遁去。始弘肇攻澤州，刺史翟令奇固守不下。知遠以弘肇兵少，欲召還，蘇逢吉、楊邠曰：「今陝、晉、河陽皆已向化，廷勳、崇美朝夕遁去，若召弘肇還，則河南人心動摇，虜勢復壯矣。」知遠未決，使問弘肇，弘肇曰：「兵已及此，勢如破竹，可進不可退。」乃遣李萬超説令奇，令奇降。廷勳、崇美、奚王拽剌合兵逼河陽，武行德戰敗，閉城自守。拽剌欲攻之，廷勳曰：「今北軍已去，得此何用！且殺一夫猶可惜，况一城乎！」乃擁衆北遁。契丹在河南者相繼北去。弘肇爲人沈毅寡言，御衆嚴整，將校小不從命，立撾殺之；士卒所過，犯民田及繫馬於樹者，皆斬；軍中惕息，莫敢犯令，故所向必克。知遠自晉陽安行入洛及汴，兵不血刃，皆弘肇之力也。知遠由是倚愛之。

契丹將蕭翰刼李從益稱帝於大梁，遂北走。從益避位。翰聞劉知遠擁兵而南，欲北歸，恐中國無主，必大亂，己不得從容而去。時唐許王從益與王淑妃在洛陽，翰矯契丹主命，以從益知南朝軍國事，召己赴恒州。淑妃、從益匿於徽陵下宫，不得已而出。翰立以爲帝，帥諸酋長拜之。百官謁見淑妃，淑妃泣曰：「吾母子單弱如此，而爲諸公所推，是禍吾家也。」翰留燕兵千人爲從益衛而行。從益遣使召高行周、武行德，皆不至。淑妃懼，召大臣謀之曰：「吾母子爲蕭翰所逼，分當滅亡。諸公無罪，宜早迎新主，自求多福，勿以吾母子爲意！」衆感其言，皆不忍去。或曰：「今集諸營，與燕兵併力堅守一月，北救必至。」淑妃曰：「吾母子亡國之餘，安敢與人爭天下！若新主見察，當知我無所負。今更爲計畫，則禍及他人，闔城塗炭，終何益乎！」衆猶欲拒守，三司使劉審交曰：「城中公私窮竭，遺民無幾，若復受圍一月，無噍類矣。願諸公勿復言，一從太妃處分。」乃用趙遠、翟光鄴策，稱梁王，知軍國事。遣使奉表稱臣迎知遠，仍出居私第。

契丹兀欲勒兵出塞。契丹主兀欲以德光有子在國，己以兄子襲位，又無述律太后之命，内不自安。初，阿保機卒於渤海，述律太后殺酋長數百人。至是，諸酋長懼死，乃謀奉兀欲，勒兵北歸。以麻答爲中京留守，晉文武士卒悉留恒州，獨以後宫、宦者、教坊自隨。

晉主知遠至絳州，降之。初，知遠以絳州刺史李從朗拒命，遣兵攻之，未下。至是，親至城下諭之，從朗乃降。知遠命親將分護諸門，士卒一人毋得入。

六月，契丹將蕭翰至恒州，殺其國相張礪。翰至恒州，與麻答以鐵騎圍張礪之第，數之曰：「汝何故言於先帝，云『胡人不可以爲節度使』，又云『解里好掠人財，我好掠人子女』。今我必殺汝！」命鎖之，礪抗聲曰：「此皆國家大體，吾實言之。欲殺即殺，奚以鎖爲！」是夕，憤恚而卒。

吳越忠獻王弘佐卒，弟弘倧嗣。

晉主知遠入洛陽，遣使殺李從益。知遠至洛陽，汴州百官奉表來迎。詔以受契丹補署者皆勿自疑，聚其告牒而焚之。趙遠更名上交。命鄭州防禦使郭從義先入大梁清宫，密令殺李從益及王淑妃。

淑妃且死，曰：「吾兒何罪而死！何不留之，使每歲寒食，以一盂麥飯灑明宗陵乎！」聞者泣下。

晉主知遠入大梁，諸鎮多降。始改國號曰漢。知遠發洛陽。樞密院吏魏仁浦自契丹逃歸，郭威問以兵數及故事，仁浦强記精敏，威由是親任之。知遠至大梁，晉之藩鎮相繼來降。復以汴州爲東京，改國號曰漢；仍稱天福年，曰：「余未忍忘晉也。」

契丹兀欲幽其祖母於木葉山。契丹述律太后聞契丹主自立，大怒，發兵拒之。契丹主以偉王爲前鋒，相遇於石橋。太后以李彦韜爲排陳使，彦韜迎降於偉王，太后兵敗。契丹主幽太后於阿保機墓；改元天禄，自稱天授皇帝。慕中華風俗，多用晉臣，而荒于酒色，輕慢諸酋長。由是國人不附，諸部數叛，故數年之中，不暇南寇。

唐以李金全爲北面招討使。唐主聞契丹主德光死，蕭翰棄大梁去，下詔曰：「乃眷中原，本朝故地。以金全爲北面行營招討使。」議經略北方，聞漢已入大梁，遂不敢出兵。

秋，七月，漢以杜重威爲歸德節度使，重威拒命，漢發兵討之。重威自以附契丹負中國，内常疑懼，移鎮制下，拒而不受，遣其子質於麻荅以求援。麻荅遣其將楊衮將契丹千五百人及幽州兵赴之。詔削奪重威官爵，以高行周爲招討使，慕容彦超副之，以討重威。時兵荒之餘，公私匱竭。王章白漢主罷不急之務，省無益之費以奉軍，用度克贍。

漢立高祖、世祖及四親廟。

恒州將何福進、李榮逐契丹將麻荅，遣使降漢。麻荅貪猾殘忍，民間有珍貨、美女，必奪取之；又捕村民，誣以爲盜，披面抉目，焚炙而殺之；懸人肝膽手足，飲食起居於其間。契丹所留兵不滿二千，麻荅常疑漢兵，稍稍廢省；又損其食以飼胡兵。衆心怨憤，聞漢主入大梁，皆有南歸之志。前潁州防禦使何福進、控鶴指揮使李榮潛結軍中壯士，謀攻契丹，奪守門兵，殺十餘人，因突入府，據甲庫，召漢兵及市人，給鎧仗，焚衙門，與契丹戰。榮召諸將并力，指揮使白再榮狐疑，不得已而行；諸將繼至，煙火四起，鼓譟震地。麻荅等大驚，載寶貨家屬，走保北城。而漢兵無所統壹，貪狡者乘亂剽掠，懦者竄匿。八月朔，契丹自北門入，勢復振，漢民死者二千餘人。前磁州刺史李穀恐事不濟，請馮道等至戰所慰勉士卒，士卒爭自奮。會日暮，有村民數千譟於城外，欲奪契丹寶貨、婦女，契丹懼而北遁，麻荅、崔廷勳皆奔定州，與義武邪律忠合。忠即郎五也。馮道等四出安撫兵民，衆推道爲節度使。道曰：「我書生也，宜擇諸將爲留後。」時李榮功最多，而白再榮位在上，乃以再榮權知留後，具以狀聞，且請援兵。漢主遣飛龍使李彦從將兵赴之。再榮貪昧猜忌，遣軍士圍李崧、和凝第求賞給，崧、凝與之，又欲殺二人以滅口。李穀責之曰：「國亡主辱，公輩握兵不救。今僅能逐一虜將，鎮民死者近三千人，豈獨公之力邪！新天子若詰公專殺之罪，公何辭以對？」再榮懼而止。又欲率民財以給軍，穀力爭止之。漢人嘗事麻荅者，再榮皆拘之以取其財，恒人以其貪虐，謂之「白麻荅」。

漢制「盜賊毋問贓多少，皆死」。時四方盜賊多，朝廷患之，故重其法；仍分命使者逐捕。蘇逢吉自草詔，意云：「應賊盜，并四鄰同保，皆全族處斬。」衆以爲：「盜猶不可族，況鄰保乎！」逢吉固爭，不得已，但省去「全族」字。由是捕賊使者張令柔殺平陰十七村民。逢吉爲人，文深好殺。在河東幕府，漢主嘗令靜獄以祈福，逢吉盡殺獄囚還報。及爲相，朝廷草創，悉以軍事委楊邠、郭威，庶務委逢吉及蘇禹珪。二相決事，皆出胸臆，不拘舊制，用捨黜陟，惟其所欲。漢主方倚信之，無敢言者。逢吉尤貪詐，繼母死，不爲服；庶兄自外至，不白逢吉而見諸子，逢吉密語郭威，以他事杖殺之。

楚王希廣以其兄希萼守朗州。希廣庶弟希崇性狡險，陰遺希萼書，言劉彥瑫等違先王之命，廢長立少，以激怒之。希萼來奔喪，彥瑫白希廣遣指揮使周廷誨等將水軍逆之，不聽入；勸希廣殺之，希廣曰：「吾何忍殺兄，寧分潭、朗而治之。」乃厚贈希萼，遣還朗州。希崇常爲希萼詗希廣語言動作，約爲内應。

荆南襲漢襄、郢，不克。初，荆南介居湖南、嶺南之間，地狹兵弱，自武信王季興時，諸道入貢過其境者，多掠奪其貨幣。及諸道詰讓加兵，不得已復歸之。及從誨立，唐、晉、契丹、漢更據中原，南漢、閩、吴、蜀皆稱帝，從誨利其賜予，所向稱臣。諸國賤之，謂之「高無賴」。

南漢主晟殺其弟八人。晟恐諸弟與其子争國，殺齊王弘弼等八人，盡殺其男子，納其女充後宫。作離宫千餘間，飾以珠寶，設鑊湯、鐵牀、刳剔等刑，號「生地獄」。

漢以竇貞固、李濤同平章事。初，漢主與竇貞固俱事晉高祖，雅相知重。及即位，欲以爲相，問蘇逢吉其次誰可者，逢吉與李濤善，因薦之。會高行周、慕容彥超共討杜重威，彥超欲急攻城，行周欲緩之以待其弊。行周女爲重威子婦，彥超揚言：「行周以女故，愛賊不攻。」由是二將不協。漢主恐生他變，欲自將擊重威，意未決。濤上疏請親征。漢主大悦，以濤有宰相器，制貞固、濤並同平章事。詔幸澶、魏勞軍。

漢晉昌節度使趙匡贊叛降于蜀。匡贊，延壽之子也，恐不爲朝廷所容，遣使降蜀。

冬，十月，漢主如澶、魏勞軍。十一月，杜重威出降。漢主至鄴都城下，舍於高行周營。行周言曰：「城中食未盡，急攻，徒殺士卒，未易克也。不若緩之，彼食盡自潰。」漢主然之。慕容彥超數因事陵轢行周，行周泣訴於執政，蘇逢吉、楊邠密以白漢主。漢主命二臣和解之，又召彥超於帳中責之，且使詣行周謝。既而城中食浸竭。將士多出降者。慕容彥超固請攻城，自寅至辰，士卒死傷者萬餘人，不克而止，乃不敢復言。初，契丹留幽州兵千五百人戍汴，漢主至，盡殺之於繁臺之下。至是，張璉將幽州兵二千助重威，漢主遣人招諭，許以不死；璉曰：「繁臺之卒，何罪而戮？今守此，以死爲期耳。」由是城久不下。十一月，重威食竭力盡，開門出降。城中餒死者什七、八。張璉先邀朝廷信誓，詔許以歸鄉里，及出降，殺之。郭威請殺重威牙將百餘人，并重威家貲籍之以賞戰士，從之。以重威爲太傅。重威每出入，路人往往擲瓦礫詬之。

司馬公曰：漢高祖殺無辜千五百人，非仁也；誘張璉而誅之，非信也；杜重威罪大而赦之，非刑也。仁以合衆，信以行令，刑以懲姦。失此三者，何以守國！其祚運之不延也，宜哉！

胡氏曰：漢於天下未嘗有實德，其上世又無積仁累行之致〔二〕，政使三者皆得，亦未見永年之道，況重以三失乎！然杜重威之罪，上通於天，漢既討之，不應受降，降則不可殺矣。

十二月，蜀人侵漢。

漢主之子開封尹承訓卒。承訓孝友忠厚，達於從政，人皆惜之。

漢主還大梁。

吳越戍將殺李仁達，夷其族。

漢鳳翔節度使侯益叛降于蜀。

吳越統軍使胡進思廢其君弘倧，而立其弟弘俶。弘倧性剛嚴，誅杭、越侮法吏三人。統軍使胡進思恃迎立功，干預政事，弘倧惡之，有所謀議，數面折之。進思恨怒，不自安。弘倧與指揮使何承訓謀逐之；又謀於内都監使水丘昭券，昭券以爲進思黨盛難制，不如容之，弘倧猶豫未決。承訓反以謀告進思。進思作亂，帥親兵戎服入見，弘倧叱之不退，猝愕趨入義和院。進思鎖其門，矯稱王命，告中外云：「猝得風疾，傳位於弘俶。」因帥諸將迎弘俶于私第，且召丞相元德昭。德昭至，立於簾外不拜，曰：「俟見新君。」進思亟出褰簾，德昭乃拜。進思稱弘倧之命，承制授弘俶鎮海、鎮東節，弘俶曰：「能全吾兄，乃敢承命。不然，當避賢路。」進思許之，弘俶始視事。進思殺水丘昭券。進思之妻曰：「它人猶可殺；昭券，君子也，奈何害之！」

戊申（九四八）

漢乾祐元年。二月，隱帝承祐立。是歲，凡四國、三鎮。

春，正月，漢遣將軍王景崇等經略關中。漢主以趙匡贊、侯益與蜀兵共爲寇，患之。會回鶻入貢，訴稱爲党項所阻，乞兵應接。詔將軍王景崇、齊藏珍將禁軍數千赴之，因使之經略關西。晉昌節度判官李恕久在趙延壽幕下，延壽使之佐匡贊。匡贊將入蜀，恕諫曰：「漢家新得天下，方務招懷，君謝罪歸朝，必保富貴。入蜀非全計也。」匡贊乃遣恕奉表請入朝。景崇等未行而恕至，帝問恕：「匡贊何爲附蜀？」對曰：「匡贊自以身受虜官，父在虜庭，恐陛下未之察，故附蜀求苟免耳。」帝曰：「匡贊父子，本吾人也，不幸陷虜。今延壽方墜檻穽，吾何忍更害匡贊乎！」即聽其入朝。侯益亦請赴聖壽節上壽。景崇等將行，帝召入卧內，敕之曰：「二人之心，皆未可知。汝至彼，彼已入朝，則勿問；若尚遷延顧望，當以便宜從事。」

漢主更名晸。

漢以馮道爲太師。

吴越遷故王弘倧於衣錦軍。 吴越王弘俶遷故王弘倧於衣錦軍，遣都頭薛温將親兵衛之，潛戒之曰：「若有非常處分，皆非吾意，當以死拒之。」

趙匡贊、侯益叛蜀還漢，王景崇等擊蜀兵敗之。 趙匡贊不俟李恕返命，已離長安。王景崇等至長安，聞蜀兵已入秦川，發本道及趙匡贊牙兵千餘人同拒之；恐牙兵亡逸，欲文其面，微露風旨，軍校趙思綰首請自文面以帥下，景崇悦。齊藏珍竊言曰：「思綰凶暴難制，不如殺之。」景崇不聽。蜀將李廷珪聞匡贊已入朝，欲引歸，景崇邀敗之。張虔釗至寶雞，侯益拒之。虔釗夜遁，景崇追敗之，俘將卒四百人。

漢主晸殂。杜重威伏誅。周王承祐立。 漢主大漸。楊邠忌侍衛指揮使劉信，立遣之鎮，信不得奉辭，雨泣而去。帝召蘇逢吉、楊邠、史弘肇、郭威入受顧命曰：「承祐幼弱，後事託在卿輩。」又曰：「善防重威。」是日殂。逢吉等祕不發喪，下詔稱：「重威父子，因朕小疾，謗議摇衆，皆斬之。」磔尸於市，市人争啖其肉。二月，立皇子承祐爲周王。有頃，發喪，周王即位，時年十八。

吴越指揮使何承訓伏誅。何承訓復請誅胡進思，吴越王弘倧惡其反覆，且懼召禍，執承訓斬之。進思屢請殺廢王弘倧，弘倧不許。進思詐以王命，密令薛温害之，温曰：「僕受命之日，不聞此言。不敢妄發。」進思乃夜遣其黨二人踰垣而入，弘倧闔户大呼，温聞之，率衆而入，斃之庭中。入告弘倧，弘倧大驚曰：「全吾兄，汝之力也。」弘倧畏忌進思，曲意下之。進思亦内憂懼，未幾，疽發背死。弘倧由是獲全。

漢以王景崇爲鳳翔巡檢使。景崇引兵至鳳翔，侯益尚未行，景崇以禁兵分守諸門。或勸景崇殺益，景崇以所受密旨，嗣主未之知，或疑於專殺，猶豫未決。益聞之，不告景崇而去。景崇悔之。益入朝，漢主問：「何故召蜀軍？」對曰：「臣欲誘致而殺之。」漢主哂之。

三月，漢史弘肇以母喪起復，加兼侍中。弘肇遭喪不數日，自出朝參，故有是命。

漢以侯益爲開封尹。益富於財，厚賂執政及史弘肇等，故有是命。

漢改廣晉爲大名府，晉昌爲永興軍。

漢徵鳳翔兵詣闕，行至長安，軍校趙思綰據城作亂。侯益盛毁王景崇於朝，言其恣横，景崇不自安。會詔遣供奉官王益如鳳翔，徵趙匡贊牙兵詣闕，趙思綰等甚懼，景崇因以言激之。至長安，節度副使安友規出迎益，思綰前白曰：「壕寨使已定舍館於城東，將士欲各入城挈家詣城東宿。」友規等然之。思綰等大譟，持白梃殺守門者，入府，開庫取鎧仗，友規等皆逃去。思綰遂據城，集城中少年，得四千餘人，旬日間，戰守之具皆備。景崇諷鳳翔吏民表己知軍府事，朝廷患之，以王守恩爲永興節度使，趙暉爲鳳翔節度使，以景崇爲邠州留後。

漢復以孫方簡爲義武節度使。契丹將郎五、麻荅掠定州而遁。 初，契丹北歸至定州，以義武節度使孫方簡爲大同節度使。方簡怨恚不受命，帥其黨三千人保狼山故寨。契丹攻之，不克。未幾，遣使降漢，漢主復其舊官，使扞契丹。邪律忠聞鄴都既平，常懼華人爲變，與麻荅等焚掠定州，悉驅其人棄城北去。方簡自狼山帥其衆數百還據定州，奏以弟行友爲易州刺史，方遇爲泰州刺史。每契丹入寇，兄弟奔命，契丹頗畏之。於是晉末州縣陷契丹者，皆復爲漢有矣。麻荅至其國，契丹主鴆殺之。

漢李濤罷。 蘇逢吉等遷補官吏，楊邠以爲虛費國用，所奏多抑之，逢吉等不悅。李濤等上疏言：「今關西紛擾，外禦爲急。且二樞密官雖貴而家未富，宜授以要害大鎮。樞機之務在陛下目前，易以裁決，逢吉、禹珪皆可委也。」楊邠、郭威聞之，見太后泣訴，太后怒，以讓漢主。漢主因以詰責宰相，濤曰：「此疏臣獨爲之，他人無預。」乃罷濤政事。

漢護國節度使李守貞反。 始守貞聞杜重威死而懼，陰有異志。自以嘗有戰功，素好施，得士卒心；漢室新造，天子年少初立，執政皆後進，有輕朝廷之志。乃招納亡命，治城塹，繕甲兵，晝夜不息。遣人間道齎蠟丸結契丹，屢爲邊吏所獲。其客趙修己善術數，爲守貞言：「時命不可，勿妄動！」不聽，乃稱疾歸鄉里。僧總倫以術媚守貞，言其必爲天子，守貞信之。會趙思綰據長安，奉表獻御衣於守貞，守貞乃自稱秦王，遣其驍將王繼勳將兵據潼關。同州距河中最近，匡國節度使張彦威常詗守貞所爲，奏請乞爲之備，詔羅金山將兵戍之。故同州不爲所併。

夏，四月，漢以楊邠同平章事，郭威爲樞密使。漢主與左右謀，以太后怒李濤離間，欲更進用二樞密，以明非己意。左右亦疾二蘇之專，欲奪其權，共勸之。制以邠爲中書侍郎、同平章事，樞密使如故；郭威爲樞密使。自是政事盡決於邠。邠素愚蔽，不喜書生，常言：「國家府廩實，甲兵强，乃爲急務。至於文章禮樂，何足介意！」既恨二蘇排己，又以其除官太濫，欲矯其弊，由是艱於除拜，凡門蔭及百司入仕悉罷之。時人亦咎二蘇之不公所致云。

漢遣郭從義討趙思綰，白文珂、王峻討李守貞。

契丹兀欲如遼陽。契丹主如遼陽，故晉主與太后、皇后皆謁見。契丹主妻兄禪奴利聞晉主有女未嫁，求之，不得。契丹主使人馳取賜之。

五月，河決魚池。

六月朔，日食。

漢王景崇叛降于蜀。景崇遷延不之邠州，閲集鳳翔丁壯，詐言討趙思綰，仍牒邠州會兵。至是降蜀，亦受李守貞官爵。

秋，七月，蜀以王昭遠知樞密院事。昭遠幼以僧童從其師入府，蜀高祖愛其敏慧，令給事蜀主左右。至是，委以機務，府庫金帛，恣其取與，不復會計。

八月，漢河東節度使劉崇表募兵備契丹。初，高祖鎮河東，崇與郭威爭權有隙。及威執政，崇憂之，判官鄭珙勸崇爲自全計。崇遂表募兵四指揮。自是選募勇士，招納亡命，繕甲兵，實府庫，罷上供財賦，皆以備契丹爲名，朝廷詔令多不禀承。

漢以郭威爲西面招慰安撫使。漢自河中、永興、鳳翔三鎮拒命[三]，繼遣諸將討之，久無功。漢主患之，欲遣重臣臨督，以郭威爲西面軍前招慰安撫使，諸軍皆受節度。威問策於馮道，道曰：「守貞自謂舊將，爲士卒所附，願公勿愛官物，以賜士卒，則奪其所恃矣。」威從之。由是衆心始附於威。

胡氏曰：自唐莊宗以不賜士卒賈怨致亡，是後皆用賂取國。郭、馮二公豈不知也。威素總師旅，何資道之計謀？道素以儒士自居，何遽爲威畫策？蓋威以道累朝重望，嘗試問之；而道以威已得兵柄，因而語之，而二公相與之心，冥於言意之表矣。或曰：「威欲圖大事則有之，道必不至是也。」曰：隱帝幼冲，政柄二三，楊、史諸人，才智皆出威下，道老於販國，固知奇貨之可居矣。

蜀以趙廷隱爲太傅。國有大事，就第問之。

漢郭威督諸將圍李守貞於河中。郭威與諸將議攻討，諸將欲先取長安、鳳翔。鎮國節度使扈彦珂曰：「今三叛連衡，推守貞爲主，守貞亡，則兩鎮自破矣。若捨近而攻遠，萬一王、趙拒吾前，守貞掎吾後，此危道也。」威善之。於是威自陝州，白文珂、劉詞自同州，常思自潼關，三道攻河中。威撫養士卒，與同苦樂，小有功輒厚賞之，微有傷常親視之；士無賢不肖，有所陳啓，皆温辭色而受之；違忤不怒，小過不責。由是將卒咸歸心焉。始，李守貞以禁軍皆嘗受其恩施，謂其至則叩城奉迎。既而士卒新受賜於郭威，皆忘守貞舊恩，至城下，揚旗伐鼓，踊躍詬譟，守貞視之失色。諸將欲急攻城，威曰：「守貞前朝宿將，健鬬好施，屢立戰功。況城臨大河，樓堞完固，未易輕也。且彼馮城而鬬，吾仰而攻之，何異帥士卒投湯火乎！不若且設長圍而守之。吾洗兵牧馬，坐食轉輸，俟城中無食，然後進梯衝以逼之，飛書檄以招之。彼之將士，脱身逃死，父子且不相保，況烏合之衆乎！思綰、景崇，但分兵縻之，不足慮也。」乃發民夫二萬，使白文珂等帥之，刳長壕，築連城，列隊伍而圍之。又謂諸將曰：「守貞有輕我心，故敢反。正宜静以制之。」乃偃旗卧鼓，但循河設火鋪，連延數十里，番步卒以守之。遣水軍檥舟於岸，寇有潛往來者，無不擒之。於是守貞如坐網中矣。

蜀遣兵援鳳翔，漢人擊敗之。

王景崇殺侯益家屬。景崇殺益家七十餘人，益子仁矩在外得免。仁矩子延廣尚在襁褓，乳母劉氏以己子易之，抱延廣而逃，乞食至于大梁，歸于益家。

李守貞遣兵出戰，敗還。守貞屢出兵，欲突長圍，皆敗而反。遣人齎蠟丸求救於唐、蜀、契丹，皆爲邏者所獲。城中食且盡，殍死者日衆。守貞憂形於色，召總倫詰之。總倫曰：「分野有災，待磨滅將盡，只餘一人一騎，乃大王鵲起之時也。」守貞猶以爲然。

冬，十月，漢趙暉圍王景崇於鳳翔，蜀遣兵救之，不克。景崇遣兵出西門，趙暉擊破之，遂取西關城。景崇退守大城，暉塹而圍之，數挑戰，不出。暉潛遣千餘人擐甲執兵，效蜀旗幟，循南山而下，令諸軍聲言：「蜀兵至矣。」景崇果遣兵數千出迎之，暉設伏掩擊，盡殪之。自是景崇不敢出。蜀主遣安思謙將兵救鳳翔，僕射毋昭裔上疏諫曰：「臣竊見唐莊宗志貪西顧，前蜀主意欲北行，凡在庭臣，皆貢諫疏，殊無聽納，有何所成！只此兩朝，可爲鑒誡。」不聽。思謙遣申貴將兵二千，設伏於竹林，以兵數百壓寶雞而陳。漢兵逐之，遇伏而敗，蜀兵進屯渭水。漢益兵五千戍寶雞，思謙引還。

荆南節度使高從誨卒，以其子保融知留後。

十一月，漢殺其太子太傅李崧，滅其家。初，漢高祖入大梁，馮道及崧皆在真定，高祖以道第賜蘇禹珪，崧第賜蘇逢吉。崧第中瘞藏之物及洛陽别業，逢吉盡有之。及崧歸朝，自以形迹孤危，事漢權臣甚謹。而二弟嶼、㠖時乘酒出怨言，逢吉聞而惡之。翰林學士陶穀先爲崧所引用，復從而譖之。漢法既嚴，而史弘肇尤殘忍，寵任孔目官解暉，凡入軍獄者，使之隨意鍛鍊，無不自誣。及三叛連兵，羣情震動。弘肇巡邏京城，得罪人，不問情法何如，皆專殺不請。雖姦盗屏迹，而冤死者甚衆。李嶼僕夫葛延遇爲嶼販鬻，多所欺匿，嶼抶之，督其負。延遇與蘇逢吉之僕李澄謀，上變告嶼謀反。逢吉召崧送侍衛獄。嶼自誣云：「與兄弟及家僮二十人謀作亂。又遣人結李守貞，召契丹兵。」及具獄上，逢吉取筆改「二十」爲「五十」字。詔誅崧兄弟、家屬，仍厚賞延遇等。時人無不冤之。自是士民家皆畏憚僕隸，往往爲所脇制。他日，穀謂崧族子祕書郎昉曰：「李氏之禍，穀有力焉。」弘肇尤惡文士，常曰：「此屬輕人難耐，每謂吾輩爲卒。」領歸德節度，委親吏楊乙收屬府公利，乙依勢驕横，合境畏之；月率錢萬緡以輸弘肇，部民不勝其苦。

唐遣兵救李守貞，次于海州。沈丘人舒元、嵩山道士楊訥俱以遊客干李守貞。守貞遣元更姓朱，訥更姓李，名平，間道奉表求救於唐。唐諫議大夫查文徽、兵部侍郎魏岑請出兵應之。唐主命李金全將兵救河中，軍于沂州之境。金全與諸將方會食，候騎白有漢兵數百在澗北，皆羸弱，請掩之。金全令曰：「敢言過澗者斬！」及暮，伏兵四起，金鼓聞十餘里，金全曰：「鄉可與之戰乎？」時唐士卒厭兵，莫有鬬志。又河中道遠，勢不相及，退保海州。

南漢遣兵擊楚，取賀、昭州。

蜀兵救鳳翔，敗漢兵。漢郭威引兵赴之，蜀兵引還。王景崇告急於蜀，蜀主命安思謙再出兵救之，進屯散關，敗漢兵。趙暉告急於郭威，威自往赴之。時李守貞遣副使周光遜、王繼勳守城西。威戒白文珂、劉詞曰：「賊苟不能突圍，終爲我擒。萬一得出，則吾不得復留於此。成敗之機，於是乎在。賊之驍鋭盡在城西，我去必來突圍，爾曹謹備之！」威至華州，聞蜀兵食盡引去，威乃還。

己酉（九四九）

漢乾祐二年。是歲，凡四國、三鎮。

春，正月，李守貞遣兵襲漢栅，大敗。郭威將至河中，白文珂出迎之。李守貞遣王繼勳等引精兵千餘人襲漢栅，縱火大譟，軍中狼狽，不知所爲。劉詞神色自若，下令曰：「小盜不足驚也。」帥衆擊之。禆將李韜援矟先進，衆從之。河中兵退走，死者七百人。繼勳重傷，僅以身免。威至，詞迎馬首請罪，威厚賞之。守貞之欲攻河西栅也，先遣人出酤酒於村墅，或貰與，不責其直，邏騎多醉，由是河中兵得潛行入寨。威乃下令：「將士非犒宴，毋得私飲！」愛將李審晨飲少酒，威怒曰：「汝爲吾帳下，首違軍令，何以齊衆！」立斬以徇。

二月，漢以靜州隸定難軍。詔以靜州隸定難軍，李彝殷上表謝。彝殷以中原多故，有輕傲之志，每藩鎮有叛者，常陰助之，邀其重賂。朝廷亦以恩澤羈縻之。

契丹遷故晉主重貴於建州。晉李太后詣契丹主，請依漢人城寨之側，給田耕桑以自贍。契丹主許之，并晉主遷於建州。未至，安太妃卒於路。遺令：「焚骨南向颺之。」既至建州，得田五十餘頃，令從者耕以給食。頃之，德光之子述律王遣騎取晉主寵姬趙氏、聶氏而去。

三月，漢以史德琉領忠州刺史。德琉，弘肇之子也，頗讀書，常不樂父之所爲。有舉人呼譟於貢院門，蘇逢吉命執送侍衛司，欲其痛箠而黥之。德琉言於父曰：「書生無禮，自有臺府治之，非軍務也。此乃公卿欲彰大人之過耳。」弘肇即破械遣之。

夏，四月，太白晝見。民有仰視之者，爲邏卒所執，史弘肇腰斬之。

李守貞出兵攻長圍，大敗，其將王繼勳等詣漢軍降。河中城中食且盡，民餓死者什五、六。李守貞出兵攻長圍，郭威遣都監吴虔裕引兵横擊之，河中兵敗走，奪其攻具，擒其將魏延朗。王繼勳帥其衆千餘人來降。威乘其離散，督諸軍百道攻之。

五月，趙思綰遣使請降于漢。趙思綰好食人肝。及長安城中食盡，取婦女、幼稚爲軍糧，每犒軍，輒屠數百人。計窮不知所出。初，思綰少時，求爲左驍衛上將軍李肅僕，肅不納，曰：「是人目亂而語誕，它日必爲叛臣。」肅妻張氏曰：「君今拒之，後且爲患。」乃厚以金帛遺之。及思綰據長安，肅居城中，思綰數就見之，拜伏如故禮。肅曰：「是子亟來，且汙我。」欲自殺。妻曰：「曷若勸之歸國！」會思綰問自全之計，肅乃與判官程讓能説思綰曰：「公本與國家無嫌，但懼罪耳。今國家三道用兵，俱未有功，若以此時翻然改圖，朝廷必喜，自可不失富貴。孰與坐而待斃乎！」思綰從之，遣使請降於漢。漢以爲華州留後。

六月朔，日食。

秋，七月，漢郭從義誘趙思綰殺之。思綰釋甲出城受詔，郭從義以兵守其南門，復遣還城。思綰遷延，收斂財賄，三改行期。從義等疑之，密白郭威請圖之，威許之。從義與都監王峻入府舍，召思綰酌別，因執之，及其部曲三百人，皆斬於市。

漢郭威克河中，李守貞自殺。郭威攻河中，克其外郭。李守貞與妻子自焚。威入城，獲其子崇玉等及所署將相、國師總倫等，送大梁，磔於市。徵趙修己爲翰林天文。威閱守貞文書，得朝臣、藩鎮交通書，詞意悖逆，欲奏之，祕書郎王溥諫曰：「魑魅乘夜爭出，見日自消。願一切焚之，以安反仄。」威從之。唐以朱元、李平爲郎〔四〕。

唐主殺其户部員外郎范冲敏、天威都虞候王建封。唐主復進用魏岑；吏部郎中鍾謨、員外郎李德明始以辯慧得幸，參預國政，二人皆恃恩輕躁，國人惡之。冲敏性狷介，乃教建封上書，歷詆用事者，請進用正人。唐主大怒，皆殺之。

八月，漢郭威以白文珂爲西京留守。西京留守王守恩性貪鄙，專事聚斂，喪車非輸錢不得出城，下至抒厠行乞之人，不免課率；或縱麾下令盗人財。有富室娶婦，守恩與俳優數人往爲賀客，得銀數鋌而返。郭威自河中還，過洛陽，守恩肩輿出迎。威怒，不見，即以頭子命白文珂代守恩。守恩猶坐客次，吏白：「新留守已視事於府矣。」守恩狼狽而歸，見家屬已逐出府矣。朝廷不之問。

歐陽公曰：自古亂亡之國，必先壞其法制而後亂從之，五代之際是已。文珂、守恩皆漢大臣，而郭威以一樞密使頭子易置之，如更戍卒。文珂不敢違，守恩不得拒。威既處之不疑，而漢廷君臣亦置而不問，豈非綱紀壞亂之極而至於此歟！是以善爲天下慮者，不敢忽於微而常杜其漸也，可不戒哉！

楚馬希萼攻潭州，不克。希萼調丁壯作戰艦，將攻潭州。其妻苑氏諫曰：「兄弟相攻，勝負皆爲人笑。」不聽，引兵趣長沙。馬希廣聞之曰：「朗州，吾兄也，不可與争，當以國讓之而已。」劉彦瑫等固争以爲不可，乃以王贇部署戰棹，大破其兵；追希萼將及之，希廣遣使召之曰：「勿傷吾兄。」贇引兵還。希萼遁歸，苑氏泣曰：「禍將至矣，余不忍見也。」赴井而死。

九月，漢加郭威侍中。威請加恩將相、藩鎮，從之。威至大梁入見，勞賜甚厚，辭曰：「臣將兵在外，凡鎮安京師、供億兵食，皆諸大臣居中者之力也，臣安敢獨膺此賜！請徧賞之。」乃徧賜宰相、樞密、宣徽、三司、侍衛使九人如一。加威兼侍中，史弘肇中書令，竇貞固司徒，蘇逢吉司空，蘇禹珪、楊邠僕射。諸大臣議以執政既溥加恩，恐藩鎮觖望，亦徧加恩有差。議者以「郭威不專有其功，推以分人，信爲美矣。而國家爵位，以一人立功而覃及天下，不亦濫乎！」

胡氏曰：郭威此舉，推馮道不愛官物以賞士卒之意而廣之者也。蓋不待他日即位班賞，而已收中外之心矣。

冬，十月，吴越募民墾田。吴越王弘俶募民能墾荒田者，勿收其税。由是境内無棄田。或請糾民遺丁以增賦，弘俶杖之國門，國人皆悦。

楚靜江節度使馬希瞻卒。希瞻以兄希萼、希廣交争，屢遣使諫止，不從；知終覆族，疽發背，卒。

契丹寇河北，漢遣郭威督諸將禦之。

十二月，漢趙暉攻鳳翔，王景崇自殺。趙暉急攻鳳翔，周璨謂王景崇曰：「蒲、雍已平，蜀兒不足恃，不如降也。」景崇曰：「善！吾更思之。」後數日，外攻轉急，景崇自焚死，諸將乃降。三叛既平，漢主浸驕縱，與左右狎暱，與飛龍使後匡贊、茶酒使郭允明爲廋辭醜語；太后屢戒之。太常卿張昭上言：「宜親近儒臣，講習經訓。」皆不聽。昭即昭遠，避高祖諱，改之。

唐以留從效爲清源節度使。

庚戌（九五〇）

漢乾祐三年。是歲，四國、三鎮，漢亡。

春，正月，漢遣使收瘞河中、鳳翔遺骸。時有僧已聚二十萬矣。

二月，唐遣兵攻福州，吴越守兵敗之，執其將查文徽。福州人告唐永安留後查文徽云：「吴越兵已棄城去，請文徽爲帥。」文徽信之，遣劍州刺史陳誨將水軍下閩江，文徽自以步騎繼之。至城下，吴越知威武軍吴程詐遣數百人出迎。誨曰：「閩人多詐，未可信也，宜立寨徐圖。」文徽曰：「疑則變生，不若乘機據其城。」因引兵徑進。誨整衆鳴鼓，止于江湄。程勒兵出擊唐兵，大敗之，執文徽，士卒死者萬人。誨全軍歸。

漢汝州防禦使劉審交卒。汝州吏民詣闕上書，以審交有仁政，乞留葬汝州，得奉事其丘壟，許之。州人爲立祠，歲時享之。馮道曰：「吾嘗爲劉君僚佐，觀其爲政，無以逾人，非能減其租賦，除其繇役也，但推公廉慈愛之心以行之耳。此亦衆人所能爲，但他人不爲而劉君獨爲之，故汝人愛之如此。使天下二千石皆效其所爲，何患得民不如劉君哉！」

夏，四月，漢以王饒爲護國節度使。漢主欲移易藩鎮，因其請赴嘉慶節上壽，許之。至是，高行周等十餘人入朝，詔皆徙鎮。李守貞之亂，王饒潛與之通，守貞平，衆謂饒必居散地；及入朝，厚結史弘肇，遷護國節度使，聞者駭之。

漢以郭威爲鄴都留守，樞密使如故。漢朝以契丹入寇，議以郭威鎮鄴都，使督諸將備契丹。史弘肇欲威仍領樞密使，蘇逢吉以爲故事無之，弘肇曰：「領樞密使則可以便宜從事，諸軍畏服，號令行矣。」漢主從之。仍詔河北兵甲錢穀，但見郭威文書立皆稟應。弘肇怨逢吉異議，逢吉曰：「以内制外，順也；今反以外制内，其可乎！」既而朝貴會飲，弘肇舉大觴屬威，厲聲曰：「昨日廷議，一何同異！」逢吉與楊邠亦舉觴曰：「是國家之事，何足介意！」弘肇又厲聲曰：「安定國家，在長槍大劍，安用毛錐！」王章曰：「無毛錐，則財賦何從可出？」自是將相始有隙。既而章復置酒，酒酣，爲手勢令，弘肇不閑其事。逢吉戲之，弘肇大怒，以醜語詬逢吉，欲毆之，逢吉起去。弘肇索劍欲追之，楊邠哭止之曰：「蘇公宰相，若殺之，置天子何地，願熟思之！」於是將相如水火矣。漢主使宣徽使王峻置酒和解之，不能得。

胡氏曰：書生記誦而不知理，文士浮華而無實用，誠非治道所貴；以不足貴，乃併經史大訓而廢之，一概下視學士大夫，輕則束之高閣，重則陷之黨錮，甚則投之黄河。爲此説者，未有能免其身，而不累其國者也。邠以廪實兵强爲賢於禮樂，弘肇以長槍大劍爲可定國家，納賂專權，愚蔽恣横，未幾，死於嬖倖之手，曾不及知其禍，又豈書生、文士之所爲乎！

漢以郭榮爲貴州刺史。榮本姓柴，父守禮，郭威之妻兄也。威未有子，時養以爲子。

五月，漢以折德扆爲府州團練使。德扆，從阮之子也。

郭威赴鄴。威辭行，言於帝曰：「太后從先帝久，多歷天下事，陛下富於春秋，有事宜禀其教而行之。親近忠直，放遠讒邪，善惡之間，所宜明審。蘇逢吉、楊邠、史弘肇皆先帝舊臣，願陛下推心任之。至於疆埸之事，臣願竭愚。」帝斂容謝之。威至鄴都，以河北困弊，戒邊將謹疆埸，嚴守備，無得出侵掠，契丹入寇，則堅壁清野以待之。

漢敕：「防、團非軍期，無得專奏事，申觀察使以聞。」

漢以郭瓊爲潁州團練使。平盧節度使劉銖貪虐，朝廷欲徵之，恐其拒命，因沂、密用兵於唐，遣瓊將兵屯青州。銖置酒召瓊，伏兵幕下，欲害之。瓊知其謀，悉屏左右，從容如會，了無懼色，銖不敢發。瓊因諭以禍福，銖感服，詔至即行。故有是命。

閏月，漢大風。漢宮中數有怪，大風發屋拔木，吹鄭門扉起〔五〕，十餘步而落。漢主召司天監趙延義，問以禳祈之術，對曰：「臣之職在天文時日，禳祈非所習也。然王者欲弭災異，莫如修德。」漢主曰：「何謂修德？」對曰：「請讀貞觀政要而法之。」

胡氏曰：延義之言，可亞於康澄矣。然當漢季而欲取法貞觀，必有先務。隱帝懼而思，思而問，延義必有所對。帝方驕侈，何以革其心？大臣皆刀筆、武夫，何以善其後？當時之患，惟此爲大。使帝知警戒而不敢肆，大臣得賢才而各勝任，則周亦焉能取之乎！

六月，河決鄭州。

秋，七月，馬希萼以羣蠻攻潭州。希萼既敗歸，乃誘辰、溆州及梅山蠻，欲與共擊湖南。蠻素聞長沙帑藏之富，大喜，争出兵赴之，遂攻益陽。楚將陳璠、張延嗣、黄處超皆敗死，潭人震恐。

八月，故晉太后李氏卒于契丹。后病無醫藥，惟與晉主仰天號泣，戟手罵杜重威、李守貞曰：「吾死不置汝！」周顯德中，有自契丹來者，云：「晉主及馮后尚無恙，其從者亡歸及物故則過半矣。」

九月，馬希萼遣使乞師于唐，唐發兵助之。希萼表請別置進奏務於京師，不許。亦賜楚王希廣詔，勸以敦睦。希萼以朝廷意佑希廣，怒，遣使稱藩于唐，乞師攻楚。唐命楚州刺史何敬洙將兵往助希萼。

冬，十月，楚遣兵攻朗州，馬希萼還戰，楚兵大敗。劉彦瑫言於楚王希廣曰：「朗州兵不滿萬，馬不滿千，都府精兵十萬，何憂不勝！願假臣兵萬餘人，徑入朗州縛取希萼，以解大王之憂。」希廣從之。彦瑫入朗州境，父老爭以牛酒犒軍，艦過，則運竹木以斷其後。希萼遣兵逆戰，彦瑫乘風縱火以焚其艦，頃之，風回自焚；還走，則江路已斷，戰、溺死者數千人。希廣聞之，涕泣不知所爲。或告天策左司馬希崇流言惑衆，請殺之。希廣曰：「吾自害其弟，何以見先王於地下！」指揮使張暉擊朗州，聞彦瑫敗，遁歸；朗兵擊之，士卒九千餘人皆死。

十一月朔，日食。

胡氏曰：漢隱在位三年，無歲不日食，日亦隱之表乎？曰：稱皇帝，據中土，雖無其德，而有其位矣。夫有其德而無其位者，人必以位期之；居其位而無其德者，人亦必以德望之。天人一也，故雖昏庸之君，垂亡之世，天理固自若也。

馬希萼將兵攻潭州。楚王希廣遣其屬孟駢説馬希萼曰：「公忘父兄之讎，北面事唐，何異袁譚求救於曹公邪？」希萼將斬之，駢曰：「駢若愛死，安肯此來！駢之言，非私於潭人，實爲公謀也。」乃釋之，使還報曰：「大義絶矣，非地下不相見也。」悉發境内之兵趣長沙。

漢主承祐殺其樞密使楊邠、侍衛指揮使史弘肇、三司使王章，遣使殺郭威，不克。威舉兵反，遂弑其主承祐。漢主自即位以來，楊邠總機政，郭威主征伐，史弘肇典宿衛，王章掌財賦。邠頗公忠，門無私謁，雖不却四方饋遺，然有餘輒獻之。弘肇督察京城，道不拾遺。章捃摭遺利，吝於出納，供饋不乏，國家粗安。然章聚斂刻急。舊制，田税每斛更輸二升，謂之「鼠雀耗」〔六〕，章始令更輸二斗，謂之「省耗」；舊錢出入皆以八十爲陌，章始令入者八十，出者七十七，謂之「省陌」；犯鹽、礬、酒麴之禁者，錙銖涓滴，皆死；由是百姓愁怨。章尤不喜文臣，嘗曰：「此輩授之握算，不知縱横，何益於用！」俸禄皆以不堪資軍者，高其估而給之。漢主左右嬖倖浸用事，太后親戚亦干朝政，邠等屢裁抑之。太后弟武德使李業求宣徽使，不得。内客省使閻晉卿次當爲宣徽使，亦久不補；聶文進、後匡贊、郭允明皆有寵，而久不遷官；劉銖罷歸久，未除官，共怨執政。漢主除喪，聽樂，賜伶人錦袍、玉帶，弘肇怒曰：「士卒守邊苦戰，猶未有以賜之，汝曹何功而得此！」皆奪之。漢主年益壯，厭爲大臣所制。邠、弘肇嘗議事於前，曰：「陛下但禁聲，有臣等在。」漢主積不能平，左右因譖之云：「邠等專恣，終當爲亂。」蘇逢吉與弘肇有隙，屢以言激業等。漢主遂與業、文進、匡贊、允明謀誅邠等，入白太后，太后曰：「兹事何可輕發！更宜與宰相議之。」業曰：「先帝嘗言，朝廷大事不可謀及書生，懦怯誤人。」太后不可，漢主忿曰：「國家之事，非閨門所知！」拂衣而出。業等以告閻晉卿，晉卿恐事不成，詣弘肇第欲告之，弘肇辭不見。與邠、章入朝，殿中甲士出而殺之。文進亟召宰相、朝臣、諸軍將校，漢主親諭之，分遣使收捕邠等親黨、傔從，盡殺之。遣供奉官孟業齎密詔，令鎮寧李洪義殺弘肇黨步軍指揮使王殷，又令行營指揮使郭崇威、曹威殺郭威及監軍王峻。又急詔徵高行周、符彦卿、郭從義、慕容彦超、李穀入朝。以蘇逢吉權知樞密院事，劉銖權知開封府，李洪建權判侍衛司事。逢吉雖惡弘肇，而不預李業等謀，聞變驚愕，私謂人曰：「事太忽忽，主上儻以一言見問，不至於此！」業等命劉銖誅郭威、王峻之家，銖極其慘毒，嬰孺無免者。命李洪建誅王殷之家，洪建但使人守視，仍飲食之。孟業至澶州，洪義不敢發。殷囚業，以詔示郭威。威召魏仁浦，示以詔書曰：「奈何？」仁浦曰：「公，國之大臣，功名素著，加之握强兵〔七〕，據重鎮，一旦爲羣小所構，禍出非意，此非辭説所能解。時事如此，不可坐而待死。」威乃召郭崇威、曹威及諸將，告以郊等冤死及有密詔之狀，且曰：「吾與諸公，披荆棘，從先帝取天下，受託孤之任，竭力以衛國家，今諸公已死，吾何心獨生！君輩當奉行詔書，取吾首以報天子，庶不相累。」崇威等皆泣曰：「天子幼沖，此必左右羣小所爲，若使此輩得志，國家其得安乎！願從公入朝自訴，盪滌鼠輩，以清朝廷。」趙修己曰：「公徒死何益！不若順衆心，擁兵而南，此天啓也。」威乃留榮鎮鄴都，命崇威前驅，自將大軍繼之。慕容彦超方食，得詔，捨匕筯入朝，漢主悉以軍事委之。侯益曰：「鄴都戍兵家屬皆在京師，官軍不可輕出，不若閉城以挫其鋒，使其母妻登城招之，可不戰而下也。」彦超曰：「侯益衰老，爲懦夫計耳。」漢主乃遣益及閻晉卿、吴虔裕、張彦超將禁軍趣澶州。郭威至澶州，李洪義納之；王殷亦以兵從。漢主遣内養鸗脱覘郭威，威獲之，以表置衣領中，使歸白曰：「臣昨得詔書，延頸俟死。郭崇威等不忍殺臣，逼臣詣闕請罪。陛下若以臣爲有罪，安敢逃刑！若實有譖臣者，願執付軍前以快衆心，臣敢不撫諭諸軍，退歸鄴都！」威趣滑州，義成節度使宋延渥迎降。威取滑州庫物以勞將士，且諭之曰：「聞侯令公已督諸軍自南來，吾欲全汝曹功名，不若奉行前詔，吾死不恨！」皆曰：「國家負公，公不負國，所以萬人爭奮，如報私讎，侯益輩何能爲乎！」王峻徇於衆曰：「我得公處分，俟克京城，聽旬日剽掠。」衆皆踊躍。漢主聞郭威至河上，悔懼，私謂竇貞固曰：「屬者亦太草草。」李業等請傾府庫以賜諸軍，乃賜禁軍人二十緡，下軍半之，將士在北者給其家，仍使通家信以誘之。威至封丘，人情恟懼。太后泣曰：「不用李濤之言，宜其亡也！」

胡氏曰：楊邠胥吏，郭威軍卒，濤直以其不孚人望，故欲出之，豈預知威之代漢哉！借使當時出二人于外〔八〕，而二蘇、王、史在朝，亦安能遽賢於楊、郭，使隱帝驕侈不生，孌幸不用，而禍亂不作乎！不然，與郭威以鄴，所謂要害大鎮，正合濤之初計；濤若防威生變者，豈不知大鎮之可以奪國，而樞密使未必能篡位耶！是故漢之亡不亡，自有所在，不係濤言之用不用也。

慕容彥超言於漢主曰：「臣視北軍猶蠛蠓耳。」退，問北來兵數及將校姓名，頗懼，曰：「是亦劇賊，未易輕也！」漢主復遣袁義、劉重進等帥禁軍與侯益等會屯赤岡，彥超以大軍屯七里店。漢主欲自出勞軍，太后止之，不從。時扈從軍甚盛，至暮，不戰而還。來日，欲再出，太后又止之，不可。既陳，慕容彥超引輕騎直前奮擊，郭威與李榮帥騎兵拒之。彥超引兵退，麾下死者百餘人。於是諸軍奪氣，稍稍降於北軍。侯益等皆潛往見威，威各遣還營。彥超遂與十餘騎奔還兗州。漢主獨與三相及從官數十人宿於七里寨，餘皆逃潰。旦日，將還宮，至玄化門，劉銖在門上射漢主左右。漢主回轡，西北至趙村，追兵已至，漢主下馬入民家，爲亂兵所弑。蘇逢吉、閻晉卿、郭允明皆自殺。威至，劉銖射之。威自迎春門入，歸私第。諸軍大掠通夕。初，作坊使賈延徽有寵於帝，與魏仁浦爲鄰，欲併仁浦之居，屢譖仁浦，幾至不測。至是，有擒延徽以授仁浦者，仁浦謝曰：「因亂而報怨，吾所不爲也！」郭威聞之，待仁浦益厚。獲劉銖、李洪建，囚之。命諸將分部禁止掠者，至晡乃定。遷隱帝梓宮於西宮。或請如魏高貴鄉公故事，葬以公禮，威不許，曰：「倉猝之際，吾不能保衛乘輿，罪已大矣，況敢貶君乎！」馮道帥百官謁見郭威，威猶拜之，道受拜如平時，徐曰：「侍中此行不易！」

胡氏曰：道嘗爲威畫策，至是威事已成，道外爲不屈之貌，而內有收恩之心，其情狀亦可見矣。而或者謂道能以是屈威，其説誤矣。

漢迎武寧節度使劉贇於徐州。郭威帥百官起居太后，奏請早立嗣君。太后誥曰：「河東節度使崇、忠武節度使信，皆高祖之弟，武寧節度使贇，開封尹勳，高祖之子，其令百官議擇所宜。」贇，崇之子也，高祖愛之，養視如子。郭威、王峻入見太后，請以勳爲嗣。太后曰：「勳久羸疾不能起。」令左右以卧榻舉之示諸將，諸將乃信之。於是郭威與峻議立贇，帥百官表請。太后誥遣太師馮道及樞密直學士王度、祕書監趙上交詣徐州奉迎。威之討三叛也，見詔書處分軍事皆合機宜，問誰爲之，使者以范質對，威曰：「宰相器也。」至是，令草誥令，具儀注，蒼黄之中，討論撰定，皆得其宜。

朗州兵至潭州，楚王希廣遣兵拒之。馬希萼遣蠻兵圍玉潭，攻岳州，刺史王贇拒之。希萼使人謂贇曰：「公非馬氏之臣乎？不事我，欲事異國乎？爲人臣而懷貳心，豈不辱其先人！」贇曰：「亡父爲先王將，六破淮南兵。今大王兄弟不相容，贇常恐淮南坐收其弊，一旦以遺體臣淮南，誠辱先人耳。大王苟能釋憾罷兵，兄弟雍睦如初，贇敢不盡死以事大王兄弟，豈有二心乎！」希萼慚，引兵去。至長沙，馬希廣遣劉彦瑫、許可瓊、馬希崇、李彦温、韓禮將兵拒之。

漢太后臨朝。郭威帥羣臣請之也。

漢以王峻爲樞密使，王殷爲侍衛都指揮使。

漢誅劉銖及其黨。劉銖、李洪建及其黨皆梟首於市，而赦其家。郭威謂公卿曰：「劉銖屠吾家，吾復屠其家，怨讎反覆，庸有極乎！」由是數家獲免。王殷屢爲洪建請，威不許。

蜀施州刺史田行臯伏誅。行臯奔荊南，高保融曰：「彼貳於蜀，安肯盡忠於我。」執之，歸于蜀，伏誅。

契丹入寇，屠内丘，陷饒陽。漢遣郭威將兵擊之。

漢以范質爲樞密副使。

馬希萼陷潭州，殺楚王希廣而自立。初，蠻酋彭師暠降於楚，楚人惡其獷直，希廣獨怜之，以爲强弩指揮使，師暠常欲爲希廣死。及朗兵至，師暠登城望之，言於希廣曰：「朗人驟勝而驕，雜以蠻兵，攻之易破也。願假臣步卒三千，自巴溪渡江，出岳麓之後，至水西，令許可瓊以戰艦渡江，腹背合擊，必破之。前軍敗，則其大軍自不敢輕進矣。」希廣將從之。時馬希萼已遣間使以厚利啖許可瓊，可瓊謂希廣曰：「師暠諸蠻族類，安可信也！可瓊世爲楚將，必不負大王。」希廣乃止。命諸將皆受可瓊節度，屢造其營計事。可瓊詐稱巡江，與希萼會約爲内應。彭師暠一日見而叱之，拂衣入見，曰：「可瓊將叛國，人皆知，請速除之，無貽後患。」希廣曰：「可瓊，許侍中之子，豈有是邪！」師暠退，歎曰：「王仁而不斷，敗亡可翹足俟也。」希廣信巫覡及僧語，塑鬼於江上，舉手以却朗兵；又作大像于高樓，手指水西，怒目視之。朗州將何敬真望韓禮營旌旗紛錯，曰：「彼衆已懼，擊之易破也。」朗人雷暉潛入禮寨，手劍擊禮，不中，軍中驚擾，敬真等乘其亂擊之，禮軍大潰。於是朗兵水陸急攻長沙，指揮使吴宏、小門使楊滁相謂曰：「以死報國，此其時矣！」各引兵出戰。自辰至午，朗兵小却。劉彦瑫按兵不救。彭師暠戰於城東北隅。可瓊舉全軍降希萼，長沙遂陷。朗兵及蠻兵大掠三日。希崇帥將吏詣希萼勸進。吴宏見希萼曰：「不幸爲許可瓊所誤，今日死，不愧先王矣！」彭師暠投槊於地，大呼請死。希萼歎曰：「鐵石人也！」皆不殺。希萼入府，捕希廣，獲之。自稱楚王，以希宗爲節度副使，謂將吏曰：「希廣懦夫，爲左右所制耳，吾欲生之，可乎？」朱進忠曰：「大王三年血戰，始得長沙，一國不容二主，它日必悔之。」乃賜希廣死。希廣臨刑，猶誦佛書。彭師暠葬之於瀏陽門外。希萼召拓拔恒欲用之，恒稱疾不起。

漢劉贇發徐州。

贇留右都押衙鞏廷美、教練使楊温守徐州，與馮道等西來。在道仗衛，皆如王者，左右呼萬歲。郭威至滑州，留數日。贇遣使慰勞。諸將受命之際，相顧不拜，私相謂曰：「我輩屠陷京城，其罪大矣。若劉氏復立，我輩尚有種乎？」

漢郭威至澶州，自立而還。王峻、王殷遣兵拒劉贇，以太后誥廢爲湘陰公；令郭威監國。

威至澶州將發，將士數千人忽大譟曰：「天子須侍中自爲之。將士已與劉氏爲仇，不可立也。」或裂黄旗以被威體，共扶抱之，呼萬歲震地。因擁威南行。威乃上太后牋，請奉漢宗廟，事太后爲母。下書撫諭大梁士民，勿有憂疑。至七里店，竇貞固帥百官出迎，拜謁勸進。贇至宋州，王峻、王殷聞澶州軍變，遣郭崇威將七百騎往拒之，又遣馬鐸將兵詣許州巡檢。崇威忽至宋州，贇大驚，闔門登樓詰之，對曰：「澶州軍變，郭公遣崇威來宿衛。」贇召崇威登樓，執手而泣。崇威以郭威意安諭之。時護聖指揮使張令超帥部兵爲贇宿衛，徐州判官董裔説贇曰：「觀崇威視瞻舉措，必有異謀。道路皆言郭威已爲帝，而陛下深入不止，禍其至哉！請急召張令超，諭以禍福，使夜以兵劫崇威，奪其兵。明日，掠睢陽金帛，募士卒，北走晉陽。彼新定京邑，未暇追我，此策之上也。」贇猶豫未決。是夕，崇威密誘令超，令超帥衆歸之。贇大懼。郭威召馮道先歸。贇謂之曰：「寡人此來所恃者，以公三十年舊相，故無疑耳。今事危矣，公何以爲計？」道默然。客將賈貞數目道，欲殺之。贇曰：「汝輩勿草草，無預馮公事。」

胡氏曰：郭威既入京師，雖未簒立，天下知其必代漢矣。馮道與通腹心已久，承命而行，聞召而返，是以去來宿留，資威之速取也，可不謂之老姦宿猾乎！

崇威遷贇於外館，殺其腹心董裔、賈貞等數人。太后誥廢贇爲湘陰公。馬鐸引兵入許州，劉信惶惑自殺。太后誥以侍中監國。百官、藩鎮相繼上表勸進。威營步軍將校醉，揚言「曏者澶州騎兵扶立，今步兵亦欲扶立」。威斬之。

南漢以宫人爲女侍中。南漢主以宫人盧瓊仙、黄瓊芝爲女侍中，朝服冠帶，參決政事。宗室、勳舊誅戮殆盡，惟宦官林延遇等用事。

辛亥(九五一)

周太祖郭威廣順元年。北漢主劉崇乾祐四年。是歲，周代漢，北漢建國，凡五國、三鎮。

春，正月，郭威稱皇帝，國號周。漢太后下誥，授監國符寶，即皇帝位。制曰：「朕周室之裔，虢叔之後，國號宜曰周。」改元，大赦。凡倉場、庫務掌納官吏，無得收斗餘、稱耗；舊所進羨餘物，悉罷之。

犯竊盜及姦者，並依晉天福元年以前刑名，罪人非反逆，無得誅及親族，籍没家貲。唐莊宗、明宗、晉高祖各置守陵十户，漢高祖陵職員、宫人、薦享守户並如故。初，唐衰，多盜，更定峻法，竊盜贓三匹者死；晉天福中，加至五匹。姦者，男女並死。漢法，竊盜一錢以上皆死。故周主即位，首革其弊。初，楊邠以功臣、國戚爲方鎮者多不閑吏事，乃以三司軍將補都押衙、孔目官、内知客，其人自恃敕補，多專横，節度使不能制；至是悉罷之。命史弘肇親吏李崇矩訪弘肇親族，崇矩言：「弟弘福今存。」初，弘肇使崇矩掌其家貲之籍，由是盡得其産，皆以授弘福；周主賢之，使隸皇子榮帳下。

漢太后遷居西宫。號昭聖太后。

漢河東節度使劉崇表請湘陰公歸晉陽。初，崇聞隱帝遇害，欲起兵南向，聞迎立湘陰公，乃止，曰：「吾兒爲帝，吾又何求！」太原少尹李驤陰説崇曰：「觀郭公之心，終欲自取，公不如疾引兵逾太行，據孟津，俟徐州相公即位，然後還鎮，則郭公不敢動矣；不然，且爲所賣。」崇怒曰：「腐儒欲離間吾父子！」命左右曳出斬之，讓呼曰：「吾負經濟之才，而爲愚人謀事，死固甘心！家有老妻，願與之同死。」崇并其妻殺之。及贇廢，崇乃遣使請贇歸晉陽，周主報曰：「湘陰公比在宋州，今方取歸，必令得所，公勿以爲憂。」

漢湘陰公故將鞏廷美等舉兵徐州。廷美、楊温聞湘陰公贇失位，奉贇妃董氏，據徐州拒守，以俟河東援兵。周主使贇以書諭之。

契丹使至大梁。契丹之攻内丘也，死傷頗多，又值月食，軍中多妖異。契丹主懼，引兵還，遣使請和於漢。會漢亡，劉詞送其使者詣大梁。周主遣將軍朱憲報聘，且叙革命之由。

周以王殷爲鄴都留守。周主以鄴都鎮撫河北，控制契丹，欲以腹心處之，以殷爲留守，領軍如故，仍以侍衛司從赴鎮。

周主爲故漢主承祐舉哀成服。

漢泰寧軍節度使慕容彦超遣使入貢于周。彦超遣使入貢于周，周主慮其疑懼，賜詔慰安之。

周主威弑漢湘陰公贇於宋州，漢劉崇稱帝於晉陽。劉崇即位於晉陽，仍用乾祐年號。所有者并、汾、忻、代、嵐、憲、隆、蔚、沁、遼、麟、石十二州之地。以判官鄭珙、趙華同平章事，次子承鈞爲侍衛親軍都指揮使〔九〕，副使李存瓌爲代州防禦使。謂諸將曰：「朕以高祖之業一朝墜地，今日位號，不得已而稱之。顧我是何天子，汝曹是何節度使邪！」由是不建宗廟，祭祀如家人；宰相俸錢，月止百緡，節度使止三十緡〔一〇〕，自餘薄有資給而已。聞湘陰公死，哭曰：「吾不用忠臣之言，以至於此。」爲李驤立祠，歲時祭之。

周罷四方貢獻珍食；詔百官上封事。周主謂王峻曰：「朕起於寒微，備嘗艱苦，遭時喪亂，一旦爲帝王，豈敢厚自奉養以病下民乎！」命峻疏四方貢獻珍美食物，詔悉罷之。又詔曰：「朕生長軍旅，不親學問，未知治天下之道，文武官有益國利民之術，各具封事以聞。」以蘇逢吉之第賜王峻，峻曰：「是逢吉所以族李崧也。」辭而不處。

胡氏曰：使峻持是心而不變，豈有商顔之責乎？

北漢主遣其子承鈞將兵伐周，不克。

二月，周主以其養子榮爲鎮寧節度使。選朝士爲之僚佐，以王敏、崔頌爲判官，王朴爲掌書記。朴，東平人也。

楚遣使入貢于唐。

周主毁漢宫寶器。周主悉出漢宫中寶玉器碎之於庭，曰：「凡爲帝王，安用此物！聞漢隱帝日與嬖寵於禁中嬉戲，珍玩不離側。兹事不遠，宜以爲鑑。」仍戒左右：「自今珍華悦目之物，無得入宫。」

胡氏曰：召公曰：「不貴異物，則民乃足。」明王受遠邇所獻者，惟服食器用而已。郭太祖起於卒伍，非知古訓者，獨監于漢隱，偶合帝王之盛節。其識有過人者矣。五代之君，世宗爲上，唐明宗次之，周太祖次之，其餘無稱焉。

契丹遣使如周，周報之。

北漢遣使如契丹乞師。初，契丹主聞北漢主立，使其招討使潘聿撚遺劉承鈞書，北漢主使承鈞復書言：「本朝淪亡，欲循晉室故事，求援北朝。」契丹主大喜。至是，北漢主遣使如契丹乞兵。

楚將王逵、周行逢作亂，入于朗州。楚王希萼既得志，多思舊怨，殺戮無度，縱酒荒淫，悉以軍府事委馬希崇。希崇復多私曲，政刑紊亂。籍民財以賞士卒，士卒猶以不均怨望。遣劉光輔入貢于唐，唐主待之厚，光輔密言：「湖南民疲主驕，可取也。」唐主乃以邊鎬將兵屯袁州，潛圖進取。楚小門使謝彦顒，本希萼家奴，以首面有寵希萼，使坐諸將之上，諸將皆耻之。希萼命朗州指揮使王逵、副使周行逢帥所部兵治府舍，執役甚勞，又無犒賜，士卒皆怨，竊言曰：「我輩從大王出萬死取湖南，何罪而囚役之！且大王終日酣歌，豈知我輩之勞苦乎！」逵、行逢聞之，相謂曰：「衆怨深矣，不早爲計，禍及吾曹。」帥衆逃歸。時希萼醉，左右不敢白，明日，始遣兵追之，不及，直抵朗州；逵等乘其疲乏，伏兵縱擊，死傷殆盡。逵等以希萼兄子光惠爲節度使。

周克徐州，鞏廷美死之。

周加吳越王弘俶諸道兵馬都元帥。

夏，四月，唐淮南饑。周濱淮州鎮言：「淮南飢民過淮糴穀。」周主詔曰：「彼之生民，與此何異？無得禁止。」

蜀以伊審徵知樞密院事。審徵，蜀高祖之甥也，少與蜀主相親狎。及知樞密，以經濟爲己任，而貪侈回邪，與王昭遠相表裏。蜀政由是浸衰。

吳越奉其廢王弘倧居東府。吳越王弘俶徙弘倧居東府，爲築宫室，治園圃娱悦之，歲時供饋甚厚。

北漢遣使如契丹。契丹主遣使如北漢，告以周使田敏來約歲輸錢十萬緡。北漢主使鄭珙以厚賂謝契丹，致書稱姪，請行册禮。

周遣將軍姚漢英如契丹，契丹留之。

周夏州附于北漢。

周以王峻、范質、李穀同平章事。初，周主討河中，已爲人望所屬。李穀時爲轉運使，周主數以微言諷之，穀但以人臣盡節爲對，周主以是賢之。即位，首用爲相。時國家新造，四方多故，王峻夙夜盡心，知無不爲，軍旅之謀，多所裨益。范質明敏强記〔一一〕，謹守法度。李穀沈毅有器略，論議忼慨，善譬諭以開主意。

楚朗州將王逵等逐其節度使，推劉言爲留後。武平節度使馬光惠愚懦嗜酒。王逵、周行逢、何敬真謀，以辰州刺史劉言驍勇得蠻夷心，欲迎以爲副使。言知逵等難制，曰：「不往，將攻我。」乃單騎赴之。既至，衆廢光惠，推言權武平留後，求節於唐，亦稱藩于周。

契丹遣使如北漢，册命其主崇，更名旻。

契丹燕王述軋弒其主兀欲而自立，述律討殺述軋而代之。北漢遣兵伐周，契丹欲引兵會之，與酋長議。諸部不欲南，强之行，至新州，燕王述軋作亂，弒契丹主而自立。齊王述律逃入南山，諸部奉之以攻述軋，殺之。立述律爲帝，改元應曆。北漢主復以叔父事之，請兵以擊晉州。契丹主年少好遊戲，每夜酣飲，達旦乃寐，日中方起，國人謂之「睡王」。後更名明。

楚將徐威等作亂，廢其君希萼，立希崇爲武安留後。楚人復立希萼，居衡山。希萼遣指揮使徐威、陸孟俊等帥部兵立寨于城西北隅，以備朗兵，不存撫役者，將卒皆怨怒，謀作亂。希崇知其謀。希萼宴將吏，威等使人先驅馬十餘入府，自帥其徒執斧斤、白梃，聲言縶馬，奄至座上，縱横擊人。希萼逾垣走，威等執囚之；殺謝彦顒。立希崇爲武安留後，縱兵大掠。幽希萼於衡山縣。劉言遣兵趣潭州，聲言討其篡奪之罪，希崇發兵拒之。希崇亦縱酒荒淫，爲政不公，語多矯妄，國人不附。初，希萼入長沙，彭師暠雖免死，猶杖背黜爲民；希崇以爲師暠必怨之，使送希萼于衡山，師暠曰：「欲使我爲弒君之人乎！」奉事逾謹。衡山指揮使廖偃與其季父巡官匡凝謀，帥莊戶、鄉人與師暠共立希萼爲衡山王，以縣爲行府，斷江爲柵，編竹爲戰艦，召募徒衆，數日，至萬餘人，州縣多應之。

冬，十月，唐遣邊鎬將兵擊楚，馬希崇降。徐威等見希崇所爲，知必無成，又畏朗州、衡山之逼，欲殺希崇。希崇大懼，密奉表請兵于唐。唐主命邊鎬將兵萬人趣長沙。鎬入醴陵，希崇遣天策府學士拓跋恒奉牋請降，恒歎曰：「吾久不死，乃爲小兒送降狀！」希崇帥弟姪迎拜，鎬下馬稱詔勞之。時湖南饑饉，鎬大發馬氏倉粟賑之，楚人大悦。

胡氏曰：拓跋恒言既不用，杜門不出，蓋賢者也；送降文之行，其不得已耶！則向者杜門何意哉？人莫易於露其才，莫難於晦其用。意者恒雖稱疾，未嘗去官，所以至是不能自免耳。使其當希聲殺高郁之時，退耕於野，則無此辱矣。

契丹、北漢會兵伐周，攻晉州。契丹遣蕭禹厥將奚、契丹五萬，會北漢兵伐周。北漢主自將兵二萬攻晉州，三面置寨，晝夜攻之。巡檢使王萬敢與都指揮使史彥超、何徽共拒之。

唐遣劉仁贍將兵取岳州。仁贍取岳州，撫納降附，人忘其亡。唐百官共賀湖南平，起居郎高遠曰：「我乘楚亂，取之甚易；觀諸將之才，但恐守之甚難耳。」司徒李建勳曰：「禍其始於此乎？」唐主未嘗親祠郊廟，禮官以爲請，唐主曰：「俟天下一家，然後告謝。」及一舉取楚，謂諸國指麾可定。魏岑侍宴言：「俟陛下定中原，乞魏博節度使。」唐主許之，岑趨下拜謝。其主驕臣佞如此。

唐以邊鎬爲武安節度使，遷馬氏之族于金陵。馬希萼望唐人立己爲潭帥，而潭人惡希萼，共請邊鎬爲帥。鎬趣希崇、希萼入朝。希崇與宗族及將佐千餘人號慟登舟，送者皆哭，響振川谷。希萼亦與將佐士卒萬餘人東下。

十一月，周遣王峻救晉州。詔諸軍皆受峻節度，聽以便宜從事，得自選擇將吏。

南漢取桂州，盡有嶺南地。馬氏兄弟爭國，南漢主以內侍使吳懷恩將兵屯境上，伺間進取。希廣遣彭彥暉將兵備之，以爲桂州都監，判軍府事。静江節度副使馬希隱惡之，潛遣人告蒙州刺史許可瓊。可瓊方畏南漢之逼，即棄州，引兵趣桂州，與彥暉戰於城中。彥暉敗奔衡山。懷恩據蒙州，進兵侵掠，奄至城下。希隱奔全州，桂州遂潰。懷恩因以兵略定巡屬，盡有嶺南之地。

十二月，周主自將救晉州，不果行。王峻留陝州旬日，周主以北漢攻晉州急，議自將，由澤州路與峻會兵救之。十二月朔，詔以三日西征。峻言於周主曰：「晉州城堅，未易可拔。劉崇兵鋒方銳，不可力爭，所以駐兵，待其衰耳。陛下新即位，不宜輕動。若車駕出汜水，則慕容彥超引兵入汴，大事去矣。」周主聞之，以手提耳曰：「幾敗吾事。」乃敕罷親征。

周遣使將兵赴鄆州巡檢。泰寧節度使慕容彥超聞徐州平，疑懼愈甚，乃招納亡命，畜聚薪糧，潛以書結北漢，又求援於唐。周主遣使與誓，彥超益不自安，反迹益露。乃遣閤門使張凝將兵赴鄆州巡檢以備之。

周王峻至晉州，契丹、北漢兵夜遁。王峻引兵趣晉州。晉州南有蒙阬之險，峻憂北漢兵據之，聞前鋒已度，喜曰：「吾事濟矣！」北漢主攻晉州，久不克，軍乏食。契丹思歸，聞峻至，燒營夜遁。峻入晉州，諸將請亟追之，峻猶豫未決；明日，乃遣指揮使藥元福、康延沼將騎兵追之，北漢兵墜崖谷死者甚衆。延沼畏懦不急追，由是北漢兵得度。元福曰：「劉崇氣衰力憊，狼狽而遁，不乘此翦撲，必爲後患。」諸將不欲進，王峻復遣使止之，遂還。契丹比至晉陽，士馬什喪三、四。北漢主始息意於進取。北漢土瘠民貧，内供軍國，外奉契丹，賦繁役重，民不聊生，逃入周境者甚衆。

唐以馬希萼鎮洪州，希崇鎮舒州。唐主嘉廖偃、彭師暠之忠，以偃爲左殿直軍使，師暠爲殿直都虞候，賜予甚厚。

校勘記

〔一〕二月　月崖書堂本「二」上有「晉開運四年」五字。

〔二〕其上世又無積仁累行之致　「致」，成化本、殿本作「政」。

〔三〕漢自河中永興鳳翔三鎮拒命　「中」原作「東」，據殿本、通鑑卷二八八後漢高祖乾祐元年八月壬午日條改。

〔四〕唐以朱元李平爲郎　此八字成化本、殿本均作大字綱文；又成化本「唐」下多「主聞河中破」

五字。

〔五〕吹鄭門扉起　「鄭」，殿本作「擲」。

〔六〕謂之鼠雀耗　「鼠雀」，殿本、通鑑卷二八九後漢隱帝乾祐三年十一月條作「雀鼠」。

〔七〕加以握强兵　「强」原作「疆」，據殿本、通鑑卷二八九後漢隱帝乾祐三年十一月丁丑日條改。

〔八〕借使當時出二人于外　「借」原作「惜」，據成化本、殿本改。

〔九〕次子承鈞爲侍衛親軍都指揮使　「都」原作「諸」，據成化本、殿本、通鑑卷二九〇後周太祖廣順元年正月戊寅日條改。

〔一〇〕節度使止三十緡　「三」原作「二」，據成化本、殿本、通鑑卷二九〇後周太祖廣順元年正月戊寅日條改。

〔一一〕范質明敏强記　「强」原作「疆」，據殿本、通鑑卷二九〇後周太祖廣順元年六月條改。

資治通鑑綱目卷五十九

起壬子周太祖廣順二年，盡己未周世宗顯德六年，凡八年。

壬子（九五二）

周廣順二年。是歲，周、南漢、蜀、唐、北漢凡五國，吳越、湖南、荆南凡三鎮。

春，正月，唐湖南將孫朗、曹進作亂，不克，奔朗州。唐平湖南，悉收其金帛、珍玩、倉粟乃至亭館、花果之美者，皆徙金陵，遣都官郎中楊繼勳等收租賦，務爲苛刻，湖南人失望。行營糧料使王紹顔減士卒糧賜，指揮使孫朗、曹進怒，謀殺紹顔及邊鎬，據湖南歸中原，夜帥其徒燒府門。鎬覺之，出兵格鬭，朗等奔朗州。王逵問朗：「湖南可取乎？」朗曰：「金陵朝無賢臣，軍無良將，忠佞無别，賞罰不當，得存幸矣，何暇兼人！朗請爲公前驅，取湖南如拾芥耳。」逵悦，厚遇之。

周修大梁城。發開封民夫五萬，旬日而罷。

周泰寧軍節度使慕容彦超反，周發兵討之，唐人救之，不克。彦超發鄉兵入城，爲戰守之備；又多募羣盜，剽掠鄰境。敕以曹英爲都部署討彦超，向訓爲都監，藥元福爲都虞候。周主以元福宿將，命英、訓無得以軍禮見之。二人皆父事之。唐主發兵軍下邳，以援彦超，周師逆擊，大破之，獲其將燕敬權。彦超勢沮。

周師圍兗州。曹英等至兗州，設長圍。慕容彦超屢出戰，藥元福皆擊敗之。長圍合，遂進攻之。公初，彦超將反，判官崔周度諫曰：「魯，詩書之國，自伯禽以來不能霸諸侯，然以禮義守之，可以長世。公於國家非有私憾，況主上開諭勤至，苟撤備歸誠，則坐享泰山之安矣。」彦超怒。及是，括士民之財以贍軍，坐匿財死者甚衆。前陜州司馬閻弘魯傾家爲獻，彦超猶以爲有所匿，命周度索其家，無所得，彦超收弘魯夫妻繫獄。有乳母於泥中掊得金纏臂，獻之，冀以贖其主。彦超榜掠弘魯夫妻，肉潰而死。以周度爲阿庇，斬於市。

北漢攻周府州，折德扆敗之。二月，遂取岢嵐軍。

周釋唐俘遣還。周主釋燕敬權等，使歸唐謂其主曰：「叛臣，天下所共疾也，唐主助之，得無非計乎？」唐主大慚，先所得中國人，皆禮而歸之。然猶議取中原，中書舍人韓熙載曰：「郭氏有國雖淺，爲治已固。我兵輕動，必有害而無益。」

唐設科舉，既而罷之。唐主好文學，故韓熙載、馮延己、延魯、江文蔚、潘佑、徐鉉之徒皆至美官，文雅於諸國爲盛，然未嘗設科舉，多因上書言事拜官。至是，始命文蔚知貢舉。執政皆不由科第，相與沮毁，竟罷之。

三月，唐以馮延己、孫晟同平章事。唐以延己、晟爲相，既宣制，户部尚書常夢錫衆中大言曰：「白麻甚佳，但不及江文蔚疏耳。」晟素輕延已，謂人曰：「金盃玉盌，乃貯狗矢乎！」延已言於唐主曰：「陛下躬親庶務，故宰相不得盡其才，此治道所以未成也。」唐主乃悉以政事委之，而延已不能勤事，事益不治，唐主乃復自覽之。大理卿蕭儼惡延已爲人，數上疏攻之。會儼坐失入人死罪，鍾謨、李德明輩欲殺之，延已曰：「儼誤殺一婦人，諸君以爲當死。儼九卿也，可誤殺乎？」獨上言：「儼素有直聲，今所坐已會赦，宜從寬宥。」儼由是得免，人亦以此多之。

夏，四月朔，日食。

唐遣兵攻桂州，南漢擊敗之。唐主遣其將李建期圖朗州，張巒圖桂州，久未有功；謂馮延已、孫晟曰：「楚人求息肩於我，我未有以撫其瘡痍而虐用其力，非所以副來蘇之望。吾欲罷桂林之役，斂益陽之戍，以旌節授劉言，何如？」晟以爲然，延已曰：「吾出偏將舉湖南，遠近震驚；一旦三分喪二，人將輕我。請委邊將察其形勢。」唐主乃遣統軍使侯訓將兵，與張巒合攻桂州，南漢伏兵擊之，大敗。

周主自將討兖州，克之；慕容彦超自殺。周主以曹英久無功，下詔親征。至兖州，使人招諭之，不從，乃命進攻。先是，術者紿彦超云：「鎮星行至角、亢，兖州之分，其下有福。」乃立祠而禱之。彦超貪吝，人無鬬志，將卒多出降。官軍克城，彦超方禱鎮星祠，力戰不勝，乃焚祠，赴井死。官軍大掠，城中死者近萬人。周主欲悉誅其將吏，翰林學士竇儀見馮道、范質，與共白曰：「彼皆脅從耳。」乃赦之。

唐司徒李建勳卒。建勳且死，戒家人曰：「時事如此，吾得良死，幸矣！勿封土立碑，聽人耕種於其上，免爲他日開發之標。」及江南之亡，貴人冢無不發，惟建勳冢莫知其處。

六月朔，周主如曲阜，謁孔子祠，拜其墓。周主謁孔子祠，將拜，左右曰：「孔子，陪臣也，不當以天子拜之。」周主曰：「孔子，百世帝王之師，敢不敬乎！」遂拜。又拜孔子墓，命禁樵採。訪孔子、顔淵之後，以爲曲阜令及主簿。

蜀大水，壞其太廟。

周朔方節度使馮暉卒，以其子繼業爲留後。暉卒，繼業殺兄繼勳，自知軍府事；周朝因而命之。

契丹幽州節度使蕭海真請降于周，不果。李濤之弟澣在契丹，爲勤政殿學士，與海真善，説海真内附，海真欣然許之。澣因諜以聞，且與濤書言：「契丹主童騃，無遠志。朝廷若能用兵，必克；不然，與和，必得。二者皆利於速，度其情勢，它日終不能力助河東者也。」會中國多事，不果從。

秋，七月，周樞密使王峻辭位，不許。峻性輕躁，多計數，好權利，喜人附己。每言事，見從則喜，或未允，輒慍懟不遜。周主以其故舊有功，每優容之。峻益驕。鄭仁誨、向訓、李重進皆周主在藩鎮時腹心將佐也，稍稍進用。峻心嫉之，累表稱疾，求解機務；又遺諸道書求保證。諸道以聞，周主驚駭，遣左右慰勉，令視事；不至。以直學士陳觀與峻親善，令往諭指，觀曰：「陛下但聲言臨幸其第，嚴駕以待之，峻必不敢不來。」從之。峻乃入朝，周主慰勞令視事。

蜀梓州監押王承丕殺判武德軍郭延鈞，指揮使孫欽討誅之。延鈞不禮於承丕。奉聖指揮使孫欽當以兵戍邊，往辭承丕，承丕邀與俱見府公；至則令左右擊殺延鈞，屠其家，矯詔開府庫賞士卒，出繫囚，發屯戍。將吏畢集，欽謂承丕曰：「今延鈞已伏辜，公宜出詔書以示衆。」承丕曰：「我能致公富貴，勿問詔書。」欽始知承丕反，因紿曰：「今內外未安，請爲公巡察。」即躍馬而出，曉諭其衆，帥以入府，攻承丕，斬之，傳首成都。

周天平節度使高行周卒。行周有勇而知義，功高而不矜。策馬臨敵，叱咤風生；平居與賓僚宴集，侃侃和易，人以是重之。

周制犯鹽、麴者以斤兩定刑有差。

九月，周禁邊民毋得入契丹界俘掠。

契丹寇冀州，周兵拒却之。

冬，十月，武平留後劉言遣兵攻潭州，唐節度使邊鎬棄城走；言遂取湖南。唐武安節度使邊鎬不合衆心。吉水人歐陽廣上書言：「鎬非將帥才，必喪湖南。」不報。仍使鎬經略朗州。自朗來者多言劉言忠順，鎬不爲備。唐主召言入朝，言不行，謂王逵曰：「唐必伐我，奈何？」逵曰：「邊鎬撫御無方，士民不附，可一戰擒也。」言乃以逵及周行逢、何敬真、潘叔嗣、張文表等十人皆爲指揮使，部分發兵。行逢能謀，文表善戰，叔嗣果敢，三人多相須成功，情款甚昵。諸將欲召溆州酋長苻彥通〔一〕，行逢曰：「蠻貪而無義，前年入潭州，焚掠無遺。吾兵以義舉，往無不克，烏用此物，使暴殄百姓哉！」乃止。然亦畏彥通爲後患，以蠻酋劉瑫爲西境鎮遏使以備之。十月，逵等將兵分道趣長沙，以孫朗、曹進爲先鋒使。邊鎬遣兵屯益陽，逵等克之，遂至潭州。鎬棄城走，吏民俱潰。逵入城，自稱武平節度副使，權知軍府事，以何敬真爲行軍司馬。唐將守湖南諸州者，相繼遁去。劉言盡復馬氏嶺北故地，惟郴、連入于南漢。

契丹大水。瀛、莫、幽州大水，流民入塞者數十萬口。周詔：「所在賑給存處之。」中國民被掠得歸者什五、六。

周平章事李穀辭位，不許。穀以病臂辭位，周主遣中使諭指曰：「卿所掌至重，朕難其人。苟事功克集，何必朝禮！」穀不得已，復視事。穀未能執筆，詔以三司務繁，令刻名印用之。

周立訴訟法。敕：「民有訴訟，必先歷縣州及觀察使處決，不直，乃聽詣臺省，或自不能書牒，倩人書者，必書所倩姓名、居處。若無可倩，聽執素紙。所訴必須己事，毋得挾私客訴。」

周慶州野雞族反，遣折從阮討之。慶州刺史郭彦欽性貪。野雞族多羊馬，彦欽故擾之以求賂，野雞族遂反。徙折從阮爲静難節度使討之。

劉言奉表于周。

唐馮延己、孫晟罷，削邊鎬官爵，流饒州。初，鎬從查文徽克建州，凡所俘獲，皆全之，建人謂之「邊佛子」。及克潭州，市不易肆，潭人謂之「邊菩薩」。既而政無綱紀，惟日設齋供，盛修佛事，潭人失望，謂之「邊和尚」矣。馮延己、孫晟上表請罪，皆釋之。晟陳請不已，乃與延己皆罷。唐主以比年出師無功，乃議休兵息民。或曰：「願陛下數十年不用兵，可小康矣！」唐主曰：「將終身不用，何數十年之有！」思歐陽廣之言，拜本縣令。

十一月，周制税牛皮法。敕：「約每歲民間所輸牛皮，三分減二；計田十頃，税取一皮，餘聽賣買，惟禁賣於敵國。」自兵興以來，禁民私賣買牛皮，悉令輸官受直。唐明宗之世，有司止償以鹽；晉天福中，并鹽不給。漢法，犯私牛皮二寸抵死，然民間日用實不可無。至是，李穀建議，均於田畝，公私便之。

十二月，河決鄭、滑，周遣使修塞。

周靜難節度使侯章入朝。章獻買宴絹千疋，銀五百兩，周主不受曰：「諸侯入覲，天子宜有宴犒，豈待買邪！自今如此比者，皆不受。」

周葛延遇、李澄伏誅。周翰林學士徐台符請誅誣告李崧者，馮道以爲屢更赦，不許。王峻嘉台符之義，白收二人誅之。

癸丑（九五三）

周廣順三年。是歲，凡五國、三鎮。

春，正月，周以劉言爲武平節度使。劉言上表于周，乞移使府治朗州，且請貢獻賣茶，悉如馬氏故事；許之。以言爲武平節度、制置武安、靜江等軍事，王逵爲武安節度使，何敬真爲靜江節度使，周行逢爲武安行軍司馬。

周罷户部營田務，除租牛課。前世屯田皆在邊地，使戍兵佃之。唐末，中原宿兵，所在皆置營田以耕曠土；其後又募高貲户使輸課佃之，户部别置官司總領，不隸州縣，或丁多無役，或容庇姦盗，州縣不能詰。梁太祖擊淮南，得牛萬計，以給農民，使歲輸租。牛死而租不除，民甚苦之。周主素知其弊，李穀亦以爲言，敕悉罷之，以其民隸州縣，田、廬、牛具並賜見佃者爲永業。是歲，户部增三萬餘户。民既得爲永業，始敢葺屋植木，獲地利數倍。或言：「營田有肥饒者，不若鬻之，可得錢數十萬緡以資國。」周主曰：「利在於民，猶在國也。朕用此錢何爲？」唐草澤邵棠上言：「近遊淮上，聞周主恭儉，增修德政。吾兵新破於潭、朗，恐其有南征之志，宜爲之備。」

周萊州刺史葉仁魯有罪伏誅。仁魯，周主故吏也，坐贓賜死。周主遣中使賜以酒食，曰：「汝自抵國法，吾無如之何。當存恤汝母。」仁魯感泣。

周遣王峻行視決河。周主以河決爲憂，王峻請自行視，許之。鎮寧節度使榮屢求入朝，峻忌其英烈，每沮止之。至是，榮復求入朝，周主許之。

契丹寇定州，周將楊弘裕擊走之。

周鎮寧節度使郭榮入朝。故李守貞騎士馬全義從榮入朝，召見，補殿前指揮使；謂左右曰：「全義忠於所事，昔在河中，屢挫吾軍。汝輩宜效之。」

周以王峻兼平盧節度使。峻聞榮入朝，遽歸大梁，固求出鎮；故有是命。

周野雞族降。

武安節度使王逵殺靜江節度使何敬真。初，王逵以何敬真爲靜江副使，朱全琇爲武安副使，張文表爲武平副使，周行逢爲武安司馬。敬真、全琇各置牙兵，與逵分廳視事，惟行逢、文表事逵盡禮，逵親愛之。敬真辭歸朗州，又不能事劉言，與全琇謀作亂。言疑逵使敬真伺己，將討之。逵懼，行逢曰：「言素不與吾輩同心，敬真、全琇耻在公下，宜早圖之。」會南漢寇全州，行逢請説言遣敬真、全琇南討，俟至長沙，以計取之，逵從之。言遣敬真、全琇將兵禦南漢。至長沙，逵迎見甚歡，宴飲連日，多以美妓餌之。敬真淹留不進，逵乘其醉，使人詐爲言使者，責敬真、全琇，收斬之。

周更作二寶[二]。初，契丹主德光以晉傳國寶北還。至是，周更以玉作二寶。

周貶王峻爲商州司馬。峻晚節益狂躁，奏請以顏衎、陳觀爲相，周主曰：「進退宰輔，不可倉猝，俟更思之。」峻語浸不遜。峻退，周主幽峻別所，召見馮道等，泣曰：「王峻陵朕太甚，欲盡逐大臣，翦朕羽翼。朕惟一子，專務間阻。無君如此，誰則堪之！」乃貶峻商州司馬，以病卒。

三月，周主以郭榮爲開封尹，封晉王。

周寧州殺牛族反。初，殺牛族與野雞族有隙，聞官軍討野雞，饋餉迎奉。官軍利其財畜而掠之，殺牛族反與野雞合，敗州兵于包山。周主以郭彥欽擾羣胡，致其作亂，黜廢於家。

周以郭元昭爲慶州刺史。初，解州刺史郭元昭與榷鹽使李温玉有隙，温玉壻魏仁浦爲樞密主事，元昭疑仁浦庇之。會李守貞反，温玉有子在河中，元昭收繫温玉，奏言其叛，事連仁浦。周主時爲樞密使，知其誣，釋不問。至是，仁浦爲樞密承旨，元昭代歸，甚懼，過洛陽，以告仁浦弟仁滌，仁滌曰：「吾兄平生不與人爲怨，況肯以私害公乎！」既至，仁浦白以元昭爲慶州刺史。

唐復以馮延己同平章事。

夏，六月[三]，契丹將張藏英降周。

周九經板成。初，唐明宗之世，令國子監校正九經，刻板印賣。至是，板成，獻之。由是雖亂世，九經傳布甚廣。是時，蜀毋昭裔亦出私財百萬，營學館，且請刻板印九經，蜀主從之。由是蜀中文學亦盛。

王逵襲破朗州，執劉言殺之。

秋，七月，唐大旱。唐大旱，井泉涸，淮水可涉。飢民渡淮相繼，濠、壽發兵禦之，民與鬬而北。周主聞之曰：「彼我之民一也，聽糴米過淮。」唐人遂築倉，多糴以供軍。八月，詔以舟車運載者勿予。

八月，王逵還潭州，以周行逢知朗州事。逵遣使上表，請復移使府治潭州，從之。逵以周行逢知朗州事。

周塞決河。

周大水。

周築郊社壇，作太廟於大梁。周主自入秋，得風痺疾。術者言「宜散財以禳之」。周主欲祀南郊；又以自梁以來，郊祀常在洛陽，疑之，執政曰：「天子所都，則可以祀百神，何必洛陽！」於是始築圜丘、社稷壇，作太廟於大梁。

周鄴都留守王殷入朝，周主殺之。殷恃功專橫，凡河北鎮戍兵應用敕處分者，殷即以帖行之。

又多掊斂民財，周主聞之，不悦。因其入朝，留充京城内外巡檢。因力疾御殿，殷入起居，遂執之。下制誣殷謀以郊祀日作亂，殺之。

唐復置科舉。從知制誥徐鉉之請也。

唐流徐鉉於舒州，貶徐鍇爲校書郎、分司。唐楚州刺史田敬洙請修白水塘溉田以實邊，馮延己以爲便。李德明因請大闢曠土爲屯田，修復所在渠塘湮廢者。吏因緣侵擾，大興力役，奪民田甚衆。徐鉉以白唐主，唐主命鉉按視之。鉉籍民田悉歸其主。或譖鉉擅作威福，唐主怒，流鉉舒州。然白水塘竟不成。唐主又命少府監馮延魯巡撫諸州，右拾遺徐鍇表延魯無才多罪，舉措輕淺，不宜奉使。唐主怒，貶鍇校書郎、分司東都。鍇，鉉之弟也。

周主朝饗太廟，疾作而退。周主享太廟，纔及一室，不能拜而退，命晉王榮終禮。是夕，宿南郊，幾不救，夜分小愈。

甲寅(九五四)

周顯德元年。正月，世宗睿武孝文皇帝榮立。北漢乾祐七年，孝和帝鈞立。是歲，凡五國、三鎮。

春，正月朔，周主祀圜丘。周主祀圜丘，僅能瞻仰致敬而已。

周以晉王榮判内外兵馬事。時羣臣希得見，中外恐懼，聞晉王典兵，人心稍安。軍士有流言郊賞薄者，周主聞之，召諸將至寢殿，讓之曰：「朕自即位以來，惡衣菲食，專以贍軍爲念，汝輩豈不知之？今乃縱凶徒騰口，不思己有何功，惟知怨望，於汝輩安乎！」皆惶恐謝罪；退索不逞者戮之，流言乃息。

周罷鄴都。

周主疾篤，詔晉王榮聽政。初，周主在鄴都，奇愛小吏曹翰之才，使之事晉王榮；榮鎮澶州，以爲牙將。榮入尹開封，翰請間曰：「大王，國之儲嗣，今主上寢疾，大王當入侍醫藥，奈何猶決事於外邪！」榮感悟，即日入止禁中。周主疾篤，停諸司細務勿奏，有大事，則晉王榮稟進止宣行之。屢戒榮曰：「昔吾西征，見唐十八陵無不發掘者，此無他，惟多藏金玉故也。我死，當衣以紙衣，斂以瓦棺，壙中無用石，以甓代之。工人役徒皆和雇，勿以煩民。葬畢，募近陵民三十户，蠲其雜徭，使之守視。勿修下宮，置宮人，作石羊、虎、人、馬，惟刻石置陵前云：『周天子平生好儉約，遺令用紙衣、瓦棺，嗣天子不敢違也。』汝或吾違，吾不福汝！」

周遣使分塞決河。

周以王溥同平章事。周主命趣草制相溥，宣畢，曰：「吾無恨矣。」

周主威殂，晉王榮立。是爲世宗。

二月，蜀匡聖指揮使安思謙伏誅。思謙譖殺張業，廢趙廷隱，蜀人皆惡之；將兵救王景崇，逗橈無功，内不自安，言多不遜，多殺士卒以立威。蜀主閲衛士，有年尚壯而爲思謙所斥者，復留隸籍，思謙殺之，蜀主不能平。翰林使王藻言思謙怨望將反。思謙入朝，蜀主命壯士擊殺之；藻亦坐擅啓邊奏，并誅。

北漢主以契丹兵擊周，周昭義節度使李筠逆戰，敗績。北漢主聞周太祖殂，甚喜，遣使請兵于契丹。契丹遣其政事令楊衮將萬騎如晉陽。北漢主自將兵三萬，以白從暉爲都部署，張元徽爲前鋒使，與契丹趣潞州。節度使李筠遣其將穆令均將兵逆戰。張元徽與戰，陽不勝而北，令均逐之，伏發被殺。筠遁歸上黨，嬰城自守。筠即榮也，避世宗名改焉。

三月，周主自將與漢戰于高平，漢兵敗績。周將樊愛能、何徽等伏誅。世宗欲自將禦漢兵，羣臣皆曰：「劉崇自平陽遁走以來，勢蹙氣沮，必不敢自來。陛下新即位，山陵有日，人心易摇，不宜輕動，宜命將禦之。」世宗曰：「崇幸我大喪，輕朕年少新立，此必自來，朕不可不往。」馮道固争之，世宗曰：「昔唐太宗定天下，未嘗不自行，朕何敢偷安！」道曰：「未審陛下能爲唐太宗否？」世宗曰：「以吾兵力之强，破劉崇如山壓卵耳。」道曰：「未審陛下能爲山否？」世宗不悦。惟王溥勸行。乃命馮道奉梓宫赴山陵，遂發大梁。至懷州，欲兼行速進，指揮使趙晁私謂通事舍人鄭好謙曰：「賊勢方盛，宜持重以挫之。」好謙以聞，世宗怒，并晁械繫之。進宿澤州東北。北漢主軍高平南。明日，周前鋒擊之，北漢兵却。世宗慮其遁去，趣諸軍亟進。北漢主陳於巴公原，張元徽軍其東，楊衮軍其西，衆頗嚴整。周河陽節度使劉詞將後軍未至，衆心危懼，而世宗志氣益鋭，命白重贊、李重進將左軍居西，樊愛能、何徽將右軍居東，向訓、史彦超將精騎居中，張永德將禁兵自衛；介馬臨陳督戰。北漢主見周軍少，悔召契丹，謂諸將曰：「今日不惟克周，亦可使契丹心服。」楊衮策馬前望周軍，退謂北漢主曰：「勍敵也，未可輕進！」北漢主奮髯曰：「請公勿言，試觀我戰。」時東北風盛，俄轉南風，北漢副樞密使王延嗣使司天監李義白其主曰：「時可戰矣。」北漢主從之。樞密直學士王得中扣馬諫曰：「義可斬也！風勢如此，豈助我者邪！」北漢主曰：「吾計已決，老書生勿妄言，斬汝！」麾東軍先進，擊周右軍。合戰未幾，周樊愛能、何徽引騎兵先遁，右軍潰；步兵千餘人解甲降北漢。世宗見軍勢危，自引親兵犯矢石督戰。我太祖皇帝時爲宿衛將，謂同列曰：「主危如此，吾屬何得不致死！」又謂張永德曰：「賊氣驕，可破也。公引兵乘高西出爲左翼，我爲右翼以擊之。國家安危，在此一舉！」永德從之，各將二千人進戰。太祖身先士卒，馳犯其鋒，士卒死戰，無不一當百，北漢兵披靡。内殿直馬仁瑀躍馬引弓，連斃數十人，士氣益振。殿前行首馬全乂引數百騎進陷陳。北漢主褒賞張元徽，趣使乘勝。元徽前略陳，馬倒，爲周兵所殺，北軍奪氣。時南風益盛，周兵爭奮，北漢兵大敗。楊袞畏周兵之强，不敢救，且恨北漢主之語，全軍而退。愛能、徽引騎南走，剽掠輜重，揚言：「契丹大至，官軍敗績，餘衆已降虜矣。」世宗遣近臣諭止之，不聽，殺使者。與劉詞遇，止之，詞不從，引兵北。時北漢主尚有餘衆萬餘人，阻澗而陳。薄暮，詞至，復與諸軍擊敗之，追至高平，僵屍滿谷，委棄御物及輜重、器械、雜畜不可勝紀。是夕，世宗野宿，得步兵之降敵者，皆殺之。愛能等聞捷，與士卒稍稍復還。明日，休兵高平，選北漢降卒數千人爲效順指揮，遣戍淮上，餘二千餘人賜資裝縱遣之。北漢主帥百餘騎晝夜北走，所至，得食未舉筯，或傳周兵至，輒蒼黄而去；衰老力憊，殆不得支，僅得入晉陽。世宗欲誅樊愛能等，猶豫未決，晝卧帳中，張永德侍側，因以訪之，對曰：「愛能等素無大功，忝冒節鉞，望敵先逃，死未塞責。且陛下方欲削平四海，苟軍法不立，雖有熊羆之士，百萬之衆，安得而用之！」世宗擲枕於地，大呼稱善。即收愛能、徽及所部軍使以上七十餘人，責之曰：「汝輩非不能戰，正欲以朕爲奇貨，賣與劉崇耳！」悉斬之。徽先守晉州有功，欲免之，既而以法不可廢，遂并誅之，而給槥車歸葬。自是驕將惰卒始知所懼，不行姑息之政矣。永德稱我太祖之智勇，世宗擢爲殿前都虞候。餘將校遷拜者凡數十人，有自行間擢主軍廂者。釋趙晁之囚。北漢主收散卒，繕甲兵，完城塹以備周；遣王得中送衮，因求救於契丹，契丹主許之。

周遣行營部署符彦卿督諸將攻北漢，至晉陽，盂縣、汾、遼州降。世宗遣符彦卿等北征，但欲耀兵於晉陽城下，未議攻取。既入北漢境，其民爭以食物迎勞，泣訴劉氏賦役之重，願供軍須，助攻晉陽；州縣亦繼有降者。世宗始有兼并之意，諸將皆以糧乏，請班師；不聽。既而軍士不免剽掠，北漢民失望，稍稍保山谷自固。世宗聞之，馳詔禁止剽掠，安撫農民，止徵今歲租税，及募民入粟拜官有差，發近便諸州民運糧以饋軍。遣李穀詣太原計度芻糧。

周太師、中書令、瀛王馮道卒。道少以孝謹知名，唐莊宗世始貴顯，自是累朝不離將、相、公、師之位，爲人清儉寬弘，人莫測其喜愠，滑稽多智，浮沈取容，嘗著長樂老叙，自述累朝榮遇之狀，時人往往以德量推之。

歐陽公曰：「禮義廉耻，國之四維；四維不張，國乃滅亡。」況爲大臣而無廉耻，天下其有不亂，國家其有不亡者乎！馮道其可謂無廉耻者矣，則當時天下國家可知也。予於五代得全節之士三，死事之臣十有五，皆武夫戰卒，豈於儒者果無其人哉？得非高節之士，惡時之亂而不肯出歟？嘗聞是時，有王凝者，家青、齊之間，爲虢州司户參軍以卒。妻李氏負其遺骸以歸，東過開封，止於旅舍，主人不納，牽其臂而出之，李氏仰天慟曰：「我爲婦人，不能守節，而此手爲人所執邪！」即引斧自斷其臂，見者爲之嗟泣。開封尹聞之，白其事於朝，厚恤李氏，而笞其主人。嗚呼！士不自愛其身，而忍耻以偷生者，聞李氏之風，宜少知愧哉！

司馬公曰：天地設位，聖人則之，以制禮立法，内有夫婦，外有君臣。婦之從夫，終身不改；臣之事君，有死無貳，此人道之大倫也。苟或廢之，亂莫大焉！范質稱馮道厚德稽古，宏才偉量，雖朝代遷貿，人無間言，屹若巨山，不可轉也。夫爲女不正，雖復華色之美，織紝之巧，不足賢矣；爲臣不忠，雖復材智之多，治行之優，不足貴矣。何則？大節已虧故也。道之大節如此，雖有小善，庸足稱乎！或以爲當是之時，失臣節者非道一人，豈得獨罪道哉！夫忠臣憂公如家，見危致命；智士有道則見，無道則隱。今道尊寵冠三師，權任首諸相，國存則竊位素餐，國亡則迎謁勸進，兹乃姦臣之尤，安得與他人爲比哉！或謂道能全身遠害於亂世，斯亦賢已。夫君子有殺身成仁，豈專以全身遠害爲賢哉！然不正之女，中士羞以爲家；不忠之人，中君羞以爲臣。若道之爲臣，而不誅不棄，則亦時君之責也。

北漢憲、嵐州降周。

周立后符氏。初，符彦卿有女，適李守貞之子崇訓，相者言其貴，當爲天下母。守貞喜曰：「吾婦猶母天下，況我乎！」反意遂決。及敗，崇訓先自刃其弟妹，次及符氏，符氏匿幃下，崇訓倉猝求之不獲，遂自剄。亂兵既入，符氏安坐堂上，叱亂兵曰：「吾父與郭公爲昆弟，汝曹勿無禮！」太祖遣使歸之於彦卿。既而爲世宗娶之。至是，立爲皇后。后性和惠而明決，世宗甚重之。

周師克北漢石州，沁、忻州降。

五月，王逵徙治朗州，以周行逢知潭州事。

周主攻晉陽不克，引軍還。世宗自潞州趣晉陽，至其城下，旗幟環城四十里。楊衮奔歸契丹，契丹主怒其無功，囚之；使數千騎屯忻、代之間。周遣符彦卿等擊之。彦卿入忻州，契丹退保忻口，兵遊騎時至城下。彦卿與諸將陳以待之。史彦超將二十騎爲前鋒，殺契丹二千人，恃勇輕進，爲契丹所殺，周兵死傷甚衆。彦卿引兵還晉陽。折德扆將州兵來朝；復置永安軍，以德扆爲節度使。時大發兵夫攻晉陽，不克。會久雨，士卒疲病；及彦超死，乃議引還。初，王得中返自契丹，值周兵，囚送于軍，世宗釋之，賜以帶、馬，問：「虜兵何時當至？」得中曰：「臣受命送楊衮，他無所求。」或謂得中曰：「公不以實告，契丹兵即至，公得無危乎？」得中太息曰：「吾食劉氏禄，有老母在圍中，若以實告，周人必發兵據險以拒之，如此，家國兩亡，吾獨生何益！不若殺身以全家國，所得多矣。」乃縊殺之。世宗將發晉陽，匡國節度使藥元福曰：「進軍易，退軍難。」乃勒兵成列而殿。北漢果出兵追躡，元福擊走之。然軍還匆遽，焚棄芻糧數十萬；軍中訛言相剽掠，失亡不可勝計。所得北漢州縣，復皆失之。至鄭州，謁嵩陵而還。世宗以違衆議破北漢兵，自是政無小大皆親決，百官受成而已。河南府推官高錫上書諫曰：「四海之廣，萬機之衆，雖堯、舜不能獨治，必擇人而任之。今陛下一以身親之，天下不謂陛下聰明睿智足以兼百官之任，皆言陛下褊迫疑忌舉不信羣臣耳！不若選能知人公正者以爲宰相，能愛民聽訟者以爲守令，能豐財足食者使掌金穀，能原情守法者使掌刑獄，陛下但垂拱明堂，視其功過而賞罰之，天下何憂不治！何必降君尊而代臣職，屈貴位而親賤事，無乃失爲政之本乎？」不從。北漢主憂憤成疾，悉以國事委其子承鈞。

秋，七月，周加吴越王弘俶天下兵馬都元帥。

周以魏仁浦爲樞密使。

周徐州奏爲節度使王晏立碑，許之。晏，徐州滕縣人，少嘗爲羣盜。及爲節度使，悉召故黨，贈之金帛，謂曰：「吾鄉素名多盗，昔吾與諸君皆嘗爲之。想後來者無能居諸君之右，諸君幸爲我語之，使勿復爲。爲者，吾必族之！」於是一境清肅，徐人請爲立碑，許之。

冬，十月，周賜羽林大將軍孟漢卿死。漢卿坐納藁税，多取耗餘，賜死。有司奏漢卿罪不至死，世宗曰：「朕知之，欲以懲衆耳。」

周簡閱諸軍，募壯士以補宿衛。初，宿衛之士，累朝相承，務爲姑息，不欲簡閱，恐傷人情，由是羸老居多，但驕蹇不用命，實不可用，每遇大敵，不走即降，其所以失國，亦多由此。世宗因高平之戰，始知其弊，謂侍臣曰：「凡兵務精不務多，今以農夫百未能養甲士一，奈何浚民之膏澤，養此無用之物乎！且健懦不分，衆何所勸！」乃命大簡諸軍，精鋭者升之上軍，羸者斥去之。又以驍勇之士多爲諸道所蓄，詔募天下壯士，咸遣詣闕，命我太祖皇帝選其尤者爲殿前諸班，其騎步諸軍，各命將帥選之。由是士卒精强，所向克捷。

胡氏曰：五代之主，多刻於民而紓於軍，世宗則嚴於軍而寬於民，既得柄制輕重之權，且其言曰：「兵務精不務多，奈何浚民膏血，養此無用之物！」聖人復起，不能易矣！

周罷諸道巡檢使臣。世宗謂侍臣曰：「諸道盜賊頗多，蓋由累朝分命使臣巡檢，致藩侯、守令皆不致力。宜悉召還，專委節鎮州縣責其清肅。」

十一月，周河隄成。河自楊劉至於博州百二十里，連年東潰，分爲二派，匯爲大澤，瀰漫數百里；又東北環古堤而出〔四〕，灌齊、棣、淄諸州，漂没田廬不可勝計，流民采菰稗、捕魚以給食，久不能塞。至是，遣李穀按視堤塞，役徒六萬，三十日而畢。

北漢主旻殂，子鈞立。北漢主殂，告哀于契丹。契丹册命承鈞爲帝，更名鈞。鈞性孝謹，既嗣位，勤於爲政，愛民禮士，境内粗安。其事契丹，表稱「男」，契丹賜詔，謂之「兒皇帝」。

王逵以苻彦通爲黔中節度使〔五〕。馬希萼之破長沙也，府庫累世之積，皆爲溆州蠻酋苻彦通所掠，彦通由是富强〔六〕，稱王於谿洞間。王逵遣其將王虔朗撫之，彦通見之，禮貌甚倨。虔朗厲聲責之，彦通慚懼，起謝，虔朗因説之曰：「谿洞之地，隋、唐之世皆爲州縣，著在圖籍。今足下上無天子之詔，下無使府之命，雖自王於山谷之間，不過蠻夷一酋長耳！曷若去王號，自歸於王公，王公必以天子之命授足下節度使，與中國侯伯等夷，豈不尊榮哉！」彦通大喜，即日去王號，獻銅鼓於王逵。逵承制以彦通爲黔中節度使；以虔朗爲都指揮使，預聞府政。

湖南大饑。是歲，湖南大饑，周行逢開倉以賑之，全活甚衆。行逢起於微賤，知民間疾苦，勵精爲治，嚴而無私；辟署僚屬，皆取廉介之士，約束簡要，吏民便之。其自奉甚薄，或譏其太儉，行逢曰：「馬任，因以爲雄武監軍使。

爲人利。」

夏，四月，周廣大梁城。世宗以大梁城中迫隘，詔展外城，先立標幟，今冬農隙興板築；東作動則罷之，更俟次年，以漸成之。且令自今葬埋皆出所標七里之外，其標内俟分畫街衢、倉場、營廨之外，聽民隨便築室。民先侵街衢爲舍，皆直而廣之。又遷墳墓於標外，曰：「怨謗之語，朕自當之。他日終爲人利。」

周以王朴爲諫議大夫、知開封府事。世宗謂宰相曰：「朕每思致治之方，未得其要，寢食不忘。又吴、蜀、幽、并皆阻聲教，未能混一。宜命近臣著爲君難爲臣不易論及開邊策各一篇，朕將覽焉。」比部郎中王朴獻策曰：「中國之失吴、蜀、幽、并，皆由失道。今必先觀所以失之之原，然後知所以取之之術。其始失之也，莫不以君暗臣邪，兵驕民困，姦黨内熾，武夫外横，因小致大，積微成著。今欲取之，莫若反其所爲而已。進賢退不肖，以收其才；恩隱誠信，以結其心；賞功罰罪，以盡其力；去奢節用，以豐其財；時使薄斂，以阜其民。俟羣才既集，政事既治，財用既充，士民既附，然後舉而用之，功無不成矣！彼之人觀我有必取之勢，則知其情狀者願爲間諜，知其山川者願爲鄉導，民心既歸，天意必從矣。凡攻取之道，必先其易者。唐與吾接境幾二千里，其勢易擾也。擾之當以無備之處爲始，備東則擾西，備西則擾東，彼必奔走而救之。奔走之間，可以知其虚實强弱，然後避實擊虚，避强擊弱。未須大舉，且以輕兵擾之。南人懦怯，聞小有警，必悉師以救之。師數動則民疲而財竭，不悉師則我可以乘虚取之。如此，江北諸州將悉爲我有。既得江北，則用彼之民，行我之法，江南亦易取也。得江南則嶺南、巴蜀可傳檄而定。南方既定，則燕地必望風內附；若其不至，移兵攻之，席卷可平矣。惟河東必死之寇，不可以恩信誘，必當以强兵制之。然彼自高平之敗，力竭氣沮，必未能爲邊患，宜且以爲後圖，俟天下既平，然後伺間，一舉可擒也。今士卒精練，甲兵有備，羣下畏法，諸將效力，期年之後，可以出師。宜自夏秋蓄積實邊矣。」世宗欣然納之。時羣臣多守常偷安，所對少可取者，惟朴神峻氣勁，有謀能斷，世宗重之，以爲諫議大夫、知開封府事。

五月，周遣鳳翔節度使王景伐蜀。世宗謀取秦、鳳，求可將者，王溥薦宣徽使向訓。詔訓與景偕趣秦州。

周廢無額寺院，禁私度僧尼。敕天下寺院，非敕額者悉廢之。禁私度僧尼，凡欲出家者，必俟祖父母、父母、伯叔父之命。禁僧俗捨身、斷手足、煉指、挂燈、帶鉗之類幻惑流俗者。令諸州每歲造僧帳，有死亡、歸俗，皆隨時開落。廢寺院三萬餘所，存者二千六百九十四，見僧尼六萬餘人。

胡氏曰：寺皆宜廢，不爲有敕額而可存；僧不可度，不爲有尊長之命而可度。殘身、煉指之類，固惑流俗；比之無父無君，則淺矣。與其禁之，無亦擇其重者乎！是時僧尼合六萬餘人，歸之南畝，則力農也；拘之尺籍，則健卒也。知百農未贍一兵，而此六萬人者，凡仰食幾農夫矣。豈世宗未之思耶？

周拔蜀黄牛寨，趙季札遁歸，伏誅。王景拔黄牛等八寨。季札懼，不敢進，先遣輜重及妓妾西歸，單騎馳入成都。衆以爲奔敗，莫不震恐。蜀主怒，斬之。

六月，周主親録囚於内苑。有汝州民馬遇，父及弟爲吏所冤死，屢經覆按，不能自伸。世宗臨問，始得其實，人以爲神。由是諸長吏無不親察獄訟。

蜀遣使如唐及北漢。蜀主遣間使如北漢及唐，欲與之俱出兵以制周，二國皆許之。

南漢主殺其弟弘政。於是高祖諸子盡矣。

周以張美權點檢三司事。初，世宗在澶州，美掌州縣金穀隸三司者，世宗或私有所求，美曲爲供副。至是，以美治財精敏，當時鮮及，故以利權授之。征伐四方，用度不乏，美之力也。然思其在澶州所爲，終不以公忠待之。

秋，七月，周以王景爲西南招討使，向訓爲都監。宰相以景等久無功，饋運不繼，固請罷兵。世宗命我太祖皇帝往視之，還言秦、鳳可取之狀；從之。

九月，周始鑄錢。世宗以縣官久不鑄錢，而民間多銷錢爲器皿及佛像，錢益少，敕立監采銅鑄錢，唯法物、軍器及寺觀鍾磬鈸鐸之類聽留外，民間銅器、佛像，五十日内輸官，受直；過期匿五斤以上罪死，不及者論刑有差。謂侍臣曰：「佛以善道化人，苟志於善，斯奉佛矣。彼銅像豈所謂佛邪！且吾聞佛志在利人，雖頭目猶捨以布施。若朕身可以濟民，亦非所惜也。」

司馬公曰：若周世宗，可謂仁矣，不愛其身而愛民；若周世宗，可謂明矣，不以無益廢有益。

周王景敗蜀師，取秦、階、成州。蜀主遣李廷珪、伊審徵拒周兵。廷珪遣李進據馬嶺寨，又遣奇兵屯白澗，又分兵出鳳州之北，絶周糧道。閏月，王景遣裨將張建雄將兵二千抵黄花，又遣兵千人趣唐倉，扼蜀歸路。蜀將王巒與建雄戰，敗奔唐倉，遇周兵，又敗；馬嶺、白澗兵皆潰，廷珪等退保青泥嶺。雄武節度使韓繼勳棄秦州，奔還成都，判官趙玭舉城降，斜谷援兵亦潰。成、階二州皆降，蜀人振恐。世宗欲以玭爲節度使，范質固爭，乃以爲郢州刺史。百官入賀，世宗舉酒屬王溥曰：「邊功之成，卿擇帥之力也。」世宗與將相食於萬歲殿，因言：「兩日大寒，朕在宮中食珍膳，深愧無功於民而坐享天禄，既不能躬耕而食，惟當親冒矢石爲民除害，差可自安耳！」蜀李廷珪、伊審徵請罪，蜀主皆釋之；致書請和於周，世宗怒其抗禮，不答。蜀主愈恐，聚兵糧於劍門、白帝，爲守禦之備。募兵既多，用度不足，始鑄鐵錢，榷鐵器，民甚苦之。

冬，十一月，周遣李穀督諸軍伐唐。唐主性和柔，好文華，而喜人順己，由是諛臣日進，政事日亂。既克建州，破湖南，益驕，有吞天下之志。李守貞、慕容彦超之叛，皆爲之出師；又遣使通契丹及北漢，約共圖中國。然契丹利其貨，徒以虚語相往來，實不爲之用也。先是，每冬淮水淺涸，常發兵戍守，謂之「把淺」。壽州監軍吴廷紹以疆埸無事，罷之。清淮節度使劉仁贍固爭，不能得。至是，周以李穀爲淮南前軍部署，王彦超副之，督侍衛都指揮使韓令坤等十二將以伐唐。

胡氏曰：南唐欲圖中原，而結契丹爲援，又爲二叛出師；謀國如此，欲久存，得乎？

周疏汴水。汴水自唐末潰決，自埇橋東南悉爲汙澤。世宗謀擊唐，先命發民夫，因故堤疏導之，東至泗上。議者皆以爲難成，世宗曰：「數年之後，必獲其利。」

周王景克蜀鳳州，擒其節度使王環，都監趙崇溥死之。王景等圍鳳州，韓通分兵城固鎮，以絶蜀之援兵；遂克鳳州，擒其節度使王環及都監趙崇溥等將士五千人。崇溥不食而死。詔將士願留者，優其俸賜；願去者，給資裝。四州税外科徭悉罷之。

唐遣兵拒周師於壽州，周師擊敗之。唐人聞周兵將至而懼；劉仁贍神氣自若，部分守禦，無異平日，衆情稍安。唐主以劉彦貞爲部署，將兵二萬趣壽州，皇甫暉、姚鳳將兵三萬屯定遠。召鎮南節度使宋齊丘還金陵，謀國難。周李穀等爲浮梁，自正陽濟淮。王彦超敗唐兵二千餘人於壽州城下。

周樞密使鄭仁誨卒。仁誨卒，世宗欲臨其喪，近臣奏歲道非便，世宗曰：「君臣義重，何日時之有！」往哭盡哀。

吴越遣使入貢于周。吴越王弘俶遣使入貢于周，周以詔諭之，使出兵擊唐。

丙辰（九五六）

周顯德三年。是歲，凡五國、三鎮。

春，正月，周以王環爲驍衛大將軍。賞其不降也。

周主自將伐唐，大敗唐兵，斬其將劉彦貞。世宗下詔親征淮南，命侍衛都指揮使李重進將兵先赴正陽，遂發大梁。李穀攻壽州，久不克。唐兵救之，又以戰艦數百艘趣正陽，爲攻浮梁之勢。李穀謀曰：「我軍不能水戰，若賊斷浮梁，則腹背受敵，皆不歸矣！不如退守浮梁以待車駕。」世宗聞之，亟遣使止之。比至，已焚芻糧，退保正陽矣。世宗亟遣李重進引兵趣淮上。李穀奏：「賊艦日進，淮水日漲，萬一糧道阻絶，其危不測。願且駐蹕陳、潁，俟重進至共渡，賊艦可禦，浮梁可完，立具奏聞。若但厲兵秣馬，春去冬來，亦足使賊中疲弊，取之未晚。」世宗不悦。劉彦貞素驕貴，無才略，所歷藩鎮，專爲貪暴，以賂權要，由是魏岑等争譽之，故周師至，唐主首用之。聞李穀退，喜，引兵直抵正陽。劉仁贍及池州刺史張全約固止之，曰：「公軍未至而敵人先遁，是畏公之威聲也，安用速戰！萬一失利，則大事去矣！」彦貞不從。既行，仁贍曰：「果遇，必敗。」乃益兵乘城爲備。李重進渡淮逆戰，大破彦貞，斬之；斬首萬餘級。是時江、淮久安，民不習戰，唐人大恐，張全約收餘衆奔壽州，仁贍表爲左厢都指揮使。皇甫暉、姚鳳退保清流關。世宗謂侍臣曰：「聞壽州圍解，農民多歸村落，今聞大軍至，必復入城。憐其聚爲餓殍，宜先遣使存撫，各令安業。」

周以李重進爲都招討使，李穀判壽州行府事。

周主攻唐壽州。世宗至壽州城下，命諸軍圍之，發丁夫數十萬以攻城，晝夜不息。命我太祖皇帝擊唐兵於塗山，太祖遣百餘騎薄其營而僞遁，伏兵邀之，大敗唐兵於渦口，斬其都監何廷錫等，奪戰艦五十餘艘。

周詔王逵攻唐鄂州。逵引兵過岳州，團練使潘叔嗣燕犒甚謹；逵左右求取無厭，譖叔嗣謀叛，逵怒，叔嗣不自安。

二月，周主命我太祖將兵襲唐滁州，克之，擒其將皇甫暉、姚鳳。下蔡浮梁成，世宗自往視之，命我太祖皇帝倍道襲清流關。皇甫暉等驚走入滁州，斷橋自守。太祖躍馬麾兵涉水，直抵城下。暉曰：「人各爲其主，願容成列而戰。」太祖笑而許之。暉整衆而出，太祖突陳擊暉，擒之，并擒姚鳳，遂克滁州。時宣祖爲馬軍副都指揮使，引兵夜至，傳呼開門。太祖曰：「父子雖至親，城門王事也，不敢奉命。」明旦乃得入。世宗遣翰林學士竇儀籍滁州帑藏，太祖遣親吏取藏中絹。儀曰：「公初克城時，雖傾藏取之，無傷也。今既籍爲官物，非有詔書，不可得也。」太祖由是重儀。初，永興節度使劉詞遺表薦其幕僚薊人趙普。至是，范質以爲滁州判官。太祖與語，悦之。時獲盗百餘人，皆應死，普請先訊鞠然後決，所活什七、八。太祖益奇之。太祖威名日盛，每臨陳，必以繁纓飾馬，鎧仗鮮明。或曰：「如此，爲敵所識。」太祖曰：「吾固欲其識之耳。」

唐主請和于周，周主不答。唐主遣泗州牙將齎書抵徐州，稱：「唐皇帝奉書請息兵修好，願以兄事周，歲輸貨財以助軍費。」世宗不答。

周主遣韓令坤將兵襲唐揚州。世宗詗知揚州無備，命韓令坤等將兵襲之，戒以毋得殘民；其李氏陵寢，遣人與其人共守護之。

唐主遣鍾謨、李德明奉表于周。唐主以兵屢敗，懼亡，乃遣翰林學士鍾謨、文理院學士李德明奉表稱臣，請平于周，獻御服、茶藥及金銀器、繒錦、牛酒。謨、德明素辯口，世宗知其欲遊説，盛陳甲兵而見之，曰：「爾主自謂唐室苗裔，宜知禮義，異於他國。與朕止隔一水，未嘗遣一介修好，惟泛海通契丹，捨華事夷，禮義安在？且汝欲説我令罷兵邪？我非六國愚主，豈汝口舌所能移邪！可歸語汝主，亟來見朕，再拜謝過，則無事矣。不然，朕欲往觀金陵城，借府庫以勞軍，汝君臣得無悔乎！」二人戰栗不敢言。

吴越遣兵襲唐常州。吴越營田使陳滿言於丞相吴程曰：「周師南征，唐舉國驚擾。常州無備，易取也。」程言於吴越王弘俶，請從之。丞相元德昭曰：「唐大國，未可輕也。若我入唐境而周師不至，能無危乎？」程固爭，弘俶從之。遣程督兵趣常州。

周取唐揚州。韓令坤奄至揚州，帥數騎馳入城，城中不之覺。唐副留守馮延魯髡髮僧服而逃，軍士執之。令坤慰撫其民，使皆安堵。

唐滅故吴主楊氏之族。唐主遣園苑使尹延範如泰州，遷吴讓皇之族于潤州。延範以道路艱難，恐其爲變，盡殺其男子六十人；還報，唐主怒，腰斬之。

周取唐泰州。

岳州團練使潘叔嗣殺王逵，迎周行逢入朗州。行逢討叔嗣，斬之。叔嗣屬將士而告之曰：「吾事令公至矣，今乃信讒疑怒，軍還，必擊我，吾不能坐而待死，汝輩能與我俱西乎？」衆憤怒，請行，叔嗣帥之西襲朗州。逵還戰，敗死。或勸叔嗣遂據朗州，叔嗣曰：「吾救死耳，安敢自尊！」乃歸岳州，使將吏迎武安節度使周行逢。衆謂行逢：「必以潭州授叔嗣。」行逢曰：「叔嗣賊殺主帥，今若遽爾，人必謂我與之同謀，何以自明？且俟逾年未晚也。」乃入朗州，自稱武平留後，告于周，以叔嗣爲行軍司馬。叔嗣怒，稱疾不至。行逢曰：「叔嗣更欲圖我邪！」乃授叔嗣武安節鉞以誘之，叔嗣遂行。行逢迎候，郊勞甚懽。叔嗣入謁，遣人執之，立庭下，責之曰：「汝爲小校無大功，王逵用汝爲團練使，一旦反殺主帥；吾未忍斬汝，乃敢拒吾命乎！」遂斬之。

三月，周主行視水寨。世宗至淝橋，自取一石，馬上持之，至寨以供礮；從官過橋者，人齎一石。鏃着骨，不可出，瓊飲酒一大巵，令人破骨出之，流血數升，神色自若。我太祖乘皮船，入壽春壕中，城上發連弩射之，矢大如椽，牙將張瓊以身蔽之，矢中瓊髀，死而復蘇。

唐遣司空孫晟奉表于周。唐主以孫晟爲司空，遣與禮部尚書王崇質奉表于周，請奉正朔，守土疆。晟謂馮延己曰：「此行當在左相，然晟若辭之，則爲負先帝矣。」既行，知不免，中夜歎息，謂崇質曰：「君家百口，宜自爲謀。吾思之熟矣，終不負永陵一培土〔八〕，餘無所知也。」既至，世宗遣中使以晟等詣壽春城下，示劉仁贍，且招諭之。仁贍見晟，戎服拜於城上。晟謂仁贍曰：「君受國厚恩，不可開門納寇。」世宗聞之怒，晟曰：「臣爲唐宰相，豈可教節度使外叛邪！」世宗釋之。

南漢以宦者龔澄樞知承宣院。南漢甘泉宮使林延遇陰險多計數，南漢主倚信之；誅滅諸弟，皆其謀也。及卒，國人相賀。延遇薦澄樞自代，南漢主即日用之。

周取唐光、舒、蘄州。

周遣李德明還唐，唐主殺之。唐主使李德明、孫晟言於周，請去帝號，割六州，歲輸金帛百萬以求罷兵。世宗欲盡得江北之地，不許。德明請歸白唐主獻之，世宗許之。晟因奏遣王崇質與德明俱歸。賜唐主詔曰：「諸郡悉來，大軍立罷。但存帝號，何爽歲寒！儻堅事大之心，終不迫人于險。言盡於此，更不煩云；苟曰未然，請從兹絶。」唐主復上表謝。德明盛稱世宗威德及甲兵之强，勸唐主割江北之地，唐主不悦。宋齊丘以割地爲無益。德明輕佻，言多過實，國人亦不之信。樞密使陳覺、副使李徵古素惡晟及德明，使王崇質異其言，因譖德明賣國求利，唐主大怒，斬之。

唐遣將軍柴克宏將兵救常州，敗吴越兵，遂引兵救壽州，未至，卒。吴程攻常州，破其外郭，執唐團練使趙仁澤，送錢唐。仁澤見吴越王弘俶不拜，責以負約；弘俶怒，抉其口至耳。元德昭憐其忠，爲傅良藥，得不死。唐主恐吴越侵逼潤州，以宣、潤都督、燕王弘冀年少，徵還金陵。部將趙鐸言於弘冀曰：「大王元帥，衆心所恃，逆自退歸，所部必亂。」弘冀然之，辭不就徵，部分諸將，爲戰守之備。龍武都虞候柴克宏，再用之子也，沉默好施，不事家產，雖典宿衛，日與賓客博弈飲酒，未嘗言兵，時人以爲非將帥才。至是，請效死行陳，其母亦表稱克宏有父風，可爲將。唐主乃以爲右武衛將軍，使救常州。時唐精兵悉在江北，克宏所將數千人皆羸老，李徵古復以鎧仗之朽蠹者給之。克宏訴於徵古，徵古慢罵之，衆皆憤恚，克宏恬然。至潤州，徵古遣使召克宏，以朱匡業代之。弘冀謂克宏：「君但前戰，吾當論奏。」乃表克宏才略可以成功，常州危在旦莫，不宜中易主將。克宏引兵徑趣常州，徵古復遣使召之，克宏曰：「吾計日破賊，汝來召吾，必姦人也！」命斬之，使者曰：「受李樞密命而來。」克宏曰：「李樞密來，吾亦斬之！」乃蒙船以幕，匿甲士其中，襲吴越營，大破之，斬首萬級。匡業至，克宏事之甚謹，復請將兵救壽州，未至而卒。

唐主以其弟齊王景達爲元帥，將兵拒周師。唐主以景達爲諸道兵馬元帥，將兵拒周，以陳覺爲監軍使。中書舍人韓熙載上書曰：「信莫信於親王，重莫重於元帥，安用監軍爲哉！」不從。遣鴻臚卿潘承祐詣泉、建召募驍勇。承祐薦許文稹、陳德誠、鄭彦華、林仁肇。

夏，四月，唐兵復取泰州，進攻揚州。唐將軍陸孟俊將兵趣泰州，周兵遁去；進攻揚州，韓令坤亦走。世宗遣張永德將兵救之，令坤乃還。世宗又遣我太祖將兵屯六合。太祖令曰：「揚州兵有過六合者，折其足。」令坤始有固守之志。

周主如濠州。世宗攻壽州，久不克；會大雨，營中水深數尺，失亡頗多，糧運不繼，乃議旋師。或勸東幸濠州，從之。

周韓令坤敗唐兵於揚州，擒其將陸孟俊，殺之。初，孟俊之廢馬希萼也，滅故舒州刺史楊昭惲之族，以其女美，獻於希崇；令坤入揚州，希崇以遺令坤。至是，獲孟俊，將械送行在，楊氏在簾下，忽撫膺慟哭，曰：「孟俊昔殺妾家二百口，今見之，請復其冤。」令坤乃殺之。

唐兵攻六合，我太祖擊破之。唐齊王景達將兵濟江，距六合二十餘里，設栅不進。諸將欲擊之，我太祖曰：「吾衆不滿二千，若往擊之，則彼見吾衆寡矣。不如俟其來而擊之，破之必矣。」居數日，唐出兵趣六合，太祖奮擊，大破之，殺獲近五千人，溺死甚衆。於是唐之精卒盡矣。是戰也，士卒有不致力者，太祖陽爲督戰，以劍斫其皮笠。明日，徧閱其笠，有劍迹者數十人，皆斬之。由是部兵莫敢不盡死。

周主如渦口。渦口作新浮梁成，世宗幸之，欲遂至揚州；范質等以兵疲食少，泣諫而止。世宗嘗怒竇儀，欲殺之。質入救之，世宗起避之，質趨前伏地叩頭曰：「儀罪不至死，臣爲宰相，致陛下枉殺近臣，罪皆在臣。」繼之以泣。世宗意解，乃釋之。

五月，唐敗福州兵於南臺江。

周主還大梁，留李重進圍壽州。

六月，唐劉仁贍擊周將李繼勳，敗之。

唐遣員外郎朱元將兵復江北諸州。元因奏事，論用兵方略，唐主以爲能，故用之。

秋，七月，周以周行逢爲武平節度使。周以行逢爲武平節度使，制置武安、靜江等軍事。行逢留心民事，悉除馬氏横賦，貪吏猾民爲民害者皆去之，擇廉平吏爲刺史、縣令。朗州民夷雜居，將卒驕横，壹以法治之，無所寬假，衆怨且懼。有大將與其黨十餘人謀作亂，行逢知之，大會諸將，於座中擒之，數曰：「吾惡衣糲食，正爲汝曹，何負而反！今日之會，與汝訣也！」立撾殺之，座上股栗。行逢曰：「諸君無罪，皆宜自安。」樂飲而罷。行逢多計數，善發隱伏，然性猜忍，常遣人密詗諸州事。聞邵州刺史劉光委多宴飲，曰：「光委聚飲，欲謀我邪！」召還，殺之。衡州刺史張文表獨以歲時饋獻，謹事左右，得免。行逢妻鄧氏陋而剛決，善治生，嘗諫行逢用法太嚴，行逢怒。鄧氏因之村墅，遂不復歸。行逢屢遣迎之，不至；一旦，自帥僮僕來輸税，行逢就見之，曰：「夫人何自苦如此！」鄧氏曰：「税，官物也。公不先輸，何以率下！且獨不記爲里正代人輸税以免楚撻時邪？」行逢欲與之歸，不可，曰：「公誅殺太過，一旦有變，村墅易爲逃匿耳。」行逢婿唐德求補吏，行逢曰：「汝才不堪爲吏，吾今私汝則可矣；汝居官無狀，吾不敢以法貸汝，則親戚之恩絶矣。」與之耕牛、農具而遣之。前天策府學士徐仲雅，自馬希廣之廢，杜門不仕，行逢慕之，署節度推官。仲雅辭疾，行逢迫脅固召之，面授文牒，終辭不取，行逢怒，放之邵州，竟不能屈。

胡氏曰：周行逢爲政有足稱者，徐仲雅既蒙禮辟，豈不可出身相佐，以靖一方；乃能守節尚志，終不肯屈，求之當時，鮮其比矣，可不謂賢乎！馮道歷事五代之君，朝同夕異，其有愧於仲雅，豈可數量哉！

唐朱元等取舒、和、蘄州。周揚、滁州守將皆棄城，并兵攻壽州。初，唐人以茶鹽强民而徵其粟帛，謂之「博徵」；又興營田於淮南，民甚苦之。及周師至，爭奉牛酒迎勞，而將帥不之恤，專事俘掠，民皆失望，相聚山澤，操農器爲兵，積紙爲甲，時人謂之「白甲軍」。周兵討之，屢爲所敗，所得諸州，多復爲唐有。淮南節度使向訓奏請以廣陵之兵併力攻壽春，詔許之。訓封府庫以授主者，命牙將分部按行城中，秋毫不犯，州民感悦，軍還，或負糗糒以送之。滁州守將亦棄城，引兵趣壽春。唐諸將請據險以邀周師，宋齊丘曰：「如此，則怨益深，不如縱之以德於敵，則兵易解也。」乃命諸將自守，毋得擅出。由是壽春之圍益急。齊王景達軍于濠州，遥爲聲援，軍政皆出於陳覺，擁兵五萬，無決戰意，將吏畏之，無敢言者。

八月，周作欽天曆。王朴與司天少監王處訥所撰也。

九月，周以王朴爲樞密副使。

冬，十月，周立二税起徵限。世宗謂侍臣曰：「近朝徵斂穀帛，多不俟收穫紡績之畢。」乃詔三司「自今夏税以六月，秋税以十月起徵」。民間便之。

周山南東道節度使安審琦入朝，除太師，遣還鎮。

審琦鎮襄州十餘年，至是入朝，除守太師，遣還鎮。審琦感悦。世宗謂宰相曰：「近朝多不以誠信待諸侯，諸侯雖有欲效忠節者，其道無由。王者但能毋失其信，何患諸侯不歸心哉！」

周將張永德敗唐兵於下蔡。

周以我太祖爲定國節度使，兼殿前都指揮使。

太祖表趙普爲節度推官。

十一月，周殺唐使者司空孫晟。

張永德與李重進不相悦。永德密表重進有二心，世宗不之信。時二將各擁重兵，衆心憂恐。重進一日單騎詣永德營，從容宴飲，謂永德曰：「吾與公幸以肺腑俱爲將帥，奚相疑若此之深邪？」永德意解，衆心亦安。唐主聞之，以蠟書誘重進，皆謗毀反間之語，重進奏之。

初，唐使者孫晟、鍾謨從至大梁，世宗待之甚厚，時召見，飲以醇酒，問以唐事。晟但言「唐主畏陛下神武，事陛下無二心」。及得唐蠟書，召晟責之，晟正色抗辭，請死。問以唐虚實，默不對。命都承旨曹翰送晟於右軍巡院，與之飲酒，從容問之，晟終不言。翰乃謂曰：「有敕賜相公死。」晟神色怡然，索靴笏，整衣冠，南向拜曰：「臣謹以死報國。」乃就刑，并從者百餘人皆殺之；貶鍾謨耀州司馬。既而憐晟忠節，悔殺之，召謨拜衛尉少卿。

周召華山隱士陳摶詣闕，尋遣還山。

世宗召陳摶，問以飛升、黄白之術，對曰：「陛下爲天子，當以治天下爲務，安用此爲！」乃遣還山，詔州縣長吏常存問之。

胡氏曰：陳摶之蘊，非世宗所知也。飛升、黄白之問，不亦陋乎！摶以治天下對，已發其端，世宗不能訪以治道也。

周城下蔡。

丁巳(九五七)

周顯德四年。北漢天會元年。是歲,凡五國、三鎮。

春,正月,唐遣兵救壽州,周師擊破之。唐壽州城中食盡。齊王景達遣許文稹、邊鎬、朱元將兵數萬救之,軍於紫金山,列十餘寨,與城中烽火相應。又築甬道運糧,綿亘數十里。將及壽春,周李重進邀擊,大破之,死者五千人,奪其二寨。劉仁贍請以邊鎬守城,自帥衆決戰。景達不許,仁贍憤邑成疾。其幼子崇諫夜泛舟渡淮,爲小校所執,仁贍命腰斬之。監軍使周廷構哭於中門以救之,不許。廷構復使求救於夫人,夫人曰:「妾於崇諫非不愛也,然軍法不可私,名節不可虧;若貸之,則劉氏爲不忠之門,妾與公何面目見將士乎!」趣命斬之,然後成喪。將士皆感泣。周人以唐援兵尚强,多請罷兵,世宗疑之。李穀寢疾,使范質、王溥就問之,穀曰:「壽春危困,破在旦夕,若鑾駕親征,則將士爭奮,必可下矣。」

二月,周更造祭器、祭玉。命國子博士聶崇義討論制度,爲之圖。

三月,周主復如壽州,大破唐兵,唐元帥景達奔還。先是,唐水軍鋭敏,周人無以敵之,世宗以爲恨。反自壽春,於大梁城西汴水側造戰艦數百艘,命唐降卒教北人水戰,數月之後,縱横出没,殆勝唐兵。至是,車駕發大梁,命王環將之,自閔河沿潁入淮,唐人大驚。三月,世宗渡淮,抵壽春城下。躬擐甲胄，軍於紫金山南，命我太祖擊唐寨，破之，斷其甬道，由是唐兵首尾不能相救。朱元恃功，頗違節度。陳覺與元有隙，屢表元反覆，不可將兵，唐主以楊守忠代之。元憤怒，欲自殺，客宋垍說之曰：「大丈夫何往不富貴，何必爲妻子死乎！」元即舉寨萬餘人降。周世宗慮其餘衆沿流東潰，遽命指揮使趙晁將水軍數千沿淮而下。命諸將擊唐紫金山，大破之，殺獲萬餘人，擒許文稹、邊鎬、楊守忠。餘衆果東，世宗自將騎數百，與諸將夾岸追之，水軍中流而下，唐兵戰溺死及降者殆四萬人，獲船艦糧仗以十萬數。劉仁贍聞援兵敗，扼吭歎息。景達、陳覺皆奔歸金陵，惟陳德誠全軍而還。唐主議自督諸將拒周，中書舍人喬匡舜上疏切諫，唐主以爲沮衆，流撫州；既而竟不敢出。

唐壽州監軍周廷構以城降周，唐節度使劉仁贍死之。周以壽州爲忠正軍，徙治下蔡。

世宗耀兵于壽春城北。唐清淮節度使劉仁贍病甚，不知人。監軍使周廷構等作仁贍表，舁仁贍出城以降于周。仁贍卧不能起，世宗慰勞賜賚，復令入城養疾。徙壽州治下蔡，赦州境死罪以下。民受唐文書聚山林者，並令復業。政令有不便者，令本州條奏。又制曰：「劉仁贍盡忠所事，抗節無虧，前代名臣，幾人堪比！朕之伐叛，得爾爲多。」其以爲天平節度使兼中書令；是日，卒，追賜爵彭城郡王。唐主聞之，亦贈太師。世宗復以清淮軍爲忠正軍，以旌仁贍之節。

周主之父光禄卿致仕柴守禮犯法，周主不問。守禮及當時將相王溥、王晏、韓令坤之父游處，恃勢恣横，洛人畏之，謂之「十阿父」。世宗既爲太祖嗣，人無敢言守禮子者，但以元舅處之，優其俸給，未嘗至大梁；嘗以小忿殺人，有司不敢詰，世宗知而不問。

胡氏曰：世宗不知其姓出於柴氏，而守禮又亡，則無責矣。其父固在，乃以元舅處之，果何義也！然則宜奈何？爲郭氏立後，封以大國，如周之祀宋，得用天子禮樂，以不忘撫愛富貴之恩；而復姓曰柴，尊守禮爲太上皇，立柴氏宗廟，以别生分類，正本始以示天下，則其道並行而不相悖矣。歐陽公以守禮殺人，世宗不問，爲寧受屈法之過，以申父子之道。夫既以元舅處之，何名爲父子？且曰：「刑一人，未必能使天下無殺人；殺其父，則滅天性，孰爲重？」夫事固皆當權輕重而執其中，然非可以殺父而論之也。故孟子發明父子之重，至以天下爲敝屣，乃可與權者矣。

周開壽州倉賑飢民。

夏，四月，周主還大梁。

周宦者孫延希伏誅。周修永福殿，命延希董其役。世宗至其所，見役徒有削柹爲匕、瓦中啗飯者，大怒，斬延希。

周罷懷恩軍，遣還蜀。周之克秦、鳳也，以蜀兵爲懷恩軍。至是，遣八百餘人西還。

周以唐降卒爲懷德軍。凡六軍三十指揮〔九〕。

周疏汴水入五丈河。自是齊、魯舟楫皆達於大梁。

五月，周作刑統。詔以律令文古難知，格敕煩雜不壹，命侍御史張湜等訓釋刪定爲刑統。

唐敗周兵，斷其浮梁。唐郭廷謂將水軍斷渦口浮梁，又襲敗武行德于定遠。唐以廷謂爲應援使。

六月，蜀衛聖都指揮使李廷珪罷。蜀人多言廷珪爲將敗覆，不應復典兵，蜀主罷之。李太后以典兵者多非其人，謂蜀主曰：「吾昔見莊宗跨河與梁戰，及先帝在太原，平二蜀，諸將非有大功，無得典兵，故士卒畏服。今王昭遠出於廝養，伊審徵、韓保貞、趙崇韜皆膏粱乳臭子，素不習兵，徒以舊恩寘於人上，平時誰敢言者，一旦疆埸有事，安能禦大敵乎！以吾觀之，惟高彥儔太原舊人，終不負汝，自餘無足任者。」蜀主不能從。

周以王祚爲潁州團練使。祚，溥之父也。溥爲宰相，祚有賓客，溥常朝服侍立，客坐不安席，祚曰：「豚犬不足爲起。」

秋，七月，周貶武行德、李繼勳爲右衛將軍。治定遠、壽春之敗也。

北漢初立七廟。

八月，周平章事李穀罷，以王朴爲樞密使。穀卧疾二年，九表辭位，罷守本官，令每月肩輿一詣便殿，議政事。

蜀主致書于周，周主不答。周所遣懷恩軍至成都，蜀主亦遣梓州所俘八十人東還，且致書謝，請通好。世宗以其抗禮不答。蜀主聞之，怒曰：「朕爲天子、郊祀天地時，爾猶作賊，何敢如是！」

九月，周以竇儼爲中書舍人。儼上疏請令有司討論禮儀，考正鍾律，作通禮、正樂。又以「爲政之本，莫大擇人；擇人之重，莫先宰相。自有唐之末，輕用名器，始爲輔弼，即兼三公、僕射之官。故其未得之也，則以趨競爲心；既得之也，則以容默爲事。乞令宰相各舉所知，且令以本官權知政事，期歲之間，察其職業，若果能堪稱，其官已高，則除平章事；未高，則稍更遷官，權知如故。若有不稱，則罷其政事，責其舉者。又班行之中，有員無職者太半，乞量其才器，授以外任，考其治狀，能者進之，否者黜之」。又請：「令盜賊自相糾告，以其所告貲産之半賞之；或親戚爲之首，則論其徒侶而赦其所首者。如此，則盜不能聚矣。又新鄭鄉村團爲義營，各立將佐，一户爲盜，累其一村，一户被盜，罪其一將。每有盜發，則鳴鼓舉火，丁壯雲集，盜少民多，無能脱者。由是一境獨清。請令他縣皆效之，亦止盜之一術也。又累朝屢詔聽民廣耕，止輸舊税，及其既種，則有司履畝而增之，故民皆疑懼而田不加闢。夫爲政之先，莫如敦信，信苟著矣，則田無不廣。田廣則穀多，穀多則藏之民，猶藏之官也。」又言：「陛下南征江、淮，威靈所加，前無强敵。今以衆擊寡，以治伐亂，勢無不克，但行之貴速，則彼民免俘馘之災，此民息轉輸之困矣。」世宗善之。儼，儀之弟也。

冬，十月，周設賢良、經學、吏理等科。

北漢麟州降周，周以其刺史楊崇訓爲防禦使。

十一月，周主自將伐唐，攻濠、泗州。世宗自將伐唐。十一月，攻破濠州關城，拔其水寨，焚戰船七十餘艘，斬首二千餘級。又攻拔其羊馬城，城中震恐。唐團練使郭廷謂上表言：「臣家在江南，今若遽降，恐爲唐所種族，請先遣使禀命，然後出降。」許之。唐戰船數百艘在渙水東，欲救濠州，世宗自將兵夜發擊破之，鼓行而東，所至皆下。至泗州，我太祖先攻其南，因焚城門，破水寨。世宗居月城樓，督將士攻城。

契丹、北漢會兵寇周潞州，不克而還。契丹遣其侍中崔勳將兵來會北漢，欲同入寇。北漢主遣李存瓌將兵會之，南侵潞州，至其城下而還。北漢主知契丹不足恃，而不敢遽與之絶，贈送勳甚厚。

十二月，唐泗州降周，周主追擊唐兵至楚州，大破之。泗州守將范再遇舉城降周，世宗自至城下，禁軍中芻蕘者毋得犯民田，民皆感悦，爭獻芻粟；無一卒敢擅入城者。唐戰船數百艘保清口，世宗自將追至楚州西北，大破之。我太祖擒其應援使陳承昭以歸。唐之戰船在淮上者，於是盡矣。

唐濠州降周。周主進兵攻楚州，遣兵取揚、泰州。郭廷謂使者自金陵還，知唐不能救，命參軍李延鄒草降表。延鄒責以忠義，廷謂以兵臨之，延鄒擲筆曰：「大丈夫終不負國，爲叛臣作降表！」廷謂斬之，舉城降周。世宗時攻楚州，廷謂來謁，世宗謂曰：「江南諸將敗亡相繼，獨卿能斷渦口浮梁，破定遠寨，所以報國足矣。」使將濠州兵攻天長。遣指揮使武守琦將騎數百趣揚州，至高郵；唐人悉焚揚州官府民居，驅其人南渡江，後數日，周兵乃至。世宗聞泰州亦無備，遣兵襲取之。

南漢遣使入貢于周，不至。南漢主聞唐屢敗，憂形於色，遣使入貢于周，爲湖南所閉，乃治戰船，修武備；既而縱酒酣飲，曰：「吾身得免幸矣，何暇慮後世哉！」

午戊（九五八）

周顯德五年。唐中興元年，南漢主鋹大寶元年。是歲，凡五國、三鎮。

春，正月，周師克唐海州。

周鑿鸛水，引戰艦入江。世宗欲引戰艦自淮入江，阻北神堰不得渡，欲鑿楚州西北鸛水以通其道，遣使行視，還言地形不便，計功甚多；乃自往視之，授以規畫，旬日而成，用功甚省，巨艦數百艘皆達于江。唐人大驚，以爲神。

周師拔唐靜海軍。周拔靜海軍，始通吴越之路。先是，世宗遣使如吴越，語之曰：「卿去雖泛海，還當陸歸。」已而果然。

蜀貶章九齡爲維州參軍。蜀右補闕章九齡見蜀主言：「政事不治，由姦佞在朝。」蜀主問：「姦佞爲誰？」指李昊、王昭遠以對，蜀主怒，貶之。

周主克唐楚州，唐防禦使張彦卿死之。周兵攻楚州，逾四旬，唐防禦使張彦卿固守不下。世宗自督諸將攻克之。彦卿與都監鄭昭業猶帥衆拒戰，矢刃皆盡，彦卿舉繩牀以鬭而死，所部千餘人，至死無一人降者。

胡氏曰：臣之事君，格其非心，褊狹者宜廓以寬弘，急促者宜導以紓緩。世宗之短，李穀、范質、王溥、王朴二三大臣所當濟其不及而泄其過也。太平之功，非一日所能就，而世宗意在速成，故威武雖暢，而德信未洽〔一〇〕。觀楚州之不下，而甘心盡死如此，則亦異於雲霓之望，時雨之師矣。故圖大業者，速成不若美成也。

高保融以水軍會周師伐唐。

二月，周主至揚州。

北漢攻周隰州，不克。隰州刺史暴卒，建雄節度使楊廷璋謂都監李謙溥曰：「今大駕南征，澤州無守將〔一一〕，河東必生心。若奏請待報，則孤城危矣。」即牒謙溥權隰州事。謙溥至，則修守備。未幾，北漢兵果至。諸將請速救之，廷璋曰：「隰州城堅將良，未易克也。」北漢攻城久不下，廷璋度其疲困無備，潛與謙溥約，各募死士百餘夜襲其營，北漢兵驚潰解去。

三月，唐以太弟景遂爲晉王，燕王弘冀爲太子。景遂前後十表辭位，且言：「弘冀嫡長，有軍功，宜爲嗣。」唐主乃立景遂爲晉王、洪州大都督，以弘冀爲皇太子，參決庶政。弘冀爲人猜忌嚴刻，景遂左右有未出東宫者，立斥逐之。

周主臨江，遣水軍擊唐兵破之。唐主遣使盡獻江北地，周主罷兵引還。世宗如迎鑾鎮，屢至江口，遣水軍擊唐兵，破之。唐主恐遂南渡，又耻降號稱藩，乃遣陳覺奉表，請傳位於太子弘冀，使聽命於中國。時淮南惟廬、舒、蘄、黄未下。覺見周兵之盛，白世宗，請遣人渡江取表，獻四州之地，畫江爲境，以求息兵，辭指甚哀。上曰：「朕本興師止取江北，今爾主能舉國内附，朕復何求！」賜唐主書，稱「皇帝恭問江南國主」，慰納之。唐主奉表稱唐國主，請獻江北四州，歲輸貢物數十萬。於是江北悉平，得州十四，縣六十。世宗賜唐主書，諭以「今當罷兵，不必傳位」。賜錢弘俶、高保融犒軍帛有差。唐主遣馮延己獻銀、絹、錢、茶、穀共百萬以犒軍。勅故淮南節度使楊行密、昇府節度使徐温等墓並量給守户；其江南羣臣墓在江北者，亦委長吏以時檢校。

胡氏曰：韓熙載之走江南也，李穀送别，各言所志。穀之言酬，而熙載之言不應。熙載文士高談，非李穀沉毅有器略之比也。然自昔都江南者，例不能北取中原，豈皆文士無用耶？曰：天下形便無常勢，而經營大業有常理。漢高、光、唐太宗，皆櫛風沐雨，惡衣菲食，躬擐甲胄，跋履山川，其勤既如彼；知人善任，修政愛民，令聞日彰，衆情歸戴，其德又如此。是以雖初無分地，皆不五、六年而成帝業。彼六朝、南唐之君，能如是乎？若謂江南之人柔脆，不可用於北方，則不然矣。項籍以吴中八千子弟横行天下，李陵以荆、楚步卒當單于數十萬；而宋高祖西取秦，東取燕，所向無敵，亦皆江南人也。孰謂其不可用乎！

周汴渠成。浚汴口，導河流達于淮。於是江、淮舟楫始通。

夏，四月，周新作太廟成。

五月朔，日食。

唐主更名景，去帝號，奉周正朔。唐主避周諱，更名景。下令去帝號，稱國主，凡天子儀制皆有降損，去年號，用周正朔。平章事馮延己、嚴續、樞密使陳覺皆罷。初，延己以取中原之策説唐主，由是有寵。常笑烈祖齷齪，曰：「安陸所喪纔數千兵，爲之輟食咨嗟者旬日，此田舍翁識量耳，安足與成大事！豈如今上暴師數萬於外，而擊毬宴樂無異平日，真英主也！」與其黨談論，常以天下爲己任，更相唱和。翰林學士常夢錫屢言延己等浮誕，不可信，唐主不聽。夢錫曰：「姦言似忠，陛下不悟，國必亡矣！」及是，延己之黨相與言，有謂周爲大朝者，夢錫大笑曰：「諸公常欲致君堯、舜，何意今日自爲小朝邪！」衆嘿然。

周主遣使如唐，餽之鹽，還其俘。周始命太府卿馮延魯、衛尉少卿鍾謨使于唐，賜以御衣、玉帶、欽天曆及犒軍帛十萬。唐主嘗奏江南無鹵田，願得海陵鹽監。世宗曰：「海陵在江北，難以交居。」至是，詔歲給鹽三十萬斛，俘獲士卒，稍稍歸之。

秋，八月，唐太子弘冀殺其叔父晉王景遂。景遂之赴洪州也，唐主以李徵古爲副使。徵古傲狠專恣，景遂雖寬厚，久而不堪，常欲斬徵古而自囚，左右諫而止。太子弘冀在東宮，多不法。唐主怒，嘗以毬杖擊之，曰：「吾當復召景遂。」弘冀聞洪州都押牙袁從範怨景遂，密遣毒之。景遂擊毬渴甚，從範進漿，飲之而卒。未殯，體已潰。唐主不之知。

南漢主晟殂，子鋹立。鋹年十六，國事皆決於龔澄樞、盧瓊仙等，臺省備位而已。

唐置進奏院於大梁。

周遣閤門使曹彬如吴越。周遣曹彬以兵器賜吴越，事畢亟返，不受饋遺。吴越人以輕舟追與之，至於數四，彬曰：「吾終不受，是竊名也。」盡籍其數，歸而獻之。世宗曰：「曏之奉使者乞匄無厭，使四方輕朝命。卿能如是，甚善；然彼以遺卿，卿自取之。」彬始拜受，悉以散於親識，家無留者。

冬，十月，周以高防爲西南面制置使。世宗謀伐蜀，以防爲西南面水陸制置使。高保融再遺蜀主書，勸使稱臣於周。蜀主集將相議之，李昊曰：「從之則君父之辱，違之則周師必至。諸將能拒周乎？」皆曰：「陛下聖明，江山險固，秣馬勵兵，正爲今日。臣等請以死衛社稷！」蜀主乃命昊草書，極言拒絶之。

周遣使均定境内田租。世宗留心農事，常刻木爲農夫、蠶婦，置之殿庭。欲均天下田租，先以元稹均田圖賜諸道。至是，詔散騎常侍艾穎等三十四人分行諸州，均定田租。又詔諸州併鄉村，率以百户爲團，團置耆長三人。又詔凡諸色課户及俸户並勒歸州縣，其幕職、州縣官自今並支俸錢及米麥。

十一月，周命竇儼撰通禮、正樂。

唐放其太傅宋齊丘于九華山。初，齊丘多樹朋黨，躁進之士爭附之。樞密使陳覺、副使李徵古恃其勢，尤驕慢。及景達遁歸，國人恟懼，唐主悲歎泣下。徵古曰：「陛下當治兵以扞敵，涕泣何爲！豈乳母不至邪？」會司天奏：「天文有變，人主宜避位攘災。」唐主乃曰：「吾欲釋去萬機，誰可以托國者？」徵古曰：「宋公，造國手也，陛下何不舉國授之？」覺曰：「陛下深居禁中，國事皆委宋公，先行後聞，臣等時入侍，談釋、老，不亦可乎？」唐主心愠，即命中書舍人陳喬草詔行之。喬惶恐請見，曰：「陛下一署此詔，臣不復得見矣！」因極言其不可，唐主笑曰：「爾亦知其非邪？」乃止。遂出徵古洪州，罷覺近職。鍾謨素以德明之死怨齊丘，言於唐主曰：「齊丘乘國之危，遽謀篡竊，陳覺、徵古爲之羽翼，理不可容。」覺自周還，矯以世宗之命謂唐主曰：「聞江南連歲拒命，皆宰相嚴續之謀，當爲我斬之。」唐主知覺素與續有隙，固未之信。謨請覆之於周，唐主乃因謨復命，上言：「久拒王師，皆臣愚迷，非續之罪。」世宗聞之，大驚曰：「審如此，則續乃忠臣，朕爲天下主，豈教人殺忠臣乎！」謨還，以白唐主。唐主欲誅齊丘等，復遣謨入禀之。世宗以異國之臣，無所可否。唐主乃詔暴齊丘等罪，聽齊丘歸九華山；覺宣州安置，徵古賜自盡。

胡氏曰：敵國謀臣，我所惡也，蓋有設間用計而去之者矣，或有因其自相疑忌而幸之者矣，未聞稱奬其忠，諭使勿殺如世宗者。用心如此，天下有不治乎！

己未（九五九）

周顯德六年。六月，恭帝宗訓立。是歲，凡五國、三鎮。

春，正月，周命王朴作律準，定大樂。初，有司將立正仗，宿設樂器於殿庭，世宗觀之，見鍾磬雖設而不擊者，問樂工，皆不能對。乃命竇儼討論古今，考正雅樂。以王朴素曉音律，詢之，朴上疏曰：「禮以檢形，樂以治心；形順於外，心和於内，然而天下不治，未之有也。蓋樂生於人心而聲成於物，物聲既成，復能感人之心。昔黄帝吹九寸之管，得黄鍾正聲，半之爲清聲，倍之爲緩聲，三分損益之以生十二律。十二律旋相爲宫以生七調，爲一均。凡十二均、八十四調而大備。遭秦滅學，歷代罕能用之。唐祖孝孫考正大樂，其法始備。安、史之亂，什亡八、九，至于黄巢，蕩盡無遺。時有博士殷盈孫鑄鎛鍾十二，編鍾二百四十。處士蕭承訓校定石磬，今之在縣者是也。雖有鍾磬之狀，殊無相應之和，其鎛鍾不問音律，但循環而擊，編鍾磬徒懸而已。絲、竹、匏、土僅有七聲，名爲黄鍾之宫，其存者九曲。考之三曲協律，六曲參涉諸調；蓋樂之廢缺，無甚於今。臣謹如古法，以秬黍定尺，長九寸徑三分爲黄鍾之管，與今黄鍾之聲相應，因而推之，得十二律。以爲衆管互吹，用聲不便，乃作律準，十有三絃，其長九尺，皆應黄鍾之聲，以次設柱，爲十一律，及黄鍾清聲，旋用七律以爲一均。爲均之主者，宫也，徵、商、羽、角、變宫、變徵次焉。發其均主之聲，歸乎本音之律，迭應不亂，乃成其調，凡八十一調〔一二〕。此法久絶，出臣獨見，乞集百官校其得失。」詔從之。百官皆以爲然，乃行之。

唐宋齊丘自殺。齊丘至九華山，唐主命鎖其第，穴牆給飲食。齊丘歎曰：「吾昔獻謀幽讓皇帝族於泰州，宜其及此！」乃縊而死。謚曰醜繆。初，常夢錫深疾齊丘之黨，與馮延己、魏岑之徒日有爭論，因鬱鬱不得志，縱酒成疾而卒。至是，唐主曰：「夢錫平生欲殺齊丘，恨不使見之。」贈左僕射。

二月，周導汴水入蔡水。以通陳、潁之漕。

周減行苗使所奏羨苗〔一三〕。開封府奏田税舊一十萬二千餘頃，今按行得羨苗四萬二千餘頃；敕減三萬八千頃。諸州使還所奏，減之倣此。

周淮南饑。淮南饑，世宗命以米貸之。或曰：「民貧，恐不能償。」世宗曰：「民，吾子也，安有子倒懸而父不爲之解哉！安在責其必償也！」

胡氏曰：世宗視民猶子，救其乏而不責其必償，仁人之心，王者之政也。五代十二君，愛民者三人，而世宗爲最。漕運給耗，慮陪輸也；保任令録，防貪穢也；冬役春罷，恐妨農也；毀寺禁度僧，減蠹弊也；立兩税限，知早徵之害也；設科求士，欲吏治有方也；均定田租，使富不掩貧也；併鄉村，置團耆，絶公皂侵漁也；罷課户俸户，省官方私擾也；稱貸不責償，欲下霑實惠也。蓋自唐宣宗而後，政不及民，而置諸湯火之中者，將百年；而後世宗有君人之德，行不忍人之政，宜其赫然興起，南面指麾，而四海賓服也。

三月，周樞密使王朴卒。朴剛鋭明敏，智略過人。及卒，世宗臨其喪，以玉鉞卓地，慟哭數四，不能自止。

夏四月，周主自將伐契丹。五月，取瀛、莫、易，置雄、霸州，遂趣幽州；有疾，乃還。

世宗以北鄙未復，下詔親征，命親軍都虞候韓通等將水陸軍先發。四月，通自滄州治水道入契丹境，柵於乾寧軍南，補壞防，開遊口三十六，遂通瀛、莫。車駕至滄州，即日帥步騎數萬直趨契丹之境，非道所從，民間皆不之知。契丹寧州刺史王洪舉城降。詔以韓通爲陸路都部署，我太祖爲水路都部署。自御龍舟沿流而北，舳艫相連數十里；至獨流口，泝流而西。至益津關，契丹守將終廷輝以城降。自是水路漸隘，乃登陸而西，宿於野次，侍衛之士不及一旅，從官皆恐懼。胡騎連羣出其左右，不敢逼。我太祖先至瓦橋關，契丹守將姚内斌、莫州刺史劉楚信皆舉城降。五月朔，侍衛都指揮使李重進等引兵繼至，契丹瀛州刺史高彦暉舉城降。於是關南悉平。宴諸將於行宫，議取幽州，諸將曰：「陛下離京四十二日，兵不血刃，取燕南之地，此不世之功也。今虜騎皆聚幽州之北，未宜深入。」世宗不悦。是日，趣先鋒都指揮使劉重進先發，據固安；自至安陽水，命作橋，會日暮，還宿瓦橋。是夕，不豫而止。契丹主遣使命北漢發兵橈周邊，聞周師還乃罷。孫行友拔易州，擒契丹刺史李在欽，獻之，斬於軍市。以瓦橋關爲雄州，益津關爲霸州。命李重進將兵出土門，擊北漢；韓令坤戍霸州，陳思讓戍雄州，遂還。重進敗北漢兵於百井。車駕至大梁。往還適六十日。

六月，河決原武，周發近縣民夫塞之。

唐泉州遣使入貢于周，不受。唐清源節度使留從效遣使入貢，請置進奏院於京師。詔報之曰：「江南近服，方務綏懷。卿久奉金陵，未可改圖。若置邸上都，與彼抗衡，受而有之，罪在於朕。」

唐城金陵。唐遣鍾謨入貢于周，世宗曰：「江南亦治兵、修守備乎？」對曰：「既臣事大國，不敢復爾。」世宗曰：「不然。曏時則爲仇敵，今日則爲一家，吾與汝國大義已定，保無他虞。然人生難期，至于後世，則事不可知。歸語汝主：可及吾時完城郭，繕甲兵，據守要害，爲子孫計。」謨歸，以告唐主。乃城金陵，凡城之不完者葺之，戍兵少者益之。

司馬公曰：或問：五代帝王，唐莊宗、周世宗皆稱英武，二主孰賢？應之曰：夫天子所以統治萬國，討其不服，撫其微弱，行其號令，壹其法度，敦明信義，以兼愛兆民者也。莊宗既滅梁，馬殷遣子希範入貢，莊宗曰：「比聞馬氏之業，終爲高郁所奪。今有兒如此，郁豈能得之哉！」郁，馬氏之良佐也。希範兄希聲聞莊宗言，卒矯其父命而殺之。此乃市道商賈之所爲，豈帝王之體哉！故勝梁之後，曾不數年，外内離叛，置身無所，誠由知用兵之術，不知爲天下之道故也。世宗以信令御羣臣，以正義責諸國，王環以不降受賞，劉仁贍以堅守蒙褒，嚴續以盡忠獲存，馮道以失節被棄，張美以私恩見疏；江南未服，則親犯矢石，期於必克，既服，則愛之如子，推誠盡言，爲之遠慮。其宏規大度，豈得與莊宗同日語哉！書曰：「無偏無黨，王道蕩蕩。」又曰：「大邦畏其力，小邦懷其德。」世宗近之矣。

周主立其子宗訓爲梁王。初，宰相屢請王諸皇子，世宗曰：「功臣之子，皆未加恩，而獨先朕子，能自安乎！」至是不豫，乃封宗訓爲梁王，生七年矣。

周以魏仁浦同平章事，我太祖爲殿前都點檢。世宗欲相仁浦，議者以仁浦不由科第爲疑，世宗曰：「自古用文武才略爲輔佐者，豈盡由科第邪！」乃以王溥、范質皆參知樞密院事，仁浦同平章事，樞密使如故。仁浦爲人謙謹，世宗性嚴急，近職有忤旨者，仁浦多引罪歸己以救之，所全活什七、八，故雖起刀筆吏，致位宰相，時人不以爲忝。又以吴延祚爲樞密使，韓通充侍衛親軍副都指揮使，我太祖兼殿前都點檢。世宗嘗問相於兵部尚書張昭，昭薦李濤。世宗愕然曰：「濤輕薄無大臣體，卿薦之何也？」對曰：「陛下所責者細行也，臣所舉者大節也。昔張彦澤虐殺不辜，濤累疏以爲不殺必爲國患；漢隱帝之世，濤亦上疏請解先帝兵權。夫國家安危未形而能見之，此真宰相器也。」世宗曰：「卿言甚善，然濤終不可置之中書。」濤喜詼諧，不修邊幅，與弟澣甚友愛，而多謔浪，無長幼體，世宗以是薄之。又以翰林學士王著幕府舊僚，屢欲相之，亦以其嗜酒無檢而罷。

周主榮殂，梁王宗訓立。世宗大漸，召范質等入受顧命，謂曰：「王著藩邸故人，朕若不起，當相之。」質等出，相謂曰：「著終日遊醉鄉，豈堪爲相！慎毋泄此言。」是日，世宗殂。世宗在藩，多務韜晦，及即位，破高平之寇，人始服其英武。其御軍，號令嚴明，人莫敢犯；攻城對敵，矢石落其左右，略不動容；應機決策，出人意表。又勤於爲治，發姦擿伏，聰察如神。閒暇，則召儒者讀前史，商榷大義。性不好絲竹珍玩之物，常言：「朕必不因喜賞人，因怒刑人。」又言：「太祖養成王峻、王殷之惡，致君臣之分不終。」故羣臣有過則面質責之，服則赦之，有功則厚賞之。文武參用，各盡其能，人無不畏其明而懷其惠，故能破敵廣地，所向無前。然用法太嚴，羣臣職事小有不舉，往往寘之極刑，雖素有才幹聲名，無所開宥，尋亦悔之，末年寖寬。登遐之日，遠邇哀慕焉。梁王宗訓即皇帝位。

秋，七月，周以我太祖領歸德軍節度使。

唐鑄大錢。唐自淮上用兵及割江北以事周，歲時貢獻，府藏空竭，錢少物貴。鍾謨請鑄大錢，一當五十，韓熙載請鑄鐵錢。唐主從謨計，鑄當十大錢，文曰「永通泉貨」，又鑄當二錢，文曰「唐國通寶」。

八月，蜀以李昊領武信節度使。蜀李昊領武信節度，右補闕李起言：「故事，宰相無領方鎮者。」蜀主曰：「昊家多冗費，以厚禄優之耳。」起性婞直，李昊嘗語之曰：「以子之才，苟能慎默，當爲翰林學士。」起曰：「俟無舌，乃不言耳。」

九月，唐太子弘冀卒。弘冀卒，有司引浙西之功，謚曰武宣。句容尉張洎曰：「太子之德，主於孝敬，今謚以武功，非所以防微而慎德也。」乃更謚曰文獻。

唐主以其子從嘉爲吴王，居東宫；殺禮部侍郎鍾謨。謨數奉使入周，世宗及唐主皆厚待之，恃此驕横。與天威都虞候張巒善，數與屏人夜語。唐鎬譖之曰：「謨與巒氣類不同，而過相親狎，恐其異謀。」又言：「大錢民多盜鑄，犯法者多。」及弘冀卒，唐主欲立鄭王從嘉，謨與紀公從善善，言於唐主曰：「從嘉德輕志懦，又酷信釋氏，非人主才。從善果敢凝重，宜爲嗣。」唐主由是怒。徙從嘉爲吴王，居東宫。謨請令張巒以所部兵巡徼都城。唐主乃下詔暴謨罪，流饒州，貶巒宣州副使，未幾，皆殺之。廢永通錢。

南漢殺其尚書右丞鍾允章，以龔澄樞爲内太師。南漢主鋹以允章藩府舊僚，擢爲尚書右丞，參政事，甚委任之。允章請誅亂法者數人以正綱紀，鋹不能從，宦官聞而惡之。内侍監許彦真告允章欲作亂，玉清宫使龔澄樞、内侍監李托等共證之，乃收允章斬之。自是宦官益横。未幾，以澄樞爲内太師，軍國之事皆取決焉。凡羣臣有才能及進士狀頭，皆先下蠶室，然後得進，亦有自宫以求進者，由是宦者近二萬人。貴顯用事之人，大抵皆宦者也，謂士人爲門外人，不得預事，卒以亡國。

唐以洪州爲南都。唐以金陵去周境纔隔一水，洪州險固居上游，議徙都之。羣臣皆不欲徙，惟樞密副使唐鎬勸之。

周遣兵部侍郎竇儀如唐。儀至唐，天雨雪，唐主欲受詔於廡下，儀曰：「使者奉詔而來，不敢失舊禮。若雪霑服，請俟他日。」唐主乃拜詔於庭。

契丹遣使如唐，周人殺之。契丹主遣其舅使於唐，周泰州團練使荆罕儒募刺客使殺之。自是契丹與唐絶。

校勘記

〔一〕諸將欲召溆州酋長苻彦通　「苻」原作「符」，據殿本、通鑑卷二九一後周太祖廣順二年九月條改。

〔二〕周更作二寶　「二」原作「三」，據殿本、通鑑卷二九一後周太祖廣順三年二月條改。

〔三〕夏六月　「夏」字原脱，據殿本補。

〔四〕又東北環古堤而出　「環」，通鑑卷二九二後周太祖顯德元年十一月戊戌日條作「壞」。

〔五〕王逵以苻彦通爲黔中節度使　「苻」原作「符」，據殿本、通鑑卷二九二後周太祖顯德元年十一月條改。

〔六〕彦通由是富强　「强」原作「疆」，據殿本、通鑑卷二九二後周太祖顯德元年十一月條改。

〔七〕世宗與之　「與」，成化本、殿本作「興」。

〔八〕終不負永陵一培土　「培」，殿本作「抔」。

〔九〕凡六軍三十指揮　「六軍三十」原作「三十六」，據殿本、通鑑卷二九三後周世宗顯德四年四月甲申日條改。

〔一〇〕而德信未洽　「洽」，成化本、殿本作「下」。

〔一一〕澤州無守將　通鑑卷二九四後周世宗顯德五年二月丙子日條注云：「『澤州』當作『隰州』。」

〔一二〕凡八十一調　「一」原作「四」，據殿本、通鑑卷二九四後周世宗顯德六年正月條改。

〔一三〕周減行苗使所奏羨苗　「羨苗」，殿本作「羨田」。

附録一

凡例目録

[宋]朱熹

統系正統、列國、簒賊、建國、僭國、無統、不成君小國。

歲年

名號正統、僭號、簒賊、無統、不成君。

即位建都、起兵、加號、傳國。

改元後唐、石晉之間，温公舊例尤爲顛錯。

尊立

崩葬陵廟、追尊、改葬。

簒賊

廢徙謂下廢上者。其上廢下，自入廢黜例。

祭祀郊祀、封禪、宗廟、雜祠祭、冠昏、舉盛禮、宴饗、學校。

行幸巡行、田獵、奔走。

恩澤制詔、更革、戒諭、遺詔、遣使巡行、號令。

朝會聘問、和好、遊説、交質、割地、降附、貢獻。

封拜選舉、賞賜、殊禮、徵聘、録子孫、賜爵、賜姓。

征伐叛亂、僭竊、夷狄、遣將、師名、戰、勝負。

廢黜后妃、太子、諸王、國除。

罷免囚繫、流竄、誅殺、寬宥。

人事

災祥

凡例

統系一　正統、列國、篡賊、建國、僭國、無統、不成君小國。

凡正統，謂周，起篇首威烈王二十三年，盡赧王五十九年。秦，起始皇二十六年，盡二世三年。漢，起高祖五年，盡炎興元年。此用習鑿齒及程子説。自建安二十五年以後，黜魏年而繫漢統，與司馬氏異。晉，起太康元年，盡元熙二年。隋，起開皇九年，盡大業十三年。唐，起武德元年，盡天祐四年。

列國，謂正統所封之國。如周之秦、晉、齊、楚、燕、魏、韓、趙、田諸大國，及漢諸侯王之類。

簒賊，謂簒位干統，而不及傳世者。如漢之吕后、王莽，唐之武后之類。其隗囂、公孫述、安史之屬，又不得入此例。

建國，謂仗義自王，或相王者。如秦之楚、趙、齊、燕、魏、韓。

僭國，謂乘亂簒位，或據土者。如漢之魏、吴，晉之漢、趙、諸燕、二魏、二秦、成漢、代、諸凉、西秦、夏之屬，内二秦以上爲大國，成漢以下爲小國。

無統，謂周秦之間，秦、楚、燕、魏、韓、趙、齊、代八大國，凡二十四年。秦漢之間，楚、西楚、漢三大國，雍以下爲小國，凡四年。漢晉之間，魏、吴、晉三大國，凡十六年。晉隋之間，宋、魏、齊、梁、北齊、後周、陳、隋爲大國，西秦、夏、凉、北燕、後梁爲小國，凡一百七十年。隋唐之間，隋、唐、魏、夏、梁、凉、秦、定楊、吴、楚、鄭、北梁、漢東，以上凡五年。五代。梁、唐、晉、漢、周爲大國，二蜀、晉、岐、吴、南漢、吴越、楚、荆、閩、南唐、殷、北漢爲小國，凡五十三年。

不成君，謂仗義承統而不能成功者。如劉玄。

凡正統，全用天子之制以臨四方，書法多因舊文，略如春秋書周、魯事，事有相因者，連書之。簒賊事亦連書，但每歲首及有異事處，一加其名。諸國或臣或叛，各以其制處之，如漢自昭烈以後，即内吴而外魏。事各冠以國號，不連書。

凡無統即爲敵國，彼此均敵，無所抑揚，書法多變舊文，略如春秋書他國事，事各冠以國號，不連書。凡連書與否，非有襃貶，但從文勢之便耳。

則歲結之。不紀年者，亦列數其國號。

名號 正統、僭號、篡賊、無統、不成君。

凡正統之君，周曰王，秦漢以下曰帝。其曰上者，當時臣子之辭，今不用，唯注中或因舊文。其列國之君，周曰某爵某。如趙侯籍之類。僭稱王者，曰某君某。如楚君當之類。有注則從本文。按通鑑魏晉以後，獨以一國之年紀事，而謂其君曰帝，其餘皆謂之主。初無正閏之别，而猶避兩帝之嫌。至周末諸侯，皆僭王號。顧反因而不改，蓋其筆削之初，義例未定，故有此失。今特正之，庶幾竊取春秋之義。漢以後曰某王某。如齊王吉之類。其僭稱帝，曰某主某，如魏主丕之類，注首如之，後直書名。篡賊，曰某，新莽之類。不成君，曰帝某。如帝玄之類，注則從本文。

凡無統之君，周秦之間曰某王，秦王、韓王之類。無貶文者。周室既亡，而諸侯又皆稱之，則已不爲天子之號矣。秦漢之間曰某帝，楚義帝之類。無貶文者。是時天下無君，義帝實天下之共主。但制於强臣，尋以弑殞，故不得爲正統耳。曰某王，如漢王之類。漢以後稱帝曰某主，吴、晉、宋、魏之類，注同。其小國曰某主某，如夏主勃勃之類。某王某，如北凉王蒙遜之類。某公某。如凉公歆之類。凡小國，注如僭國之例云。

即位 建都、起兵、加號、傳國。

凡正統，周王繼世，曰子某立，注云是爲某王。如安王之類。非子，則各以其屬，如顯王之類。不言即位者，古者嗣君定位初喪，踰年而後即位。戰國末年，此禮猶在。如秦昭王薨，次年十月孝文王乃即位，三日而薨，是也。故舊史言立，而不言即位，今從之。秦更號，曰王；初并天下，更號曰皇帝。如王初即王位時，未有天下，自從無統之例。雖用周王繼世之法，亦不書即位。及并天下，又未嘗改行即位之禮，但稱更號耳。繼世，曰某襲位。胡亥從本文。

漢以後，創業中興，曰王即皇帝位。漢高祖已稱漢王，晋元帝已稱晋王，故但稱王。惟光武、昭烈，各以其號書。晋、隋、唐創業時未有天下，自從無統之例。繼世，曰太子某即位。漢惠帝以下用此例。古禮已廢，從本文也。非太子，則又隨事書之。有故，則隨事書之。如秦子嬰、漢文帝之類。

凡列國繼世不書，因事注中見之。其有故者，乃隨事書之。

如燕平、楚横、齊法章、楚完。

凡建國自立者，曰某自立爲某王。如陳勝之類。

人所立者，曰某尊某爲某，項籍尊義帝之類。或曰某國立某爲某，或曰某人立某爲某王，如秦嘉立景駒之類。或曰某王某立某爲某王。如張耳立趙歇之類。

凡僭國始稱帝者，曰某號姓名稱皇帝。如魏王曹丕、宋王劉裕、梁王朱晃之類。繼世，曰太子某立。如魏太子叡。

始稱王者，姓名稱某王，其繼世曰嗣。

復國，曰某復立爲某王。如拓拔珪之類。復號，曰某國復稱王。如西秦之類。

凡篡賊，自見篡弑例。

凡不成君者，其初立用死國以下例，唯所當。如劉信、劉玄之類。

凡無統，周秦之間，惟秦繼世特從周王例，諸國仍用列國例。自漢晉以後，用僭國例，但稱帝者不書姓。如晉王炎、齊王道成之類。

凡始建都，曰都。高帝都櫟陽，帝玄都宛，光武都洛陽。自他所來徙，曰徙都。韓徙都鄭，秦徙都咸陽。凡言西都某、北都某者，亦比類而從本文耳。屢徙而後定，曰定都。漢高帝至長安，始定徙都。事之微者，曰某遷于某。如楚遷于鉅陽之類。國之微者，曰某徙居某。如衛徙居野王之類。徙封，曰徙封。如楚黄歇徙封于吳之類，見其强横無君之實。餘見封拜例。爲人所徙，曰某人徙某人于某地。如楚人徙魯于莒之類。

凡起兵以義者，曰起兵。如秦末諸侯，漢劉崇、翟義、劉縯之類，漢末關東州郡。其起雖不義，而所與敵者又不得以盜賊名之，則曰兵起。如新莽時州郡，及樊崇、刁子都之屬。

凡國家無主，四方據州郡稱牧守者，曰某人自爲某，自稱某，自領某官。袁紹、曹操之類。其傳襲，各隨其事書之。孫權、袁尚之類。

凡天子已稱皇帝，而復加他號者，隨事書之。如漢陳聖劉太平、周天元、唐尊號之類。

凡以國與人者，子弟曰傳，趙主父之類。他人曰讓。燕噲之類。原校：此條舊本在改元門之末，今按目録次序而移於此。

改元後唐、石晉之間，温公舊例尤爲顛錯。

凡中世而改元者，著其始。魏惠王一年，漢文帝後元，武帝元狩之類。餘皆因事見之。如章和之類。

凡中歲而改元無事義者，以後爲正。依温公舊例，以從簡便。其在廢興之際，關義理得失者，以前爲正，而注所改於下。如漢建安二十五年十月，魏始稱帝，改元黄初。而通鑑從是年之首，即爲魏黄初。又章武三年五月，後主即位，改元建興。而通鑑於目録、舉要，自是年之首，即稱建興。凡若此類，非惟失其事實，而於君臣父子之教，所害尤大，故今正之。但建安二十五年三月改元延康，考之范史及陳志注文，是漢號，而通鑑所書乃在曹丕稱王時所改者，今不能悉見。

尊立

尊，謂尊太上皇、太皇太后、皇太后；立，謂立皇后、皇太子。其諸王自入封拜例。

凡正統尊立皆書尊，曰尊某爲某。漢高祖尊太公爲太上皇。後凡尊皇太后爲太皇太后，尊皇后爲皇太后，皆用此例。其母非正嫡，則加姓氏。定陶太后、丁姬、慎園貴人之類。更，曰更某爲某。漢高祖更王后曰皇后，王太子曰皇太子。立后，曰立皇后某氏。如惠帝張后之類。非正嫡，曰立某氏爲皇后。如文帝竇后之類。立太子，曰立子某爲皇太子。漢文帝初立景帝爲太子，時但云子啓。中年以後，封王諸子，始有稱皇子者，後遂稱之。今按封立之命，出於天子，不應自謂其子爲皇子，只從文帝初例。

凡非正統則不書。因事特書者，去皇號。漢立太子盈，無事而特書者，備漢事。皇號惟太上皇不可省，然惟一見，後但云太上而已。

崩葬

陵廟、追尊、改葬。

凡正統曰崩，因其舊史臣子之辭。在外則地，秦始皇、漢安帝之類。未踰年不成君曰薨，如漢北鄉侯。

失尊曰卒。如周赧、漢獻之類。其太皇太后、皇太后、皇后，皆曰某后某氏崩，自殺曰自殺，謂罪疑者。有罪即加罪字，上文已書反逆者，不必加有罪字，如衛后、戾太子是。無罪而以幽死者，曰幽殺之。自殺亦同。廢后不書，因事見者曰卒，自殺者曰自殺，國亡身廢，守節不移，而國統尋復者，則有其故號而書崩。孝平皇后。秦漢以後，王侯死。皆曰卒，賢者則注云謚曰某。按劉秘丞説，凡諸侯王以下，當依陸淳例書卒，温公以爲確論，而恨周、秦、漢紀不可請本追改，則是已覺通鑑書薨之失而悔之矣。陸淳説見春秋纂例，蓋薨乃臣子之辭，不當施之於國史也。今從其説。又謚非生者之稱，而通鑑以謚加於薨、卒之上，亦非是。今亦正之。然非賢者，則虚美之辭亦無所取，故不復書。自殺者如后例。反逆如七國者，不復言有罪。僭國之君稱帝者，曰某主姓某卒。稱王公者，曰某王公姓某卒。按温公引三十國春秋，諸國之君皆書卒。后夫人不書，因事而見者，曰某號某氏卒。

凡無統之君稱帝者，曰某主某殂。稱王公者，曰某王公某薨。上無天子，故得因其臣子之辭。其后夫人如僭國例。

凡蠻夷君長曰死。匈奴單于、烏孫昆彌。

凡盗賊酋帥曰死。隗囂之類。

凡正統之君，廢爲王公而死者，書卒而注其謚。

凡正統之君，葬，驪山萬年長陵以下。立廟，太上皇廟、高廟之類。預作陵，漢景作陽陵邑，募民徙居之類。廟，漢文作顧成廟之類。追崇廟號，漢太祖、太宗、世宗、中宗之類。皆隨事書之。

凡正統之后，特葬，曰葬某，謚皇后于某。自漢宣帝許后始有謚，而書葬如此例。合葬不地，如漢光武、昭烈之類。不當合而合，則特書合葬某陵。漢哀帝、傅太后合葬渭陵之類。

凡僭國無統之君，陵廟因事乃書，無事則見之注下。因事，如魏作壽陵，立三祖廟之類。其后夫人亦然。

凡正統，追尊、改葬、立廟皆書。漢高祖五年，昭靈夫人。昭帝，鉤弋夫人。宣帝追謚戾太子悼考、悼后，置園邑，追尊悼考爲皇考，立寢廟。哀帝，定陶共王去定陶之號。光武，立四親廟於洛陽，徙章陵。

篡賊晉董狐、齊太史書趙盾、崔杼弒君而不隱，史氏之正法也。正如春秋，魯君被弒，則書薨而不以地著之，蓋臣子隱諱之義，聖人之微意也。前世史官，修其本朝之史者，多取春秋之法，然已非史法，又況后世之人，修前代之史，乃亦有爲之隱諱，而使亂世賊子之罪〔一〕不白於世人之耳目者，則於義何所當乎。通鑑所書，已革此弊，然亦有未深切者，今頗正之如左，觀者詳之。

凡正統，周秦以前列國弒君，微者，曰盜殺某君某。楚君當之類。史失賊，曰某國弒其君某。鄭君之類。賊可見者，曰某弒其君某。韓嚴遂之類。君失名則不名，韓哀侯之類。賊官可見者，並著之。秦庶長改之類。弒君而及其親屬者，并書之。秦出公及其母。君出走而弒之，曰某君出走，某弒之。淖齒之類。弒其君之父母者，隨事書之。秦魏冉弒惠文后，趙李兑弒主父之類。秦以後以兵弒者，天子，則曰某人弒帝于某。如趙高之類，書地以著其實。僭國無統，則曰某國某人弒其君于某。如魏司馬昭之類。

凡以毒弑者，加進毒字而不地。不可得而地，故加進毒以著其實，如莽、冀之類，霍顯又加使醫字。疑者，曰中毒崩。如晉惠帝之類。史言或曰司馬越之鴆，而通鑑不著其語。今但如此書以傳疑，而著史家本語於其下。

凡事義不同者，隨事異文。如吕后廢少帝幽殺之之類。少帝本非孝惠子，特吕后所自立而殺之，故不得以弑書。若少帝真當立之人，無可廢之罪，則婦人之義，夫死從子，況天下之主乎？雖其主母，亦不得免弑君之名矣。元魏馮后、顯祖之事，當以此裁之。

凡篡國，其事不同，故隨事異文，而尤謹其始。如田氏并齊，三晉分地，秦人入寇之類。至王莽、董卓、曹操等，自其得政、遷官、建國，皆依范史，直以自爲自立書之。革命，則曰稱帝，而不曰受禪。封其故君，則曰廢而不曰奉。其弑之者，自加弑例。

凡殺他國之君，亦隨事而異文。魏殺衛君之類。其因戰而殺之，見征伐例。

廢徙謂下廢上者。其上廢下，自入廢黜例。

凡未成君而有罪當廢者，曰某有罪，某官某奏廢之。昌邑王賀之類。無罪，爲强臣所廢者，曰某廢某爲某。弘農王之類。未即位者，如本號。孺子之類。列國廢其君，曰某國廢其君某爲某。三晉之類。遷，則曰某遷其君于某。齊田和之類。

祭祀郊祀、封禪、宗廟、雜祠祭、冠昏、舉盛禮、宴饗、學校。

凡正統，郊祀天地、建置、遷徙皆書，雍五畤，甘泉大畤，汾陰后土，汶上明堂，渭陽五帝，長安南北郊。其行禮，世一見之，餘或因事而書。

凡封禪皆書。

凡宗廟之禮，建置、更革皆書。漢王二年，立宗廟社稷，例不合書，特書以備漢事。太上皇、高廟、原廟、顧成廟、太宗廟之類。其行禮不書，或舉盛禮，或因他事乃書。

凡雜祠祭，因事乃書，或有得失可法戒，則特書之。得，如始皇祠舜、禹，高祖祠孔子之類。失，如文帝作汾陰廟，武帝祠竈求仙之類。

非正統，用正統雜祠祭例。秦王郊見上帝于雍，以僭書。又以見漢五時所由起。

凡冠昏，惟正統書。冠，如漢惠、昭之類。昏，如漢平之類。

非正統，則非有事義不書。如秦王冠，以帶劍書。楚迎婦，以忘讎書之類。

凡禮儀，惟正統盛禮，及有事義見得失者，乃書。文帝藉田，明帝大射、養老之屬，以得書。登靈臺，以盛書。

凡置酒宴饗，因事乃書。漢置酒南宮，朝賀置酒之類。

非正統者，亦同上例。魏主髦養老之類。

凡學校興廢皆書。

凡事關道術者，皆書。石渠、白虎、求書、典校、圖讖、漢禮、律曆。

行幸巡幸、田獵、奔走。

凡正統巡行郡國，曰帝如某。既行而止，曰不至而還。所過有事，曰帝至某。間無異事，則不書帝。所詣非一，則指其方，曰帝某巡。還，曰帝還宮。間無異事，則不書帝。暫還復出，曰留幾日。

凡官府第宅曰幸。學校曰臨、曰視。私出曰微行。

凡遊觀田獵之事，各以其事書。

凡奔走，以實書。列國若僭國無統之君出走，曰某號某出奔某。諸侯失地名。未有所止者，曰出走。齊君地。

凡非正統，書法同。但不書還，或當特書以見事實，則曰還某。如魏主某還洛陽之類。幸下著其字。

恩澤制詔、更革、戒諭、遺詔、號令、遣使巡行。

凡恩澤皆書，正統曰赦。起漢高祖五年，至元帝永光二年。再赦之後，依胡氏例，無事意者，不復書。非正統者，曰赦其境内。賜復，如高帝復産子者，過沛復其民之類。除減租力役，惠帝減戍卒，文帝除田租之類。問疾苦，貸貧乏，如漢文帝定振貧、養老之類。恤死喪，如漢王棺斂吏士。録囚徒，宣帝令郡國上繫囚。賜酺。趙主父酺五日。

凡制詔，謂前此所無而始爲之者，皆書之。秦置丞相，趙胡服，秦置郡縣，爲永德，漢初爲算賦、起朝儀、立原廟之類，是也。

凡更革，謂前此所有而今始改之者，皆書之。秦變法，廢井田，更賦稅法、更號、除謚、銷兵、壞城、焚書。

漢高除秦苛法，文帝除肉刑，短喪之類。

凡興作土工，皆書之。如秦鑿涇水爲渠，築宫，治道。

凡戒諭皆書。周王使東，周公喻楚。

凡遺詔有事者，皆書。如文帝短喪，武帝、宣帝、昭烈顧命，章帝罷鹽鐵。

凡遣使巡行，各隨事書之。

凡號令，謂措置一時之事者，皆書之。如秦令民納粟拜爵，文帝令四方毋來獻，列侯之國之類。

朝會聘問、遊説、和好、交質、割地、降附、貢獻。

凡朝，有事若非常乃書。正統曰某侯來朝，周齊侯、秦公子少官會諸侯來朝之類。漢以後則書名，衆則曰等。

非正統而相朝者，曰某入朝于某。如韓王朝秦之類。其相如而非朝者，各以其事書。如秦王稷薨，韓王衰絰入弔祠，齊、趙入秦置酒之類。

凡會盟皆書，有主者，曰某會某于某。齊田和會魏、衛于濁澤，秦公子少官會諸侯來朝，秦誘楚會武關，秦會楚於宛之類。無主者，曰某某會於某。齊、魏會田，諸侯會京師，齊、魏會徐州之類。有事者，各以事繫之。如濁澤以求爲諸侯，徐州以相王之類。

凡聘問，正統遣使于他國，曰遣某官某使某。漢陸賈、劉敬。使卑而無事者，曰遣使如某。他國通好而不臣者，使來，曰某國遣使來聘。使者，則曰遣其臣某。使者官重，則曰遣其某官某。間無異事，而遣報使，則曰遣某官某報之。有異事，則曰遣某官某報其使。

非正統，則曰某使某如某。燕樂毅。略則曰某遣使如某。間説，則曰某使某説某，而繫其事。秦使張儀説諸侯連衡，使以歇歸約親，用他例。燕使蘇秦報未至，秦王薨，諸侯皆畔衡復合從而不書者，秦非燕所能使，燕特資其行耳。乞師，曰某使某如某乞師。趙公子勝如楚乞師。獻物，曰某使某獻某于某。趙使藺相如獻璧于秦。

凡和好，各依本文書之。其非正統，或曰某以某爲和於某，或曰某請成於某，或曰某與某平，或曰某與某和親，或曰約親。正統，我所欲，曰遣某使某結和親，或曰與某和親。彼所欲，曰某請和親。

凡交質，曰某某質于某。

凡割地，從小入大，曰某獻某地于某；或曰某入某地于某；或曰某伐某，某獻某；或曰某以某爲成于某；或曰云云，某盡入某以謝；或曰某割某以和於某。從大入小，曰某與某某。

凡降附，正統，曰某來降。力致，曰降之。如赤眉之類。或隨事書之。如曰南越王稱臣奉貢之類。

非正統，曰某降於某。或隨事書之。如衞服屬三晉，聽命於秦，韓稱藩於秦，王陵以兵屬漢，隨何以九江王歸漢之類。

凡貢獻，正統，曰某遣使入貢，或云獻某物。

非正統，曰某遣使貢獻于某，或曰獻某物。如趙使藺相如獻璧于秦之類。

封拜選舉、賞賜、殊禮、徵聘、賜爵、賜姓、録子孫。

凡正統，封王皆書，曰立某爲某王。漢高祖立長沙王芮、從兄賈〔二〕、弟交、兄喜、子肥之類。自武帝元朔二年以後，封王無事義者皆不書。廢徙國除倣此例。更立，曰更立，或曰徙。齊王信、濟北王志。封侯，有故乃書，曰封某爲某侯。雍齒之類。因而命之者，初命某爲某諸侯。周威烈三晉，安王田和之類。封者多，則統言之。如云始剖符封功臣爲徹侯。太后王諸吕。齊王卒，分齊地立悼惠王子六人爲王。梁王武卒，分梁地王其子五人。益封進爵，有故則書。漢文帝論功益户有差，成帝益封河間王良、進孔吉等爵之類。褒先代聖王之後而封者，悉書之。武帝封姬嘉，成帝封孔吉。宦者封爵，皆加宦者字。如鄭衆之屬，以著刑臣有功之始。

凡以親戚貴重者，書其屬。如元舅王鳳之類，以著外家與政之禍。

凡非正統，封其臣子，有故則書，曰某封某爲某。即墨大夫、商君之類。親屬，則曰某封某某爲某。趙勝之類。

凡相王，見即位例。

凡正統，命官，曰以某人爲某，宰相皆書。漢丞相、相國、三公、及權臣秉政者，皆書。御史大夫，因事乃書。自永初元年以後，三公因事乃書。餘官非有故不書。有功，有事，若其人之賢否用舍，繫時之治亂安危者，乃特書之。宦者除拜當書者，皆加宦者字。如石顯之類，以著刑臣與政之禍。

因事而命官者，某人云云，以爲某官。周吳起、漢蘇武。非正統，命官非有故不書。衞鞅、申不害之類。

魏晉以後，一除數官，則書其重者。三公，丞相，大將軍，大司馬，侍中，中書監令，尚書令，僕射。州鎮，但云都督某某等州軍事。無都督號者，但云某州刺史。有異者，全書及所鎮。如琅邪王睿爲安東將軍、都督揚州，治建業之類。

凡選舉，皆書。如漢高帝求賢詔，惠帝復孝弟力田，文帝舉賢良方正之類。

凡賜服，周賜秦以黼黻之類。賜爵，卜式之類。號，婁敬之類。姓，同上。婦人號，博平君之類。物，董宣、毛義、鄭均之類。皆書。

凡殊禮，皆書。如致伯于秦，蕭何劍履上殿，賜淮南王几杖，王莽加號九錫之類。王莽是自爲之，以自爲書，餘倣此例。

凡徵聘隱士，從其本文，或曰迎，申公、龔勝之類。或曰徵。周黨、嚴光之類。

凡追褒勳賢皆書。如畫像，如光武祭蕭何、霍光，獻帝祭陳蕃等之類。

凡録功臣子孫皆書。如宣帝求高祖功臣子孫失侯者，賜金復其家，封蕭何子孫之類。

征伐叛亂、僭竊、夷狄，遣將、師名、勝負、戰。

凡正統，自下逆上曰反，有謀未發者曰謀反。兵向闕，曰舉兵犯闕。

凡調兵曰發，集兵曰募，整兵曰勒，行定曰徇，行取曰略，肆掠曰侵，掩其不備曰襲，同欲曰同，合勢曰連兵，并進曰合兵，在遠而附之曰應，相接曰迎，服屬曰從，益其勢曰助，援其急曰救，開其圍曰解，交兵曰戰，尾其後曰追，環其城曰圍。

凡勝之易者，曰敗某師。平之難者，曰捕斬之。舍此之彼，曰叛，曰降于某，附于某。犯城邑，寇得曰陷，居曰據。

凡僭名號曰稱。周列國稱王稱帝，漢以後僭國篡賊稱皇帝，盗賊稱帝稱天子之類。

人微事小，曰作亂。人微衆少，曰盗。衆多，曰羣盗。

犯順曰寇。秦伐韓、趙，周約諸侯欲伐秦，秦人攻西周。

凡中國有主，則夷狄曰入寇，或曰寇某郡。事小，曰擾某處。中國無主，則但云入邊，或云入塞，或云入某郡殺掠吏民。

凡正統，天子親將兵，曰帝自將。如漢高擊臧荼、利幾之類。遣將，則曰遣某官某將兵。大將兼統諸軍，則曰率幾將軍，或云督諸軍，或云護諸將。將卑師少，無大勝負，則但云遣兵。不遣兵而州郡自討，則云州郡，或云州兵，或云郡兵。置守令平盗賊，曰以某人爲某云云。成帝河平二年，西夷相攻，以陳立爲牂牁太守，討平之；以虞詡爲朝歌長之類。

凡正統，用兵於臣子之僭叛者，曰征，曰討。如漢高祖于韓王信之類。于夷狄，若非其臣子者，曰伐，曰攻，曰擊。其應兵，曰備，曰禦，曰拒，皆因其本文。如漢高祖于共尉、臧荼、利幾、匈奴之屬。

凡人舉兵討篡逆之賊，皆曰討。漢王討西楚，吕臣、劉崇、翟義之類。

凡戰不地，屢戰則地，極遠則地。

凡書敵，于敵國，曰滅之；韓滅鄭之類。于亂賊，曰平之。敵國亂賊，歲久地廣，屢戰而後定，則結之曰某地悉定，或曰某地平。

凡得其罪人者，於臣子，曰誅；於夷狄若非臣子者，曰斬、曰殺。

凡執其君長、將帥，曰執，曰虜，曰禽獲，曰得，皆從其本文。

凡阬斬非多，不書。取地非多且要，不書。

凡師入曰還，全勝而歸曰振旅。趙充國之類。小敗，曰不利。彼爲主，曰不克。大敗，曰大敗，或曰敗績。將帥死節，曰死之。

凡人討逆賊而敗者，亦曰不克。死，曰死之。劉崇、翟義之類。其破滅者，亦以自敗爲文。三輔兵皆破滅之類。

凡非正統而相攻，先發者，不曰寇陷；後應者，不曰征討。其他悉從本文。惟治其臣子之叛亂者，書討。討而殺之，曰誅。

廢黜后妃、太子、諸王、國除。

凡正統，廢其后、太子、諸侯王，而無以考其罪之實者，曰某人廢。如漢彭越、陳后之類。罪狀明白者，加有罪字。罪已見者，云以罪。若反逆大罪已見，則不必加。無罪，曰廢某人。如漢景帝廢薄后、太子榮之類。

凡書國除者，著其事。燕王建之類。有罪，亦如之。

凡自貶號者，因其本文。衛侯、衛君之類。

凡非正統者，句上皆加國號。廢字在上者，下加其字。例皆倣此。

罷免囚繫、流竄、誅殺、寬宥。

凡罷免，罪不著者，曰某官某免；并免爵者，曰某官某爵某免爲庶人。流徙者，即不言爲庶人。著者，名下加有罪字。或作以罪。無罪者，曰免某官某；并免爵者，曰免某官某爵某爲庶人。策免者，加策免字。

凡謝病、請老、致仕，宰相、賢臣則書。張良、王吉、二疏、韋賢之類。

凡就國、貶、左遷，亦依罷免例。分三等，罪疑，則姓名在上；罪著，則加有罪字；無罪，則云遣某人就國，貶某官某爲某官，左遷某爲某官。

凡上印綬，收印綬，從本文。鄧禹、王商之類。

凡下獄死，罪不著者，曰某官某下獄死。罪狀明白者，名下加有罪字。或云以罪。無罪者，曰下某官某獄，殺之。其以赦出，或被刑，若自殺、不食死之類，各隨其事書之。官已見者不復見，惟無罪而賢者，則特書之。雖以廢免，亦曰故某官爵某。

凡誅殺叛逆，或大罪，曰某官某伏誅，或曰誅某官某，或曰討某官某誅之。秦趙高、漢韓王信、諸吕、子弘、七國之類。

凡他罪明白者，曰有罪棄市。罪疑者，去有罪字。無罪，曰殺某官某。趙李牧、秦李斯、漢韓信、彭越之類。

凡書官例，與下獄例同，族其家，夷其族，夷三族，族誅某人家，族滅某人家，皆從本文。

凡欲殺而釋之者，韓信、朱雲之類。欲治而寬之者，梁王立之類。當誅而不果者。王氏五侯之類。

人　事

凡鄉里世系，不能悉記，惟賢者則著其略。

凡諸臣之卒，惟宰相悉書。賢者，曰某官某爵姓名卒，而注其謚。説見崩葬例。常人，則不爵不姓不謚。姓未見者著之。

凡賢臣特書，依賢相例，官爵惟所有。處士，曰處士；衆人，則因事而見，曰某官姓名卒而已。無官則爵，無爵則姓名而已。某官爵已見者，亦不復書。

凡卒於軍者，曰軍。祭遵、馮異。非其地則地。管寧之類。

凡自殺者，曰自殺。有罪者，加有罪字。

凡賢臣遇害，曰某殺某。其官爵如本例。來歙、岑彭之類。

凡衆殺稱人，吴起、蘇秦之類。盜殺稱盜。俠累之類。

凡死節者，皆異文以見褒。劉崇、翟義、劉快、龔勝、王經、劉諶、諸葛瞻。

凡無統之世，惟宰相不悉書，餘並依正統例，但各如其國名。

凡僭國之臣，不以賢否，皆因事乃見，而依無統常人之例。

凡篡賊之臣，書死。范增、王舜、揚雄之類。

凡戰死，書死。

凡一人之往來去就，關國家利害，繫時世輕重者，不以賢否皆書。孟軻、吳起、衛鞅、李斯、張良、諸葛亮、管寧之類。或有他事當見者，亦書。田文之類。

凡有官者書官，惟初除一見，後改除，乃復見之。

凡宰相官重者，書官而去姓。如相國何、大將軍光之類。爵異者，書爵而去姓。魏公操、魏王操之類。

凡無統大國之臣，依正統小國、僭國，雖權臣貴重，但書姓名。

凡正統，諸侯王既卒，皆以謚稱。

災祥

凡災異悉書。祥瑞或以示疑，或以著僞，乃書。

凡因災異，而自貶損求言、修政施惠者，皆書。無實者，或不悉書。（録自清康熙四十七年武英殿本資治通鑑綱目）

朱子手書〔三〕

[宋]朱熹

綱目看得如何？得爲整頓，續成一書，亦佳事也。

綱目能爲整頓否？得留念，幸甚。

附録二　序跋

宋温陵刻本資治通鑑綱目後語

[宋]陳孔碩

右資治通鑑綱目、提要各五十九卷，蓋朱文公先生祖司馬公之成書，而斷以春秋之法，提其要以爲綱，則春秋之經也；疏其緒以爲目，則春秋之三傳也，特微有删潤而已。如四皓定太子事，司馬公以一時之疑而削去之。又如置漢昭烈于藩臣而帝曹魏，書吕武稱制事而忘其宗，皆因舊史之失，與春秋之法不合，前輩鉅儒固嘗辨明而論著之，其大義明甚。先生皆竊取其説而附見於傳注之下，使後世得詳焉，皆羽翼通鑑而補其所未及，蓋有功於司馬氏之書也。著汲冢之書出於西晉，然所書三代以還及諸國事，多與經傳、古史異，則知魯史之初，未經孔子之手，其得諸訃告傳聞之訛，而又變亂於姦臣賊子之所諱者，蓋亦不少矣。孔子自歷諸國，得諸史氏而參稽之，訂以事實而加筆削焉，然後春秋始備。太史公父子變編年爲紀傳，非得已也。蓋録上下數千載之事，散闊遺軼，其年不可得而編，其事不可得而比，故不得用春秋之法。後世史氏可以繫年而不復用，遂至紀事無統，條貫繁紊，歷數千年而不知改，此通鑑之所爲作也。自元符以來，姦臣得志，黨禍一起，至以御製序爲非神皇所作，此書堙厄，又不知其幾何年。

中興以來，始蒙表出，由是此書始得登經幃以備乙覽，而其本益光。朱文公生於紹興之初，首紬繹而條理之。然則此書之廢興，夫豈偶然；其述作之艱，亦豈一人之力哉！使孔子、司馬公復生，亦將以爲是助我者矣。温陵守真侯得是書而校讎之，刊於郡齋，使知春秋而爲史學者有考焉。刊成，屬孔碩書其後。荒墜晚學，豈敢與於斯文，辭不獲命，竊誦所聞如此。嘉定己卯仲夏後學陳孔碩謹書。（録自國家圖書館藏宋刻元修本資治通鑑綱目）

宋温陵刻本資治通鑑綱目後序

［宋］李方子

春秋，魯史之舊名也；編年，魯史之舊制也；策書，魯史之舊文也。夫子述而不作，孰謂春秋爲作？曰：其事則述，其義則作。本天道以正人事，本王道以正伯圖，嚴君臣，辨内外，懲惡而勸善，其要歸於撥亂世反諸正，筆則筆，削則削，非聖人孰能作之。故春秋，史也，而謂之經。自聖經孤行，三家各以所聞爲傳，舛午異同，不能盡合於聖人之意，學者病之。然其大經大法，所以建諸天地而不悖，質諸鬼神而無疑，百世以俟聖人而不惑者，固非專門名家之流所能揜蔽之也。粤自紀傳創興，而編年之法廢。細大不捐，猥釀不綱，而策書之法廢。是非去取，由其一隅之見，不能不謬於聖人，而懲勸之法又廢矣。獨司馬公處史法廢墜之餘，超然遠覽，推本荀悦漢紀，以爲資治通鑑一書，凡一千三百六十二年之事，珠貫繩聯，粲然可考，而春秋編年之法始復，其功可謂偉矣。若策書之法，公嘗著於稽古録，而不引之於此以相附近，廣記備言，曲暢旁通，包括既衆，前後相承，若長江大河，順流東趨，雖欲盡爲界限而莫可得，蓋其詳固未易記識，而其大要亦未易以概舉也。至於帝曹魏而寇蜀漢，帝朱梁而寇河東，繫武后之年，黜中宗之號，與夫屈原、四皓之見削，揚雄、荀彧之見取，若此類，其於春秋懲勸之法，又若有未盡同者，此子朱子綱目之所爲作也。踵編年之成文，還策書之舊制，一年之内，綱別其條，一條之下，採摭其要，井井有條，如指諸掌。細故浮辭，固就刊削，至言確論，復多增補，簡而周，詳而整。綱倣春秋，而參取羣史之良；目倣左氏，而稽合諸儒之粹。至於大經大法，則一本於聖人之述作，使明君賢輔，有以昭其功；亂臣賊子，無所逃其罪。而凡古今難制之變、難斷之疑，皆得參驗稽決，以合於天理之正，人心之安，而後世權謀術數、利害苟且之私，一毫無得參焉。則是繼春秋而作，未有若此書之盛者也。況於兼策牘之制，會文質之中，不使孤行以啓後世異同之説，其亦毫髮無遺恨矣。或曰：「然則此書之作，曷爲不繼春秋？麗澤先生吕公之爲大事記也，固接於獲麟，且託始而迷先幾，齋居感興亦既言之矣，今而不易，何也？」曰：「事記之書，用馬遷之法者也，故續獲麟而無嫌。綱目之書，本春秋之旨者也，故續獲麟而不可。夫固各有當也。自有史册而有春秋，自有春秋而有通鑑，有通鑑而有綱目。其間蓋欲晚歲稍加更定，以趨詳密，而力有未暇焉者。然其大經大法之所存，是豈秦漢以後操觚執簡之士，所能歷其庭而涉其級哉！」歲在庚午，方子始獲傳此於嗣子寺正君而服膺焉。試吏南來，負以與俱。會建安真侯德秀惠臨此邦，暇日取而讀之，喟然歎曰：「大哉深乎，信春秋以來，未之有也。爲人君而通此書，足以明德威之柄，燭治亂之原；爲人臣而通此書，足以守經事之正，達變事之權。蓋窮理致用之總會，而萬世史筆之準繩規矩也。」慨郡計堇堇無乏，乃相與隱覈滲漏之餘財，復求寺正君新校之本，參定而鋟諸木，蓋將上裨乙夜之觀覽，而下淑學者之講明。閲歲書成，而侯易帥江右。元戎將啓行矣，於是亟以告諸朝廷，請上其板于成均，以給四方之求，且庶幾乎轉以上聞。又俾方子書其所爲刻之故。方子固不得而辭也。昔者竊聞之，二程子倡明斯道，以續絶學之傳，其於史事，若未數數然也。然伯子讀漢書，未嘗輒遺一字，叔子每觀史至半，必掩卷思其成敗，其有不合，又復深思，研精若此，豈有他哉！學之全體大用，固當無所不用其極也。至於此書之成，義正而法嚴，辭覈而旨深，陶鎔歷代之偏駁，會歸一理之純粹，振麟經之墜緒，垂懿範於將來，蓋斯文之能事備矣。使司馬公見之，必將心滿意愜，有「起予」之歎。而王氏高談性命，絶滅史學，卒稔夷狄之禍，君子所以深誅而不聽者也。雖然，五經備而後春秋作。五經言其理，春秋言其用，理未極於精微，春秋未易學也。子朱子首釋四書，以示入道之要，次及諸經，而後可以讀此書焉。學者必循序而學之，然後本末兼該，内外融貫，其於學之全體大用，儻庶幾乎。苟不揣其本而齊其末，不養其内而急其外，遽以此書爲先，夫豈不足措之事業，終不若體用兩全之爲純且懿也。故具論之。而著書之凡例，立言之異同，又附列於其後，使覽者得考焉。嘉定己卯冬十月庚午門人文林郎泉州觀察推官李方子謹書。（録自清康熙四十七年武英殿本資治通鑑綱目）

宋咸淳稽古堂刻本資治通鑑綱目凡例後語

［宋］王　柏

通鑑綱目之惠後學久矣，李果齋後語曰：「著書之凡例，立言之異同，附列於其後。」然有是言也，而未見是書也。五十有餘年，莫有知其詳者，未嘗不撫卷太息，遐想於斯焉。噫，麟筆絶而史法壞，司馬公鑑古，託始三侯之僭命，自是權謀變詐之習益深，坑師滅國，干統夷族，相迹而奔，興廢離合，轇轕於一千三百六十二年之間，其端如毛。朱子推絜矩之道，寓權衡之筆，大書分注，自相錯綜，以備經傳之體。史遷以來，未始有也。苟非發凡釋例，一以貫之，則述作之意孰得而明，勸懲之意孰得而辨，而大經大法，所以扶天倫，遏人欲，修百王之軌度，爲萬世之準繩者，何以見直書不隱之實。是豈尋行數墨，强探力索者，所可得其彷彿哉！宜後學之所大恨也。一日，觀訥齋趙公文集，間有考亭往來書問，乃知綱下之目，蓋屬筆於訥齋，而昔未之聞。訥齋曰：「凡例一册，已抄在此。」信乎果有是書也。塵編將發，影響自露，及因上蔡書堂奉祠謝君作章爲趙之婿，力囑其訪問，曰：「嘗毁於水而未必存。」越一年，始報曰：「凡例幸得於趙君與欒。」録以見授，如獲天球弘璧，復得儀軒趙公本，參校互正，遂成全書。今諸本所刊序例，即此凡例之序也。其後列十有九門，總一百三十有七條。凡下有目，目下有類，正統無統之分甚嚴，有罪無罪之别亦著。或君其王，或主其帝，或以盛書，或以僭書，或以得失書，或以更革建立書。有以自爲自稱書者，有以賢否用舍書者，有以可戒可法書者，有以示疑著僞書者。或著刑臣有功之始，或著刑臣與政之始，或著外家與政之始。征寇誅殺之不同，薨殂卒死之有異，條分縷析，該覈謹嚴，治亂躍如也。昔夫子之作春秋，因魯史之舊文，不見其筆削之迹，正以無凡例之可證。朱子曰：「春秋傳例，多不可信，非夫子之爲也。」今綱目之凡例，乃朱子之所自定，其大義之炳如者，固一本於夫子。至若曲筆亂紀，隱慝匿情，有先儒之所未盡者，悉舉而大正之。蓋深以邪説横流，誠有甚於洚水猛獸之害，有不可辭其責。朱子亦謂綱目義例益精密，亂臣賊子真無所匿其形矣。開歷古之群蒙，極經世之大用，謂之續春秋，亦何愧焉！吁，朱子之書，流行天下無有遺者，獨此一卷，晦迹既久，殆將堙淪。不廣其傳，則讀是書者，終無釋疑而辨惑。遂鋟梓于稽古堂，與同志共之。有宋咸淳乙丑正月望金華王柏書。（録自清康熙四十七年武英殿本資治通鑑綱目）

宋刻本資治通鑑綱目凡例識語

［宋］文天祐

右通鑑綱目凡例，得之今貳車潘公子輿，蓋金華始鋟木，而學者多未見也。是書固宜與綱目並出，然自乾道壬辰，今百年矣，彼先後顯晦之故，抑有其數耶？發凡以言例，夫子何隱乎爾，而使後之人隨義而昭明之，殆有所屬。不然，夫子豈靳乎是而不傳哉！執傳例以求春秋勿可，執是書以求綱目則可。微綱目，無以知春秋；微是書，無以讀綱目。信其傳之不可不廣也。貳車念家學考亭，謂刻諸學宫，以惠我人。既成矣，復相語曰：「安得併刻綱目，備此一書，以爲宣學鉅麗之典也哉！」郡文學掾廬山文天祐謹識。（録自清康熙四十七年武英殿本資治通鑑綱目）

元建安劉叔簡書坊刻本資治通鑑綱目凡例序

［元］倪士毅

朱子綱目之作，權度精切，而筆削謹嚴，先輩論之詳矣。贊不待贅，惟凡例世尚罕傳，學者於書法，有未窺其要者。至元後戊寅冬，友人朱平仲晏歸自泗濱，明年春，出其所録之本，謂得於趙公繼清篔翁之子嘉績凝，始獲披閲。遂即録之，暇日詳觀，因轉相傳録，而不能無小誤，惜未有他本可以參校。乃隨所可知，正其錯簡三條。歲年門二條，即位門一條。漏誤衍文，共三十餘字，以寄建安劉叔簡錦文，刊之坊中，與四方學者共之。又記昔受學于先師定宇陳先生時，得李氏綱目論一篇，實能發朱子此書之大旨，而見者亦少，今併録以附于後。蓋凡例當與綱目並行，而李氏綱目論當與尹氏綱目發明並行，若綱目及尹氏之書，皆盛行矣。故願以是二書備傳之，苟能相與講習，則朱子繼春秋之筆，焕然以明，其於世教，豈曰小補。至正二年壬午夏五月辛未朔新安倪士毅謹書。（録自清康熙四十七年武英殿本資治通鑑綱目）

明初刻本資治通鑑綱目題跋

［明］陳繼儒

文公因司馬文正資治通鑑而傳綱目五十九卷，大書爲綱，分注爲目。□書則孔子作春秋之義，以正人心，植世教，有助於治道者也。分注既詳，而其言與事或出於深澼，有非淺尠所能遽通。昔王行卿嘗著集覽以便學者，考據精切，殆無餘憾，治亂得失之故，開卷燎然，後之學者，志存經濟，於是求之足矣。余故擇其元本之善者什藏之，以爲後人稽古之助云爾。

明成化九年内府刻本御製資治通鑑綱目序

［明］朱見深

朕惟朱子通鑑綱目實備春秋經傳之體，明天理，正人倫，褒善貶惡，詞嚴而義精，其有功於天下後世大矣。顧傳刻歲久，間有缺訛，甚至書法與所著凡例、提要或有不同，是以後人疑焉，有考異、考證之作，兩存其説，終莫能定。朕嘗深求其故矣。蓋凡例、提要，乃朱子親筆以授門人，使據之以成書。及書既成，再加筆削，則隨事立文，時有小異，而大體終不出乎勸懲之外，豈可一一致疑其間。昔者五經同異，賴漢宣帝命諸儒講論於石渠閣，親稱制臨決，然後歸一。朕於綱目斯有意焉，特命儒臣重加考訂，集諸善本，證以凡例，缺者補之，羨者去之，事關大義，若未踰年改元者依例正之，至若漢初紀年首冬，惟景帝中後二年，舊史誤列冬十月於歲終，朱子雖以傳疑，而吕東萊大事記已考正於次年首矣。此則宜從吕氏，其餘書法與凡例小異無大關涉者，悉仍其舊。盡去考異、考證，不使並傳，所以免學者之疑，成朱子筆削之志也。考訂上呈，具如朕意，綱目於是爲完書矣。於戲，是書所載，自周、秦、漢、晉，歷南北朝、隋、唐以及五季，凡千三百六十二年之間，明君良輔有以昭其功，亂臣賊子無所逃其罪，而疑事悖禮，咸得以折衷焉。俾後世爲君爲臣者，因之以爲鑒戒勸懲而存心施政，胥由正道，圖臻於善治，其於名教，豈小補哉。然則是書誠足以繼先聖之春秋，爲後人之軌範，不可不廣其傳也。因命繕録定本，附以凡例，並刻諸梓以傳，爰序首簡，俾讀者知所自云。成化九年二月十六日。

明嘉靖十三年江西按察司刻十四年張鯤重修本補校綱目叙刻　［明］張　鯤

綱目舊稱資治通鑒，在宋新安，蓋有子朱子云其言曰：此編表歲以首年，因年以著統，大書以提要，分注以備言。凡以隱括温國公、胡文定之遺稿也。時則有若汪克寬作考异，有若徐昭文作考證，有若王幼學作集覽，有若陳濟作正誤，有若劉友益作書法，有若尹起莘作發明。中間雖互有异同，咸可以羽翼綱目。先時，提學黄仲昭氏實并録之，乃嘉靖甲午。六峰侍御李公循義讀而稱善，遂鳩工版之江西按察司。其副使柴君經繕授之，勞居多也。嗟夫，綱目之書固諸史之純粹精者，刻弗傳，傳弗廣，風化曷賴焉。矧曰：大書分書，統閏分矣；善善惡惡，勸懲縣矣，舉大拾細，顯幽畢矣，其裨補名教殆與春秋經傳相表里。夫朱子之功眎公羊、穀梁、左氏，豈其下哉。刻成之明年，鯤來承乏，陳兹臬事。居無何，弼教堂灾，板告殘闕，鯤乃謀諸方伯陸君杰、憲學李君舜臣，請諸今廵按横陽侍御王公，曰爰亟補之。既得教，鯤乃同副使胡君德、劉君可、吴君章，僉事盧君耿麟、林君應標、朱君孔陽、周君相各稍稍割俸加證校焉。其參議郝君世家、李君士允、丘君茂中時曰贊襄，不旬時而補刊幸完，用題兹語，將以永横陽汲汲於圖牒，迪厥後來之心。横陽名鎬，字宗周，直隸灤州人，别號横陽云爾。嘉靖十四年春二月癸巳崧少山人張鯤著。

明萬曆二十一年蜀藩刻本校刻通鑑綱目全書後語

［明］劉文彬

蜀藩舊刻通鑑綱目，始周威烈王戊寅二十三年，止周恭帝己未六年，蓋朱子依司馬温公通鑑而修者。威烈戊寅而上，恭帝己未而下，皆所未備，讀者有遺憾焉。萬曆己丑，承奉藺公玉購得綱目全書，始於盤古，迄於元季，編者雖不出自一人，然上下千萬年興亡治亂之迹，盡在是矣。進呈睿覽，嘉之，因命鋟梓以廣其傳。不以臣不肖，濫竽校讎之役。臣自惟學識短淺，何能奉上指。兹於其殺青也，謹述其概，復稽首再拜而綴之言曰：後世議者謂通鑑綱目非朱子所自修，蓋出於門人趙師淵手。師淵史學非其所長，故多疏舛。夫朱子綱目，世所宗尚久矣，猶不免後人議評如此，况夫洪荒之世，年代綿邈，考證殊艱，宋元之世，夷虜雜擾，是非多謬，安知後之議今，不猶今之議昔哉！然而扶天常，植人紀，備觀省而昭鑑戒，其大體不可易也。且今明聖御統，碩彦朋生，寧無班馬雄才，訂疑剪穢，因是書而追獲麟之指者乎！此則睿上所以命刻之意，非獨樂東平之善購河間之書，姑以博名高而已也。臣故表而出之，以告夫世之讀是書者。時龍飛萬曆癸巳秋孟後學臣劉文彬頓首謹跋。

附録三　著録

直齋書録解題卷四編年類

〔宋〕陳振孫

通鑑綱目五十九卷

侍講新安朱熹元晦撰。始，司馬公通鑑有目録、舉要。其後，胡給事安國康侯又修爲舉要補遺。朱晦翁因别爲義例，表歲以首年，因年以著統，大書以提要，而分注以備言，自爲之序，乾道壬辰也。大書者爲綱，分注者爲目，綱如經，目如傳。此書嘗刻於温陵，别其綱謂之提要，今板在監中。廬陵所刊，則綱目並列，不復别也。

郡齋讀書志附志卷上編年類

〔宋〕趙希弁

資治通鑑綱目五十九卷序例一卷

右晦庵先生朱文公所編也。司馬文正既爲資治通鑑，又别爲目録及舉要曆。胡文定復修舉要補遺。朱文公因文正、文定兩公四書，別爲義例，表歲以首年，而因年以著統，大書以提要，而分注以備言。其綱倣春秋，而參取羣史之長；其目效左傳，而稽合諸儒之粹。真德秀刻于泉南，陳孔碩、李方子叙其後。希弁所藏夔本，爲板四千二百有奇，吉本二千八百，而且無陳、李二公之序。希弁又嘗參以泉本，校其去取之不同，并考温公、文公之書法，爲資治通鑑綱目考異。淳祐丙午，祕省嘗下本州借本書寫云。

資治通鑑綱目提要五十九卷

右資治通鑑綱目提要，存其綱而去其目，如春秋之經也。希弁所藏乃趙希栞刻于廬陵者。

玉海卷四七藝文

［宋］王應麟

乾道資治通鑑綱目

紹興八年，胡安國因司馬光遺藁，修成舉要補遺，文約而事備。乾道壬辰，朱熹因兩公之書，別爲義例，爲綱目五十九卷。序例一卷。綱效春秋而參取羣史之長，目效左氏而稽合諸儒之粹。綱者，春秋著事之法，目者，左氏備言之體。序例曰：「表歲以首年，逐年之上行書其甲子。遇『甲』字、『子』字，則朱書以別之。則雖無事，依舉要以備歲年。而因年以著統，凡正統之年歲下大書，非正統者兩行分注。大書以提要，凡大書有正例、變例。正例如始終、興廢、災祥、沿革，及號令、征伐、生殺、除拜之大者；變例如不在此例，而善可爲法，惡可爲戒者，皆特書之。而分注以備言，凡分注，始追原其始者，有遂言其終者，有詳陳其事者，有備載其言者，有因始終而見者，有因拜罷而見者，有因事類而見者，有因家世而見者，有温公所立之言、所取之論，有胡氏所收之説、所著之評。而兩公所遺，與夫近世大儒先生折衷之語，今亦頗采以附於其間。歲周於上而天道明，統正於下而人道定。大綱概舉，而鑒戒昭；衆目畢張，而幾微著。」

文獻通考經籍考卷二十史部編年類

［元］馬端臨

通鑑綱目五十九卷

陳氏曰：侍講新安朱熹元晦撰。始，司馬公通鑑有目録、舉要，其後，胡給事安國康侯又修爲舉要補遺，朱晦翁因别爲義例著此事，自爲之序，乾道壬辰也。大書者爲綱，分注者爲目，綱如經，目如傳。此書嘗刊於温陵，别其綱謂之提要，今板在監中。廬陵所刊，則綱目並列，不復别也。

朱子自序曰：「温公通鑑既成，又撮其精要之語，别爲目録三十卷，并上之。晚病本書太詳，目録太簡，更著舉要曆八十卷以適厥中。紹興中，胡文定公因公遺藁，修成舉要曆補遺若干卷，則其文愈約，而事愈備矣。今輒與同志，因兩公四書，别爲義例，增損隱括，以就此篇。蓋表歲以首年，而因年以著統，大書以提要，而分注以備言，使夫歲月之久近，國統之離合，辭事之詳略，議論之同異，通貫曉析，如指諸掌，名曰資治通鑑綱目云。」建炎以來朝野雜記：自昔注書，首尾多不相照，雖資治通鑑亦或未免此病，大抵編集非出一手故也。姑以一事論之，漢景帝四年、中四年，皆以冬十月日食，今通鑑並書於夏秋之後，蓋編緝者自本志中摘出，而不思漢初以十月爲歲首，故誤係之歲末耳。近歲吕伯恭最爲知古，陳君舉最爲知今。伯恭親作大事記，君舉親作建隆編，世號精密。余嘗考之，皆不免差誤，亦隨事辨之矣。朱文公通鑑綱目條貫至善，今草本行於世者，於唐肅宗朝直脱二年之事，亦由門人綴緝，前後不相顧也。又自唐武德八年以後至於天祐之季，甲子並差。考求其故，蓋通鑑以歲名書之，而文公門人大抵多忽史學，不熟歲多，故有此誤。余因諸生有問，亦爲正之矣。然則該貫古今，亦非可薄之事，但不至於喪志可也。

宋史卷二百三藝文二

［元］托托等

朱熹通鑑綱目五十九卷

又提要五十九卷

菉竹堂書目卷二

［明］葉　盛

通鑑綱目十四册

天禄琳琅書目卷五元版史部

資治通鑑綱目三函十八册

宋朱子撰，五十九卷。元王幼學撰集覽，前載朱子及幼學序例各一篇。

朱子資治通鑑綱目宋時廬陵刊本已載前矣，此爲幼學作集覽既成，刻梓以行於世者。序例後有「歲在上章敦牂孟夏，魏氏仁實書堂新刊」分書木記。魏仁實應是當時書賈姓字。幼學序稱，編始於大德己亥，迄於延祐戊午，積二十年，七易稿而編甫成。以其薈萃叢集，頗可省覽，因題之曰通鑑綱目集覽云云。是幼學之作是書，用心良苦。考安慶府志，幼學字行卿，望江人。博覽經史，宗程朱之學，至元間躬耕慈湖之坂，與學者講道不輟，時稱爲慈湖先生。

明厲文暉藏本。凌迪知萬姓統譜載文暉名昪，無錫人。性狷介，與人不苟合。以歲貢入胄監，授浙江青田知縣。持公秉廉，孜孜愛民，去二十年，邑人猶懷慕其德，立生祠祀之。

本朝泰興季氏亦經收藏。

温柔敦厚　　俱朱文　朱子序文　卷四　卷六　卷九　卷十一　卷十三　卷十六

錫山厲氏　　卷二十　卷二十三　卷二十六　卷二十九　卷三十三　卷三十六

文暉之章　　卷三十九　卷四十二　卷四十五　卷四十八　卷五十一　卷五十二

卷五十四　卷五十七　〔季振宜藏書〕朱文　王序　目録　卷一

資治通鑑綱目六函五十九册

宋朱子撰。五十九卷，前自序。

是書綱目並列，係照宋廬陵本刊梓，然版之尺寸較縮，字畫紙墨亦遠不相及，此宋槧所爲可寶也。

明顧仁效藏本。考王鏊震澤集有陽山草堂記，云：「顧仁效結廬陽山之下，棄去舉子業，獨好吟咏，兼工繪事，坐對陽山，拄頰搜句，日不厭。或起作山水人物，悠然自得，人無知者。」本朝泰興季氏亦經收藏，餘印無考。

〔季滄葦圖書記〕〔御史之章〕白文　〔季印振宜〕〔滄葦〕俱朱文　序　〔季振宜藏書〕朱文　卷一　〔顧印仁效〕白文　卷一　卷三　卷九　卷十一　卷十三

卷十六　卷十九　卷二十二　卷二十五　卷三十

卷三十二　卷三十六　卷三十八　卷四十　卷四十二

卷四十四　卷四十六　卷四十八　卷五十　卷五十二　卷五十五

〔白鹿書院山長樂杞校藏〕朱文楷書　卷一　卷三　卷九　卷十一

卷十三　卷十六　卷十九　卷二十二　卷二十五　卷二十七
卷三十　卷三十三　卷三十六　卷三十八　卷四十　卷四十二
卷四十四　卷四十六　卷四十八　卷五十　卷五十二　卷五十五

靜學文房之印　朱文　卷十二

闕補卷四之卷七全卷五十九三十四三十五

資治通鑑綱目六函六十册

篇目同前。

此書與第一部同版，而墨色少差，槧印在其後也。施愈收藏印記無考。

施愈子中印　朱文　卷二之卷五　卷七　卷十一　卷十三　卷十五　卷十七　卷十九　卷二十一
卷二十四　卷二十六　卷二十九　卷三十一　卷三十四　卷三十六　卷四十
卷四十二　卷四十四　卷四十六　卷五十　卷五十二　卷五十四　卷五十六
卷五十八

天祿琳琅書目卷八明版史部

文公先生資治通鑑綱目六函六十册

宋朱子編，五十九卷。前批抹綱目凡例，次朱子綱目凡例，次朱子序例，王幼學集覽序例，尹起莘發明序，次朱子與趙師淵論綱目書，附宋王柏識語。此書仿宋槧式，不能精善，所採王幼學集覽、尹起莘發明、汪克寬考異，皆分標於綱目每條之下，其中亦間有載陳濟正誤者。數人之名皆於每卷標題後按行分列，并稱京兆劉寬裕刊行。寬裕爲何如人，不可考。按汪克寬、陳濟皆明人，而書首所載綱目凡例，視各卷之版縮半寸餘，似是從他本割取補入。蓋凡例從宋王柏識語，有「鋟梓於稽古堂，與同志共之」之語，書賈得是書，不知克寬、濟爲明人，欲借柏識語，以充宋槧耳。克寬字仲裕，祁門人。元舉於鄉，不第，遂隱居教授，明初預修元史。程敏政目爲史局第一人。見凌迪知萬姓統譜。陳濟字伯載，武進人。成祖詔修永樂大典，用大臣薦，以布衣召爲都總裁。書成，授右贊善。明史有傳。

收藏印記無考。

家望　白文　凡例目録　凡例　發明序　卷一　卷三　卷六　卷七　卷九　卷十一　卷十三
卷十四　卷十六　卷十七　卷二十　卷二十二　卷二十三　卷二十五之卷二十七
卷二十九　卷三十　卷三十二之卷三十四　卷三十六　卷三十七　卷三十九　卷四十　卷四十二
卷四十三　卷四十五　卷四十七　卷四十八　卷五十　卷五十一　卷五十三之卷五十五
卷五十七之卷五十九

渭叟　朱文　凡例目録　凡例　發明序　卷三　卷六　卷七　卷九　卷十一　卷十三
卷十四　卷十六　卷十七　卷二十　卷二十二　卷二十三　卷二十五之卷二十七
卷二十九　卷三十　卷三十二之卷三十四　卷三十六　卷三十七　卷三十九　卷四十

卷四十二　卷四十三　卷四十五　卷四十七　卷四十八　卷五十　卷五十一

卷五十三之卷五十五　卷五十七之卷五十九

資治通鑑綱目八函五十六册

宋朱子編，五十九卷。前明憲宗序，次綱目凡例目録，次綱目凡例，後附元王幼學集覽五十九卷并序，尹起莘發明五十九卷并序，續綱目二十七卷并憲宗序，續綱目凡例商輅、萬安等進書表。

憲宗綱目序稱，傳刻既久，間有缺訛，甚至書法與所著凡例、提要或有不同，是以後人疑焉，有考異、考證之作。嘗求其故，蓋凡例、提要乃朱子親筆以授門人，使據之以成書。及書既成，再加筆削，則隨事立文，時有小異，而大體終不出乎勸懲之外。所有書法與凡例小異無大關涉者，悉仍其舊。盡去考異、考證，不使並傳。此重刊綱目之意也。續綱目序稱，宋元二代之史，迄無定本，雖有長編、續編之作，然概以朱子書法未能盡合，乃申勑儒臣遵朱子成例，編纂二史，上接綱目，共爲一書。此重編續綱目之意也。其書刻印精良，紙潔墨潤，洵推明刻善本。當時董其事者爲商輅、萬安。考明史，輅字宏載，淳安人。登正統十年進士及第，除修撰，歷官至吏部尚書，進謹身殿大學士，加少保。卒，贈太傅，謚文毅。安字循吉，眉州人。正統十三年進士，改庶吉士，授編修，累官至吏部尚書，進華蓋殿大學士，加少傅。卒，贈太師，謚文康。恩遇常優於輅，而品節則遠不逮焉。

明内府藏本有「廣運之寶」、「表章經史之寶」。

廣運之寶　朱文　綱目序首末　集覽序例

表章經史之寶　朱文　綱目卷一　卷二　卷四　卷六　卷八　卷十
卷十二　卷十四　卷十六　卷十八　卷二十　卷二十二
卷二十四　卷二十六　卷二十八　卷三十　卷三十二
卷三十四　卷三十六　卷三十八　卷四十　卷四十二　卷四十四　卷四十六　卷四十八
卷五十　卷五十二　卷五十四　卷五十六　卷五十八　集覽卷一　卷四　卷九　卷十五
卷二十八　卷四十二　發明卷一　卷十四　卷三十二　卷三十四之三十七　卷四十　卷四十五
卷四十七

資治通鑑綱目八函五十四册

篇目同前。

此坊間翻刻之本，槧印之工次於前部。

資治通鑑綱目六函四十二册

篇目同前，闕王幼學集覽、尹起莘發明。

考明王圻續文獻通考所載朱子資治通鑑綱目，王幼學集覽、尹起莘發明皆各爲單行之書。此本以正續綱目合裝，則本文已成全帙，雖無集覽、發明，正不得以闕佚棄之。

書中有「項氏家藏」、「汪氏象家」二印，篆文杜撰，昧於古法。又二印字畫模糊，不可辨識，均出書賈僞造之手，不足存也。

資治通鑑綱目六函四十二册

篇目同前，闕續通鑑綱目。

憲宗續綱目序有朱子通鑑綱目既命儒臣重加校定，鋟梓頒行之語，是續綱目未成帙時，此書已傳宇内，非始全而終闕也明矣。

明内府所鈐之寶與前第一部同，又有「道卿頓首」印，考明太學進士題名碑，有吳道卿者，山東平山衛人，隆慶五年進士，或即其人。餘印無考。

廣運之寶　朱文　綱目序首末　集覽序例

表章經史之寶　朱文　綱目卷一　卷二　卷四　卷六　卷八　卷十　卷十二　卷十四　卷十六　卷十八　卷二十　卷二十二　卷二十四　卷二十六　卷二十八　卷三十　卷三十二　卷三十四　卷三十六　卷三十八　卷四十　卷四十二　卷四十四　卷四十六　卷四十八　卷五十　卷五十二　卷五十四　卷五十六　卷五十八　集覽卷一　卷四　卷九　卷十五　卷二十八　卷四十二　發明卷二　卷十四　卷三十二　卷四十五

道卿稽首　白文　集覽卷十

效謙　白文　集覽卷十七

金印世㝡　朱文　發明卷一

御批通鑑綱目五十九卷通鑑綱目前編一卷外紀一卷舉要三卷通鑑綱目續編二十七卷

康熙四十七年吏部侍郎宋犖校刊。皆聖祖仁皇帝御批也。朱子因司馬光資治通鑑以作綱目，惟凡例一卷出於手定。其綱皆門人依凡例而修，其目則全以付趙師淵。後疏通其義旨者，有遂昌尹起莘之發明、永新劉友益之書法。箋釋其名物者，有望江王幼學之集覽、上虞徐昭文之考證、武進陳濟之集覽正誤、建安馮智舒之質實。辨正其傳寫差互者，有祁門汪克寬之考異。明弘治中，莆田黄仲昭取諸家之書，散入各條之下，是爲今本。皆尊崇朱子者也，故大抵循文敷衍，莫敢異同。明末張自勳作綱目續麟，始以春秋舊法，糾義例之譌。芮長恤作綱目拾遺，以通鑑原文，辨删節之失。各執所見，屹立相爭。我聖祖仁皇帝睿鑒高深，獨契尼山筆削之旨，因陳仁錫刊本親加評定。權衡至當，衮鉞斯昭。乃釐正羣言，折衷歸一。又金履祥因劉恕通鑑外紀失之嗜博好奇，乃蒐採經傳，上起帝堯，下逮周威烈王，作通鑑前編。又括全書綱領，撰爲舉要殿於末。復摭上古軼聞，撰爲外紀冠於首。陳仁錫稍變其體例，改題曰通鑑綱目前編，與綱目合刊，以補朱子所未及。亦因其舊本、御筆品題。至商輅等通鑑綱目續編，因朱子凡例，紀宋元兩代之事，頗多舛漏。六合之戰，誤稱明太祖兵爲賊兵，尤貽笑千秋。後有周禮爲作發明，張時泰爲作廣義附於條下，其中謬妄，更不一而足。因陳仁錫綴刊綱目之末，亦得同邀乙覽，并示别裁。乾隆壬寅，我皇上御製題詞，糾正其悖妄乖戾之失，以闢誣傳信。復詔廷臣取其書，詳加刊正，以協於至公，尤足以昭垂千古，爲讀史之指南矣。

愛日精廬藏書續志卷二史部編年類

［清］張金吾

資治通鑑綱目五十九卷宋淳祐刊本　季滄葦藏書

宋朱子撰。目録後有武夷詹光祖重刊於月崖書堂一行，卷一後有建安宋慈惠父校勘一行。卷五十九後同。按宋慈惠父即編提刑洗冤集録者，蓋淳祐間人也。又按咸淳毘陵志卷八秩官門有宋慈，亦當淳祐時，未知即此人否？季滄葦、徐健菴俱有印記。神宗御製資治通鑑序，司馬温公進資治通鑑表、獎諭詔書、與范夢得論修書帖、資治通鑑目録序。資政殿學士中大夫提舉臨安府洞霄宫臣克家言：「臣克家以紹興元年罷政事，寓居於泉州，陛下命相臣頤浩以書諭旨，俾上所藏故相司馬光資治通鑑舉要曆八十卷。臣以舊本紙墨渝敝，不可奏御，既繕寫，俾泉州州學教授臣朱克明主之，分俾肄業之士讎正之。恨舊本勘覆不詳，譌轉脱漏尚多有之，不敢以意定也。臣嘗聞之長老，光之修通鑑也，英祖實命之，神宗實序之。書成奏御之明日，輔臣亟請觀焉，神祖出而示之，每篇始未識以睿思殿寶章，蓋尊寵其書如此。臣嘗光尚患本書浩大，難於領略，若目録振取精要之語，無復首尾，晚著是書以絶二累，時人未之見也。臣嘗獲見其稿於故徽猷閣待制臣晁説之家，皆光手書細字，惟謹迺得説之所録而傳之。今達於聰聞，仰備乙覽，以裨聖學，二祖在天之靈固宜悦豫於上，惟光編削之勤亦可無憾於九原矣。臣又聞傅説之復商宗，則曰「王人求多聞」，又曰「非知之艱」。仲舒之對漢帝，則曰「强勉學問，則問見博而知益明；强勉行道，則德日起而大有功。」此皆可使還至而有效者也。知言之要，如二臣者可以當之，顧臣之愚，何以加此。臣克家昧死上。」昔聞贈大諫延平陳公自言因讀資治通鑑，然後知司馬文正公之有相業也。紹聖元年，大諫入爲太學官。是時當路者專意遵述熙寧政事，復尊王氏新説，按爲國是。凡元祐人才術學，一切斥廢。有奏疏乞用字書者，事方施行，又有竊議欲禁閲史籍者。會冬十有二月策試諸生，陳公雅欲護持此書，即發揚神宗皇帝御製序篇，所謂「漢之文宣、唐之太宗，吾無間然」等語，指爲問目。同寮見之，有色駭然者，雖側目熒中而不得較也。自是書雖無敢議，而誦習者亦鮮矣。予既遠迹林壑，數嘗繙閲，究觀編削之意，竊伏自念志學以來涉獵史篇，文詞汗漫，莫知統紀，徒費精神而無得也。及讀此書，編年紀事先後有倫，凡君臣治亂成敗安危之迹，若登乎喬嶽，天宇澄清，周顧四方，悉來獻狀，雖調元宰物輔相彌綸之業，未能窺測，亦信其爲典型之總會矣。惟公研精極慮，歷十有九年修成本書，序述既詳，又别舉事目，年經而國緯之，以備檢尋，莫非要語，猶慮本書浩博，條理錯綜，披卷難知，而目録所提，首尾不備，又不可考。晚年復著舉要曆八十卷以趨詳略之中，去取益以精矣。然自戰國、秦、項、兩漢、隋、唐之際，五胡、南北十國分裂之餘，日轂冥濛，衆星爭耀，偏方下土，竊號僭名，其事又與諸國相干者，盍從舉重之文，而每國名書徒然重複。至於侵削褊小，尋自亡滅，本無可紀以示懲勸，則宜依徼者之例而必載本末，尚爲煩冗。若西漢盛日，董賈名儒議論奏篇班班可述，乃或遺削有未録焉。竊意公方筆削之時，入秉鈞軸，尋薨於位，不得爲成書也。輒因餘暇，略用春秋條例就正本、目録、舉要三書，修成若干卷，名曰資治通鑑舉要補遺，以成公願，忠君父、稽古圖治之意云。紹興四年冬十有二月武夷胡安國序。朱子自序。乾道壬辰。

鐵琴銅劍樓藏書目録卷九史部編年類

［清］瞿　鏞

資治通鑑綱目五十九卷宋刊本。

宋朱子撰，不題名。前列治平四年御製通鑑序、獎諭詔書、司馬温公進書表、與范夢得論修書帖、通鑑目録序、舉要補遺序、朱子自作序例。目録後有「武夷詹光祖重刊於月崖書堂」一行。卷一與卷五十九後俱有「建安宋慈惠父校勘」一行。張月霄氏謂惠父即編提刑洗冤集録者，爲淳祐間人，遂定爲淳祐刊本。是書即月霄所藏也。每半葉十行，行十六字，目用雙行，行廿二字。匡、恒、貞、偵、朗、桓、完、搆、慎字皆闕筆。字畫清朗，楮印如新，與所藏資治通鑑本相似，可謂雙璧矣。卷首有「御史之章」、「季振宜印」、「滄葦」、「乾學」、「徐健庵」、「天官冢宰」諸朱記。

資治通鑑綱目五十九卷元刊本。

是本板印精好，不減宋刻，惜原序已失，舊爲楊五川萬卷樓藏書。卷首有「楊夢羽氏」朱記。

鄭堂讀書記卷十六史部編年類

[清]周中孚

資治通鑑綱目五十九卷明長洲陳氏刊本。

宋朱子撰。朱子仕履見禮類四。書録解題、通考、宋志俱載之。宋志又別出提要五十九卷，蓋即一書而誤分爲二也。四庫全書提要因有聖祖仁皇帝御批，著録于史評類中。按朱子自序云：表歲以首年，而因年以著統，大書以提要，而分注以備言。全書體例，已盡此四語。此序孝宗乾道壬辰作，至寧宗嘉定己卯，門人李方子刻于泉州，并爲之序。此書行世，距朱子没已二十年矣，展轉傳鈔，不知是原本否？且方子序有云：晚歲欲加更定，以趨詳密，而力有未暇。則此本若爲朱子未定之稿。又有凡例一卷，則直至度宗咸淳乙丑，王魯齋柏始序而刻之，距朱子没又六七十年，不知果真出朱子否？假令果真，而明憲宗序又稱書與凡例或有不同，是皆大可疑者。觀朱子與趙訥齋師淵手書六則，始知綱下分注之目，朱子屬訥齋成之。但訥齋非身侍講堂，隨事討論，每纂成若干卷寄呈，而朱子復書往往云未暇觀也。則分注又未必盡經朱子之目，其閒牴牾，誠難保其必無。于是遂昌尹□□起莘撰發明，永新劉益友友益撰書法，望江王行卿幼學撰集覽，上虞徐季章昭文撰考證，祁門汪環谷克寬撰考異，武進陳思齋濟撰集覽正誤，建安馮□□智舒撰質實，皆所以彌縫朱子之失者也。當時各自爲書，至明宏治丙辰，莆田黄仲昭彙輯諸家之本，分附綱目之下而合刊之。陳明卿即其本爲之評閲重刊，故前有崇禎三年史應選序、評鑑十八法、廬山文天祐凡例識語、尹氏以下七家序例十二篇，及弘治閒合刊各注序跋四篇。

善本書室藏書志卷七史部二

［清］丁　丙

資治通鑑綱目外紀一卷前編十八卷綱目五十九卷續編二十七卷明歸仁齋書林刊本。

外紀，四明陳子經輯；前編，仁山金履祥編；綱目，朱子撰；續編，明大學士商輅等奉敕纂修。是書當是明麻沙坊賈併刻也。首一卷首述盤古至高辛氏，即陳子經續編之一，有元至正周伯琦序。次十八卷，乃金仁山以劉恕通鑑外紀失之好奇，特引經據典作此，以矯其失。上則斷自唐堯，止於春秋。綱目五十九卷，起自周威烈王，盡於唐昭宣帝，爲朱子所撰。而撰考異者，新安汪克寬；撰考證者，上虞徐文昭；撰集覽者，慈湖王幼學；撰正誤者，毘陵陳濟；撰質實者，建安馮智舒；撰書法者，廬陵劉友益；撰發明者，遂昌尹起莘，皆從單行本合刻者。前有朱子自序及凡例後跋。續綱目二十七卷，起周恭帝元年，盡元順帝二十七年。成化十二年，吏部尚書、大學士商輅等表進，有御製序。又有監生張時泰進廣義、餘杭增生周禮奏進發明兩表。

萬卷精華樓藏書記卷二十九史部編年類

［清］耿文光

資治通鑑綱目五十九卷附五代史續編一卷

宋朱子撰

綱目全書本，明陳仁錫校刊。起周威烈王二十三年，訖唐昭宣帝天祐三年，五十三卷終。五十四卷起丁卯，五十九卷訖己未，凡五十三年。前有成化九年御製序，次崇禎三年史應選序，次乾道壬辰朱子序，次評鑑十八説，次目録，次朱子凡例一卷，次朱子與趙訥齋論綱目手書，次王柏綱目後語，次文天祐識語，門人李方子後序，次尹起莘發明序，次劉友益書法凡例，次天曆二年揭傒斯書法序，至順壬申賀義書法序，劉槼書法後跋，至正二年倪士毅凡例序，次汪克寬考異凡例序，王幼學集覽序，次徐昭文考證序，次明陳濟正誤序，楊士奇正誤序，次宣德壬子書林劉寬合刻各注引，次馮智舒質實序，次弘治丙辰黄仲昭初刻合注序，余以能合注序，次編集姓氏。綱目爲朱子未定書，多出趙師淵手。行世在朱子没後，舛誤甚多。凡例一卷，王柏所刊，不知果出朱子否？宋尹起莘著發明五十九卷。宋末隱士劉友益著書法五十卷，歷三十年而後成。元汪克寬著考異，其凡例考異序見環谷集。元王幼學苦綱目援引幽邃，句讀疑難，著集覽。元徐昭文著考證，明一統志失其名氏。明陳濟著集覽正誤，明馮智舒著質實，明一統志未及採入。正德八年，福建學政副使姚有麟委侯官縣學教諭劉繼善訂刊，有跋。續編一卷，元四明陳桱拾遺，附正編之末。陳本序最繁冗，尹氏等注亦無意義。明趙府本一舉而棄之，止存正文及目録，最爲清朗。

陳氏書録：綱目常刻於温陵，别其綱謂之提要，今板在監中。廬陵所刻，綱目並列，不復别也。

汪氏曰：綱目與凡例時或異同，皆抄録傳刻之失也。尹氏所紀，如秦王遷太后，誤作「秦人」；隋主堅弑介公闡，誤作「殺」；慕容泓敗死，作「貶死」；徵士陶潛，作「處士」之類，訛舛尤甚。書肆所刻綱目，如英布誤作「黥布」，狄道劉裕至彭城戒嚴，誤作「解嚴」之類，未可悉舉。録於環谷集。楊氏曰：通鑑云：補闕喬知之有婢名碧玉，美色善歌舞，知之爲之不昏。「昏」與「婚」，古字通用，綱目去「不」字，蓋誤以婚姻之「昏」爲「昏惑」之昏也，字義不明。綱目似此類極多，蓋朱子門人趙師淵奉師命所編，師淵史學既非所長，古文又未經心，其疏舛固宜。録於升庵集。

書目答問補正卷二史部編年類

［清］張之洞

御批通鑑綱目五十九卷首編十八卷外紀一卷舉要三卷續編二十七卷　康熙四十六年殿本。綱目凡例，宋朱子作，餘趙師淵作。前編金履祥，續編明商輅。

補：商邱宋犖校刻本。又嘉慶間聚文堂覆明陳仁錫本。武進李述來讀通鑑綱目條記二十卷，合校元明以來諸綱目刻本之文字異同。嘉慶間刻本。日本刻本。